修訂九版

國際貿易
理論與政策

歐陽勛 博士
黃仁德 博士　著

International Trade Theory and Policy

三民書局

國家圖書館出版品預行編目資料

國際貿易理論與政策 / 歐陽勛,黃仁德著.－－修
訂九版二刷.－－臺北市：三民，2012
　　面；　公分

ISBN 978–957–14–5484–9　（平裝）
1.國際貿易理論 2.國際貿易政策

558　　　　　　　　　　　　　　　　100006290

© 　國際貿易理論與政策

著 作 人	歐陽勛　黃仁德
發 行 人	劉振強
著作財產權人	三民書局股份有限公司
發 行 所	三民書局股份有限公司
	地址　臺北市復興北路386號
	電話　(02)25006600
	郵撥帳號　0009998–5
門 市 部	（復北店）臺北市復興北路386號
	（重南店）臺北市重慶南路一段61號
出版日期	初版一刷　1987年9月
	修訂九版一刷　2011年6月
	修訂九版二刷　2012年9月
編 　 號	S 550810

行政院新聞局登記證局版臺業字第○二○○號

有著作權‧不准侵害

ISBN　978–957–14–5484–9　（平裝）

修訂九版序

　　本書自民國九十五年九月修訂出版，至今已事隔五年。為使本書迎合國際經濟理論與貿易情勢的變化，特進行此次的修訂、改版。全書內容再次詳加審訂，節刪一些次要、過時的內容，增補一些新的理論與實務的發展，對於統計數據也予以更新。

　　本書自出版以來，承讀者諸君的熱烈厚愛採用，謹此致謝。今後筆者將一本以往，隨時注意修訂本書，以持續符合教學參考的需要，敬祈學界先進與讀者諸君繼續不吝予以批評指教。

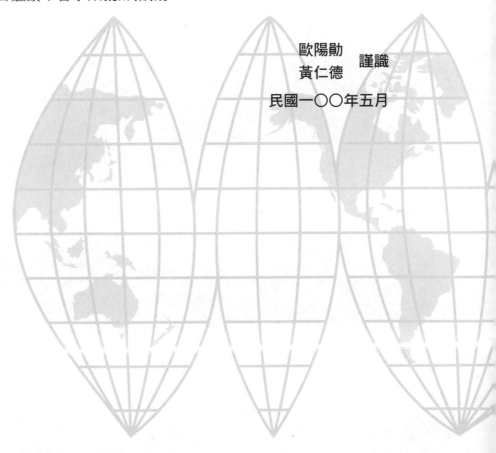

歐陽勛　　謹識
黃仁德
民國一○○年五月

自 序

在經濟學的領域裏，國際貿易理論與政策是屬於較高層的部分，其探討須具有廣泛與深厚的經濟理論基礎，與運用純熟的經濟分析技能。所以在大學經濟商科的學系中，這門課程的開授是相當吃力的，不論講受雙方，都要花上加倍的心力，才能獲致溝通的效果，領會到研習的興趣。

益以二次世界大戰以來，各國經濟普遍發展，科學技術神速進步，新資源迭有發現，舊資源頻增新用途，新產品層出不窮，國際貿易飛速擴張，因應這些新情勢，國際貿易理論與政策有了新的進展，增加了許多新的內涵，對於研習這一學科的師生，自然形成新的挑戰。

筆者兩人十餘年來，先後分別在國際貿易學系與研究所及經濟學系與研究所，開授這門學科或國際經濟學，深感其範圍廣闊，理論艱深，在解析中隨時須用到繁複的圖解與數學，肆應頗感不易，為期便利同好研習，特將多年講述的經驗及長期累積的資料，編撰成書，以供大學教科及參考之用。

本書著重探溯理論的源流與演變，剖析力求深入淺出，明晰確實。書中大量運用圖解工具，希望讀者能藉圖解，而對抽象的理論獲得具體明確的觀念，並能用以解析現實的國際經濟問題。

全書共分二十章及一附錄。除第一章導論外，第二至第五章探討靜態純理論的發展與演變；第六至第八章討論貿易與要素報酬，及靜態一般均衡的達成；第九至第十二章分析國際貿易與經濟成長的交互關係，著重動態均衡的研究；第十三至第十七章為貿易政策及其經濟後果的剖析；第十八至第二十章討論國際經濟整合的不同趨向及其影響，而以「國際貿易與我國經濟發展」作附錄，充當本書的總結，旨在供讀者明瞭我國自由地區經濟發展的過程，及其與國際貿易的關係，並以此作為全書理論探討的案例實證。

本書在撰寫過程中，曾蒙多位政大教授同仁指正錯失，及提供寶貴意見，謹在此深致謝忱；另承經濟學系同學陳如文、吳淑芬、黃碧蓮、陳寶貴、張香敏、洪瑜英、吳淑靜、汪妍君、闕湘雲、吳漢靜、翁玲玲、胡玉蕙、及孔韻眉等於課餘謄校全部稿件，她們的辛勞貢獻，筆者將深誌不忘。

本書編寫雖已時近兩年，但以涉及的範圍甚廣，而筆者學識有限，差錯與不周之處在所難免，敬祈讀者諸君及學界先進不吝指教，至所企幸。

歐陽勛
黃仁德　謹識

民國七十二年八月

國際貿易理論與政策

◆ 第一章　導　論

■ 第一節　國際經濟學的內容

　　國際經濟學 (international economics) 是一門理論兼應用的經濟學，主要是以個體經濟學 (microeconomics) 與總體經濟學 (macroeconomics) 作為分析的工具，剖析國際間的經濟事象與活動。國際經濟學的內容可以分為兩大部分，一是**國際貿易理論與政策** (international trade theory and policy)，一是**國際金融理論與制度** (international finance theory and system)。前者主要從實質面 (real side)——即由長期的觀點，不考慮貨幣因素，或如同古典學派一般，把貨幣當成是障眼的面紗，來探討國際貿易發生的實體原因與後果，並分析促進國際間分工合作、貨暢其流的適當政策；後者主要從貨幣面 (monetary side)，分析貨幣因素對實質國際經濟活動的影響，並探討如何建立適當的國際金融制度，以確保適宜的國際金融運作，俾能提供良好的貨幣環境，以利國內外經濟活動的順利運行。由於國際經濟學內容廣泛，為免篇幅過鉅，故本書僅限於國際貿易理論與政策部分，但在某些相關問題的分析，還是會應用到一些簡單的國際金融觀念。

　　國際貿易理論實際上是一種多地域的**交易理論** (exchange theory)，其分析過程中普遍應用到個體經濟學中之生產、交換、消費、及福利經濟理論，故事實上可稱其為——**開放的個體經濟學** (open microeconomics)。全部的國際貿易理論與政策又可分為兩部分，前半部主要是一種純國際貿易理論的探討，只就理論本身的架構與內容進行討論而不涉及個人主觀的價值判斷，是屬**實證經濟學** (positive economics) 的範疇，其內容主要包括國際**貿易型態** (trade pattern) 的決定、**貿易利得** (gains from trade) 的分配、及國際貿易對一國之所得分配與資源派用的影響；後半部主要是以前半部之理論為基礎，對貿易政策之採行及其利弊得失進行探討，其論點和結果與個人主觀的價值判斷有密切的關係，是屬**規範經濟學** (normative economics) 的範疇。吾人研習國際經濟學不限於理論求知的滿足，更希望藉助它來深入瞭解各種不同的國際貿易政策對個人、國家、及國際經濟福利的影響。

◤ 第二節　為何要學習國際經濟學

為何在一般的經濟理論之外，還要將國際經濟學單獨另列一門，進行研究分析呢？為答覆這一問題，我們列舉了以下幾點理由：

1.國際貿易不同於國內貿易，它關涉到不同的主權國家，使用不同的貨幣，採行不同的經濟政策，要素的流動性國際又遠低於國內，國際間更昂貴的運輸成本，加上不同的文化背景與風俗習慣所產生的偏好差異等因素，在在都使國際貿易增加其複雜與困難，須作特別的分析與研究。

2.一般經濟理論大都屬**封閉經濟** (closed economy) 的探討，**開放經濟** (open economy) 的性質與封閉經濟不同，因此經由國際經濟學的研究，可以認識許多一般封閉經濟所未涉及的理論，諸如要素價格均等化、多國籍公司、及關稅理論等。

3.貿易之門一開之後，國際貿易與國際金融對個人、全社會、及全世界的經濟福利，都發生莫大的衝擊，利弊得失，時有更迭，要瞭解這種影響，有賴研究國際經濟學。

4.建立起對國際貿易與金融政策的正確認識。如限制進口、補貼出口、美國宣布關閉黃金交易之窗 (gold window)、石油輸出國家成立卡特爾 (cartel) 組織、本國通貨升值 (appreciation) 或貶值 (depreciation)、國際金融危機、加入**世界貿易組織** (World Trade Organization, WTO)、或**歐元** (Euro) 的產生等，會產生怎樣的經濟後果，須待研究國際經濟理論，方得有較正確的瞭解，作較妥適的因應措施。

5.當今之世，每個國家均無法與世隔絕，運輸、傳播、及資訊產業的快速成長, 縮短了本國與外國之間時空的距離。因此, 作為一個世界公民, 就必須具備有國際經濟學的基本知識, 以瞭解每日所發生的國際經濟情事。

　　6.當今人類的經濟活動, 不再限於本國一隅, 具備良好的國際貿易與金融的知識, 將其應用於實際經濟活動之中, 小之可使個人致富, 大之足以為國謀利。

■ 第三節　學習國際經濟學所應具備的基礎

　　國際經濟學之貿易理論可視之為開放的個體經濟學, 金融理論可視之為**開放的總體經濟學** (open macroeconomics), 故其研究須具備良好的個體及總體經濟學的理論基礎, 尤其著重於福利經濟學 (welfare economics) 及一般均衡 (general equilibrium) 分析的應用。再者, 為了對國際經濟理論進行實證研究 (empirical study), 計量經濟學 (econometrics) 的知識亦不可欠缺, 與其他經濟理論一樣, 許多的國際經濟理論, 均是由實際現象的觀察與實證研究的過程中發掘的。

　　基本國際經濟學的分析主要採用 2–2–2 模型, 即以兩種生產要素、兩種產品、及兩個國家的簡化假設作分析, 因此可以幾何圖形予以適當地表示。但是, 在深一層的國際經濟學中, 時常將 2–2–2 模型擴展到多種要素、多種產品、及多國的情況, 而難以使用幾何圖形表示, 此時, 數理經濟學 (mathematical economics) 的應用就顯得相當重要了。

■ 第四節　國際貿易的必要性

　　Adam Smith 於 1776 年出版的《國富論》(*An Inquiry into the Nature and Causes of the Wealth of Nations*) 一書中明白指出, 一國之內, 個人與區域之間, 各按所長實行分工專業生產, 而後進行交易, 必能增進資源的有效派用, 可使全社會所能生產與消費的產品數量增加, 福利水準提高, 分工與專業生產的更進一步推展，可以促進經濟的成長。這種國內個人與區域之間的分工專業生產與相互貿易的原理，同樣適用於國家與國家之間的關係上。將全世界看成一個總體，國際社會各個不同的主權國家，就如同一個封鎖經濟裏的不同個人或區域一樣，可視之為不同的個體，各國分別按其生產之所長，進行國際生產的分工專業，而後再進行貿易，互通有無。如此，各國必能以國際貿易為手段，實現促進資源有效派用、增加生產與消費數量、提高經濟福利的理想。反之，一國若閉關自守，完全自給自足，雖非不能生存，但其福利水準必然大幅下降，國際貿易的重要性由此可見一斑。

國際貿易之所以發生，究其原因，主要是由下述因素所致：

㈠各國經濟資源稟賦不同

人力、資本、土地、及企業家精神等生產要素在世界各國的分配並不均勻，各國的經濟資源稟賦差異極大。有的國家擁有廣大的肥沃土地——如澳大利亞，有利於生產**土地密集** (land-intensive) 的產品，如農產品及牛、羊等畜牧業；有的國家累積有數量鉅大的資本——如美國，有利於生產**資本密集** (capital-intensive) 的產品，如汽車、鋼鐵、化學、及電腦等產品；有的國家有豐富的人力資源——如大部分的開發中國家，有利於生產**勞動密集** (labor-intensive) 的產品，如鞋類、家用器具、紡織品等。由於各國經濟資源稟賦的差異與各種產品生產所需投入要素的不同，國際間實行生產分工專業而從事產品貿易，顯然是有利而必然的途徑。

㈡國與國之間生產要素缺乏移動性

如果生產要素在國與國之間能夠自由且容易移動，那麼或許可以生產要素的移動來取代產品的貿易。但事實上，生產要素在國家之間不如在國內移動那樣容易，所以才會產生財貨與勞務的國際貿易，以替代國際間生產要素的移動。

㈢有效生產各種產品所需的技術與投入不同

有些產品的生產，是國內目前的技術水準或所具有的經濟資源所無法生產或必須花費鉅大成本才能生產的，因此唯有進行國際貿易，以有易無，以彼之長補己之短，才是促進經濟繁榮、提高生活水準的有利途徑。

　　由於生產技術與經濟資源稟賦會隨著時間的推進而改變，因此每個國家有利於專業生產的產品種類也會發生改變，國際貿易的型態與結構也就因時推移而有所不同。

第五節　國際貿易的重要性

　　國際貿易對各個國家的重要性可由貿易量的大小，或進、出口佔國民（內）生產毛額的比例來衡量。一般而言，幅員遼闊、資源豐富、人口眾多的大國，即使不進行國際貿易，其國內廣大的市場亦可提供適度的有效需求，國內資源足以供應生產所需的投入要素，故其對國際貿易依賴的程度較低；反之，幅員狹小、資源貧乏、人口不多的小國，國內市場狹小，不足以提供本國生產所需的有效需求，國內資源不足以供應生產所需的投入要素，國際貿易對它就顯得相當重要，其對國際貿易依賴的程度也就較大。因此，國際貿易的重要性對小國遠高於對大國。例如，2009 年，進出口總額、出口額、及進口額對國內生產毛額 (GDP) 的比率，在我國分別為116.35%、62.49%、及 53.86%；在美國則只分別為 18.85%、7.48%、及11.37%❶，這足以顯示我國小型開放經濟與國際經濟關係的密切，並證明我國對外貿易依賴程度之深切。

　　另就長期趨勢觀察，全世界之進、出口值逐年不斷增加（表 1–1 及 1–2），進、出口佔國民（內）生產毛額的比重也不斷提高，這種事實進一步證實了國際貿易的必要性與重要性。此外，國際金融的關係亦日趨密切，諸如國際金融市場的整合、歐元的成立、國際的資本移動、先進國家與開發中國家之間大量的資金借貸等，都使國際間的經濟與金融活動緊相結納。在這種情況下，一個國家若想要降低對外經濟關係，甚或回復到閉關自守的狀態，顯然是不可能的；即使可能，其所付出的經濟福利的犧牲與代價將是不可計量的。目前我國已成為全世界貿易大國之一，在未來國際貿易也將是繼續推動我國經濟發展的主力，國際經濟學的研究因此尤其重要。

---

❶根據行政院主計處，《國民經濟動向統計季報》，計算而得。

表 1–1　全世界主要貿易國的出口值

單位：10 億美元

年別	中華民國	世界	美國	日本	德國	法國	英國	義大利	韓國	新加坡	香港	中國大陸
1982	22.20	1,777.2	216.44	138.39	176.42	96.69	97.02	73.79	21.85	20.79	21.01	22.32
1983	25.12	1,735.9	205.64	146.97	169.42	94.94	91.87	72.88	24.45	21.83	21.96	22.23
1984	30.46	1,841.3	223.98	169.70	171.74	97.57	93.84	74.56	29.25	24.07	28.32	26.14
1985	30.73	1,890.8	218.82	177.16	183.93	101.67	101.36	76.72	30.28	22.81	30.19	27.35
1986	39.86	2,060.0	227.16	210.76	243.33	124.83	106.96	97.20	34.72	22.50	35.44	30.94
1987	53.68	2,433.9	254.12	231.29	294.37	148.38	131.19	116.71	47.28	28.69	48.48	39.44
1988	60.67	2,782.5	322.43	264.86	323.32	167.79	145.46	127.86	60.70	39.31	63.16	47.52
1989	66.30	3,027.4	363.81	273.93	341.23	179.43	153.27	140.56	62.38	44.66	73.14	52.54
1990	67.21	3,443.9	393.59	287.58	410.10	216.59	185.27	170.49	65.02	52.73	82.16	62.09
1991	76.18	3,534.2	421.73	314.79	402.84	217.10	185.26	169.47	71.87	58.97	98.58	71.91
1992	81.47	3,763.8	448.16	339.89	422.27	235.87	190.43	178.16	76.63	63.47	119.49	84.94
1993	85.09	3,768.1	464.77	362.24	382.47	210.44	181.36	169.15	82.24	74.01	135.24	91.74
1994	93.05	4,287.5	512.63	397.01	429.72	234.02	204.00	191.42	96.01	96.83	151.40	121.01
1995	111.66	5,130.8	584.74	443.12	523.80	284.87	242.01	234.00	125.06	118.27	173.75	148.78
1996	115.94	5,352.0	625.07	410.90	524.20	287.67	262.10	252.04	129.72	125.01	180.75	151.05
1997	124.17	5,532.9	689.18	420.96	512.43	289.74	281.04	240.40	136.16	124.99	188.06	182.79
1998	112.60	5,447.8	682.14	387.93	543.40	305.64	271.72	245.70	132.31	109.90	174.00	183.71
1999	123.73	5,639.6	695.80	419.37	542.87	299.65	268.18	235.18	143.69	114.68	173.89	194.93
2000	151.95	6,359.5	781.92	479.25	550.11	298.71	281.74	239.89	172.27	137.80	201.86	249.20
2001	126.31	6,126.8	729.10	403.50	571.36	294.95	267.38	244.21	150.44	121.75	189.89	266.10
2002	135.32	6,419.4	693.10	416.73	615.44	308.47	276.22	254.10	162.47	125.18	200.09	325.60
2003	150.60	7,464.7	724.77	471.82	751.68	362.54	304.11	299.41	193.82	144.18	223.76	438.23
2004	182.37	9,122.5	818.52	565.68	909.24	418.15	341.56	353.43	253.85	198.64	259.26	593.33
2005	198.43	10,437.0	907.16	594.91	977.88	443.58	371.38	372.93	284.42	229.65	289.34	761.95
2006	224.02	12,106.5	1,038.27	649.93	1,122.07	490.68	427.65	416.19	325.47	271.81	316.82	969.38
2007	246.68	13,828.5	1,162.98	714.21	1,323.82	550.40	434.97	499.93	371.49	299.27	344.53	1,217.80
2008	255.63	16,018.7	1,301.11	782.05	1,451.39	608.48	469.39	544.96	422.01	338.20	362.69	1,428.66
2009	203.67	12,370.9	1,056.75	580.72	1,127.64	474.33	356.22	405.35	361.61	269.83	318.53	1,201.79

資料來源：行政院主計處，《國民經濟動向統計季報》，各期。

表 1-2 全世界主要貿易國的進口值

單位: 10 億美元

年別	中華民國	世界	美國	日本	德國	法國	英國	義大利	韓國	新加坡	香港	中國大陸
1982	19.89	1,864.8	254.88	131.50	155.32	116.51	99.65	87.33	24.25	28.17	23.58	19.29
1983	20.29	1,803.6	269.88	126.44	152.88	106.25	100.08	79.81	26.19	28.16	24.02	21.39
1984	21.96	1,924.0	346.36	136.18	153.02	104.37	104.73	85.16	30.63	28.67	28.57	27.41
1985	20.10	1,970.7	352.46	130.49	158.49	108.34	109.51	87.69	31.14	26.29	29.70	42.25
1986	24.18	2,149.6	382.30	127.55	190.87	129.40	126.34	100.67	31.58	25.51	35.37	42.90
1987	34.98	2,518.5	424.44	151.03	228.44	158.48	154.39	125.66	41.02	32.56	48.47	43.22
1988	49.67	2,884.4	459.54	187.38	250.47	178.84	189.69	138.55	51.81	43.86	63.90	55.27
1989	52.27	3,121.8	492.92	209.72	269.70	192.95	199.19	153.01	64.46	49.66	72.16	59.14
1990	54.72	3,540.7	516.99	235.37	346.15	234.45	224.41	181.97	69.84	60.77	82.49	53.35
1991	62.86	3,651.0	508.36	237.00	389.91	231.78	209.81	182.68	81.52	66.10	100.24	63.79
1992	72.01	3,880.4	553.92	233.25	402.44	239.64	221.50	188.52	81.78	72.17	123.41	80.59
1993	77.06	3,830.4	603.44	241.62	346.03	203.20	206.10	148.27	83.80	85.23	138.65	103.96
1994	85.35	4,352.8	689.22	275.24	385.35	234.57	226.16	169.17	102.35	102.67	161.84	115.62
1995	103.55	5,204.3	770.85	335.88	464.27	281.44	265.30	206.04	135.12	124.51	192.75	132.08
1996	102.37	5,457.0	822.03	349.15	458.78	281.75	287.43	208.09	150.34	131.34	198.55	138.83
1997	114.96	5,641.2	899.02	338.75	445.62	271.91	306.49	210.27	144.62	132.44	208.61	142.37
1998	105.23	5,574.2	944.35	280.48	471.42	290.24	313.94	218.45	93.28	104.72	184.52	140.24
1999	111.20	5,799.8	1,059.44	311.26	473.54	294.18	317.97	220.32	119.75	111.06	179.52	165.70
2000	140.73	6,572.2	1,259.30	379.51	495.35	310.77	334.44	238.02	160.48	134.55	212.81	225.09
2001	107.97	6,355.5	1,179.18	349.09	485.97	301.99	320.98	236.09	141.10	116.00	201.08	243.55
2002	113.25	6,594.8	1,200.23	337.19	490.02	311.72	335.34	246.50	152.13	116.45	207.64	295.17
2003	128.01	7,685.5	1,303.05	382.93	604.63	369.99	380.66	297.35	178.83	127.94	231.90	412.76
2004	168.76	9,374.9	1,525.37	454.54	715.68	442.43	451.81	355.16	224.46	163.85	271.07	561.23
2005	182.61	10,681.4	1,735.06	514.92	780.44	490.57	482.78	384.80	261.24	200.05	299.53	659.95
2006	202.70	12,260.9	1,918.08	579.57	922.34	546.48	546.60	440.78	309.38	238.71	334.68	791.61
2007	219.25	14,082.3	2,020.40	619.66	1,056.00	631.39	620.76	509.94	356.85	263.15	367.67	956.25
2008	240.45	16,252.6	2,169.49	762.63	1,186.68	714.57	642.88	563.44	435.28	319.78	388.51	1,131.62
2009	174.37	12,556.1	1,605.30	550.55	939.13	555.39	483.96	412.22	322.84	245.78	347.33	1,004.18

資料來源: 同表 1-1。

◆ 第二章

古典國際貿易理論

國際貿易為何會發生?貿易型態或方向如何決定?貿易利得如何分配?對於這三個基本的貿易問題,古典學派的學者根據**勞動價值說** (labor theory of value),從生產供給面的觀點,提出**絕對利益法則** (principle of absolute advantage) 及**比較利益法則** (principle of comparative advantage) 予以闡釋,本章即在概要地介紹古典國際貿易理論。

■ 第一節　古典國際貿易理論產生的背景

一、重商主義

在 Smith 於 1776 年發表《國富論》,開創古典學派經濟理論之前的 16 世紀以至 18 世紀中期 (約從 1500 年至 1750 年),經濟思想的主流為**重商主義** (Merchantilism)❶,其對國際貿易的主要論點為:

1.貴金屬 (金、銀、財寶) 是一個國家財富的根本,強盛的象徵。

2.貿易順差或盈餘 (trade surplus) 是累積財富的途徑,因此盡力鼓勵產品出口,以換取金銀等貴金屬進口。

3.限制外國產品輸入,以防止本國貴金屬的外流❷。

在這種思想背景下,各國為累積貴重金屬,無不採取保護貿易的措施,設法增加出口、減少進口,國際貿易因此受到阻礙,貿易量的增長甚為緩

---

❶這些人只是對經濟現象與政策持相同的看法,他們的著作尚未形成有系統、有組織的學問,故不能稱為一正式的學派。

❷這種作法通常也被稱為金銀通貨主義 (bullionism)。在現代,一些國家想盡各種方法來產生國際收支順差,累積外匯,這事實上與重商主義是相同的。

慢。在此情況下，Smith 首先駁斥重商主義視貴金屬為國家財富（或資本）的說法，認為收入（所得）大於支出（消費）雖是個人致富之道，但長期的國際貿易盈餘——即出口大於進口，以及因此而累積的金銀，其本身並不能使一個國家富強。因此，Smith 本其自由競爭的經濟思想，根據勞動價值說，提出絕對利益法則，力倡自由貿易。

 ## 二、勞動價值說

所謂勞動價值說，其要旨及基本假設略如下述：

1.勞動是唯一有產出報酬的生產要素。因此，不管生產過程中是否還有其他生產要素投入，只有勞動構成生產的成本，產品價值的高低，完全取決於生產時勞動投入數量的多寡。

2.所有勞動都是同質的 (homogeneous) 並獲得相同的工資報酬。因此，只須由勞動投入數量的多寡，不須考慮工資差異的因素，即可決定生產成本的大小。

3.每一單位產品生產所需要的勞動投入（勞動小時）維持不變，即每單位產品的實質成本固定。

根據此一觀點，Smith 首先提出絕對利益的法則，然後 Ricardo (1817) 再提出比較利益的法則。因此，古典派的國際貿易理論又被稱為**單一要素**（即勞動）模型 (one-factor model)。

第二節　國際貿易的發生與貿易方向的決定

兩國之間為何會有貿易發生呢？如果貿易發生，每一個國家到底應該出口那一種產品而進口那一種產品，即貿易方向如何決定呢？對於這兩個問題的探討，是古典國際貿易理論的起點。

一、絕對利益法則

古典單一要素模型的主要假設為：

1. 只有兩個國家──英國及葡萄牙。

2. 生產兩種產品──布與酒。

3. 每個國家擁有數量一定且完全同質之唯一生產要素──勞動。

4. 勞動在國內具有完全的流動性，但在兩國之間則完全缺乏流動性。

5. 每一種產品的國內生產成本都是固定的，但國與國之間對同一產品的生產成本卻不同。

根據以上假設，現如英國與葡萄牙兩國生產 1 單位的布與酒所需要的勞動小時如下❸：

表 2-1 絕對利益法則

（生產 1 單位產出所需之勞動小時）

產品 \ 國別	布 (C)	酒 (W)	P_W/P_C
英 國	⑦⓪	80	1.14
葡萄牙	100	⑥⓪	0.6

註：有○號者顯示絕對（或比較）利益之所在，以下均同。

上表顯示，生產 1 單位的布所需要的勞動投入，英國為 70 小時，葡萄牙為 100 小時；生產 1 單位的酒所需要的勞動投入，英國為 80 小時，葡萄牙為 60 小時。顯然地，對布的生產英國具有絕對利益（70 小時 < 100 小時），對酒的生產葡萄牙具有絕對利益（60 小時 < 80 小時）。在此情況下，Smith 認為每一個國家應專業生產且出口具有絕對有利的產品，而進口生產上絕對不利的產品。如此，兩國的福利水準均得以提高。

例如，貿易前，英國國內酒的價格 (P_W) 與布的價格 (P_C) 的相對比率

---

❸ 以生產 1 單位產出所需要的勞動小時投入表示之，係為成本表示法。如以每 1 小時勞動投入所能生產多少數量的產出表示之，則為生產力表示法。英國與葡萄牙，酒與布，為古典國際貿易理論的典型例子。

$\left(\dfrac{P_W}{P_C}\right)$ 為 1.14，葡萄牙國內酒與布的相對價格為 0.6❹。現設兩國之間布與酒的交換比率為 1:1（即 $\dfrac{P_W}{P_C}=1$），不同於兩國國內兩種產品的交換比率，在這種情況下，為了獲得 1 單位的布與 1 單位的酒，英國可以生產 2 單位的布，而後以 1 單位的布向葡萄牙換取 1 單位的酒，如此可節省 10 小時的勞動（70＋80－70×2＝10 小時）；葡萄牙可以生產 2 單位的酒，而後以 1 單位的酒向英國換取 1 單位的布，可節省 40 小時的勞動（100＋60－60×2＝40 小時）。在未進行國際貿易之前，全世界生產 2 單位的布，2 單位的酒，總共需要 100＋60＋70＋80＝310 小時勞動；但在進行國際生產分工專業與貿易後，全世界生產 2 單位的布，2 單位的酒，總共需要 60×2＋70×2＝260 小時勞動。因此，全世界可以增加 50 小時的休閒，其中英國增加 10 小時的休閒，葡萄牙增加 40 小時的休閒。因此，依據絕對利益法則，進行國際生產分工專業而後貿易，必然能夠提高全世界及各國的福利水準❺。

二、比較利益法則

吾人進一步追問，如果一個國家對兩種產品的生產均具絕對利益，另一個國家對兩種產品的生產均為絕對不利，是否會有國際貿易發生呢？依 Smith 及其當時學者的看法，在此情況下不會有國際貿易發生，因為一個國家對兩種產品的生產既然均具絕對利益，自行生產應遠較向外國購買有利，因此無需進行國際貿易。但是，Ricardo (1817) 卻推翻了這種說法。

Ricardo 認為，儘管一個國家對兩種產品的生產均具有絕對利益，國際貿易的發生對全世界及各國仍然是有利的。因為一個國家雖然在兩種產品的生產上都有利，但如生產甲種產品的絕對利益大於生產乙種產品的絕對利益，即生產甲產品比生產乙產品更相對的較有利（即比較利益發生），

---

❹於完全競爭下，產品的價格等於其邊際成本，所以 $\dfrac{P_W}{P_C}=\dfrac{MC_W}{MC_C}$。根據勞動價值說，邊際成本等於勞動投入且是固定的。

❺這意謂國際貿易是一正和競局 (positive-sum game)，而不是重商主義者所認為的零和競局 (zero-sum game)。

在此情況下，雖然乙產品在國內生產的成本比較低，該國仍將寧願放棄生產乙產品，專業生產利益較大的甲產品，而以之交換他國生產的乙產品。

表 2-2 比較利益法則

（生產 1 單位產出所需之勞動小時）

產品\國別	布 (C)	酒 (W)	P_W/P_C
英 國	⟨100⟩	120	1.2
葡萄牙	90	⟨80⟩	0.89

表 2-2 顯示，葡萄牙對布及酒的生產均具絕對利益。依 Smith 的觀點，不會有國際貿易發生，但 Ricardo 認為一個國家對兩種產品同時具有絕對利益，但其比較利益不同時，仍應進行國際貿易。表中，葡萄牙生產布所具有的比較利益為 $\frac{100}{90}$，生產酒所具有的比較利益為 $\frac{120}{80}$。因此，葡萄牙對酒與布的生產都比較有利，但生產酒的比較利益大，生產布的比較利益小；英國對酒與布的生產都比較不利，但生產酒的比較不利大，生產布的比較不利小。因此，葡萄牙應專業生產且出口比較利益大的產品（酒），而進口比較利益小的產品(布)；英國則應專業生產且出口比較不利小的產品(布)，而進口比較不利大的產品（酒）。

三、等成本差異

Smith 及當時的學者認為一個國家對兩種產品同時具有絕對利益時不會產生國際貿易的情況，只有在比較利益不存在，也就是兩種產品的交換比價（或成本比率）在國內與在國外相同的情況下，才會發生，這可由下表假設的情況看出。

表 2-3 顯示，葡萄牙對布及酒的生產均具絕對利益。同時，葡萄牙對布及酒的生產和英國比較均具有**相等的成本差異** (equal cost-difference)，即葡國對兩種產品具有相同的比較利益，因而導致兩種產品在兩國國內的交

換比率 (domestic exchange ratio) 相同❻。在此情況下，在國內進行兩種產品的交換與對國外交換一樣，實沒有進行國際貿易的必要，國際貿易因此無由發生。

表 2–3　等成本差異

（生產 1 單位產出所需之勞動小時）

產　品 國　別	布 (C)	酒 (W)	P_W/P_C
英　國	100	89	0.89
葡萄牙	90	80	0.89

設 A 國與 B 國生產 1 單位酒與布所需要的勞動投入分別為 a_{LW}、a_{LC} 與 b_{LW}、b_{LC}，則以上三表分析的結果可以代數式簡明表示如下（ * 代表專業利益之所在）：

絕對利益法則（或絕對成本差異）：$\dfrac{a_{LW}^*}{b_{LW}} < 1 < \dfrac{a_{LC}}{b_{LC}^*}$，有貿易發生。

比較利益法則（或比較成本差異）：$\dfrac{a_{LW}^*}{b_{LW}} < \dfrac{a_{LC}}{b_{LC}^*} < 1$，有貿易發生。

無比較利益（或等成本差異）：$\dfrac{a_{LW}}{b_{LW}} = \dfrac{a_{LC}}{b_{LC}}$，沒有貿易發生。

經由絕對利益法則、比較利益法則、及等成本差異的分析後，我們可以得到以下的結論：

　1. 具有比較利益一定具有絕對利益，但具有絕對利益不一定具有比較利益（如表 2–3 之等成本差異），比較利益法則所涵蓋的範圍顯然大於絕對利益法則。因此，自 Ricardo 之後，吾人通常以比較利益取代絕對利益，作為解說國際貿易發生之原因。

---

❻設 A 國與 B 國生產 1 單位酒與布所需的勞動投入分別為 a_{LW}、a_{LC} 與 b_{LW}、b_{LC}，則等成本差異表示 $\dfrac{a_{LW}}{b_{LW}} = \dfrac{a_{LC}}{b_{LC}}$，移項得到 $\dfrac{a_{LW}}{a_{LC}} = \dfrac{b_{LW}}{b_{LC}}$，表示兩國國內交換比率相同。

2.國際貿易必須在有比較利益——即兩國國內交換比率互不相同的情況下，才會發生。

3.貿易方向決定於比較利益，即一個國家應專業生產且出口比較利益較大——即比較成本較低，相對價格較廉或勞動生產力較高之產品，而進口比較利益較小——即比較成本較高、相對價格較貴或勞動生產力較低的產品。

第三節　貿易條件與貿易利得

一、貿易條件的決定

貿易條件 (terms of trade, TOT) 是指：一個國家的出口品價格指數對其進口品價格指數的比率，或輸入 1 單位進口品與本國所需輸出之出口品數量的比率；而所謂的均衡貿易條件 (equilibrium terms of trade) 是指：能使兩國願意出口與願意進口之數量相互均等的出口品價格指數對進口品價格指數的比率（或進口品數量對出口品數量的實物交換比率）。

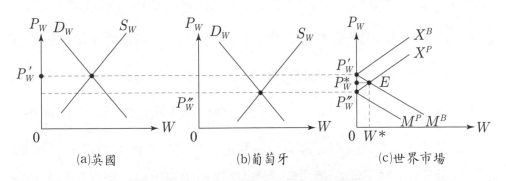

(a)英國　　　　　　　(b)葡萄牙　　　　　　(c)世界市場

圖 2-1　酒之國際均衡價格與貿易量的決定

均衡貿易條件決定的過程如下。首先，由圖 2-1 (a)及(b)，以每一個國家自給自足時的國內均衡價格（P_W' 及 P_W''）為基準，當國內價格大於均衡價格時，可以求得圖 2-1 (c)之每一個國家對酒的超額供給曲線（即出口供

給曲線 $P'_W X^B$ 及 $P''_W X^P$）；當國內價格小於均衡價格時，則可以求得每一個國家對酒的超額需求曲線（即進口需求曲線 $P'_W M^B$ 及 $P''_W M^P$）。當一個國家對酒的出口供給曲線與另一個國家的進口需求曲線相交時，即決定了酒之國際均衡價格與貿易量。如圖 2–1 (c)，在酒之國際均衡價格 P^*_W 下，葡萄牙出口 (X^P) 的酒 W^* 等於英國進口 (M^E) 的酒 W^*，兩個國家對酒的進出口數量達於均等。同理，我們可以求得布之國際市場的均衡價格 (P^*_C) 與貿易量，進而即可決定均衡貿易條件 $\left(\dfrac{P^*_W}{P^*_C}\right)$。

　　由以上的分析我們知道均衡貿易條件的決定須同時考慮到需求條件與供給條件。但是，在古典模型下，只從供給面來決定比較利益，進而決定貿易方向與型態。因此，在沒有考慮需求條件的情況下，均衡的貿易條件根本無法確定。

二、貿易利得的分配

　　由於古典模型中均衡的貿易條件無法確定，因此只能由所設定的貿易條件來決定貿易利得如何於兩國之間分配。根據 Ricardo 之比較利益模型（表 2–2），英國國內酒與布的交換比率為 1 單位的酒可以換取 1.2 單位的布 $\left(\dfrac{P_W}{P_C} = 1.2\right)$，因此只要出口少於 1.2 單位的布可以換取 1 單位的酒進口，英國即有貿易利得；葡萄牙國內酒與布的交換比率為 1 單位的酒可以換取 0.89 單位的布 $\left(\dfrac{P_W}{P_C} = 0.89\right)$，因此只要出口 1 單位的酒可以換取 0.89 單位以上的布進口，葡萄牙即有貿易利得。當貿易條件為 $TOT = \dfrac{P_W}{P_C} = 1.2$ 時，葡萄牙出口 1 單位的酒可以換取 1.2 單位的布進口，則貿易利得全歸葡萄牙所獲得，但英國的福利水準與貿易前一樣，並無損失，故此交換比率（即英國的國內交換比率）為國際貿易條件的上限。當貿易條件為 $TOT = \dfrac{P_W}{P_C} = 0.89$ 時，英國只要出口 0.89 單位的布就可以換取 1 單位的酒進口，則貿易利得全歸英國所獲得，但葡萄牙的福利水準與貿易前一樣，並無損失，故此交換比率（即葡萄牙的國內交換比率）為國際貿易條件的下限。

在一般的情況下，貿易條件通常介於上下限（即兩國貿易前國內交換比率）之間，設 $TOT = \dfrac{P_W}{P_C} = 1$，則英國花 100 小時勞動生產 1 單位的布可以換得 1 單位的酒，節省了 20 小時勞動（120 – 100 = 20 小時）；葡萄牙花 80 小時勞動生產 1 單位的酒可以換得 1 單位的布，節省了 10 小時勞動（90 – 80 = 10 小時）。因此，在未進行國際貿易之前，全世界生產 2 單位的酒與 2 單位的布需要 390 小時的勞動（100 + 120 + 90 + 80 = 390 小時），但在比較利益法則下進行國際分工專業生產而後貿易，生產同樣數量的產出只需要 360 小時的勞動（100 × 2 + 80 × 2 = 360 小時），全世界總共節省了 30 小時的勞動。因此，國際貿易使全世界及兩國的福利水準均提高，而兩國福利水準提高多少（即貿易利得的分配）則視貿易條件而定。**貿易條件與對手國貿易前的國內交換比率愈接近，本國的貿易利得愈大；與本國貿易前的國內交換比率愈接近，本國的貿易利得就愈小。**

三、交互需求法則

古典國際貿易理論忽略了需求因素的重要，這是一重大缺失，而古典經濟理論大師 Mill (1848) 首先提出**交互需求法則** (law of reciprocal demand)，將需求因素導入國際貿易理論之中，以說明貿易條件決定的原則。**交互需求法則是指，貿易條件有利與否，端視貿易雙方彼此對另一國出口品需求程度的強弱而定。**如果英國對葡萄牙出口品的需求愈強，葡萄牙對英國出口品的需求愈弱，則所決定的貿易條件對葡萄牙愈有利，葡萄牙的貿易利得也就愈大；反之，英國對葡萄牙出口品的需求愈弱，葡萄牙對英國出口品的需求愈強，則所決定的貿易條件對英國愈有利，英國的貿易利得也就愈大。

嚴格而言，古典貿易模型根據勞動價值說，假設只有勞動要素投入，生產成本固定。因此，國內產品的價格應完全由供給條件所決定，即以勞動投入數量的多寡來決定產品價格的高低。在此情況下，如何引進需求因

素而決定貿易條件呢? 關鍵在於當兩國發生貿易時, 由兩國所構成的生產
成本就不再是固定的了。

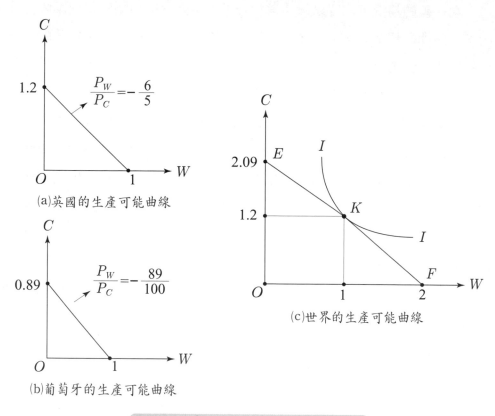

(a)英國的生產可能曲線

(b)葡萄牙的生產可能曲線

(c)世界的生產可能曲線

圖 2–2　導入需求因素的古典貿易模型

　　圖 2–2 (a)及(b)分別代表英國及葡萄牙的**生產可能曲線** (production pos-
sibilities curve), 由於生產成本固定, 故為一直線, 將兩者合併後成為圖 2–2
(c)的世界生產可能曲線, 其於 K 點發生轉折。因此, 當國際貿易發生後,
就全世界而言, 生產成本不再是固定, 而是遞增的。在此情況下, 世界的
生產點決定於世界的**消費無異曲線** (consumption indifference curve) II 與世
界生產可能曲線相切之點。有三種可能: 相切於 EK 之間、相切於 K 點、
或相切於 KF 之間。根據古典模型, 切點必然是 K 點, 如此兩國均完全專
業於一種產品的生產〔這是固定生產成本下必然導致完全專業生產的結果,
因此 K 點又稱為**李嘉圖點** (Ricardo point)〕。世界的消費無異曲線代表世界

的消費條件，世界的生產可能曲線代表世界的供給條件，兩者共同決定生產點 K，而世界消費無異曲線在 K 點的切線斜率即為均衡的貿易條件，其必介於兩國貿易前的國內交換比率之間（即 $-\frac{6}{5}$ 與 $-\frac{89}{100}$ 之間）。因此，即使國內價格由供給條件（勞動成本）所單獨決定，但國際價格卻由供給與需求條件所共同決定。

四、古典貿易理論的要旨

古典貿易理論是研究國際經濟學的起點，尤其是 Ricardo 的比較利益法則，至今仍是國際貿易理論的核心，現在我們將以上所討論的古典貿易理論摘要如下：

1.比較成本之不同，或比較利益之發生，是由於兩國對同一產品的生產技術不同所致。但何以兩國對同一產品之生產技術不同（即生產函數不同）呢？古典模型對此並未提出明確的解釋（Ricardo 曾經把兩國生產函數之不同歸於氣候因素），現代國際貿易理論研究的重心之一，即在於探究這種導致比較利益發生之真正原因所在。

2.一國應專業生產且出口本國比較利益較大或比較不利較小的產品，而進口本國比較利益較小或比較不利較大的產品。在生產成本固定的假設下，如兩國的大小或兩種產品的經濟價值相同，則兩國完全專業 (complete specialization) 生產將是自然的結果。

3.在自由貿易且假設沒有運輸成本的情況下，國際貿易將導致兩國產品之絕對與相對價格都趨於完全均等。

4.國際貿易發生的必要條件為貿易前兩國的國內交換比率（或比較成本）不同。均衡的國際貿易條件，以兩國貿易之前自給自足的國內交換比率為上限及下限，但通常是介於兩者之間的。

5.兩國均可能獲取貿易利得，最極端的情況是貿易利得完全由一國所獨得，另一國完全沒有獲得利益。不過，國際貿易至少對兩國均無不利之處。

第四節　匯率變動與絕對及比較利益

　　以上所討論的是一種實質的比較利益，即完全從實質面來分析比較利益之所在，以決定貿易型態。但是，實際上吾人是生活於貨幣經濟社會之中，國際貿易活動都須透過貨幣的媒介而進行。因此，本節開始將貨幣因素導入古典模型之中，即考慮匯率 (exchange rate) 與工資率 (wage rate) 後，分析其對實質的貿易將會有何影響。

一、匯率變動與絕對利益

　　為分析方便起見，本節以英國及美國為貿易國。英國之通貨——英鎊 (sterling) 以 £ 表示，美國之通貨——美元 (dollar) 以 $ 表示。假設開始時兩國之匯率 ($1 £) 為 $2 = £1，為將工資因素暫時隔離，故設工資率 (每小時) 英國為 £5，美國為 $10。如此，£$5 \times \dfrac{\$2}{£1} = \$10$，表示兩國之工資率相同。又設兩國實質絕對成本的差異如表 2–4。

表 2–4　實質的絕對成本差異

(生產 1 單位產出所需的勞動小時)

產　品　國　別	布 (C)	酒 (W)
英　國 (B)	②	10
美　國 (A)	4	⑧

　　上表顯示，英國對布之生產具有絕對利益，美國對酒之生產具有絕對利益。在這情況下，兩國匯率變動的上限與下限可以根據生產成本的比值計算而得。對布的生產，美國成本 (a_{LC}) 對英國成本 (b_{LC}) 的比率為：

$$\frac{a_{LC}}{b_{LC}} = \frac{4}{2} = 2$$

　　上式表示，對布之生產，英國之效率為美國的 2 倍。對酒的生產，美

國成本 (a_{LW}) 對英國成本 (b_{LW}) 的比率為：

$$\frac{a_{LW}}{b_{LW}} = \frac{8}{10} = 0.8$$

上式表示，對酒之生產，英國之效率為美國的 0.8 倍。

匯率與工資率變動的原則是：貨幣因素的變動不能抵銷實質成本因素的差異，否則以實質成本表示的絕對利益將與以貨幣成本表示的絕對利益不相一致。準此，在兩國現行的工資率下，匯率變動的上限為 \$4 = £1，因為：

$$\frac{\$4}{£1} \times \frac{£5}{\$10} = 2$$

表示上限匯率與兩國不同貨幣單位工資率之比率的乘積，等於兩國實質成本差異之比率的上限。同理，匯率變動的下限為 \$1.6=£1，因為：

$$\frac{\$1.6}{£1} \times \frac{£5}{\$10} = 0.8$$

表示下限匯率與兩國不同貨幣單位工資率之比率的乘積，等於兩國實質成本差異之比率的下限。

以實際數據舉證如下。設匯率為 \$2.5 = £1，則兩國之工資率以英鎊表示，英國為 £5，美國為 $£4\left(= \$10 \times \frac{£1}{\$2.5}\right)$；以美元表示，英國為 \$12.5 $\left(= £5 \times \frac{\$2.5}{£1}\right)$，美國為 \$10。因此，以貨幣表示的絕對成本差異如表 2–5。

表 2–5　貨幣表示的絕對成本差異 (\$2.5 = £1)

以英鎊 (£) 表示

國　別 ＼ 產　品	布	酒
英　國	£10	£50
美　國	£16	£32

以美元 (\$) 表示

國　別 ＼ 產　品	布	酒
英　國	\$25	\$125
美　國	\$40	\$80

若匯率為 \$1.8 = £1，則兩國之工資率以美元表示，英國為 \$9，美國為 \$10，因此以貨幣表示的絕對成本差異如表 2–6。

表 2-6　貨幣表示的絕對成本差異 ($1.8 = £1)

以美元 ($) 表示

產品　國別	布	酒
英　國	$18	$90
美　國	$40	$80

　　由表 2-5 與表 2-6 可知，在兩國之工資率為 £5 : $10 下，只要匯率的變動限於 $4.0 = £1 及 $1.6 = £1 之間，以勞動投入表示的實質絕對成本差異與以貨幣表示的貨幣絕對成本差異是一致的，兩國之間將有貿易發生。

　　若匯率變動的範圍超出上限或下限，其結果如何呢? 設匯率為 $5 = £1，則工資率以英鎊表示，英國為 £5，美國為 £2; 以美元表示，英國為 $25，美國為 $10。如此，以貨幣表示的絕對成本差異如表 2-7。

表 2-7　貨幣表示的絕對成本差異 ($5 = £1)

以英鎊 (£) 表示

產品　國別	布	酒
英　國	£10	£50
美　國	£8	£16

以美元 ($) 表示

產品　國別	布	酒
英　國	$50	$250
美　國	$40	$80

　　設匯率為 $1 = £1，則工資率以英鎊表示，英國為 £5，美國為 £10; 以美元表示，英國為 $5，美國為 $10。如此，以貨幣表示的絕對成本差異如表 2-8。

　　表 2-7 顯示，當匯率超過上限時 (即英鎊過度升值，或美元過度貶值)，無論以英鎊或美元表示，對布及酒的生產，美國均較英國之生產成本為低，即兩種產品的價格美國均較英國便宜，美國不可能由英國進口任何產品，國際貿易因此無法發生。表 2-8 顯示，當匯率低於下限時 (即英鎊過度貶值，或美元過度升值)，無論以英鎊或美元表示，對布及酒的生產，英國均較美國便宜，英國不可能由美國進口任何產品，國際貿易亦無由發生。當匯率等於上限或下限且有國際貿易發生時，貿易條件將與貿易前其中一國

表 2-8 貨幣表示的絕對成本差異 ($1 = £1)

以英鎊 (£) 表示

產 品 國 別	布	酒
英 國	£10	£50
美 國	£40	£80

以美元 ($) 表示

產 品 國 別	布	酒
英 國	$10	$50
美 國	$40	$80

的國內交換比率相同，貿易利得因此全歸另一國所享有。

 ## 二、匯率變動與比較利益

　　根據表 2-4，設在原來匯率 $2 = £1 及工資率 £5：$10 下，美國之勞動生產力提高 4 倍，則實質成本差異如表 2-9。此表顯示，表 2-4 的絕對成本差異變成為比較成本差異，美國對酒之生產具有較大的比較利益，英國對布的生產則有較小的比較不利，由於美國勞動生產力提高 4 倍，根據完全競爭之邊際生產力工資理論，在原來匯率 $2 = £1 下，美國之每小時工資率應由 $10 提高至 $40，以反映勞動生產力的提高，英國之每小時工資率則仍維持 £5。

表 2-9 實質之比較成本差異

(生產 1 單位產出所需之勞動小時)

產 品 國 別	布 (C)	酒 (W)
英 國 (B)	2	10
美 國 (A)	1	2

　　在這一定的相對工資率 (£5：$40) 下，匯率變動的上限與下限可以根據兩國生產成本的比值計算而得。對布的生產，美國對英國的成本比率為：

$$\frac{a_{LC}}{b_{LC}} = \frac{1}{2}$$

上式表示，對布之生產，英國勞動生產力只及美國勞動生產力的 $\frac{1}{2}$。

對酒的生產，美國對英國的成本比率為：

$$\frac{a_{LW}}{b_{LW}} = \frac{2}{10} = \frac{1}{5}$$

上式表示，對酒之生產，英國勞動生產力只及美國勞動生產力的 $\frac{1}{5}$。同樣地，匯率與工資變動的原則是：貨幣因素的變動不能抵銷實質勞動生產力的差異，否則會產生以實質成本表示與以貨幣成本表示的比較利益不相一致的現象。準此，在兩國現行工資率下，匯率變動的上限仍為 \$4 = £1，因為：

$$\frac{\$4}{£1} \times \frac{£5}{\$40} = \frac{1}{2}$$

表示上限匯率與兩國不同貨幣單位工資率之比率的乘積，等於兩國實質勞動生產力差異之比率的上限。同理，匯率變動的下限仍為 \$1.6 = £1，因為：

$$\frac{\$1.6}{£1} \times \frac{£5}{\$40} = \frac{1}{5}$$

表示下限匯率與兩國不同貨幣單位工資率之比率的乘積，等於兩國實質勞動生產力差異之比率的下限。

以實際數據舉證如下。仍設匯率 \$2.5 = £1，則工資率以英鎊表示，英國為 £5，美國為 £16；以美元表示，英國為 \$12.5，美國為 \$40。如此，以貨幣表示的比較成本差異如表 2–10。

表 2–10 顯示，匯率如果介於上限與下限之間，以貨幣表示與以實質成本表示的比較利益是一致的，所不同的在於此時美國已由以實質成本表示時，兩種產品均具絕對利益，變成為以貨幣成本表示時，一種產品絕對有利，另一種產品則絕對不利，這種現象是下一節所要討論的。

表 2–10　貨幣表示的比較成本差異 (\$2.5 = £1)

以英鎊 (£) 表示

產品\國別	布	酒
英　國	(£10)	£50
美　國	£16	(£32)

以美元 (\$) 表示

產品\國別	布	酒
英　國	(\$25)	\$125
美　國	\$40	(\$80)

在現行的工資率下，如果匯率的變動超過上限，設為 $5 = £1，或低於下限，設為 $1 = £1，則以美元表示的貨幣成本差異如表 2–11。

表 2–11　匯率變動超過上限或下限，以貨幣表示的成本差異

以美元 ($) 表示，$5 = £1

產品 國別	布	酒
英　國	$50	$250
美　國	$40	$80

以美元 ($) 表示，$1 = £1

產品 國別	布	酒
英　國	$10	$50
美　國	$40	$80

上表顯示，如果匯率變動超過 $4 = £1 的上限，美國生產兩種產品的貨幣成本均比英國低，故不可能有國際貿易發生；如果匯率變動低於 $1.6 = £1 的下限，英國生產兩種產品的貨幣成本均比美國低，國際貿易亦不可能發生。準此，可以得到以下的結論：在一定的工資率下，如果匯率的變動介於其上限與下限之間，以貨幣表示的絕對利益或比較利益，都與以實質成本表示者一致；但如匯率的變動超過其上限或下限，則以實質成本表示時兩國各有絕對或比較利益存在，因此有國際貿易發生，而以貨幣成本表示時，則兩國僅有一方具完全利益，故均無國際貿易發生。若匯率等於上限或下限且有國際貿易發生，則貿易條件必然等於貿易前其中一國的國內交換比率，貿易利得因此全歸另一國所享有。

匯率的變動是否會超過其上限或下限，以致使根據實質因素所建立的古典模型無法成立呢？答案是否定的。古典學派認為，靭性匯率制度 (flexible exchange rates system) 或金本位制度 (gold standard system) 本身具有自動調整機能，能使匯率與工資率自動維持於一適當的水準，國際貿易因而得以發生。

設匯率低於低限而為 $1 = £1，英國對於兩種產品生產的貨幣成本均較美國為低，在這情況下，短期間英國會對美國傾銷其兩種產品❼。因之，美國國內對英鎊的需求增加，英國國內對美元的供給增加。在靭性匯率制

❼在兩國、兩種產品模型下，就長期均衡的觀點而言，不可能一個國家同時出口兩種產品，另一個國家同時進口兩種產品，但在短期間，這是可能的。

度下，英鎊的美元價格會上升至 $1.6 = £1 以上，而使兩國各對一種產品生產之貨幣成本較低，因而確保長期國際貿易的發生。

如果是在金本位制度下，匯率固定而不再能夠自由浮動。當匯率為 $1 = £1 時，英國傾銷其兩種產品至美國，根據 Hume (1752) 金本位制度下的「**價格—硬幣流通機能**」(price-specie-flow mechanism)，美國的國際收支逆差，黃金會流出，貨幣供給因而減少，而使其物價及工資水準下跌；英國的國際收支順差，黃金會流入，貨幣供給因而增加，而使其物價及工資水準上升，最後一定會調至一適當的工資水準，使兩國在目前的匯率下，各對一種產品生產之貨幣成本較低，傾銷中止，取而代之的是長期國際貿易的發生。

■ 第五節　工資變動與比較及絕對成本差異

⊕ 一、生產力、工資與比較利益

根據李嘉圖模型 (Ricardian model)，葡萄牙對酒與布同時具有絕對利益，亦即葡萄牙對兩種產品的生產力均高於英國，在此情況下，為何英國與葡萄牙還會根據比較利益進行國際貿易呢？Ricardo 認為，只有在葡萄牙工資高於英國工資的情況下，兩國才會有國際貿易發生，亦即葡萄牙之高工資抵銷其高生產力的優點，英國之低工資彌補其低生產力的缺點，因此兩國各對一種產品的生產具有較低的貨幣成本，因而有國際貿易發生。

如果兩國的工資率均以黃金表示 (即不考慮匯率問題)，若兩國的工資率相同，且葡萄牙國內兩種產品的價格均比英國便宜。在這情況下，根據長期均衡分析是不會有國際貿易發生的。但是，短期間，葡萄牙會向英國傾銷其價格較為便宜的產品，或英國消費者主動會向葡萄牙購買。如此，根據古典金本位制度下的「價格—硬幣流通機能」，英國的國際收支會逆差，其黃金會流至葡萄牙，使得葡萄牙之貨幣供給增加，工資與價格水準隨之上漲，直到英國人民發現在國內購買布或酒之價格比由葡萄牙進口來得便宜時，這種單向的貿易才會停止，取而代之的是根據比較利益所進行的雙向長期國際貿易。因此，Hume 強調，「價格─硬幣流通機能」不僅於長期間可以平衡兩個國家的進出口數量。在短期間，更可以導致兩個國家工資與相對價格的改變，而使每一個國家可以專業於具有實質比較利益產品的生產。

對於這種工資、物價水準、及國際貿易的關係，N. W. Senior 有精闢的見解❽。他認為兩國之間的相對價格水準，是由獲得黃金的成本差異所決定的。一個國家縱然沒有金礦，但只要其出口產業的勞工具有較高的生產力，也就可以較低的代價獲得黃金。由於獲得黃金（或貴金屬）的成本較低，因此可以獲得較多的黃金，故該國之工資、物價水準較之出口黃金（即進口財貨與勞務）的國家相對為高。由此可知，一個國家即使勞動生產力低於其他國家，這並不阻礙其參與國際貿易，因為在金本位制度下存在有一自動機能，能使兩國之工資率調整至一適當的水準，而使該國出口比較不利最小的產品，進口比較不利最大的產品。

 ## 二、工資率與比較利益

在一定的匯率下（或兩國之工資率均以相同單位──黃金表示），兩國工資率的差異幅度究應限於怎樣的範圍之內，才能使兩國各具比較利益而有國際貿易發生？這問題的答案是：**工資率的變動差幅應限於兩國生產力的差異幅度之間，才會有國際貿易發生。**

設以生產力表示的兩國實質比較成本差異如表 2-12。由此表可知，對布的生產，英國勞動生產力只及葡萄牙勞動生產力的 80% (= 16 ÷ 20)；對酒的生產，英國勞動生產力只及葡萄牙勞動生產力的 53.3% (= 8 ÷ 15)。因此，在一定的匯率下，英國工資率應介於葡萄牙工資率的 80% 與 53.3% 之間。在此範圍內,兩國將發現各專業於一種產品的生產而後相互交易是有利的。

---

❽請參閱 Blaug (1978), p. 131。

表 2–12　實質的比較成本差異

（1 小時勞動單位的產出）

產　品　　　國　別	布 (C)	酒 (W)	$\dfrac{P_W}{P_C}$
英　　國	⑯	8	$\dfrac{16}{8}$
葡萄牙	20	⑮	$\dfrac{20}{15}$
兩國相對生產力	$\dfrac{16}{20}$	$\dfrac{8}{15}$	

　　設兩國之物價及工資均以相同的單位——黃金 (G) 衡量，即匯率為 1:1，葡萄牙之工資率每小時為 G5——即 5 單位重量之黃金。依據葡萄牙國內酒與布之價比 $P_W : P_C = 4:3$，當酒的貨幣價格為 G4 時，則布的貨幣價格為 G3。設英國之工資率與葡萄牙相同，則英國 1 單位酒的貨幣價格為 G7.5 (= G4 ÷ 0.533)，1 單位布的貨幣價格為 G3.75 (= G3 ÷ 0.80)。如此，英國國內酒與布的價比仍為 2:1 (= G7.5 : G3.75 = 16:8)。在此情況下，英國對葡萄牙之布的價比為 G3.75 : G3，酒的價比為 G7.5 : G4。顯然地，英國國內兩種產品的價格均較葡萄牙為高，此種情況若繼續下去，長期間兩國之間沒有國際貿易發生。但是，短時間，英國會由葡萄牙進口兩種產品，其國際收支逆差、黃金數量減少→貨幣供給量減少→物價、工資水準下降。

　　設英國每小時工資率下降 20%（即為葡萄牙工資之 80%）成為 G4，則英國布的價格降為 G3 (= G3.75 × 0.8)，酒的價格降為 G6 (= G7.5 × 0.8)。此時，與葡萄牙布之價格 (G3)，酒的價格 (G4) 比較，英國對布的生產具有比較利益，可專業生產且出口布，而由葡萄牙進口酒。若英國每小時工資率下跌至 G2.66（即葡萄牙每小時工資率的 53.3%），則其布的價格為 G2 (= G3.75 × 0.533)，酒的價格為 G4 (= G7.5 × 0.533)，與葡萄牙（布 G3，酒 G4）比較，英國同樣對布具有比較利益。若英國每小時工資率下跌至 G2.5（即葡萄牙每小時工資率的 50%），則英國布的價格為 G1.875 (= G3.75 × 0.5)，酒的價格為 G3.75 (= G7.5 × 0.5)，與葡萄牙比較，英國之兩種產品的價格均較葡萄牙便宜。因此，在不考慮匯率的情況下，英國工資率介於葡萄牙工資率之 80% 及 53.3% 之間，英國對布，葡萄牙對酒具有比較利益；英國工資率超過葡萄牙工資率之 80% 以上，葡萄牙國內兩種產品的價格均較英國便宜；英國工資率低於葡萄牙工資率之 53.3% 以下，英國國內兩種產品的價格均較葡萄牙便宜。由以上說明可知，為何一個國家若發生物價膨脹而導致工資水準上升，將使其產品在國際市場上的競爭能力下降，甚至喪失。

 ## 三、工資率與絕對利益

根據 Ricardo 的比較利益模型，由於假設葡萄牙對兩種產品的生產力均高於英國，故葡萄牙之工資水準必然高於英國。但是，在 Smith 的絕對利益模型，由於兩國各對一種產品的生產具有較高的生產力，故任何一國之工資水準較高，並不影響實質的絕對成本差異。

表 2–13 顯示，對布之生產，英國之勞動生產力為葡萄牙的 2 倍；對酒之生產，葡萄牙之勞動生產力為英國的 3 倍。設兩國之物價及工資均以黃

表 2–13 實質的絕對成本差異

(1 小時勞動的產出)

國別＼產品	布	酒	$\dfrac{P_W}{P_C}$
英 國	⑳	10	$\dfrac{20}{10}$
葡萄牙	10	㉚	$\dfrac{10}{30}$

金 (G) 為單位，若英國與葡萄牙之工資率相同，當葡萄牙國內酒與布的價比為 $P_W : P_C = 1 : 3$，即酒的價格為 G1 時，布的價格為 G3，則英國酒的價格為 G3 (= G1 ÷ 0.333)，布的價格為 G1.5 (= G3 ÷ 2.0)。如此，以勞動力表示與以貨幣表示的絕對利益一致。在這情況下（表 2–13 之資料所顯示的），葡萄牙之工資只要不高於英國工資的 3 倍，或不低於英國工資的 $\dfrac{1}{2}$；或英國之工資只要不高於葡萄牙工資的 2 倍，或不低於葡萄牙工資的 $\dfrac{1}{3}$，則以生產力與以貨幣表示的絕對利益還是一致的。超過此一範圍，會形成一個

國家之兩種產品的價格均較高，另一個國家之兩種產品的價格均較低，長期之國際貿易因而無法發生。

　　以上的分析顯示，在兩國的貨幣單位相同下，貿易型態完全決定於兩國工資的相對比率，只要知道此一比率，即可知道一國對某一種產品應該出口或進口。假設 A、B 兩國的工資率均以黃金表示，A 國工資率為 W_A，B 國工資率為 W_B，生產 1 單位 i 產品所需的勞動投入，A 國為 a_{Li}，B 國為 b_{Li}，則生產 1 單位 i 產品的成本，A 國為 $W_A \times a_{Li}$，B 國為 $W_B \times b_{Li}$。只要 $W_A \times a_{Li} < W_B \times b_{Li}$，A 國對 i 產品即具有比較利益，應生產且出口這種產品。$W_A \times a_{Li} < W_B \times b_{Li}$ 可以改寫為：

$$\frac{W_A}{W_B} < \frac{b_{Li}}{a_{Li}}, \quad 或$$

$$\frac{W_A}{W_B} < \frac{1/a_{Li}}{1/b_{Li}}$$

以上兩式表示，對於某一種產品，只要 A 國對 B 國工資的比率 $\left(\dfrac{W_A}{W_B}\right)$，小於生產這種產品之 B 國對 A 國勞動成本的比率 $\left(\dfrac{b_{Li}}{a_{Li}}\right)$ 或 A 國對 B 國勞動生產力的比率 $\left(\dfrac{1/a_{Li}}{1/b_{Li}}\right)$，則 A 國對這種產品的生產具有比較利益，應專業生產且出口這種產品。

四、工資與貿易條件

　　以表 2–12 Ricardo 之比較利益模型為例。當葡萄牙酒的價格為 $G4$，布的價格為 $G3$ 時，若英國之工資升至上限（即為葡萄牙工資的 80%）時，其酒的價格為 $G6\left(=G4 \times \dfrac{15}{8} \times 0.8\right)$，布的價格為 $G3\left(=G3 \times \dfrac{20}{16} \times 0.8\right)$，故葡萄牙出口酒，英國出口布，貿易條件為 $P_W : P_C = G4 : G3$，正好與貿易前葡萄牙之國內交換比率相同，貿易利得全歸英國。若英國之工資降至下限（即為葡萄牙工資的 53.3%）時，其酒的價格為 $G4\left(=G4 \times \dfrac{15}{8} \times 0.533\right)$，

布的價格為 $G2\left(=G3\times\dfrac{20}{16}\times0.533\right)$，故英國出口布，葡萄牙出口酒，貿易條件為 $P_W:P_C=G4:G2$，正好與貿易前英國之國內交換比率相同，貿易利得全歸葡萄牙。

以上分析顯示，英國工資率變動的上限（下限），正好是其貿易條件的上限（下限）。因此，**在其他情況不變下，如果英國工資的變動介於兩國生產力差異的上下限之間，貿易條件也必介於兩國貿易前國內交換比率的上下限之間。**工資與貿易條件之間到底有何關係存在呢？

工資變動影響產品價格（成本分析），產品價格變動影響工資（所得分配），工資與產品價格之間的關係，根據勞動價值說，在完全競爭長期均衡下，實為一體的兩面。在國際貿易下，產品價格的變動反映於貿易條件的變動之上。因此，工資的變動除考慮匯率及生產力之外，尚應考慮貿易條件。

根據勞動價值說及完全競爭的假設（即經濟利潤等於零），A、B 兩國分別專業生產布與酒的結果，產品價格與工資之間的關係如下：

$$a_{LC}\times W_A=P_C \tag{1}$$
$$b_{LW}\times W_B=P_W \tag{2}$$

式中 a_{LC} 及 b_{LW} 分別代表 A、B 兩國生產 1 單位布及酒的勞動投入數量，P_C 及 P_W 分別代表 A 國生產之布及 B 國生產之酒的價格，W 代表工資。將(1)與(2)式移項得到：

$$W_A=\frac{1}{a_{LC}}\times P_C \tag{3}$$
$$W_B=\frac{1}{b_{LW}}\times P_W \tag{4}$$

(3)式除以(4)式，得到：

$$\frac{W_A}{W_B}=\frac{\frac{1}{a_{LC}}}{\frac{1}{b_{LW}}}\times\frac{P_C}{P_W} \tag{5}$$

考慮匯率時，兩國工資率之比率等於：

$$\frac{W_A}{W_B} = \frac{\frac{1}{a_{LC}}}{\frac{1}{b_{LW}}} \times \frac{e \times P_C}{P_W} \tag{6}$$

(5)式表示不考慮匯率時（或兩國的貨幣單位相同），**兩國工資率之比率等於兩國生產力之比率** $\left(\dfrac{\frac{1}{a_{LC}}}{\frac{1}{b_{LW}}}\right)$ **與貿易條件** $\left(\dfrac{P_C}{P_W}\right)$ 的乘積。(6)式表示，考慮匯率時，經由匯率 e ——換取 1 單位 A 國通貨所需的 B 國通貨數目，兩國所面對的產品價格與工資，可以化成相同的貨幣單位表示，故**兩國之工資率是由生產力、產品價格、及匯率所共同決定的**。以表 2–12 之數據為例，當英國之工資為葡萄牙工資的 80% 時，$\dfrac{4}{5} = \dfrac{16}{15} \times \dfrac{\left(\frac{1}{1}\right) \times 3}{4}$，證實了(5)式及(6)式的關係。

　　綜合以上所論，**無論是絕對利益或比較利益模型，只要在韌性匯率制度或金本位制度下，必然能夠使匯率與工資率自動維持於上下限之間，而使古典國際貿易理論在考慮貨幣因素後，立於不墜之地**。這正與古典學派將經濟之貨幣面與實質面二分的一貫精神相符，即貨幣只是一層面紗，並不影響實質經濟活動的本質。

■ 第六節　古典國際貿易模型簡評

　　古典學派根據勞動價值說，決定兩國對兩種產品生產之比較利益，從而決定貿易型態，並導致兩國分別完全專業於一種產品的生產。兩國經由國際貿易，一定有貿易利得，但並無法確定貿易利得的分配。

　　古典貿易理論最大的缺失在其所賴以依據的基本前提假設——勞動價值說，主要的批評可說是均針對勞動價值說而發的。如果接受勞動價值說，古典貿易理論的推理過程與結論是正確且可以接受的，這便牽涉到經濟學方法論的問題。有人認為理論的前提假設 (assumption) 是否合乎實際並不要緊，只有其假說 (hypothesis) 的有效性才是重要的；有人認為理論的前提假設須合乎實際，而後其假說才有實際的作用。

對古典模型（或 Ricardo 的比較利益模型）的批判不只在發掘其缺點，更重要的是可因而瞭解到古典學派之後許多國際貿易理論發展的根源。古典國際貿易理論的缺失主要為：

1. 古典理論單憑勞動價值說來決定比較利益及產品價格的高低，進而決定貿易型態（或方向），這是不合理的。雖然 Ricardo 瞭解到貿易型態決定於產品的貨幣成本或價格，但他根據勞動價值說，假定勞動是同質化一的，認為產品價格與勞動投入數量成正比例的關係，因此貿易結構最後仍決定於產品中所含勞動投入數量的多寡。事實上：

(1) 勞動並非產品生產的唯一要素，另外尚須其他生產要素的配合才能生產，即**生產之技術函數** (technical function of production) 是一種要素組合，各要素的生產組合是可以變動的。在此情況下，生產成本的計算，連同勞動投入在內，自應包括其他的生產要素投入。

(2) 由於勞動並非同質，勞動生產力各有不同，產品價格（成本）與勞動投入數量因此並非呈正比例的關係。

(3) 由於勞動並非同質，而且由於國際間勞動缺乏流動性，再加上非競爭集團 (non-competing groups) 的存在，故國內、外不同勞工的工資水準各有差異，縱然勞動投入數量相同，亦會導致產品價格的不同。因此，生產成本不能單以勞動投入的多寡作計算，而應以貨幣工資的計算作為比較成本的基礎。因之，不能單以勞動投入數量來決定產品的成本，進而決定貿易型態。

2. 李嘉圖模型只是一種供給面的國際貿易理論，並未考慮到需求因素。因之，

(1) 一經導入需求因素後，可能使得只考慮成本因素之兩種產品的相對價格比率發生改變，甚至進而使比較利益之所在與貿易結構發生改變。例如，單就生產成本而言，本國所產某一種產品的相對價格應

　　較他國低，但若本國對這產品的需求很強，其相對價格可能反而較
　　他國高。

⑵沒有考慮需求因素，就無法決定確切的貿易條件，因而無法決定貿
　　易利得在兩國之間的分配。

　3.如果貿易條件介於兩國貿易前的國內相對價格比率之間，則將導致
兩國各完全專業於一種產品生產的說法，與實際的經濟現象並不相符。觀
察實際社會，並沒有一個國家完全專業於一種產品的生產，其原因乃是：

⑴生產要素缺乏流動性且無法可以完全替代使用的。尤其是存在**特定
　　生產要素** (specific factor)──即只能用於生產某種產品之生產要素
　　──的情況下，專業生產不可能發生。

⑵一個國家往往發展**進口替代產業** (import-substitution industry)，以使
　　本國生產多樣化。

⑶專業生產往往需要成本固定才能實現。但是，在朝向專業生產的過
　　程中，會促使生產成本遞增，當增加額外 1 單位產出所必須付出的
　　代價太大時，即會阻礙完全專業生產的實現。因此，在生產成本遞
　　增的情況下，完全專業生產不太可能實現。

　4.李嘉圖模型強調國際貿易之發生是由於比較利益而產生，而比較利
益之產生，則是由於兩國對同一產品之生產技術──即生產函數的差異，
導致勞動生產力的差異所使然。但是，Ricardo 並未說明何以兩國之生產技
術（函數）會有差異存在（Ricardo 曾經提到氣候因素是導致兩國生產函數
不同之主要原因，但這種說法並不能令人滿意、接受）。

　5.李嘉圖模型所謂的勞動投入，事實上並非單純的勞動本身，而是所
有生產要素的結合，而以勞動為代表。因此，李嘉圖模型是根據勞動價值
說，而非勞動生產力理論（即單純考慮勞動生產力）。亦即，李嘉圖模型是
與勞動投入量，而非與勞動生產力相結合。如果以勞動生產力為依據，則
資源的稟賦就變得相當重要，因為資源稟賦的不同將決定勞動生產力的高
低，進而決定貿易型態。

　6.李嘉圖模型並未考慮運輸成本。若考慮運輸成本，會使貿易利得減

少、貿易條件可能變動的範圍縮小，甚至使得國際貿易無法發生。

    7.李嘉圖模型只考慮兩國、兩種產品。就只有兩種產品而論，可區分為：

    (1)**剛性李嘉圖假說** (strong Ricardian proposition)：貿易型態完全由國際間要素生產力的差異所決定，即那一種產品生產所需之要素的相對生產力較大，這種產品就成為出口品。

    (2)**柔性李嘉圖假說** (weak Ricardian proposition)：一個國家出口品生產所需之要素的相對生產力，總是大於其進口品生產所需之要素的相對生產力。

    在兩國、兩種以上產品的情況下，只能採用柔性假說。若採用剛性假說，則無法決定貿易型態——即進出口何種產品。假設 A 與 B 兩國對 n 種產品生產之相對要素生產力如下：

$$\frac{A_1}{B_1} > \frac{A_2}{B_2} > \frac{A_3}{B_3} > \cdots > \frac{A_n}{B_n} > 1$$

式中 A_i 與 B_i 分別為 A 國與 B 國生產第 i 種產品的要素生產力。上式又稱為**比較利益鏈** (chain of comparative advantage)，顯示 A 與 B 兩國同時生產 n 種產品，A 國對每一種產品生產之要素生產力均高於 B 國。在只有 1 與 2 兩種產品的情況下，依據比較利益法則，A 國應生產且出口第一種產品，B 國應生產且出口第二種產品。然而，在多種產品的情況下，若根據剛性李嘉圖假說，A 與 B 國各應專業生產且出口那幾種產品即無法確定。但如根據柔性李嘉圖假說，則

$$\frac{A_i^X}{B_i} > \frac{A_j^M}{B_j}$$

上附標之 X 與 M 分別代表出口與進口，i 與 j 均代表任何產品。上式表示，A 國出口品生產所需之要素的相對生產力均大於其進口品生產所需之要素的相對生產力。究竟如何決定進、出口何種產品呢？Jones 與 Neary

(1984) 認為尚需考慮需求因素後才能決定貿易型態❾。

　　實際的經濟社會不是只有兩種產品，亦非只有兩個國家。在自由貿易下，多國之間多邊貿易 (multilateral trade) 的結果，將使世界福利水準的增加大於只有兩國之間雙邊貿易 (bilateral trade) 的情況。例如，A、B、及 C 三國，如果只有兩國之間的雙邊貿易發生，A 與 B 或 A 與 C 之間只有少量的貿易，但如果三國之間發生多邊貿易，A 與 B 的貿易量雖然很少，但 B 與 C 之間發生大量貿易，因而間接地促使 A 與 C 之間的貿易量大增。因此，多邊貿易使世界福利水準的增加大於只有雙邊貿易❿。

　　以上評論中， 6.與 7.兩點只是修正李嘉圖模型的結論，並未影響此一模型的本質。

第七節　李嘉圖模型的擴展

　　傳統之 Ricardo 的國際貿易理論為一兩國、兩種產品的模型，後來的學者為使李嘉圖模型更符合實際的國際貿易現象，而將李嘉圖模型朝多國、多種產品的方向擴展。在本節，我們將介紹多國、兩種產品，及兩國、多種產品之擴展的李嘉圖模型。

一、多國、兩種產品的李嘉圖模型

　　假設有 α、β、及 γ 三國生產酒 (W) 與布 (C) 兩種產品。在固定生產成本的假設下，如同本章第三節，我們可將這三個國家的生產可能曲線予以併總成為世界的生產可能曲線 FF（圖 2–3），至於貿易型態的決定，則必須考慮需求因素。如果世界消費無異曲線為 I_1，與世界生產可能曲線切

---

❾Jones 與 Neary (1984) 認為，需求條件將決定比較利益鏈於何處斷裂，但相對要素生產力比率將保證 A 國出口斷裂處左邊所有的產品，而進口斷裂處右邊所有的產品，最多只有一種產品，A、B 兩國會同時生產。

❿但是，多邊貿易將減少完全專業的可能性，而無法使一國資源（要素）全部用於其生產力最高的產品生產。

於 D 點，則 α 國專業生產且出口酒，β 與 γ 國專業生產且出口布；如果世界消費無異曲線為 I_2，與世界生產可能曲線切於 E 點，則 γ 國專業生產且出口布，α 與 β 國專業生產且出口酒。

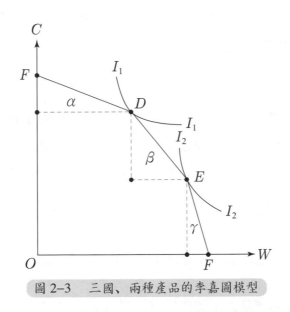

圖 2–3　三國、兩種產品的李嘉圖模型

二、兩國、多種產品的李嘉圖模型

Dornbusch、Fischer 與 Samuelson (1977) 三位學者提出一同時考慮供給面與需求面之兩國、多種（連續）產品的李嘉圖模型，他們的模型不僅可以決定兩國的貿易型態，亦可決定兩國的相對工資水準。設生產 Z 產品 1 單位所需的勞動投入，A 國為 $a(Z)$，B 國為 $b(Z)$，因此這種產品生產之 B 國對 A 國的勞動成本比率為 $R(Z) = \dfrac{b(Z)}{a(Z)}$，$R(Z)$ 的值愈大，表示 A 國對這種產品生產的優勢愈大。如將 A 國對 n 種產品的比較利益大小依序排列，則 $R(1) > R(2) > R(3) > \cdots > R(n)$，$1, 2, 3, \cdots, n$ 分別代表不同的產品。

設 e 為匯率──換取 1 單位 B 國通貨所需 A 國通貨的數目（如果兩國的通貨單位相同，則 $e = 1$），則對 A 國生產出口的產品而言，其生產成本必較 B 國為低，即以下的關係式將成立：

$$W_A \times a(Z) < e \times W_B \times b(Z) \tag{7}$$

上式中，W_A 與 W_B 分別為 A 國與 B 國的工資率。(7)式可以改寫為：

$$\frac{W_A}{e \times W_B} < \frac{b(Z)}{a(Z)} = R(Z) \tag{8}$$

(8)式表示，對 A 國生產出口的產品而言，B 國對 A 國勞動成本的比率必然大於 A 國對 B 國的工資比率（以相同的通貨表示）。在橫軸為產品序列 (Z)，縱軸為兩國相對工資 $\left(\frac{W_A}{eW_B}\right)$ 的圖形，(8)式可以圖 2–4 表示。在 B 國對 A 國勞動成本的比率一定下，A 國對 B 國的相對工資愈低，A 國生產出口的產品數目將愈多，在產品數目很多（趨於無限）的情況下，兩國相對工資與出口產品數目之間呈負相關的關係，可以負斜率的連續曲線 $R(Z)$ 表示。如果 A 國對 B 國的相對工資為 $\left(\frac{W_A}{eW_B}\right)^*$，則 B 國對 A 國之勞動成本比率大於 $\left(\frac{W_A}{eW_B}\right)^*$ 的產品，A 國將生產且出口；B 國對 A 國之勞動成本比率小於 $\left(\frac{W_A}{eW_B}\right)^*$ 的產品，A 國將進口，即 A 國將生產且出口 Z^* 左邊的產品，進口 Z^* 右邊的產品。

圖 2–4 的 $R(Z)$ 曲線完全是供給面的分析，要決定兩國均衡的相對工資與貿易型態尚需考慮需求面。假設兩國每一位消費者花費在某一種產品的所得比例均相同——設為 $d(Z)$，全世界（兩國）對 A 國需求（即 A 國生產且出口）的產品數目為 1 至 $\bar{Z}$，則全世界（兩國）所得花費在 A 國產品的比例 $D(\bar{Z})$ 為：

$$D(\bar{Z}) = d(1) + d(2) + \cdots + d(\bar{Z}) \tag{9}$$

上式中，$\bar{Z}$ 的值愈大，$D(\bar{Z})$ 也將愈大。全世界花在 A 國產品的開支構成 A 國的所得，而 A 國所得為 A 國工資率 (W_A) 與就業勞動 (L_A) 的乘積，因此

$$W_A \times L_A = D(\bar{Z}) \times \bar{Y} \tag{10}$$

式中 $\bar{Y}$ 為世界所得，其為 A 國所得 $(W_A \times L_A)$ 與 B 國所得 $(W_B \times L_B)$ 之和，

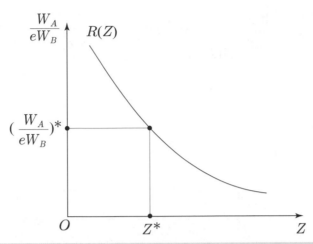

圖 2–4　兩國、多種（連續）產品李嘉圖模型之供給面貿易型態的決定

所以(10)式可以改寫為：

$$W_A \times L_A = D(\bar{Z}) \times \bar{Y}$$
$$= D(\bar{Z}) \times (W_A \times L_A + e \times W_B \times L_B)$$

上式可以改寫為：

$$\frac{W_A}{e \times W_B} = \frac{D(\bar{Z})}{1 - D(\bar{Z})} \frac{L_B}{L_A}$$
$$= F(\bar{Z}), F' > 0 \tag{11}$$

(11)式表示，全世界對 A 國產品需求的數目愈多（即 $\bar{Z}$ 或 $F(\bar{Z})$ 愈大），對 A 國勞動的需求也將愈大，在 A 國與 B 國的勞動稟賦均固定下，A 國對 B 國的相對工資因此將愈高。在產品數目很多（趨於無限）的情況下，這種兩國相對工資與產品需求數目呈正相關的關係，可以圖 2–5 正斜率的連續曲線 $F(\bar{Z})$ 表示。當圖 2–5 中供給面的 $R(Z)$ 曲線與需求面的 $F(\bar{Z})$ 曲線相交時，即同時決定兩國均衡的相對工資比率 $\left(\dfrac{W_A}{eW_B}\right)^*$ 與貿易型態——A 國生產且出口 Z^* 左邊的產品，進口 Z^* 右邊的產品。

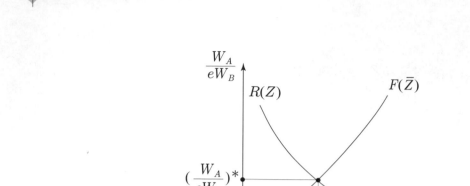

圖 2-5 供給面曲線與需求面曲線相交，同時決定兩國均衡的相對工資與貿易型態

　　如果 A 國生產技術進步，勞動生產力提高，則 $R(Z)$ 曲線將往上移，在需求面因素不變下，這將導致 A 國對 B 國的均衡相對工資將提高，A 國生產且出口的產品數目也將增加（圖 2-6）。如果全世界對 A 國生產優勢較大之產品的需求增強──即花在 A 國生產優勢較大之產品的所得比例提高，則 $F(\bar{Z})$ 曲線將往上移，在供給面因素不變下，這將導致 A 國對 B 國的均衡相對工資提高，但 A 國生產且出口的產品數目將減少（圖 2-7）。

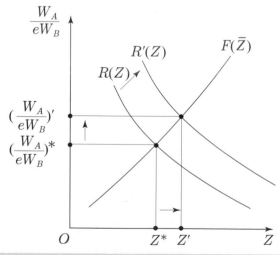

圖 2-6 勞動生產力提高將使一國均衡相對工資提高，出口產品數目增加

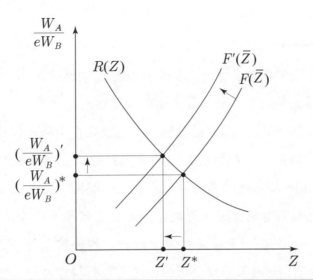

圖2-7　對一國的產品需求增強，將使該國均衡相對工資提高，但出口產品數目減少

摘　要

1. 在重商主義的思想背景下，各國儘量設法增加出口、減少進口，國際貿易因此被扼殺，世界貿易量增加遲緩。

2. 根據勞動價值說，Smith 提出絕對利益法則，主張一個國家應專業生產且出口其具有絕對利益的產品，而進口生產上絕對不利的產品；Ricardo 提出比較利益法則，主張一個國家應專業生產且出口其具有比較利益的產品，而進口生產上比較不利的產品。

3. 比較 Smith 的絕對利益法則與 Ricardo 的比較利益法則，可以發現，在兩國、兩種產品模型下，若有比較利益存在則一定具有絕對利益，但具有絕對利益不一定具有比較利益——如等成本差異。

4. 國際貿易必須在比較利益存在——即兩國國內交換比率不同的情況下，才會發生。貿易型態則決定於各國比較利益之所在，即一個國家應專業生產且出口比較有利——即相對成本比較低、相對價格比較低或勞動生產力比較高——的產品，而進口比較不利——即比較成本比較高、相對價格比較高或勞動生產力比較低——的產品。

5. 貿易條件是指一個國家出口品的價格指數對其進口品價格指數的相對比率，或為了進口 1 單位進口品與所需出口之出口品數量的相對比率。均衡貿易條件是指能夠使得兩個國家願意出口與願意進口的數量相互達於均等的貿易條件。

6. 古典國際貿易模型只考慮供給條件，故確切的均衡貿易條件無法決定，但其必然介於兩國貿易前的國內交換比率之間。

7. 國際貿易使得貿易國的社會福利水準提高的利益稱為貿易利得。兩國貿易利得的多寡決定於貿易條件，貿易條件與一國貿易前的國內交換比率愈接近，該國的貿易利得愈小；反之，則愈大。

8. Mill 首先提出交互需求法則，將需求因素導入國際貿易之中，而使貿易條件得以決定。根據交互需求法則，A 國對 B 國出口品的需求愈強，而 B 國對 A 國出口品的需求愈弱，則貿易條件對 A 國愈不利，A 國的貿易利得愈小；反之，則貿易條件對 A 國愈有利，A 國的貿易利得愈大。

9. 雖然兩國的生產成本均為固定，但兩國合併而成的世界生產成本不再固定，因此可以導入需求因素，而使貿易條件得以由供給與需求因素同時共同決定。

10. 考慮貨幣因素之後，無論是在絕對成本差異或比較成本差異下，匯率的變動不能抵銷實質成本（勞動生產力）的差異，否則會產生以實質成本表示與以貨幣成本表示的絕對利益與比較利益不相一致的結果。亦即，上限匯率與兩國不同貨幣單位工資率之比率的乘積不得大於兩國實質成本（勞動生產力）差異之比率的上限，下限匯率與兩國不同貨幣單位工資率之比率的乘積不得小於兩國實質成本（勞動生產力）差異之比率的下限。

11. 在現行的工資率與勞動生產力下，匯率的變動如果超過上限或下限，將導致一國對於兩種產品生產的貨幣成本同時均比另一國較高或較低，因而兩國之間沒有國際貿易發生。但是，在金本位制度或韌性匯率制度下，存在有自動調整機能，能使匯率自動維持於上限與下限之間，而使國際貿易得以發生。

12. 兩國實質勞動生產力的差異，將會反映在工資及物價水準的不同上，而使一國的勞動生產力雖然低於另一國，但兩國之間仍然會有國際貿易發生。

13. 在比較利益模型下，兩國工資率的變動應限於兩國勞動生產力的差異之間，才會有長期的國際貿易發生。在絕對利益模型下，任何一國的工資水準較高並不影響兩國實質的絕對成本差異，但兩國工資率的變動仍以兩國勞動生產力的差異為限，才會有長期的國際貿易發生。

14. 在比較利益模型下，不考慮匯率，勞動生產力較低國之工資率變動的上限（下限）正好是其貿易條件的上限（下限）。如果工資率的變動介於其上、下限之間，則該國的貿易條件也必然介於上下限之間。

15. 兩國的工資率是由勞動生產力、產品價格、及匯率所共同決定。換句話說，兩國的貿易條件，在考慮貨幣因素後，是由兩國的勞動生產力、工資率、及匯率所共同決定的。

16. 古典貿易模型受到許多批評，包括：以勞動價值說為依據、只考慮供給因素、貿易導致完全專業、專重生產技術不同、未考慮要素稟賦、未考慮運輸成本、只考慮兩國兩種產品的模型等。這些評論所指出的缺失，也就是古典理論之後國際貿易理論所致力消除的重點，成為新理論發展的方向。

重要名詞

重商主義	勞動價值說
單一要素模型	絕對利益法則
比較利益法則	等成本差異
貿易條件	均衡貿易條件
貿易利得	交互需求法則
剛性李嘉圖假說	柔性李嘉圖假說
比較利益鏈	

問題練習

1. 試述重商主義論點的要旨，其對國際貿易有何影響？

2. 何謂勞動價值說？ Smith 與 Ricardo 如何據以建立其絕對利益法則和比較利益法則？

3. 試闡述有比較利益為何一定有絕對利益，但有絕對利益並不一定有比較利益？

4. 何謂貿易條件？貿易條件如何決定？貿易條件與貿易利得之間有何關係？

5. 圖解在兩國均為生產成本固定下，導入需求因素後，兩國的生產與貿易條件如何決定?

6. 簡述古典貿易理論的要旨。

7. 在絕對利益與比較利益模型下，匯率的變動有何限制?

8. 在絕對利益與比較利益模型下，工資率的變動有何限制?

9. 試就金本位制度與靭性匯率制度分析匯率、工資率的變動與長期國際貿易發生的必然性。

10. 試說明勞動生產力、工資率與比較利益及絕對利益之間的關係。

11. 在比較利益模型下，不考慮匯率，試分析工資率與貿易條件之間有何關係? 如果同時考慮實質及貨幣因素，工資率與貿易條件各如何決定?

12. 試簡評古典派國際貿易模型。

13. 圖解說明兩國、連續產品之李嘉圖模型的貿易型態決定。

◆第三章 新古典國際貿易理論

針對李嘉圖模型之單一投入要素——勞動——的缺陷，以 Gottfried von Haberler 為主的一些經濟學家，提出**機會成本理論** (opportunity cost theory)，以解除古典單一要素模型不切實際的困境，而建立了新古典國際貿易理論。

■ 第一節　固定機會成本理論

一、理論要旨與特點

Haberler (1936) 之機會成本理論的要旨如下：

1. 產品的價格由其生產成本所決定，即仍以供給面為分析的重點。

2. 生產成本並非決定於勞動投入數量的多寡，而是取決於為了生產 1 單位該產品所必須減少其他產品生產的數量，即是一種機會成本的概念。

3. 兩種產品生產的成本是固定的，亦即機會成本是固定的。

4. 兩種產品的相對價格是由兩者的相互機會成本所決定。

5. 一國應專業生產並出口機會成本較低的產品。

由以上的理論要旨，可以知道機會成本理論的特點為：

1. 產品的生產成本與價格的決定，考慮到所有生產要素，而非只是勞動投入。這顯然較古典的單一要素投入的假設切合實際。

2. 決定一產品的生產成本時，只考慮所放棄之其他產品的生產數量，而不考慮其要素投入數量的多寡。

二、貿易型態的決定

以機會成本取代勞動價值說，並不影響古典學派李嘉圖模型的結論。Haberler 所提出的機會成本理論，仍然假設生產成本是固定的，即機會成本是固定的。以生產可能曲線表示，生產可能曲線上任何一點之切線斜率代表兩種產品生產的**邊際轉換率** (marginal rate of transformation, MRT)，也就是兩種產品生產的機會成本。在固定成本的假設下，生產可能曲線為一直線，其斜率代表兩種產品生產相互之間一定的邊際轉換率，或一定的機會成本，在完全競爭下，也就是兩種產品的相對價格比率❶。

根據機會成本理論如何決定貿易型態呢？設英國及葡萄牙兩國之生產可能曲線分別如圖 3–1 所示。圖 3–1 (a)顯示，英國之生產可能曲線之斜率的絕對值為：

$$MRT = -\frac{\Delta C}{\Delta W} = \frac{MC_W}{MC_C} = \frac{16}{8} = \frac{2}{1} = \frac{1}{0.5} = \frac{P_W}{P_C}$$

上式表示，英國生產 1 單位的酒必須放棄 2 單位的布，故酒的價格是布的 2 倍。圖 3–1 (b)顯示，葡萄牙之生產可能曲線之斜率的絕對值為：

$$MRT = -\frac{\Delta C}{\Delta W} = \frac{MC_W}{MC_C} = \frac{20}{15} = \frac{4}{3} = \frac{1}{0.75} = \frac{P_W}{P_C}$$

---

❶生產可能曲線可以 $F(X^*, Y^*, \overline{E}) = 0$ 的隱函數形式表示，X^* 及 Y^* 分別代表兩種產品之最大產量，$\overline{E}$ 代表一定的資源存量；或以 $f(X^*, Y^*) = \overline{E}$ 的顯函數形式表示，對此式全微分，得到：

$$f_X dX + f_Y dY = 0 \Rightarrow MRT = -\frac{dY}{dX} = \frac{f_X}{f_Y} = \frac{MC_X}{MC_Y}$$

在完全競爭下，邊際成本 (MC) 等於價格 (P)，所以：

$$MRT = \frac{MC_X}{MC_Y} = \frac{P_X}{P_Y}$$

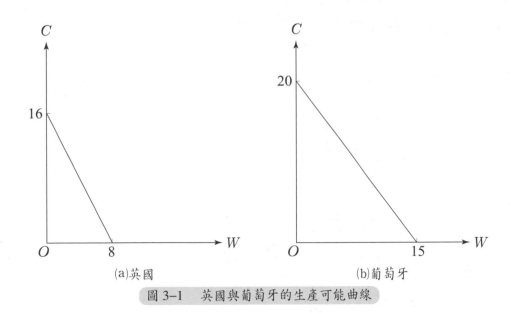

(a)英國　　　　　　　　　　　(b)葡萄牙

圖 3-1　英國與葡萄牙的生產可能曲線

　　上式表示，葡萄牙生產 1 單位的酒必須放棄 $1\frac{1}{3}$ 單位的布，故酒的價格是布的 1.33 倍。因此，就酒的生產而言，葡萄牙的機會成本小於英國，即表示該產品的相對價格比較低，比較利益比較大，故葡萄牙應專業生產且出口酒。就布的生產而言，英國之機會成本小於葡萄牙（生產 1 單位的布，英國必須放棄 0.5 單位的酒，葡萄牙必須放棄 0.75 單位的酒），故英國應專業生產且出口布。因此，由機會成本之比較，就可決定兩國之貿易方向，即一個國家應專業生產且出口其機會成本較低，亦即相對價格較低、比較利益較大的產品。

三、貿易利得的分配

　　根據機會成本決定貿易方向、發生國際貿易後，貿易利得的分配，必須考慮兩國之大小是否相稱。在此，所謂的大國 (large country) 是指，一國對其出口品與進口品之國際價格具有影響力者；所謂的小國 (small country) 是指，一國對其出口品與進口品之國際價格沒有影響力者，即一國對其出口品與進口品為國際價格的接受者，而非國際價格的決定者。因此，國際經濟分析所謂的大國、小國之分是依據國際市場經濟力量的大小而定，而非由國土面積或人口多少而定的。

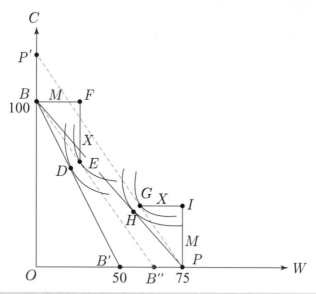

図 3–2　國際貿易與經濟福利——貿易國均為大國的情況

　　設英國與葡萄牙是經濟力量大致相稱的兩個國家——即同為大國。圖 3–2，*BB'* 與 *BP* 分別代表英國及葡萄牙的生產可能曲線。在國際貿易發生之前，*D* 與 *H* 兩點分別代表兩國的生產點，同時也分別是兩國的消費點，即在自給自足的情況下，生產點也是消費點，生產可能曲線也就是**消費可能線** (consumption possibilities line)。

　　國際貿易發生後，英國專業生產布，生產點為 *B*；葡萄牙專業生產酒，生產點為 *P*。設貿易條件等於 *BB"* 或 *PP'* 的斜率 (*BB" // PP'*) 時，兩國之消費點分別為 *E* 與 *G* 點。比較兩國之生產點與消費點，構成兩個三角形 △*BFE* 與△*GIP*，稱之為**貿易三角** (trade triangles)。這兩個三角形全同，△*BFE* ≅△*GIP*，表示英國出口 (*X*) *FE* 的布等於葡萄牙進口 (*M*) *IP* 的布，葡萄牙出口 *IG* 的酒等於英國進口 *FB* 的酒，兩國進出口之數量達於均等，*BB"* 或 *PP'* 代表均衡的貿易條件。顯然地，國際貿易後，兩國之生產點與消費點均不再重合而是各各分離，國際貿易條件線成為貿易國的消費或**貿易可能線** (trade possibilities line)，其位置在兩國之生產可能曲線之上，顯示兩國之福利水準因國際貿易而增加，消費或貿易可能線與生產可能曲線之間的差距，即是一國的貿易利得，故貿易條件線的位置愈往上移，一國的福利水準愈高，貿易利得也就愈大。

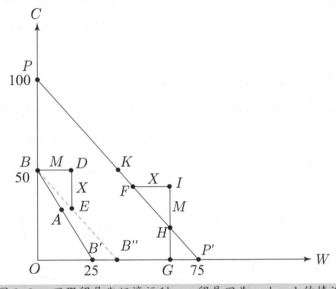

圖 3–3　國際貿易與經濟福利——貿易國為一大一小的情況

　　接著，假設英國為小國，葡萄牙為大國。在這種情況下，國際貿易後，英國是國際價格的接受者，即英國所面對的貿易條件正好是葡萄牙國內的布與酒的交換比率，而葡萄牙則是國際價格的決定者，貿易前與貿易後均面對相同的產品交換比率。因此，圖 3–3 中，英國根據比較利益的原則專業生產布，生產點為 B，貿易條件線 (BB″) 成為其消費可能線。設消費點為 E，貿易三角為 △BDE，英國之福利水準由貿易前的自給自足 A 點提高至 E 點。

　　貿易前，葡萄牙的自給自足點為 K。貿易後，葡萄牙的消費可能線仍是其生產可能曲線，設其消費點為 F，則在英國出口之布無法完全滿足葡國對布的需求下，葡萄牙的生產點將為 H 而非 P′，即無法完全專業生產酒，而需自行生產 HG 數量的布，以滿足國內對布的需求 (IG = IH + HG)。由於部分的布須由國內自行生產，故其價格由國內生產成本所決定，再加上兩

國所需的酒完全由葡萄牙所生產，故葡萄牙在貿易前與貿易後的國內價格
比率相同，亦即國際貿易條件等於大國貿易前之國內價格比率❷。葡萄牙
的貿易三角為△*FIH*，而△*BDE* ≅ △*FIH*，表示兩國之進出口數量達於均等。
由於葡萄牙之消費點仍位於貿易前之生產可能曲線上，故其福利水準沒有
改變，即貿易條件與葡國貿易前之國內交換比率相同，貿易利得全歸英國
所有。

　　由以上分析可知，假設機會成本固定，在一大國、一小國的情況下，
貿易後，小國完全專業生產，獲得所有貿易利益，福利水準提高；大國無
法完全專業生產——即只能**部分專業** (partial specialization)，所面對的產品
價格不變，福利水準與貿易前相同。在兩國都是大國的情況下，由於出口
能夠相互滿足對方的需求，必然導致兩國各完全專業於一種產品的生產，
貿易後兩國的福利水準均提高。

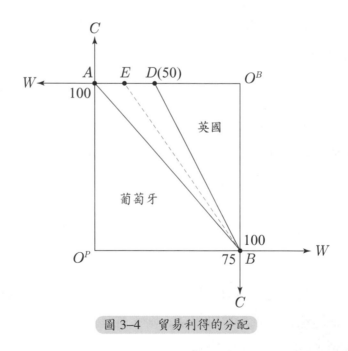

圖 3–4　貿易利得的分配

貿易利得在貿易國（均是大國）之間的分配，可藉助圖 3–4 的分析看

---

❷在完全競爭下，價格等於邊際成本。現機會成本固定，所以邊際成本固定，價格
　因此也就固定不變，大國在貿易前後的價比也就相同。

出。根據前面圖 3–2 的相同資料，將英國的生產可能曲線作 180° 的旋轉，而與葡萄牙的生產可能曲線構成圖 3–4 的四邊形 $\square AO^PBO^B$，表示葡萄牙專業於生產酒 75 單位，英國專業於生產布 100 單位時，全世界的總產出正好是 $O^PB = O^BA$ 的酒，$O^BB = O^PA$ 的布。$\square AO^PBO^B$ 與兩國之生產可能曲線之間的差距 $\triangle ABD$ 為國際貿易後之貿易利得區。如果：

1.貿易前兩國價比（生產可能曲線斜率）差異愈大，貿易利得區將愈大，兩國進行國際貿易的利得將愈大。

2.貿易條件介於貿易利得區正中央(如 BE 線)，兩國的貿易利得均等。

3.貿易條件愈偏向一國（例如葡萄牙）的生產可能曲線時，則另一國（英國）的貿易利得愈大。

4.貿易條件如與一國（例如葡萄牙）的生產可能曲線重合時，則貿易利得全歸另一國（英國）。

5.若兩國之生產可能曲線斜率相等，即若兩國貿易前之國內交換比率相同，則兩國之生產可能曲線重合，沒有國際貿易發生，亦無貿易利得區存在。

圖 3–4 顯示，如果貿易條件介於兩國之生產可能曲線之間，國際的生產點必然為 B 點，表示葡萄牙專業生產酒，英國專業生產布。世界總產出 $\square AO^PBO^B$ 顯然大於貿易前兩國生產的總合 $\triangle AO^PB + \triangle BO^BD$，世界的福利水準顯然因國際貿易而提高。

第二節　評固定機會成本理論

一、固定機會成本理論與古典理論的比較

固定機會成本理論的優點在於：

1.即使放棄古典模型所賴以依據的勞動價值說，根據機會成本仍然能夠證實比較利益法則的成立。由於產品生產之機會成本不同，導致相對價格的差異，比較利益因而產生，貿易型態得以決定，即一國應專業生產且

出口機會成本較低、相對價格較低、比較利益較大的產品。

　　2.機會成本理論考慮多種生產要素的存在，這比李嘉圖模型只考慮勞動一種生產要素，是一大進步。即以一組生產要素取代單一生產要素，作為建立比較成本（利益）理論的依據，比較合乎實際。

　　3.此理論強調各國生產可能曲線（即機會成本）的不同，是國際貿易發生的原因，為後來國際貿易理論的探討，指出明確的方向。

　　固定機會成本理論的缺點在於：

　　1.與古典模型一樣，假設生產成本是固定的，因此國際貿易的結果，除特殊情況（例如一大國、一小國）外，必然導致完全專業的生產。

　　2.對於兩國生產的機會成本何以不同，並未加以解釋，這正如古典模型對於兩國之生產函數何以不同未加說明一樣。

二、固定機會成本理論的修正

　　Haberler 的機會成本理論是一固定生產成本理論，即生產可能曲線為一直線，但現實的生產情況並非如此。因為：

　　1.一方面，並非所有生產要素對於所有生產活動都同樣的適合或具有同樣的效率。因此，在要素缺乏完全替代性下，由布生產減少而所釋出的生產要素將愈來愈不適合於生產酒，即酒的生產效率愈來愈低，故隨著酒之產量增加，其生產的機會成本必然遞增。另一方面，縱使生產要素對不同的生產活動具有完全的替代性，但由於不同產品生產所使用之**要素組合比例** (factor proportions) 不一樣，因此兩類產品的產量改變的結果，必然使得生產要素使用的組合比例發生改變，根據**可變比例法則** (law of variable proportions)，這種生產要素使用組合比例的改變會導致邊際報酬遞減的現象發生，因而肇致生產之機會成本的遞增。

　　2.實證研究的結果顯示，實際經濟社會之生產活動，往往是邊際成本遞增而非固定不變的。

　　3.若接受機會成本固定的假設，貿易後，必然導致至少一國完全專業生產，而實際的經濟社會卻鮮有完全專業生產的例子存在。

鑒於以上缺失，後來的學者遂將固定機會成本理論修改為機會成本遞增或機會成本遞減的分析。

第三節 機會成本遞增、遞減與國際貿易

一、機會成本遞增與國際貿易

機會成本遞增 (increasing opportunity cost) 主要是由於生產要素之間缺乏完全的替代性，與不同產品生產之要素使用比例不同，而致邊際報酬遞減所肇致。在機會成本遞增下，生產可能曲線上每一點切線的斜率均不相同，欲知道兩種產品確實的價比，就必須知道需求條件（即社會消費無異曲線），即由社會的需求偏好來決定生產點。在自給自足下，生產點即為消費點，從而決定兩種產品的相對價格。生產可能曲線上生產點之切線斜率代表兩種產品生產的邊際轉換率，即生產者願意供給的價格，而社會無異曲線上消費點之切線斜率代表兩種產品消費的邊際替代率，即消費者願意支付的價格。當生產可能曲線與社會無異曲線相切時，表示生產者願意供給的價格等於消費者願意支付的價格，此時的價格即為均衡價格。

圖 3–5，BB' 與 PP' 曲線凹向原點，分別代表英國及葡萄牙之機會成本遞增的生產可能曲線。D_1 與 D_2 分別代表貿易前兩國之生產點，也是消費點，顯示英國偏向布、葡萄牙偏向酒的生產。國際貿易後，兩國根據貿易條件 (TOT) 分別決定生產點 E_1 及 E_2。貿易條件線成為兩國之消費可能線，而後根據兩國之需求條件（社會消費無異曲線），分別決定消費點 F_1 及 F_2。比較生產點及消費點，構成貿易三角 $\triangle E_1H_1F_1$ 及 $\triangle E_2H_2F_2$，英國出口布，葡萄牙出口酒，而 $\triangle E_1H_1F_1 \cong \triangle E_2H_2F_2$，兩國進出口數量達於均等。圖形顯示，貿易後兩國之福利水準均提高。因除貿易條件線與生產可能曲線的切點外（即生產點），消費可能線（TOT 線）均位於生產可能曲線的上方。

與固定機會成本不同之處在於貿易後，兩國各趨於比較有利之產品的生產，但並不會完全專業生產。因為機會成本遞增，故於趨向專業生產的

過程中，機會（生產）成本提高，在未達到完全專業生產之前，該產品生產之比較利益（成本）優勢已經喪失，因而兩國會同時生產兩種產品而不會完全專業於一種產品的生產。

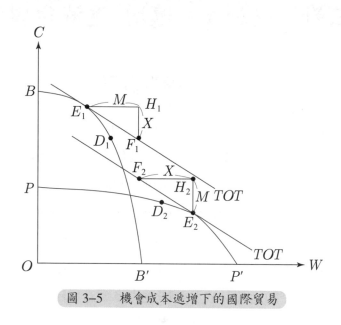

圖 3–5　機會成本遞增下的國際貿易

二、機會成本遞減與國際貿易

機會成本遞減 (decreasing opportunity cost) 主要是由於生產規模擴大，引起規模報酬遞增 (increasing returns to scale) 所肇致。圖 3–6，BB' 與 PP' 曲線凸向原點，分別代表英國及葡萄牙之機會成本遞減的生產可能曲線。在機會成本遞減下，一國對一種產品具有比較利益時，就會專業生產此一產品。由於產量愈大，生產成本愈低，故會繼續生產這種產品，直到完全專業生產為止。如圖 3–6，根據貿易條件，英國完全專業生產布，葡萄牙完全專業生產酒，再根據社會的需求偏好，決定貿易三角 $\triangle BFE$ 及 $\triangle GHP'$。但是，若一國完全專業生產後之產量，尚不足以應付全世界之需求時（即一大國、一小國的情況），則另一國就必須同時生產兩種產品，而無法完全專業於另一種產品的生產。因此，在機會成本遞減的情況下，必然導致至少一國的完全專業生產。

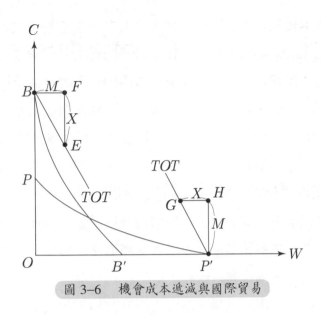

圖 3-6　機會成本遞減與國際貿易

■ 第四節　比較利益法則的實證研究

　　根據勞動價值說，在理論上 Ricardo 之比較利益法則是可以成立的。在實際的經濟社會，比較利益法則是否真的成立呢? MacDougall (1951)、Balassa (1963)、及 Stern (1962) 等學者曾進行實證研究，以驗證比較利益法則的真實性，亦即研究是否會因勞動生產力的差異，引起國際間產品的相對價格不同，產生比較利益，從而決定貿易型態。惟此類實證研究存在以下幾點困難:

㈠無法得到貿易前的價格

　　現有產品的價格已是貿易後，經過均等化後的價格，既然無法知道貿易前的價格，也就無法確切知道目前貿易型態之由來。為克服此一難題，根據產品之生產成本與工資率呈正變，與勞動生產力呈反變的關係，MacDougall 以兩國某一產業之工資率的相對比率與其勞動生產力的相對比率相比較，如果工資率之相對比率大於勞動生產力之相對比率，表示該國對此種產品之生產比較不利;反之，則比較有利。例如，對布的生產，工資美國為英國的兩倍，如果勞動生產力美國為英國的兩倍以上，則美國對布的生產具有成本優利；不及兩倍，則美國對布的生產遭受成本不利。

㈡關稅與運輸成本的存在，使比較利益無法顯現出來

為克服此一困境，可以經由在第三市場的競爭力來測度比較利益。例如，A、B 兩國均出口某種產品至 C 國，設兩國所負擔的運輸成本相同，且面對相同的關稅障礙。在此情況下，比較 A、B 兩國此種產品在 C 國市場上競爭能力（市場佔有率）的大小，即可知道何國具有比較利益。

㈢世界各國貿易統計資料的計算單位並不一致

有的國家以數量、有的國家以價值統計貿易量，因此難以作一致的比較。但是，只要知道各國匯率及產品的國際價格，數量與價值之間即很容易相互換算，而使各國資料一致化。

理論上，如果一國對某種產品之生產具有相對較高的勞動生產力（相對於工資率而言），在此種產品的國際市場上，該國應佔有全部的市場（如果產量足夠）或大部分的市場。然而，實證研究的結果並非如此，因為這種推論是建立於完全競爭的假設之上，但實際上可相互替代之**異樣化產品** (differentiated products) 普遍存在，各國競相使用關稅及非關稅的貿易障礙來保護本國市場，因而使得一國縱然在生產上具有比較利益，亦無法佔有大部分的市場。儘管如此，一般而言，實證研究大多得到支持 Ricardo 比較利益模型的結果，即**勞動生產力的高低與國際市場佔有率的大小有密切的關係存在**，即在一定的工資率下，勞動生產力愈高的國家，其國際市場佔有率愈大。是故，根據勞動價值說所建立的 Ricardo 比較利益模型，仍有其存在的真實性。

 **摘　要**

1. 為改正古典模型單一投入要素的缺失，Haberler 等人提出機會成本理論作替代，稱之為新古典國際貿易理論。

2. 根據機會成本理論，機會成本較低的產品表示其相對價格比較低，其比較利益比較大，故一國應專業生產且出口此種產品。

3. 在自給自足下，一國的生產可能曲線也就是其消費可能曲線。但在開放經濟下，一國的消費可能線是貿易條件線而非生產可能曲線，貿易條件線與生產可能曲線之間的差距代表一國貿易利得的大小。

4. 生產可能曲線上的生產點與貿易條件上的消費點所形成的三角形稱之為貿易三角，其大小代表一國貿易量的多寡。當兩國的貿易三角大小完全相同時，表示兩國的貿易達於均衡，此時的貿易條件稱之為均衡貿易條件。

5. 國際貿易分析上，大國或小國的區分是以一國能否影響產品的國際價格作標準，大國能夠影響產品的國際價格，小國則否。

6. 在機會成本固定下，大國與小國貿易的結果，小國面對的貿易條件與大國貿易前的國內價比相同，導致小國完全專業生產，貿易利得全歸小國所享，其福利水準提高；大國所面對的貿易條件與其貿易前的國內價比相同，無法完全專業生產，其福利水準與貿易前相同。

7. 在機會成本固定下，大國與大國貿易的結果，貿易條件介於兩國貿易前的國內價比之間，導致兩國各自完全專業生產，貿易後兩國的福利水準均提高，貿易利得的分配視貿易條件與何國貿易前的國內價比較為接近而定。貿易條件與貿易對手國貿易前的國內價比愈接近，則本國的貿易利得愈大；反之，則愈小。

8. 機會成本理論放棄勞動價值說，同時考慮多種生產要素，並強調各國生產可能曲線的不同是國際貿易發生的原因，這是它的優點。但是，機會成本理論仍然假設生產成本是固定的，並對於各國生產的機會成本何以不同未加以解釋，這是它的缺點。

9.根據生產要素並非同質，不同產品生產所需的要素組合比例（要素密集度）不同，及實證研究的結果，顯示生產成本固定的假設不切實際，因此有機會成本遞增與遞減的修正。

10.機會成本遞增下，生產可能曲線上每一點切線的斜率均不同。在此情況下，國際貿易發生之前，由社會消費無異曲線與生產可能曲線相切之點決定生產點、消費點、及兩種產品的相對價格與邊際轉換率。國際貿易發生之後，由貿易條件與生產可能曲線相切之點決定生產點，貿易條件與社會消費無異曲線相切之點決定消費點，而後決定貿易三角。可以發現，在機會成本遞增下，國際貿易後，兩國趨於專業生產，但不會完全專業。

11.在機會成本遞減下，由於生產成本隨產量的增加而遞減，故國際貿易發生之後，必然導致至少其中一國完全專業生產。

12.在對比較利益法則進行實證研究的過程中，通常遭遇若干困難，例如，無法得到貿易前的產品價格、關稅與運輸成本的存在，使比較利益無法顯現，世界各國貿易統計資料的計算單位不一致，及可相互替代之異樣化產品的普遍存在，使競爭不完全相等，這些因素使理論受到歪曲。但一般實證研究的結果仍然支持比較利益模型的假說，即在一定的工資率下，勞動生產力的高低與國際市場佔有率的大小之間存在著正變的關係。

 重要名詞

固定機會成本理論	生產的邊際轉換率
消費可能線	貿易可能線
機會成本遞增	機會成本遞減

問題練習

1. 固定機會成本理論何以產生？試述其理論的要旨與特點。

2. 在機會成本理論下，貿易型態如何決定？貿易利得如何分配？

3. 試比較固定機會成本理論與古典貿易理論的異同。

4. 機會成本何以會遞增？其遞增對國際貿易有何影響？

5. 機會成本何以會遞減？其遞減對國際貿易有何影響？

6. 試分別圖解機會成本固定、遞增、及遞減的情況下，貿易型態的決定，並比較其異同。

7. 如何對比較利益法則進行實證研究？在實證研究的過程中，可能遭遇到那些困難？如何克服這些困難？

◆第四章 生產、需求與國際貿易

　　新古典學派認為機會成本的不同導致兩國間兩種產品相對價格的差異，是國際貿易發生的基礎。吾人進一步追問，為何兩個國家對兩種產品生產的機會成本會有不同？機會成本到底是如何決定的呢？答案是，機會成本的差異是由於(1)生產可能曲線型態的不同——此為生產之供給面因素，及(2)社會消費無異曲線的不同——此為消費偏好之需求面因素。本章即在對決定機會成本的生產與需求因素進行探討。

■ 第一節　機會成本與生產可能曲線

一、機會成本之決定因素

　　產品生產之機會成本，不僅決定於生產可能曲線的型態（供給面），亦決定於生產點的位置（需求面）。縱然兩國之供給條件完全相同——即生產可能曲線的型態完全相同，但由於需求條件的不同，致使生產點的位置不同，兩國生產兩種產品之機會成本仍然不同。圖 4–1，英國 (BB) 與葡萄牙 (PP) 之生產可能曲線的型態完全相同，如果兩國的需求條件相同——即對兩種產品的消費比例一樣——同為消費比例線 OC_B，則生產點分別為 E 點及 F 點，這兩點的切線斜率相同，表示機會成本相同；如果兩國的需求條件不同——即英國偏好布的消費（消費比例線為 OC_B），葡萄牙偏好酒的消費（消費比例線為 OC_P），則生產點分別為 E 點與 G 點，這兩點的切線斜率不同，表示兩者的生產機會成本不同。

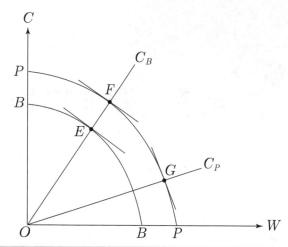

圖 4–1　生產條件相同，需求條件不同，導致機會成本不同

　　另一方面，如果兩國之需求條件完全相同，但生產可能曲線的型態不同，其生產的機會成本亦將不同。圖 4–2，兩國的需求條件相同——即消費比例線同為 $OC_P = OC_B$ 或 $OC'_P = OC'_B$，兩國對兩種產品的消費比例均相同，但由於生產可能曲線的型態不同，致使 E 點與 F 點的切線斜率，或 G 點與 H 點的切線斜率各不相同，表示機會成本不同。

　　由以上的分析可知，除非生產條件與需求條件完全相同，否則兩種產品生產之機會成本必然不同。因之，本章第一部分討論兩國之生產條件——

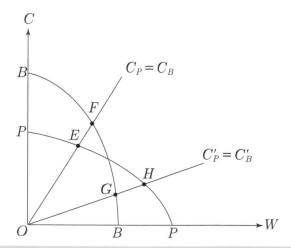

圖 4–2　需求條件相同，生產條件不同，導致機會成本不同

即生產可能曲線的型態為何不同，第二部分討論兩國之需求條件——即社會消費無異曲線如何形成，為何不同。

二、生產可能曲線的意義及決定因素

生產可能曲線是指：一個經濟社會，在一定的時間，將其現有固定而可供替代使用的資源，在現行的技術水準之下，作最充分及有效的使用，以生產兩類產品，所能得到兩類產品最大產量的組合軌跡。

由以上敘述可知，構成生產可能曲線的基本依據為：現行的技術水準、固定的要素（資源）投入、及充分且有效的要素使用，其中技術知識、投入、及產出之間的關係構成**生產函數** (production function)，生產要素數量的多寡即是一國的**要素稟賦** (factor endowment)。因此，一國的生產函數與要素稟賦決定其生產可能曲線的型態（曲線的彎曲度）與位置（靠近或遠離原點）。更進一步分析，生產函數關涉到生產要素之間的組合使用情形，即產品生產之要素比例或**要素密集度** (factor intensity)；生產函數亦關涉到生產要素使用量發生改變時，對產量及成本的影響，即**規模報酬** (returns to scale) 的問題。職是之故，我們從生產函數、要素密集度、規模報酬、及要素稟賦等因素來探討一國之生產可能曲線是如何決定的。

第二節　生產函數與生產可能曲線

一、生產函數的意義及種類

生產函數是指：在目前的技術知識下，各種不同的生產要素投入組合與可能獲得的最大產出之間的聯變關係。在完全競爭下，可以確保生產者必然採用最有效率的生產技術與方法，故必能使得每一投入組合均獲得最大的產出。

生產函數可以圖表、數學式、或圖形等方式表示，本文主要是以圖形來表示生產函數。我們可以根據總體及個體的觀點，將生產函數區分為總

合生產函數 (aggregate production function)，即表示整個國家之生產要素投入與最大產出之間的關係；**個體生產函數** (microproduction function)，即表示個別生產者（廠商）之生產要素投入與產出之間的關係。可以根據生產要素組合的比例是否可變，將生產函數區分為**可變比例生產函數** (variable proportion production function)，如圓滑之等產量曲線；或**固定比例生產函數** (fixed proportion production function)，如直角形之等產量曲線——又稱**李昂鐵夫生產函數** (Leontief's production function)。

 ## 二、生產函數的特性

在經濟分析上，通常假設生產函數在短期間具有**邊際報酬遞減** (diminishing marginal returns) 的特性，這是由於可變生產要素與至少一種以上之固定生產要素組合生產而發生；在長期間具有**規模報酬不變或固定規模報酬** (constant returns to scale) 的特性，因為在長期間，所有生產要素均可視為可變，其組合可以適度調整。長期間因為所有生產要素都是可變的，當所有生產要素均同比例的增加——即生產規模擴大時，在理論上有規模報酬遞增、規模報酬遞減 (decreasing returns to scale)、及規模報酬不變等三種可能的情況發生。假設規模報酬固定不變是否合理？ 就個別廠商而言，若規模報酬固定（或遞增），在其他情況不變下，會導致平均生產成本不變（下降），廠商因而會繼續擴充生產，直到獨佔全部市場，這是不合理的。但是，在國際貿易分析上，兩種產品即代表兩種產業，而且假設生產要素是同質的，故在固定規模報酬下，產業可以繼續的擴充，即增建完全相同的工廠以增加生產，直到一國完全專業生產為止。

何謂固定規模報酬之生產函數呢？ 首先談何謂**齊次生產函數** (homogeneous production function)。當一生產函數之所有的生產要素使用量均乘以一常數 λ 變化時，若產出成 λ^r 乘量的變化，則此一生產函數即為齊次生產函數。若 $r = 1$，則稱為固定規模報酬生產函數，又稱**直線性齊次生產函數** (linearly homogeneous production function)，或**一次齊次** (homogeneous of degree one) 生產函數，表示產出增加的比例與所有生產要素使用量增加的比例相同。若 $r > 1$，則稱為規模報酬遞增；若 $r < 1$，則稱為規模報酬遞減。為何經濟分析時常作直線性齊次生產函數的假設呢？因其具有許多有利於經濟分析的特性。設只有勞動 (L) 及資本 (K) 兩種生產要素，則直線性齊次生產函數具有以下的特性：

1. 產出 (Q) 變化的比例與生產要素變化的比例相同，即

$$\lambda Q \equiv f(\lambda L, \lambda K), \lambda > 0$$

證明：

$$f(\lambda L, \lambda K) \equiv \lambda^1 f(L, K) \equiv \lambda Q$$

2. 勞動與資本之平均產出 (AP) 及邊際產出 (MP) 均為資本—勞動比率 (capital-labor ratio)，$\dfrac{K}{L} = k$ 的函數。

證明：

$$\lambda Q = f(\lambda L, \lambda K)$$

$$令\ \lambda = \frac{1}{L}，\ 則\ \frac{Q}{L} = f\left(1, \frac{K}{L}\right) \to AP_L = f(k) \tag{1}$$

$$令\ \lambda = \frac{1}{K}，\ 則\ \frac{Q}{K} = f\left(\frac{L}{K}, 1\right) \to AP_K = f\left(\frac{1}{k}\right)❶ \tag{2}$$

$f(k)$ 或 $f\left(\dfrac{1}{k}\right)$ 稱之為每人式 (per capita form)，或濃縮式 (condensed form) 的生產函數。只有在直線性齊次生產函數下，生產函數才可以化成這種形式。又

$$\frac{\partial Q}{\partial L} = MP_L = \frac{\partial(Lf(k))}{\partial L} = f(k) - kf'(k) = \phi(k) \tag{3}$$

$$\frac{\partial Q}{\partial K} = MP_K = \frac{\partial(Lf(k))}{\partial K} = Lf'(k)\frac{1}{L} = f'(k) \tag{4}$$

(1)至(4)式顯示勞動及資本的平均產出與邊際產出均為資本—勞動比率 (k) 的函數。再者，

---

❶資本平均產出亦可表示為：$AP_K = \dfrac{Q}{K} = \dfrac{Q}{L}\dfrac{L}{K} = f(k)\dfrac{1}{k} = \dfrac{f(k)}{k}$。

$$\frac{dMP_L}{dk} = f'(k) - [f'(k) + kf''(k)] = -kf''(k) > 0$$

$$\frac{dMP_K}{dk} = f''(k) < 0$$

上式表示勞動邊際生產力與資本－勞動比率呈增函數關係，資本邊際生產力與資本－勞動比率呈減函數關係。又根據一函數如果是 r 次齊次函數，則其一次偏導數為 $r-1$ 次齊次函數的特性，可以證明在直線性齊次生產函數下，生產要素的邊際產出為**零次齊次** (homogeneous of degree zero) **函數**，即所有生產要素同比例增加時，對各生產要素的邊際產出並無影響，亦即邊際產出完全取決於資本－勞動比率的大小。

證明：

$$f(\lambda x_1, \lambda x_2, \cdots, \lambda x_n) \equiv \lambda^r f(x_1, x_2, \cdots, x_n)$$

上式兩邊對 x_i 微分，得到：

$$\frac{\partial f}{\partial \lambda x_i} \frac{\partial(\lambda x_i)}{\partial x_i} \equiv \lambda^r \frac{\partial f}{\partial x_i}$$

兩邊同除以 λ，得到：

$$\frac{\partial f}{\partial \lambda x_i} \equiv \lambda^{r-1} \frac{\partial f}{\partial x_i}$$

上式中，$\dfrac{\partial f}{\partial \lambda x_i}$ 代表要素等比例增加後之邊際產出，$\dfrac{\partial f}{\partial x_i}$ 代表要素使用量未增加之前的邊際產出。在直線性齊次函數下，$r = 1$，所以 $\lambda^{r-1} = 1$。因此，$\dfrac{\partial f}{\partial \lambda x_i} = \dfrac{\partial f}{\partial x_i}$。

3.若所有生產要素均根據其邊際生產力給付報酬，則正好將產出分配罄盡，此稱之為尤拉定理 (Euler's theorem) 或加總定理 (adding-up theorem)❷。一般化形式的尤拉定理為：若 $f(x_1, x_2, \cdots, x_n)$ 為 r 次齊次函數，則

---

❷這意謂廠商只有正常利潤，沒有超額的經濟利潤。

$$\frac{\partial f}{\partial x_1}x_1 + \frac{\partial f}{\partial x_2}x_2 + \cdots + \frac{\partial f}{\partial x_n}x_n \equiv rf(x_1, x_2, \cdots, x_n)$$

在直線性齊次函數下，$r = 1$，所以：

$$\frac{\partial f}{\partial x_1}x_1 + \frac{\partial f}{\partial x_2}x_2 + \cdots + \frac{\partial f}{\partial x_n}x_n \equiv f(x_1, x_2, \cdots, x_n)$$

證明：

$$f(\lambda x_1, \lambda x_2, \cdots, \lambda x_n) \equiv \lambda^r f(x_1, x_2, \cdots, x_n)$$

上式兩邊對 λ 微分，得到：

$$\frac{\partial f}{\partial(\lambda x_1)}\frac{\partial(\lambda x_1)}{\partial \lambda} + \cdots + \frac{\partial f}{\partial(\lambda x_n)}\frac{\partial(\lambda x_n)}{\partial \lambda} \equiv r\lambda^{r-1}f(x_1, \cdots, x_n)$$

因為 $\dfrac{\partial(\lambda x_i)}{\partial \lambda} = x_i$，所以 $\displaystyle\sum_{i=1}^{n}\frac{\partial f}{\partial(\lambda x_i)}x_i \equiv r\lambda^{r-1}f(x_1, \cdots, x_n)$

令 $\lambda = 1$，則 $\displaystyle\sum_{i=1}^{n}\frac{\partial f}{\partial x_i}x_i \equiv rf(x_1, \cdots, x_n)$

在直線性齊次函數下，$r = 1$，所以：

$$\sum_{i=1}^{n}\frac{\partial f}{\partial x_i}x_i \equiv f(x_1, \cdots, x_n)$$

讀者可以利用柯布─道格拉斯生產函數 (Cobb-Douglas production function)：$Q = L^{\alpha}K^{1-\alpha}$，容易地證明尤拉定理成立。

　4.直線性齊次生產函數具有同質不變性 (homotheticity)。任何齊次生產函數經過單調遞增轉換 (monotonically increasing transformation) 後，可以成為同質不變函數 (homothetic function)。以數學表示為：

設 $y = f(x_1, \cdots, x_n)$ 為 r 次齊次生產函數，將 $f(\cdot)$ 予以單調遞增轉換，即

$$Z = F(y), F' > 0$$

上式的 $Z(x_1, \cdots, x_n)$ 即為同質不變函數。同質不變函數在生產及需求

理論中普遍應用，其特性為：由原點開始之射線與各生產等產量（或消費無異）曲線交點之切線——即邊際技術替代率（或邊際替代率）——具有相同的斜率；亦即，在一定的要素（或產品）價格下，擴張路徑 (expansion path)〔或所得消費曲線 (income consumption curve)〕——等產量（或消費無異）曲線與要素（或產品）價格線相切之點的軌跡——為一直線。以 $Q = f(K, L)$ 齊次生產函數證明如下。資本對勞動的邊際技術替代率 ($MRTS_{KL}$) 為：

$$MRTS_{KL} = \frac{MP_L}{MP_K}$$

在直線性生產函數下，$MP_L = f\left(\dfrac{K}{L}\right)$, $MP_K = g\left(\dfrac{K}{L}\right)$，即勞動與資本的邊際生產力均為資本—勞動比率 $\left(\dfrac{K}{L}\right)$ 的函數——根據第二點的特性。圖 4-3，射線由原點出發，$\dfrac{K}{L}$ 的比率不變，所以 MP_L 及 MP_K 不會改變，$MRTS_{KL}$ 亦不會改變，證實由原點出發之射線為一擴張路徑。因此，在直線性齊次生產函數下，任何由原點出發的射線，均代表在一定要素價格下的擴張路徑。

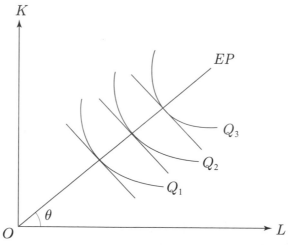

圖 4-3　在要素價格不變下，由原點出發之射線為直線性齊次生產函數的擴張路徑

因為齊次函數經過單調遞增轉換可以成為同質不變函數，因此，齊次

函數一定是同質不變函數，但同質不變函數不一定是齊次函數❸。齊次函數經單調遞增轉換為同質不變函數的經濟涵意為：消費無異（或生產等產量）曲線分析為一序數分析，無異曲線單位的大小是不重要的。

5.直線性齊次生產函數的等產量曲線圖 (isoquant map)，可以一條等產量曲線代表之。在直線性齊次生產函數下，產量與生產要素同比例的增加。因此，只要知道一條等產量曲線之型態及其位置之所在，即可知道整組之等產量曲線圖，即可以產量等於 1 之單位等產量曲線 (unit-value isoquant) 為基準，隨生產要素使用量之改變而繪出整組之等產量曲線圖──如圖 4–4。

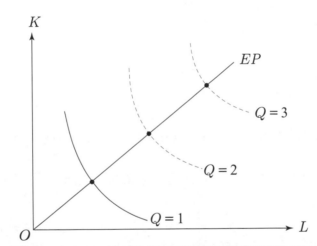

圖 4–4　直線性齊次生產函數下，一條等產量曲線即可代表整組等產量曲線圖

證明：

$$\lambda Q = f(\lambda L, \lambda K)$$

令 $\lambda = \dfrac{1}{Q}$，則 $1 = f\left(\dfrac{1}{Q}L, \dfrac{1}{Q}K\right)$

因此，$1\lambda = f\left(\dfrac{\lambda}{Q}L, \dfrac{\lambda}{Q}K\right)$

---

❸例如，$Q = f(L, K) = L \times K$ 為二次齊次生產函數，亦是同質不變生產函數。將其轉換為：$g(L, K) = F[f(L, K)] = ln(L \times K) = lnL + lnK$ 後，吾人可以證明 $g(L, K)$ 為同質不變函數，但並不是齊次函數。

6.在任何一定的相對要素價格下，生產的擴張路徑為一直線。

證明：

生產達於均衡時，$\dfrac{W}{r} = \dfrac{MP_L}{MP_K}$。現 $\dfrac{W}{r}$ 不變，則 $\dfrac{MP_L}{MP_K}$ 亦不變，表示 $\dfrac{K}{L}$ 不變，擴張路徑因此為一直線──如圖 4–5。

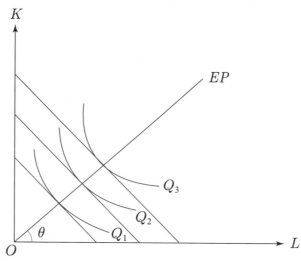

圖 4–5　在相對要素價格不變下，直線性齊次生產函數的擴張路徑為一直線

7.直線性齊次生產函數下，生產要素之邊際生產力仍然是遞減的。

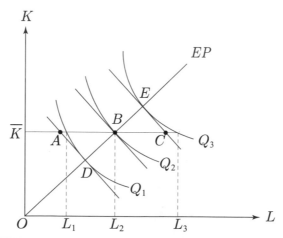

圖 4–6　直線性齊次生產函數下，邊際報酬遞減法則仍然成立

圖 4–6，$DB = BE$，表示兩種生產要素同比例且等量的增加。依據直線

性齊次生產函數的特性，產出將等量的增加，所以 $Q_2 - Q_1 = Q_3 - Q_2$。但在一定的資本使用量 $\bar{K}$ 下，只要勞動使用量為 L_1、L_2、及 L_3，仍可達到 Q_1、Q_2、及 Q_3 的產量水準。由於 $\triangle ABD$ 與 $\triangle CEB$ 為全等三角形，所以 $AB = BC$，$L_3L_2 > L_2L_1$，表示增加等量產出所需增加的勞動數量遞增，顯示勞動的邊際生產力遞減。同理，可以證明資本的邊際生產力亦是遞減的。事實上，固定規模報酬為一長期現象，邊際生產力遞減為一短期現象，兩者是並行不悖的。

8. 在要素價格不變下，產量變動的結果，長期平均成本 (AC) 不變，且長期平均成本等於長期邊際成本 (MC)。

證明：

$$AC = \frac{WL + rK}{Q}$$

設 W 與 r 不變，當 L、K 以 λ 乘量變動時，Q 亦以 λ 乘量變動。所以：

$$AC = \frac{TC}{Q} = \frac{W\lambda L + r\lambda K}{\lambda Q} = \frac{\lambda(WL + rK)}{\lambda Q} = \frac{WL + rK}{Q}$$

$$又\ AC = \frac{WL + rK}{Q} = \frac{WL + rK}{MP_L L + MP_K K}$$

$$= \frac{r}{MP_K} \left[\frac{\left(\dfrac{W}{r}\right)L + K}{\dfrac{MP_L}{(MP_K)}L + K} \right]$$

$$= \frac{r}{MP_K} = \frac{W}{MP_L} = MC$$

在要素使用量變動、產量變動的同時，如果要素價格變動 $x\%$，則長期平均及長期邊際成本亦變動 $x\%$。

證明：

$$AC = \frac{TC}{Q} = \frac{WL + rK}{Q} \tag{1}$$

設要素使用量以 λ 乘量變動，W 及 r 均增加 $x\%$，則

$$AC' = \frac{TC'}{Q} = \frac{W(1+x\%)\lambda L + r(1+x\%)\lambda K}{\lambda Q}$$

$$= \frac{\lambda(WL+rK)(1+x\%)}{\lambda Q} = \frac{(WL+rK)(1+x\%)}{Q} \quad (2)$$

(2)式除以(1)式，得到：$\frac{AC'}{AC} = (1+x\%)$

因為 $AC = MC$，所以 $\frac{MC'}{MC} = (1+x\%)$

　　由於固定規模報酬下，產量與要素使用量等比例變動，因此在一定要素價格下，擴張路徑上每一條等產量曲線的平均成本均相同。

　　以上所列有關直線性齊次生產函數的特性，在往後的分析中將時常應用到。值得注意的是，縱然假設兩種產品的生產函數均為直線性齊次生產函數，所導出來的生產可能曲線，在一般的情況下，通常為凹向原點的曲線而非直線。此外，根據個體經濟分析，生產函數與成本函數之間具有雙重性 (duality) 的關係，吾人只要知道生產函數，即可求得成本函數，因此也就能夠知道產品生產之成本、價格、及比較利益之所在。

第三節　要素密集度與生產可能曲線

　　生產函數是一種投入與產出之間聯變的關係。為了獲得一定數量的產出，生產要素之間可作不同的組合，本節即在於分析這種由生產函數所衍生而來的要素密集度與生產可能曲線之間的關係。

一、要素密集度的決定

　　要素密集度是指：一種產品生產 1 單位，其所使用之生產要素之間的相對組合比例。在兩種生產要素——勞動與資本下，要素密集度也就是生產 1 單位產品所使用的資本─勞動比率。要素密集度是一種相對而非絕對的觀念，因此，縱然生產兩種產品各 1 單位所需投入的要素數量不同，但只要相對比率相同，兩種產品的要素密集度仍然是一樣的。例如，生產 1

單位的布需要 2 單位勞動和 3 單位資本的投入，生產 1 單位的酒需要 4 單位勞動和 6 單位資本的投入，在這情況下，布與酒的要素密集度是相同的，即同為 $3K : 2L$。

一種產品生產的要素密集度如何決定呢？在完全競爭下，不同產品生產之最佳要素組合比例——亦即使生產成本最小或利潤最大之要素組合比例，是由要素的相對價格與生產函數所決定，即根據邊際技術替代率等於相對要素價格 $\left(MRTS = \dfrac{MP_L}{MP_K} = \dfrac{W}{r} \right)$ 決定均衡要素僱用量，進而決定最適要素密集度 $\dfrac{K}{L}$。

在完全競爭下，每一廠商面對相同的要素價格。因此，產品生產的要素密集度相同或不同，決定於產品的生產函數是否相同。**相同的生產函數 (indentical production function) 意謂投入與產出之間的關係相同。若生產函數相同，則面對相同的要素價格，兩種產品生產的要素密集度將一樣❹。**以等產量曲線表示，對一國而言，酒 (W) 與布 (C) 兩種產品的生產函數一樣，則同一條單位等產量曲線（即標準化 1 單位產出——如 1 元）可以同時代表兩種產品的生產，因此面對相同的要素價格，必然產生相同的要素密集度，相同數量的投入也必然有著相同數量（標準化 1 單位）的產出（圖 4–7）；對 A、B 兩國而言，以同一條單位等產量曲線同時代表兩國對同一種產品（酒）的生產函數，表示兩國對此一產品的生產函數相同，亦即兩國若面對相同的要素價格，兩國對此產品生產的要素密集度也相同，且相同數量的投入，可以得到相同數量（標準化 1 單位）的產出（圖 4–8）。

不同的生產函數 (different production function) 意謂投入與產出之間的關係不同。**對一國而言，若面對相同的相對要素價格，但兩種產品（酒與布）生產的要素密集度不同，則兩種產品的生產函數不同，亦即兩種產品的單位等產量曲線是分離而不是合一的（圖 4–9）；對 A、B 兩國而言，若面對相同的相對要素價格，但同一產品（酒）生產的要素密集度不同，則**

❹ 但在相同的要素價格下，兩種產品的要素密集度相同並不表示兩種產品的生產函數一定相同。

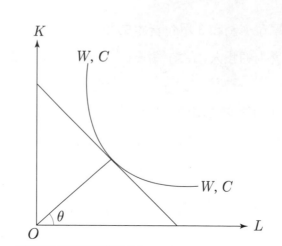

圖 4-7　一國之內兩種產品的生產函數相同

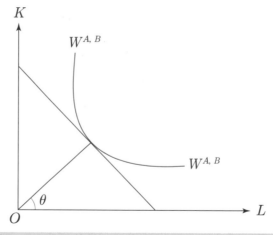

圖 4-8　兩國對同一種產品（酒）的生產函數相同

兩國對此一產品的生產函數不同，亦即兩國對同一產品的單位等產量曲線是分離而不是合一的（圖 4-10）。

　　在完全競爭下，若要素價格發生變動，是否會引起要素密集度改變呢？這與生產函數的性質與要素之間替代性的強弱有密切的關係。如果生產函數為固定比例生產函數──即李昂鐵夫生產函數，**生產要素之間的替代彈性** (elasticity of substitution) 等於零，因此，要素價格的改變並不會引起要素密集度的改變。如圖 4-11，在任何要素價格下，均衡的要素雇用量均為 E 點，故要素密集度不變。

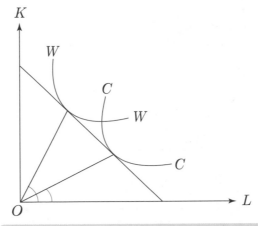

圖 4–9　一國之內兩種產品的生產函數不同

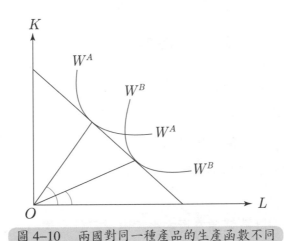

圖 4–10　兩國對同一種產品的生產函數不同

　　如果生產函數為可變比例生產函數，則要素密集度會隨相對要素價格的改變而不同。在等產量曲線為一直線的情況下，要素之間的替代彈性無限大，這表示對應相對要素價格微量的變動，要素密集度就會引起非常巨大的改變。在柯布－道格拉斯生產函數下，要素替代彈性等於 1，表示要素密集度改變的比例等於相對要素價格變動的比例，因此要素所得分配的份額 (share) 為固定常數。在固定替代彈性 (constant elasticity of substitution, CES) 生產函數 (CES production function) 下〔即 $Q = \gamma[\delta L^{-\rho} + (1 - \delta)K^{-\rho}]^{-\frac{1}{\rho}}$，$\gamma$、$\delta > 0$〕，要素替代彈性為任何固定常數，表示一定比例的相對要素價格變動總是導致一定比例的要素密集度改變。

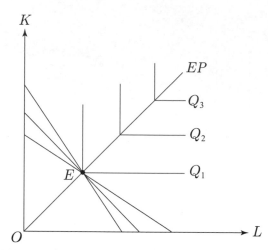

圖4-11　李昂鐵夫生產函數下，要素密集度不隨要素價格之變動而改變

二、要素密集度的歸類

在兩種生產要素——勞動及資本下，吾人可以依相對資本—勞動比率的大小，將兩種產品劃分為資本—勞動比率相對較高的**資本密集財**與資本—勞動比率相對較低的**勞動密集財**。對於兩種財貨之要素密集度歸類的劃分，有以下兩種可能的情況發生：

㈠歸類不變

即一種產品一旦被歸類為資本密集財或勞動密集財，則在任何情況下，兩種產品之要素密集度的歸類均不會改變，資本密集者始終為資本密集財，勞動密集者始終為勞動密集財。這在兩種產品的生產函數均為同質不變生產函數且相對要素價格不變，兩種產品的等產量曲線只相交一次的情況下，將會成立。圖 4-12，布與酒之擴張路徑（OE_C 及 OE_W）均為直線，表示兩者均為同質不變生產函數，等成本線均相互平行代表相對要素價格不變，兩種產品的擴張路徑均不相交，表示兩種產品的要素密集度歸類不變。國際經濟學分析所重視的是相對要素價格的改變是否會導致產品之要素密集度歸類的改變，故通常將兩者表示於同一圖形上。因之，要素密集度歸類不變的情況亦如圖 4-13 所示，即兩種產品之要素密集度線相互平行且要素密集度與相對要素價格呈單調函數的關係。

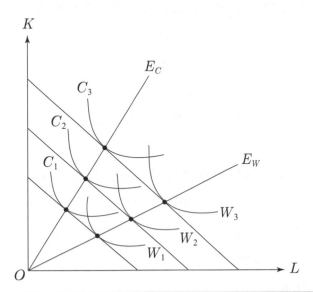

圖 4-12　同質不變生產函數且相對要素價格不變下，兩種產品的要素密集度歸類不變

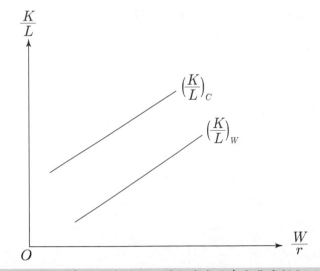

圖 4-13　要素密集度線相互平行代表要素密集度歸類不變

㈡歸類會變

　　即一種產品在某些情況下為資本密集財，在某些情況下又成為勞動密集財，這種現象又稱之為**要素密集度逆轉** (factor intensity reversal)。在下列

幾種情況下，產品要素密集度的歸類會發生改變：

　　1.兩種產品之等產量曲線相交兩次，則相對要素價格的改變會引起要素密集度歸類的改變。兩種產品之等產量曲線相交兩次，是由於兩者之等產量曲線的彎曲度相差很大所致。等產量曲線之彎曲度大者，表示要素之間的替代性弱，彎曲度小者，表示要素之間的替代性強。因之，當相對要素價格改變時，由於兩種產品生產之要素替代性差異很大，而導致要素密集度歸類的改變。

　　圖 4–14，相對要素價格為 P_1P_1 時，布為資本密集財 (OA)，酒為勞動密集財 (OB)；為 P_2P_2 時──即勞動的相對價格下降，布與酒的生產均趨向於更勞動密集的生產，即以勞動代替資本，但由於布之生產的要素替代性遠大於酒之生產的要素替代性，因而致使布成為勞動密集財 (OD)，酒成為資本密集財 (OE)。

　　2.產量改變，在要素價格不變下，由於技術的選擇不同，會引起要素密集度歸類的改變。例如，一種產品在小規模生產時，可能多使用勞動，少用資本，為勞動密集財；在大規模生產時，會多使用資本，少用勞動，而成為資本密集財。

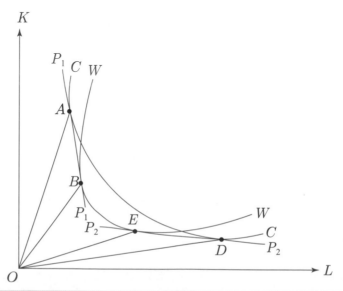

圖 4–14　等產量曲線相交兩次，相對要素價格改變會引起要素密集度歸類改變

3.至少有一種產品之生產函數不是同質不變生產函數時，會引起要素密集度歸類的改變。圖 4–15，布之生產函數不是同質不變生產函數，當生產規模在等成本線為 *RR* 時，布為資本密集財，酒為勞動密集財；為 *SS* 時，布與酒之要素密集度相同；為 *TT* 時，布成為勞動密集財，酒為資本密集財。

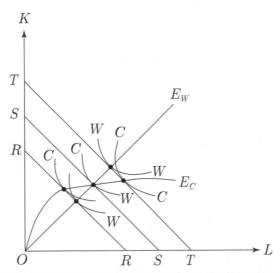

圖 4–15　一種產品的生產函數不是同質不變生產函數時，要素密集度的歸類會改變

圖 4–16，布與酒的生產函數均非同質不變生產函數，在相對要素價格不變下，兩種產品的要素密集度歸類發生改變。因此，即使相對要素價格不變，只要一種產品的生產函數不是同質不變生產函數，就會使兩種產品生產的要素密集度歸類發生改變。

縱使兩種產品之生產函數均為同質不變生產函數，但如果兩函數的要素替代彈性差異很大，則相對要素價格的改變，亦會引起要素密集度歸類的改變。圖 4–17，布與酒的生產函數均為同質不變生產函數，但相對要素價格由 P_1P_1 變為 P_2P_2 時，布由資本密集財變為勞動密集財，酒由勞動密集財變為資本密集財。

以上分析顯示，在直線性齊次（或同質不變）生產函數及相對要素價格不變下，可以確保要素密集度的歸類不會改變，即不會有要素密集度逆

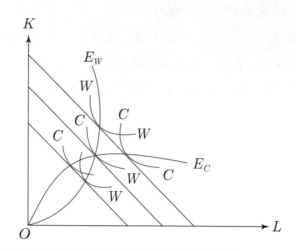

圖 4-16　兩種產品的生產函數均非同質不變生產函數時，要素密集度的歸類會改變

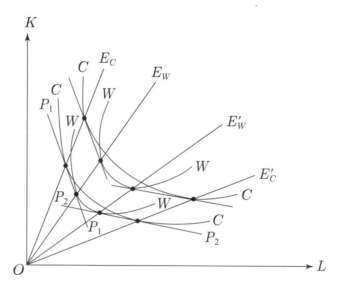

圖 4-17　兩種產品的生產函數均為同質不變生產函數下，相對要素價格的改變，
　　　　亦會使要素密集度逆轉

轉的情況發生❺。

　　國際經濟分析通常均作直線性齊次生產函數的假設，因此，對於要素
密集度歸類的討論，通常著重於相對要素價格的改變是否會引起要素密集

---

　❺直線性齊次生產函數及相對要素價格不變，是要素密集度歸類不變的充分但非必
　　要條件。

度逆轉。如圖 4–18，兩種產品之要素密集度線相交於 E 點，以相對要素價格 $\left(\dfrac{W}{r}\right)^{*}$ 為臨界點，發生要素密集度逆轉。現代國際貿易理論，比較利益是經由產品要素密集度與要素價格所決定的，因此，唯有在沒有要素密集度逆轉發生的情況下，比較利益、要素密集度、及要素價格之間的關係才能確立，貿易型態也才能夠確定。

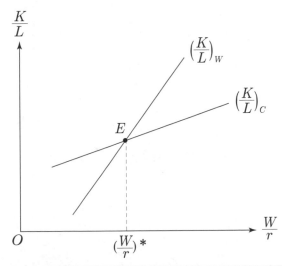

圖 4–18　兩種產品的要素密集度線相交，發生要素密集度逆轉

三、要素密集度與要素報酬

前面提到相對要素價格的改變會引起產品生產之要素密集度的改變，而相對的要素價格也就是相對的要素報酬。以下所探討的是要素密集度 $\left(\dfrac{K}{L}\right)$ 與相對要素價格或報酬 $\left(\dfrac{W}{r}\right)$ 之間有怎樣的關係存在。設生產函數為直線性齊次生產函數，因此可以將生產函數表示為：

$$\frac{Q}{L} = f\left(\frac{K}{L}\right)$$

將這種每勞動產出的生產函數以圖 4–19 表示，有以下的特點：

1.每勞動產出生產函數曲線上任何一點之切線的斜率等於資本的邊際

產出 (MP_K)，等於資本的報酬 (r)。在完全競爭下，要素的報酬等於要素的邊際產出，所以 $MP_K = r$。

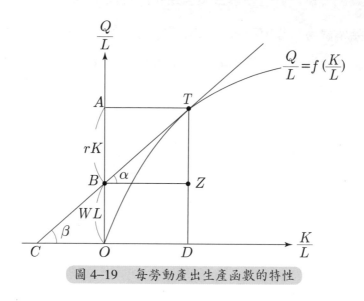

圖 4-19　每勞動產出生產函數的特性

證明：

切點 T 的斜率等於：

$$\tan\alpha = \frac{\Delta\left(\dfrac{Q}{L}\right)}{\Delta\left(\dfrac{K}{L}\right)} = \frac{\dfrac{\Delta Q}{L}}{\dfrac{\Delta K}{L}} = \frac{\Delta Q}{\Delta K} = MP_K$$

2. 於 T 點，資本所得份額 $\dfrac{K \times r}{Q} = \dfrac{AB}{AO}$，勞動所得份額 $\dfrac{L \times W}{Q} = \dfrac{BO}{AO}$。

證明：

$$r \times \frac{K}{Q} = \frac{TZ}{BZ} \times \frac{K}{L \times \dfrac{Q}{L}} = \frac{TZ}{BZ} \times \frac{K}{L} \times \frac{1}{\dfrac{Q}{L}} = \frac{TZ}{BZ} \times OD \times \frac{1}{TD}$$

因為 $BZ = OD$，所以 $r \times \dfrac{K}{Q} = \dfrac{TZ}{TD} = \dfrac{AB}{AO}$。

AO 為每勞動產出，AB 為資本所得 $r \times K$，根據尤拉定理，$AO - AB = BO$ 為勞動所得 $W \times L$（因為 $L = 1$，所以 BO 也就是工資率）。因此，$W \times \dfrac{L}{Q}$

$= \dfrac{BO}{AO}$。

    3.相對要素價格（報酬）$\dfrac{W}{r} = OC$。

證明：

    $\triangle BCO$ 與 $\triangle TBZ$ 為相似三角形，$\tan\alpha = \tan\beta$，所以 $\dfrac{TZ}{BZ} = \dfrac{BO}{CO} = r$。$BO$ 等於勞動所得，亦等於工資率，所以：

$$\frac{W}{CO} = r \rightarrow \frac{W}{r} = CO$$

    當資本—勞動比率 $\left(\dfrac{K}{L}\right)$ 提高而使其所對應之生產函數線上之切線的斜率 $(\tan\beta)$ 變小時，CO 線段增長，表示 $\dfrac{W}{r}$ 的比率提高。因此，在合理的生產範圍內，資本—勞動比率 $\left(\dfrac{K}{L}\right)$ 與相對要素價格比率 $\left(\dfrac{W}{r}\right)$ 呈同方向的變動，即兩者如圖 4–20 呈單調或嚴格遞增函數 (monotonically or strictly increasing function) 的關係。

    為何 $\dfrac{K}{L}$ 與 $\dfrac{W}{r}$ 兩者呈單調遞增函數的關係呢? 就直覺上生產力的變化而言，資本—勞動比率提高，表示每一位勞動配備更多的資本，勞動的邊際生產力因而提高;每 1 單位資本配備更少的勞動,資本的邊際生產力因而下降。在完全競爭下，要素報酬等於要素邊際產出，因此，工資—利率的相對比率提高。就理性的生產決策而言，勞動的相對價格上升，廠商會以資本來替代勞動生產，即多使用資本，少使用勞動。因此，資本—勞動比

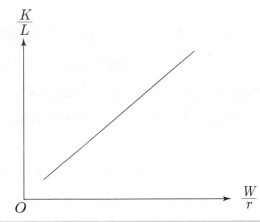

圖 4–20　資本—勞動比率與相對要素價格呈單調遞增函數的關係

率提高。

 ## 四、要素密集度與生產可能曲線

在直線性齊次生產函數下，不考慮其他的因素，如果兩種產品生產的要素密集度相同，則生產可能曲線呈一直線，即兩種產品生產的機會成本是固定的。因為在此情況下，每減少 1 單位布之生產所釋出的資本與勞動，均正好等於額外增加定量酒之生產所需要的資本與勞動。因此，在要素同質與直線性齊次生產函數的假設下，每減少 1 單位布之生產，其所增加之酒的產量均相同，故機會成本是固定的。

如果兩種產品生產之要素密集度不同，在同類生產要素完全同質但不同類生產要素無法完全相互替代（即 1 單位的資本並不能完全替代定量的勞動）的情況下，生產改變的結果，必然導致生產要素的組合比例發生不當的改變，而使生產效率下降，機會成本上升，生產可能曲線因此凹向原點。兩種產品的要素密集度差異愈小，生產可能曲線彎曲度愈小，邊際轉換率（絕對值）遞增的速度愈慢（極端的情況為生產可能曲線成一直線，邊際轉換率固定不變）；差異愈大，生產可能曲線彎曲度愈大，邊際轉換率遞增的速度愈快。

第四節　規模報酬與生產可能曲線

另一與生產函數有密切關係的是規模報酬。規模報酬的問題是指當所有生產要素使用量均等比例變動時，產量與成本會有何變化。要素密集度所討論的是生產要素之間的替代關係，生產的總要素成本支出可能不變；規模報酬所討論的是所有生產要素均等比例的變動，因此要素密集度不變，但總要素成本支出則必然增加（規模擴大）或減少（規模縮小）。

假設生產要素同質，兩種產品之要素密集度相同，且一種產品的生產是固定規模報酬——即其生產函數為直線性齊次生產函數，則生產可能曲線的形狀決定於另一種產品是屬於何種規模報酬，如果另一種產品的生產是：

㈠固定規模報酬

即兩種產品均是固定規模報酬，且要素密集度又相同，生產可能曲線必然是一直線。若兩種產品的要素密集度不同，即使兩種產品均為固定規模報酬，生產可能曲線亦會凹向原點，而不再是一直線。

㈡規模報酬遞減

即一產品（布）為固定規模報酬，另一產品（酒）為規模報酬遞減時，必然導致生產可能曲線凹向原點，且兩種產品生產的機會成本均為遞增。因為每減少 1 單位布之生產所釋出的資本與勞動，移轉於生產酒所能增加之酒的產量，隨著酒的生產規模擴大而遞減，故酒之生產的機會成本遞增，布之生產的機會成本亦遞增。

㈢規模報酬遞增

即一產品（布）為固定規模報酬，另一產品（酒）為規模報酬遞增，必然導致生產可能曲線凸向原點，且兩種產品生產之機會成本均遞減。因為每減少 1 單位布之生產所釋出的資本與勞動，移轉於生產酒所能增加之酒的產量，隨著酒的生產規模擴大而遞增，故酒之生產的機會成本遞減，布之生產的機會成本亦遞減。

在此情況下，即使兩種產品的要素密集度不同，但只要一種產品的規模報酬遞增而使機會成本遞減的力量大於要素密集度不同而使機會成本遞增的力量，生產可能曲線仍會凸向原點。

如果不再假設一種產品之生產為固定規模報酬，則在要素同質與兩種產品生產之要素密集度相同的假設下，生產可能曲線的形狀決定於兩種產品之規模報酬的淨效果，即規模報酬遞增──使生產可能曲線凸向原點與規模報酬遞減──使生產可能曲線凹向原點，兩種力量交互作用的結果。圖 4–21，生產可能曲線 AB 線段表示規模報酬之淨效果為規模報酬遞減，機會成本遞增；反曲點 B 表示規模報酬之淨效果為固定規模報酬，機會成本固定；BD 線段表示規模報酬之淨效果為規模報酬遞增，機會成本遞減。

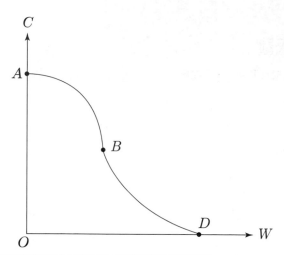

圖 4-21　生產可能曲線的形狀由兩種產品之規模報酬力量的淨效果所決定

第五節　要素稟賦與生產可能曲線

一、要素稟賦的意義

在國際經濟分析上，對一國**要素稟賦**的衡量是一種相對的觀念而非絕對的數量。有兩種衡量要素稟賦的觀念：

㈠實物定義 (physical definition)

即以生產要素之實體存量的相對比率來衡量一個國家的資源稟賦。例如，$\left(\dfrac{K}{L}\right)^A > \left(\dfrac{K}{L}\right)^B$，表示 A 國所擁有之資本—勞動比率大於 B 國，故 A 國是相對資本豐富、B 國是相對勞動豐富的國家。這種定義法只考慮相對比率的大小，而不管絕對數量的多寡。例如，$\left(\dfrac{16K}{8L}\right)^A > \left(\dfrac{20K}{20L}\right)^B$，儘管 B 國之資本與勞動的絕對數量均多於 A 國，但由於 A 國之相對資本—勞動比率較高，故 A 國是一相對資本豐富的國家。

㈡價格定義 (price definition)

即以生產要素相對價格的高低作為衡量一個國家資源稟賦的標準。例如，$\left(\dfrac{W}{r}\right)^A > \left(\dfrac{W}{r}\right)^B$，表示相對工資水準 A 國高於 B 國，A 國是資本豐富，B 國是勞動豐富的國家。同樣地，這種定義法只考慮相對要素價格的高低而不管絕對要素報酬的多寡。

　　以實物定義法與價格定義法作為衡量要素稟賦的標準，不同之處在於前者只考慮要素的供給因素，而後者同時考慮要素的供給與需求。在一般的情況下，兩種定義法的結果應該是一致的，即 A 國擁有相對較多的資本，利率水準相對較低，故為資本豐富的國家；B 國擁有相對較多的勞動，工資水準相對較低，故為勞動豐富的國家。但是，**如果對要素需求的力量很強，以致超過要素供給的力量時，可能產生兩種要素稟賦定義法不一致的現象，這現象稱之為要素需求逆轉 (factor demand reversal)**。例如，以實物定義法，A 國是相對資本豐富，B 國是相對勞動豐富的國家。但如果 A 國對資本的需求很強或對勞動的需求很弱，以至於相對工資—利率比率 A 國低於 B 國，則根據價格定義法，A 國就成為勞動豐富，而 B 國成為資本豐富的國家了。

二、要素稟賦與產出水準

　　如何尋求在現行技術水準與要素價格下，使現有固定的要素稟賦獲得充分就業，從而決定兩種產品的產量水準，進而決定一國的生產可能曲線呢?吾人可以利用**婁勒—皮爾斯圖形 (Lerner-Pearce diagram)** 來解決此一問題。

　　設兩種產品之生產函數均為直線性齊次生產函數，因此可由等產量曲線的位置（即要素使用量的多寡）來衡量產量水準。圖 4–22，根據相對要素價格與等產量曲線（即生產函數）決定要素密集度線 Ok_C 與 Ok_W，由於擴張路徑就是要素價格不變下的要素密集度線，故在直線性齊次生產函數假設下，要素密集度線為一直線。其次，以兩條要素密集度線 Ok_C 與 Ok_W、要素稟賦點 (E)、及原點 (O)，構成一個平行四邊形 $\square OFEG$，EF 平行於 Ok_W，EG 平行於 Ok_C。此一平行四邊形之原點 (O) 及要素稟賦點 (E) 除外

的另兩個端點（F 及 G）所對應而與要素價格線相切的兩條等產量曲線 C*
及 W*，即代表所有要素稟賦均獲得充分就業的產出水準。圖中，生產 C*
的布，使用了 OK_C 的資本，OL_C 的勞動；生產 W* 的酒，使用了 OK_W 的資
本，OL_W 的勞動，根據向量（vector）加法法則，$OK_C + OK_W = O\overline{K}$，$OL_C +
OL_W = O\overline{L}$，證實在 F 及 G 兩點時，要素稟賦獲得充分就業。

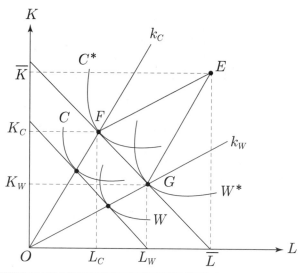

圖 4–22　以婁勒─皮爾斯圖形求出要素稟賦充分就業下的產出水準

以下我們進一步以數學式闡釋要素價格、要素密集度、要素稟賦、及
產出水準之間的關係。假設(1)生產布（C）與酒（W）兩種產品；(2)使用資本
（K）與勞動（L）兩種生產要素；(3)在任何要素價格下，布為資本密集財，酒
為勞動密集財，即無要素密集度逆轉發生。準此，要素稟賦獲得充分就業
的條件如下：

$$\overline{K} = L_C k_C + L_W k_W, \ k_C = \frac{K_C}{L_C}, \ k_W = \frac{K_W}{L_W} \tag{1}$$

$$\overline{L} = L_C + L_W \tag{2}$$

式中 $\overline{K}$ 及 $\overline{L}$ 分別代表要素稟賦，L_C 及 L_W 分別代表用於生產布及酒的勞動
量，k_C 及 k_W 分別代表布及酒的要素密集度。將(1)式兩邊除以 $\overline{L}$，得到：

$$\frac{\overline{K}}{\overline{L}} = \overline{k} = \frac{L_C}{\overline{L}}k_C + \frac{L_w}{\overline{L}}k_w = \alpha k_C + (1 - \alpha)k_w \tag{3}$$

(3)式表示，一個國家的要素稟賦比率 ($\overline{k}$) 等於其兩種產品要素密集度的加權平均，權數為兩種產品所使用之勞動數量比例。因此，一個國家的要素稟賦（資本－勞動）比率，以資本密集財的要素密集度 (k_C) 為上限，以勞動密集財的要素密集度 (k_w) 為下限。

(3)式中，$\overline{K}$ 及 $\overline{L}$ 為一國已知的要素稟賦存量，k_C 及 k_w 亦可由現行市場要素價格 (W, r)，及已知的生產技術狀況——生產函數求得。因此，此一方程式只有一個未知的變動 α，故可以求得其解。$\alpha = \dfrac{L_C}{\overline{L}}$，$\overline{L}$ 已知，求得 α 即可求得 L_C，而 $\overline{L} - L_C = L_w$，求得 L_C 即可求得 L_w，故可求得兩種產品的勞動使用量。又 k_C 已知，$k_C = \dfrac{K_C}{L_C}$，求得 L_C 即可求得 K_C，進一步可以求得 K_w，故可以求得兩種產品的資本使用量。在直線性齊次生產函數下，$\dfrac{Q_C}{L_C} = q_C = f\left(\dfrac{K_C}{L_C}\right) = f(k_C)$，$k_C$ 已知，故可求得 q_C。又 L_C 也已知，所以布之產量為 $Q_C = q_C \times L_C$。同理，可以求得酒之產量為 $Q_w = q_w \times L_w$。全國之總產出為 $Q = Q_C + Q_w$。

由以上分析可知，在要素稟賦存量可以衡量，生產函數與要素價格已知的情況下，無論是根據婁勒－皮爾斯圖形或數學式，均可以知道要素稟賦在兩種產業之間派用 (allocation) 的情形，因而可以求得兩種產品之最大產出數量。

三、要素稟賦與生產可能曲線

如何由要素稟賦來求得生產可能曲線呢? 根據婁勒－皮爾斯圖形，只要變動要素價格，會引起要素密集度改變，使平行四邊形之端點改變，其所對應之等產量曲線亦隨之改變，而使兩種產品的產出水準改變。

圖 4–23 在相對要素價格 P_0P_0 下，布與酒的要素密集度分別為 Ok_C 及 Ok_w，與要素稟賦點 E，形成平行四邊形 $\square OAEB$，布的產量為 C_0，酒的產量為 W_0。如果勞動的相對價格上升，相對要素價格成為 P_1P_1，布與酒之要

素密集度分別變為 Ok'_C 及 Ok'_W，與要素稟賦點 E，形成平行四邊形 $\square OFEG$，布的產量減為 C_1，酒的產量增為 W_1。如此，連續變動相對要素價格，在一定的要素稟賦下，即可求得不同的布與酒的產量組合，從而可以導出生產可能曲線。因此，由一定數量的要素稟賦可以導出一條生產可能曲線。如果兩國的要素稟賦不同，在其他情況一定下，所導出的生產可能曲線也就不同。生產可能曲線上任何一點代表一定的邊際轉換率，同時也代表一定數量的兩種產品組合、一定的相對要素價格、及一定的兩種產品生產的要素密集度。

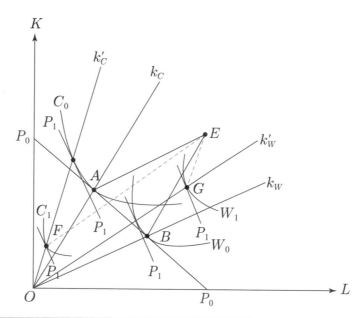

圖 4-23　在一定的要素稟賦下，變動相對要素價格，可以得到不同的兩種產品生產組合，從而可以導出生產可能曲線

　　以上的分析顯示，勞動的相對價格上升時，資本密集財（布）的產量會減少，勞動密集財（酒）的產量會增加。為什麼？因為 $\dfrac{W}{r}$ 上升的結果，廠商會以資本代替勞動生產，即兩種產品的生產均會趨向於更加資本密集。又根據要素稟賦比率的公式：

$$\frac{\overline{K}}{\overline{L}} = \overline{k} = \alpha k_C + (1 - \alpha)k_W$$

　　現在 k_C 及 k_W 均上升，為了維持上式等式的成立，必須資本密集財的比重 α 下降，而勞動密集財的比重 $(1-\alpha)$ 上升。亦即，在固定要素稟賦之下，勞動相對價格上升的結果，資本密集財必須減少產量，釋出資本與勞動，以移作增加勞動密集財的生產之用。但對勞動密集財的生產而言，資本密集財所釋出的資本相對多於所釋出的勞動，因此使得兩種產品的生產均得以趨向更加資本密集的生產，以確保要素稟賦充分就業的達成。

四、要素稟賦、要素密集度與生產可能曲線

　　在不考慮規模經濟因素下，一國的生產可能曲線（型態及位置）完全決定於其要素稟賦與產品的要素密集度。設一國的勞動稟賦為 $\overline{L}$，資本稟賦為 $\overline{K}$，生產 1 單位布需要勞動投入 a_{LC}，資本投入 a_{KC}，生產 1 單位酒需要勞動投入 a_{LW}，資本投入 a_{KW}；布為資本密集財，酒為勞動密集財，所以 $a_{LW} > a_{LC}, a_{KC} > a_{KW}$。一國布與酒的產量受限於勞動與資本兩種稟賦，即

$$a_{LC} \times Q_C + a_{LW} \times Q_W \leq \overline{L}$$
$$a_{KC} \times Q_C + a_{KW} \times Q_W \leq \overline{K}$$

　　上式中，Q_C 與 Q_W 分別代表布與酒的產量。圖 4–24，橫軸為酒 (W)，縱軸為布 (C)，LL' 與 KK' 分別代表一國之勞動與資本稟賦限制線。在資本投入能夠完全配合下，OL 為全部勞動投入生產布，所能生產布的數量，$OL = \overline{L}/a_{LC}$；OL' 為全部勞動投入生產酒，所能生產酒的數量，$OL' = \overline{L}/a_{LW}$，$a_{LW} > a_{LC}$，所以 $OL > OL'$。在勞動投入能夠完全配合下，OK 為全部資本投入生產布，所能生產布的數量，$OK = \overline{K}/a_{KC}$；OK' 為全部資本投入生產酒，所能生產酒的數量，$OK' = \overline{K}/a_{KW}$，$a_{KC} > a_{KW}$，所以 $OK' > OK$。LL' 的斜率等於 $OL/OL' = a_{LW}/a_{LC}$，KK' 的斜率等於 $OK/OK' = a_{KW}/a_{KC}$。由於布為資本密集財，酒為勞動密集財，即 $a_{KC}/a_{LC} > a_{KW}/a_{LW}$，所以 $a_{LW}/a_{LC} > a_{KW}/a_{KC}$，即 LL' 的斜率大於 KK' 的斜率。

　　LL' 線上任何一點代表使勞動稟賦充分就業之不同布與酒產量的組合，KK' 線上任何一點代表使資本稟賦充分就業之不同布與酒產量的組合。

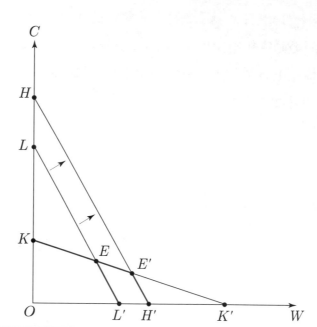

圖 4–24　要素稟賦與要素密集度決定生產可能曲線的型態與位置

LL' 外任何一點之布與酒產量的組合是現有勞動稟賦所無法達到的，KK' 外任何一點之布與酒產量的組合是現有資本稟賦所無法達到的。是故，在現有勞動與資本稟賦下，所能達到的兩種產品組合只有 KE 線段與 EL' 線段，KEL' 即構成充分使用兩種要素稟賦之兩種產品最大產量組合軌跡的生產可能曲線。

如果資本稟賦不變，勞動稟賦增加（勞動稟賦限制線由 LL' 外移至 HH'）——即一國變得更為勞動豐富，依前面的推理，生產可能曲線將成為 $KE'H'$。這種現象意謂勞動愈豐富的國家，其生產可能曲線將愈偏向勞動密集財；資本愈豐富的國家，其生產可能曲線將愈偏向資本密集財。

以上的分析係基於固定生產係數的假設（即兩種產品生產過程中，勞動與資本之間無法相互替代使用），因此得到圖 4–24 有折點的生產可能曲線❻。如果假設生產係數是可變的（即兩種產品生產過程中，勞動與資本之間可以相互替代使用），結果將與固定生產係數的分析相同，但所得到的

---

❻在固定生產係數下，生產可能曲線受限於兩個限制。要生產較多的資本密集財（布），將受限於資本稟賦；要生產較多的勞動密集財（酒），將受限於勞動稟賦。

生產可能曲線將是如圖 4–25 中 AA' 的圓滑曲線，而勞動增加將使生產可能曲線往勞動密集財方向移動較多，往資本密集財方向移動較少，生產可能曲線成為偏向勞動密集財（酒）的 BB' 曲線。

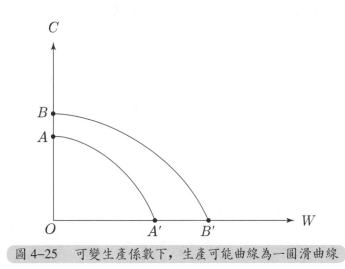

圖 4–25　可變生產係數下，生產可能曲線為一圓滑曲線

第六節　箱形圖與生產可能曲線

對於以上所討論的生產函數、要素密集度、規模報酬、及要素稟賦等概念，吾人可以一有力的分析工具——**艾吉渥茲－包立箱形圖** (Edgeworth-Bowley box diagram)，簡稱箱形圖，同時予以表示出來，故箱形圖是國際貿易分析的重要工具之一。

 ## 一、箱形圖的功用與特性

用箱形圖可以表示以下的經濟現象與特性：

1.在分析消費行為時，箱形圖的兩個原點代表兩位消費者，兩邊代表兩種產品；在分析生產行為時，箱形圖的兩個原點代表兩種產品，兩邊代表兩種生產要素。

2.箱形圖兩邊的長度可用以代表一國之要素稟賦，其對角線的斜率代

表一國之要素稟賦比率。圖 4–26，兩個四方形的原點 $O_W^{A,B}$、O_C^A、及 O_C^B，分別代表 A 國及 B 國之酒與布生產的原點，四方形兩邊的長度分別代表兩國資本與勞動稟賦的數量，對角線的斜率則代表要素稟賦比率。由於 A 國之箱形圖對角線的斜率大於 B 國，表示 A 國為一相對資本豐富的國家。

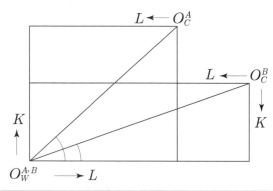

圖 4–26　用箱形圖表示要素稟賦數量及其比率

3. 在分析消費行為時，箱形圖內兩位消費者之無異曲線相切之點所形成的軌跡，稱之為**契約線** (contract curve)，即契約線上任何一點均代表兩位消費者對兩種產品消費的邊際替代率達於相等。消費契約線用以描述兩位消費者之間的財貨交換行為，線上的每一點均代表已經達到消費的**巴瑞多最適條件** (Pareto optimum condition)，即在一位消費者的效用水準一定下，另一位消費者的效用水準達於最大。因此，沿著契約線移動，必然使一位消費者的效用增加，另一位消費者的效用減少，而不可能兩位消費者的效用均同時增加，這表示全社會的福利水準已達於最大的狀態。

在分析生產行為時，箱形圖內兩種產品之等產量曲線相切之點所形成的軌跡亦稱之為契約線，又稱**最佳效率軌跡** (optimum efficiency locus) 或**效率路徑** (efficiency path)，即效率路徑上任何一點均代表兩種產品生產之邊際技術替代率達於相等。生產契約線用以描述兩種產品生產之要素派用的情形，線上的每一點均代表已經達到生產的巴瑞多最適條件，即在一種產品的產量水準一定下，另一種產品的產量水準達於最大。因此，沿著契約線移動，必然使得一種產品的產量增加，另一種產品的產量減少，這表示社會的生產水準已達於最大的狀態。若一個經濟社會的生產點未落於契約線上，則將生產移至契約線上時，必然能夠使得至少一種產品的產量增加。

　　在完全競爭下，每一位消費者在面對相同的產品價格下都追求最大的效用；每一位生產者在面對相同的產品及要素價格下都追求最大的利潤。在這過程中，必然會使得社會的消費點與生產點落於契約線上，而使得社會的福利水準自動達於最大❼。

　　4.利用箱形圖分析，隱含著充分就業與要素使用效率達到最大的假設。因為箱形圖內任何一點所代表的兩種產品之要素使用量的加總，必然等於要素稟賦數量，即充分就業達成。在完全競爭下，生產點一定落於契約線上，故要素的利用效率達於最大。

　　5.利用箱形圖，可以表示要素密集度及產量水準。由箱形圖之兩種產品的原點，至契約線上兩條等產量曲線相切點之連線的斜率，代表兩種產品生產的要素密集度。圖 4–27，O_WE 及 O_CE 的斜率分別代表酒及布的要素密集度，由 O_WE 及 O_CE 的斜率可以知道酒為勞動密集財，布為資本密集財。在直線性齊次生產函數的假設下，要素密集度線的長度與產量水準呈正比例的關係。因此，由要素密集度線長度的變化，可以測定產品之產量的增減。如果勞動的相對價格上升，則生產點會由 E 點移到 F 點，由 O_WF 及 O_CF 的斜率，可以看出兩種產品均趨向於更加資本密集的生產方法；由 $O_WF > O_WE, O_CE > O_CF$（或等產量曲線的位置），可以知道勞動密集財（酒）的產量增加，資本密集財（布）的產量減少❽。

　　6.根據箱形圖內等產量曲線之間要素使用量的變動及其所標示的產量

---

❼在沒有外部性 (externality) 存在下，完全競爭之市場均衡必然使社會的生產與消費水準達於最大──即完全競爭均衡必然為巴瑞多效率（或最適），這稱為福利經濟學的第一定理 (the first theorem of welfare economics)。在消費者具有凸性偏好 (convex preference) 下，必有市場價格使社會最大水準之生產與消費為一市場均衡──即巴瑞多效率（或最適）必然為完全競爭均衡，這稱為福利經濟學的第二定理 (the second theorem of welfare economics)。

❽以要素密集度線長度衡量產量，必須是在相同的要素密集度下。

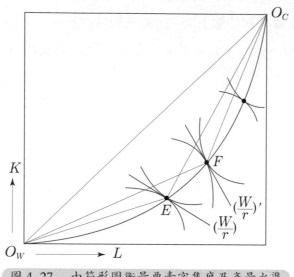

圖 4-27　由箱形圖衡量要素密集度及產量水準

水準，可以知道生產函數屬於何種規模報酬。如果等產量曲線之間產量水準變動的比例等於要素使用量變動的比例，生產函數為固定規模報酬；所標示之產量水準增加的比例大於要素使用量增加的比例，生產函數為規模報酬遞增；所標示之產量水準增加的比例小於要素使用量增加的比例，生產函數為規模報酬遞減。

　　7.在直線性齊次生產函數圖及相對要素價格不變下，契約線的位置有兩種可能：

　　⑴契約線正好等於箱形圖的對角線。當兩種產品的生產函數相同，且面對相同的要素價格下，兩種產品的要素密集度相同。又在直線性齊次生產函數的假設下，兩種產品的擴張路徑——即一定要素價格下的要素密集度線均為一直線，故兩條擴張路徑重合，契約線等於箱形圖的對角線。

　　⑵契約線位於箱形圖對角線的任何一邊，而不會與對角線相交。圖 4-28，設酒與布的等產量曲線與箱形圖的對角線交於 H 點。在 H 點，布與酒生產的要素密集度相同，但布生產的邊際技術替代率大於酒，

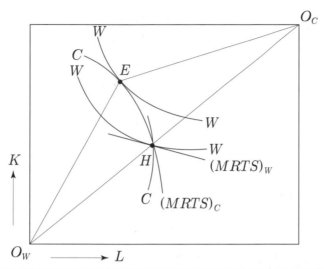

圖 4-28　在沒有要素密集度逆轉的情況下，契約線不會與箱形圖的對角線相交

即 $\left(\dfrac{MP_L}{MP_K}\right)_W < \left(\dfrac{MP_L}{MP_K}\right)_C$。為達到均衡 $\left(\dfrac{MP_L}{MP_K}\right)_W = \left(\dfrac{MP_L}{MP_K}\right)_C$，酒的生產

應少使用勞動，以使勞動的邊際生產力上升，多使用資本，以使資本的邊際生產力下降，酒成為資本密集財；布的生產應少使用資本，以使資本的邊際生產力上升，多使用勞動，以使勞動的邊際生產力下降，布成為勞動密集財。如此，酒與布的等產量曲線將相切於 E 點，酒與布生產的邊際技術替代率達於相等。在直線性齊次生產函數下，一條等產量曲線即可代表一組等產量曲線圖。因此，根據切點 E，即可知道契約線位於對角線的左上方。反之，如果於 H 點，

$\left(\dfrac{MP_L}{MP_K}\right)_W > \left(\dfrac{MP_L}{MP_K}\right)_C$，則契約線位於對角線的右下方。根據兩種產品

生產之契約線的位置，吾人即可知道何種產品是屬於勞動或資本密集的產品。

8.在箱形圖中，契約線與對角線相交，表示發生要素密集度逆轉。圖 4-29，契約線與箱形圖對角線交於 R 點。在 E 點，酒為勞動密集財，布為資本密集財；在 F 點，酒為資本密集財，布為勞動密集財。這證實契約線與箱形圖之對角線相交時，由於產量的不同會導致產品生產之要素密集度

逆轉。

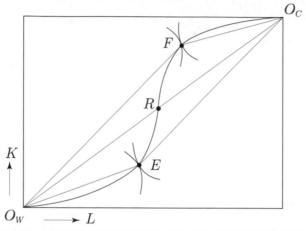

圖 4–29　契約線與箱形圖之對角線相交，發生要素密集度逆轉

 ## 二、箱形圖與生產可能曲線

　　從箱形圖內契約線上兩種產品之等產量曲線的產量指標，即可直接導出生產可能曲線——圖 4–30。這是求得生產可能曲線最直接、明確的方法。

　　由於箱形圖內契約線上任何一點的產品組合，均代表全社會要素稟賦的充分且有效利用，故契約線上任何一點的兩種產品組合對應到布—酒產品空間中，必然落於生產可能曲線之上。

　　如果兩種產品之生產函數均為直線性齊次生產函數，且其生產的要素密集度相同——即契約線為一直線，則所導出來的生產可能曲線為一直線，表示兩種產品生產之機會成本固定——圖 4–31。

　　如果兩種產品之生產函數均為直線性齊次生產函數，但其生產的要素密集度不同——契約線位於箱形圖對角線的一邊，則所導出來的生產可能曲線為一凹向原點的曲線，其彎曲度視兩種產品之要素密集度的差異而定，差異愈大，彎曲度愈大。

　　圖 4–32，酒與布之生產函數均為直線性齊次生產函數，但兩種產品之要素密集度不同，如何導出生產可能曲線呢？圖中，左下角 O_W 與右上角 O_C

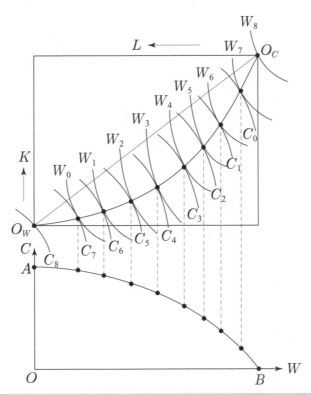

圖 4-30　根據箱形圖內契約線上等產量曲線的產量指標，即可求得生產可能曲線

代表箱形圖之酒與布產量的原點座標，右下角 O 代表生產可能曲線的原點座標，O_W 及 O_C 兩軸代表酒與布的產量。利用直線性齊次生產函數下，產品產出與要素投入之間等比例變動的關係，視箱形圖的對角線為分別面對不同要素價格之酒與布的擴張路徑❾，而以等產量曲線與對角線相交之線段長度作為要素使用量的衡量，即可找出對應之產量，進而得以繪出生產可能曲線。

　　例如，等產量曲線 W_3 與對角線交於 A 點，可以設定其產量為 W_3，等產量曲線 C_1 與對角線交於 B 點，可以設定其產量為 C_1，W_3 與 C_1 形成組合點 F。同理，等產量曲線 W_2 及 C_2 分別與對角線交於 D 及 E 點，可以設

❾擴張路徑是指，在要素價格不變下，隨著產量變動，均衡要素雇用量所形成的軌跡。當生產函數為直線性齊次函數時，由原點出發的任何射線，均是一定要素價格下的擴張路徑，故箱形圖的對角線為分別面對不同要素價格之酒與布的擴張路徑。

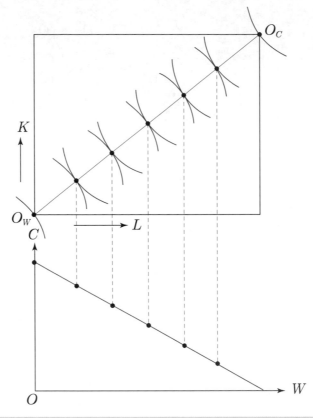

圖 4–31　兩種產品的生產函數均為直線性齊次生產函數，且要素密集度相同時，所導出的生產可能曲線為一直線

定其產量為 W_2 及 C_2，而形成組合點 G。比較 F 與 G 兩點，就酒而言，以對角線衡量，要素使用量減少 AD，產量減少 W_3W_2，而 $\dfrac{AD}{O_WD} = \dfrac{W_3W_2}{OW_2}$，表示產量與要素使用量等比例的變動。如此，根據兩種產品之等產量曲線與對角線相交所形成的組合點，連接這些組合點，即可構成生產可能曲線 O_CFGHO_W，而此一生產可能曲線位於對角線 O_WO_C 的上方，故為一凹向原點之曲線而非一直線。

三、生產可能曲線與國際貿易

在不考慮需求因素的情況下，兩國之國際貿易的發生在於生產可能曲線型態的不同。由以上的分析，吾人已知如何求得一國之生產可能曲線。

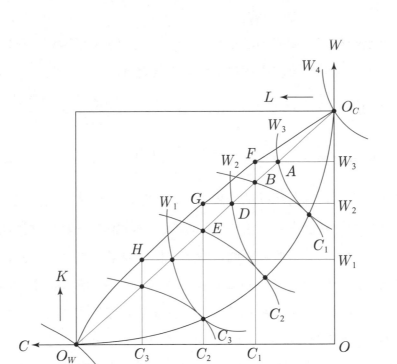

圖 4-32　在直線性齊次生產函數下，根據兩種產品之等產量曲線與箱形圖對角線交點所形成之組合點的軌跡，即可構成生產可能曲線

在此，我們所要討論的是在什麼情況下，兩國之生產可能曲線的型態完全相同，以致沒有國際貿易發生。首先，假設：

(1)兩國對同一產品之生產函數相同，且一國之內兩種產品的生產函數相同。

(2)兩國、兩種產品之生產函數均為直線性齊次生產函數。

(3)兩國的要素稟賦不同。

在以上的假設下，所求得之兩國的生產可能曲線為相互平行的兩條直線，表示兩國對兩種產品生產的機會成本相同，儘管兩國對兩種產品生產的絕對成本不同，但並沒有比較成本差異發生，因此沒有國際貿易發生。

圖 4-33 (a)，A 國與 B 國有同樣的勞動數量，但 A 國比 B 國多出 ΔK 的資本，箱形圖的對角線 $O_W^A O_C^A$ 及 $O_W^B O_C^B$ 即分別代表兩國的要素稟賦比率，也同時代表契約線及兩種產品的要素密集度（直線性齊次生產函數下，兩種

產品生產函數相同之假設的結果)。因此，根據契約線所導出之圖 4–33 (b) 的兩國生產可能曲線為斜率相等的相互平行直線。

設 A 國之酒與布的要素密集度均為 $\dfrac{3K}{2L}$，即 $\left(\dfrac{3K}{2L}\right)_W^A = \left(\dfrac{3K}{2L}\right)_C^A$，B 國之酒與布的要素密集度均為 $\dfrac{3K}{3L}$，即 $\left(\dfrac{3K}{3L}\right)_W^B = \left(\dfrac{3K}{3L}\right)_C^B$。（一國之內若兩種產品的生產函數不同，面對相同的要素價格，要素密集度會不同，但現假設相同，即隱含兩種產品之要素密集度相同❿。兩國對同一產品之生產函數相同，但由於兩國之要素稟賦不同，兩國之相對要素價格因此不同，故兩國的要素密集度不同。）在要素同質與直線性齊次生產函數下，由於兩種產品的要素密集度相同，故在 A 國或 B 國，酒與布的機會成本與交換比率均等於 1，兩國無國際貿易發生。設兩國之工資率均為 5 單位黃金，A 國利率為 3 單位黃金，B 國利率為 4 單位黃金，則 A 國之酒與布的絕對成本均為：

$$P_W^A = P_C^A = 2 \times 5 + 3 \times 3 = 19$$

B 國之酒與布的絕對成本均為：

$$P_W^B = P_C^B = 3 \times 5 + 3 \times 4 = 27$$

以上數據證實，兩國對布與酒生產之絕對成本不同，但比較成本則相同。接著，假設：

(1)兩國對同一產品之生產函數相同，但一國之內對兩種產品之生產函數不同。

(2)兩國、兩種產品之生產函數均為直線性齊次生產函數。

(3)兩國的要素稟賦相同。

在以上的假設下，兩國生產同一產品之要素密集度一樣（因為生產函

---

❿在生產函數相同下，面對相同的要素價格，各生產 1 單位兩種產品所需的要素使用量不僅在相對比率上相同（即要素密集度相同），且在絕對使用量上亦相同，故在要素同質與直線性齊次生產函數下，兩國對兩種產品生產的機會成本與交換比率均等於 1。

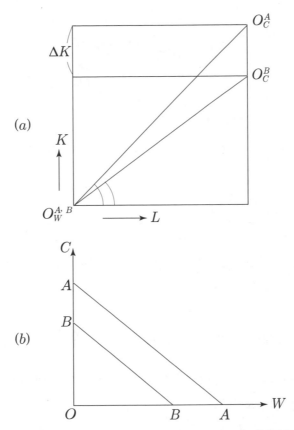

圖 4-33 在兩國對兩種產品生產之要素密集度均相同的情況下，縱使要素稟賦比率不同，亦無國際貿易發生

數相同，要素稟賦一樣，兩國因而面對相同的要素價格)，本國之內生產不同產品之要素密集度不同 (因為不同產品之生產函數不同，但面對國內相同的要素價格)。但是，在兩國之要素稟賦比率相同下，兩國亦不會有比較成本差異發生，因而不會有國際貿易發生。

　　圖 4-34，$O_W^A O_C^A$ 及 $O_W^B O_C^B$ 重合，表示 A、B 兩國的要素稟賦比率相同。A 國的契約線 (CC^A) 及 B 國的契約線 (CC^B) 不再是直線，表示兩國對兩種產品生產的要素密集度不同，故其導出來的生產可能曲線均為凹向原點的曲線。但是，A 國的生產可能曲線 (PPC^A) 與 B 國的生產可能曲線 (PPC^B) 的型態相同，因而在不考慮需求因素下，兩國之間沒有國際貿易發生。

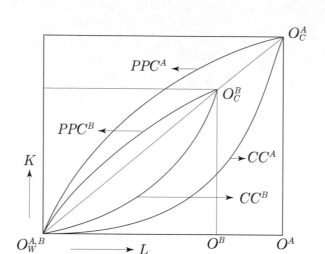

圖 4-34　在兩國的要素稟賦比率相同下，縱使兩國生產兩種產品的要素密集度不同，亦無國際貿易發生

　　設 A、B 兩國酒與布的要素密集度分別為 $\left(\dfrac{3K}{3L}\right)_W^{A,\,B}$ 與 $\left(\dfrac{3K}{2L}\right)_C^{A,\,B}$，兩國的要素價格均相同，設工資率為 5 單位黃金，利率為 3 單位黃金，則 A 國與 B 國生產酒的絕對成本均為：

$$P_W^A = 3 \times 5 + 3 \times 3 = 24 = P_W^B$$

A 國與 B 國生產布的絕對成本均為：

$$P_C^A = 2 \times 5 + 3 \times 3 = 19 = P_C^B$$

　　以上數據證實，兩國對兩種產品生產之絕對及比較成本均相同，故無國際貿易發生。最後，假設：

⑴兩國對同一產品之生產函數相同，但一國之內對兩種產品之生產函數不同。

⑵兩國、兩種產品之生產函數均為直線性齊次生產函數。

⑶兩國的要素稟賦不同。

　　在以上的假設下，兩國對同一產品的要素密集度不同（因為生產函數相同，要素稟賦不同，面對不同的要素價格），本國之內對不同產品生產的要素密集度亦不同（因為生產函數不同，但面對國內相同的要素價格）。在此情況下，兩國對兩種產品生產的絕對及比較成本均不同，故有國際貿易發生。

　　圖 4–35，A 國與 B 國有同樣的勞動量，但 A 國有較多的資本，因此兩國的要素稟賦不同。在兩國國內兩種產品的要素密集度均不相同下，所導出來的生產可能曲線為凹向原點的曲線。圖形顯示兩國之生產可能曲線的型態顯然不同，故在只考慮成本的情況下，必然有國際貿易發生。

　　設 A 國之布與酒的要素密集度分別為 $\left(\dfrac{4K}{2L}\right)_C^A$ 與 $\left(\dfrac{3K}{2L}\right)_W^A$，B 國之布與酒的要素密集度分別為 $\left(\dfrac{4K}{3L}\right)_C^B$ 與 $\left(\dfrac{2K}{2L}\right)_W^B$，兩國的工資率均為 5 單位黃金，A 國利率為 3 單位黃金，B 國利率為 4 單位黃金，則 A 國及 B 國之酒與布的價格分別為：

$$P_C^A = 2 \times 5 + 4 \times 3 = 22$$
$$P_W^A = 2 \times 5 + 3 \times 3 = 19$$
$$P_C^B = 3 \times 5 + 4 \times 4 = 31$$
$$P_W^B = 2 \times 5 + 2 \times 4 = 18$$

　　以上數據證實，A 國為資本豐富的國家，對資本密集財（布）具有比較成本利益；B 國為勞動豐富的國家，對勞動密集財（酒）具有比較成本利益，故兩國會發生國際貿易。

　　綜合以上分析可知，只要不假設一國之內對兩種產品的生產函數相同與兩國的要素稟賦相同，則在直線性齊次生產函數、兩國對同一產品之生產函數相同、及國內兩種產品之生產函數不同的假設下，由於兩國要素稟賦的差異致使產品生產之要素密集度不同，因而導致兩國生產可能曲線型態的不同，這是肇致國際貿易發生的主要原因。

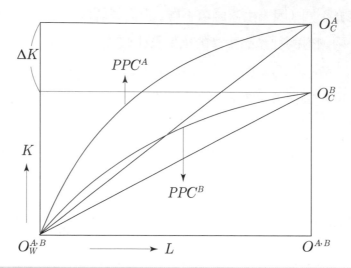

圖 4-35　在兩國要素稟賦及兩種產品要素密集度不同下，所導出之兩國生產可能
曲線的型態不同，故有國際貿易發生

第七節　需求與國際貿易

兩國對兩種產品生產之機會成本不同，一方面決定於生產可能曲線的
不同，一方面則與社會需求條件有關。自 Mill (1848) 提出交互需求法則後，
需求因素也就成為討論國際貿易理論不可或缺的一環。

 ## 一、社會無異曲線的意義及特性

如同用個人的消費無異曲線代表個人的需求偏好情況一樣，我們亦可
以社會無異曲線 (community or social indifference curve, CIC) 代表社會的
需求偏好狀況。社會無異曲線是指：在社會偏好已知下，兩類產品的消費
可作各種不同的組合，均能對社會全體產生相同福利（效用）水準，此不
同消費組合點的軌跡，即為社會（消費）無異曲線。社會無異曲線具有：
⑴由左上方往右下方傾斜，⑵凸向原點，⑶密佈於產品空間而可以形成社
會無異曲線圖，位置愈高之社會無異曲線所代表之社會福利水準愈大等特
性。但是，與個人無異曲線不同之處，在於社會無異曲線可能相交，即某

種所得分配狀態可以得到一條社會無異曲線，但將所得重分配後，又可以得到另一條社會無異曲線。兩條不同所得分配狀態的社會無異曲線可能相交，在相交的情形下，那一條社會無異曲線所代表的社會福利水準較大，則無法確定，這正是探討社會福利水準的困難所在。

導出個人無異曲線的方法很多，**顯示性偏好理論** (revealed preference theory) 即是常用的一種方法。個人及社會都在一定的偏好及所得限制下，追求效用或福利水準的最大。但是，社會整體有所得分配的問題存在，而個人則無。現代的個人效用理論是一**序數效用** (ordinal utility) 而非**基數效用** (cardinal utility) 的觀念。雖然社會是由個人所構成的，但序數效用無法加總。因此，社會無異曲線無法由個人效用的加總而求得。再者，效用是一種個人主觀的心理感受狀態，因個人之偏好與所得不同，對效用的感受也就不同，因此無法進行個人之間效用的比較與加總。是故，社會所得重分配之後，也就難以確定社會福利水準的變化。

許多學者致力於如何建立一**社會福利函數** (social welfare function)，期對社會福利水準的變動能夠予以衡量、比較。現代的經濟學者普遍接受所謂的巴瑞多倫常 (Paretian ethic)，即當一個人的福利水準提高時，沒有使任何其他個人的福利水準下降，則全社會的福利水準提高。準此，對於建立一致的社會福利函數有 N. Kaldor 的**補償原則** (compensation principle)——從所得重分配中，受益者在對損失者予以完全的補償後，其福利水準仍然提高；J. R. Hicks 的**賄賂原則** (bribery principle)——所得重分配中，損失者無法藉由賄賂受益者而使之反對所得重分配，因而獲得利益，亦即損失者接受所得重分配的損失，比較賄賂受益者使之反對改變所得分配所花的代價為小。如果這兩個原則成立，則所得重分配的結果，社會福利水準必然提高，因而可將社會福利函數之不確定的因素予以排除，從而得以建立起單一且一致的社會無異曲線圖，以衡量社會福利水準的變化。

二、社會無異曲線的建立

經濟學家們認為，在以下的情況下即可建立起一組單一且一致（即社會無異曲線不會相交）的社會無異曲線圖。

(一)只有一位居民

一個社會如果只有一位居民——如一小島只有 Robinson Crusoe 一人居住，則個人之無異曲線即代表整個社會的無異曲線。

(二)全社會的經濟活動由一位慈善的獨裁者或一個有效率的中央計畫局所統制

在此情況下，獨裁者或中央計畫局的偏好無異曲線即代表社會的無異曲線，其一切經濟決策的目的均在於提高社會福利，故社會福利水準的變化可以確定。

(三)相同的偏好及所得

如果社會上每一個人的偏好及所得都一樣，即可以一個人來代表全社會。因為社會無異曲線決定於社會的偏好、所得水準、及所得分配狀態，在這情況下，社會福利只不過是個人福利的擴大而已，個人的福利增加，社會的福利水準也必然提高。因此，個人的無異曲線即可代表社會的無異曲線。

(四)偏好相同且同質不變

如果社會上每一個人的偏好均相同，則每一個人之無異曲線圖的型態都相同。如果每一個人的偏好均同質不變，則在相對產品價格不變下，所得消費曲線為一條由原點開始的直線，再與偏好相同的假設配合，表示在任何所得水準下，每個人對兩種產品消費的比例都相同。因此，所得重分配的結果，並不影響全社會對兩種產品的總消費量與消費比例，即所得減少者所減少的兩種產品的消費等於所得增加者所增加的兩種產品的消費，兩種產品消費的比例只受產品相對價格改變的影響。因此，社會無異曲線圖與任何一位個人的無異曲線圖重合。

以圖 4–36 之箱形圖表示，在偏好同質不變的假設下，A 與 B 兩位消費者的所得消費線均為一直線。又在偏好相同且面對相同的產品價格下，兩位消費者對兩種產品的消費比例均相同，所以箱形圖的對角線 $O_A O_B$ 就是兩位消費者的所得消費線，也就是契約線。在偏好同質不變的假設下，兩

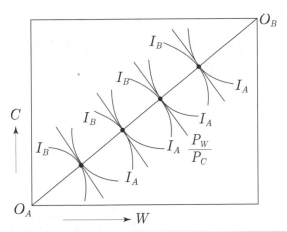

圖 4–36　在社會上每個人的偏好相同且同質不變下，契約線等於箱形圖的對角
　　　　　線，故能求得單一、不相交的社會無異曲線

位消費者在契約線上任何一點對兩種產品消費的邊際替代率均相同而與所
得分配無關，故只能得到單一確定的社會無異曲線。〔契約線上每一點均代
表不同的所得分配狀態。在偏好同質不變的假設下，如果契約線不是一直
線，則契約線上不同點之兩位消費者的消費邊際替代率不同，因此社會福
利水準無法確定。亦即，當契約線為一直線時，在一定的相對產品價格下，
任何的所得分配均使社會無異曲線與價格線相切於由原點開始的一射線上
（即達於消費均衡且消費比例不變）而不可能相交，故能求得唯一的社會
無異曲線。〕

㈤所得相同且偏好同質不變

　　在此情況下，於現行產品價格下，契約線上只有一點與社會無異曲線
相對應，因此能夠求得單一、不相交的社會無異曲線。圖 4–37，所得分配
點位於箱形圖對角線的中央 E 點，表示兩位消費者的所得相同。現行產品
相對價格線 PP 通過 E 點，E 點的所得分配經過消費交換後，必成為契約線
上的 F 點，也只有 F 點才是在目前所得分配與產品價格下唯一的組合點。
根據偏好同質不變的假設，在 F 點之左下方契約線上任何一點（如 G 點）
的斜率一定比 PP 線小，在 F 點之右上方契約線上任何一點（如 H 點）的
斜率一定比 PP 線大。既然 E 與 F 兩點位於相同斜率之 PP 線上，故 E 點

不可能位於與 *PP* 線斜率不同的任何其他線上，即在通過 *E* 點之現行產品價格下，只能得到契約線上一點 *F*，故兩位消費者的福利水準確定、不變，社會無異曲線單一、不相交。

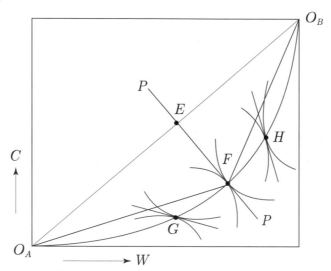

圖 4–37　在社會每個人所得相同，偏好同質不變下，契約線上只有一點與社會無異曲線相對應

㈥最適所得重分配政策

　　所謂最適所得重分配政策是指：所得重分配的結果，社會上每個人所擁有的最後一塊錢的邊際效用達於均等❶，社會福利水準因此達於最大。在這情況下，如果每次政府所採取的所得重分配政策都是最適的──其目的在於追求社會福利最大，則由於每一個人所擁有最後一塊錢的邊際效用均等，所得重分配中受益者所增加的效用必然等於損失者所減少的效用，對全社會而言，社會最大福利水準並未改變，即契約線上每一點所代表的社會福利均等於最大的社會福利水準，故可以得到唯一、不相交的社會無異曲線。

---

❶這是最大化所需的一階必要條件。

　　根據以上任何一個假設，吾人均可以得到一條（組）確定、不相交的社會無異曲線。接著，以圖形說明如何由個人的無異曲線導引出社會的無異曲線。圖 4–38，橫軸為酒（W），縱軸為布（C）。假設全社會只有 A 與 B 兩個人，O_A 及 O_B 分別代表 A 與 B 兩人產品空間之原點座標，I_A 與 I_B 分別代表 A 與 B 的個人無異曲線。當全社會的產品稟賦（即所得）為 $O_A G O_B H$ 時，A 與 B 兩人對酒與布的消費量以 E 點衡量，即 A 消費 $O_A C_A$ 的布，$O_A W_A$ 的酒，B 消費 $O_B C_B$ 的布，$O_B W_B$ 的酒。$O_A C_A + O_B C_B = O_A G = O_B H$ 的布，$O_A W_A + O_B W_B = O_A H = O_B G$ 的酒。如此，A 與 B 的效用水準分別為 I_A 及 I_B，表示 $O_A G$ 的布，$O_A H$ 的酒可以使社會達到 CIC_0 的福利水準。

　　如果社會的產品稟賦改變為 $O_A J O_B' K$（此時的所得水準仍與 $O_A G O_B H$ 相同），A 與 B 兩人對酒與布的消費量以 F 點衡量（即所得分配發生改變），A 的效用水準仍為 I_A 不變，B 的效用水準雖然原點座標由 O_B 移至 O_B'，但其效用水準仍然不變，即 $I_B = I_B'$。由於社會上兩個人的福利水準不變，所以社會的福利水準仍為不變的 CIC_0。因此，在消費者 A 的無異曲線固定不動下，移動相同效用水準之消費者 B 的無異曲線與其相切，在這過程中，消費者 B 之產品空間的原點座標所形成的軌跡即為社會無異曲線，表示在

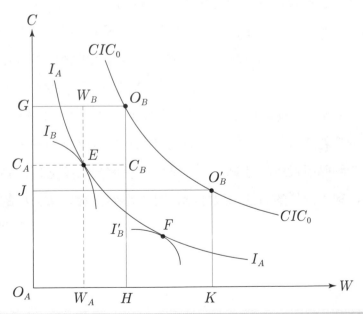

圖 4–38　能夠使個人效用水準維持一定之兩種產品組合的軌跡，構成社會無異曲線

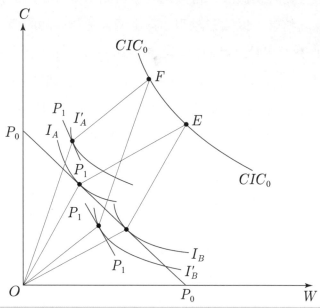

圖 4–39　將契約線上每一點兩位消費者的效用，利用向量加法予以加總，可以得到社會無異曲線

不同的所得分配下，能夠使個人及社會之福利維持於一定水準之兩種產品組合的軌跡。

　　另一種導引社會無異曲線的方法如圖 4–39。在酒 (W) 與布 (C) 的產品空間裡，I_A 與 I_B 分別為在 P_0 相對產品價格下，契約線上某一點 A、B 兩位消費者的無異曲線。利用向量加法，將兩位消費者的效用予以加總，得到 E 點的社會效用。I_A' 與 I_B' 分別為在 P_1 相對產品價格下，契約線上另外一點 A、B 兩位消費者的無異曲線。同樣利用向量加法，可以得到 F 點的社會效用。由於契約線上每一點的社會效用（福利）水準相同——達於最大，所以 E、F 兩點所代表的社會福利水準相同。將契約線上每一點兩位消費者的效用，利用同樣的方法予以加總，可以得到無數如 E、F 的點，將這些點予以連結，即成為代表一定（最大）社會福利水準的社會無異曲線❶❷。

---

❶❷與前面方法不同的是，這種方法所導出的為社會效用最大的無異曲線。

三、需求因素對國際貿易的影響

　　考慮需求因素後，對兩國生產之機會成本與國際貿易型態（方向）會有何影響呢？首先，分析需求因素與生產機會成本之間的關係。圖 4–40，設兩國的供給條件完全相同，FF 曲線同時代表 A 國及 B 國的生產可能曲線。在不考慮需求因素或兩國之需求因素完全相同的情況下，兩國的生產點與消費點均會完全重合，即兩國對兩種產品生產之機會成本完全相同，故兩國均自給自足而無國際貿易發生。但是，考慮需求因素後，如果 A 國對酒的消費較偏好 (I_A)，B 國對布的消費較偏好 (I_B)，則在自給自足下，A 國的生產點為 A 點，機會成本為 P_A 切線斜率；B 國的生產點為 B 點，機會成本為 P_B 切線斜率。顯然地，P_A 與 P_B 的斜率不同，表示兩國對兩種產品生產的機會成本不同，故有比較利益發生（A 國對布、B 國對酒的生產具有比較利益），兩國因而會進行國際貿易。

　　圖 4–41，兩國之供給條件不同，$F_A F_A$ 及 $F_B F_B$ 分別代表 A 國及 B 國的生產可能曲線。在不考慮需求因素或兩國之需求因素完全相同的情況下，兩國生產的機會成本會不同，因而有國際貿易發生。圖形顯示，在只考慮供給條件下，A 國對布、B 國對酒的生產具有比較利益。但是，引進需求

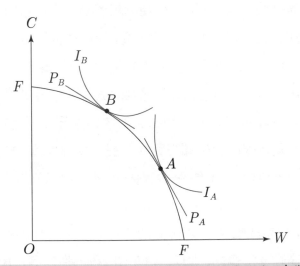

圖 4–40　兩國之生產條件完全相同，但需求條件不同的結果，會導致國際貿易的發生

因素後，在自給自足下，由於 A 國對布、B 國對酒的消費較偏好，A 國的生產點為 A 點，B 國的生產點為 B 點，兩點的切線均為 PP，故斜率相同，表示兩國對兩種產品生產的機會成本相同，因而沒有國際貿易發生。

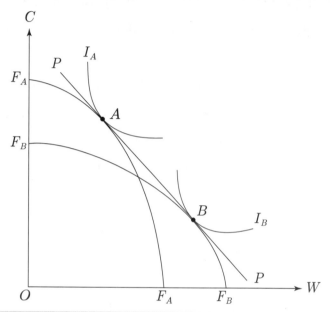

圖 4–41　需求因素抵銷生產成本的差異，國際貿易因而無法發生

以上分析顯示，考慮需求因素後，在供給條件相同下，需求因素仍可能導致兩國生產的機會成本不同，而使國際貿易發生；在供給條件不同下，需求因素亦可能抵銷兩國生產成本的差異，而使國際貿易無法發生。

其次，分析需求因素與貿易型態（方向）之間的關係。圖 4–42，設 A、B 兩國的供給條件相同，考慮需求因素後，A 國的生產點為 A 點，B 國的生產點為 B 點，根據 A 與 B 兩點切線的斜率，顯示 A 國對布、B 國對酒的生產具有比較利益，因此發生國際貿易。設貿易條件為 P_iP_i，則兩國的生產點均分別由自給自足的 A 點與 B 點移至國際貿易條件與生產可能曲線相切的 E 點，表示 A 國趨向於增產布，B 國趨向於增產酒。再根據兩國的社會無異曲線，決定國際貿易後 A 國的消費點為 C_A，B 國的消費點為 C_B。比較兩國的生產點及消費點，顯示 A 國出口布、進口酒，B 國出口酒、進口布，兩國的福利水準分別由自給自足下的 I_A 與 I_B 提高至 I'_A 與 I'_B。因此，在兩國生產條件相同下，國際貿易型態、貿易條件、及貿易量完全由需求條件所決定。

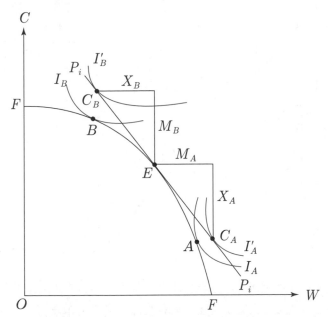

圖 4–42 在生產條件相同下，兩國的國際貿易型態完全由需求條件所決定

圖 4–43，在只考慮生產條件下，A 國對布、B 國對酒之生產具有比較利益（如 $P_A P_A$ 的斜率大於 $P_B P_B$，$P'_A P'_A$ 的斜率大於 $P'_B P'_B$），A 國應出口布、進口酒，B 國應出口酒、進口布。但是，考慮需求因素後，由於 A 國對布、B 國對酒的需求偏好很強，以致 B' 點切線（$P'_B P'_B$）較 A 點切線（$P_A P_A$）為陡──即斜率較大，表示 A 國對酒、B 國對布的生產具有比較利益，A 國應出口酒、進口布，B 國應出口布、進口酒。**這種考慮產品需求因素後，使得原先只考慮產品供給因素所決定的貿易型態發生改變的現象，稱之為需求逆轉** (demand reversal)。這種情況只有在兩國對產品需求差異的力量強到超過產品生產成本差異的力量之後，才可能發生。因此，在兩國的生產條件不同下，要知道確切的貿易型態、貿易條件、及貿易量，應同時考慮產品的供給因素（生產可能曲線）及需求因素（社會無異曲線）。

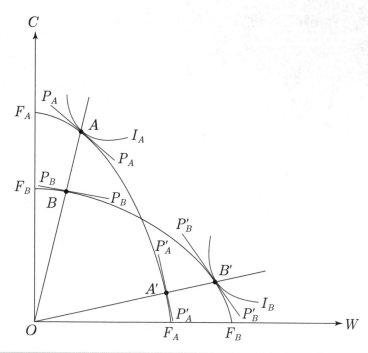

圖 4–43　在生產條件不同下，貿易型態由供給因素與需求因素所共同決定。如需求差異的程度大於供給差異的程度，則發生需求逆轉

摘　要

1. 產品生產的機會成本不僅可見於生產可能曲線的型態(供給因素)，同時亦可見於生產點的位置（需求因素）。除非兩國的生產條件與需求條件完全相同，否則，兩國對於兩種產品生產的機會成本不可能完全一樣。

2. 根據生產可能曲線的內涵可知，一國的生產可能曲線是由兩種產品生產的生產函數、要素密集度、規模報酬、及一國的要素稟賦等因素所決定的。

3. 根據不同的標準，可以將生產函數劃分為總合生產函數、個體生產函數、可變比例生產函數、及固定比例生產函數等不同的類型。

4. 生產函數在短期間由於有固定生產要素存在，因此會發生可變生產要素邊際報酬遞減的現象；在長期間由於所有生產要素都是可變的，因此當所有生產要素同比例增加時，會有規模報酬不變、遞增、或遞減等各種可能的情況發生。

5. 當產出增加的比例與所有生產要素使用量增加的比例相同時，此一生產函數稱之為固定規模報酬生產函數，又稱直線性齊次生產函數，或稱一次齊次生產函數。

6. 直線性齊次生產函數具有下述特性：產出增加的比例與生產要素使用量增加的比例相同、要素的平均和邊際產出均為要素使用比率的函數、產出分配罄盡、同質不變性、一條等產量曲線即可代表整組等產量曲線圖、擴張路徑為一直線、要素邊際生產力遞減、及生產的平均成本不變且等於邊際成本。

7. 要素密集度是指一種產品生產 1 單位，其所使用的生產要素之間的相對組合比例，這是一種相對而非絕對的觀念。只要兩種產品生產的相對要素密集度相同，則兩種產品的要素密集度相同。

8. 在完全競爭下，一種產品生產的要素密集度是由要素的相對價格與產品的生產函數所共同決定的。

9. 相同的生產函數是指，在相同的相對要素價格下，產品的要素密集度相同。即對一國而言，一條等產量曲線可以同時代表兩種不同產品的生產函數；對兩國而言，一條等產量曲線可以同時代表兩國相同產品的生產函數。

10. 要素價格發生改變，如果生產函數為固定比例生產函數，則產品生產的要素密集度不變；如果生產函數改為可變比例生產函數，則要素密集度的改變，決定於生產要素之間替代彈性的大小。

11. 根據產品生產所使用之生產要素的相對比率，可以將產品依要素密集度歸類，如資本密集財或勞動密集財。一種產品要素密集度的歸類，可能在任何情況都不會改變，此為歸類不變；也可能會改變，此為歸類會變。

12. 要素密集度逆轉是指，一種產品之要素密集度的歸類發生改變的情況。唯有在直線性齊次生產函數及相對要素價格不變的假設下，才不會有要素密集度逆轉的情況發生。若要素密集度發生逆轉，則國際貿易的型態無法確定。

13. 在直線性齊次生產函數及合理的生產範圍內，資本—勞動比率與工資—利率比率之間呈單調遞增函數的關係。

14. 在直線性齊次生產函數下，兩種產品的要素密集度相同，則生產可能曲線為一直線，兩種產品生產的機會成本固定；兩種產品的要素密集度不同，則生產可能曲線凹向原點，兩種產品的要素密集度差異愈大，生產可能曲線斜率愈陡，邊際轉換率遞增的速度愈快。

15. 在生產要素同質、兩種產品的要素密集度相同、及一種產品的生產為固定規模報酬下，若另一種產品的生產為固定規模報酬，則生產可能曲線為一直線，機會成本固定；若另一種產品的生產為規模報酬遞減，則生產可能曲線凹向原點，機會成本遞增；若另一種產品的生產為規模報酬遞增，則生產可能曲線凸向原點，機會成本遞減。

16. 一國要素稟賦的衡量為一相對而非絕對的觀念。以生產要素之實體存量的相對比率來衡量一個國家的要素稟賦，稱為實物定義法，這只考慮到要素的供給因素；以生產要素相對價格的高低作為衡量一個國家要素稟賦的標準，稱為價格定義法，這同時考慮到要素的供給與需求兩種因素。

17. 如果一個國家以實物定義和以價格定義的要素稟賦不相一致時，稱之為要素需求逆轉。

18. 以婁勒－皮爾斯圖形可以知道要素稟賦在兩種產業之間派用的情形，可以導出充分就業下之兩種產品的產出水準，並且可以證實一國的要素稟賦比率等於兩種產品之要素密集度的加權平均。

19. 變動要素價格，引起要素密集度發生改變，要素稟賦在兩種產業之間的派用亦隨之改變，因此可以得到不同產量的兩種產品組合，進而可以導出生產可能曲線。兩國的要素稟賦不同，所導出的生產可能曲線也就不同。

20. 艾吉渥茲－包立箱形圖是分析國際貿易有力的工具，可用以表示兩位消費者、兩種產品、兩種生產要素、要素稟賦比率、消費或生產的契約線、充分就業、要素的派用及產出水準、規模報酬、及產品的要素密集度等經濟特性。

21. 根據箱形圖內契約線上兩種產品之等產量曲線的產量指標，即可直接導出生產可能曲線。除非兩種產品均為直線性齊次生產函數且要素密集度相同，否則導出來的生產可能曲線不可能為一直線。

22. 在直線性齊次生產函數、兩國對同一產品的生產函數相同但國內兩種產品的生產函數不同的假設下，唯有兩國的要素稟賦不同而導致產品生產的要素密集度不同，兩國的生產可能曲線的形態才會不同，進而肇致國際貿易的發生。

23. 在社會偏好已知及資源一定下，能夠對社會全體產生相同福利（效用）水準的所有兩類產品組合所形成的軌跡，稱之為社會無異曲線。由於個人之間的效用感受難以比較，亦無法加總，因而難以導出確定的社會無異曲線。

24. 經濟學家們假定在全社會只有一位居民、全社會的經濟活動由一位慈善的獨裁者或一個有效率的中央計畫局所統制、社會上每一個人的偏好及所得均相同、社會上每一個人的偏好是相同且同質不變的、社會上每個人的所得相同且偏好同質不變、或有一最適所得重分配政策等任一情況下，均可以導出確定的社會無異曲線。

25. 在供給條件相同之下，需求因素可能導致兩國生產的機會成本不同，而使國際貿易發生；在供給條件不同下，需求因素也可能抵銷兩國生產成本的差異，而使國際貿易無法發生。

26. 考慮需求因素之後，在供給條件相同下，兩國的貿易型態完全由需求條件所決定；在供給條件不同下，兩國的貿易型態由供給條件與需求條件共同決定，在需求力量大於供給力量的情況下，甚至會發生需求逆轉的現象，而使貿易型態與只有根據供給條件所預測的情形相反。

 重要名詞

生產可能曲線	要素密集度
生產函數	固定規模報酬
齊次生產函數	直線性齊次生產函數
尤拉定理	同質不變性
同質不變函數	相同的生產函數
資本密集財	勞動密集財
要素密集度逆轉	規模報酬遞減
規模報酬遞增	要素稟賦
實物定義	價格定義
要素需求逆轉	婁勒─皮爾斯圖形
艾吉渥茲─包立箱形圖	契約線
巴瑞多最適條件	最佳效率軌跡
社會無異曲線	補償原則
賄賂原則	需求逆轉

問題練習

1. 生產的機會成本與需求條件和供給條件之間有何關係?

2. 何謂生產可能曲線? 一國的生產可能曲線決定於那些因素?

3. 何謂生產函數? 可以劃分為那幾類?

4. 何謂直線性齊次生產函數? 其特性有那些?

5. 直線性齊次生產函數與邊際報酬遞減法則和規模報酬之間有何關係?

6. 何謂要素密集度? 如何決定? 要素密集度與要素價格及生產函數之間有何關係?

7. 何謂要素密集度逆轉? 在什麼情況下,才不會發生此種現象?

8. 試圖解要素密集度與要素報酬之間的關係。

9. 要素密集度與生產可能曲線之間有何關係?

10. 規模報酬與生產可能曲線之間有何關係?

11. 要素稟賦如何衡量? 為何會發生要素需求逆轉的現象?

12. 如何以妻勒—皮爾斯圖形求得一國在一定的要素稟賦及要素價格下,兩種產品的均衡產出水準?

13. 要素價格、要素密集度、產出水準、及要素稟賦比率之間有怎樣的關係存在?

14. 試圖解如何由要素稟賦導出生產可能曲線?

15. 簡述艾吉渥茲—包立箱形圖可用以顯示那些國際貿易分析所要表示的現象。

16. 如何由箱形圖來判定兩種產品的要素密集度? 如何由箱形圖導出生產可能曲線?

17. 為何在兩種產品均為直線性齊次生產函數下,所導出來的生產可能曲線亦是凹向原點呢?

18. 在什麼情況下,將會導出兩國型態相同的生產可能曲線?

19. 在什麼情況下,才可以導出兩國型態不同的生產可能曲線?

20. 何謂社會消費無異曲線? 其與個人消費無異曲線的求取比較,有何不同或困難之處?

21. 試簡述在什麼情況下，才可以建立確定的社會無異曲線？

22. 需求因素對國際貿易會發生什麼影響？試以圖解剖述之。

◆ 第五章

現代國際貿易理論：赫克紹—歐林定理

　　古典學派認為國際貿易之所以發生，是因為兩國對同一產品的生產函數不同，因而產生比較利益的不同。但是，兩國的生產函數為何不同，古典學派並未加以深入的說明。機會成本理論修正了勞動價值說，認為兩國生產之機會成本的不同導致國際貿易的發生。但是，機會成本何以會有不同，新古典學派的學者亦未加以解釋。針對上述缺失，現代的學者試圖由兩國在貿易前自給自足下，對兩種產品生產之成本何以不同，發掘出兩國間貿易發生的根源，其中以瑞典的兩位經濟學者 Heckscher (1919) 與 Ohlin (1933) 的貢獻為最大 ❶。他們建立起所謂**赫克紹—歐林模型** (Heckscher-Ohlin model)，認為兩國之所以會有國際貿易發生，是由於其要素稟賦的不同所致，故此一模型又稱之為**要素稟賦理論** (factor endowment theory)。

■ 第一節　赫克紹—歐林定理

一、赫克紹—歐林模型的要旨

　　赫克紹—歐林模型是現代國際貿易理論的起點，它主宰第二次世界大戰之後的國際貿易理論，其所包含的四個主要定理被視為現代國際貿易理論的主幹。這四個主要的定理為：

㈠赫克紹—歐林定理 (Heckscher-Ohlin theorem)

　　一國對於相對密集使用其要素稟賦相對豐富的產品，具有比較利益，

---

❶B. Ohlin 為 E. F. Heckscher 的學生，B. Ohlin 與 J. E. Meade 兩人因對國際貿易理論的貢獻，共同得到 1977 年的諾貝爾經濟學獎。

應專業生產且出口此種產品，而進口相對密集使用其要素稟賦相對貧乏的產品。例如，資本相對豐富的國家對於生產資本密集財具有比較利益，應出口資本密集財而進口勞動密集財；勞動相對豐富的國家對於生產勞動密集財具有比較利益，應出口勞動密集財而進口資本密集財。

㈡要素價格均等化定理 (factor-price-equalization theorem)

在兩國之間生產要素完全缺乏流動性的假設下，進行自由貿易的結果，兩國之生產要素的絕對報酬 (absolute returns) 與相對報酬 (relative returns) 均會趨於均等，即產品的自由貿易具有替代國際間生產要素自由移動的功用。

㈢斯托帕－薩繆爾遜定理 (Stolper-Samuelson theorem)

國際貿易使一國之出口品的價格上升，進口品的價格下降，這將導致密集使用於出口品之生產要素的報酬上升，密集使用於進口品之生產要素的報酬下降，相對要素價格的變化存在著擴大效果 (magnification effect)。

㈣瑞畢曾斯基定理 (Rybczynski theorem)

在產品價格不變下，當一種生產要素增加，另一種生產要素不變時，密集使用生產要素增加之產品的產量將會增加，另一種密集使用生產要素不變之產品的產量將會減少，而產量增加的比例將大於要素增加的比例。

赫克紹－歐林模型（理論）的這四個定理，是以某些假設為基礎，其分析架構乃兩個國家、兩種產品、及兩種生產要素。本章首先討論赫克紹－歐林定理，其他的定理則留待以下各章再行討論❷。

二、赫克紹－歐林定理的基本假設

赫克紹－歐林定理的論點，是建立於以下的假設之上：

---

❷赫克紹－歐林模型下最初的兩個定理為赫克紹－歐林定理與要素價格均等化定理，斯托帕－薩繆爾遜定理與瑞畢曾斯基定理是後來根據赫克紹－歐林模型的假設進一步推論得到的。

(一)完全競爭

　　所有的產品及要素市場均為完全競爭。在此假設下，生產要素將會處於最佳派用及充分就業的狀態。又完全競爭下，長期均衡只有正常利潤而沒有經濟利潤，表示產品的價格正好等於其生產的成本。因此，產品成本的不同已完全反映在產品價格的差異之上❸。

(二)直線性齊次生產函數

　　兩國之兩種產品的生產函數均為直線性齊次生產函數。如此，將規模報酬的因素予以排除，要素的生產力完全決定於要素密集度，因此可以由要素價格與要素密集度來決定產品生產的單位成本。再根據尤拉定理（或完全競爭的假設），得以建立起單位產品價格等於單位產品生產成本的關係。

(三)生產要素完全同質

　　不只是國內之生產要素同質，國際間的生產要素亦同質。此假設排除了兩國之生產要素生產力的差異，以便於認定兩國之生產函數是否相同，及兩國生產要素稟賦不同所產生的影響。

(四)要素稟賦固定

　　每一個國家的要素供給數量固定，在完全競爭的假設下，必然均為充分就業。既然要素數量固定且技術水準又一定，故不考慮經濟成長或產出的增加，純然是一種比較靜態 (comparative static) 的分析。

(五)要素稟賦是可以衡量的

　　每一個國家之要素稟賦的實體存量 (physical stock) 是可以量度的。如

---

❸設生產 X 產品只有使用勞動 (L) 及資本 (K) 兩種生產要素。在完全競爭下，長期均衡只有正常利潤，所以：

$$P_X Q_X = WL + rK$$

設 $Q_X = 1$，則

$$P_X = WL + rK$$

表示產品的價格等於其生產成本。

此，方能判定一國相對要素稟賦的豐吝。在沒有要素需求逆轉發生的情況下，以實物或價格定義所量度的要素稟賦是一致的。

㈥兩國的生產函數相同

兩國對同一產品的生產函數相同，但各國之內不同產品的生產函數並不相同。在此假設下，若兩國的要素稟賦不同，而致相對要素價格不同，必然導致兩國對同一產品生產的要素密集度不同；本國之內，面對相同的要素價格，必然導致兩種產品生產的要素密集度不同。赫克紹—歐林模型假設兩國生產函數相同，而李嘉圖模型假設兩國生產函數不同，這是兩者的重大不同之處。

㈦要素密集度可以歸類

產品的生產可以根據相對要素使用比率予以要素密集度的歸類，而且一產品一旦歸於某一分類後，在任何相對要素價格下，其歸類即不再改變，即不會有要素密集度逆轉的情況發生。再者，由於兩國之生產函數相同的假設，所以兩國之同一產品的要素密集度歸類是相同的。例如，布之生產在英國若屬資本密集財，則在葡萄牙亦屬資本密集財。

㈧兩國的偏好相同

此一假設將需求的因素排除，即國際貿易發生原因的探討只考慮供給因素而不考慮需求因素。因此，比較利益必然是發生於供給因素的差異之上。

以上這些基本假設是赫克紹—歐林定理成立的要件，放寬任何一個假設必然導致不同的結論，而放寬假設的探討也正是赫克紹—歐林模型之後的國際貿易理論研究的重心之一。

 ## 三、赫克紹—歐林定理基本假設的詮釋

赫克紹—歐林定理的真實性建立於其基本假設之上，根據要素稟賦可以衡量及產品要素密集度可以歸類的假設，貿易方向一定可以確定。由於兩國要素稟賦比率的不同，在沒有要素需求逆轉發生的情況下，必然使資本稟賦相對豐富的國家有相對較低的利率水準，勞動稟賦相對豐富的國家有相對較低的工資水準。在完全競爭的假設下，兩國的生產者必然根據市

場要素價格，在一定的生產函數下，採用最適當的生產技術，從而決定產品生產的要素密集度，並且沒有要素密集度逆轉的發生，一定的要素價格與要素密集度即決定單位產品生產的最低成本。由於兩國要素價格與產品生產的要素密集度不同，因而導致產品生產成本的差異，從而產生比較成本差異，國際貿易於是發生（實例分析見第四章第六節之三：生產可能曲線與國際貿易）。

為何產品生產的要素密集度會有不同呢？此因假設本國之內不同產品之生產函數不同，而兩國對同一產品之生產函數相同所致。不同的產品各有不同的生產特性，假設其生產函數不同是合理的。例如，稻與麥的生產特性不同──稻需水田，麥需旱田，故投入同樣數量與品質的勞動、資本、土地、及其他一切投入，並不會產生相同數量的稻與麥的產出，表示稻與麥的生產函數並不相同。但是，假設不同國家（地區）對同一產品的生產函數相同，是否合理呢？為何赫克紹－歐林模型要作此一與古典模型完全相反的假設呢？這是一個相當值得深入探討的問題。

生產函數表示一定數量投入與其所能獲得最大數量產出之間的關係，是一種一定數量投入與最大產出之間的轉換關係，其間即隱含著最佳技術效率的達成。Ohlin (1933) 曾經說過：每一個地方的物理法則（即投入與產出之間的關係）或生產的物理條件都相同（即相同的投入有相同的產出），因此每一個地方的生產函數都相同。如何認定生產函數是否相同呢？這可由下述的分析予以闡明。任何一種產品的生產需要以下的條件：

1. **實體投入** (concrete inputs)　如原料、勞動、資本、及土地等有形的投入。

2. **非私有之稀少性要素** (nonappropriable scarce factors) 投入　如氣候、雨量、濕度、陽光，其價格為零，但其供給量並非無限的。

3. **免費要素** (free factor)　如空氣，其價格為零，供給量無限。

4. **生產技術**　即對某種產品生產所具有的技術、知識水準。

生產函數是一種表示投入與產出之間的關係，因此生產投入包含於生產函數之中，無投入即無產出。如果生產函數相同，表示投入相同（質與量均相同）產出也就相同。如果將上述產品生產所需的四個要件均視之為生產要素而包含於生產函數之中，則兩國的生產函數一定相同。因為在這情況下，吾人可以把產出的不同歸因於生產投入的差異，即質的不同，而非生產函數的不同，但這種說法是沒有意義的。

深入而言，實體投入在市場上（國內或國際）可以購買得到，包含於生產函數的生產投入之中殊無疑問，而免費要素處處存在，隨時可取，可以不予考慮，或包含於生產函數的生產投入之中亦無問題，故兩國之生產函數是否相同，其主要的關鍵在於非私有之稀少性投入與技術知識是否包含於生產函數的生產投入之中。李嘉圖模型中，兩國的生產函數之所以不同在於沒有將非私有稀少性要素包含於生產函數的生產投入之中，而假設勞動是生產的唯一投入要素，因此兩國投入相同的勞動數量但產出並不同，表示兩國的生產函數不同，Ricardo 因此將兩國生產函數的不同歸於氣候因素。

如果兩國將自然所賦予的特殊要素（即非私有稀少性要素）包含於生產函數的生產投入之中，則可以將產出的不同歸因於兩國所擁有的非私有稀少性要素的不同，而非生產函數的差異，故可假設兩國的生產函數相同。因此，於非私有稀少性要素亦包含於生產函數的生產投入之中的情況下，兩國相同實體投入但產出並不相同，可歸因於非私有稀少性生產要素品質的不同，而非生產函數的不同。若假設兩個國家的生產要素（實體及非私有）均為同質，一方面忽略了經濟事實，另一方面可以將產出的不同歸因於兩國生產函數的不同。

就技術知識而言，其不應該視之為生產函數中之一種生產要素投入，而是劃分生產函數形式的標準。例如，吾人可以根據生產技術上要素之間替代性的不同，而有柯布－道格拉斯生產函數及固定替代彈性生產函數之分。於實體及非私有生產要素之後，若將技術知識也視之為生產函數中之一種生產要素投入，則必然導致兩國的生產函數相同的結果，但將技術知識排除於生產函數之生產要素投入之外，即可判定各國之生產函數形式。職是之故，在任何產品的生產均需實體、非私有、及免費要素投入的假設下，技術知識的差異是造成兩國生產函數不同的主要因素，因而吾人通常將生產函數與生產技術作為可互相替代使用的同義語。因之，要假設兩國的生產函數相同，必須作兩國享有相同技術知識的假設，這種假設是否合理呢？近代生產技術變遷快速，發明與創新不斷出現，而技術創新又大多集中於先進工業國家，待其傳播至其他國家尚有一段時間落後 (time lag) 存在。就此而言，世界各國的技術知識是不會相同的。但是，就當代資訊、傳播及運輸事業的發達與國際貿易理論是一長期、比較靜態分析的觀點而言，是可以假設各國共享有同樣的技術知識，因此導致各國的生產函數相同。

各國之生產函數是否相同為一實證而非先驗的問題，但在赫克紹—歐林模型中作生產函數相同的假設是必要的。若無此假設，則在兩國要素稟賦及需求型態相同的情況下，仍會有國際貿易發生——即將生產成本的差異歸之於兩國生產函數的不同。如此一來，勢必又回到李嘉圖模型的老路子上，仍然無法探究出國際貿易發生之原因所在。

國際貿易的發生是生產條件及需求條件共同作用的結果，其中生產條件又由生產函數及要素稟賦所決定。現在假設兩國之需求條件相同、生產函數相同，因此只剩要素稟賦此一因素用以解釋國際貿易的發生。要素稟賦不同，相對要素價格即不同，導致產品生產的要素密集度不同，因而產生比較成本差異，國際貿易於是發生。準此以觀，赫克紹—歐林模型究其極無非是將要素稟賦的不同視為是國際貿易發生的唯一因素。

四、赫克紹—歐林定理的證明

以下我們就價格定義法與實物定義法的要素稟賦來證明赫克紹—歐林定理。

(一)以價格定義法證明

1.圖 5–1 中，A 國相對要素價格為 AA' 的斜率，B 國相對要素價格為 B_0B_0' 的斜率，等於 B_1B_1' 的斜率，顯示 $\left(\dfrac{W}{r}\right)^A > \left(\dfrac{W}{r}\right)^B$，這表示 A 國為相對資本豐富、B 國為相對勞動豐富的國家。

2.由於假設兩國生產函數相同，故每一條單位等產量曲線同時代表兩國對同一種產品的生產函數，即 $C^{A,B}$ 同時代表 A、B 兩國之 1 單位布的生

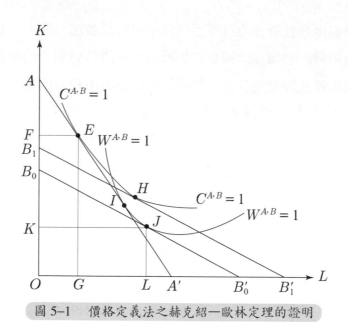

圖 5-1　價格定義法之赫克紹─歐林定理的證明

產，$W^{A,B}$ 同時代表 A、B 兩國之 1 單位酒的生產。

3.在兩國的相對要素價格下，布 (C) 為資本密集財，酒 (W) 為勞動密集財，且兩種產品均沒有要素密集度逆轉發生。

4.生產 1 單位的布，A 國必須花費 OF 單位的資本，$OG = FE$ 單位的勞動，經 AA' 等成本線折算後，生產 1 單位的布以資本計算總共花費 OA 單位的資本，以勞動計算總共花費 OA' 單位的勞動；同理，A 國生產 1 單位的酒亦總共花費 OA 單位的資本或 OA' 單位的勞動，故 A 國對布與酒的生產成本均相同。生產 1 單位的酒，B 國必須花費 OK 單位的資本，OL 單位的勞動，經 $B_0 B_0'$ 等成本線折算後，總共花費 OB_0 單位的資本或 OB_0' 單位的勞動；同理，B 國生產 1 單位的布總共花費 OB_1 單位的資本或 OB_1' 單位的勞動，故 B 國生產布的成本高於酒。

5.以兩種產品各生產 1 單位產出所需的成本相比較（即相對價比），顯示 B 國對酒的生產具有比較利益，A 國對布的生產具有比較利益❹，證實

❹由於 A 國生產布與酒的成本相同（布及酒的等產量曲線與同一條等成本線相切），B 國生產布的成本大於酒，所以 $\left(\dfrac{P_C}{P_W}\right)^B > \left(\dfrac{P_C}{P_W}\right)^A$，$P_C$ 與 P_W 分別代表布與酒的價格，故 B 國對酒、A 國對布的生產具有比較利益。

B 國為勞動豐富的國家，對於生產勞動密集財具有比較利益，應專業生產並出口勞動密集財——酒；A 國為資本豐富的國家，對於生產資本密集財具有比較利益，應專業生產並出口資本密集財——布。

㈡以實物定義法證明

1.設 $\left(\dfrac{K}{L}\right)^A > \left(\dfrac{K}{L}\right)^B$，即 A 國為資本豐富、B 國為勞動豐富的國家；

$k_C > k_W$, $k = \dfrac{K}{L}$，即布為資本密集財、酒為勞動密集財，沒有要素密集度逆轉發生。準此，圖 5–2 中 A 國的生產可能曲線 $(F_A F_A)$ 偏向於縱軸（布），B 國的生產可能曲線 $(F_B F_B)$ 偏向於橫軸（酒）❺。

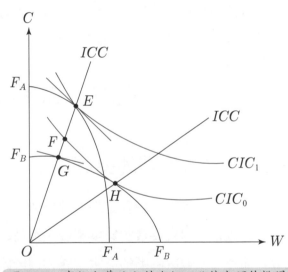

圖 5–2 實物定義法之赫克紹—歐林定理的證明

2.在不考慮需求條件的情況下，A 國生產可能曲線上 E 點切線的斜率大於 B 國生產可能曲線上 G 點切線的斜率，表示在國際貿易發生之前，A 國酒的相對價格較高，B 國布的相對價格較高——即 $\left(\dfrac{P_W}{P_C}\right)^A > \left(\dfrac{P_W}{P_C}\right)^B$。因此，資本豐富的 A 國出口資本密集財——布，勞動豐富的 B 國出口勞動密集財——酒，也證實了赫克紹—歐林定理的假說。

3.考慮需求因素，但假設兩國的需求偏好完全相同，且具有同質不變

❺請參閱第四章第五節的分析。

的特性。因此，同一組的社會無異曲線圖即可代表兩國的需求條件，且兩國的所得消費曲線 (ICC) 均為由原點開始的一直線。在國際貿易發生之前，A 國的生產點為 E 點，B 國的生產點為 H 點。根據偏好同質不變的特性，圖 5–2 中，E 點切線的斜率等於 F 點切線的斜率，而 F 點切線的斜率大於 H 點切線的斜率——邊際替代率遞減法則，故 E 點切線的斜率大於 H 點切線的斜率，表示在兩國需求偏好相同且同質不變的情況下，A 國酒的相對價格較高，B 國布的相對價格較高，因此 A 國出口布，B 國出口酒，同樣證實了赫克紹—歐林定理的假說。

如果不假設兩國的需求條件相同，有可能發生需求條件的差異抵銷供給條件的差異，而使國際貿易無法發生，甚至發生貿易型態逆轉的現象，故根據實物定義法證明赫克紹—歐林定理，假設需求條件的相同是必要的。

第二節　評赫克紹—歐林定理

一、赫克紹—歐林定理的要旨

根據以上的分析，可知赫克紹—歐林定理的要旨如下：

1.如果採用價格定義法，只要要素密集度不發生逆轉，赫克紹—歐林定理一定可以成立，而不需要假設兩國的需求型態相同。因為在沒有要素密集度逆轉的情況下，相對要素價格與相對產品價格之間呈單調遞增函數的關係，蓋以要素的需求是由產品的需求引申而來，亦即要素的價格是間接由產品的需求所決定，故在要素稟賦的價格定義法下，產品的需求因素事實上已反映在要素價格之內，不需再予重複考慮，即可決定貿易方向。

2.在沒有要素密集度逆轉且假設兩國的需求型態相同且同質不變的情況下，實物定義法的赫克紹—歐林定理恒能成立。比較成本最後是反映在產品的相對價格之上，而產品價格的高低是由要素價格與要素密集度所決定，故必須假設沒有要素密集度逆轉發生。又採實物定義法，生產點決定於需求條件，因此必須作需求偏好相同且同質不變的假設，才可以由生產條件確定比較利益之所在。但在一般的情況下，只要需求差異的力量不至於太大，需求逆轉的情況是不會發生的，故需求偏好相同且同質不變的假設，只是赫克紹一歐林定理成立的充分而非必要條件。

3.如果發生要素密集度逆轉或需求逆轉，赫克紹一歐林定理通常不再成立。要素密集度逆轉，即無法確定成本的結構；需求逆轉，使得貿易方向改變，兩者均使得無論採價格或實物定義法的赫克紹一歐林定理所預測的貿易方向無法確定。

4.要素密集度可以逆轉一次以上。在要素密集度只逆轉一次的情況下，兩國的貿易方向不可能同時符合赫克紹一歐林定理，但其中一國的貿易方向將與赫克紹一歐林定理的假說相符合。

 ## 二、赫克紹一歐林定理與李嘉圖模型的比較

赫克紹一歐林定理與古典理論同樣認為國際貿易的發生在於兩國之產品的相對價格不同，但兩者有以下幾點顯然不同之處存在：

1.在兩國生產函數相同的假設下，赫克紹一歐林定理認為產品相對價格的不同是由於兩國要素稟賦不同所致，而李嘉圖模型則認為是由於兩國之生產函數不同所造成。因此，赫克紹一歐林定理將貿易方向與經濟結構聯繫在一起，而李嘉圖模型則將貿易方向訴諸於生產函數的不同。

2.李嘉圖模型只考慮供給條件，而完全忽略了需求因素。赫克紹一歐林定理雖然仍著重於供給條件的分析，但對於需求因素則予以相當的重視，例如其基本假設為沒有要素需求逆轉及產品需求逆轉發生，顯示其考慮到需求因素對國際貿易可能產生的影響。因此，赫克紹一歐林定理不僅吸取了 Ricardo 的比較成本法則，亦考慮了 Mill 的交互需求因素，且更進一步推展到貿易與國之經濟結構的關係之上。

3.李嘉圖模型只考慮勞動單一投入要素，而赫克紹一歐林定理則考慮勞動與資本兩種投入要素，但這兩種生產要素已經代表了全國的要素稟賦，故具有與機會成本理論相同的觀念，即是考慮所有生產要素投入的觀念。

4.李嘉圖模型根據勞動價值說解釋貿易方向的決定，最後必然導致完

全專業生產。赫克紹－歐林定理根據要素稟賦的不同解釋貿易方向的決定，除非在非常特殊的情況下（即要素同質、直線性齊次生產函數，且兩種產品的要素密集度相同），否則一國的生產可能曲線為一凹向原點的曲線，故不可能有完全專業生產的情況發生。

5.只要有比較利益存在，根據李嘉圖模型，貿易方向總是可以確定的。但是，根據赫克紹－歐林定理，比較利益之所在以至貿易的方向，均會隨著要素需求逆轉、要素密集度逆轉、及產品需求逆轉等情況的發生而改變，故考慮需求因素後，赫克紹－歐林定理顯然較李嘉圖模型為不確定。

 # 三、赫克紹－歐林定理的評論

赫克紹－歐林定理是建立於相當簡化而不切實際的假設之上，因此針對這些假設，有了以下的評論：

1.兩國的要素同質且可以測度的假設並不合理。因為風俗民情、文化背景、教育訓練制度、及地理位置等的不同，都使兩國的生產要素不可能同質。如果兩國的生產要素不同質，則不能對兩國的要素稟賦進行比較；如果兩國的要素同質，但一國之內一種要素的型態超過一種以上──例如具有不同技術知識訓練的勞動及不同時期與種類的資本設備，亦難以加總而得到要素存量。因此，要進行兩國間要素稟賦的比較，唯有假設生產要素同質且只有一種型態存在。然而，事實上國與國之間，生產要素既非同質，亦不只僅有一種型態存在而已。

如果兩國之間的要素品質與型態不同，要素的生產力即不同，在相同的生產函數假設下，將導致生產成本的差異，進而即可決定貿易型態。因此，若沒有假設生產函數相同，則無需訴諸於要素稟賦的不同，單由要素品質的不同，即可決定貿易型態。

2.相對要素價格必須能正確地反映相對要素稟賦，赫克紹－歐林定理才能成立。即要素稟賦之量度的價格定義法與實物定義法必須一致，否則要素需求逆轉一發生，價格定義法與實物定義法所決定的貿易方向將不同。當兩種定義法不一致時，以採價格定義法較為合理，因為與產品成本或價格建立起直接關係的是要素價格而非要素實體的存量，因此 Heckscher 與 Ohlin 兩人均採價格定義法來決定貿易方向。再者，如果實物定義法之要素稟賦相同，但價格定義法之要素稟賦不同，仍然會導致生產成本的差異，肇致國際貿易的發生，故唯有相對要素價格能夠確實反映相對要素稟賦，否則就無法根據赫克紹─歐林定理認定相對要素稟賦是決定國際貿易方向的唯一因素。

　　3.若放棄兩國對同一產品之生產函數相同的假設，就可能產生違反赫克紹─歐林定理所預測的貿易方向，即會有貿易型態逆轉的情況發生。圖 5–3，要素密集度線 $k_C^{A,B}$ 同時代表 A 國與 B 國生產布之要素密集度與要素價格之間的關係，表示兩國布的生產函數相同（面對相同的要素價格，兩國布的要素密集度相同），而兩國酒的要素密集度線分離，表示兩國酒的生產函數不同（面對相同的要素價格，兩國酒的要素密集度不同）。圖形顯示，對兩國而言，布均為資本密集財，酒均為勞動密集財（$BG > BH$, $AE > AF$），A 點與 B 點分別代表 A 國與 B 國的要素稟賦──價格定義法，$OA > OB$，$\left(\dfrac{W}{r}\right)^A > \left(\dfrac{W}{r}\right)^B$，A 國為資本豐富、B 國為勞動豐富的國家，故 A 國對資本密集財──布，B 國對勞動密集財──酒具有比較利益。在此情況下，雖然兩國酒的生產函數不同，但並不違反赫克紹─歐林定理的假說。

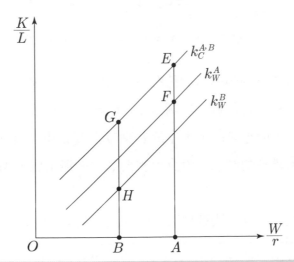

圖 5–3　兩國酒的生產函數不同，但赫克紹─歐林定理仍然成立

　　圖 5–4，A、B 兩國布的生產函數仍然相同，但酒的生產函數則不同，而兩國酒的要素密集度線則分別位於布的要素密集度線的兩側。對 A 國而言，酒為資本密集財、布為勞動密集財 $(AE > AF)$❻，A 國為資本豐富的國家，故 A 國對酒的生產具有比較利益；對 B 國而言，布為資本密集財、酒為勞動密集財 $(BG > BH)$，B 國為勞動豐富的國家，故 B 國對酒的生產具有比較利益。在此情況下，兩國同時對酒具有比較利益，若有國際貿易發生，則一國出口酒，另一國必然出口布，故其中一國的貿易方向將違反赫克紹─歐林定理的假說，以致勞動（資本）豐富的國家反而出口資本（勞動）密集的產品。

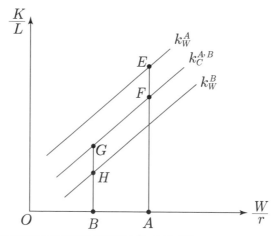

圖 5–4　兩國酒的生產函數不同，導致貿易型態違反赫克紹─歐林定理的假說

　　4.在要素密集度逆轉一次的情況下，兩國之中，將有一國的貿易方向違反赫克紹─歐林定理的假說。圖 5–5，兩種產品的要素密集度線交於 R 點，表示兩國對於兩種產品的生產於 R 點發生要素密集度逆轉。在此情況下，A 國為資本豐富的國家，對資本密集財──酒 $(AE > AF)$ 的生產具有比較利益；B 國為勞動豐富的國家，對勞動密集財──酒 $(BG > BH)$ 的生產具有比較利益。因此，兩國同時對酒的生產具有比較利益，若有國際貿

❻按 $AE = \dfrac{K_C}{L_C}$, $AF = \dfrac{K_W}{L_W}$，因 $AE > AF$，所以 $\dfrac{K_C}{L_C} > \dfrac{K_W}{L_W}$，亦即 $k_C > k_W$，酒為勞動密集財。

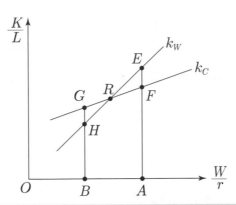

圖 5-5　要素密集度發生逆轉，導致貿易型態違反赫克紹－歐林定理的假說

易發生，其中一國的貿易方向必然違反赫克紹－歐林定理的假說。

　　5.若放棄固定規模報酬的假設而有規模經濟發生，可能使得赫克紹－歐林定理不再成立。在規模報酬遞增的情況下，產品的價格將大於其生產成本，成本與價格之間完全對應的關係不再成立，因此，只考慮比較成本的差異將無法決定貿易方向。再者，縱然沒有要素稟賦差異存在，但是經由生產規模的擴大，可以創造規模經濟，進而創造比較利益，而產生國際貿易。規模經濟的力量甚至會超過要素稟賦差異的力量，而使原先根據要素稟賦所決定的貿易方向發生逆轉。

　　6.若發生需求逆轉，貿易方向將違反赫克紹－歐林定理的假說。即對產品需求差異的力量大於其供給差異的力量時，將使得產品的相對價格比率與相對成本比率不一致，而使只根據供給因素與同時考慮需求因素之後所決定的貿易方向恰好相反。例如，如果資本豐富的國家對資本密集財的需求很強，而導致資本密集財的相對價格反而較高，將出口勞動密集財，故違反了赫克紹－歐林定理。

　　由以上的評論可知，合理地解釋國際貿易的發生，應同時考慮要素稟賦、要素品質、生產函數（技術）、規模報酬、及需求偏好等因素，而赫克紹－歐林模型作了假設，將其他因素均予以隔除，因而認為要素稟賦是解釋國際貿易發生之唯一且最重要的因素。赫克紹－歐林模型所討論的是兩種產品的情況，吾人可以將其推廣到多種產品的情況，即根據要素稟賦及要素密集度將各種產品按生產成本予以依序排列後（資本豐富的國家，對資本密集度愈高的產品，生產成本愈低；勞動豐富的國家，對勞動密集度愈高的產品，生產成本愈低），再加上需求因素的考慮，即可決定兩國的貿易方向。

摘 要

1. 赫克紹─歐林模型又稱之為要素稟賦理論,它包含有赫克紹─歐林定理、要素價格均等化定理、斯托帕─薩繆爾遜定理、及瑞畢曾斯基定理。

2. 赫克紹─歐林定理是建立於完全競爭、直線性齊次生產函數、生產要素完全同質、要素稟賦固定且可以衡量、兩國的生產函數相同、要素密集度歸類不變、及兩國的偏好相同等假設之上。放寬任何一個假設, 赫克紹─歐林定理將不再成立。

3. 根據赫克紹─歐林定理的基本假設,自然可以推論得到其結論。在兩國需求條件相同、生產函數相同、及固定規模報酬下,要素稟賦不同→相對要素價格不同→在生產函數相同下,產品的要素密集度不同→要素價格與要素密集度決定產品成本、價格,因而導致比較成本差異→國際貿易於是發生,故要素稟賦不同是國際貿易發生的根源。

4. 在適當的假設下, 採要素稟賦價格定義法或採要素稟賦實物定義法, 均可以證明赫克紹─歐林定理成立。

5. 比較赫克紹─歐林定理與李嘉圖模型,可以發現兩者在生產函數的假設、供需條件的考慮、要素投入的考慮、專業化的程度、貿易型態（方向）的決定等方面均有所不同。

6. 針對赫克紹─歐林定理的基本假設,可以提出各種可能的情況來反駁赫克紹─歐林定理的論點。但是, 為了獲取簡明的一般化結論,作簡化的假設以進行經濟分析是必要的,故此種評論只能視之為對赫克紹─歐林定理的再闡釋或擴充, 而不能視之為一種推翻的說法。

重要名詞

赫克紹—歐林模型　　　　　要素稟賦理論

赫克紹—歐林定理　　　　　要素價格均等化定理

斯托帕—薩繆爾遜定理　　　瑞畢曾斯基定理

實體投入　　　　　　　　　非私有稀少性要素

免費要素

 問題練習

1. 赫克紹—歐林模型何以產生？其理論的要點為何？

2. 簡述赫克紹—歐林定理的基本假設，並述這些假設的必要性。

3. 赫克紹—歐林定理對生產函數作了怎樣的假設？如何才能決定生產函數是否相同？

4. 試根據赫克紹—歐林定理的基本假設，推論赫克紹—歐林定理的必然性。

5. 試分別以價格定義法與實物定義法圖解證明赫克紹—歐林定理。

6. 要素密集度逆轉與需求逆轉分別對赫克紹—歐林定理有何影響？

7. 試比較赫克紹—歐林定理與李嘉圖模型的異同。

8. 試評論赫克紹—歐林定理的各個假設，並分析當這些假設不成立時，對赫克紹—歐林定理的影響。

◆ 第六章
國際貿易、要素報酬與經濟福利

本章繼續探討赫克紹－歐林模型下的另兩個重要的假說——要素價格均等化定理與斯拉帕－薩繆爾遜定理，分析在赫克紹－歐林模型下進行國際貿易之後，對於兩國生產要素的報酬與個體經濟福利會產生怎樣的影響。

■ 第一節　要素價格均等化定理

🔍 一、要素價格均等的意義及其基本假設

根據赫克紹－歐林定理，一個國家對於生產相對密集使用其要素稟賦相對豐富的產品具有比較利益，應專業生產且出口此種產品。貿易之門一開之後，在自由貿易及沒有運輸成本存在之下，不僅使得兩國所有產品的價格趨於完全的均等，同時也將使得兩國生產要素的價格（報酬）趨於完全的均等。因此，產品的自由貿易具有取代生產要素於國際間自由移動的功能，這是要素價格均等化定理的精神所在。

根據要素價格均等化定理，國際貿易的結果，兩國的要素價格趨於均等。例如，與美國比較，我國是相對勞動豐富的國家，因此工資水準相對較低，利率水準相對較高；美國是相對資本豐富的國家，因此工資水準相對較高，利率水準相對較低。根據赫克紹－歐林定理，我國出口勞動密集財到美國，國內供給因而減少，價格上升；美國進口勞動密集財，其國內供給因而增加，價格下降，最後兩國勞動密集財的價格將趨於均等。因我國增加勞動密集財的生產以供出口，對勞動的需求增加，而使工資上漲；美國進口勞動密集財，其國內對勞動的需求因而減少，而使工資下跌，兩

國的工資水準因而漸趨均等。同理，美國出口資本密集財到我國而使其利率上漲，我國進口資本密集財而使利率下降，最後兩國的利率水準將趨於均等。因此，國際貿易對一國相對豐富的生產要素，可提高其報酬，對該要素有利；對相對稀少的生產要素，降低其報酬，對該要素不利，這也就是要素價格均等化定理所隱含的經濟福利意義。

Heckscher (1919) 曾經指出，自由貿易可以使兩國的要素報酬趨於完全的均等；Ohlin (1933) 則認為，自由貿易後，兩國的要素價格趨於均等，但不會完全均等；至 Samuelson (1948, 1949) 再度肯定，在理論上，自由貿易的結果，兩國之生產要素，無論在絕對或相對的報酬上，均將趨於完全的均等。要素價格均等化定理的成立是建立於以下的假設之上：

1. **兩國、兩種產品、及兩種生產要素的模型**

要素價格均等化定理要能成立，必須產品的數目至少等於要素的數目，如此才能建立起產品價格與要素價格之間呈一對一的函數關係，而赫克紹一歐林模型正好符合這種要求。

2. **產品與要素市場均為完全競爭**

如此，確保要素之報酬等於其邊際生產力。

3. **生產函數為直線性齊次函數**

如此，一則要素生產力取決於資本一勞動比率（或要素密集度），若兩國產品的要素密集度相同，則要素生產力相同，要素報酬也就相同；再則根據尤拉定理，產品的價格正好等於產品的成本——即要素報酬，因此可以經由產品價格的均等而證明要素報酬的均等。

4. **兩國對同一產品的生產函數相同**

因此，兩國之間要素投入與產出之間的關係相同。

5. **沒有任何的運輸成本或資訊成本存在**

如此，可以確保自由貿易之後，兩國產品的價格達於完全的均等。

6. **沒有任何貿易障礙存在**

因此，確保自由貿易的進行，以致兩國產品的價格達於完全的均等。

7. **每一個國家的生產要素是同質且數量固定的**

要素同質是要素報酬均等的先決條件；要素數量固定，一方面使兩國要素價格的均等得以實現，另一方面要素價格均等後，在其他情況不變下，可以維持其穩定而不會因要素供給的變動而受到破壞。

8. 兩國之間要素完全缺乏流動性，但一國之內要素則具完全的流動性

如此，可以確保一國之內要素價格趨於完全的均等，再經由產品的自由貿易來彌補國際間要素的缺乏流動性，最後使兩國的要素價格達於均等。

9. 沒有要素密集度逆轉發生

若發生要素密集度逆轉，則在不同要素價格下，一種產品有時是資本密集財，有時是勞動密集財，因此無法建立起產品價格與要素價格之間單調函數的關係。

10. 沒有完全專業發生

不能有完全專業的情況發生，否則產品價格與要素價格之間一對一的單調函數關係將無法維持。

11. 兩國的需求偏好完全相同且同質不變

如此，可以避免因為產品需求逆轉的情況發生，經由引申需求 (derived demand)，導致要素需求逆轉發生，而使得要素稟賦的價格定義與實物定義不一致。

在以上這些假設之下，吾人將可以容易地證明，在自由貿易下，必然導致兩國要素的絕對與相對報酬趨於完全的均等。

二、證明要素價格均等化定理的準備步驟

為了能夠順利證明要素價格均等化定理，吾人必須瞭解以下經濟變數之間的關係。

㈠要素稟賦與要素價格之間呈單調函數的關係

一個國家的資本—勞動比率 $(\bar{K}/\bar{L})$ 愈大，其工資—利率比率 $\left(\dfrac{W}{r}\right)$ 也就愈高，即要素稟賦之衡量，在沒有產品需求逆轉以至要素需求逆轉發生的情況下，價格定義與實物定義相一致，資本豐富之 A 國的工資水準總是較高，勞動豐富之 B 國的利率水準總是較高——圖 6–1。

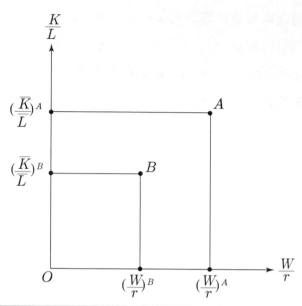

圖 6–1　要素稟賦與要素價格之間呈單調函數的關係

㈡要素稟賦比率等於產品要素密集度的加權平均

第四章已經以數學式證明此一關係，現就圖 6–2 來看，$\bar{K}/\bar{L}$ 及 A 點分別代表一國的實體要素稟賦比率及相對要素價格，k_C 及 k_W 分別代表布與酒的要素密集度線，AB 及 AD 分別代表在現行要素價格下，布與酒的要素密集度。以數學上加權平均的觀念，吾人可以證明 $\bar{K}/\bar{L} = \alpha k_C + \beta k_W$ 的關係以圖 6–2 表示為 ❶：

---

❶要素稟賦比率 $\bar{K}/\bar{L} = AG$，所以：

$$AG = \frac{GD}{BD} \times AB + \frac{GB}{BD} \times AD \qquad (1)$$

因為 $\triangle\, BGE \sim \triangle\, DGF$，所以 $\dfrac{BE}{DF} = \dfrac{GB}{GD} = \dfrac{GE}{GF}$。

因為 $\dfrac{GB}{GD} = \dfrac{GE}{GF}$，所以：

$$\frac{GB + GD}{GD} = \frac{GE + GF}{GF} \Rightarrow \frac{BD}{GD} = \frac{EF}{GF} \Rightarrow \frac{GD}{BD} = \frac{GF}{EF} \qquad (2)$$

$$\frac{GB}{GD + GB} = \frac{GE}{GF + GE} \Rightarrow \frac{GB}{BD} = \frac{GE}{EF} \qquad (3)$$

將(2)及(3)式代回(1)式，即得到 $AG = \dfrac{GF}{EF} \times AB + \dfrac{GE}{EF} \times AD$。

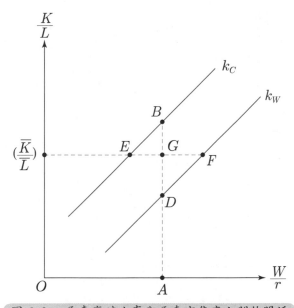

圖 6–2　要素稟賦比率與要素密集度之間的關係

$$AG = \frac{GD}{BD} \times AB + \frac{GB}{BD} \times AD$$

$$= \frac{GF}{EF} \times AB + \frac{GE}{EF} \times AD$$

　　因此，吾人可以 GD 或 GF 線段長度作為布之產量之衡量，GB 或 GE 線段長度作為酒之產量的衡量。圖 6–3，若一個國家的要素稟賦線、要素密集度線、及相對要素價格交於 E 點，表示其完全專於布的生產，要素稟賦比率等於布的要素密集度；交於 F 點，表示其完全專業於酒的生產，要素稟賦比率等於酒的要素密集度。

(三)要素密集度 $\left(\dfrac{K}{L}\right)$ 與要素價格 $\left(\dfrac{W}{r}\right)$ 呈增函數的關係

　　工資報酬相對上升將使兩種產品均趨向於更加資本密集的生產，且資本密集財的產量會減少，勞動密集財的產量會增加，此種關係前面已經討論過。

(四)產品價格與要素價格之間的關係

　　根據生產函數，在一定的相對要素價格下，有一最適的要素密集度存在，根據要素價格與要素密集度即可決定生產的單位成本，在完全競爭下，

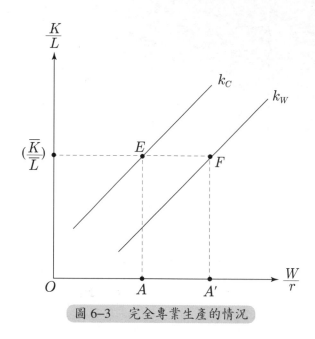

圖 6-3　完全專業生產的情況

產品的生產成本也就是產品的價格。因此，在一定的生產函數下，產品價格與要素價格之間有一定的關係存在。以圖 6-4 表示，勞動密集財——酒與資本密集財——布的相對價格比率$\left(\dfrac{P_W}{P_C}\right)$，在沒有要素密集度逆轉發生的情況下，與工資—利率的相對比率$\left(\dfrac{W}{r}\right)$ 呈單調遞增函數的關係，即

$$\dfrac{d\left(\dfrac{P_W}{P_C}\right)}{d\left(\dfrac{W}{r}\right)} > 0。（證明請參閱本章附錄一。）$$

　　在相對產品價格與相對要素價格呈單調遞增函數的情況下，勞動的相對報酬上升，導致勞動密集財的相對價格上升；資本的相對報酬上升，導致資本密集財的相對價格上升。接著，進一步討論產品價格變動與要素價格變動之間的關係。吾人可證明**一種產品價格的變動是其要素價格變動的加權平均，而兩種產品的相對價格變動的結果會導致兩種生產要素的相對價格作更大比例的變動，這種關係稱之為擴大效果。**（證明請參閱本章附錄二。）

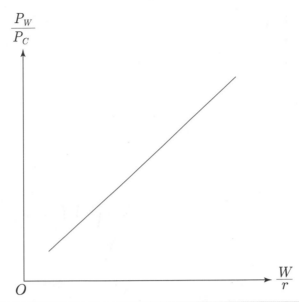

圖 6–4　相對產品價格與相對要素報酬呈單調遞增函數的關係

　　產品價格與要素價格之間有著極為密切的關係存在,吾人進一步要問,兩者的變動到底有著怎樣的因果關係呢?就比較靜態分析而言,圖 6–4 中,每一相對產品價格總是與一相對要素價格相對應, 兩者互為因果關係, 同為一體的兩面, 是產品價格先改變而導致要素價格的改變, 或要素價格先改變而導致產品價格的改變, 是無關緊要的。這種關係以圖 6–5 的生產可能曲線表示為: 曲線上每一點的切線斜率均代表一組要素價格與產品價格的組合。設 $\left(\dfrac{K}{L}\right)_x = k_x < k_y = \left(\dfrac{K}{L}\right)_y$, 在不考慮產品需求下, $\left(\dfrac{W}{r}\right)$ 由 $\left(\dfrac{W}{r}\right)_1$ 上升至 $\left(\dfrac{W}{r}\right)_2$, 兩種產品均會趨向更加資本密集的生產,為維持充分就業,資本密集財 Y 的產量會減少,勞動密集財 X 的產量會增加,透過機會成本遞增法則, 新的均衡達成時, $\left(\dfrac{P_x}{P_y}\right)$ 會由 $\left(\dfrac{P_x}{P_y}\right)_1$ 上升至 $\left(\dfrac{P_x}{P_y}\right)_2$。但是, 吾人亦可視之為由於勞動密集財 X 的相對價格上升,導致其產量增加,資本密集財 Y 產量減少,而使勞動的相對價格上升,資本的相對價格下降。因之,於比較靜態均衡分析下, 產品價格的變動與要素價格的變動的先後次序或

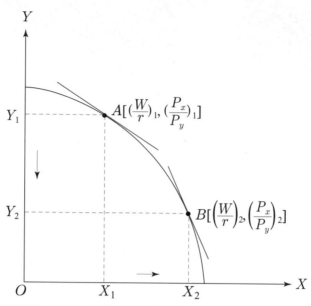

圖 6–5　在比較靜態分析下，要素價格與產品價格是呈一對一且互為因果關係的

因果關係之分是無關緊要的。

　　在動態均衡分析下，產品是直接需求，要素是由其間接產生的引申需求，所以假設產品價格的變動是因，要素價格的變動是果較為合理。設 $\left(\dfrac{K}{L}\right)_x = k_x < k_y = \left(\dfrac{K}{L}\right)_y$，若社會的偏好改變，對 X 產品的需求減少，以致 $\left(\dfrac{P_x}{P_y}\right)$ 下降，則基於追求利潤最大的動機，X 產品的供給會減少，Y 產品的供給會增加，但 X 產品生產減少所釋出的勞動量大於 Y 產品生產增加所需要的勞動量，X 產品生產減少所釋出的資本量小於 Y 產品生產增加所需要的資本量，因而導致 $\left(\dfrac{W}{r}\right)$ 的下降，生產者為追求利潤最大，必然會改變其生產方式，故兩種產品均會趨向於更加勞動密集的生產，經過此一調整，經濟又重新恢復要素供給等於需求的充分就業均衡。準此，相對要素價格的變動是相對產品價格變動的函數，即 $\dfrac{W}{r} = f\left(\dfrac{P_x}{P_y}\right)$。

㈤要素價格變動的範圍

　　要素價格的變動範圍受限於要素稟賦比率及產品的要素密集度。在一定的生產函數——技術水準下，要素價格、最適要素密集度、及產品價格之間，有一定的關係存在。由於一國的要素稟賦比率是其產品生產之要素密集度的加權平均，故在一定的要素稟賦下，可採行的生產技術受到相當的限制。除非是生產技術發生重大的改變，在沒有要素密集度逆轉發生的情況下，契約線通常位於箱形圖對角線的固定一邊，而不可能因為要素價格的改變而移到另一邊，即若布為資本密集財，酒為勞動密集財，當要素價格改變時，布不可能變為勞動密集財，酒不可能變為資本密集財，故箱形圖對角線另一邊的契約線所隱含的生產技術，通常是不被採用的。

　　圖 6-6，當一國的要素稟賦為 $\bar{K}/\bar{L}$ 時，其要素價格的變動範圍介於 $\left(\dfrac{W}{r}\right)_1$ 與 $\left(\dfrac{W}{r}\right)_2$ 之間。若工資－利率的相對比率為 $\left(\dfrac{W}{r}\right)_1$，則專業生產布；為 $\left(\dfrac{W}{r}\right)_2$，則專業生產酒；介於 $\left(\dfrac{W}{r}\right)_1$ 及 $\left(\dfrac{W}{r}\right)_2$ 之間，則同時生產兩種產品，才能使兩種生產要素同時達於充分就業。若工資－利率的相對比率為 $\left(\dfrac{W}{r}\right)_3$，則 k_C 與 k_W 的加權平均小於 $\bar{K}/\bar{L}$，表示發生勞動不足，資本過剩的

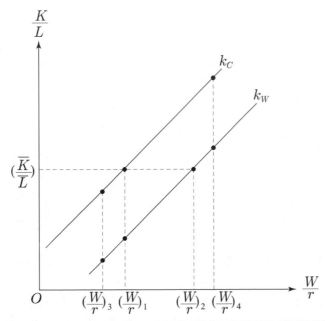

圖 6-6　相對要素價格的變動範圍受限於要素稟賦比率及產品的要素密集度

現象，無法達成充分就業，因之，工資水準會上升，利率水準會下跌，直到 $\left(\dfrac{W}{r}\right)$ 落於 $\left(\dfrac{W}{r}\right)_1$ 及 $\left(\dfrac{W}{r}\right)_2$ 之間，充分就業達成為止：在 $\left(\dfrac{W}{r}\right)_4$ 下，k_C 及 k_W 的加權平均大於 $\overline{K}/\overline{L}$，表示發生資本不足，勞動過剩的現象，無法達成充分就業，因之，工資水準會下跌，利率水準會上升，直到 $\left(\dfrac{W}{r}\right)$ 落於 $\left(\dfrac{W}{r}\right)_1$ 及 $\left(\dfrac{W}{r}\right)_2$ 之間，充分就業達成為止。是故，在比較靜態分析下，$\left(\dfrac{W}{r}\right)$ 不管落在何處，最後必然向 $\left(\dfrac{W}{r}\right)_1$ 及 $\left(\dfrac{W}{r}\right)_2$ 之區域收斂，以確保經濟充分就業的達成。

　　若兩種產品均為固定係數生產函數，則在任何相對要素價格下，兩種產品的要素密集度的加權平均都等於要素稟賦比率，所以相對要素價格 $\left(\dfrac{W}{r}\right)$ 的變動範圍沒有受到限制──圖 6-7。

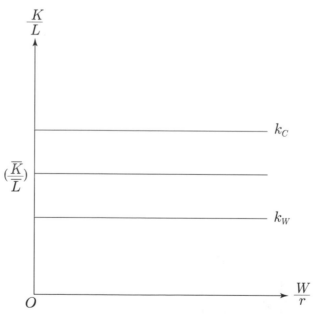

圖 6-7　兩種產品均為固定係數生產函數下，相對要素價格的變動範圍沒有限制

　　若兩種產品的生產函數相同，則相對要素價格 $(\dfrac{W}{r})$ 的變動範圍只限於一點──圖 6-8。若技術變動而使兩種產品在任何相對要素價格下之要素

密集度的差異加大，則相對要素價格變動的範圍亦隨之擴大——圖 6–9。

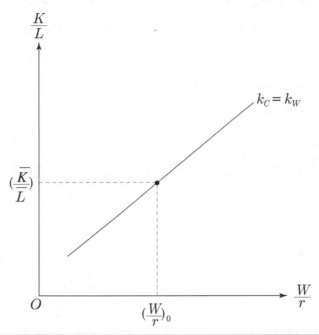

圖 6-8　兩種產品的生產函數相同時，相對要素價格的變動範圍只限於一點

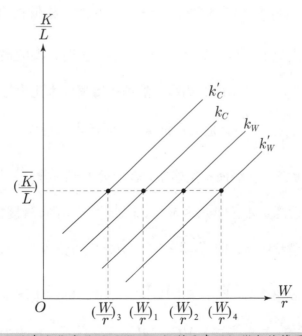

圖 6-9　產品要素密集度的差異變大，相對要素價格變動的範圍亦隨之擴大

由以上分析可知,在一定的要素稟賦比率下,無論是相對要素價格或產品要素密集度的變動均受到一定的限制。因為要素密集度決定於相對要素價格,而兩種產品要素密集度的加權平均又必須等於要素稟賦比率。因此,要素稟賦比率一經確定,要素密集度的變動範圍即受到限制,相對要素價格的變動範圍因而也就受到限制。

㈥產品價格變動的範圍

在不考慮要素稟賦比率下,兩種產品的相對價格與要素的相對價格呈單調函數的關係。但是,引進要素稟賦後,這種關係便受到限制,甚至扭曲。在沒有發生完全專業生產的情況下,生產可能曲線上任何一點切線的斜率代表兩種產品生產的邊際成本比率,在不考慮需求因素或完全競爭之下,該邊際成本比率等於兩種產品的相對價格比率。但是,若發生完全專業生產,縱使在完全競爭下,產品生產的邊際成本比率可能不再等於產品的相對價格比率。因為完全專業生產下,只生產一種產品,另一種產品之所以不生產的可能原因之一便是其價格小於其邊際成本。

圖 6–10,就成本→價格的關係而言,當相對要素價格為 $\left(\dfrac{W}{r}\right)_1$ 時,專業生產布而不生產酒,表示於 A 點〔或 $\left(\dfrac{W}{r}\right)_1$〕時,酒的價格可能小於其邊際成本,即 $P_W \le MC_W$,因此酒與布的相對邊際成本比率等於或大於相對價格比率,即 $\dfrac{MC_W}{MC_C} \ge \dfrac{P_W}{P_C}$,這就是折線 AE 所代表的意義;當相對要素價格為 $\left(\dfrac{W}{r}\right)_2$ 時,專業生產酒而不生產布,表示於 B 點〔或 $\left(\dfrac{W}{r}\right)_2$〕時,布的價格可能小於其邊際成本,即 $P_C \le MC_C$,因此酒與布的相對邊際成本比率等於或小於相對價格比率,即 $\dfrac{MC_W}{MC_C} \le \dfrac{P_W}{P_C}$,這就是折線 BF 所代表的意義。只有當相對要素價格介於 $\left(\dfrac{W}{r}\right)_1$ 及 $\left(\dfrac{W}{r}\right)_2$ 之間時,同時生產兩種產品,產品的價格等於其邊際成本,所以 $\dfrac{MC_W}{MC_C} = \dfrac{P_W}{P_C}$,產品的相對價格 $\left(\dfrac{P_W}{P_C}\right)$ 與相對要

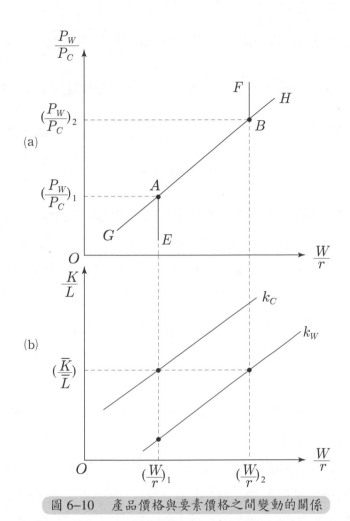

圖 6–10　產品價格與要素價格之間變動的關係

素價格$\left(\dfrac{W}{r}\right)$ 之間呈一對一的對應關係。準此，考慮要素稟賦後，以相對要素價格變動的上下限為轉折點，產品的相對價格線呈 *EABF* 的扭曲形狀❷。

　　就價格→成本的關係而言，可以將圖 6–10 視之為一小型開放經濟，當貿易條件為$\left(\dfrac{P_W}{P_C}\right)_1$ 時，小國完全專業生產布，縱使酒的價格不變而布的價

---

❷ 圖 6–10 (a)的相對產品價格是根據相對要素價格而產生的，因此 *GH* 直線所表示的應是相對產品邊際成本 $\dfrac{MC_W}{MC_C}$ 的關係，但在完全競爭下，或不考慮產品需求且相對要素價格的變動沒有受到限制的情況下，該線也就是兩種產品的相對價格比率線。

格不斷上漲，有如 *AE* 線段所表示者，相對要素價格亦已達於極限$\left(\dfrac{W}{r}\right)_1$而不再變動。當貿易條件為$\left(\dfrac{P_W}{P_C}\right)_2$時，小國完全專業生產酒，縱使布的價格不變而酒的價格不斷上漲，有如 *BF* 線段所表示者，相對要素價格亦已達於極限$\left(\dfrac{W}{r}\right)_2$而不再變動。唯有國際貿易條件尚未達於$\left(\dfrac{P_W}{P_C}\right)_1$或$\left(\dfrac{P_W}{P_C}\right)_2$，相對產品價格的變動才會引起相對要素價格作對應的改變。

　　由以上分析可知，在完全專業生產的情況下，雖然相對產品價格變動的範圍可以無限，但相對要素價格變動的範圍卻只限於一點，因此，兩者之間一對一的函數關係即不再存在。若同時生產兩種產品，相對產品價格變動的範圍即受到相當的限制，但它與相對要素價格之間卻有著一對一的函數關係。

㈦閉鎖經濟之一般均衡

　　以上所討論之經濟變數之間的關係，對一閉鎖經濟而言，根據圖 6–11 剖析其決定的過程如下：

　　1.圖 6–11 ⒜，生產可能曲線 (*FF*) 與社會無異曲線 (*CIC*) 相切於 *E* 點，決定均衡產量及相對產品價格。在 *E* 點，兩種產品的生產數量等於消費數量，生產的邊際轉換率等於消費的邊際替代率，故產品市場達於均衡。

　　2.圖 6–11 ⒝，均衡的相對產品價格$\left(\dfrac{P_x}{P_y}\right)^*$一經決定後，同時也就決定了均衡的相對要素價格$\left(\dfrac{W}{r}\right)^*$。

　　3.圖 6–11 ⒞，均衡的相對要素價格$\left(\dfrac{W}{r}\right)^*$一經決定後，同時也就決定了 *X* 及 *Y* 產品的均衡要素密集度 k_x^* 及 k_y^*。

　　4.相對產品價格的變動範圍介於$\left(\dfrac{P_x}{P_y}\right)_1$及$\left(\dfrac{P_x}{P_y}\right)_2$之間，相對要素價格

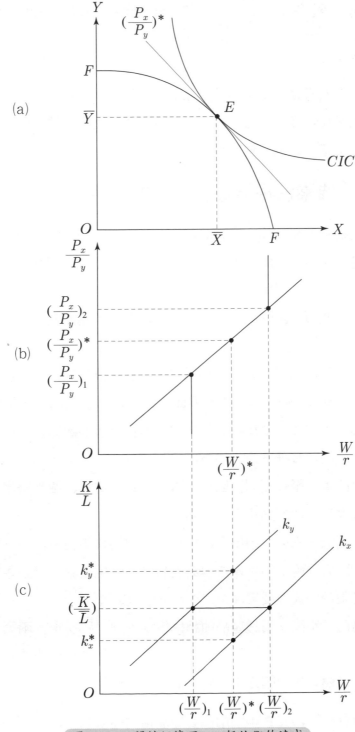

圖 6–11　閉鎖經濟下，一般均衡的達成

的變動範圍介於 $\left(\dfrac{W}{r}\right)_1$ 及 $\left(\dfrac{W}{r}\right)_2$ 之間，兩者變動的範圍均受限於要素稟賦比率 $\left(\dfrac{\overline{K}}{\overline{L}}\right)$。

5.均衡的要素密集度與兩種產品的產量決定後，可在箱形圖內之契約線上找到生產點，從而決定生產要素於兩種產品之間的派用情形，並可確保充分就業的達成，故要素市場達於均衡。

三、要素價格均等化定理的證明

在證明要素價格均等化定理時，對於要素稟賦的測度，Ohlin 採價格定義法，但這會產生最後兩國的要素稟賦相同——即要素價格相同，而仍有國際貿易發生的矛盾現象。因此，在作此項證明時，採實物要素稟賦定義法較為妥當，並假設兩國的要素完全同質，以便於測度並比較兩國的要素稟賦。

自由貿易後，兩國的要素價格最後會趨於完全均等，在生產函數相同的假設下，兩國的比較成本差異會因此消失，產品的價格達於均等。此時，兩國的貿易量不再繼續增加，而是依當時的貿易量繼續維持。要素價格均等化定理的證明，其推理過程如下：

1.兩國的生產函數相同，因之，兩國的要素價格、要素密集度、及產品價格（成本）之間的關係必然相同。

2.由於兩國要素稟賦的不同，導致兩國的要素價格與產品之要素密集度的不同，因而使兩國的生產成本與產品價格發生差異，但這些變數的變動範圍均受限於兩國的要素稟賦。

3.貿易前，兩國之兩種產品的相對價格不同。貿易後，兩國之兩種產品的相對價格達於均等，根據相對要素價格與相對產品價格之間一對一的函數關係，必然導致兩國之相對要素價格達於均等。

4.自由貿易下，A、B 兩國的相對產品價格達於均等，$\left(\dfrac{P_x}{P_y}\right)^A = \left(\dfrac{P_x}{P_y}\right)^B$，

在完全競爭下，也就是兩國兩種產品的相對邊際成本比率達於均等，$\left(\dfrac{MC_x}{MC_y}\right)^A = \left(\dfrac{MC_x}{MC_y}\right)^B$。又根據兩國之生產函數相同的假設，在此情況下，兩國對同一產品的生產成本必然相等，即 $MC_x^A = MC_x^B$，$MC_y^A = MC_y^B$。產品的成本是由要素價格所決定，既然生產函數相同且成本相等，必然隱含要素報酬相等，故兩國之生產要素的絕對報酬亦趨於均等。以下我們以不同的圖形證明要素價格均等化定理。

圖 6–12，貿易前，由於 A、B 兩國的要素稟賦不同，因此相對要素價格與產品價格不同。貿易後，兩國的相對產品價格達於均等，因此相對要素報酬也達於均等 ❸。圖 6–13，X 與 Y 同時代表兩國兩種產品的等產量曲線。貿易後，兩國同一產品的絕對價格達於均等，故與同一等成本線相切，等成本線的斜率代表兩國之相對要素價格。因為一國之內要素價格均等，

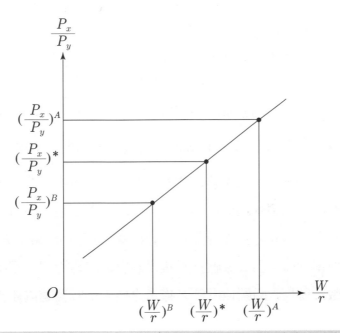

圖 6–12　以相對產品價格與相對要素價格之間一對一的關係證明要素價格均等化定理

---

❸在兩國生產函數相同的假設下，圖 6–12 中表示兩國相對產品價格與相對要素價格關係的直線是合一而不能分離的。

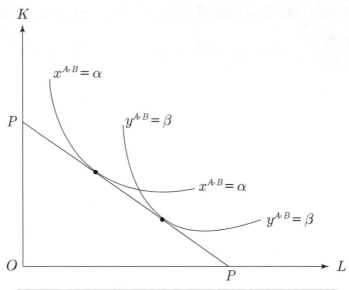

圖 6–13　以單位等產量曲線證明要素價格均等化定理

所以兩國兩種產品的等產量曲線均與同一條等成本線相切，表示兩國之相對要素價格達於均等。但由於兩種產品之等產量曲線的單位並不同$(X = \alpha,$ $Y = \beta)$，表示兩種產品的絕對價格（成本）並不相同，而單位 α 與單位 β 的相對比率，也就是貿易後的均衡貿易條件，$\dfrac{P_x}{P_y} = \dfrac{\beta}{\alpha}$。

圖 6–14，利用箱形圖分析。貿易前，生產點 A 國為 E 點，B 國為 F 點，相對要素價格$\left(\dfrac{W}{r}\right)$，A 國高於 B 國。貿易後，生產點，A 國移至 E' 點，B 國移至 F' 點，兩國（相對）產品價格達於均等。根據生產函數相同且直線性齊次的假設，兩國的相對產品價格與相對要素價格之間有著相同的一對一的關係存在。因此，對 X 產業而言，兩國分別於 E' 點及 F' 點的等產量曲線切線斜率（即相對要素價格）與要素密集度均相同，根據固定規模報酬生產函數的特性，兩國使用於 X 產業之要素的相對邊際生產力（或報酬）將相同——$\left(\dfrac{W}{r}\right)_x^A = \left(\dfrac{W}{r}\right)_x^B$；對 Y 產業而言，兩國分別於 E' 點及 F' 點的等產量曲線切線斜率與要素密集度相同（$O_y^A E'$ 與 $O_y^B F'$ 相平行），因之，兩國使用於 Y 產業之要素的相對邊際生產力（或報酬）相同——$\left(\dfrac{W}{r}\right)_y^A =$

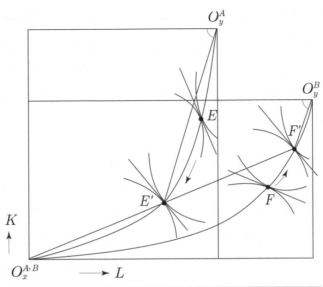

図 6–14　利用箱形圖證明相對及絕對要素報酬的均等

$\left(\dfrac{W}{r}\right)_y^B$。又契約線上的 E' 點，$\left(\dfrac{W}{r}\right)_x^A = \left(\dfrac{W}{r}\right)_y^A$；$F'$ 點，$\left(\dfrac{W}{r}\right)_x^B = \left(\dfrac{W}{r}\right)_y^B$，所以 $\left(\dfrac{W}{r}\right)^A = \left(\dfrac{W}{r}\right)^B$，證明兩國的相對要素價格達於均等[4]。

其次，證明兩國絕對要素報酬的均等。兩國於 E' 及 F' 點之兩種產品的要素密集度相同，即 $k_x^A = k_x^B$，$k_y^A = k_y^B$，在生產函數相同且線性齊次的假設下，必然導致兩國兩種生產要素用於兩種產業的邊際生產力達於均等，即 $MP_{Lx}^A = MP_{Lx}^B$，$MP_{Kx}^A = MP_{Kx}^B$，$MP_{Ly}^A = MP_{Ly}^B$，$MP_{Ky}^A = MP_{Ky}^B$。完全競爭下，要素報酬等於其邊際產出與產品價格的乘積，即 $W = MP_L \times P$，$r = MP_K \times P$。因之，A 國與 B 國之 X 產業的貨幣工資報酬分別為：$W_x^A = MP_{Lx}^A \times P_x^A$，$W_x^B = MP_{Lx}^B \times P_x^B$，國際貿易後 $P_x^A = P_x^B$，且 $MP_{Lx}^A = MP_{Lx}^B$，所以 $W_x^A = W_x^B$。同理，$W_y^A = W_y^B$。由於一國之內要素具有完全的流動性，所以 $W_x^A = W_y^A = W_x^B = W_y^B$，即 $W^A = W^B$。同理可證，$r_x^A = r_y^A = r_x^B = r_y^B$，$r^A = r^B$，證明兩國的絕對要素報酬達於均等。若兩國的絕對要素報酬達於均等，必然導致相對要素報酬的均等。

---

[4]在固定規模報酬的假設下，產量與要素使用量等比例變動，因此在一定要素價格下，擴張路徑上每一條等產量曲線的成本（價格）均相同。是故，當兩國自由貿易產品價格達於均等時，將形成圖 6–14 般的圖形。

　　如何由箱形圖判定兩國之要素報酬是否會均等呢? 如圖 6–15，連接 B 國箱形圖之對角線，其與 A 國的契約線交於 E 點。由 X 產品之原點座標作一與 A 國之契約線相切的直線 O_xR，其與 B 國之契約線交於 F 點。只有在 O_xE 與 O_y^BF 線段之兩國的契約線上，才不會發生完全專業生產，要素價格才可能達於完全均等。因為要素價格要能均等，必須兩國對兩種產品生產的要素密集度相同。在 O_y^AE 線段部分，由於其位於 B 國箱形圖對角線的上方，而 $O_xO_y^B$ 射線代表 B 國專業生產 X 產品的要素密集度，故 O_y^AE 線段上任何一點的 k_x^A 一定大於 k_x^B，兩國的要素價格不再可能均等。在 O_xF 線段部分，由於其位於由原點開始切於 A 國契約線之直線的下方，而此切線 O_xR 代表 A 國 X 產品要素密集度的下限，因此位於此線以下之 B 國契約線上任何一點的 k_x^B 也一定小於 k_x^A，兩國的要素價格亦不可能均等。職是之故，只有兩國的生產點分別位於 O_xE 及 O_y^BF 線段部分，兩國的要素價格才可能趨於完全的均等。

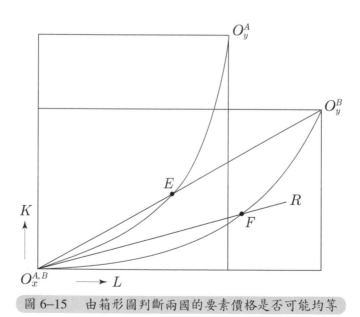

圖 6–15　由箱形圖判斷兩國的要素價格是否可能均等

　　最後，以 Lerner (1952) 所提出的圖形證明要素價格均等化定理。要素稟賦、要素密集度、相對要素價格、及相對產品價格等經濟變數之間的關係可以不同的兩個圖形分別表示，或予以合併成圖 6–16 的聯合圖形。圖

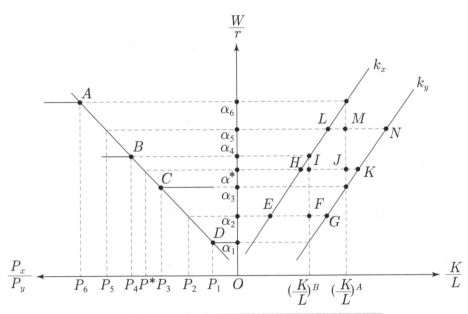

圖 6-16　萊勒圖形之要素價格均等化定理的證明

中，X 為勞動密集財，Y 為資本密集財，A 國的要素稟賦為 $\left(\dfrac{K}{L}\right)^{A}$，其相對

要素價格的變動範圍介於 $\alpha_6\alpha_3$ 之間，相對產品價格的變動範圍介於 AC 線

段或 P_6P_3 之間。設貿易前 A 國的產品價格為 P_5，則相對要素價格為 α_5，

X 與 Y 產品的要素密集度分別為 α_5L 及 α_5N，生產點為 M，X 產量為 MN

線段，Y 產量為 ML 線段。

　　B 國的要素稟賦為 $\left(\dfrac{K}{L}\right)^{B}$，其相對要素價格的變動範圍介於 $\alpha_4\alpha_1$ 之

間，相對產品價格的變動範圍介於 BD 線段或 P_4P_1 之間。設貿易前 B 國的

產品價格為 P_2，則相對要素價格為 α_2，X 與 Y 產品的要素密集度分別為

α_2E 及 α_2G，生產點為 F，X 產量為 FG 線段，Y 產量為 FE 線段。貿易後，

兩國之產品價格於 P^* 達於均等，相對要素價格亦達 α^* 的均等，兩國對 X

與 Y 兩種產品的要素密集度同為 α^*H 及 α^*K，A 國產量水準 X 產品為

JK 線段，Y 產品為 JH 線段，B 國產量水準 X 產品為 IK 線段，Y 產品為 IH

線段。比較貿易前與貿易後，顯示 A 國出口資本密集財 Y，其相對要素價

格因此由 α_5 降至 α^*，生產點為 J，資本密集財的產量增加（$JH > ML$），勞

動密集財的產量減少 $(JK < MN)$；B 國出口勞動密集財 X，其相對要素價格因此由 α_2 升至 α^*，生產點為 I，勞動密集財的產量增加 $(IK > FG)$，資本密集財的產量減少 $(IH < FE)$，兩國均趨向於更加專業的生產。

由以上分析可知，根據 Lerner 圖形，必須兩國產品價格變動與要素價格變動的範圍均有重合的部分——如圖 6–16 的 BC 線段或 P_4P_3 之間及 $\alpha_4\alpha_3$ 之間，要素價格均等化定理才能成立。

■ 第二節　要素價格均等的障礙

國際自由貿易後，兩國的要素價格趨於完全均等是建立於相當嚴謹的假設之上，若這些假設不再成立，則國際間的要素價格可能不再均等。

1.完全專業

若兩國達於完全專業生產後，兩國之產品價格與要素價格的變動範圍完全分離，而沒有重合的部分，則兩國的要素價格不再完全均等，但有趨於均等的趨勢。圖 6–17，由於兩國的要素稟賦差異太大，國際貿易後，A 國之產品價格與要素價格的變動達於 P_3 及 α_3 時，即完全專業生產 Y 產

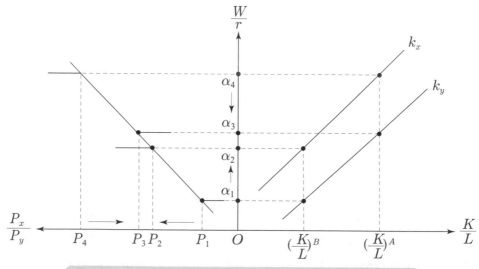

圖 6–17　兩國完全專業生產，要素價格無法達於完全均等

品，故兩者無法繼續變動；B 國之產品價格與要素價格的變動達於 P_2 及 α_2 時，即完全專業生產 X 產品，故兩者無法繼續變動。由於兩國之產品與要素價格的變動區域完全分離，因此產品及要素價格均無法達於完全均等但其差距可以縮小至 P_2P_3 及 $\alpha_2\alpha_3$ 的程度。若兩國專業生產後，P_2 與 P_3，α_2 與 α_3 正好重合於一點，則兩國的產品價格與要素價格仍會達於完全的均等。

就圖 6–15 而言，貿易後，如果 B 國的生產點為 O_y^B，而完全專業生產 X 產品，A 國的生產點位於 $O_y^A E$ 線段之間，則兩國產品的要素密集度無法均等，要素價格因此無法完全均等。若 B 國的生產點為 O_y^B，A 國的生產點為 E 點，兩國的要素價格仍會達於完全均等的。

根據由箱形圖判斷要素價格是否可能完全均等的方法——圖 6–15，吾人可以發現，兩國的要素稟賦差異愈大，兩種產品的生產技術（函數）愈相近（即契約線愈接近箱形圖的對角線）或完全相同（即契約線等於箱形圖的對角線），則兩國契約線上可能產生要素價格均等的線段部分愈小，甚至完全沒有。亦即，發生完全專業的可能性愈大，要素價格均等的可能性也就愈小，甚至完全不可能。

2. 要素密集度逆轉

在要素密集度逆轉且兩國之要素稟賦位於臨界要素密集度兩側的情況下——如圖 6–18，要素價格與產品價格之間一對一的函數關係不再存在。一定的要素價格，有唯一的產品價格與其對應，但一定的產品價格卻與兩個要素價格相對應，兩國之產品價格變動的範圍雖有重合的區域，但要素價格變動的範圍卻完全分離，因此縱然兩國並非完全專業生產，要素價格亦無法均等。如圖中，設貿易後兩國產品價格於 $P*$ 達到均等，但其分別對應 α_1 及 α_2 兩個要素價格，因此兩國的要素價格無法完全均等，但可能趨於均等，亦可能差距更大——在兩國產品價格變動重合區域 P_2P_3 之間，貿易條件愈靠近 P_3，兩國要素價格愈可能趨於均等，愈靠近 P_2，兩國要素價格的差異愈可能反而更大。

在要素密集度逆轉下，若兩國的要素稟賦位於臨界要素密集度——即

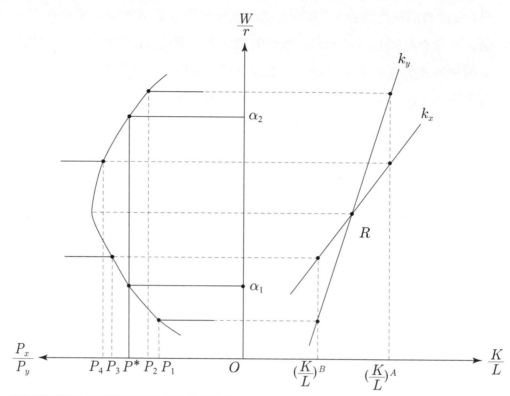

圖 6–18　要素密集度逆轉，且兩國的要素稟賦分別位於臨界要素密集度的兩側，
則兩國的要素價格無法達於完全均等

圖 6–18 中 R 點的兩側，則兩國的要素價格一定無法達於完全均等。若位於
臨界要素密集度的同一側，則有兩種可能的情況，一是未完全專業生產的
情況下，兩國的要素價格會完全均等，一是在完全專業生產的情況下，兩
國的要素價格會趨於均等，但不會完全的均等。

　　要素密集度逆轉，且兩國的要素稟賦位於臨界要素密集度兩側的情況，
另可以圖 6–19 表示。圖中，O_xk^* 代表臨界要素密集度線，介於兩個箱形
圖對角線——即兩國要素稟賦比率之間。在要素密集度逆轉的情況下，兩
國的契約線分別位於其箱形圖對角線的不同一邊。對 A 國而言，X 為勞動
密集財，Y 為資本密集財；對 B 國而言，X 為資本密集財，Y 為勞動密集財，
但 A 國勞動密集財的資本—勞動比率還是大於 B 國資本密集財的資本—
勞動比率。

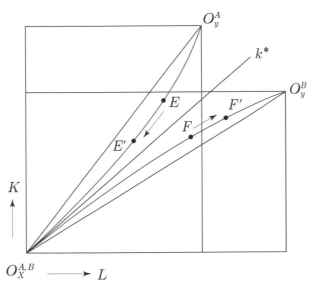

圖 6–19　要素密集度逆轉，且兩國的要素稟賦比率分別位於臨界要素密集度的兩側

　　設工資相對報酬上升，則兩國的兩種產品均會趨向於更加資本密集的生產，且勞動密集財的相對價格會上升。在國內生產要素具有完全流動性下，吾人可以針對一種產品來討論兩國之要素價格、要素密集度、及產品價格之間的關係。圖 6–20 (a)，對 B 國而言，$\dfrac{P_x}{P_y}$ 與 k_x——X 產品的要素密集度呈減函數的關係（因其勞動密集財為 Y）；對 A 國而言，$\dfrac{P_x}{P_y}$ 與 k_x 呈增函數的關係（因其勞動密集財為 X）。由於 X 產品的要素密集度，A 國總是較 B 國為資本密集，因此圖中的 AA 曲線位於臨界要素密集度 k^* 的右邊。圖 6–20 (b)，兩國的 k_x 與利率—工資相對比率 $\left(\dfrac{r}{W}\right)$ 呈減函數的關係。

　　貿易前，在不考慮要素需求下，A 國為資本豐富的國家，因此其相對要素與產品價格分別為 α_1 及 P_1；B 國為勞動豐富的國家，其相對要素與產品價格分別為 α_2 及 P_2。比較相對產品價格，A 國出口資本密集財 Y，貿易後，其生產點由圖 6–19 的 E 點移到 E′ 點，Y 產量增加，X 產量減少，導致利率上漲，工資下跌，即 $\left(\dfrac{r}{W}\right)$ 上升，而使兩種產品均趨於更加勞動密集的生產；B 國亦出口資本密集財 X，貿易後，其生產點由圖 6–19 的 F 點移到 F′ 點，X 產量增加，Y 產量減少，導致利率上漲，工資下跌，而使兩種

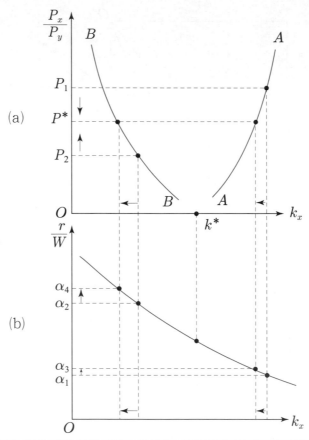

圖 6–20　在要素密集度逆轉，且兩國的要素稟賦分別位於臨界要素密集度兩側下，國際貿易後，兩國要素價格呈同方向的變動，而無法達於完全的均等

產品亦均趨向於更加勞動密集的生產。因之，由圖 6–20，設自由貿易後，貿易條件為 P^*，其所對應的兩國的相對要素報酬分別為 α_3 及 α_4，顯示兩國之要素價格呈同方向的變動而無法達於完全的均等。若 $\dfrac{r}{W}$ 上升的程度，A 國大於 B 國，則兩國的要素價格差距縮小；反之，則差距擴大。

　　在要素密集度逆轉且兩國之要素稟賦分別位於臨界要素密集度兩側的情況下，雖然有一國的出口型態違反了赫克紹—歐林定理，但深一層而言，赫克紹—歐林定理仍然是成立的。因為在此情況下，勞動豐富國家所出口的資本密集財仍較資本豐富國家所出口的資本密集財更為勞動密集，或資本豐富國家所出口的勞動密集財仍較勞動豐富國家所出口的勞動密集財更為資本密集。但對要素價格均等化定理而言，在此情況下，不再成立。因為若兩個國家同時出口資本密集財,其資本的價格都上升;若同時出口勞動密集財, 其勞動的價格都上升, 因此兩國的要素價格無法達於均等。

　　在兩種產品發生多重要素密集度逆轉的情況下——圖 6–21,隨相對要素價格的不同, 兩種產品的要素密集度歸類也會跟著改變, 因此無法事先確定貿易方向, 亦無法判斷貿易後, 兩國的要素價格會趨於完全均等、 或其差距更加擴大或縮小。這需視兩國的要素稟賦比率落於兩種產品之要素密集度線的那一範圍而定。

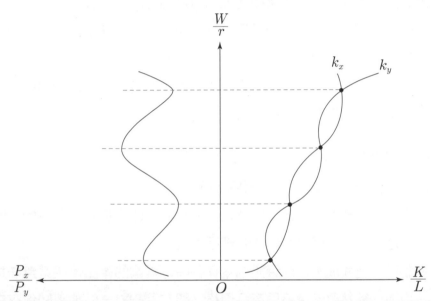

圖 6–21　多重要素密集度逆轉下, 兩國的貿易型態及要素價格變動趨勢均難以事先預料

　　3. 在多種產品及多種生產用要素的情況下, 若要素數目多於產品數目, 則要素價格均等化定理不再成立。

　　通常除特定生產要素外, 大部分的生產要素均可投入於多種產品的生產之用, 因此每一種要素的價格, 是由一種以上產品的價格所決定。若產品的數目少於要素的數目, 就會產生要素價格過度認定 (over-identification) 的問題, 即吾人可將產品價格視之為方程式, 要素價格視之為未知數。若未知數的數目大於方程式的數目, 將有多重解發生。在此情況下, 縱然知道產品價格，由於其與要素價格已失去一對一的函數關係，亦無法得知要素的價格。

4.不完全競爭下，要素價格均等化定理不再成立。

完全競爭下，經濟利潤等於零，產品的價格等於其成本，要素報酬等於要素的邊際生產力，要素價格與產品價格之間有著完全一對一的函數關係存在。不完全競爭下，經濟利潤大於零，產品的價格大於其成本，要素的報酬小於其邊際生產力，因此要素價格與產品價格之間一對一的函數關係不再成立，兩國的要素價格因此無法達於均等。

5.規模報酬遞增下，完全競爭受到破壞，尤拉定理不再適用（或產品的價格不再等於其成本），要素價格均等化定理不再成立。

6.兩國之生產函數不同時，兩國之間產品價格與要素價格間的關係不再相同，要素價格因此無法達於均等。

生產函數相同時，則 $P_x^A \leftrightarrow \left(\dfrac{W}{r}\right)_x^A$, $P_x^B \leftrightarrow \left(\dfrac{W}{r}\right)_x^B$, $P_x^A = P_x^B \leftrightarrow \left(\dfrac{W}{r}\right)_x^A = \left(\dfrac{W}{r}\right)_x^B$；生產函數不同時，這種關係不再成立。

7.若要素生產力（報酬）遞增，而使要素報酬不再等於要素的邊際生產值，則要素價格均等化定理不再成立。

8.關稅、運輸成本、或資訊成本存在時，兩國的產品價格就無法達於均等，縱然要素價格與產品價格之間有著一對一的函數關係存在，要素價格亦無法均等，但有趨於均等的趨勢。

9.要素供給改變時，要素價格均等化定理可能不再成立。

國際貿易可以使國際間的要素價格趨於均等，但在要素價格均等的過程中，如果允許要素供給隨之改變，可能使兩國的要素稟賦相差更大，而阻礙了兩國的要素價格趨於均等。這將有兩種可能：

⑴小國發生要素供給改變時，其產量改變的結果並不會影響到貿易條件，要素價格與產品價格之間仍維持一定的關係，要素價格均等化定理仍然可能成立。圖 6–22，設兩國要素價格於生產點 E 達於均等，現小國增加了 ΔL 的勞動，生產點由 E 點移到 F 點，X 的產量增加，

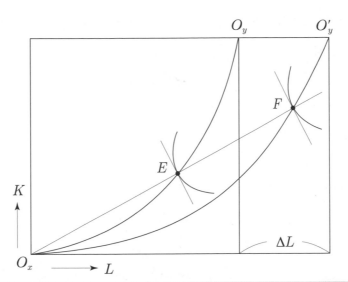

圖 6–22 小國要素供給發生改變，要素價格均等化定理仍然成立

Y 的產量減少，但由於其為小國，故對國際貿易條件並沒有影響，要素價格與產品價格之間的關係仍與要素增加之前相同。因之，於 F 點，兩國的要素價格仍然相均等。

(2)大國發生要素供給改變時，其產量改變的結果會使貿易條件發生改變，但由於其變動的方向與可能產生的經濟後果未定，故要素價格是否仍會均等，無法確定。

最後，在多國的情況下，只要維持要素價格均等化定理的基本假設，則自由貿易後，國際間的要素價格仍然會趨於完全均等的。

第三節　斯托帕—薩繆爾遜定理

一、斯托帕—薩繆爾遜定理的內涵

根據要素價格均等化定理，自由貿易將使兩國的要素達於完全的均等，這種結果乃在國際貿易的過程中，兩國產品價格與要素價格變動的結果。Stolper 與 Samuelson (1941) 首先對國際貿易、產品價格、及要素價格之間的關係提出理論說明，而被稱為斯托帕—薩繆爾遜定理。假設：

1. 兩國、兩種產品、兩種生產要素。
2. 一種產品不作另一種產品的生產投入之用。
3. 固定規模報酬，完全競爭。
4. 要素稟賦固定。
5. 充分就業。
6. 一國之內兩種產品的要素密集度不同。
7. 要素在國內完全流動，在國際間完全不流動。
8. 國際貿易後，產品的相對價格發生改變。

在以上這些假設下，**斯托帕—薩繆爾遜定理的假說為**：一國由閉關自守到打開貿易之門，根據赫克紹—歐林定理，對於相對密集使用其要素稟賦相對豐富的產品具有比較利益，應專業生產且出口此種產品。在貿易的過程中，經由產品價格均等化，一種產品（出口品）的價格會上升，另一種產品（進口替代品）的價格會下降，導致密集使用於相對價格上升之產品（出口品）的要素報酬上升，密集使用於相對價格下降之產品（進口替代品）的要素報酬下降，相對要素價格變化並有著擴大效果存在。

圖 6–23，貿易前，生產點為 A 點，X 為勞動密集財，Y 為資本密集財，相對要素價格為 P_1P_1。貿易後，由於 X 產品的相對價格上升，生產點移至 B 點，相對要素價格為 P_2P_2。在固定規模報酬的假設下，擴張路徑為一直線，可將 $O_xA'B$ 視為在 P_2P_2 相對要素價格下的擴張路徑，A' 點切線斜率因此等於 B 點切線斜率。又 A' 點與 A 點位在同一條等產量曲線上，根據邊際技術替代率遞減法則，A' 點切線斜率大於 A 點切線斜率（絕對值），所以 B 點切線斜率大於 A 點切線斜率，即 P_2P_2 較 P_1P_1 為陡，表示工資相對報酬上升——即 $\left(\dfrac{W}{r}\right)_1 < \left(\dfrac{W}{r}\right)_2$，兩種產品均趨於更加資本密集的生產。接著，根據產品價格為要素價格加權平均的關係，即可得到相對要素價格變化大於相對產品價格變化的擴大效果關係。（證明請參閱本章附錄三。）

根據斯托帕—薩繆爾遜定理，國際貿易後，產品價格上升的產業，其密集使用之要素的報酬上升，將導致該產業的生產擴張；產品價格不變或

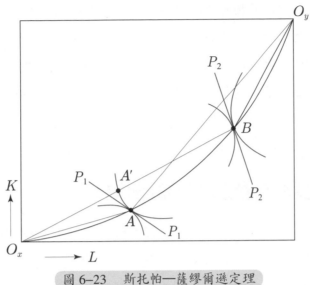

圖 6–23　斯托帕—薩繆爾遜定理

下跌的產業，其密集使用之要素的報酬下降，將導致該產業的生產萎縮。例如，石油危機後，油品的價格大幅上漲，密集使用於石油工業的要素——資本報酬大幅提高，導致許多工業國家的大量資本移到此一部門，石油工業因此快速成長。但是，由於資本的移出與利率的上升，導致許多其他傳統出口產業的生產成本提高、產量減少，而喪失其國際市場的競爭能力。這種因為某一部門的繁榮、生產擴充而導致其他部門之生產萎縮的現象，Corden 與 Neary (1982) 稱之為「荷蘭病」(Dutch disease)❺。英國發現北海油田亦產生同樣的困境❻。因此，一國對某一出口品即使具有比較利益，若此一產品的生產技術不變，而其他產品的生產技術改進，也可能導致此一出口品喪失其比較利益。

　　設英國生產土地密集財——穀物及資本密集財——工業品兩種產品，其於 1815 年頒行「穀物法案」(Corn Laws)，限制穀物進口，導致穀物價格上升，而使土地的報酬提高，資本的報酬下降。勞動的報酬因穀物的價格上升，生活費用提高，工資水準也隨之上升。在此情況下，對穀物法案的實行各有不同的立場。地主的收入增加必然贊成之；資本家因利率下跌，

---

❺荷蘭病之稱乃因北海油田發現後，荷蘭石油工業快速發展導致此一現象而得。
❻我國高科技（資訊）產業興起，傳統產業沒落，亦是一種荷蘭病現象。

工資提高而反對之；勞動者的立場可能是中立的，因其報酬提高但穀物價格亦上升，對其可能沒有影響。因之，經過一番激烈的辯論與政治結構的變遷，英國終於 1846 年取消穀物法案，進行自由貿易。如此，一方面穀物價格下跌，工資水準得以下降，穀物生產減少，其釋出多餘的勞動供給工業部門使用，而使工業部門的工資水準下降；另一方面工業產品的出口會增加而提高工業產品的相對價格，兩者均使得工業部門的利潤增加。

二、要素報酬與個體經濟福利

無可置疑地，在一般的情況下，國際貿易的結果能夠使得一國的福利水準提高。但是，對個體而言，國際貿易有時甚至使個人的福利水準下降。根據要素價格均等化定理與斯托帕─薩繆爾遜定理，可以分析自由貿易、要素報酬、及個體經濟福利之間的關係。在討論國際貿易對個體經濟福利的影響之前，吾人首應注意以下幾點：

1. 要素價格是指對要素所提供之勞務的報酬，而非要素本身的價格。

2. 根據要素價格均等化定理及斯托帕─薩繆爾遜定理，國際貿易的結果，會導致兩國要素價格的均等。而在要素價格均等化的過程中，會使一國相對豐富之生產要素的報酬上升，對此要素有利；會使一國相對稀少之生產要素的報酬下降，對此要素不利。

3. 要素價格改變的結果，必然產生所得重分配，相對豐富之生產要素的所得份額會提高，相對稀少之生產要素的所得份額會下降，因此必然有人反對國際貿易的進行。是故，如果不考慮所得分配的問題，就總體而言，國際貿易確實可以提高整體的社會福利，但考慮到個體之所得分配的問題後，國際貿易使得某些人遭受不利❼。因此，除非在國際貿易利得者足以

---

❼這也可用以說明許多先進國家（包括我國）出口高科技產品，導致技術勞工的報酬上升，非技術勞工的報酬下降，而致所得分配惡化（更不平均）。此外，當今美國企業所盛行的外包或委外代工 (outsourcing) 有使美國非技術勞工需求減少、工資下降的效果，因此也會加重美國的所得（工資）分配不平均（Feenstra 與 Hanson, 1996）。

補償國際貿易受損者的情況下，才能確保國際貿易使社會全體及個人的福利水準均提高，無論是對社會全體或個人而言，自由貿易總比閉關自守來得好。

4.自由貿易是導致要素價格均等而非所得分配均等。要素價格並非是決定所得分配的唯一要素，所得分配是由要素價格與要素數量所共同決定的，故不能誤認要素價格均等就是所得分配均等。

5.討論國際貿易對要素報酬的影響，必須區分生產要素為：

⑴**特定要素**。又可分為專門用之於生產出口財的特定要素，專門用之於生產進口替代財的特定要素（此兩類要素的價格是由世界市場的供需所決定，一國無法單獨影響之），及專門用之於生產**非貿易財 (non-traded goods)** 的特定要素（此類要素的價格由一國之供需所決定，一國可以政策改變其價格）。**非貿易財是指運輸成本大於兩國產品生產成本的差異，致使該產品與兩國之進口或出口完全無關的產品。**

⑵**中性或中間生產要素 (neutral or intermediate factor)**。是指廣泛使用於生產出口財、進口替代財、及非貿易財的生產要素。

國際貿易後，吾人假設非貿易財的價格不受影響，而出口財的價格會上升，進口替代財的價格會下降。因此，使用於出口財之特定要素的報酬會上升，使用於進口替代財之特定要素的報酬會下降，使用於非貿易財之特定要素的報酬則不受影響，中性生產要素的報酬則視其於各類財貨之間使用的比重情形而定。

生產要素的用途是否特定與時間的長短有密切的關係。有些生產要素的用途無論在長期或短期都是固定的；有些生產要素的用途在短期間是固定的，但長期間，由於科技的改變或再教育與訓練，其用途是可以改變的，因此可能成為另一種類的特定要素或中性的要素。

6.要素的報酬與要素的流動性有密切的關係。要素的流動性與時間呈增函數的關係，即在短期間，某一種要素可能完全缺乏流動性，但長期間，它可能變成具有完全的流動性。因此，國際貿易後，某些產業的要素在短期間可能蒙受不利的影響，但隨時間的推進，經要素自由流動作用的結果，長期間其所受不利的影響可能會消失，甚至反而變得有利。例如，勞動密集財的價格下跌，其生產減少，而使其工資下降；資本密集財的價格上升，其生產增加，而使其工資上升。因此，短期間，由於產品價格的改變而對勞動密集財部門的勞工不利，資本密集財部門的勞工有利。但長期間，勞動密集財部門的勞工會逐漸移轉到資本密集財部門，經由供需作用，勞動密集財部門的工資會回升，資本密集財部門的工資會回跌，而使兩部門的工資水準達於均等，甚至產生相反方向的改變。

赫克紹－歐林定理與斯托帕－薩繆爾遜定理均屬一種長期的理論，均假設生產要素於國內具有完全的流動性且要素的用途均是中性的，因此國際貿易對要素報酬的影響是全面性的，最後會導致要素價格的全面均等。亦有學者著重短期分析，設定**特定要素模型** (specific factor model)，討論國際貿易的成因及其經濟後果，其結果就比較複雜了。

7.討論國際貿易對經濟福利的影響，必須考慮到消費型態。國際貿易後，出口財佔消費的比例愈大，對社會及個人的福利愈不利；進口替代財佔消費的比例愈大，對社會及個人的福利愈有利；非貿易財佔消費比例的大小，可假設對福利水準沒有影響。

根據以上的分析，可以得到自由貿易對個人經濟福利的影響如下，當個人所擁有的生產要素偏於：

1.生產出口財之特定要素，且其消費中進口替代財佔絕大比例時，對其最為有利。

2.生產出口財之特定要素，而其消費中出口財佔較大比例時，由於要素價格的變動具有擴大效果，故其仍然有利。

3.中性要素，且其消費中出口財與進口替代財所佔比例相同時，福利水準仍會提高。因為從一般均衡的觀點，國際貿易後，國民所得提高，對產品的需求增加，進而對所有要素的需求會增加，導致要素的報酬提高，而消費中出口財與進口替代財所佔比例相同，故物價水準可以維持不變，福利水準因而會提高。

　　4.生產進口替代財之特定要素,而其消費中進口替代財佔較大比例時,於長期間要素具有完全流動性下, 可從自由貿易中獲利。

　　5.生產進口替代財之特定要素, 且其消費中出口財佔絕大比例時,自由貿易對其最為不利。

 ## 三、赫克紹─歐林模型總結

　　根據五、六兩章的討論,吾人可以將赫克紹─歐林模型的要旨歸納如下:

　　1.無論是採實物定義法或價格定義法,赫克紹─歐林定理並非經常成立的。但在兩國要素稟賦比率之間沒有要素密集度逆轉的情況下, 赫克紹─歐林定理根據價格定義法總是可以成立的。若根據實物定義法, 則尚須考慮需求因素,若假設偏好相同且具有同質不變的特性,則由實物定義法仍可確定貿易方向。若發生要素需求逆轉,而使要素稟賦之實物定義法與價格定義法不一致時,以採價格定義法來決定貿易型態為宜。因為貿易型態最後是決定在產品的相對價格之上,而與產品相對價格有直接關係的是要素價格而非實體的要素稟賦。

　　2.在適當的假設下,自由貿易的結果會導致兩國要素的報酬達於完全均等,若這些假設不再成立,則自由貿易對兩國要素價格的差距有不確定的影響。

　　3.斯托帕─薩繆爾遜定理(或擴大效果)說明了國際貿易後,產品價格變動對要素報酬的影響。利用要素價格均等化定理及斯托帕─薩繆爾遜定理,可以分析國際貿易對要素報酬、所得分配、及個體(或生產要素)經濟福利的影響。

　　4.概括言之,赫克紹─歐林模型即在於從要素稟賦之中尋找國際貿易的根源,從要素價格均等化的過程中探討國際貿易的經濟後果。

　　整個赫克紹─歐林模型均是建立於相當不切實際的假設之上,且實際的經濟情況與其假說並不盡相符。雖然如此,但其重要性在於它是現代國際貿易理論的起點,對它研究,使得我們得以瞭解導致國際貿易發生的其他原因及促使國際間要素價格無法趨於均等的因素,從而得以建立更加完整、實際的國際貿易模型。

■ 第四節　特定要素、運輸成本與要素報酬

一、特定要素與要素報酬

特定要素模型首先由 Jones (1971) 具體提出。假設生產函數為固定規模報酬,本國為勞動豐富的國家,生產 X 與 Y 兩種產品,勞動可以在兩種產業間自由移動,資本無法在兩種產業間自由移動,X 的生產需要勞動 L_x 與特定的資本 $\overline{K}_x$,Y 的生產需要勞動 L_y 與特定的資本 $\overline{K}_y$,X 為勞動密集財,Y 為資本密集財。勞動在兩種產業之間雇用的分配乃依要素雇用利潤最大化法則:每一產業給付的工資等於勞動的邊際產值,即

$$W_x = VMP_{Lx} = P_x MP_{Lx}$$
$$W_y = VMP_{Ly} = P_y MP_{Ly}$$

上式中,W 為工資,VMP_L 為產品市場完全競爭下的勞動邊際產值,P 為產品價格,MP_L 為勞動邊際產出,X 與 Y 分別代表兩種產業。在資本存量固定下,根據邊際報酬遞減法則,隨著勞動雇用的增加,勞動的邊際產值將遞減。在勞動可於兩種產業之間自由移動下,最後兩種產業的工資水準必然達於均等。

圖 6–24,縱軸為工資,橫軸為勞動,X 產業的原點座標為 O_x,Y 產業的原點座標為 O_y,勞動稟賦數量等於 O_xO_y。設國際貿易發生之前,兩種產業的勞動邊際產值曲線相交於 E 點,決定全經濟的均衡工資 DE 及勞動在兩種產業之間的派用——X 產業雇用 O_xD 數量,Y 產業雇用 O_yD 數量。本國勞動豐富,對勞動密集財 X 具有比較利益,因此國際貿易發生後,本國

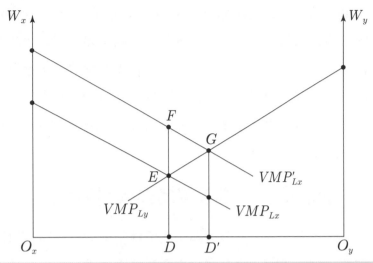

圖 6–24　出口品價格上升對生產要素報酬的影響——特定要素模型

出口 X 產品，其價格 (P_x) 將上升。假設 Y 產品的價格 (P_y) 不變，X 產品對 Y 產品的相對價格 $\left(\dfrac{P_x}{P_y}\right)$ 將告上升❽。X 產品的價格上升將使 X 產業的勞動邊際產值提高，而使圖 6–24 中的勞動邊際產值曲線以與 X 產品價格上升相同的幅度，由 VMP_{Lx} 往上移至 VMP'_{Lx}。是故，國際貿易後，兩國的邊際產值曲線交於 G 點，全經濟均衡工資上升為 $D'G$，X 產業的勞動雇用由 O_xD 增加為 O_xD'，Y 產業的勞動雇用則由 O_yD 減少為 O_yD'。

　　貿易後，均衡工資率雖然由 DE 上升為 $D'G$，但這種上升的幅度小於 X 產品價格上升的幅度。如果工資要與 X 產品價格同比例上升，則工資率應上升至 DF 的水準，顯然地，$D'G < DF$。是故，貿易後的工資率以 X 產品表示是下降而非上升，但以 Y 產品表示則是上升的（因為假設 Y 產品價格不變）。貿易後，X 產業使用的特定資本數量不變，但與其配合生產的勞動增加，其生產力因此提高，故 X 產業的利率以 X 產品與 Y 產品表示均提高；Y 產業使用的特定資本數量不變，但與其配合生產的勞動減少，其生

---

❽我們分析的重點在於 X 產品對 Y 產品相對價格上升對要素報酬的影響，為簡化分析，故假設 Y 產品的價格不變。事實上，Y 產品的價格將下降，這只是使 $\dfrac{P_x}{P_y}$ 上升的程度比較大而已，不會影響分析結果。

產力因此降低，故 Y 產業的利率以 X 產品與 Y 產品表示均下降❾。

以上的分析結果係基於短期間資本無法於兩種產業間自由移動的假設上。但在長期間，資本與勞動兩者均可在兩種產業之間自由移動，國際貿易的結果，無論以那一種產品表示，一國稟賦相對豐富之生產要素的報酬將提高，稟賦相對貧乏之生產要素的報酬將降低，赫克紹─歐林模型的斯托帕─薩繆爾遜定理將再度成立。

 ## 二、運輸成本、國際貿易與要素報酬

一般的國際貿易理論大多假設國際間的運輸成本為零，但實際的經濟社會並非如此，運輸成本確實存在，它會透過影響進、出口品的價格，而影響到國際貿易。本節將分析運輸成本對國際貿易的影響。

運輸成本包括運費、裝卸成本、保險費、及產品運輸過程中的利息負擔，因此，運輸成本乃泛指產品由一地移至另一地所需的所有成本。對一同質的產品而言，唯有貿易前兩國的價格差異大於運輸成本，國際貿易才會發生，若前者大於後者，則該產品在兩國間的貿易將不會發生，即其屬於非貿易財，如笨重的建材、易腐壞的蔬果、或理髮等財貨或勞動屬之。一般而言，非貿易財的價格由國內的供、需情況所決定，而貿易財的價格則由世界的供、需情況所決定。隨著科技的進步與運輸工具的發達（如冷凍設備的卡車、貨櫃、船隻，便捷的飛機等），使得許多在以前是屬於非貿易財的，在目前成為貿易財，而運輸成本的下降對於國際貿易的成長也有很大的貢獻。

運輸成本對國際貿易的影響可以圖 6–25 來表示。設國際貿易發生前，X 產品之 A 國與 B 國的國內價格分別為 P_1 與 P_2。在沒有運輸成本的自由貿易下，X 產品的國際均衡價格將為 P^*，在此價格下，A 國進口 EF 數量，B 國出口 GH 數量，$EF = GH$。現考慮運輸成本，若其大於貿易前的兩國價

---

❾特定要素模型的另一經濟意函為，國際貿易發生後，將使用於進口替代產業的特定生產要素發生失業的現象。

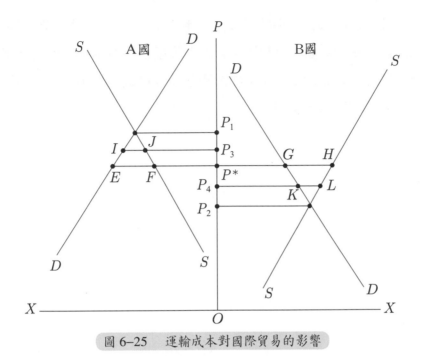

圖 6-25 運輸成本對國際貿易的影響

差 P_1P_2，則兩國之間沒有貿易發生，X 為非貿易財；若其小於貿易前的兩國價差，設等於 P_3P_4，兩國共同分擔運輸成本❿，則 A 國的進口價格由 P^* 上升至 P_3，B 國的出口價格（收入）由 P^* 降為 P_4，兩國的進、出口數量再度達於均等——$IJ = KL$。運輸成本的存在，使得兩國之間的貿易量減少，產品價格不再均等，要素價格因此也不再均等。

由於運輸成本與距離有密切的關係，因此可以延伸出解釋兩國貿易量的**重力模型** (gravity model)，以式子表示為：

$$T_{ij} = A \times Y_i \times Y_j / D_{ij}$$

上式中，T_{ij} 為 i 國與 j 國之間的貿易量，A 為常數項，Y_i 為 i 國的 GDP，Y_j 為 j 國的 GDP，D_{ij} 為兩國之間的距離。因此，根據重力模型，在其他情況不變下，任何兩國之間的貿易量是與兩國 GDP 的乘積呈正比，而與兩國之間的距離呈反比。這種現象與 Isaac Newton 的**萬有引力定律** (law of grav-

---

❿運輸成本分擔的大小，是由兩國供、需彈性的相對大小所決定的，一國的供、需彈性愈大（小），則其運輸成本愈小（大）。

ity)——即任何兩物之間的吸引力與其質量的乘積呈正比，與其距離呈反比——相同，故稱之。實證結果顯示，重力模型是解釋兩國之間貿易量相當不錯的一種理論，這意謂兩國之間的距離〔或接近程度 (proximity)〕將影響運輸成本，進而影響貿易量。

摘　要

1. 在兩國、兩種產品、兩種生產要素模型下，假設市場為完全競爭、直線性齊次生產函數、生產函數相同、沒有任何貿易障礙、生產要素同質且數量固定、生產要素在國際間完全缺乏流動性但在國內具有完全流動性、沒有要素密集度逆轉、缺乏完全專業、及兩國需求偏好完全相同且同質不變，則自由貿易的結果必然導致兩國生產要素的絕對與相對報酬趨於完全的均等。

2. 只要瞭解要素稟賦與要素價格之間存在單調遞增函數關係、要素稟賦比率為產品要素密集度的加權平均、要素密集度與要素價格之間存在單調遞增函數關係、產品價格與要素價格之間有一定的函數關係存在、要素價格變動的範圍受限於要素稟賦比率和產品的要素密集度、及產品價格變動的範圍，在缺乏完全專業下，受限於要素稟賦等經濟變數之間的關係，即可證明自由貿易必然導致兩國要素價格的均等。

3. 一種要素的相對價格上升會導致相對密集使用該生產要素之產品的相對價格上升。一種產品價格的變動是其要素價格變動的加權平均，而兩種產品相對價格變動的結果，會導致用之於生產這兩種產品的兩種生產要素的相對價格與其作同方向且更大比例的變動，這種關係稱之為擴大效果。

4. 在一定的要素稟賦下，為達到充分就業，要素密集度與要素價格變動的範圍因而受到限制。

5. 在一定的要素稟賦下，要素價格變動的範圍受到限制，在非完全專業下，進而使產品價格變動的範圍受到限制。

6. 自由貿易下，兩國產品的價格達於均等，在生產函數相同下，必然導致兩國要素的價格達於均等。

7. 利用箱形圖分析，唯有兩國之契約線能有使兩國對兩種產品生產的要素密集度相同的部分，自由貿易後，才不會發生完全專業生產，要素價格才可能達於完全的均等。

8. 利用 Lerner 圖形分析，唯有兩國之產品價格與要素價格變動的範圍均有重合的部分，自由貿易後，要素價格才可能達於完全的均等。

9. 在完全專業生產、要素密集度逆轉、多種產品及多種生產要素、不完全競爭、規模報酬遞增、兩國生產函數不同、要素生產力遞增、有關稅、運輸或訊息成本存在、及要素供給可變等情況下，均可能使貿易後兩國的要素價格無法達於完全的均等。

10. 根據要素價格均等化定理可知，自由貿易使一國相對豐富之生產要素的報酬上升，對該要素有利；使一國相對稀少之生產要素的報酬下降，對該要素不利。兩國的要素報酬均作此變動，最後將能使兩國的要素報酬達於完全的均等。

11. 要素價格均等化定理是用以預測自由貿易後要素報酬變動的結果，而斯托帕—薩繆爾遜定理則用以解釋自由貿易的過程中要素價格隨產品價格的變動而變動的情形，其假說為：在自由貿易的過程中，經由產品價格均等化，一國出口品的相對價格會上升，而導致密集使用於出口品之要素的相對報酬上升；進口替代品的相對價格下降，而導致密集使用於進口替代品之要素的相對報酬下降，相對要素價格的變化並有擴大效果的關係存在。

12. 由於國際貿易對一國不同之要素的報酬產生有利或不利的影響，因而導致要素所有者對於國際貿易持贊同或反對的態度。

13. 國際貿易使要素報酬發生改變，進而使一國的所得分配發生改變，因此考慮所得分配的問題之後，國際貿易的發生並不一定使得一國的社會福利水準提高。

14. 要深入瞭解國際貿易對不同生產要素之報酬的影響，必須視生產要素究為專門用之於生產出口財、進口替代財、非貿易財的特定生產要素，抑為廣泛用之於不同產業的中性或中間生產要素而定。

15. 國際貿易對個人經濟福利的影響，須視個人所擁有之生產要素用之於何種產業的生產及個人消費結構中各種財貨所佔的比重而定。

16. 赫克紹—歐林模型的基本假設雖然不切實際,但卻是現代國際貿易理論研究的起點, 其將國際貿易產生的根源歸之於要素稟賦的差異,與國際貿易的後果導致要素價格均等的看法,仍不失為真切,而具有重大的貢獻。

17. 運輸成本的存在,可能使兩國之間沒有貿易發生,或使兩國之間的貿易量減少,產品與要素的價格均不再均等。

重要名詞

擴大效果　　　　　　　　　斯托帕—薩繆爾遜定理

荷蘭病　　　　　　　　　　特定生產要素

非貿易財　　　　　　　　　中性生產要素

問題練習

1. 試述要素價格均等化定理的基本假設,並說明由這些假設導致貿易使國際間要素價格趨於均等結論的必然性。

2. 一國的要素稟賦比率與其產品要素密集度之間有何關係?

3. 產品價格與要素價格之間有何關係?

4. 何謂擴大效果? 其對要素報酬有何影響?

5. 要素價格、要素密集度、及要素稟賦之間存有怎樣的關係?

6. 產品價格、要素價格、及要素稟賦之間有怎樣的關係存在?

7. 試以圖解剖析閉鎖經濟一般均衡的達成。

8. 試分別以不同的方法證明要素價格均等化定理。

9. 利用箱形圖或 Lerner 圖形分析,在什麼情況下國際貿易才能使兩國的要素價格達於完全的均等?

10. 試以圖解剖析完全專業對要素價格均等的影響。

11. 試以圖解剖析在要素密集度逆轉且兩國要素稟賦分別位於臨界要素密集度兩

側的情況下，兩國的要素價格無法因貿易達於完全的均等。

12. 列舉使要素價格均等化定理無法成立的各種情況，並簡述其理由。

13. 何謂斯托帕—薩繆爾遜定理？試證明之。

14. 試根據要素價格均等化定理與斯托帕—薩繆爾遜定理，說明國際貿易對要素報酬與所得分配的影響。

15. 試同時考慮要素報酬與消費結構，分析國際貿易對個人福利水準的影響。

16. 試分析運輸成本的存在對兩國之貿易、產品價格、及要素價格的影響。

附錄一：相對產品價格與相對要素價格之間的關係

設 X 為勞動密集財，Y 為資本密集財，即 $k_x = \left(\dfrac{L}{K}\right)_x > k_y = \left(\dfrac{L}{K}\right)_y$ [11]。相對產品價格與相對要素價格之間的關係可以分以下兩種情況討論。

㈠固定生產係數

即要素使用比率（或要素密集度）為固定常數，不隨要素價格之改變而改變。在完全競爭下，產品價格 (P) 等於成本 (C)，所以：

$$\frac{P_x}{P_y} = \frac{C_x}{C_y} = \frac{Wa_{Lx} + ra_{Kx}}{Wa_{Ly} + ra_{Ky}} = \frac{\left(\dfrac{W}{r}\right)a_{Lx} + a_{Kx}}{\left(\dfrac{W}{r}\right)a_{Ly} + a_{Ky}}$$

$$= \frac{a_{Kx}}{a_{Ky}} \frac{\left(\dfrac{W}{r}\right)\dfrac{a_{Lx}}{a_{Kx}} + 1}{\left(\dfrac{W}{r}\right)\dfrac{a_{Ly}}{a_{Ky}} + 1}$$

上式中，a 為生產 1 單位產出所需的投入，令 $\dfrac{a_{Kx}}{a_{Ky}} = \alpha$，$\dfrac{a_L}{a_K}$ 代表要素密集度。所以：

$$\frac{P_x}{P_y} = \alpha \frac{\left(\dfrac{W}{r}\right)k_x + 1}{\left(\dfrac{W}{r}\right)k_y + 1}$$

上式對 $\left(\dfrac{W}{r}\right)$ 微分，得到：

$$\frac{d\left(\dfrac{P_x}{P_y}\right)}{d\left(\dfrac{W}{r}\right)} = \alpha \frac{k_x - k_y}{\left[\left(\dfrac{W}{r}\right)k_y + 1\right]^2} > 0$$

---

[11]在本書中，k 一般為資本—勞動 $\left(\dfrac{K}{L}\right)$ 比率，在此為便於分析，假設 k 為勞動—資本 $\left(\dfrac{L}{K}\right)$ 比率，特請讀者注意。

因此，$\dfrac{P_x}{P_y} = f\left(\dfrac{W}{r}\right),\ \ f' > 0$

㈡可變生產係數

即要素使用比率隨要素價格之改變而改變。準此，$\dfrac{P_x}{P_y}$ 對 $\dfrac{W}{r}$ 微分，得到：

$$
\dfrac{d\left(\dfrac{P_x}{P_y}\right)}{d\left(\dfrac{W}{r}\right)} = \dfrac{d\left[\dfrac{\left(\dfrac{W}{r}\right)a_{Lx} + a_{Kx}}{\left(\dfrac{W}{r}\right)a_{Ly} + a_{Ky}}\right]}{d\left(\dfrac{W}{r}\right)}
$$

$$
= \dfrac{\left[a_{Lx} + \left(\dfrac{W}{r}\right)a'_{Lx} + a'_{Kx}\right]\left[\left(\dfrac{W}{r}\right)a_{Ly} + a_{Ky}\right]}{\left[\left(\dfrac{W}{r}\right)a_{Ly} + a_{Ky}\right]^2} -
$$

$$
\dfrac{\left[\left(\dfrac{W}{r}\right)a_{Lx} + a_{Kx}\right]\left[a_{Ly} + \left(\dfrac{W}{r}\right)a'_{Ly} + a'_{Ky}\right]}{\left[\left(\dfrac{W}{r}\right)a_{Ly} + a_{Ky}\right]^2} \tag{1}
$$

因為：$a_{Kx} = f\left(\dfrac{W}{r}\right) \Rightarrow da_{Kx} = f'\left(\dfrac{W}{r}\right)d\left(\dfrac{W}{r}\right) = a'_{Kx}d\left(\dfrac{W}{r}\right)$ \hfill (2)

$a_{Lx} = f\left(\dfrac{W}{r}\right) \Rightarrow da_{Lx} = f'\left(\dfrac{W}{r}\right)d\left(\dfrac{W}{r}\right) = a'_{Lx}d\left(\dfrac{W}{r}\right)$ \hfill (3)

所以，$\dfrac{(2)}{(3)} = MRTS^X_{KL} = -\dfrac{da_{Kx}}{da_{Lx}} = -\dfrac{a'_{Kx}}{a'_{Lx}}$，$MRTS$ 為資本對勞動的邊際技術替代率。又 $MRTS^X_{KL} = \dfrac{W}{r}$，所以：

$$
-\dfrac{a'_{Kx}}{a'_{Lx}} = \dfrac{W}{r} \Rightarrow a'_{Kx} + \left(\dfrac{W}{r}\right)a'_{Lx} = 0 \tag{4}
$$

同理可證：

$$
a'_{Ky} + \left(\dfrac{W}{r}\right)a'_{Ly} = 0 \tag{5}
$$

將(4)及(5)式代入(1)式，得到：

$$\frac{d\left(\dfrac{P_x}{P_y}\right)}{d\left(\dfrac{W}{r}\right)} = \frac{a_{Lx}a_{Ky} - a_{Kx}a_{Ly}}{\left[\left(\dfrac{W}{r}\right)a_{Ly} + a_{Ky}\right]^2} = \frac{a_{Kx}a_{Ky}}{a_{Ky}^2}\frac{\left(\dfrac{a_{Lx}}{a_{Kx}} - \dfrac{a_{Ly}}{a_{Ky}}\right)}{\left[\left(\dfrac{W}{r}\right)\dfrac{a_{Ly}}{a_{Ky}} + 1\right]^2}$$

$$= \beta\frac{k_x - k_y}{\left[\left(\dfrac{W}{r}\right)k_y + 1\right]^2} > 0$$

同樣證得: $\dfrac{P_x}{P_y} = f\left(\dfrac{W}{r}\right), \ f' > 0$

◼ 附錄二: 擴大效果

在完全競爭下，產品的價格等於成本，即

$$P_x = a_{Lx}W + a_{Kx}r \tag{1}$$
$$P_y = a_{Ly}W + a_{Ky}r \tag{2}$$

式中 X、Y 代表產品，a 代表生產 1 單位產出所需的投入，L 與 K 分別代表勞動與資本。(1)式予以全微分，得到

$$dP_x = a_{Lx}dW + Wda_{Lx} + a_{Kx}dr + rda_{Kx} \tag{3}$$

設生產函數為直線性齊次函數，所以:

$$f^X(a_{Lx,}a_{Kx}) = 1$$

式中 f^X 代表 X 產品的單位產量生產函數。f^X 的全微分為:

$$f_1^X da_{Lx} + f_2^X da_{Kx} = 0$$

當生產達於均衡時:

$$\frac{f_1^X}{f_2^X} = -\frac{da_{Kx}}{da_{Lx}} = \frac{W}{r}$$

$$\Rightarrow Wda_{Lx} + rda_{Kx} = 0 \tag{4}$$

(4)式代入(3)式，得到:

$$dP_x = a_{Lx}dW + a_{Kx}dr$$

$$\Rightarrow \frac{dP_x}{P_x} = \frac{a_{Lx}W}{P_x}\frac{dW}{W} + \frac{a_{Kx}r}{P_x}\frac{dr}{r}$$

在完全競爭下，$P_x = C_x$，所以：

$$\dot{P}_x = \theta_{Lx}\dot{W} + \theta_{Kx}\dot{r} \tag{5}$$

(5)式中，θ_{Lx} 及 θ_{Kx} 分別代表勞動及資本成本佔 X 產品總成本的比例，字母上一點「‧」代表變動率。同理可證：

$$\dot{P}_y = \theta_{Ly}\dot{W} + \theta_{Ky}\dot{r} \tag{6}$$

(5)式與(6)式表示，產品價格的變動率等於要素價格變動率的加權平均，而權數為該要素之支出成本佔總成本的比例。設 X 為勞動密集財，Y 為資本密集財，即 $\left(\dfrac{L}{K}\right)_x = k_x > k_y = \left(\dfrac{L}{K}\right)_y$，根據(5)及(6)式方程式之係數所形成的行列式為：

$$|\Delta| = \begin{vmatrix} \theta_{Lx} & \theta_{Kx} \\ \theta_{Ly} & \theta_{Ky} \end{vmatrix} = \theta_{Lx}\theta_{Ky} - \theta_{Kx}\theta_{Ly} = \frac{Wr}{P_xP_y}(a_{Lx}a_{Ky} - a_{Kx}a_{Ly})$$

因為 $k_x > k_y$，所以 $a_{Lx}a_{Ky} - a_{Kx}a_{Ly} > 0$，$|\Delta| > 0$。$|\Delta|$ 可化為：

$$|\Delta| = \theta_{Lx}\theta_{Ky} - \theta_{Kx}\theta_{Ly}$$

$$= \theta_{Lx}(1 - \theta_{Ly}) - \theta_{Ly}(1 - \theta_{Lx}) = \theta_{Lx} - \theta_{Ly} > 0 \tag{7}$$

$$= \theta_{Ky}(1 - \theta_{Kx}) - \theta_{Kx}(1 - \theta_{Ky}) = \theta_{Ky} - \theta_{Kx} > 0 \tag{8}$$

(7)式與(8)式分別表示，勞動（資本）於勞動（資本）密集財的所得份額大於它在資本（勞動）密集財的所得份額。(5)式減(6)式，得到：

$$\dot{P}_x - \dot{P}_y = \theta_{Lx}\dot{W} + \theta_{Lx}\dot{r} - \theta_{Ly}\dot{W} - \theta_{Ky}\dot{r}$$

$$= (\theta_{Lx} - \theta_{Ly})\dot{W} - (\theta_{Ky} - \theta_{Kx})\dot{r}$$

$$= |\Delta|\dot{W} - |\Delta|\dot{r}$$

$$= |\Delta|(\dot{W} - \dot{r})$$

因為 $|\Delta| > 0$，所以：

1.如果 $\dot{P}_x > \dot{P}_y$，則 $\dot{W} > \dot{r}$。

這表示如果勞動密集財的價格上漲率大於資本密集財的價格上漲率，而使勞動密集財的相對價格上升時 $\left[\dot{P}_x > \dot{P}_y \Rightarrow \left(\dfrac{P_x}{P_y}\right)\uparrow\right]$，工資的上漲率必

然大於利率的上漲率，而使勞動的相對報酬提高 $\left[\dot{W} > \dot{r} \Rightarrow \left(\dfrac{W}{r}\right)\uparrow\right]$。因此，

勞動（資本）密集財的相對價格上漲，必然導致其密集使用之生產要素——勞動（資本）的相對報酬上升，而另一種生產要素——資本（勞動）的相對報酬下降。

2.如果 $\dot{W} > \dot{r}$，則 $\dot{W} > \dot{P}_x > \dot{P}_y > \dot{r}$。

根據產品價格變動率等於要素價格變動率加權平均的關係，如果工資上漲率大於利率上漲率，則勞動密集財的價格上漲率一定大於資本密集財的價格上漲率，且兩種產品的價格上漲率一定介於兩種要素價格上漲率之間。準此，相對要素價格的變動率一定大於相對產品價格的變動率，這就是擴大效果的關係。

3.如果 $\dot{P}_x = \dot{P}_y$，則 $\dot{W} = \dot{r}$，且 $\dot{P}_x = \dot{P}_y = \dot{W} = \dot{r}$。

這表示如果兩種產品的價格上漲率相同，則要素價格的上漲率亦與之相同。

◢ 附錄三：斯托帕—薩繆爾遜定理的證明

附錄二證明擴大效果時，得到：$\dot{P}_x - \dot{P}_y = |\Delta|(\dot{W} - \dot{r})$。因為 $0 < |\Delta| < 1$，所以：

$$\dot{P}_x > \dot{P}_y \rightarrow \left(\frac{P_x}{P_y}\right)\uparrow,\ 則\ \dot{W} > \dot{r},\ 且\ \dot{W} - \dot{r} > \dot{P}_x - \dot{P}_y,\ 即\left(\frac{W}{r}\right)\uparrow > \left(\frac{P_x}{P_y}\right)\uparrow$$

以上「·」代表變化率，「↑」代表上升。因此，事實上擴大效果也就是斯托帕—薩繆爾遜定理。進一步以直線性模型證明斯托帕—薩繆爾遜定

理。在完全競爭下，產品的價格等於成本，即

$$P_x = a_{Lx}W + a_{Kx}r$$

$$P_y = a_{Ly}W + a_{Ky}r$$

以上兩式解 W 與 r，可利用克雷瑪法則 (Cramer's rule)：

$$W = \frac{\begin{vmatrix} P_x & a_{Kx} \\ P_y & a_{Ky} \end{vmatrix}}{|\Delta|} = \frac{1}{|\Delta|}(P_x a_{Ky} - P_y a_{Kx})$$

$$r = \frac{\begin{vmatrix} a_{Lx} & P_x \\ a_{Ly} & P_y \end{vmatrix}}{|\Delta|} = \frac{1}{|\Delta|}(P_y a_{Lx} - P_x a_{Ly})$$

$$|\Delta| = \begin{vmatrix} a_{Lx} & a_{Kx} \\ a_{Ly} & a_{Ky} \end{vmatrix}$$

$$= a_{Lx}a_{Ky} - a_{Kx}a_{Ly}$$

因為 X 為勞動密集財，Y 為資本密集財，所以 $|\Delta| > 0$。當產品的價格變動時，要素的價格變動如下：

$$\frac{\partial W}{\partial P_x} = \frac{a_{Ky}}{|\Delta|} > 0 \tag{1}$$

$$\frac{\partial W}{\partial P_y} = -\frac{a_{Kx}}{|\Delta|} < 0 \tag{2}$$

$$\frac{\partial r}{\partial P_x} = -\frac{a_{Ly}}{|\Delta|} < 0 \tag{3}$$

$$\frac{\partial r}{\partial P_y} = \frac{a_{Lx}}{|\Delta|} > 0 \tag{4}$$

由(1)與(3)式可知，在 P_y 不變下，P_x 上升的結果——即 $\frac{P_x}{P_y}$ 上升，$\frac{W}{r}$ 上升，且由於 W 上升，r 下降，根據產品價格為要素價格之加權平均的關係，所以 $\frac{W}{r}$ 上升的程度會大於 $\frac{P_x}{P_y}$ 上升的程度，即有擴大效果存在。同理，由

(2)與(4)式可知，$\dfrac{P_x}{P_y}$ 下降會導致 $\dfrac{W}{r}$ 更大比例的下降。

以上的直線性模型可以附圖 6–1 表示。AA 直線代表 $P_x = a_{Lx}W + a_{Kx}r$，其斜率等於 $-\dfrac{a_{Lx}}{a_{Kx}}$；BB 直線代表 $P_y = a_{Ly}W + a_{Ky}r$，其斜率等於 $-\dfrac{a_{Ly}}{a_{Ky}}$。由於 X 為勞動密集財，所以 AA 直線較 BB 直線為陡，即 $\left|-\dfrac{a_{Lx}}{a_{Kx}}\right| > \left|-\dfrac{a_{Ly}}{a_{Ky}}\right|$。當 AA 與 BB 直線交於 P 點時，表示資本與勞動的價格分別為 r_1 與 W_1。設資本密集財的價格不變，勞動密集財的價格上升，則 AA 直線上移為 $A'A'$ 直線，而與 BB 直線交於 P' 點，顯示資本的價格降為 r_2，勞動的價格升為 W_2。因此，$\dfrac{P_x}{P_y}$ 的上升導致 $\dfrac{W}{r}$ 的上升 ⓬。

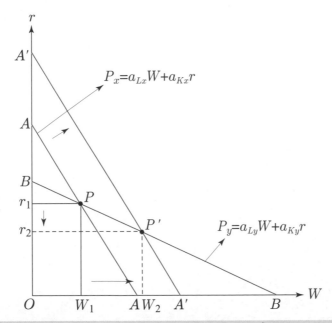

附圖 6–1　根據直線性模型，勞動密集財的價格上升，導致工資上升，利率下跌

⓬在勞動密集財價格上升時，若資本密集財價格下跌——即 BB 直線往下移，利率將下降更多，工資將上升更多，但這並不影響分析結果。斯托帕——薩繆爾遜定理的證明只要產品相對價格的改變，假設一種產品（出口品）價格上升，另一種產品（進口品）價格不變，可以簡化分析，其結果將與假設另一種產品價格下跌相同。

第七章

赫克紹—歐林定理的實證研究及其他國際貿易理論

本章旨在討論學者們對赫克紹—歐林定理進行實證研究的結果，及赫克紹—歐林定理之後其他的國際貿易理論。

第一節　赫克紹—歐林定理的實證研究

一、實證研究的過程及其發現

赫克紹—歐林定理可說是首先對國際貿易的發生找到重要根源的所在，於是許多的經濟學者紛紛對赫克紹—歐林定理進行實證研究。試圖驗證理論與實際是否相一致，其中以 Leontief (1954) 利用美國 1947 年的投入—產出表 (input-output table) 所作的研究為最早，且其發現也最為人們所重視與爭議。

Leontief 根據美國的投入—產出表，對美國各值 100 萬美元的出口品及進口替代品進行要素密集度〔或要素成分 (factor content)〕的分析，以量度其中所包含的勞動與資本各為多少。在當時，全世界只有美國編製有投入—產出表，因此無法直接量度美國進口品中所包含的勞動與資本，故只有以美國的進口替代品來作為其進口品之要素密集度的替代量度，即分析進口品如果在美國國內自行生產其所需的要素投入各為多少。這種方法只有在本國進口替代產業與外國出口產業之生產函數相同的情況下才合理，而這與赫克紹—歐林定理的基本假設正好相符。

Leontief 實證研究的結果發現，美國的進口替代品較其出口品更為資本密集，亦即美國出口勞動密集財而進口資本密集財，這正與一般公認美國是全世界資本最為豐富的國家，其出口品應較進口品為資本密集的先驗看法相反，即美國的貿易方向與赫克紹—歐林定理所預測的背道而馳，此種現象稱之為「**李昂鐵夫矛盾**」(Leontief's paradox)❶。

　　許多學者對其他國家進行實證研究的結果，有的符合赫克紹—歐林定理，有的違反了赫克紹—歐林定理，但大致而言，一般實證的結果並無法確證赫克紹—歐林定理的成立。若李昂鐵夫矛盾確實成立，則赫克紹—歐林定理即被推翻，但赫克紹—歐林定理是建立於嚴謹的假設及周延的邏輯推理之上，其假說實難以被推翻。因之，若不是實證研究的過程有問題，就是赫克紹—歐林定理的基本假設有問題。是故，Leontief 及其他的學者紛紛提出各種的說法來調和赫克紹—歐林定理與李昂鐵夫矛盾之間的困境，試圖重新肯定及挽救赫克紹—歐林定理，亦有許多的學者因此提出新的國際貿易理論來闡釋國際貿易的發生。

二、李昂鐵夫矛盾與赫克紹—歐林定理的協調

　　根據赫克紹—歐林定理，為何會發生李昂鐵夫矛盾的現象呢？經濟學者們認為是由於以下的原因所肇致：

㈠美國勞動者的生產效率較高

　　Leontief 認為美國勞動者具有較高的生產效率，在配備相同的資本下，美國勞動者的生產力是外國勞動者生產力的 3 倍。因此美國的有效勞動力 (effective labor force) 為其現有勞動力的 3 倍❷。就此而言，美國實為一勞動豐富的國家，實證研究的結果與赫克紹—歐林定理並無矛盾之處❸。

---

❶Leontief (1956) 與 Baldwin (1971) 的實證得到與 Leontief (1954) 相同的結果，但 Stern 與 Maskus (1981) 的實證發現，在 1970 年代初期，李昂鐵夫矛盾的現象於美國已不復存在。

❷有效要素稟賦乃實際要素稟賦乘以要素的生產力，目前有許多的國際貿易實證研究是以有效要素的觀念進行。

❸Kreinin (1965) 的調查研究顯示，美國勞動者的生產效率高出外國勞動者約 20% 至 25%，這並不足以使美國成為一勞動豐富的國家。

　　何以美國勞動者的生產效率較高呢？ Leontief 認為美國具有比較良好的企業家精神、企業組織、管理技術、及生產環境。但是，既然這些因素能夠促使美國的勞動者具有較高的生產效率，應該同樣也使美國的資本比較外國具有較高的生產效率。因此，就有效資本而言，美國仍應屬資本豐富的國家，仍應出口資本密集財，故此一說法通常不為人們所接受。

㈡技術勞動或人力資本

　　Keesing (1966) 指出，美國研究與發展風氣盛行，教育與職業訓練制度完善，因此美國比較外國擁有更多的技術勞動 (skilled labor) 或人力資本 (human capital)，美國對技術密集財具有比較利益。Kravis (1956a)、Baldwin (1971) 等人的實證分析顯示，美國的出口品較進口替代品包含更多的技術勞動在內，即美國出口品包含有大量的技術勞動投入，進口替代品包含的主要是非技術勞動。若將技術勞動與非技術勞動之間的所得差距，以利率加以折算，即可將技術勞動予以資本化 (capitalization)，將其視之為一種實物的資本 (physical capital)❹，則美國的出口品實際上是較進口替代品為資本密集的財貨，因而符合了赫克紹－歐林定理的假說。

㈢研究與發展

　　美國的出口品大部分是研究與發展 (research and development) 密集的產品，亦即為技術領先的產品，而這種研究與發展密集的產品往往需要大量的技術勞動投入，因而導致其出口技術勞動密集的產品。研究與發展實際上是一種無形的資本，將資源投入於研究發展而創造技術知識，實無異於利用這些資源投入於製造實物的資本或培養技術勞動。因此，將研究與發展密集之產品所產生的額外利潤，以利率予以資本化，將其折算成實物資本後，美國的出口品實際上是一種資本密集財。

㈣貿易障礙與其他的扭曲

　　赫克紹－歐林定理根據要素稟賦來決定貿易方向，是建立於完全競爭、自由貿易的假設之上。但 Travis (1964) 指出，各國普遍設有貿易障礙（關

---

❹Kenen (1965) 即採這樣的作法。但一般實證研究對於人力資本通常是以勞工的受教育年限作為代理變數。

稅），而美國的貿易障礙（關稅結構）傾向於保護勞動密集的產業，尤其是非技術勞動密集的產業。因此，許多外國的勞動密集財均被排除於美國進口之外，這使得根據投入－產出表計算而得之進口替代品的資本－勞動比率升高。因之，若完全取消關稅，可以預料根據投入－產出表算出之美國進口替代品的資本－勞動比率會下降。不過，Baldwin (1971) 則指出，即使去除貿易障礙，只能減輕而無法完全消除李昂鐵夫矛盾的現象。

除貿易障礙外，尚有其他的扭曲。例如，Diab (1956) 就認為，美國所屬之多國公司，其海外的子公司將其資本密集財回售國內，亦是導致美國進口品之資本－勞動比率提高的原因之一。

(五)自然資源

實證研究的過程中，Leontief 不僅沒有區分技術勞動與非技術勞動，亦忽略了自然資源的重要性。事實上，美國出口品所包含的自然資源比例遠低於進口替代品。包含大量自然資源投入的產品，必然需要大量的資本投入，自然資源密集的產品因此往往是資本密集的產品。美國是一農業自然資源豐富但非農業自然資源較為貧乏的國家，因此進口非農業自然資源密集財，而導致進口替代品較為資本密集的矛盾。將自然資源密集財予以剔除後，Leontief (1956)、Hartigan (1981) 的實證發現李昂鐵夫矛盾不再存在，但 Baldwin (1971) 則認為李昂鐵夫矛盾的現象只能減輕而無法完全消除。事實上，美國是一農產品淨出口的國家，而其農產品為相當資本密集的產品，若將農產品由美國之出口品中剔除，則李昂鐵夫矛盾的現象將會更加嚴重。

(六)要素密集度逆轉

在兩國模型中，一國若發生要素密集度逆轉，必有一國的貿易方向違反赫克紹－歐林定理，而發生李昂鐵夫矛盾的現象。當要素密集度逆轉發生時，在一國是勞動密集的產品，其在另一國成為資本密集的產品，兩國貿易的結果，可能同時出口勞動密集財或資本密集財。Arrow 等人 (1961) 利用固定替代彈性生產函數進行實證研究發現，產業之間的要素替代彈性差異很大，要素密集度逆轉的情況相當普遍；Minhas (1962) 的實證研究也發現，美、日兩國 20 種產業之資本－勞動比率的排序有很大的不同，這意謂要素密集度逆轉是可能存在的。因此，發生李昂鐵夫矛盾的可能性很大。

㈦需求逆轉

赫克紹－歐林定理假設兩國的需求型態相同，但事實上，各國的需求型態可能並不相同，當發生需求逆轉時，貿易方向即與赫克紹－歐林定理相違背。但是，大部分的學者認為假設各國的需求型態相同是合理的——尤其是經濟發展程度大致相同的國家，而實證研究的結果也支持此種假設。再者，就美國的需求型態而言，其國民所得水準較高，對服務業的需求較強，而服務業為比較勞動密集的產業。因之，若考慮需求因素，美國會趨向於進口勞動密集的產品，這將有助於說明李昂鐵夫矛盾現象的發生。

經由對李昂鐵夫矛盾的探討，使我們對赫克紹－歐林定理及決定貿易方向的因素有更深一層的瞭解與認識。即除要素稟賦外，在決定貿易方向時，其他因素還是很重要的。

第二節　其他國際貿易理論

本節我們將介紹赫克紹－歐林模型之後的一些國際貿易理論，以瞭解這些理論如何由不同的觀點來闡釋國際貿易的發生與貿易方向的決定。

一、剩餘發洩理論 (vent-for-surplus theory)

剩餘發洩理論遠在 18 世紀即為 Smith (1776) 首先提出，其論點在於經由國際貿易來擴大一國市場、刺激需求，以產生促進一國經濟成長的動力。此一理論後來被 Myint (1958) 等學者廣泛用以說明開發中國家如何以國際貿易作為其經濟發展動力的策略。

傳統的貿易理論是基於完全競爭而致充分就業的假設，因此，一種產品產出的增加必然導致另一種產品產出的減少，即實質的機會成本大於零，產品生產的社會成本等於其社會價值。但是，對大部分的開發中國家而言，資源失業（閒置）、低度就業的情況普遍存在，因此一種產品產出的增加，另一種產品的產出未必會減少，即實質的機會成本幾乎等於零，產品生產的機會成本小於其社會價值。在此情況下，若能將這些閒置的資源予以有效的動用，則必能提高此一國家的福利水準。

圖 7–1，設一開發中國家其經濟可分為傳統的農業部門 (A) 及簡單、落後的手工藝工業部門 (H)。假設生產成本是固定的，手工藝部門的要素生產力低於農業部門，因此農產品的相對價格較低，導致對農產品的生產缺乏誘因。一般而言，開發中國家通常是農業資源稟賦較為豐富的國家，在農業生產誘因低且要素又缺乏流動性的情況下，必然導致國內失業及低度就業的情況普遍存在，生產點因此落於 PP' 生產可能曲線之內──如 U 點。在這情況下，增加生產的機會成本很低，甚至為零。因此，國際貿易後，農產品的價格上漲，將使農產品生產的誘因增強，生產點由 U 點移至生產可能曲線上的 E 點，消費點亦由貿易前的 U 點移至 C 點，形成一貿易三角 △UCE。顯示國際貿易之後，使得一國原先大量失業及低度就業的資源重新獲得充分及有效的使用，亦即經由國際貿易將一國閒置的資源動用起來且以產品出口，因而提高一國的生產及消費水準。長期間，在機會成本固定下，會趨於完全專業生產，即生產點移至 P' 點，消費點移至 D 點，貿易三角擴大為 △FDP'，福利水準再度提高。隨著時間的推進，經濟會不

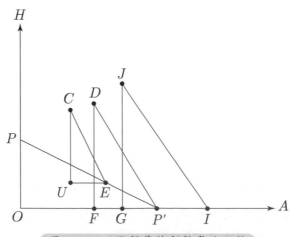

圖 7–1　國際貿易的剩餘發洩理論

斷的成長，生產可能曲線因而不斷外移，貿易三角不斷擴大，貿易量、生產及消費水準均不斷提高，經濟因此得以邁向持續成長的途徑。

以上分析顯示，以出口剩餘資源作為帶動開發中國家經濟發展的策略，將會產生以下的經濟後果：

1.生產資源由生產力較低的工藝（或傳統工業）部門移轉至生產力較高的農業部門，產生資源重分派效果，而使資源的利用效率提高，以帶動經濟成長。這可用以說明一些以**初級產品** (primary products) 出口為主的開發中國家的貿易型態。

2.產出、出口、及消費的增加，是基因於剩餘閒置資源的重新獲得充分及有效使用。

3.國際貿易的結果，導致更加專業的生產，以出口（農產品）來換取進口（工業產品），對國際貿易的依賴程度因此日漸加深。

4.生產過於專業的結果，使得一國經濟更加容易感受國際經濟波動的影響，對一國經濟的穩定及長期的發展有相當不利的影響。例如，國際農產品的價格下跌，或農產品出口因天候因素或人口增加而減少，所能賺取的外匯即減少，進口能力亦隨之降低，一國經濟的穩定與成長即難以維持，甚至因而萎縮。

5.長期依賴初級產品出口，導致一國傳統工業的生產萎縮，將使工業部門難以成長、茁壯，經濟發展的層次即難以提高，工業化的理想也就難以實現。

有鑑於此，以國際貿易——尤其是以初級產品的出口作為經濟發展策略，不無值得懷疑。因為開發中國家以初級產品的貿易來帶動其經濟成長，在短期間雖然有利，但長期間會導致生產專業化，經濟結構缺乏異樣化的生產，對外依賴程度必然加深，一國脆弱的經濟結構將易受國際經濟波動的影響。再者，貿易之門一開之後，若工業生產萎縮且農工部門之間要素缺乏流動性，則失業與低度就業的問題會益形嚴重。是故，雖然國際貿易不失為促進經濟發展的良好策略，但應注意到使一國的生產多樣化，尤其是應在初級產品出口的過程中，培養一國工業的成長，最後才能達成工業化與獨立自主的經濟境界。

　　與赫克紹－歐林模型比較，除充分就業的假設無法成立外，本質上，此理論並非根據要素稟賦來決定貿易方向，而是以動用閒置的剩餘資源而發生國際貿易。一般而言，開發中國家的人口眾多，但其生產力較低，因此有效勞動力並不比已開發國家來得大。是故，吾人不能認為開發中國家人口眾多，出口勞動密集財，即符合了赫克紹－歐林定理。因為赫克紹－歐林定理乃假設生產要素同質，但由於要素稟賦不同，使要素價格水準有差異，而產生成本差異。若要素不同質，生產成本的不同乃是由於生產要素的生產力差異所致，非因量的稟賦不同。在此情況下，赫克紹－歐林定理即不再適用。

　　根據赫克紹－歐林定理，勞動相對豐富的國家出口勞動密集財，隨著時間的推進，出口增加、經濟成長，若勞動增加的速度較其他要素為快，則生產趨於更加勞動密集，對其出口更加有利。但是，根據剩餘發洩理論，人口的成長會消耗剩餘的糧食（或資源）而使出口減少，經濟成長因而受到阻礙，故人口增加對勞動豐富之開發中國家的出口，以至其經濟成長，會產生不利的影響。

二、存在性理論 (availability theory)

　　此理論強調國際貿易的發生，是由於某些國家擁有某些特別的經濟資源，如阿拉伯國家出口石油，巴西出口咖啡❺。假設，生產農產品需要土地、勞動、及資本三種要素，生產工業品需要技術、勞動、及資本三種要素。現有 A、B、C、及 D 四個國家，A 國擁有土地、勞動、及資本，B 及 C 國擁有土地、技術、勞動、及資本，D 國擁有技術、勞動、及資本等生產要素，故 A 國只能生產農產品，D 國只能生產工業品，B 及 C 國則能同時生產農產品及工業品。因此，A 國與 D 國之間的貿易只能用存在性理論解釋；B 國與 C 國之間的貿易適用比較成本解釋；A 國與 B 國及 C 國，或 D 國與 B 及 C 國之間的貿易，對 A 國或 D 國而言，均只能根據存在性理

---

❺有關存在性理論，可參閱 Kravis (1956b)。

論解釋之。因為在此情況下，已經違反了李嘉圖或赫克紹－歐林模型的假設——即兩國擁有相同的一種或兩種生產要素。

在實際的經濟社會，不乏因為擁有某些特殊資源而產生國際貿易的例子。除上述提到有形的特殊產品的出口外，如蘇格蘭出口威士忌酒，瑞士出口手錶，均適用存在性理論。因為這些產品的出口乃是過去優良的品質，或是經由成功的廣告而廣為人們所熟悉，因而存在良好的信譽所肇致，是為一國特殊之無形的經濟資源。事實上，存在性理論只能用以解釋少部分、特殊的貿易事件，而無法用以說明一般的貿易現象。因此，一般的產品貿易還是必須藉助成本的差異來說明其發生的原因。

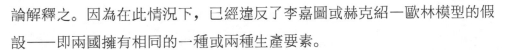

三、不完全競爭與國際貿易

古典理論與赫克紹－歐林模型均作完全競爭的假設，價格因而能夠確實反映成本，即價格與成本之間呈一對一完全對應的關係，因此由比較成本即可決定貿易方向。事實上，現實的經濟社會不完全競爭普遍存在，因此貿易方向與貿易後果可能不會如完全競爭所預料的一般，甚至於有些國際貿易是因不完全競爭而產生的。例如，**石油輸出國家組織** (Organization of Petroleum Exporting Countries, OPEC) 及開發中國家維持其初級產品出口價格的穩定而成立的**商品協定** (Commodity Agreement)，即是不完全競爭的實例。

假設貿易前，一國有獨佔或寡佔廠商存在；貿易後，准許進口或准許該國獨佔者出口，皆使得該國獨佔者面對國外生產者的競爭。一般的情況下，一國廠商的獨佔力量無論如何雄厚，國際貿易之門一開之後，國內的市場獨佔將被打破——尤其是小國，而形成一種國際完全競爭的局面。

圖 7-2，貿易前，一國的 X 產品為獨佔市場，獨佔廠商根據邊際收入 (MR) 等於邊際成本 (MC) 決定使利潤最大的價格 P_d，產量 Q_1。貿易後，X 產品的國際價格為 P_i，國內的需求量為 Q_3，而國內產量只有 Q_2，因此進口 Q_2Q_3 的數量。就經濟福利而言，消費者剩餘在貿易前為 AP_dB，貿易後為 AP_iE，增加了 P_iP_dBE。所增加的消費者剩餘中，P_iP_dBG 為產品價格下

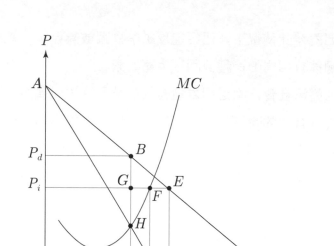

圖 7-2　國際貿易打破國內獨佔產生更大的貿易利得

降而使獨佔者收入減少的部分，此為一種所得重分配效果，對社會福利並沒有影響。貿易後，獨佔者的產量由 X_1 增加至 X_2，生產者剩餘增加 HGF。因此，國際貿易後所增加的社會福利等於所淨增加的消費者剩餘 GBE 與生產者剩餘 HGF 的總和。

　　完全競爭與不完全競爭下之國際貿易利得並不相同。不完全競爭下一國資源的派用產生扭曲，因之，國際貿易而使一國成為完全競爭的結果，不僅有傳統的生產與消費的貿易利得，亦可獲得因競爭程度加強所增加的額外利益，即貿易利得可以分解成三部分：⑴**生產利得**──趨於專業化生產之利得，⑵**消費利得**──消費者享有較低產品價格之利得，及⑶**競爭利得或資源重分派利得**──打破獨佔，改正資源派用的扭曲，促進資源有效利用的利得。以圖 7-2 表示，不完全競爭下額外增加的貿易利得──即資源重分派利得為 HGF。由此可知，自由貿易對於獨佔普遍存在的小國尤其具有特別的重要性。

　　國際貿易之後，若一國獨佔的情況並未被打破──通常這只有在大國的情況下才可能發生，該國獨佔者可能與國外的獨佔者聯合，形成國際寡佔或**國際卡特爾**的組織，而進行國際間的**傾銷** (dumping)，甚至有可能兩國的獨佔者**交互傾銷** (reciprocal dumping) 而產生國際貿易❻。要能成功組成國際卡特爾的必要條件為：

　　1.對卡特爾組織之產品的需求彈性低。

　　2.主要的生產者必須願意加入，且沒有潛在生產者的威脅存在。

　　3.會員必須遵守協定，不能秘密地違背協定。

　　4.消費者無法形成對抗的組織。

　　因為有時空阻隔、運輸成本、貿易障礙、訊息不完全、需求型態不同等因素存在，因此國際卡特爾不如國內卡特爾一般容易組成、存在。組成國際卡特爾的目的在於：

　　1.提高產品價格，避免競爭，排除可能存在之生產者的威脅，以增加會員的利潤。

　　2.固守本國獨佔市場，瓜分外國的國際市場。

　　3.增強國內獨佔力量，以利國際傾銷活動的進行。

　　如同國內卡特爾一樣，國際卡特爾的形成將使國際產品的價格趨於僵固、國際資源的派用產生扭曲等不利的經濟後果。國際卡特爾形成的最主要動機與目的在於增加利潤，而利潤的增加可以經由國際的傾銷來實現。傾銷活動的進行被視之為一種不公平的國際貿易競爭，往往因而導致國際間重大的貿易爭端與限制貿易措施的採行。

四、規模經濟

　　規模經濟 (economies of scale) 可分為內部規模經濟與外部規模經濟，前者為廠商本身的產量擴增導致廠商的平均生產成本遞降，後者為產業的產量擴增導致廠商的平均生產成本遞降。由於外部規模經濟乃因產業之廠商的數目增加而非個別廠商的產量增加所致，即廠商的平均生產成本下降為產業而非廠商變得較大所致，因此產業可以繼續維持是完全競爭的，而內部規模經濟則可能使產業成為獨佔或寡佔的局面。

---

❻兩國存在交互傾銷的可能性而產生國際貿易，是由 Brander (1981) 首先提出。

㈠外部規模經濟與國際貿易

　　外部規模經濟此一因素可以決定貿易型態。一國對某一產業的生產規模愈大，其平均生產成本愈低，因此將出口此一產品❼。圖 7–3，設 A、B 兩國對 X 產業的生產均具有外部規模經濟，兩國的平均生產成本曲線分別為 AC_A 與 AC_B，D_W 為 X 產品的世界需求曲線。若因某種原因，A 國較 B 國更早建立起 X 產業，則即使 B 國的生產較 A 國為低，全世界的需求，將為 A 國所供給，產出為 X_1，價格為 P_1（因為市場維持完全競爭，價格等於平均成本）。雖然全世界的需求如由 B 國來供給，價格可以更低 (P_2)，產量可以更多 (X_2)，但由於 A 國已佔有市場，B 國開始進入市場的價格 P_3 高於 A 國現行的價格 P_1，B 國因此無法進入市場。因此，在外部規模經濟下，貿易型態並非根據實際或潛在生產成本所決定的。

㈡動態外部經濟與國際貿易

　　技術創新的廠商往往具有生產的優勢，但一家廠商的創新成功也將引起其他廠商的模仿，這些廠商藉由邊做邊學 (learning by doing)，隨著時間的經過，累積生產數量增加，生產技術精進，整個產業的平均生產成本因此下降，這種現象稱為動態外部經濟 (dynamic external economies)，其不同於每單位時間內產業產量增加所肇致的外部規模經濟❽。圖 7–4，橫軸為 X 產業的累積產量 (CX)，縱軸為價格（等於成本）。L_A 與 L_B 分別為表示隨

---

❼A. Marshall 將外部規模經濟的發生歸之於三個主要的原因。一是專業供給者 (specialized suppliers)，即一產業有愈多的廠商聚集在一起，可以彼此專業分工，降低每個生產階段的生產成本（我國新竹科學園區資訊產業的上、中、下游生產供應鏈即是一例）；二是勞動市場的匯總 (labor market pooling)，許多廠商聚集在一起，將創造專業技術勞工匯集的勞動市場，這樣將使廠商比較不會發生勞工短缺，勞工也比較不會遭受失業，充足的技術勞工供給將使生產成本降低；三是知識外溢 (knowledge spillovers)，在現代經濟，知識是一重要的生產要素，許多廠商聚集在一起，可以彼此觀摩、學習對方的研發、創新成果，這將有助於生產技術外溢、擴散，而使各廠商的生產成本下降。

❽例如，最初 100 單位的生產花 100 小時，接著 100 單位的生產只花 60 小時，即為動態外部經濟。

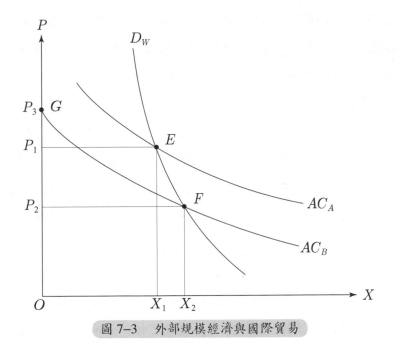

圖 7–3　外部規模經濟與國際貿易

時間經過，產業累積產量增加而使產業平均生產成本下降之 A 國與 B 國的**學習曲線** (learning curve)。如果 A 國先進入 X 產業，已經累積生產 CX^* 數量，價格為 P_1。B 國即使累積生產 CX^* 數量的價格只需 P_2，但由於其進入 X 產業的起始成本為 P_3，因此無法進入 X 產品市場。在此情況下，唯有 B

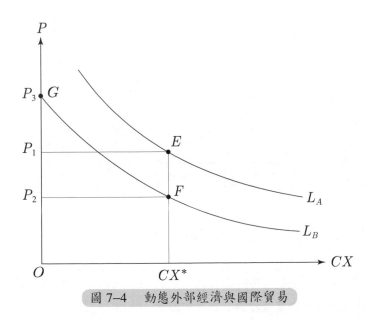

圖 7–4　動態外部經濟與國際貿易

國政府暫時實施關稅保護或生產補貼來扶持此一產業的生產，使其經由生產經驗的累積來降低生產成本，才有機會進入 X 產品市場而與 A 國競爭，此即幼稚工業 (infant industry) 論者的立論根據。

(三)內部規模經濟與國際貿易

內部規模經濟一般又稱為規模報酬遞增。當某一產品的生產發生規模報酬遞增時，隨著生產規模的擴大，其單位成本會下降，因此導致完全專業生產且出口此一產品❾。圖 7–5，橫軸為酒 (W)，縱軸為布 (C)，酒與布的生產均為規模報酬遞增，而使一國的生產可能曲線凸向原點。當貿易條件為 TOT_1 時，一國會完全專業生產且出口酒；為 TOT_2 時，一國會完全專業生產且出口布。因此，貿易型態將取決於特定的貿易條件，規模報酬遞增的存在使得生產與專業型態的不確定性提高。值得注意的是，這裡所指的規模報酬是以全世界為市場的**國際性規模報酬** (international returns to scale)，而非閉鎖經濟下只以本國為市場的**國家性規模報酬** (national returns to scale)。一個國家愈小，即國際規模報酬遞增對它所產生的貿易利得也就愈大。

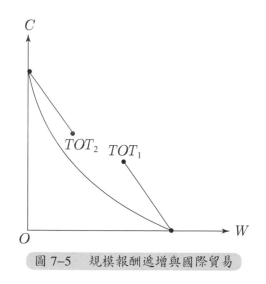

圖 7–5　規模報酬遞增與國際貿易

根據規模報酬遞增理論，生產規模的擴大將會產生以下的經濟後果：

---

❾此一論點首先由 Kemp (1964) 提出，因此又稱肯普模型 (Kemp model)，其對近年來的不完全競爭國際貿易理論有重大的影響。

1. 降低生產成本，產生比較利益，導致國際貿易。

2. 破壞完全競爭，產生獨佔，進行傾銷，亦會發生國際貿易。

3. 對小國而言，國際貿易尤其可以使其實現（內部與外部）的規模經濟利益❿。

4. 規模經濟對於生產標準化產品尤其有利，因其可以經由大量生產而獲利。但對生產異樣化產品，規模經濟同樣重要，因其可以使得產品生產的種類與樣式增加⓫。

5. 隨著生產規模的擴大，藉由在**邊做邊學**，可以累積經驗，增加生產效率，提高出口能力。此點對小國尤其重要，因其國內市場狹小，只能藉由國外市場的拓展來實現擴大生產規模、提高生產能量，因而獲得經濟規模的好處。

小國希望經由國際貿易獲得規模經濟好處，並不是經常能夠成功的。由於國情的不同，各國政府基於國內需求與安全的考慮，會對產品的生產作各種不同規格的要求，因此各國廠商生產的會是針對政府規定規格的異樣化產品，其他國家的產品因而難以進入該國的市場，異樣化產品反而形成一種非關稅的貿易障礙。這種情況對小國甚為不利，因一方面其國內市場狹小，缺乏有效的生產規模，另一方面又難以進入大國的市場，因此小國如果生產異樣化的產品實際上難以獲得實現規模經濟所需的市場。是故，小國或許應專業於非異樣化產品的生產，即生產中間財貨 (intermediate goods)，而進口異樣化的產品。

五、技術差距理論 (technological gap theory)

技術差距理論是由創新與模仿所形成，因此又可稱為**創新與模仿理論**

---

❿因為對不同產品，或一種產品的各生產過程階段而言，均需要達某一產量水準才能實現最低效率規模 (minimum efficient scale)──即能使單位成本達於最小的產量水準。

⓫當廠商的平均生產成本隨產品生產的種類與樣式增加而遞減時，稱之為範疇經濟 (economies of scope)。

(innovation and imitation theory) 或**模仿落後理論** (imitation lag theory)，是由 Posner (1961) 所提出，其理論要旨為：當一國創新某種產品成功後，產生技術領先差距，可以出口技術領先的產品，即出口技術密集的產品。技術領先的產品出口後，即會被外國所模仿，因為新技術將會隨著技術合作、多國公司、及對外投資等途徑而流傳至國外。當一國創新的技術為外國所模仿時，外國即可自行生產，而減少進口，最後甚至模仿的國家反而出口該產品至原先創新的國家。至此，創新利潤完全消失。但是，在一動態的經濟社會，科技發達的國家是不斷會有再創新、再出口出現的。

一般而言，創新至模仿的時間落後可以分成三種：(1)**國內反應落後**——創新至國內其他生產者試圖模仿的時間落後，(2)**國外反應落後**——創新至國外生產者試圖模仿的時間落後，及(3)**需求落後**——創新至國內或國外的消費者接受創新產品的時間落後。反應愈慢，需求落後愈長，技術差距所持續的時間也就愈長；反之，則愈短。

創新致使兩國的生產函數不同，赫克紹—歐林模型因此無法適用；模仿使兩國的生產函數再度相同，因此可以赫克紹—歐林模型解釋國際貿易的發生。根據技術差距理論無法確定國際間的技術差距究能夠持續多久？也不能解釋為何差距不會擴大或縮小？它只能解釋差距為何會消失，吾人因此無法利用技術差距理論來充分說明動態的貿易現象——貿易量的變動與貿易結構的改變，產品循環理論遂因之應運而生。

六、產品循環理論 (product cycle theory)

這理論是由技術差距理論推演而來，主要是由 Vernon (1966) 提出的，其理論要旨為：

1. 產品創新之初，由於市場狹小，生產技術不確定，因此只適於生產供應國內市場，生產者得以就近收取消費者的意見，改進生產技術與產品品質，故在**新產品階段** (new product stage) 需要大量的技術勞動投入。

2. 經過一段時間後，由於生產技術的改良，產品品質提高，生產技術確定，國內消費者逐漸接受創新的產品，生產因此進入**成熟產品階段** (ma-

turing product stage)，不但建立了國內市場，亦可打開國際市場。

3.國際市場打開之後，市場擴大，生產進入**標準化產品階段 (standard-ized product stage)**，生產技術廣為流傳，變得普遍、簡單，因此只需較少的技術勞動投入，而需要較多的非技術勞動投入。此時，創新產品即被外國所模仿，國際競爭加強，產品的需求由原先的缺乏彈性變得較具彈性，原先創新的國家逐漸喪失其比較利益，勞動豐富、工資便宜、技術水準較低的國家反而取得此種產品生產的比較利益，最後甚至成為出口此種產品的國家。如此，產品循環理論形成了一動態比較利益。

由以上的敘述可知，根據產品循環理論，在技術創新階段，國際間的生產函數不同，因此以技術差距來解釋國際貿易的發生與貿易方向的決定；待創新的產品到達成熟及大量標準化生產階段，國際間的生產函數相同，則根據赫克紹─歐林定理，以要素稟賦來解釋國際貿易的發生與貿易方向的決定。

圖 7–6，橫軸 t 代表時間，縱軸代表出口 (X) 與進口 (M) 的差額。在 t_1 時，美國於某一產品發生創新，因此享受創新的利益，成為此種產品淨出口的國家。其他先進國家亦於 t_1 時，開始接受此種產品進而模仿生產，但至 t_3 時才完全模仿成功，因此由此種產品的淨進口國變為淨出口國，美國則於 t_4 時成為此種產品的淨進口國。開發中國家於 t_2 時開始接受此一產品，開始進口，進而模仿生產，至 t_5 時，模仿成功，最後成為國際上此種

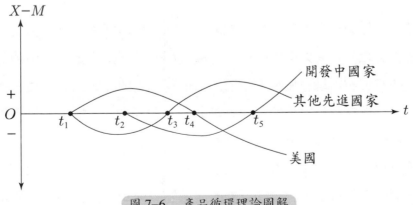

圖 7–6　產品循環理論圖解

產品的淨出口國家。

　　產品循環理論與需求條件有密切的關係。創新之初，產品可能被視之為奢侈品，但隨著時間的推進，國民所得提高，人們漸漸習慣於此一產品，該產品逐漸成為一種必需品，其市場因而擴大，大量生產得以實現，生產技術因此變得普遍、簡單。根據產品循環理論，一國生產的比較利益是動態的，進出口的產品結構隨產品的生命週期而改變。

　　許多學者實證研究各國的進出口結構變化情形，發現與產品循環理論的假說相當一致。Keesing(1967a)、Gruber 等人 (1967) 的實證研究顯示，美國出口品中，研究與發展密集品佔很大的比例，即美國主要是出口技術領先的產品，這與一般咸信美國是世界上創新活動最為頻繁之國家的想法相符。何以美國對創新活動具有比較利益呢？究其原因乃：

　　1.美國的所得水準較高，需求偏好因而較為多樣化，容易刺激新產品的創新與技術的改良。

　　2.美國擁有大量的人力資本，而創新需要大量的技術勞動投入，因此創新較為容易。

　　3.美國的工資水準較高，因而促進勞動節省技術的發展。

　　4.美國擁有雄厚的資金，可投入於研究與發展之中。

　　5.新產品的出現需有廣大的市場予以支持，美國的國民所得水準高，人口又多，可以產生足夠有效需求的市場，以實現大規模生產、降低風險、享有規模經濟的利益。

　　技術差距與產品循環理論，說明了一個事實，即除土地、勞動、及資本等要素稟賦外，人力資本——知識與技術水準亦是決定貿易型態的重要因素。知識與技術是一個國家重要的無形資源，國際間知識、技術的不同與變動，是解釋國際貿易的重要因素之一。在科技、知識日新月異的動態社會中，除非一個國家能夠維持其技術、知識繼續不斷的進步，否則將會在國際市場上被其他後來跟上的國家所排擠。因之，**領先懲罰之說**即認為，除非一個國家的技術能夠繼續不斷的居於領先的地位，否則將會產生國際競爭能力減弱的不利經濟後果。歷史顯示，許多的國家由於技術無法繼續不斷進步而遭致沒落命運，第二次世界大戰後的英國即為一例。因此，技術變動是國際貿易的一項不確定的因素。

七、經濟成長階段理論 (theory of economic growth stage)

晚近對於國際貿易的闡述，有以經濟成長階段之不同為依據者，其論點為：經濟發展階段低時，生產且出口簡單的工業品及初級產品；經濟發展程度提高後，生產且出口資本密集財及耐久消費財。因此，開發中國家專業生產且出口簡單的工業品及初級產品，進口資本密集財及耐久消費財，已開發國家專業生產且出口資本密集財及耐久消費財，進口簡單的工業品及初級產品，國際貿易之發生是因經濟發展程度的不同而肇致。

此一理論頗適於說明開發中與已開發國家之間的貿易現象，但並無法用以解釋開發中國家或已開發國家彼此之間的貿易。

八、偏好相似理論 (theory of preference simi-larity)

瑞典經濟學家 Linder (1961) 一反傳統的由供給面找尋貿易的根源而改由需求面找尋貿易發生的原因，其理論要旨為：要素稟賦的差異較適於解釋自然資源密集產品的貿易而較不適於解釋製造業產品的貿易。國際間製造業產品貿易的發生，往往是先由國內市場建立起生產規模與國際競爭能力，而後再拓展國外市場。在這情況下，可以發現，兩國的經濟發展程度愈相近，每人所得將愈接近，需求偏好將愈益相同，貿易量也就愈大。此論點稱為林德假說 (Linder's hypothesis)，又稱偏好相似或**重疊需求** (overlapping demand) 理論。

圖 7–7，橫軸 y 代表每人所得，縱軸 q 代表對製造業產品需求的品質，$O\alpha$、$O\beta$ 直線與原點所構成的錐形 α-O-β 為一國對其所需求產品的品質範圍。設 A 國之每人所得高於 B 國，則對產品需求的品質範圍，A 國為 EF，

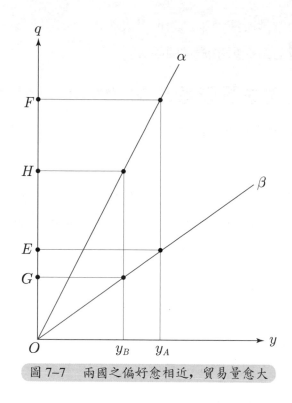

圖 7-7　兩國之偏好愈相近，貿易量愈大

B 國為 *GH，EH* 部分重合，表示兩國會就 *EH* 品質範圍內的產品進行貿易。兩國對產品需求品質範圍重疊的部分愈大，表示需求偏好愈相近，貿易量也就愈大。若兩國產品需求品質範圍沒有重合的部分發生，則兩國之間也就沒有國際貿易發生。由圖形可知，兩國的每人所得水準愈相近，對產品需求的品質範圍愈接近——即偏好愈相似，產品需求品質範圍重疊的部分愈大，貿易量也就愈大。

　　赫克紹－歐林定理假設國際間的需求偏好相同，故不考慮需求因素。Linder 的偏好相似理論則認為由於經濟發展程度（或所得水準）的不同，國際間的需求偏好並不相同，再加上各國生產的是異樣化的產品，國際貿易自然會發生，但 Linder 理論只能預測那些產品可能發生貿易，並無法決定貿易型態——即一國將出口、進口那些產品。根據赫克紹－歐林定理，兩國的資本－勞動比率愈相近，比較成本的差異將愈小，兩國的貿易量將愈小。但根據 Linder 理論，兩國的資本－勞動比率愈相近，每人所得的差異將愈小，產品需求品質範圍重疊的部分將愈大，兩國的貿易量將愈大❷。準此，Linder 理論似乎較赫克紹－歐林定理適合用以解釋世界貿易量主要是發生於先進國家之間的現象。

 ## 九、動態比較利益

Ricardo 的比較利益模型基本上為一靜態的理論，其並不允許一國的產業比較利益或比較不利隨時間而改變，也忽略一國的生產要素可以被創造或進口而加以改變的事實。二次大戰後，亞洲四小龍及日本的快速經濟成長乃立基於靜態比較利益的修正上面。日本可說是首先認知一產業的比較利益可以經由技術勞工、技術、及資本的移動而予以創造的國家，其也認知，除了企業部門，政府可以政策來使產業比較利益隨時間而改變。這種比較利益隨時間而改變的過程即為**動態比較利益** (dynamic comparative advantage)，而政府積極涉入比較利益的創造，稱之為**產業政策** (industry policy)。

產業政策乃活化、改進、及發展一產業的一種策略。贊成者主張政府應推動政策以鼓勵日昇 (sunrise) 產業〔如高科技產業 (high-tech industry)〕的發展，將資源導入生產力最高、產業關聯效果大、及未來競爭力強的產業，而使一國經濟從此政策中享有高水準的生產力與在國際市場上更具競爭力的結果。政府可用以鼓勵及活化產業發展的措施眾多，如廢除反托拉斯法案、租稅獎勵、研究與發展補貼、貸款擔保、低利放款、及貿易之保護等。

創造比較利益產業需要政府辨識出日昇產業，而後鼓勵資源流入這些最具有發展前景的產業。當今各國可說均競相利用產業政策來鼓勵某些產業的發展或活化。每一國家產業政策的性質與方法或有不同，但有一共同之點，那就是政府在產業發展中扮演一積極的角色。日本經常是被認為運用產業政策成功地開拓國際市場與帶動經濟快速成長的典範。但是，反對運用產業政策者認為日本產業成功的因果關係並不明確。他們承認一些日

❷另一解釋貿易量的理論為重力模型，參閱第六章第四節。

本產業（如半導體、鋼鐵、造船、機械工具等）的發展可能得力於政府的
協助，但一些政府支持發展的產業（如石化、鋁業）卻失敗了，更有許多
的產業沒有得到政府的協助，但卻成功地發展起來了。

產業政策批評者認為，如果所有的貿易國家均採進口限制、出口補貼
這種以鄰為壑的作法，將導致限制貿易之保護主義的盛行。此外，產業政
策的執行也將導致綁樁政治 (pork-barrel politics)——即愈有政治影響力的
產業將得到愈多的政府補助。最後，在自由的市場經濟下，追求利潤極大
化的廠商將會在市場機能的運作下，自動地將資源與技術投入於具有發展
潛力的產業，而改變一個國家的比較利益，這種工作政府並不見得會比私
人部門作得好。因為發展商業上可行（成功）的技術需要科學上可能的知
識、知悉市場對新或改良產品的需求、及時間拿捏得好。凡此，自由市場
較政客與官僚能夠更準確地篩選出具有潛力的新興產業。

一般而言，產業政策的目標可以歸納為：

1. 培育具有長期比較利益的產業；

2. 協助短期面臨困難或具有重大產業關聯效果的艱困產業 (troubled
industries)；

3. 協助沒落產業轉型及其勞工就業；及

4. 改善產業設施（包括通訊、公共基礎設施）。

在美國，明顯的產業政策有違其自由市場的理念，因此傳統上美國政
府對於干預私人部門產業事務、執行經濟計畫功能一直相當小心，這種作
法尤其受到自由放任理論的支持及美國自由企業成功實務的肯定。因此，
雖然有許多國家採行產業政策，但美國並沒有一成熟、明顯的產業政策。
雖然沒有明顯的產業政策，但鑑於知識經濟 (knowledge economy) 下，知識
為王 (knowledge is king)，知識的重要性尤勝於資本與勞工，美國明顯地採
行了知識基準成長政策 (knowledge-based growth policy)，追求創造新知識
並將其轉換為新技術與新產品，以產生動態比較利益。不同於產業政策，
在知識基準成長政策下，政府並不從事目標產業、產品、或廠商的選取，
政府的功能在於支持能夠促進經濟成長之突破技術的發展，並將這種技術知

識與新的製造技術予以擴散——尤其是對技術發展通常落後的中、小廠商。

■ 第三節　產業內貿易理論

產業內貿易 (intra-industry trade, IIT) 理論有時又被稱為**異樣化產品理論** (differentiated product theory)，是當前國際貿易理論最熱門的課題之一❸。此一理論不同於傳統的 Ricardo 及 Heckscher-Ohlin 的理論，傳統理論著重**產業間貿易** (inter-industry trade) 的探討，即貿易與國分別出口與進口不同產業的產品，國際間進行不同產業的**產業間專業** (inter-industry specialization)；晚近的產業內貿易理論，則著重貿易與國同時出口與進口同一產業的產品，國際間進行同產業的**產業內專業** (intra-industry specialization)，並認為這是更符合現實情況的國際貿易型態。

一、理論要旨

產業內貿易在先進工業化國家之間非常的普遍。例如，美國由日本進口汽車，亦出口汽車到日本；美國由日本進口電腦，但亦出口電腦到日本。再者，1958 年**歐洲經濟共同體** (European Economic Community, EEC)〔通稱為歐洲共同市場 (European Common Market)〕成立後，若根據比較利益法則，則有些國家可能會獲得更大的市場，產生更大的貿易順差，有些國家可能會喪失許多的市場，產生更大的貿易逆差。但事實上，各國的貿易額大量增加，且貿易差額——即進口與出口差額的變化也不大。這顯示共同市場成立之後，由於各國產品的異樣化和偏好的不同與種類繁多，因此各國彼此突破對方的市場，進出口同一產業的產品，而使貿易量大增，這種現象是產品異樣化的結果，而不再是古典理論或赫克紹－歐林模型裏，兩國生產同質、貿易不同產業產品的情況❹。

---

❸有些產業內貿易為同質或非異樣化的原料或產品,這在兩國邊界相緊鄰的情況下是很可能發生的。

❹因此,產業間貿易型態反映的是比較利益,而產業內貿易型態並不是反映比較利益。

　　最普遍被用來解釋產業內貿易的理論為規模報酬遞增與不完全競爭[15]。對個別廠商而言，規模報酬遞增有外部的與內部的兩種，前者將可使市場繼續維持完全競爭，後者則將肇致市場不完全競爭(如壟斷性競爭、寡佔、或獨佔)。設貿易前，兩國分別生產布與汽車。布為勞動密集財，生產為固定規模報酬，市場為完全競爭；汽車為資本密集財，生產為規模報酬遞增，市場為壟斷性競爭；每一廠商生產的汽車只有些微的不同(例如，只有大小不同)；每一國家的消費者各有不同的偏好——如有人偏好大轎車，有人偏好小轎車。國際貿易後，根據赫克紹一歐林定理，勞動豐富的國家將出口布，進口汽車，即兩國間發生產業間的貿易。但是，根據規模報酬遞增與不完全競爭理論，勞動豐富的國家仍然會出口一些汽車(如小轎車)以交換資本豐富之國家的汽車(如大轎車)，即兩國會發生產業內的貿易。

　　國際貿易之後，兩國的汽車廠商面對更廣大的市場，生產規模可以擴大，規模報酬遞增使擴大生產規模之廠商的生產成本、產品價格下降，生產相同產品(如同為大轎車或小轎車)但生產規模不變之本國與外國的汽車廠商將因此遭淘汰。如此，最後本國與外國的汽車生產將各自專於某些類型的發展[16]。因此，國際貿易型態將是資本豐富的國家出口不同類型的汽車以交換勞動豐富國家的布與其他類型的汽車，至於那一國應專於那些類型汽車的生產——即產業內貿易型態，則無法根據此一理論來決定。

　　解釋產業內貿易發生的理論大致可以歸納為以下幾種：

㈠產品異樣化

　　這是最普遍被用以解釋產業內貿易發生的理論。如同前述，在生產者為凸顯其產品特色，以達到消費者對其品牌忠誠 (brand loyalty) 的目的，及消費者偏好多樣化的情況下，國際間將很自然地產生異樣化產品的貿易。

---

[15]Linder (1961) 的重疊市場部分 (overlapping market segments) 模型可說是解釋異樣化產品之產業內貿易的開始。

[16]例如，日本擅長於生產小轎車，美國擅長於生產大轎車，即為一例。

㈡地理位置與運輸成本

　　在兩國緊相接壤，同時生產某一種產品的情況下，基於節省運輸成本的考慮，兩國不同地區的人民將相互購買另一個國家的類似異樣化產品，因而形成產業內貿易（這種情形對幅員遼闊的國家更容易發生）。

㈢動態規模經濟

　　這個假說與異樣化產品理論有關，主要用以說明產業內貿易流量的增加。當兩國進行異樣化產品貿易、生產規模擴大時，廠商生產的單位成本將隨「累積」產量（或生產經驗）而遞減——這種現象稱之為工作中學習效果或動態規模經濟，兩國間的產業內貿易量因此隨時間而增加。

㈣產品併總分類程度

　　產業內貿易的發生，有時是國際貿易統計資料產品分類的結果。每一分類所包括的產品愈廣，產業內貿易量將愈大，產業內貿易指數的計算因此與產品分類的方法有密切的關係。但是，在實際的經濟社會，產業內貿易的存在為一實際的經濟現象，而非只是因為貿易統計資料產品分類的結果。

㈤偏好相似

　　兩國偏好相似的消費者，可能彼此購買對方國家所生產的類似異樣化產品，而發生產業內貿易。兩個國家的要素稟賦差異愈小，根據赫克紹—歐林定理，兩國產業間的貿易量將愈小；但根據產業內貿易理論，兩國產業內的貿易量將愈大（因為兩國的要素稟賦愈相似，愈可能所得相近、生產更多相同類型的產品，加上規模經濟，貿易量因此愈大）。這有助於吾人瞭解為何先進工業國家之間有大量的產業內貿易。

　　經由以上分析，吾人對產業內貿易（或異樣化產品）理論有以下幾點看法：

　　1.產品異樣化後使價格因素在國際貿易中所扮演的角色降低，產品品質與異樣化成為決定貿易型態的重要因素。

　　2.此理論對於解釋國際貿易流量的與日俱增，有其重大的意義存在。

　　3.此理論仍不能完全排除比較成本（利益）的重要性。因為國際市場的競爭愈來愈激烈，而競爭的極限就是完全競爭。在完全競爭下，貿易方向完全決定於成本、價格。因此，可以確信，在現代，成本、價格對於決定貿易型態與貿易量還是相當重要的。

　　4.此理論可以解釋現實經濟社會缺乏完全專業化的現象。由於各國的生產趨於異樣化，國際的完全專業生產是不可能發生的。

　　5.異樣化產品更可能使需求的力量大於供給的力量而改變貿易方向。即使本國生產者對某產品的生產成本不利，但其生產若能迎合本國消費者的偏好，仍可保有國內市場。同理，外國的生產成本雖較本國有利，但若本國的產品能迎合外國消費者的偏好，則本國仍可佔有外國的市場。

　　6.有人認為完全根據異樣化產品理論，國際貿易量會大為減少。因為各國的風俗民情不同，偏好亦不同，本國生產者較容易生產迎合本國大多數消費者偏好的產品，外國生產者不熟悉本國消費者的習慣及偏好，只能生產迎合本國少數消費者偏好的產品，故國際間的貿易量會大為減少。依所得水準可將本國消費者劃分為三個階層：高所得階層——少數者，中所得階層——多數者，及低所得階層——少數者。中所得階層之消費者的需求，數量較大，由本國生產者自行供應，而少數的高、低所得階層消費者的需求，因數量小，容易為本國生產者所忽視，此部分的需求則主要由外國的生產者所供應。此種說法對小國而言具有重要的意義，即小國應致力於開發大國生產者所較不重視之高、低所得階層消費者的市場，此部分的市場即足以為小國提供足夠的國際貿易市場。

　　7.根據此理論可知，經濟發展程度與文化背景、風俗習慣相近的國家之間應會相互進行更多異樣化產品（或產業內）的貿易。

二、產業內貿易的衡量

　　一國在某一段時間的產業內貿易程度——即產業內貿易指數 (IIT)，可以下列的公式計算之：

$$IIT = 1 - \frac{\Sigma|X_i - M_i|}{\Sigma(X_i + M_i)}$$

上式中，X_i 與 M_i 分別代表屬於同一產業分類之產品的出口與進口。$|X_i - M_i|$ 為 i 類產品出口與進口差額的絕對值，$(X_i + M_i)$ 為 i 類產品出口與進口之和，Σ 為所有分類產品加總。IIT 的值最大等於 1——當每一類產業的出、進口值均相等時（即 $\Sigma|X_i - M_i| = 0$），最小等於 0——當每一類產業只有出口沒有進口，或只有進口沒有出口時〔即 $\Sigma|X_i - M_i| = \Sigma(X_i + M_i)$〕。

以上的公式只能適用於一國的貿易餘額平衡（或出口等於進口）的情況。若一國的貿易餘額不平衡（或出口不等於進口），產業內貿易指數的計算須修正為：

$$IIT = 1 - \frac{\Sigma|(X_i/X) - (M_i/M)|}{\Sigma[(X_i/X) + (M_i/M)]}$$

式中 X_i/X 及 M_i/M 分別為某一類產品的出口佔總出口及其進口佔總進口的比例。

據 Grubel 與 Lloyd (1975) 的估計，在 1967 年，10 個工業化國家的 IIT 值平均為 0.48，歐洲共同市場國家的 IIT 值平均為 0.67，顯示先進工業國家之間的貿易有一大部分是屬產業內的貿易。到了 1995 年，有許多先進國家的製造業產業內貿易指數已超過 0.7（表 7–1）。

三、理論模型

產業內貿易理論主要是由 Krugman (1979) 結合規模經濟與壟斷性競爭發展而成，此一理論因此又稱為**克魯曼模型** (Krugman model)[17]。Krugman 模型假設勞動是生產的唯一投入，生產具有規模報酬遞增（規模經濟）的特性，任何廠商之勞動投入 (L) 與產出 (Q) 之間的關係因此可以寫成：

$$L = a + bQ \tag{1}$$

式中 a 為常數項（由技術狀態決定），b 代表勞動與產出之間的邊際關係。(1)式由於有常數項存在，所以產出增加 1 倍，需要增加的勞動投入將少於

---

[17]Paul Krugman 因為對國際貿易型態及經濟活動區位理論的重大貢獻而榮獲 2008 年的諾貝爾經濟學獎。

表 7-1　各國製造業產業內貿易指數—1995 年

英國	0.85	義大利	0.68	紐西蘭	0.38
法國	0.84	墨西哥	0.63	澳大利亞	0.37
荷蘭	0.83	瑞士	0.63	土耳其	0.34
比利時—盧森堡	0.81	馬來西亞	0.60	希臘	0.33
新加坡	0.78	南韓	0.56	香港	0.28
捷克	0.76	臺灣	0.56	印尼	0.28
德國	0.75	葡萄牙	0.54	智利	0.26
奧地利	0.74	芬蘭	0.54	斯里蘭卡	0.19
西班牙	0.73	菲律賓	0.53	汶萊	0.18
美國	0.72	泰國	0.52	冰島	0.17
加拿大	0.70	波蘭	0.50	孟加拉	0.10
愛爾蘭	0.69	中國	0.48	巴基斯坦	0.07
匈牙利	0.69	挪威	0.47	寮國	0.06
丹麥	0.69	日本	0.42	巴布亞新幾內亞	0.05
瑞典	0.68	印度	0.38		

資料來源：*Husted* 與 *Melvin* (2004)。

1 倍，生產因此具有規模經濟[18]。

　　Krugman 模型的第二個重要假設為市場結構為壟斷性競爭，其特性為廠商數目眾多，各生產類似的異樣化產品，加入與退出市場容易，在長期間，廠商將只有正常利潤，而無法享有超額的經濟利潤。由於各廠商的產品只有些微的差異，價格策略因此會影響市場的佔有率[19]。為簡化分析，我們假設每一廠商的市場需求決定如下：

$$X = S\left[\frac{1}{n} - b(P - \bar{P})\right] \tag{2}$$

---

[18] 如果勞動投入與產出之間的關係寫成：$L = bQ$，則產出增加 1 倍，需要增加的勞動也將增加 1 倍，生產是為固定規模報酬。

[19] 由於壟斷性競爭廠商生產的是類似異樣化產品，每一廠商擁有一定數目對其品牌忠誠的消費者，而廠商也可透過非價格競爭（如廣告、包裝、售後服務等）來增加銷售量，但由於各廠商產品的同質性很高，所以價格策略對於銷售量還是有很大的影響力。

式中 X 為廠商銷售量，S 為產業銷售量，n 為產業的廠商數目，P 為廠商的取價，$\overline{P}$ 為產業平均價格。(2)式顯示，在產業銷售量一定下，廠商的銷售量與產業的廠商數目及廠商的取價呈減函數的關係。如果廠商的取價等於產業平均價格，即 $P=\overline{P}$，則市場由各廠商均分❷，即

$$X = \frac{S}{n} \tag{3}$$

在以上的假設下，Krugman 模型可以分成以下三個步驟介紹：

1.廠商數目與平均成本。在短期間，廠商的生產總成本 (TC) 等於總固定成本與總可變成本之和。設總固定成本為一常數 F，總可變成本為 mX，m 為邊際成本，X 為產量。如此，總成本將為一直線性成本函數 (linear cost function)。即

$$TC = F + mX \tag{4}$$

直線性成本函數使產量愈大，每單位產出負擔的固定成本愈小，因而有規模經濟存在。根據(4)式，生產的短期平均成本 (AC) 為：

$$AC = \frac{TC}{X} = \frac{F}{X} + m \tag{5}$$

(5)式顯示，隨著產量增加，每單位產出的固定成本 (F/X) 遞降，平均成本也因此遞降。m 為邊際成本 (MC)，因此在直線性成本函數下，邊際成本固定且總是小於平均成本 (圖 7–8)。假設壟斷性競爭市場中每一廠商均是對稱的——即對市場具有相同的影響力，則在市場達於均衡時，每一廠商的取價將均相同而等於產業價格，$P = \overline{P}$。在此情形下，$X = S/n$，代入(5)式得到：

$$
\begin{aligned}
AC &= \frac{F}{X} + m \\
&= \frac{nF}{S} + m
\end{aligned} \tag{6}
$$

(6)式表示，在其他情況不變下，產業的廠商數目愈多，每一廠商的產

---

❷在沒有品牌忠誠消費者及非價格競爭下，可以做這樣的假設。

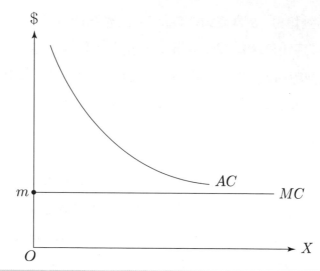

圖 7–8　直線性成本函數下，邊際成本總是小於平均成本

量將愈少，生產的平均成本將愈大。因此，在圖 7–9 中，平均成本曲線 (AC)
是一條正斜率的曲線。

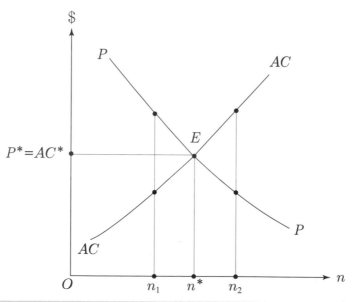

圖 7–9　規模經濟下，壟斷性競爭產業均衡市場價格與廠商數目的決定

　　2. 廠商數目與價格。假設每一廠商面對的是直線性需求函數 (linear demand function)，$X = A - BP, P = \dfrac{A - X}{B}$。廠商的總收入 (TR) 等於銷售量與

價格的乘積，$TR = PX = \left(\dfrac{A - X}{B}\right)X$；邊際收入 (MR) 為：

$$MR = \dfrac{dTR}{dX}$$

$$= \dfrac{A - X}{B} - \dfrac{X}{B}$$

$$= P - \dfrac{X}{B} \tag{7}$$

廠商依邊際收入等於邊際成本的利潤最大化法則決定其產量與價格，即

$$MR = P - \dfrac{X}{B} = m = MC \tag{8}$$

由(8)式可以解出廠商的均衡價格為：

$$P = m + \dfrac{X}{B} \tag{9}$$

市場達於均衡時，$\bar{P} = P, X = \dfrac{S}{n}$，所以：

$$P = m + \dfrac{1}{B}\left(\dfrac{S}{n}\right)$$

$$= m + \dfrac{S}{nB} \tag{10}$$

由於我們假設廠商面對的是直線性需求函數，所以：

$$X = A - BP$$

$$= S\left[\dfrac{1}{n} - b(P - \bar{P})\right]$$

$$= \dfrac{S}{n} - Sb(P - \bar{P})$$

$$= \left(\dfrac{S}{n} + Sb\bar{P}\right) - SbP \tag{11}$$

(11)式顯示 $A = \dfrac{S}{n} + Sb\bar{P}$，$BP = SbP$，所以 $B = Sb$。將 $B = Sb$ 代入(10)式，得到：

$$P = m + \dfrac{S}{nB}$$

$$= m + \frac{l}{nb} \tag{12}$$

⑿式表示，產業的廠商數目愈多，競爭愈激烈，每一廠商的取價將愈低。因此，圖 7–10 中代表需求面的價格線 (P) 為一條負斜率的曲線。

　　3.均衡市場價格與廠商數目的決定。由於加入與退出市場容易，壟斷性競爭的長期均衡與完全競爭一樣，廠商只能有正常利潤，而無超額經濟利潤。是故，壟斷性競爭的長期均衡廠商數目為使長期經濟利潤等於零的廠商數目。準此，圖 7–10 中成本線 (AC) 與價格線 (P) 相交於 E 點，廠商的利潤最大取價 (P*) 等於其生產成本 (AC*)，經濟利潤等於零，故 $n*$ 為長期均衡的廠商數目。小於此一數目，廠商的取價大於平均成本，有正的經濟利潤，新的廠商將會加入生產；大於此一數目，廠商的取價小於平均成本，經濟利潤為負，發生虧損的廠商將退出生產，因此長期均衡的廠商數目必然為 $n*$。

　　以上所分析的為閉鎖經濟下，具有規模經濟之壟斷性競爭產業市場長期均衡價格與廠商數目的決定。國際貿易發生後，市場擴大——即 S 變大，根據⑹式，在廠商數目 (n) 不變下，這將使每一廠商的產出、銷售增加，平均成本減少，因此在圖 7–10 中，平均成本曲線將往右下方移。根據⑿式，廠商取價與廠商數目多寡有關，但與市場大小無關——即 S 並沒有出現在最後決定廠商取價的方程式中，因此 S 變大並不會使價格線 (P) 發生移動。

　　根據圖 7–10，國際貿易發生後，壟斷性競爭產業的長期均衡由 E 點移至 E′ 點，顯示國際貿易使壟斷性競爭產業的市場均衡價格下降 (P* > P′)，廠商數目增加（類似的異樣化產品種類因此增加）。對消費者而言，國際貿易的結果，異樣化產品的種類更多，價格更低，福利水準顯然是提高了。

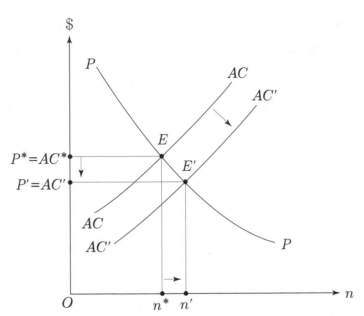

圖 7–10　國際貿易擴大市場使壟斷性競爭產業的市場均衡價格下降，廠商數目增加，消費者福利水準提高

■ 第四節　非最終財貨貿易

截至目前，我們所討論的均屬最終財貨的貿易。但是，在現實的社會，國際間並不單只交易最終財貨。在本節，我們將就勞務及非最終財貨的貿易作一扼要的介紹[21]。

一、勞務貿易

在實際的經濟社會，國際間的貿易並不只限於財貨，尚包括各種的商業勞務 (business services)[22]。許多的商業勞務屬非貿易財，在國際上主要的商業勞務貿易有旅遊與運輸（如觀光、客貨運輸）、智慧財產權（無形財

---

[21] 請參閱 Jones 與 Neary (1984)。

[22] 根據美國商業部的定義，商業勞務乃提供便利商品貿易（如運輸、保險）及其他商業勞務（如觀光、旅客運輸），但不包括政府直接提供的勞務及股利、利息所得。

產或權利）的使用與銷售（如使用技術、專利、及版權的費用與版稅）、及其他商業勞務（如建築、工程、顧問、仲介、通訊、管理與技術服務、研究與發展評估、銀行、金融、保險、資訊管理、醫療、及法律等）。國際間的商業勞務貿易基本上還是適用比較利益法則，但由於許多勞務具有無形、無法儲存、無法運送、及異質等不同於有形財貨的特性，而使得以比較利益法則來解釋商業勞務貿易受到許多的限制。

近年來，國際間的商業勞務貿易快速成長。在許多國家，商業勞務活動佔就業與國民所得的最大比例。自 1980 年代以來，工業國家的工作機會創造大部分來自服務業部門，技術創新創造出許多新的勞務，並使許多形式的勞務可以跨越國界進行貿易。這些創新伴隨著生產組織的改變，而使財貨與勞務的貿易更加緊密結合在一起。

 ## 二、中間產品貿易

在生產的最初階段，自然資源與原料等被加工製成中間產品或中間投入 (inter-mediate inputs)；在生產的最後階段再將中間產品予以裝配成為最後財貨。對於生產過程的安排，通常是愈後面的生產階段，生產技術愈加勞動密集。因此，勞動豐富的國家將傾向於從事後面階段的生產，即勞動豐富的國家將由資本豐富的國家進口中間產品予以裝配成為最終財貨（或中間產品將流向具有豐富非技術勞工的國家生產），中間產品的貿易於是發生。此一理論很適用於解釋新興工業化國家(包括我國)的經濟發展過程——即這些國家藉由先進國家進口中間產品予以加工生產來帶動經濟成長❷。

---

❷另一種形式的中間產品貿易又稱為垂直專業基準貿易 (vertical specialization-based trade)，即一種產品生產過程中的不同階段發生於不同的國家，產品的研發、零組件生產、組裝、及銷售等活動，將依比較利益而發生於不同的國家（地區），因此產生了近來在國際貿易上非常盛行的所謂國外委外 (foreign outsourcing)——一般簡稱委外。委外使得一國的廠商可以從國外購得便宜的中間產品或勞務，如同一國的消費者可以從國外進口便宜的財貨一般。這種形式的貿易(委外)，正是 Paul Krugman 所強調的規模經濟及地理與貿易的關係 (Krugman, 1991)。

三、自然資源貿易

自然資源貿易有時又稱為南北貿易 (North-South trade)，即南半球的開發中國家利用北半球先進國家的資本來開採其自然資源，而後將這些自然資源出口到北半球的先進國家用以生產最終財貨。

 ## 四、生產要素貿易

國際間的勞動與資本移動屬之。由於各國對勞務與資本的貿易管制日趨寬鬆，近年來國際間勞務與資本生產要素的貿易量快速成長。在赫克紹─歐林模型下，若生產要素能夠自由貿易（或移動），則最後兩國的要素分派將相同，因此將無產品的國際貿易發生，即要素自由貿易（或移動）具有取代產品自由貿易的功能，Mundell (1957) 即持這種論點（詳見第十四章第三節）。但是，Purvis (1972) 與 Markusen (1983) 指出，若產品貿易發生的原因為要素稟賦不同，則產品貿易與要素貿易（或移動）之間具有替代性；但若產品貿易發生是要素稟賦以外的因素所致，則產品貿易與要素移動之間具有互補性，即要素移動將增加而非減少產品的貿易。

設我國與美國的要素稟賦完全相同，但我國對勞動密集財的生產具有絕對的技術優勢，則產品貿易之門一開，我國將出口勞動密集財。自由貿易使兩國產品的價格均等，但由於假設我國對勞動密集財的生產具有技術上的優勢（即兩國的生產函數不同），因此我國的工資必然較美國為高，利率必然較美國為低（這樣才能確保產品價格均等）。此時，如果允許資本在國際間自由移動，則我國資本必然外流至美國。根據瑞畢曾斯基定理（詳見第十章第一節），這將使我國的勞動密集財產量增加，美國的資本密集財產量增加，即兩國的出口財產量均增加，兩國的貿易量因此增加，要素（資本）移動導致產品貿易的擴張。此外，根據上一節的產業內貿易理論，要素移動將減少兩國要素稟賦的差異，這也會導致兩國之產業內貿易量的增加。

五、技術貿易

　　國際間技術知識的交流普遍存在，這種勞務貿易通常是一種先進國家對開發中國家的技術移轉。國際間之會有技術貿易（或移轉）發生，其可能的原因如下：⑴先進國家將其過時、不合經濟效益的舊 (used) 機器設備售予工資水準較低的開發中國家；⑵先進國家將先進的資本設備裝設（而非售予）於開發中國家，以利用開發中國家低廉的工資賺取更大的利潤；⑶技術專利權的販售(可能以技術合作的方式出現)；或⑷技術外生的流傳，即先進國家以一定的速率開發出新的生產技術，經一段時間後，此一生產技術將流傳至開發中國家。

 ## 六、證券交易

　　在各國金融市場緊相結合的今天，為追求更高的報酬率，國際間的證券交易相當普遍，金額相當龐大。國際間的證券交易通常被視為是一種國際間的資本移動，而在國際金融理論中予以探討。

摘 要

1. Leontief 根據美國的投入—產出表進行實證研究的結果，發現美國出口勞動密集財、進口資本密集財，這種現象與一般咸信美國是資本豐富的國家，根據赫克紹—歐林定理美國應出口資本密集財、進口勞動密集財的假說相反，故稱之為李昂鐵夫的矛盾。

2. Leontief 本人及其他的學者曾提出多種相關因素作解釋，例如，勞動生產力的高低、技術勞動（人力資本）、研究與發展、貿易障礙與其他的扭曲、自然資源、要素密集度逆轉、及需求偏好等因素，來調和赫克紹—歐林定理與李昂鐵夫矛盾。

3. 剩餘出口理論認為存有大量閒置、剩餘資源的開發中國家，只要花費很小或根本不需任何的機會成本，將閒置資源予以有效動用出口，進行國際貿易，即可使產出增加、經濟成長。

4. 存在性理論認為國際貿易是因各國擁有某些無形或有形特殊的經濟資源而產生。但此一理論只能用以解釋部分、特殊的貿易事件，一般的貿易現象還是必須藉助比較成本差異來說明。

5. 國際貿易發生之後，可能打破一國獨佔或寡佔的局面，但亦有可能形成國際卡特爾或國際寡佔的後果。在這種情形下，國際貿易部分來自不完全競爭的結果。

6. 如果國際貿易之後，使得一國市場競爭的程度加強，則貿易利得除生產利得與消費利得之外，尚有競爭利得或資源重分派利得。

7. 規模經濟認為，國際貿易的發生，乃是生產規模擴大、生產成本下降所致。外部規模經濟、動態外部經濟、及內部規模經濟均會導致國際貿易的發生，如果內部規模經濟繼續存在，則自由貿易必然導致貿易國中至少一國完全專業生產某種產品的結果。

8. 技術差距論認為，國際貿易的發生，乃是各國的技術創新與模仿交替產生的結果。在一個動態社會，創新經常不斷發生，因此也就有國際貿易不斷地進行。

9. 產品循環理論認為，國際貿易的發生，乃是一種產品的生產歷經創新初級階段、技術成熟階段、及大量標準化生產階段的循環運作結果。隨著產品生產階段的變遷，各國所具有比較利益的產品也隨之發生改變，各國的貿易型態也因而發生變化。

10. 經濟成長階段理論認為，國際貿易的發生，乃是由於各國經濟發展程度不同，所生產產品的等級與性質不同，基於雙方經濟活動對各種產品的需要，而相互交流貿易。

11. 偏好相似理論認為，國際貿易的發生，乃是由於兩國的需求偏好有相同的部分，兩國因此對產品需求之品質變動範圍有相重合的部分，而在此範圍內進行產品的貿易。兩國的需求偏好愈相近，對產品需求之品質變動範圍重合的部分也就愈大，兩國的貿易量也就愈多。

12. 產業內貿易理論認為，國際貿易的發生，乃是由於各國產品的異樣化與偏好的不同和種類多所致。在此情況下，成本因素與需求因素對於國際貿易型態與貿易流量大小的決定，均扮演相當重要的角色。

13. 除最後產品外，國際間尚有中間產品、自然資源、生產要素、技術、及證券等非最後產品的貿易。

 重要名詞

投入—產出表	李昂鐵夫矛盾
有效勞動力	人力資本
剩餘出口理論	存在性理論
國際卡特爾	傾銷
外部規模經濟	內部規模經濟
動態外部經濟	學習曲線
技術差距理論	產品循環理論

經濟成長階段理論　　　　　　偏好相似理論

產業間貿易　　　　　　　　　產業內貿易

 問題練習

1. Leontief 如何對赫克紹—歐林定理進行實證研究？其結果如何？

2. 何謂李昂鐵夫矛盾？經濟學者曾用那些理由來調和其與赫克紹—歐林定理之間的矛盾？

3. 試述剩餘出口理論的要旨，並評論其與赫克紹—歐林定理不同之處。

4. 試述存在性理論的要旨，並評論其與赫克紹—歐林定理不同之處。

5. 試述不完全競爭理論的要旨，並評論其與赫克紹—歐林定理不同之處。

6. 試以圖形剖析國際貿易打破國內獨佔情況下之貿易利得。

7. 何謂國際卡特爾？其形成的要件有那些？其形成的目的何在？

8. 試述規模經濟理論的要旨，並評論其與赫克紹—歐林定理不同之處。

9. 試述技術差距理論的要旨，並評論其與赫克紹—歐林定理不同之處。

10. 試述產品循環理論的要旨，並評論其與赫克紹—歐林定理不同之處。

11. 美國為何是一創新活動較多的國家？技術創新在目前的國際貿易中扮演怎樣的角色？

12. 試述經濟成長階段國際貿易理論的要旨，並評論之。

13. 試述偏好相似理論的要旨，並評論其與赫克紹—歐林定理不同之處。

14. 試述產業內貿易理論的要旨，並評論其與赫克紹—歐林定理不同之處。

15. 試分析要素移動對國際貿易量可能的影響。

◆ 第八章　國際貿易的一般均衡分析

完整的國際貿易分析，應是一般均衡分析，即必須同時考慮所有產品的供給與需求兩種因素。截至目前，吾人均著重於供給面的探討，而暫時擱置了需求因素，本章將把供給與需求兩種因素合併於一起討論。最早注意到需求因素對國際貿易之重要性的為 Mill (1848)，其交互需求法則強調需求因素對國際貿易具有重大的影響。不過，需求因素對國際貿易的影響力並非所有國家都是一樣的，如小國對國際貿易條件並沒有影響力，故其需求因素在國際市場上並不重要；但大國對國際貿易條件具有影響力，故其需求因素在國際市場上就顯然重要；若兩國的大小大致相稱，則兩國的需求因素對國際貿易都很重要。

■ 第一節　一般均衡的達成

何謂一般均衡 (general equilibrium) 呢？對閉鎖經濟而言，一般均衡是指所有市場之供給與需求達於均等的狀態；對開放經濟而言，一般均衡是指所有市場之供給與需求且進口與出口數額達於均等的狀態。

🌐 一、閉鎖經濟的一般均衡分析

以圖 8–1 表示，當社會無異曲線與生產可能曲線相切於 E 點時，表示閉鎖經濟達於一般均衡。因為在 E 點，X 與 Y 兩種產品的供給等於需求，且需求面之社會無異曲線的切線斜率等於供給面之生產可能曲線的切線斜率，表示兩種產品消費的邊際替代率 (MRS) 等於生產的邊際轉換率 (MRT)，即消費者對兩種產品的主觀評價（社會價值）等於生產者對兩種

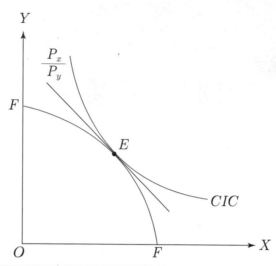

圖 8-1　社會無異曲線與生產可能曲線相切時，閉鎖經濟達於一般均衡

產品生產的成本（社會成本），故閉鎖經濟達於一般均衡❶。以數學式表示為：

$$\frac{MU_x}{MU_y} = MRS = \frac{P_x}{P_y} = MRT = \frac{MC_x}{MC_y}$$

上式中，MU、P、及 MC 分別代表產品消費的邊際效用、價格、及生產的邊際成本，X 與 Y 分別代表兩種產品。若上列等式不成立，在完全競爭的市場機能作用下，供需兩方面同時調整，終究會使得上式再度恢復均等，即經濟最後必然趨於均衡。設 $MRS > MRT$，表示消費者對於 X 產品的主觀評價大於其生產成本，對 Y 產品的主觀評價小於其生產成本。在此情況下，表示 X 產量不足，Y 產量過多，市場機能自然會使得 X 產量增加，Y 產量減少，而使 MRS 再度等於 MRT，經濟因此恢復均衡。

二、開放經濟的一般均衡分析

在開放經濟的情況下，首先，我們討論只有交換變動而沒有生產調整的**稟賦交換模型** (endowment exchange model) 下的一般均衡。這模型只是

---

❶一般均衡是指所有產品及要素市場的供給與需求均達於相等的狀態，但生產可能曲線上任何一點均表示生產要素已經充分就業，所以只需考慮產品市場即可。

一個簡化的開始，並不切合實情。如圖 8–2，E 點為一經濟社會的產品（所得）稟賦點。設現行國內市場價格比率為 PP 之斜率，PP 直線通過 E 點，故 PP 直線亦可視為固定成本的生產可能曲線。貿易前，PP 直線既是生產可能曲線，亦是消費可能線，E 點既是消費點亦是生產點，社會無異曲線 CIC_0 與 PP 直線切於 E 點。於 E 點，兩種產品的供給等於需求，且兩種產品消費的邊際替代率等於生產的邊際轉換率，等於價比 PP 的斜率，表示閉鎖經濟達於一般均衡。

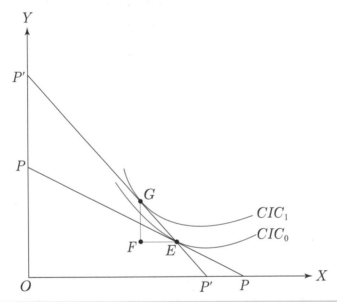

圖 8–2　所得稟賦不變下，單純經由國際貿易亦可使一國的福利水準提高

貿易後，設貿易條件為 $P'P'$ 之斜率，$P'P'$ 仍通過所得稟賦點 E，因此 $P'P'$ 為貿易後之消費可能線，社會無異曲線 CIC_1 與 $P'P'$ 直線切於 G 點，表示消費點為 G，比較 E 點與 G 點，形成貿易三角 $\triangle GFE$，出口 FE 數量的 X 產品，進口 GF 數量的 Y 產品，社會福利水準由 CIC_0 提高至 CIC_1。是故，生產雖未改變，但單純經由國際貿易，亦可使一國的福利水準提高。在 G 點，兩種產品消費的邊際替代率等於生產的邊際轉換率，也等於國際貿易上兩種產品的交換比率；同時，根據 $P'P'$ 價比，EF 的出口值等於 FG 的進口值，表示國際貿易餘額 (trade balance) 達於平衡。因此，G 點代表開

放經濟下一般均衡的達成。

如果將圖 8–2 的總體圖形換成圖 8–3 的個體圖形，將可用以說明國際貿易對社會總體雖然有利，但對個人卻不一定有利。圖 8–3 中，E 點為個人所得稟賦點。貿易前，國內價比為 PP 直線之斜率，個人的所得預算線為 PP，其消費點為 H 點，即以 EF 數量的 Y 換取 FH 數量的 X，福利水準達於 $I_0 I_0$。貿易後，設貿易條件為 $P'P'$ 的斜率，表示 Y 產品的相對價格下降，X 產品的相對價格上升，個人的所得預算線為 $P'P'$。若消費點為 G 點，則以 EF 數量的 Y 只能換取到 FG 數量的 X，福利水準因此由 $I_0 I_0$ 降至 $I_1 I_1$，顯示國際貿易可能使得個人的福利水準下降，這也說明了為何有人反對國際貿易之原因所在。

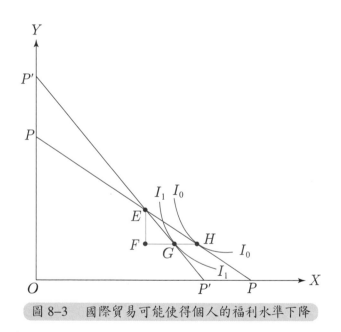

圖 8–3　國際貿易可能使得個人的福利水準下降

其次，討論同時具有生產調整及交換變動之開放經濟下的一般均衡。如圖 8–4，貿易前生產點及消費點均為 E 點，社會福利水準為 CIC_0。貿易後，設貿易條件為 $P_i P_i$，若生產沒有改變而只有進行國際產品交換，則生產點仍為 E 點，消費點為 G 點，社會福利水準提高至 CIC_1；若根據新的價比調整生產，而後進行國際產品貿易，則生產點為 F 點，消費點為 H 點，貿易三角為 $\triangle HIF$，出口 IF 數量的 X 產品，進口 HI 數量的 Y 產品，社會

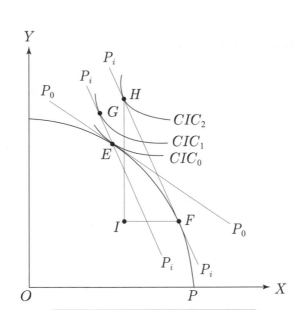

圖 8–4　開放經濟的一般均衡分析

福利水準為 CIC_2。於 H 點，兩種產品消費的邊際替代率（CIC_2 切線的斜率）等於生產邊際轉換率（F 點切線的斜率），均等於國際貿易上兩種產品的交換比率（即貿易條件 P_iP_i 的斜率），且出口值 IF 等於進口值 HI。因此，開放經濟達於一般均衡。

　　由以上分析可知，開放經濟之貿易利得包括消費利得與生產利得。圖中，消費利得是指由 E 點移至 G 點，乃因產品相對價格的改變所引起之社會福利水準的提高；生產利得是指生產點由 E 點移至 F 點後，因趨於專業生產所引起資源重分派，而使消費點得以再由 G 點移至 H 點之利得。

■ 第二節　提供曲線

　　Mill 之交互需求法則的概念，首先由 Edgeworth (1894) 和 Marshall (1879) 以圖形具體化地表示出來，稱之為**提供曲線** (offer curve)。提供曲線將國際貿易之供給因素與需求因素融合在一起而同時分析，所以是國際貿易上的一種重要分析工具。

🔍 一、提供曲線的導引

對於提供曲線的導引，曾有許多學者提出各種不同的方法，其中以 Meade (1952) 在其《國際貿易幾何圖解》(*Geometry of International Trade*) 一書中，對提供曲線所提出的分析，最為詳盡、完整，故以幾何圖解分析國際貿易的方法亦被稱為「米德技巧」(Meade's technique)。

首先，我們介紹一般簡易的提供曲線的導引方法。在圖 8–5 上，根據不同之貿易條件如 P_0P_0 和 P_1P_1 所形成的貿易三角 $\triangle BDA$ 和 $\triangle FGE$，找出不同貿易條件下一國之進口與出口的數量，而後將其繪於進口 (M)－出口 (X) 之產品空間上，各座標點聯線所形成的軌跡，即為提供曲線。根據圖 8–5，貿易條件為 $P_0P_0 = TOT_0$ 時，該國出口 DA 數量的酒，進口 BD 數量的布；貿易條件為 $P_1P_1 = TOT$ 時，該國出口 GE 數量的酒，進口 FG 數量的布。因此，在圖 8–6 上，橫軸為酒 (W) 代表該國的出口品，縱軸為布 (C) 代表該國的進口品，於 TOT_0 時，該國出口 $OW_0 = DA$ 數量的酒，進口 $OC_0 = BD$ 數量的布；於 TOT_1 時，該國出口 $OW_1 = GE$ 數量的酒，進口 $OC_1 = FG$ 數量的布，圖 8–5 的貿易三角與圖 8–6 的進出口數量是相一致且對應的。

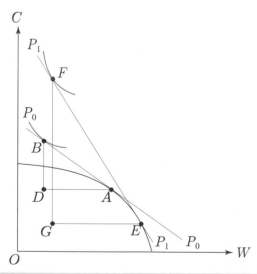

圖 8–5　變動貿易條件形成不同的貿易三角

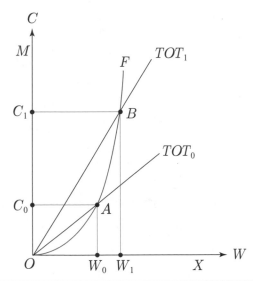

圖 8-6　根據前圖貿易三角即可導出提供曲線

準此，根據圖 8-5 變動貿易條件所形成的貿易三角即可繪出圖 8-6 的提供曲線 OF。

接著，我們介紹 Meade 導引提供曲線的方法，其步驟如下：

㈠導出貿易無異曲線 (trade indifference curve)

貿易無異曲線是指：**兩類產品不論有無貿易、貿易量多少、或進、出口何種產品，其進、出口數量的不同組合均使一國的福利水準維持不變，此組合點的軌跡即為貿易無異曲線。**如何導出貿易無異曲線呢？移動一國之生產可能曲線，在移動的過程中，保持**生產可能方塊** (production possibility block) 的兩軸與橫軸和縱軸相互平行，使其與該國一定的社會無異曲線維持相切，則生產可能方塊原點座標所形成的軌跡即是該國的貿易無異曲線。

圖 8-7，平行移動生產可能方塊與一定的社會無異曲線 CIC_0 切於 C_0、C_1、及 C_2。切於 C_0 點時，生產點等於消費點，表示自給自足，沒有國際貿易發生；切於 C_1 點時，酒之產量為 aC_1，消費量為 bC_1，布之產量為 dC_1，消費量為 eC_1，故出口 ab 數量的酒，進口 ed 數量的布；切於 C_2 點時，酒之產量為 sC_2，消費量為 rC_2，布之產量為 nC_2，消費量為 tC_2，故出口 tn 數

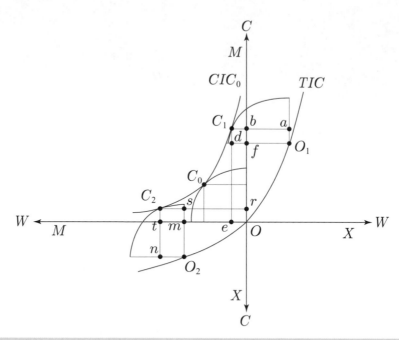

圖 8-7　平行移動生產可能方塊與一定的社會無異曲線相切，生產可能曲線的原點座標連線即構成貿易無異曲線

量的布，進口 rs 數量的酒。如此，連接 O、O_1、及 O_2 等點，即構成貿易無異曲線。當平行移動且與社會無異曲線相切之生產可能方塊無限多時，生產可能方塊之原點座標所形成的軌跡，即可構成一條平滑的貿易無異曲線 (TIC)。

㈡導出貿易無異曲線圖 (trade indifference map)

平行移動一國之生產可能方塊與其不同水準的社會無異曲線相切，生產可能方塊之原點座標連線可以形成不同的貿易無異曲線，即可得到一組的貿易無異曲線圖——圖 8-8。貿易無異曲線的位置愈高（或位於愈左上方），與其所對應的社會無異曲線的位置也愈高,故社會福利水準也就愈大。

生產可能曲線、社會無異曲線、及貿易無異曲線之間有何關係呢? 貿易無異曲線上任何一點均為生產可能方塊之原點，吾人可以證明其切線之斜率與所對應之生產可能方塊和社會無異曲線相切之點的斜率相同，即兩種產品消費的邊際替代率（社會無異曲線切線斜率）等於生產的邊際轉換率（生產可能方塊切線斜率）等於邊際進出口品替代率 (marginal rate of im-

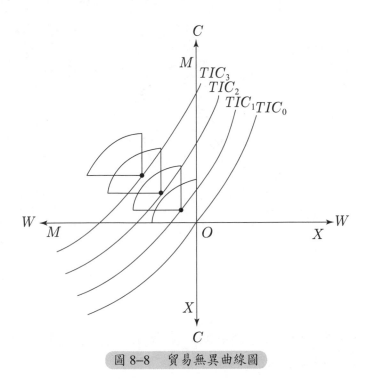

圖 8–8 貿易無異曲線圖

port-export substitution, MRM-XS)（貿易無異曲線切線斜率），亦即貿易無異曲線上任何一點均代表一國之消費、生產、及貿易的同時達到均衡。圖 8–9，當貿易無異曲線上由 T 點移至 S 點時，所對應的生產可能方塊與社會無異曲線的切點由 R 點移至 P 點。T 點與 R 點，S 點與 P 點的切線斜率均相同❷。

㈢導出提供曲線

以各種可能的貿易條件與貿易無異曲線圖相切，其切點所形成的軌跡，即為提供曲線，表示在不同的貿易條件下，一國為達到一定的福利水準，所願意以出口品換取進口品數量的軌跡。

圖 8–10，貿易條件為 TOT_1 和 TOT_2 時，兩者在第一象限與貿易無異曲線沒有切點發生，在第三象限與 TIC_3 及 TIC_2 分別切於 J 點及 I 點；貿易條

---

❷R 點切線的斜率等於消費的邊際替代率，等於生產的邊際轉換率，等於貿易條件。T 點切線的斜率等於邊際進出口品替代率，等於貿易條件。因此，R 點與 T 點的切線斜率相同。

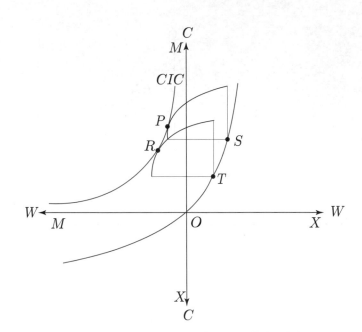

圖 8-9　貿易無異曲線上，任何一點切線斜率等於其所對應之生產可能方塊與社
　　　　會無異曲線相切之點的斜率

件為 TOT_3 和 TOT_4 時，兩者在第一象限與 TIC_2 及 TIC_3 分別切於 H 點及 G
點，在第三象限與貿易無異曲線則無切點發生。連接 J、I、O、H、及 G 等
點，就形成了 KF 的貿易提供曲線。當提供曲線位於第一象限時，表示該
國出口酒，進口布；位於第三象限時，表示該國出口布，進口酒。在沒有需
求逆轉的情況下，通常只就位於第一象限的提供曲線進行分析。

　　提供曲線有各種不同的名稱，如**國際貿易提供曲線** (international trade
offer curve)、**願意貿易曲線** (willing to trade curve)——不同貿易條件下，願
意以出口品交換進口品之數量，**總開支曲線** (total expenditure curve)——出
口數量代表換取進口數量之總開支，或**交互需求曲線** (reciprocal demand
curve)——以出口表示對進口的需求。但一般以提供曲線之稱最為普遍使
用，表示為換取一定數量的進口品所願意提供出口品交換的數量，它是一
條同時表示一國出口供給與進口需求的曲線。

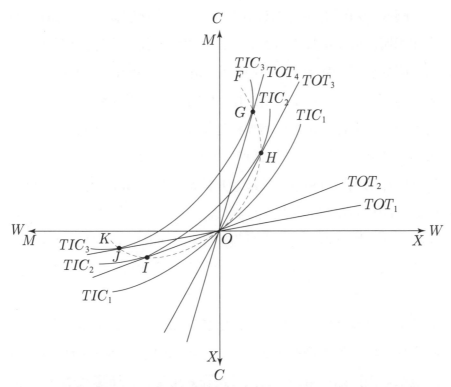

圖 8-10　貿易條件與貿易無異曲線圖相切之點所形成的軌跡構成提供曲線

二、提供曲線的特性

根據提供曲線導引的過程，我們可以得到以下幾點與提供曲線有關的特性：

1.當貿易條件與貿易前國內交換比率相同時，貿易條件將與貿易無異曲線相切於原點，表示沒有國際貿易發生，貿易量等於零，社會福利水準與自給自足下相同。

2.當貿易條件與貿易前國內交換比率不同時，貿易條件將與貿易無異曲線相切，即有國際貿易發生。隨貿易條件的變化，其與位置愈高的貿易無異曲線相切，貿易量愈大，社會福利水準愈高。因為隨貿易條件的變化，而使生產更趨專業時，進、出口數量會愈大，因此可以獲得更多的消費與生產的貿易利得，社會福利水準因此隨貿易量的增加而提高。

3.由圖 8-10 可知，除沒有貿易發生外，每一條貿易無異曲線可與兩種貿易條件相切，表示兩種不同的貿易條件均可以使一國達到相同的福利水準，但不同的貿易條件使本國出口與進口的產品類別正好相反。

4.根據圖 8-10，在第一象限由原點開始之提供曲線上的切線斜率遞增，表示隨進口與出口數量的增加，進口品的邊際效用遞減（因國內消費數量增加），出口品的邊際效用遞增（因國內消費數量減少），因此每增加 1 單位出口品的出口所希望（或願意）換得之進口品的數量依次遞增，這與社會無異曲線所反應的特性正好相同。

5.提供曲線既是需求曲線亦是供給曲線，亦即以出口品的供給表示對進口品的需求，而非以貨幣支付表示對進口品的需求。一國的貿易意願改變，將使其提供曲線發生移動。

6.當提供曲線後彎時，表示進口數量增加，但出口數量反而減少，即可以較少的出口品換取更多的進口品。此乃國內進口品數量增加而致其邊際效用遞減，出口品數量減少而致其邊際效用遞增，所導致的一種進口品與出口品之間邊際替代率遞增現象的極端。或從另一觀點來說：在提供曲線愈上端的部分，貿易條件與貿易無異曲線相切的位置愈高，其所對應之生產方塊與社會無異曲線相切處愈接近生產方塊的端點，這表示生產愈專業，出口品生產的機會成本愈大，其絕對成本亦愈高，出口品的價格因此上升，而能以較少的出口品換取較多的進口品，導致提供曲線後彎。或從彈性的觀點而言，當提供曲線向後彎曲時，表示對進口品的需求缺乏彈性，所以當進口品的價格下降，進口的數量增加時，進口開支──即出口數量反而減少。

進一步以圖 8-11 分析提供曲線後彎的原因。設原先貿易條件為 P_iP_i，生產點為 E 點，消費點為 C_0。現出口品的相對價格上升，貿易條件變為 $P_i'P_i'$，由於貿易條件改變，將產生以下的經濟後果：

(一)消費的替代效果

由於出口品的相對價格上升，消費點因此移至 C_1，表示進口品的消費增加，出口品的消費減少。因此，進口的數量會增加，出口的數量也會增加。

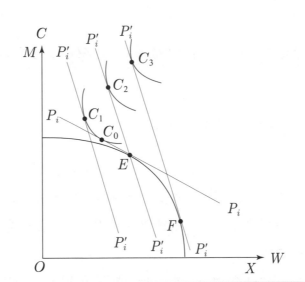

圖 8-11　進、出口品相對價格變動的經濟後果分析

(二)所得效果

即使生產不變，但由於出口品的相對價格上升，實質所得因而提高，在進口品與出口品均非低級財貨的情況下，對進口品與出口品的消費均會增加，消費點因此由 C_1 移至 C_2。

(三)生產的替代效果或資源重分派效果

出口品相對價格上升的結果，出口品的生產會增加，進口替代品的生產會減少，生產點由 E 點移至 F 點。由於資源趨於更有效率的重分派，所得水準因而進一步提高，消費點因此由 C_2 移至 C_3，即對進口品與出口品的消費均增加。

根據以上分析可知，當出口品的相對價格上升時，消費與生產的替代效果均會使得進口與出口的數量同時增加，但所得效果卻會使進口的數量增加、出口的數量減少。若所得效果使出口減少的力量大於消費及生產替代效果使出口增加的力量，則進口增加的結果，出口反而減少，而使提供曲線向後彎曲。但是，此種可能性很小，除非進口品佔一國之消費比例很大且進口品價格下降的幅度很大（或出口數量很大且出口品價格上升的幅度很大），以致產生巨大的所得效果而對一國出口品產生強烈的需求，才會發生這種情況。

◼ 第三節　國際貿易的一般均衡

一、一般均衡的達成

根據上述導引一國之提供曲線的方法，吾人可以導出另一國的提供曲線，當兩國的提供曲線相交時，其交點所決定的貿易條件，就是均衡的國際貿易條件，表示兩國之進、出口數量達於平衡，而此交點也就是達成國際貿易一般均衡之點。

何以兩國之提供曲線相交之點，稱為國際貿易的一般均衡點呢? 因為在該點，全世界兩種產品的供給與需求及進口與出口的數量均達於相等，且生產要素達於充分就業，故國際貿易達於一般均衡。圖 8–12，W 代表酒，C 代表布，M、X 代表 A 國的進、出口，(M)、(X) 代表 B 國的進、出口。

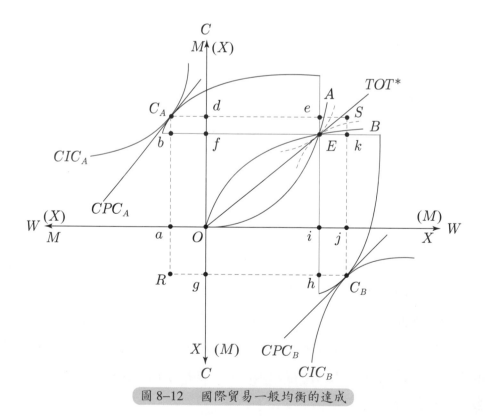

圖 8–12　國際貿易一般均衡的達成

A 國的提供曲線 (*OA*) 與 B 國的提供曲線 (*OB*) 交於 *E* 點。於 *E* 點，A 國出口 *fE* (= *de* = *Oi*) 數量的酒到 B 國，B 國出口 *iE* (= *jk* = *Of*) 數量的布到 A 國，均衡貿易條件 $TOT^* = \dfrac{Ei}{Oi} = \dfrac{Of}{fE}$。根據原點 *O* 與切點 C_A 及 C_B，可知 A 國消費 *Oa* 數量的酒，*Od* 數量的布，B 國消費 *Oj* 數量的酒，*Og* 數量的布。根據生產可能方塊的原點 *E* 與切點 C_A 及 C_B，可知 A 國生產 C_Ae 數量的酒，C_Ab 數量的布，B 國生產 C_Bk 數量的布，C_Bh 數量的酒。全世界布的總消費量等於 $Od + Og = C_AR = SC_B$，酒的總消費量等於 $Oa + Oj = C_AS = RC_B$，□C_ASC_BR 代表全世界對兩種產品的總消費量，可稱之為**消費方塊** (consumption block)。全世界布的總生產量等於 $C_Ab + C_Bk = C_AR = SC_B$，酒的總產量等於 $C_Ae + C_Bh = C_AS = RC_B$，□$C_ASC_BR$ 代表全世界對兩種產品的總生產量，可稱之為**生產方塊** (production block)。因此，全世界兩種產品的總生產（供給）均等於其總消費（需求），供給與需求達於均衡。

就貿易量而言，A 國出口 *de* 數量的酒，進口 *ab* 數量的布；B 國出口 *jk* 數量的布，進口 *Oi* 數量的酒，而 *de* = *fE* = *Oi* = *gh*，*ab* = *Of* = *iE* = *jk*，所以兩國間兩種產品的進、出口數量與總值（根據均衡貿易條件轉換）均達於均等，表示國際貿易達於均衡。

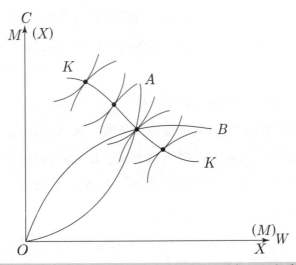

圖 8–13　兩國貿易無異曲線相切之點的軌跡形成國際貿易契約線

　　就替代率而言，於 E 點，均衡貿易條件與兩國的貿易無異曲線相切，表示兩國的邊際進出口品替代率 (*MRM–XS*) 相等，國際貿易達於均衡。又兩國之生產可能方塊與社會無異曲線相切之點的切線斜率——即消費可能線 (*CPC*) 的斜率——均等於均衡貿易條件，表示兩國對兩種產品消費的邊際替代率 (*MRS*) 與生產的邊際轉換率 (*MRT*) 均相等，故達到國際生產與消費的均衡。因之，兩國同時達於 $TOT^* = MRS = MRT = MRM–XS$，表示**全世界兩種產品同時達於生產、消費、及貿易的均衡，故稱之為國際貿易的一般均衡。**

 ## 二、一般均衡分析的特性

　　國際貿易一般均衡的分析具有以下的特性：

　　1. 均衡貿易條件必然介於兩國貿易前之國內交換比率之間。

　　2. 兩國的貿易無異曲線可以相切而形成一條**國際貿易契約線**，國際貿易的均衡點只是契約線上眾多切點中的一點。圖 8–13，*KK* 貿易契約線上的任何一點，就全世界而言，可說是一種國際貿易的巴瑞多最適狀態，表示全世界的福利水準達於最大。此時，若一國的福利水準提高，必然導致另一國的福利水準下降。

　　3. 均衡貿易條件與對手國貿易前國內價格比率愈接近，一國的貿易利得愈大。因為在此情況下，一國對應的貿易無異曲線的位置愈高，表示福利水準愈大。

　　4. 在需求逆轉下，兩國的提供曲線交於第三象限。在沒有需求逆轉下，A 國與 B 國的提供曲線交於第一象限的 E 點，A 國出口酒、進口布，B 國出口布、進口酒——圖 8–12。若 A 國對酒、B 國對布產生強烈的需求，以致兩國的提供曲線交於第三象限的 E' 點，則變成 A 國出口布、進口酒，B 國出口酒、進口布的現象——圖 8–14。

　　5. 若兩國的提供曲線交於原點，表示兩國貿易前的國內交換比率相同，沒有國際貿易發生——圖 8–15。

　　6. 貿易利得可以貿易前的價格表示，亦可以貿易後的價格表示。圖 8–16，

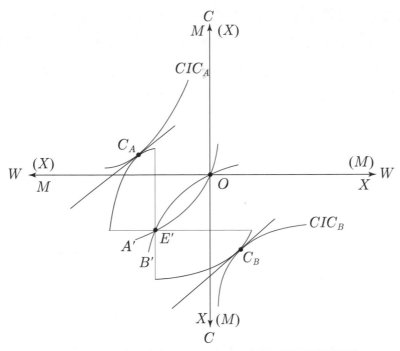

圖 8-14　兩國發生需求逆轉，提供曲線交於第三象限

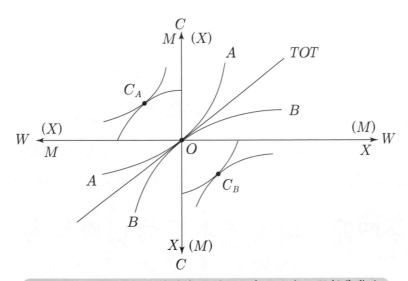

圖 8-15　兩國的提供曲線交於原點，表示沒有國際貿易發生

α 與 β 直線代表貿易前兩種產品的價比，a 與 b 直線代表貿易後兩種產品的價比。β 直線與貿易前的生產可能方塊 (PPC_1) 相切於 E_1，E_1 點代表貿易前的均衡點；a 直線與貿易後的生產可能方塊 (PPC_2) 相切於 E_2，E_2 點代

表貿易後的生產均衡點。作 α 直線通過 E_2 點且平行於 β 直線，表示貿易後的生產以貿易前的價格表示，所以 AC 代表以酒衡量，用貿易前之價格表示的貿易利得；作 b 直線通過 E_1 點且平行於 a 直線，表示貿易前的生產以貿易後的價格來表示，所以 BD 代表以酒衡量，用貿易後之價格表示的貿易利得。

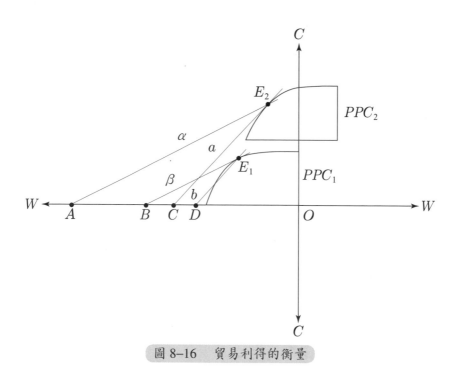

圖 8–16　貿易利得的衡量

　　藉助 Meade 的國際貿易圖形，吾人可知參與國際貿易兩國之生產結構、消費結構、貿易方向、貿易條件、貿易量、及貿易利得的大小。

第四節　固定成本下的國際貿易一般均衡

一、固定成本下的提供曲線

在生產成本固定下，生產可能方塊為一直角三角形。圖 8–17，貿易前，

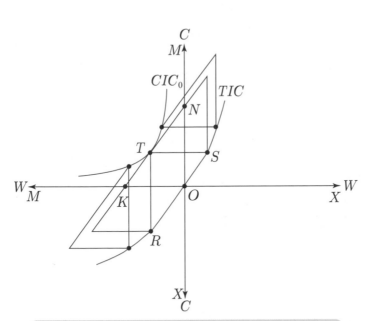

圖 8–17　固定成本下，貿易無異曲線呈現直線線段

生產可能方塊 △ONK 與社會無異曲線 CIC_0 切於 T 點。在平行移動生產可能方塊與社會無異曲線相切的過程中，只要任何生產可能方塊的弦與 NK 有一部分重合，則其與 CIC_0 若有相切之處，切點必然為 T 點。這些與社會無異曲線 CIC_0 切於 T 點之所有生產可能方塊的原點座標連線形成 RS 直線的貿易無異曲線，RS 線段對應且平行於 NK 線段。超過 RS 線段部分的貿易無異曲線，皆是端點與社會無異曲線 CIC_0 相切於 T 點之外的生產可能方塊的原點座標所形成的軌跡。因此，在固定成本下，整條貿易無異曲線，除直線線段外（不包括 R 與 S 兩點），皆為完全專業與貿易的組合點。

　　在固定成本下，由於貿易無異曲線呈現直線線段，因此不同貿易條件與其相切所形成的貿易提供曲線——如圖 8–18 的 OEF，亦呈現 OE 的直線線段。整條提供曲線，除直線線段外（不包括轉折點 E），均代表完全專業與貿易的組合點。

二、固定成本與國際貿易均衡

　　在固定成本下，若兩國均是大國，則國際貿易的結果會導致兩國均為

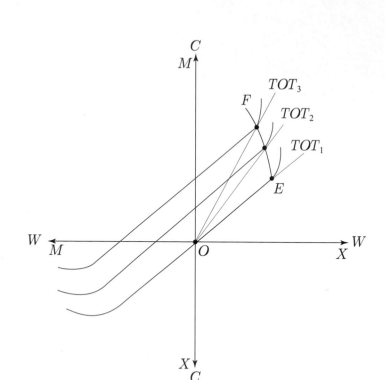

圖 8-18　固定成本下，貿易提供曲線呈現直線線段

完全專業生產。圖 8-19，設 A 國與 B 國均為大國，A 國的提供曲線 (OA)
與 B 國的提供曲線 (OB) 交於 E 點，該點代表固定成本下國際貿易一般均
衡的達成。由於兩國的提供曲線均於非直線的部分相交，表示 A 國完全專
業於酒（生產點 G），B 國完全專業於布（生產點 H）的生產。

　　在固定成本下，若一國是大國，一國是小國，則國際貿易的結果會導
致小國完全專業於一種產品的生產，而大國則同時生產兩種產品，貿易條
件與大國貿易前的國內交換比率相同。圖 8-20，設 A 國為小國，B 國為大
國，A 國非直線部分之提供曲線與 B 國直線部分之提供曲線相交於 E 點，
該點代表固定成本下國際貿易一般均衡的達成。於 E 點，貿易條件 TOT *
為 B 國貿易前之國內交換比率。A 國生產點為 G，完全專業生產 EG 數量
的酒，B 國生產點為 H，生產 EK = JH 數量的布，EJ = KH 數量的酒。A 國
消費 RG 而出口 RE = SK 數量的酒，B 國消費 SH 數量的酒，故除自 A 國進
口 SK = RE 數量的酒之外，尚需自行生產 KH 數量的酒，B 國因此必須同

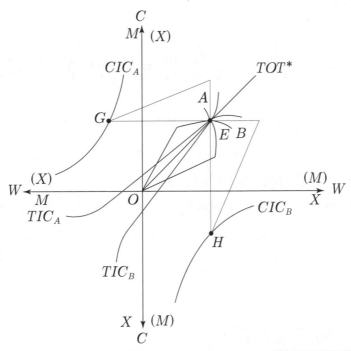

圖 8-19　在固定成本且兩國均是大國下，國際貿易導致兩國均完全專業生產

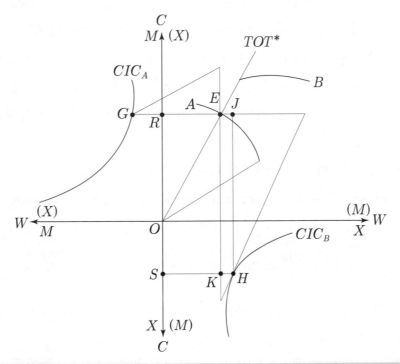

圖 8-20　在固定成本下，一大國一小國進行國際貿易的結果，導致小國完全專業
　　　　生產，大國同時生產兩種產品

時生產兩種產品。

第五節　國際貿易的均衡與穩定

兩國之提供曲線相交之點，表示國際貿易達於一般均衡，同時也決定了均衡的貿易條件。由以上的分析可知，舉凡一國的生產、消費、貿易方向、貿易量、貿易利得、要素報酬、要素所得分配、及社會福利水準等，都與均衡貿易條件的高低有密切的關係。國際貿易均衡一經達成之後，該均衡是否為一穩定的狀態，又與一國經濟政策的採行與福利水準的高低有相當密切的關係。因此，本節首先討論貿易條件的種類，再討論國際貿易均衡是否穩定的問題。

一、貿易條件的分類

經濟學上的均衡著重於事前 (ex ante) ── 或意願 (intended)、計畫 (planned) 的觀念，故均衡的貿易條件即為：能使兩個國家願意進口及出口的數量達於均等的出口品價格指數對進口品價格指數的比率，或進口品數量指數對出口品數量指數的比率。值得注意的是，這裡所強調的是「願意」而非「實際」的進出口數量達於均等。在國際貿易上，吾人可將貿易條件區分為以下幾項：

㈠淨易貨貿易條件 (net barter terms of trade)

又稱為商品貿易條件 (commodity or merchandise terms of trade)，計算公式為：

$$TOT_n = \frac{PI_x}{PI_m} \times 100$$

式中 PI_x 及 PI_m 分別代表出口品及進口品的價格指數，乘以 100 乃貿易條件是以百分比表示。

國際貿易的最終目標在於進口，出口只是獲得進口的一種手段。因此，如果 TOT_n 上升，表示一定的出口數量可以換取更多的進口品，即貿易條件改善；TOT_n 下降，表示一定的出口數量只能換取較少的進口品，即貿易條件惡化。例如，2010 年我國的淨易貨貿易條件為 100，即 $\dfrac{PI_x}{PI_m} = 1$，如果於 2011 年間，我國出口品的價格指數上升 10%，進口品的價格指數下跌 5%，則淨貿易條件成為 115.8，表示每單位的出口品可以額外多換取 0.158 單位的進口品。

㈡毛易貨貿易條件 (gross barter terms of trade)

計算公式為：

$$TOT_g = \frac{QI_m}{QI_x} \times 100, \quad 或 \quad \frac{VI_m / PI_m}{VI_x / PI_x} \times 100$$

上式中，QI_x 及 QI_m 分別代表出口品及進口品的數量指數，VI_x 及 VI_m 分別代表出口品及進口品的價值指數。除非所比較的兩個時點的國際收支均為平衡，否則毛易貨貿易條件的變動即無意義。若兩個時期的國際收支都平衡，則吾人可由毛易貨貿易條件的變動來推算出淨易貨貿易條件的變動。

㈢所得貿易條件 (income terms of trade)

又稱進口能力指數 (capacity to import index)，計算公式為：

$$TOT_y = \frac{PI_x}{PI_m} \times QI_x$$

所得貿易條件用以衡量一國以出口為基礎之進口能力的變化，所得貿易條件上升表示進口能力提高，所得水準上升。例如，2010 年我國的淨易貨貿易條件為 100，如果於 2011 年間，我國出口品的價格指數上升 10%，進口品的價格指數下跌 5%，而出口品的數量指數上升 20%，則淨易貨貿易條件為 115.8，而所得貿易條件為 138.96，表示在這一段期間我國的進口能力增加了 38.96%。事實上，進口能力或所得水準的高低，並非單獨決定於計算所得貿易條件所包括的這些因素，其他因素（如資本移轉）亦是影響一國進口能力的重要因素，因此所得貿易條件或進口能力指數之稱並非十分妥當。

(四)要素貿易條件 (factoral terms of trade)

如果產品價格等於其所有生產要素的報酬——即尤拉定理成立，且產品生產所需之要素投入不變，則國際間產品的交換實際上是一種間接的生產要素的交換。在此情況下，貿易條件可稱之為要素貿易條件。但事實上，由於產品生產所需的要素投入或要素的品質時有變動，因此很難準確計算產品價格與投入要素報酬之間的關係。要素貿易條件又可分為：

1.**單要素貿易條件** (single factoral terms of trade)，計算的公式為：

$$TOT = \frac{PI_x}{PI_m} \times V_x$$

上式中，V_x 代表一國用之於生產出口品之要素的生產力指數，單要素貿易條件因此是淨易貨貿易條件再加以生產出口品之要素的生產力變動的調整，其可用以測度一國每單位用於生產出口品之生產要素的進口購買力。例如，於 2010 年我國的淨易貨貿易條件為 100，2011 年間，出口品的價格指數上升 20%，且用之於生產出口品之要素的生產力提高 10%，則我國淨易貨貿易條件改善 20%，但以單要素貿易條件計算，貿易條件改善了 32%。這表示就每單位出口品而言，可以額外多換得 0.2 單位的進口品，但就用於生產出口品的每單位要素而言，則可多換得 0.32 單位的進口品。吾人可以計算單一或同時幾種生產要素之生產力的改變所引起的單要素貿易條件的變動。

2.**複要素貿易條件** (double factoral terms of trade)，計算的公式為：

$$TOT = \frac{PI_x}{PI_m} \times \frac{V_x}{V_x^*} \times 100$$

上式中，V_x^* 代表外國用之於生產其出口品之要素的生產力指數。複要素貿易條件是除了考慮一國出口品生產所需之要素的生產力的變動外，亦考慮外國出口品生產所需之要素的生產力的變動。此條件可用以測度一國用之於生產出口品之每單位生產要素所能換得外國用之於生產出口品之生產要素的數量。依據上例，設外國用之於生產出口品之要素的生產力亦提

高了 5%，則以複要素貿易條件計算，我國貿易條件改善了 26%，表示我國
用之於生產出口品之每單位生產要素，可額外多換得 0.26 單位的外國用之
於生產出口品的生產要素。

國際貿易所關心的是一國要素所能換得的外國的財貨與勞務的進口，
而非一國要素所能換得的外國要素的進口，因此單要素貿易條件較複要素
貿易條件更有意義且受重視。值得注意的是，單要素貿易條件是指單一國
家而言，而非指單一生產要素，複要素貿易條件是指兩個國家而言，而非
指兩種生產要素。單要素貿易條件與複要素貿易條件計算的結果可能會不
一致，即一者可能改善，另一者可能惡化。由於要素貿易條件實際上難以
計算，故通常還是以淨易貨與毛易貨貿易條件較為普遍使用。

貿易條件的變動與一國福利水準的高低有密切的關係。雖然通常均認
為貿易條件的改善，可以提高一國的福利水準，但並非一定如此，因為引
起貿易條件變動的原因並不確定。在其他情況不變下，如果貿易條件的改
善是由本國所引起的，本國的福利水準一定提高，如果其惡化是由外國所
引起的，則本國的福利水準一定下降。若貿易條件的惡化是由本國經濟發
展所引起的，則對本國福利水準的影響並不確定。例如，貿易條件的惡化
是由於本國經濟成長或技術進步所引起的，本國的福利水準仍然有提高的
可能。職是之故，不能單獨由貿易條件的變動來判定一國福利水準的改變，
尚需考慮生產力、貿易量、資本移動、無形收益（如新知識、新觀念）等
因素的改變，才能判定貿易條件的變動對一國福利水準的影響。

國際貿易條件並非固定而是經常在變的，因為經濟成長、偏好的改變、
貿易障礙的實施、資本的移動、及匯率的改變等因素時常在發生作用，使
得國際間產品的供給與需求經常發生變動而導致貿易條件的改變，這些因
素正是以下幾章及國際金融所探討的重心所在。

 # 二、提供曲線的彈性

提供曲線是一條表示出口與進口之間關係的曲線，因其具有供給與需
求曲線的雙重性質，吾人可探索提供曲線本身的彈性——即進口需求之出

口供給彈性、進口需求彈性、及出口供給彈性。這些彈性觀念在國際經濟分析上，扮演著相當重要的角色。

㈠提供曲線本身的彈性──進口需求之出口供給彈性

在國民所得水準為出口的函數，進口為國民所得水準的函數下，出口增加將使國民所得水準提高，進而使進口增加，進口與出口之間有著增函數的關係存在，因此吾人可以建立起進口需求與出口供給之間的函數關係，而這也正是提供曲線所代表的經濟意義。

進口需求之出口供給彈性是指：進口數量隨出口數量變動而發生的相對反應程度，亦即進口數量變動百分比對出口數量變動百分比的相對比率。計算公式為：

$$\varepsilon = \frac{dM/M}{dX/X} = \frac{dM}{dX}\frac{X}{M}$$

根據此一公式，圖 8–21 中，OF 提供曲線上 K 點的彈性等於 $\frac{KC}{DC}\frac{OC}{KC} = \frac{OC}{DC}$，即 K 點射線所形成之三角形的底邊與 K 點切線所形成之三角形的底邊的相對比率。由此可知，提供曲線上，在原點 (O) 或提供曲線為由原點開始的一直線，則其 ε 均等於 1；原點至 H 點線段之提供曲線的 $\varepsilon > 1$；H 點的 $\varepsilon = \infty$；H 點至 G 點之提供曲線的 $\varepsilon < 0$；G 點的 $\varepsilon = 0$；G 點至 F 點線段之提供曲線為 $0 < \varepsilon < 1$。

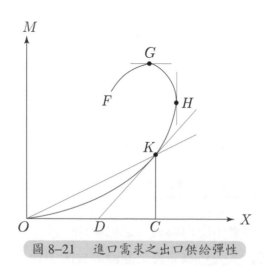

圖 8–21　進口需求之出口供給彈性

㈡進口需求價格彈性 (price elasticity of import demand)

進口需求價格彈性是指: 進口數量隨其相對價格變動而發生的相對反應程度, 亦即進口數量變動百分比對進口品相對價格變動百分比的相對比率。計算公式為:

$$e = \frac{dM/M}{d\left(\dfrac{P_m}{P_x}\right)\bigg/\left(\dfrac{P_m}{P_x}\right)}$$

因為於提供曲線上, 進、出口值必然達於相等——即 $\dfrac{P_m}{P_x} = \dfrac{X}{M}$, 所以:

$$e = \frac{dM/M}{d\left(\dfrac{X}{M}\right)\bigg/\left(\dfrac{X}{M}\right)} = \frac{dM}{d\left(\dfrac{X}{M}\right)}\frac{\left(\dfrac{X}{M}\right)}{M} = \frac{dM}{\dfrac{MdX - XdM}{M^2}}\frac{X}{M^2}$$

$$= \frac{dM}{MdX - XdM}X = \frac{\dfrac{dM}{MdX}X}{1 - \dfrac{XdM}{MdX}} = \frac{\dfrac{dM}{dX}\dfrac{X}{M}}{1 - \dfrac{dM}{dX}\dfrac{X}{M}} = \frac{\varepsilon}{1 - \varepsilon}$$

根據圖 8–21, 於 K 點, $e = \dfrac{\dfrac{OC}{DC}}{1 - \dfrac{OC}{DC}} = \dfrac{OC}{DC - OC} = \dfrac{1}{\dfrac{DC}{OC} - 1} = -\dfrac{OC}{OD} < 0$,

表示只要提供曲線不向後彎曲, 進口需求價格彈性一定為負號❸。因為 $e = \dfrac{\varepsilon}{1 - \varepsilon}$, 所以:

1. $\varepsilon > 1$ 時, $e < -1$, 表示進口需求富於彈性。

2. $\varepsilon = \infty$時, $e = -1$, 表示進口需求為中一彈性。

3. $\varepsilon \to 1^+$ 時, $e = -\infty$, 表示提供曲線本身彈性比 1 大一點時, 進口需求價格彈性為無限大, 即提供曲線為由原點開始的一直線時, 則其進口需求價格彈性無限大。

4. $\varepsilon \to 1^-$ 時, $e = +\infty$, 表示提供曲線本身彈性比 1 小一點時, 進口需求彈性為正無限大。在進口品為正常財貨 (normal goods) 的情況下, 進口

---

❸在進口品為正常財貨下, 進口需求價格彈性的原始符號一定為負, 但若在定義需求價格彈性時加上負號, 則進口需求價格彈性將以正號表示。

需求彈性為負號；若進口品為季芬財貨 (Giffen goods)，則進口需求彈性為正號，但其不可能為正的無限大。

5. $0 < \varepsilon < 1$ 時，$e > 0$，表示進口品為季芬財貨。季芬財貨為 $e > 0$ 之必要但非充分條件，即 $e > 0$ 必然表示進口品為季芬財貨，但若進口品為季芬財貨，並不一定導致 $e > 0$，而仍有可能 $e < 0$。因為進口需求等於國內需求減去國內供給——即超額需求，若進口品的價格下跌導致對進口品的需求減少——季芬財貨，但國內進口替代財的生產可能減少得更多，因而導致進口數量反而增加，所以進口需求彈性仍然小於零。因此，當進口品價格下跌時，只有在對進口品需求減少的幅度大於國內進口替代財生產減少的幅度時，進口數量才會減少，進口需求彈性才會為正號。

6. $\varepsilon < 0$ 時，$-1 < e < 0$，表示進口需求缺乏彈性。

7. $\varepsilon = 0$ 時，$e = 0$，表示進口需求完全缺乏彈性。

$\varepsilon > 1 \to e < -1$，表示提供曲線向後彎曲之前，進口需求富於彈性，故隨進口品價格的下降（上升），其進口數量增加（減少），出口總支出亦隨之增加（減少）；$\varepsilon < 0 \to -1 < e < 0$，表示提供曲線向後彎曲，進口需求缺乏彈性，故隨進口品價格的下降（上升），其進口數量增加（減少），出口總支出反而隨之減少（增加）。

(三)出口供給價格彈性 (price elasticity of export supply)

出口供給價格彈性是指：出口數量隨其相對價格變動而發生的相對反應程度，亦即出口數量變動百分比對出口品相對價格變動百分比的相對比率。計算公式為：

$$\eta = \frac{dX/X}{d\left(\dfrac{P_x}{P_m}\right) \Big/ \left(\dfrac{P_x}{P_m}\right)} = \frac{dX/X}{d\left(\dfrac{M}{X}\right) \Big/ \left(\dfrac{M}{X}\right)} = \frac{dX}{d\left(\dfrac{M}{X}\right)} \frac{M}{X^2}$$

$$= \frac{dX}{\dfrac{XdM - MdX}{X^2}} \frac{M}{X^2} = \frac{MdX}{XdM - MdX} = \frac{1}{\dfrac{dM}{dX}\dfrac{X}{M} - 1} = \frac{1}{\varepsilon - 1}$$

根據圖 8–21，於 K 點，$\eta = \dfrac{1}{\dfrac{OC}{DC} - 1} = \dfrac{DC}{OC - DC} = \dfrac{DC}{OD} > 0_0$，表示只要提

供曲線不往後彎曲，出口供給價格彈性一定為正號。因為 $\eta = \dfrac{1}{\varepsilon - 1}$，所以：

(1) $\varepsilon = 1$ 時，$\eta = \infty$。

(2) $\varepsilon > 1$ 時，$\eta > 0$。

(3) $\varepsilon = \infty$ 時，$\eta = 0$。

(4) $0 < \varepsilon < 1$ 時，$\eta < 0$。

(5) $\varepsilon = 0$ 時，$\eta = -1$。

(6) $\varepsilon < 0$ 時，$0 > \eta > -1$。

根據圖 8–21，$e = \dfrac{OC}{DC - OC}$，$\eta = \dfrac{DC}{OC - DC}$，所以 $e + \eta = -1$。因此，$e < -1$ → $\eta > 0$，表示提供曲線為正斜率而不向後彎曲時，進口需求富於彈性，故隨進口品相對價格的下降（即出口品相對價格的上升），進口數量增加，出口數量亦隨之增加；$-1 < e < 0$ → $\eta < 0$，表示提供曲線為負斜率而向後彎曲時，進口需求缺乏彈性，故隨進口品相對價格的下降，進口數量增加，出口數量反而減少。對於以上所討論的各種有關提供曲線彈性之間的關係，特以圖 8–22 一併表示之。

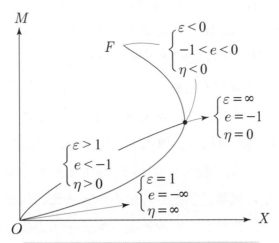

圖 8–22　各種提供曲線彈性之間的關係

三、國際貿易均衡穩定的探討

　　兩國之提供曲線相交之點，達到了國際貿易的一般均衡。在兩種產品模型中，**根據華拉斯法則 (Walras' Law)**，只要其中一種產品的市場達於均衡，則另一種產品的市場亦必然達於均衡。因為：

$$(ED_C^A + ED_C^B) + P(ED_W^A + ED_W^B) = 0$$

式中 ED_C^A 及 ED_C^B 分別代表 A 國及 B 國對布的超額需求——正的超額需求代表進口，負的超額需求代表出口，ED_W^A 及 ED_W^B 分別代表 A 國及 B 國對酒的超額需求，P 代表 $\dfrac{P_W}{P_C}$，即全世界的超額需求均以相同單位——布表示。

　　如果 $ED_C^A + ED_C^B = 0$——即布的國際市場達到均衡，則 $ED_W^A + ED_W^B$ 必然等於零（因為 P 不等於零），表示酒的國際市場亦達到均衡。國際貿易達於均衡後，此一均衡是否穩定 (stable)，決定於國際貿易之各種產品市場的均衡是否穩定。均衡穩定與否與吾人對失衡 (disequilibrium) 的調整過程是**採華拉斯的價格調整**（Walrasian price adjustment）或**馬歇爾的數量調整** (Marshallian quantity adjustment) 的定義有關，某一均衡根據華拉斯調整可能是穩定的，但根據馬歇爾調整則不穩定；反之亦然。以下我們對均衡穩定的討論係根據華拉斯調整的定義法。

　　當市場均衡受到干擾而脫離均衡時，若市場機能能夠使市場重新恢復到原來的均衡，則稱原來的均衡為**穩定均衡** (stable equilibrium)；若市場機能使市場達於另一新的均衡時，則稱原來的均衡為**不穩定均衡** (unstable equilibrium)。但是，無論是穩定均衡或不穩定均衡，只要市場受到干擾後能夠回復到原來的均衡或達於新的均衡，則此一市場就是穩定的；反之，則此一市場就是不穩定的。

　　在市場只有單一均衡點存在的情況下，若市場是穩定的，則該均衡點必然是穩定均衡。圖 8–23，酒的國際市場價格為 P_0 時，A、B 兩國酒的供給與需求達於均等，因此酒的國際市場達於均衡。根據華拉斯價格調整，

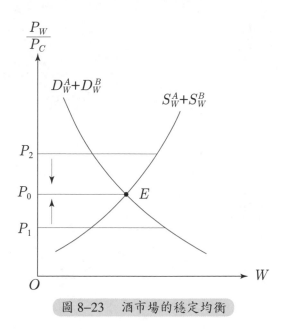

圖 8-23　酒市場的穩定均衡

若市場價格高於 P_0——如 P_2，則酒的國際市場會產生超額供給，酒的價格
會下降，直到其超額供給消失為止；若市場價格低於 P_0——如 P_1，則酒的
國際市場會產生超額需求，酒的價格會上升，直到其超額需求消失為止。
因此，酒的國際市場價格最後必然恢復到 P_0，故酒的市場均衡是穩定的。
同理可以證明，如果國際市場布的供給與需求的情況也如圖 8-23，則布的
市場均衡亦是穩定的——圖 8-24。

　　在兩種產品模型下，吾人可以證明，在國際市場上若一種產品的市場
均衡是穩定的，則另一種產品的市場均衡必然亦是穩定的。當國際貿易達
於均衡時：

$$(ED_C^A + ED_C^B) + P(ED_W^A + ED_W^B) = 0$$

$P = \dfrac{P_W}{P_C}$，因為 $P \neq 0$，所以：

如果 $ED_C^A + ED_C^B > 0$，則 $ED_W^A + ED_W^B < 0$

如果 $ED_C^A + ED_C^B < 0$，則 $ED_W^A + ED_W^B > 0$

因此，根據圖 8-23，如果：

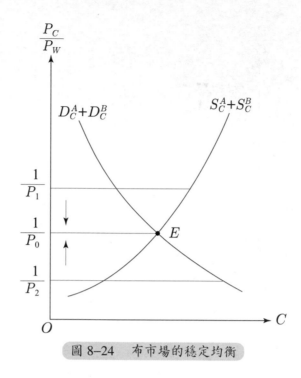

圖 8–24　布市場的穩定均衡

$$P_2 > P_0, \quad ED_W^A + ED_W^B < 0 \tag{1}$$

則根據圖 8–24，必然：

$$\frac{1}{P_2} < \frac{1}{P_0}, \quad ED_C^A + ED_C^B > 0 \tag{2}$$

同理，可知：

$$P_1 < P_0, \quad ED_W^A + ED_W^B > 0 \tag{3}$$

$$\frac{1}{P_1} > \frac{1}{P_0}, \quad ED_C^A + ED_C^B < 0 \tag{4}$$

　　若(1)式及(3)式成立時，酒之國際市場的均衡穩定，則(2)式及(4)式也必然同時成立，即布之國際市場的均衡亦為穩定；若(2)式及(4)式成立時，布之國際市場的均衡穩定，則(1)式及(3)式也必然同時成立，即酒之國際市場的均衡亦為穩定。

　　同理可知，若一個市場的均衡不穩定，則另一個市場的均衡亦不穩定。是故，吾人可經由對一個市場的均衡是否穩定的討論，來判定國際貿易市場的均衡是否穩定。

圖 8–25，ED_W 代表酒之國際市場的超額需求曲線，縱軸代表酒與布的相對價格。貿易條件為 P_0 時，酒之國際市場的超額需求等於零，故其達於均衡；大於 P_0 時，如 P_2 產生 P_2G 數量負的超額需求，酒的相對價格因此下降；小於 P_0 時，如 P_1 產生 P_1H 數量正的超額需求，酒的相對價格因此上升。是故，在此情況下，只有酒之國際超額需求曲線為一負斜率的曲線——即酒的超額需求與酒的相對價格呈減函數的關係，酒之國際市場的均衡才是穩定的。根據圖 8–25，酒之國際市場均衡穩定的條件為：

$$\frac{d(ED_W^A + ED_W^B)}{dP} < 0$$

$$\Rightarrow \frac{dED_W^A}{dP} + \frac{dED_W^B}{dP} < 0$$

上式可以改寫為：

$$\left(\frac{dED_W^A}{dP}\frac{P}{ED_W^A}\right)\frac{ED_W^A}{P} + \left(\frac{dED_W^B}{dP}\frac{P}{ED_W^B}\right)\frac{ED_W^B}{P} < 0$$

A 國對酒之超額需求為負，表示其出口酒；B 國對酒之超額需求為正，表示其進口酒，因此上式可以化為：

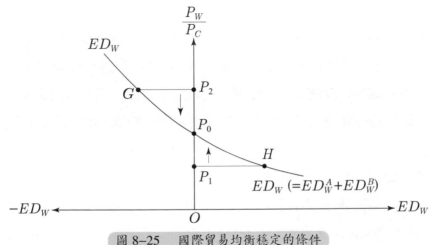

圖 8–25　國際貿易均衡穩定的條件

$$\eta_A \times \frac{ED_W^A}{P} + e_B \times \frac{ED_W^B}{P} < 0$$

式中 η_A 代表 A 國之出口供給價格彈性，e_B 代表 B 國之進口需求價格彈性。上式再化簡為：

$$\frac{1}{P}(\eta_A \times ED_W^A + e_B \times ED_W^B) < 0$$

因為 $\frac{1}{P} \neq 0$，且在均衡點時，$-ED_W^A = ED_W^B$，表示 A 國出口的酒等於 B 國進口的酒，所以：

$$\frac{1}{P}ED_W^B(e_B - \eta_A) < 0$$
$$\Rightarrow e_B - \eta_A < 0$$

又 $\eta_A = -(1 + e_A)$──根據 A 國出口供給與進口需求的價格彈性之和等於 -1 的關係，所以

$$e_B + 1 + e_A < 0$$
$$\Rightarrow e_A + e_B < -1$$

上式表示，只要兩國的進口需求價格彈性之和小於 -1，則國際貿易均衡是穩定的，此一條件稱之為**馬歇爾─婁勒條件** (Marshall-Lerner condition)，**是國際貿易均衡達於穩定的充分且必要條件。**（另一導引馬歇爾─婁勒條件的方法，請參閱本章附錄。）

在提供曲線不向後彎曲的情況下，一國之進口需求價格彈性必然小於或等於 -1，因此只要兩國的提供曲線不在後彎的部分相交，則必然滿足馬歇爾─婁勒條件，國際貿易均衡因此必然是穩定的。只有兩國之提供曲線均於後彎的部分相交，才可能無法滿足馬歇爾─婁勒條件。因此，兩國之進口需求均缺乏彈性，或兩國之提供曲線於後彎的部分相交，是國際貿易均衡不穩定的必要但並非充分條件。

除單一均衡外，國際貿易均衡亦可能產生多重均衡 (multi-equilibria) 的情況。圖 8–26，A 國之提供曲線 (*OA*) 與 B 國之提供曲線 (*OB*) 均於後彎的

部分相交，產生 E_1、E_2、及 E_3 的多重均衡。在這情況下，不穩定的均衡點 (E_2) 介於兩個穩定的均衡點 (E_1 及 E_3) 之間。設原來的均衡點為 E_2，若貿易條件脫離 TOT_2 而為 TOT_4，則 A 國酒的出口供給大於 B 國酒的進口需求，A 國布的進口需求大於 B 國布的出口供給。因此，均衡點會由 E_2 移至 E_1，均衡貿易條件成為 TOT_1，表示 A 國的貿易條件惡化，B 國的貿易條件改善。若貿易條件脫離 TOT_2 而為 TOT_5，則 A 國酒的出口供給小於 B 國酒的進口需求，A 國布的進口需求小於 B 國布的出口供給。因此，均衡點會由 E_2 移至 E_3，均衡貿易條件成為 TOT_3，表示 A 國的貿易條件改善，B 國的貿易條件惡化。顯然地，E_2 為不穩定的均衡。

當 E_1 及 E_3 受到小干擾時——即貿易條件於均衡點附近變動，最後仍會回到原來的均衡，均衡貿易條件仍然不變，因此 E_1 及 E_3 為穩定的均衡。但是，E_1 及 E_3 只是**局部的均衡穩定** (local equilibrium stability) 而不是**全面的均衡穩定** (global equilibrium stability)，即其受到小干擾時仍會回到原來的均衡點，但受到大干擾時則否。唯有在單一均衡的情況下，無論受到任何干擾仍會回到其原來的均衡，全面的均衡穩定才可能實現。另根據馬歇爾－婁勒條件可知：在 E_2 點，由於兩國的提供曲線均已很後彎，故不可能滿足 $e_A + e_B < -1$ 的條件。但在 E_1 及 E_3 點，由於其中一國的提供曲線尚未

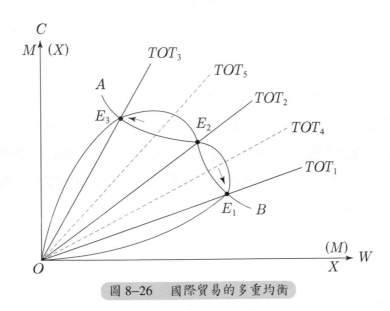

圖 8–26　國際貿易的多重均衡

很後彎，故能滿足 $e_A + e_B < -1$ 的條件，所以均衡是穩定的。另一種由圖形判定均衡是否穩定的方法為：若兩國的提供曲線由上方相交——如 E_2 點，則均衡為不穩定的，若兩國的提供曲線由下方相交——如 E_1 及 E_3 點，則均衡為穩定的。

國際貿易多重均衡的極端情況為**中性均衡** (neutral equilibrium)。如圖 8-27，兩國的提供曲線有 *GH* 線段重合，有無限多的國際貿易均衡點存在，均衡貿易條件無法決定，故 *GH* 線段又稱之為**未定區域** (indeterminate regions)。

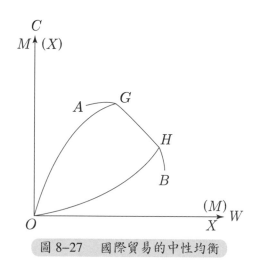

圖 8-27　國際貿易的中性均衡

在有多重均衡或中性均衡的情況下，兩國均會設法以經濟政策來達到本國認為最有利的均衡情況。如圖 8-26，原來的均衡點為 E_2 點，但 A 國認為 E_3 點對其較為有利，B 國認為 E_1 點對其較為有利，則 A 國會設法使均衡國際貿易條件往 TOT_3 移動，B 國會設法使均衡貿易條件往 TOT_1 移動，因而產生兩國經濟政策相互競爭、對抗的情況。但是，於追求達到最有利均衡的過程中，兩國均應認識一個事實，那就是不穩定的均衡，無法以政策加以維持；穩定的均衡除非在採取重大的政策變動外，亦無法加以改變。

摘　要

1. 同時考慮所有產品之供給與需求的國際貿易分析,稱之為一般均衡分析。

2. 在閉鎖經濟下, 社會無異曲線與生產可能曲線相切之點, 兩種產品的供給等於需求, 且產品消費的邊際替代率等於生產的邊際轉換率, 故達於閉鎖經濟的一般均衡。

3. 在開放經濟下, 貿易條件與生產可能曲線及社會無異曲線相切之點, 兩種產品的總供給等於總需求, 出口等於進口, 且產品消費的邊際替代率等於生產的邊際轉換率等於國際貿易的邊際進出口替代率, 故達於開放經濟的一般均衡。

4. 貿易無異曲線是指: 兩種產品不論有無貿易、貿易量不論多寡、或進出口何種產品, 均使得一國之福利水準維持不變之進、出口數量組合點的軌跡。貿易無異曲線上任何一點的切線, 其斜率均表示兩種產品消費的邊際替代率等於生產的邊際轉換率、亦等於貿易的邊際進出口轉換率, 故代表開放經濟一般均衡的達成。一組形態完全相同的貿易無異曲線即構成貿易無異曲線圖, 同圖中貿易無異曲線的位置愈高, 其所代表的社會福利水準愈大。

5. 貿易無異曲線圖中各無異曲線依次與各種可能的貿易條件相切之點所構成的軌跡, 形成提供曲線, 此曲線表示在不同的貿易條件下, 一國為達到一定的福利水準, 所願意以出口品換取進口品數量的軌跡。提供曲線亦稱貿易提供曲線、願意貿易曲線、總開支曲線, 或交互需求曲線。

6. 貿易條件變動將產生消費替代效果、所得效果、及生產替代效果, 而使一國願意貿易的數量發生改變。

7. 兩國貿易提供曲線相交之點,表示雙方兩種產品的總供給等於總需求、總出口等於總進口,且兩國對兩種產品同時達於消費的邊際替代率等於生產的邊際轉換率,亦等於貿易的邊際進出口替代率 (即貿易條件）的均等狀態，故稱之為雙方貿易的一般均衡。

8. 國際貿易的一般均衡具有以下的特點：均衡貿易條件必然介於兩國貿易前國內交換比率之間，兩國的貿易無異曲線可以相切而形成一條國際貿易契約線，均衡貿易條件與一國貿易前國內交換比率愈接近則該國貿易利得愈小，需求逆轉使兩國的提供曲線相交於第三象限，兩國的提供曲線交於原點，表示兩國間沒有國際貿易發生，及貿易利得可以貿易前或貿易後的價格表示。

9. 在固定成本下，貿易無異曲線呈現直線線段，除此線段外，整條貿易無異曲線皆為完全專業與貿易的組合點。

10. 在固定成本下，所導出的貿易提供曲線亦呈現直線線段，除此線段外，其餘線段上的任何一點均代表完全專業與貿易的組合點。

11. 在固定成本且兩國均是經濟大國下，兩國的提供曲線均在非直線的部分相交，國際貿易導致兩國均為完全專業生產。在固定成本且有一大國、一小國的情況下，小國非直線部分的提供曲線與大國直線部分的提供曲線相交，國際貿易導致小國完全專業生產，大國同時生產兩種產品。

12. 均衡貿易條件是能使兩國願意進口及出口的數量達於均等的一種出口品對進口品的相對價格指數比率，或進口數量對出口數量的相對指數比率。

13. 淨易貨貿易條件又稱商品貿易條件，是指出口品對進口品相對價格指數的比率，其變動表示一國的貿易條件改善或惡化。

14. 毛易貨貿易條件是指進口品對出口品相對數量指數的比率。所得貿易條件又稱進口能力指數，是指出口總值對進口品價格指數的相對比率。在長期國際收支均衡下，其變動可以顯示一國進口能力與國民所得水準的改變。

15. 要素貿易條件可分為單要素貿易條件與複要素貿易條件，前者是指淨易貨貿易條件再加以生產出口品之生產要素生產力變動的指數作調整，可用以測度一國每單位用之於生產出口品之生產要素所能換取進口品數量的多寡;後者是指淨易貨貿易條件再加以本國生產出口品與外國生產出口品之生產要素生產力變動的指數作調整,可用以測度一國每單位用之於生產出口品之要素所能換取外國用之於生產出口品之生產要素數量的多寡。

16.提供曲線上每一點同時兼具三種彈性,即進口需求之出口供給彈性、進口需求價格彈性、及出口供給價格彈性,此三者相互關連,只要知道其一,便可計算出其他兩種彈性。

17.在兩國、兩種產品模型下,一種產品的市場達到均衡,則另一種產品的市場亦必然達到均衡;一種產品的市場均衡是穩定的,則另一種產品的市場均衡亦是穩定的。

18.國際貿易均衡達於穩定的充分且必要條件為兩國之進口需求彈性之和小於 –1,此稱之為馬歇爾—婁勒條件。

19.除單一均衡外,國際貿易亦有可能發生多重均衡或中性均衡的情況。在此情況下,可能導致兩國經濟政策的對抗。

重要名詞

開放經濟一般均衡	貿易無異曲線
貿易無異曲線圖	貿易提供曲線
國際貿易一般均衡	貿易契約線
均衡貿易條件	淨易貨貿易條件
毛易貨貿易條件	所得貿易條件
進口能力指數	單要素貿易條件
複要素貿易條件	進口需求之出口供給彈性
進口需求價格彈性	出口供給價格彈性
華拉斯調整	馬歇爾調整
穩定均衡	不穩定均衡
馬歇爾—婁勒條件	多重均衡

局部均衡穩定　　　　　　　　全面均衡穩定

中性均衡　　　　　　　　　　未定區域

 問題練習

1. 何謂國際貿易的一般均衡分析？需求因素對國際貿易的重要性如何？

2. 圖解閉鎖經濟之一般均衡如何達成？

3. 圖解開放經濟之一般均衡如何達成？

4. 何謂貿易提供曲線？簡述其導引的過程。

5. 貿易提供曲線向後彎曲的原因何在？

6. 何謂國際貿易的一般均衡？試以圖形剖析之。

7. 試圖解在需求逆轉下，國際貿易一般均衡的達成。

8. 試圖解在固定成本下，國際貿易一般均衡的達成，並比較其與成本遞增下國際貿易一般均衡的差異。

9. 何謂均衡貿易條件？簡述各種貿易條件如何計算及其涵意。

10. 提供曲線上任何一點有那些不同的彈性觀念存在？各如何計算？彼此之間有何關係？

11. 何謂國際貿易均衡穩定？在什麼條件下，才能夠實現此一目標？

12. 何謂馬歇爾─婁勒條件？試說明之。

13. 何謂局部均衡穩定？當國際貿易存在多重均衡或中性均衡時，對貿易與國的經濟政策有何影響？

❀附錄：馬歇爾—婁勒條件的導引❀

設兩種產品——酒與布；兩國——本國與外國，本國的進口為酒——$M = D_W - S_W$，D_W 與 S_W 分別為本國之酒的需求與生產；外國進口布——$M^* = D_C^* - S_C^*$，D_C^* 與 S_C^* 分別為外國之布的需求與生產；酒對布的相對價格為 $P = \dfrac{P_W}{P_C}$，則貿易均衡條件為 $PM = M^*$，或 $M = \dfrac{1}{P}M^*$。酒之國際市場的超額需求等於 $M - \dfrac{1}{P}M^*$，因此酒之國際市場均衡穩定的條件為：

$$\frac{d\left(M - \dfrac{1}{P}M^*\right)}{dP} < 0 \tag{1}$$

即 $\dfrac{dM}{dP} < \dfrac{d\left(\dfrac{M^*}{P}\right)}{dP} = \dfrac{1}{P}\dfrac{dM^*}{dP} - \dfrac{M^*}{P^2}$

所以 $\dfrac{dM}{dP}\dfrac{P}{M} < \dfrac{1}{M}\dfrac{dM^*}{dP} - \dfrac{1}{P}\dfrac{M^*}{M}$

根據 $PM = M^*$，得到：

$$\frac{dM}{dP}\frac{P}{M} < \frac{1}{M}\frac{dM^*}{dP} - 1 \tag{2}$$

定義本國進口需求價格彈性為：

$$e = \frac{dM}{dP}\frac{P}{M} \tag{3}$$

外國進口需求價格彈性為：

$$e^* = \frac{dM^*}{d\left(\dfrac{1}{P}\right)}\frac{\dfrac{1}{P}}{M^*} = \frac{dM^*}{-\dfrac{1}{P^2}dP}\frac{\dfrac{1}{P}}{M^*} = -\frac{dM^*}{dP}\frac{P}{M^*} \tag{4}$$

將(3)式與(4)式代入(2)式，即可得到馬歇爾—婁勒條件：

$$e < -e^* - 1$$
$$\Rightarrow e + e^* < -1$$

◆第九章 經濟成長與國際貿易

截至目前為止，我們只限於國際貿易的靜態分析。但是，隨著時間的推進，要素會增長、技術會進步，要素稟賦與貿易型態因而隨之改變。由本章開始，吾人將著重討論經濟成長對國際貿易所產生的影響，亦即進行國際貿易的動態分析。

■ 第一節　經濟成長的分類

一、經濟成長的來源

一個國家在一定時候的生產極限可以生產可能曲線表示，而生產可能曲線可定義為：一個經濟社會，在一定的時候，將其現有固定而可供替代使用的經濟資源，在現行的技術水準之下，作最充分及有效的使用，以生產兩類的產品，所能得到兩類產品最大產量的組合，其軌跡即為該社會的生產可能曲線。若定義中的條件改變，就會使得生產可能曲線發生改變，若生產可能曲線因而往外移，那就表示該社會發生了經濟成長。

生產可能曲線的定義中，假定在一定的時候，生產要素的質與量都是固定的。但如隨著時間的推進，人口成長，勞動數量增加，資本不斷累積，經濟資源已有增加，產出當然也會增加，生產可能曲線因而往外移，形成經濟成長。再者，生產可能曲線的定義中也假設技術水準不變，若技術進步，則生產可能曲線也往外移，引起經濟成長。此外，一個經濟社會的分工與專業的程度更加精進，會使技術進步、產出增加，經濟成長。最後，縱使全國資源與生產技術不變，但生產型態改變——即由小規模生產合併為大規模生產，亦會產生規模經濟，而使產出增加，經濟成長。因之，經濟成長的來源可歸納為：**要素增長**（包括勞動增加與資本累積）、**技術進步**（包含分工與專業的精進）、及**規模經濟**。在一般的分析中，我們通常假設生產為固定規模報酬，即不考慮經濟規模變動的因素，因此討論促進經濟成長的因素只限於要素增長及技術變動。本章的內容限於經濟成長與國際貿易之間概括性關係的探討，以下兩章則分別討論要素增長與技術變動對國際貿易的影響。

二、經濟成長的類型

㈠以生產可能曲線之形態的改變分類

根據生產可能曲線形態的改變，吾人可將經濟成長的類型區分為：

1. **中性成長 (neutral growth)**

即生產可能曲線平行向外移動，表示出口財 (X) 與進口替代財 (M) 的生產均以相同的速度成長——圖 9–1。

2. **偏向成長 (biased growth)**

即生產可能曲線偏向一種財貨而往外移，表示兩種財貨生產的成長速度不一樣。偏向成長又可分為：

⑴**出口偏向成長 (export-biased growth)**

即生產可能曲線偏向出口財 (X) 往外移，表示出口財生產成長的速度大於進口替代財 (M) 生產成長的速度，如圖 9–2 中的 F_1F_1 曲線。

⑵**進口偏向成長 (import-biased growth)**

即生產可能曲線偏向進口替代財 (M) 往外移，表示進口替代財生產成長的速度大於出口財 (X) 生產成長的速度，如圖 9–2 中的 F_2F_2 曲線。

以生產可能曲線形態的變動作為經濟成長分類的標準，一方面只考慮到經濟成長所產生的生產效果，而忽略了經濟成長所產生的消費效果，即完全由生產的供給面來劃分成長類型，而忽略了消費的需求面的重要性。另一方面，這種分類亦無法知道經濟成長對國際貿易的影響。

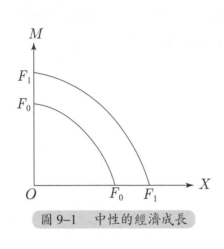

圖 9–1　中性的經濟成長

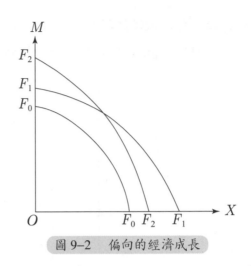

圖 9–2　偏向的經濟成長

㈡以貿易量的變動分類

經濟成長，產出增加，生產結構發生變動，貿易量隨之發生改變，此為經濟成長對國際貿易影響的**生產效果** (production effect)；經濟成長，所得水準提高，消費型態發生改變，貿易量亦隨之發生改變，此為經濟成長對國際貿易影響的**消費效果** (consumption effect)。吾人可以進口或出口佔國內生產毛額（或所得）之比例的變動，作為經濟成長之生產效果與消費效果對國際貿易影響的衡量，進而決定經濟成長的型態。以下我們先分別討論經濟成長之消費效果及生產效果，而後再一併討論其聯合效果。

1.由消費效果分析經濟成長型態

假設(1)生產成本固定，(2)完全專業生產，及(3)貿易條件不變。生產成本固定才能導致完全專業生產，假設完全專業生產旨在排除經濟成長引起生產變動對國際貿易發生影響的生產效果；假設貿易條件不變，即為小國分析（因為小國發生經濟成長，導致貿易量改變並不會影響貿易條件），其目的在於排除價格變動所引發的消費替代效果，而只考慮所得變動所引起的消費效果。圖 9–3，一國在成長前，生產點為 X_0，貿易條件為 M_0X_0 的斜率，消費點為 C，貿易三角為 $\triangle CEX_0$，進口 CE 數量，出口 EX_0 數量，表示該國消費 OE 數量的出口財，CE 數量的進口財，進口財對出口財的相對消費比率為 $tan\theta = \dfrac{CE}{OE}$。成長後，生產點為 X_1，貿易條件為 M_1X_1 的斜率，M_1X_1 與

M_0X_0 為平行，根據消費點的位置，即可知道進口財對出口財的相對消費比率變動情形，從而決定經濟成長之消費效果對國際貿易的影響。

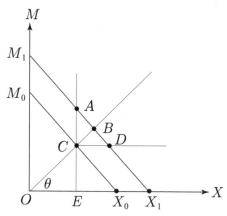

圖 9-3　以經濟成長之消費效果劃分經濟成長型態

為何能以進口財對出口財的相對消費比率來取代進口或出口佔國民所得的比例，而作為判斷消費效果的標準呢? 因為:

$$Y = C_x + C_m \times \frac{P_m}{P_x}$$

上式表示 Y 為以出口財表示的實質國民所得，C_x 及 C_m 分別代表對出口財及進口財的消費。設 $\frac{P_m}{P_x} = 1$，則

$$Y = C_x + C_m$$

對上式之兩邊取自然對數:

$$lnY = ln(C_x + C_m)$$

上式兩邊對 Y 微分，得到:

$$\frac{1}{Y}\frac{dY}{dY} = \frac{1}{C_x + C_m}\left(\frac{dC_x}{dY} + \frac{dC_m}{dY}\right)$$

$$\Rightarrow \frac{1}{Y}dY = \frac{1}{C_x + C_m}\left(\frac{dC_x \times C_x}{C_x} + \frac{dC_m \times C_m}{C_m}\right)$$

$$\Rightarrow \dot{Y} = \frac{C_x}{C_x + C_m}\frac{dC_x}{C_x} + \frac{C_m}{C_x + C_m}\frac{dC_m}{C_m}$$

$$\Rightarrow \dot{Y} = \alpha \dot{C}_x + \beta \dot{C}_m$$

上式表示，所得增加率（即經濟成長率）等於兩種產品消費增加率的加權平均。如果 $\dot{C}_x = \dot{C}_m$，則 $\dfrac{C_m}{C_x}$ 固定不變，$\dot{Y} = \dot{C}_x = \dot{C}_m$。因為 $C_m = M$——即國內完全沒有生產進口替代財而全部依賴進口，所以 $\dot{Y} = \dot{C}_m$ 時，$\dfrac{M}{Y}$ 亦固定不變。如果 $\dot{C}_m > \dot{C}_x$，則 $\dfrac{C_m}{C_x}$ 比率上升，$\dot{Y} < \dot{C}_m$，$\dfrac{C_m}{Y}$ 或 $\dfrac{M}{Y}$ 的比率亦上升；如果 $\dot{C}_m < \dot{C}_x$，則 $\dfrac{C_m}{C_x}$ 比率下降，$\dot{Y} > \dot{C}_m$，$\dfrac{C_m}{Y}$ 或 $\dfrac{M}{Y}$ 的比率亦下降，故可以 $\dfrac{C_m}{C_x}$ 來替代 $\dfrac{M}{Y}$ 作為衡量消費效果的標準。因此，在圖 9–3 中，若消費點為：

⑴ B 點，$\tan\theta$ 不變，$\dfrac{C_m}{C_x}$ 不變，進口或出口佔國民所得的比重不變（國際貿易均衡時出口等於進口，所以 $\dfrac{M}{Y} = \dfrac{X}{Y}$），稱之為中性成長。

⑵落在 AB 之間，$\tan\theta$ 變大，$\dfrac{C_m}{C_x}$ 與 $\dfrac{M}{Y}$ 均上升，表示貿易量增加，進口或出口佔國民所得的比重提高，稱之為**順貿易偏向成長**(pro-trade biased growth)。

⑶落在 M_1A 之間，$\tan\theta$ 大增，進口與出口的數量大幅增加，$\dfrac{C_m}{C_x}$ 及 $\dfrac{M}{Y}$ 的比率大幅提高，稱之為**超順貿易偏向成長**(ultra pro-trade biased growth)。在此情況下，成長後，該國對出口財的消費量比成長前少，表示出口財為低級財貨，即所得水準提高，對其消費量反而減少。由於該國對出口財消費的減少，因而導致其出口數量的大增，以換取更多進口財的輸入。

⑷落在 BD 之間，$\tan\theta$ 下降，$\dfrac{C_m}{C_x}$ 與 $\dfrac{M}{Y}$ 均下降，貿易量小幅增加，但進口佔國民所得的比重下降，稱之為**逆貿易偏向成長**(anti-trade biased growth)。

(5)落在 DX_1 之間，$tan\theta$ 大減，進口與出口的數量減少，$\dfrac{C_m}{C_x}$ 與 $\dfrac{M}{Y}$ 的比率大幅下降，稱之為**超逆貿易偏向成長** (ultra anti-trade biased growth)。在此情況下，成長後該國對進口財的消費量比成長前減少，表示進口財為低級財貨。因此，經濟成長、所得提高後，該財貨的消費量反而減少，國內對出口財貨的消費增加，出口因而減少。

除以進口財對出口財的相對消費比率變化作為經濟成長型態的分類外，吾人同樣可以與消費有關的邊際進口傾向 (marginal propensity to import, MPI) 與平均進口傾向 (average propensity to import, API) 的比較，或進口需求所得彈性 (income elasticity of demand for import) 的大小，來判斷經濟成長之消費效果對貿易量的影響，進而決定成長的型態。

邊際進口傾向是指：所得變動所引起進口變動的相對比率，即 $MPI = \dfrac{\Delta M}{\Delta Y} = \dfrac{\Delta C_m}{\Delta Y}$ ❶。只要進口財不是低級財貨，邊際進口傾向即為大於零的正數。平均進口傾向是指：平均每單位國民所得中用之於進口的百分比，即進口佔國民所得的比例，$API = \dfrac{M}{Y} = \dfrac{C_m}{Y}$。根據邊際與平均之間的關係：邊際大於平均，平均上升；邊際等於平均，平均不變；邊際小於平均，平均下降。準此，比較邊際進口傾向與平均進口傾向的大小，吾人即可知道進口佔所得之比例——即平均進口傾向的變化，而決定成長的消費效果對國際貿易的影響。

進口需求所得彈性是指：進口數量隨所得變動而發生的相對反應程度，亦即進口數量變動百分比對所得變動百分比的相對比率。計算公式為：

$$\varepsilon = \frac{\dfrac{\Delta M}{M}}{\dfrac{\Delta Y}{Y}} = \frac{\Delta M}{\Delta Y} \cdot \frac{Y}{M} = \frac{\Delta C_m}{Y} \cdot \frac{Y}{C_m}$$

如果進口需求所得彈性大於 1，則進口增加的百分比大於所得增加的百分比，進口佔所得的比例提高；如該彈性等於 1，進口佔所得的比例不變；

---

❶由於假設完全專業生產出口財，所以對進口財的消費完全來自進口，即 $M = C_m$，$\Delta M = \Delta C_m$。

小於 1，進口佔所得的比例下降。表 9–1 為根據邊際進口傾向與平均進口
傾向的比較，及進口需求所得彈性的大小所決定的成長貿易偏向。

　　當經濟成長所產生的消費效果為超逆貿易偏向時，$MPI < 0$，$\varepsilon < 0$，表
示進口財為低級財貨；超順及順貿易偏向時，$\varepsilon > 1$，表示進口財為正常財貨
中的高級財貨 (superior goods)。

表 9–1　經濟成長之消費效果對國際貿易的影響

貿易偏向	邊際進口需求傾向與平均進口需求傾向的比較	進口需求所得彈性	進口佔國民所得之比例的變化：↑上升，↓下降
超　順	$MPI > 1$	$\varepsilon > 1$	$\dfrac{M}{Y}$ ↑
順	$MPI > API$	$\varepsilon > 1$	$\dfrac{M}{Y}$ ↑
中　性	$MPI = API$	$\varepsilon = 1$	$\dfrac{M}{Y}$ 不變
逆	$MPI < API$	$\varepsilon < 1$	$\dfrac{M}{Y}$ ↓
超　逆	$MPI < 0$	$\varepsilon < 0$	$\dfrac{M}{Y}$ ↓

2.由生產效果分析經濟成長型態

　　假設⑴生產的機會成本遞增──即不再完全專業生產，⑵貿易條件不
變──為小國分析，排除產品價格變動所可能引起的生產替代效果，及⑶
不考慮對進口替代財與出口財的消費──排除消費變動對國際貿易的影
響。吾人同樣以成長後進口或出口佔國民所得比例的變化，來判斷經濟成
長之生產效果對國際貿易的影響，進而決定經濟成長的型態。但是，如同
上述一樣，同樣可以進口替代財對出口財的相對生產比率的變化，取代進
口（或出口）佔國民所得的比例，而作為劃分經濟成長型態的標準。

　　圖 9–4，成長前，貿易條件為 PP 斜率，其與生產可能曲線 FF 切於 R
點，表示生產 OD 數量的出口財，RD 數量的進口替代財，進口替代財對出
口財的相對生產比率為 $tan\theta = \dfrac{RD}{OD}$。成長後，貿易條件不變，所以 $P'P'$ 與
PP 平行，根據成長後之生產可能曲線 $F'F'$ 與貿易條件 $P'P'$ 相切於何處，

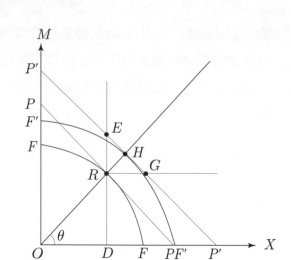

圖 9–4　以經濟成長的生產效果劃分經濟成長型態

即可知道進口替代財對出口財的相對生產比率，從而劃分經濟成長之生產效果對國際貿易的影響。如果成長後的生產點為：

(1)H 點，則 $tan\theta$ 不變，進口替代財對出口財的相對生產比率不變，進口或出口佔國民所得的比例不變，是為**中性成長**。

(2)落於 EH 之間，則 $tan\theta$ 加大，進口替代財對出口財的相對生產比率提高，表示進口替代財生產成長的速度大於出口財生產成長的速度，進口佔國民所得的比例下降，自給自足的程度提高，稱之為**逆貿易偏向成長**。

(3)落於 P'E 之間，則 $tan\theta$ 大幅加大，進口替代財對出口財的相對生產比率大幅提高，進口替代財的生產大幅增加，出口財的生產比成長前還少，貿易量因此減少，進口佔國民所得的比例大幅下降，自給自足的程度更深，稱之為**超逆貿易偏向成長**。

(4)落於 HG 之間，則 $tan\theta$ 變小，進口替代財對出口財的相對生產比率下降，表示進口替代財生產成長的速度小於出口財生產成長的速度，貿易量增加，進口佔國民所得的比例提高，對國際貿易的依賴程度提高，稱之為**順貿易偏向成長**。

(5)落於 GP' 之間，則 $tan\theta$ 大幅減小，進口替代財對出口財的相對生產比率大幅下降，出口財的生產大幅增加，進口替代財的生產比成長前還少，貿易量因此大增，進口佔國民所得的比例大幅提高，對國際貿易的依賴程度更深，稱之為**超順貿易偏向成長**。

同樣地，吾人可以進口替代財邊際供給傾向 (marginal supply propensity of importables, MSPI) 與進口替代財平均供給傾向 (average supply propensity of importables, ASPI) 的比較，及進口替代財供給所得彈性 (income elasticity of supply of importables) 的大小，來判斷經濟成長之生產效果對貿易量的影響，進而決定成長的型態。

進口替代財邊際供給傾向是指：進口替代財生產變動對國民所得變動的相對比率，即 $ASPI = \dfrac{\Delta Z_m}{\Delta Y}$，$\Delta Z_m$ 代表進口替代財生產的變動。進口替代財平均供給傾向是指：平均每單位國民所得中進口替代財生產所佔的百分比，即進口替代財的生產佔國民所得的比例，$MSPI = \dfrac{Z_m}{Y}$。進口替代財供給所得彈性 (σ) 是指：進口替代財的生產隨所得變動而發生的相對反應程度，亦即進口替代財生產變動百分比對所得變動百分比的相對比率。計算公式為：

$$\sigma = \dfrac{\dfrac{\Delta Z_m}{Z_m}}{\dfrac{\Delta Y}{Y}} = \dfrac{\Delta Z_m}{\Delta Y}\dfrac{Y}{Z_m}$$

根據進口替代財邊際供給傾向與平均供給傾向的比較，與進口替代財供給所得彈性的大小，吾人可將經濟成長分類如表 9–2。

表 9–2　經濟成長之生產效果對國際貿易的影響

貿易偏向	進口替代財邊際供給傾向與平均供給傾向的比較	進口替代財所得供給彈性	進口佔國民所得之比例的變化：↑上升，↓下降
超　順	$MSPI < 0$	$\sigma < 0$	$\dfrac{M}{Y}$ ↑
順	$MSPI < ASPI$	$\sigma < 1$	$\dfrac{M}{Y}$ ↑
中　性	$MSPI = ASPI$	$\sigma = 1$	$\dfrac{M}{Y}$ 不變
逆	$MSPI > ASPI$	$\sigma > 1$	$\dfrac{M}{Y}$ ↓
超　逆	$MSPI > 1$	$\sigma > 1$	$\dfrac{M}{Y}$ ↓

表 9–2 顯示，如果 $MSPI < 0$，$\sigma < 0$，則經濟成長的結果，進口替代財的生產反而減少，貿易量因此大增，進口（或出口）佔國民所得的比例大幅提高，對外貿易依賴程度加深，是為超順貿易偏向；如果 $MSPI > 1$，$\sigma > 1$，表示成長後，進口替代財的生產大幅增加，貿易量因此大幅減少，進口佔國民所得的比例大幅下降，對外貿易依賴程度減輕，趨於更加自給自足，是為超逆貿易偏向成長。依此類推，由 $MSPI$ 與 $ASPI$ 的比較，及 σ 的值，即可知道成長後生產效果對貿易量及進口佔國民所得之比例的影響，進而決定經濟成長的類型。

3. 由綜合（或聯合）效果 (combination effect) 分析經濟成長型態

經濟成長所產生之消費與生產兩種效果對貿易量的影響，其作用的方向正好相反，即由消費效果，增加進口財的消費，貿易量增加，是屬順貿易偏向成長；但由生產效果，增加進口替代財的生產，貿易量減少，是屬逆貿易偏向成長。由消費效果，進口財的消費減少，貿易量減少，是屬逆貿易偏向成長；但由生產效果，進口替代財的生產減少，貿易量增加，是屬順貿易偏向成長。是故，經濟成長對貿易量的影響，應視消費與生產的綜合效果而定，即依經濟成長所產生之消費效果及生產效果之變動方向及幅度的大小，來劃分經濟成長的型態，其劃分的原則為：兩種效果的方向相同——同使貿易量增加或減少，則綜合或淨效果亦與之同方向變動；兩種效果的方向相反——一使貿易量增加，一使貿易量減少，則淨效果視兩者相對力量的大小而定；一效果為中性——貿易比重不變，一效果為偏向——使貿易量增加或減少，則淨效果與偏向者同方向變動。

以圖 9–5 分析經濟成長的綜合效果。成長前，生產點 B，消費點 A，出口 BG 數量，進口 AG 數量，構成貿易三角 $\triangle AGB$，其弦（或斜邊）AB 可代表貿易量。當貿易三角變大時，出口增加，進口增加，其斜邊的長度一定增長，表示貿易量增加。成長後，如果生產點為 D——即生產效果為中性，消費點為 C——即消費效果為中性，則貿易量為 CD，貿易三角 $\triangle CHD$ 的端點 H 與成長前貿易三角 $\triangle AGB$ 的端點 G，位於同一條射線 OS 之上。因為 CD 線段代表生產效果及消費效果均為中性時的貿易量，所以

成長後之貿易量等於 CD 線段時，是為中性成長。如果成長後的貿易量小
於 CD 但大於 AB，是為逆貿易偏向成長；小於 AB，是為超逆貿易偏向成長；
大於 CD 但小於 CJ 或 DI，是為順貿易偏向成長；大於 CJ 或 DI 是為超順
貿易偏向成長。

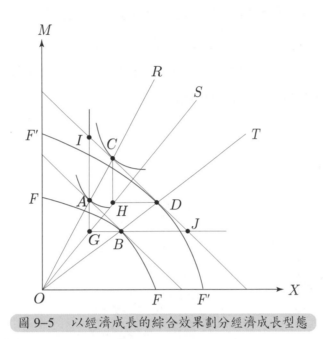

圖 9–5　以經濟成長的綜合效果劃分經濟成長型態

三、經濟成長偏向與貿易條件

　　經濟成長會使得一國進口與出口的數量發生改變，提供曲線發生移動，
貿易條件可能因此發生改變。因之，吾人亦可以提供曲線的移動及貿易條
件的變動作為劃分經濟成長型態的標準。假設一國發生經濟成長，另一國
沒有發生經濟成長，若發生經濟成長的國家為小國，則其經濟成長、貿易
量變動的結果，對貿易條件並沒有影響。

　　圖 9–6，對小國而言，大國的提供曲線為一直線〔因為大國對小國之
出口財的進口需求價格彈性無限大，大國對小國之進口財的出口供給價格
彈性無限大，而由原點開始之射線的進口需求與出口供給的價格彈性均為
無限大（見第八章，圖 8–22)〕。以小國成長前之提供曲線 OF_0 及設定 OF_2

為中性成長時之提供曲線，則經濟成長後若提供曲線移至 OF_4，表示超順貿易偏向成長；移至 OF_3，表示順貿易偏向成長。OF_4 及 OF_3 均位於中性成長提供曲線 OF_2 的右側，表示成長後，小國的貿易量增加，進口或出口佔國民所得的比例提高。若提供曲線移至 OF_1，因其貿易量比中性成長 OF_2 少，但比成長前的貿易量 OF_0 大，表示逆貿易偏向成長；移至 OF_5，因其貿易量比成長前的貿易量 OF_0 還小，表示超逆貿易偏向成長。圖 9–6 顯示一個重要的特性，即在只有小國成長的情況下，貿易量雖然改變，但貿易條件仍然是維持 TOT^* 固定不變的。

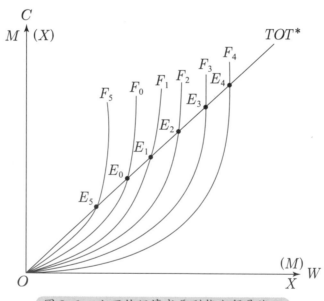

圖 9–6　小國的經濟成長型態與貿易條件

　　若發生經濟成長的國家為大國，則其經濟成長、貿易量變動的結果，會影響國際市場的價格，所以貿易條件會改變。圖 9–7 中，OE 代表沒有發生經濟成長之國家的提供曲線，OF_0 代表大國成長前的提供曲線，OF_2 代表經濟成長為中性時的提供曲線。同樣以 OF_0 及 OF_2 為基準，經濟成長後若提供曲線移至 OF_4，表示超順貿易偏向成長；OF_3，表示順貿易偏向成長；OF_1，表示逆貿易偏向成長；OF_5，表示超逆貿易偏向成長。由圖可知，在貿易對手國沒有發生經濟成長的情況下，大國發生經濟成長的結果，只有在其引起進口需求與出口供給的絕對數量減少的超逆貿易偏向成長下，其貿易條件才會改善（$OT_0 \rightarrow OT_5$）。其他任何貿易偏向的成長，均使其對進口需求與出口供給的絕對數量增加，而導致對進口財發生超額需求，對出口財發生超額供給，貿易條件因此必然惡化。成長後之提供曲線往外移的程度愈大，進口需求與出口供給增加愈多，貿易條件惡化的程度也就愈大。

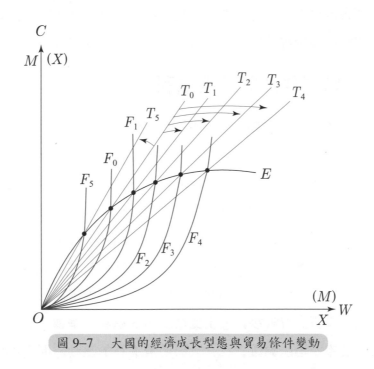

圖 9–7　大國的經濟成長型態與貿易條件變動

第二節　經濟成長與經濟福利

於兩國開放經濟模型下討論經濟成長對一國經濟福利的影響，必須考慮到以下的因素：

1. 是否兩國都成長？

2. 成長發生於那一部門？是中性成長抑偏向成長？是出口部門偏向成長或進口替代部門偏向成長？是單部門成長或兩部門（進口替代業部門及出口業部門）成長？

3.是什麼因素引起成長？要素增長或是技術進步？

4.成長所引起的有關經濟變數的改變如何?如消費與供給之價格彈性、所得彈性、傾向、所得分配等經濟變數的變動。

5.是大國或小國的成長？

以上這些因素對於經濟福利的影響，歸根究底在於：經濟成長之後貿易條件是否會改變？會惡化或改善？變動的幅度會有多大？因之，分析開放經濟下經濟成長對經濟福利的影響，重點落在貿易條件的變動之上。

 ## 一、貿易條件與經濟福利

於閉鎖經濟下，經濟成長引起國民所得水準提高，在其他情況不變下，經濟福利的增加等於國民產出增加之**自發的成長率** (autonomous growth rate)。在開放經濟下，經濟成長的結果，一方面國民所得水準提高，一方面生產與消費結構發生改變，進口與出口的數量可能隨之發生改變。在此情況下，若為小國成長，則貿易條件不變，小國經濟福利的增加仍然等於其自發的經濟成長率。若為大國成長，則貿易條件會發生改變，在其他情況不變下，若貿易條件改善，則福利水準更進一步的提高；若貿易條件惡化，則福利水準提高得較少，甚至比成長前的福利水準還不如。因之，自發的經濟成長率不再能夠確實反映大國經濟福利的變動，而需經貿易條件變動的調整，化為**實現的成長率** (realized growth rate) 之後，才足以代表成長後福利水準的變化。

例如，一國自發的經濟成長率為 5%，若貿易條件不變，實現的成長率亦將為 5%；若貿易條件惡化，則實現的成長率小於 5%；若貿易條件改善，則實現的成長率大於 5%。至於實現的成長率到底為多少，須視一國進出口貿易總額對國內生產毛額的相對比率而定。若比率甚小，則對外貿易條件的變動對國內生產毛額之變動的影響甚微,可忽略而無需加以計算；若比率甚大，則對外貿易條件變動對國內生產毛額之變動的影響亦必甚大，需要加以調整計算。

二、小國之經濟成長與經濟福利

小國發生經濟成長後，縱然其進口與出口的數量發生改變，但由於其對國際市場沒有影響力，即其只是國際價格的接受者而非決定者，因此貿易條件不變，故其經濟福利的變動，在其他情況不變下，完全取決於經濟成長率的高低，即其自發的成長率等於實現的成長率。但是，基於比較利益法則，在出口沒有障礙下，由於小國之國內市場狹小，故偏向出口部門的成長是比較有利的。

 ## 三、大國之經濟成長與經濟福利

大國發生經濟成長後，若其進口與出口的數量發生改變，則會導致貿易條件變動，故其經濟福利的變動決定於自發成長率的大小及貿易條件的變動方向與程度。在貿易對手國沒有發生經濟成長及大國一定的經濟成長率下，超逆貿易偏向成長使貿易條件改善，因此實現的經濟成長率大於自發的經濟成長率；其他任何貿易偏向的成長均使貿易條件惡化，而使實現的成長率小於自發的成長率。

大國發生經濟成長後，對貿易量的影響——即貿易偏向，一方面決定於需求面（或消費效果），而需求面的影響大小則與進口品與出口品之間消費替代性的強弱及消費者偏好的改變有關；一方面決定於供給面（或生產效果），即經濟成長對貿易量影響的大小與資源的流動性、生產技術的改變、及要素價格的變動有關。在其他情況不變下，大國之出口部門的成長率愈大，出口供給價格彈性愈小，對進口財需求的所得彈性愈大或邊際進口傾向愈大或價格彈性愈小；或大國之進口替代部門的成長率愈小，進口替代供給價格彈性愈小，對出口財需求的所得彈性愈小或邊際內銷傾向愈小或價格彈性愈小，則成長後進口與出口的數量增加愈多，貿易條件就愈惡化，實現的經濟成長率也就愈低；反之，貿易條件惡化的程度愈小，甚至可能改善，實現的經濟成長率也就愈高。

四、不利的成長

　　大國發生經濟成長，在其他情況不變下，可能導致其貿易條件惡化，而使實現的成長率小於自發的成長率。在極端的情況下，有可能因經濟成長的結果，導致進口與出口的數量大幅增加，貿易條件過度惡化，其使經濟福利下降的力量乃至超過經濟成長使經濟福利提高的力量，最後經濟福利水準反而比成長前還低，此一經濟成長反而使福利水準下降的現象，稱之為**不利或貧窮的成長** (immiserizing or impoverishing growth)。

　　圖 9–8，橫軸為出口財，縱軸為進口替代財。成長前，貿易條件 P_0P_0，生產點 E，消費點 C_0，社會福利水準 I_0I_0。成長後，若貿易條件不變，則生產點為 G，消費點為 C_1，社會福利水準提高為 I_1I_1；若貿易條件惡化為 P_1P_1，則生產點為 F，消費點為 C_2，社會福利水準下降為 I_2I_2，比成長前的社會福利水準 I_0I_0 還低，不利的成長於焉發生。

　　經濟成長使產出增加，所得水準提高，社會福利水準增加，是為經濟成長對經濟福利影響的**所得效果** (income effect) 或**財富效果** (wealth effect)。但在大國發生經濟成長的情況下，會使貿易條件發生改變，進而影響社會福利水準，是為貿易條件對經濟福利影響的**貿易條件效果** (terms-of-trade effect)。若經濟成長後，貿易條件惡化，而致使負的貿易條件效果大於正的財富效果，則發生不利的成長。

　　從另一觀點而言，與一國福利水準之高低有直接關係的乃是消費水準的高低而非產出數量的多寡。產出水準受成長率的影響，消費水準則同時受成長率與價格的影響。在閉鎖經濟下，若經濟達於總供給等於總需求的均衡，則生產水準等於消費水準，在其他情況不變下，經濟福利的提高等於產出的增加——即自發的經濟成長率。於開放經濟下，當達於國際貿易的均衡時，一國的生產水準必須經貿易條件的轉換才能成為其消費水準，才可以代表其福利水準。若經濟成長，實質產出增加，但貿易條件過度惡化，則經過貿易條件轉換後的消費水準反而比成長前還低，社會福利水準因而下降。

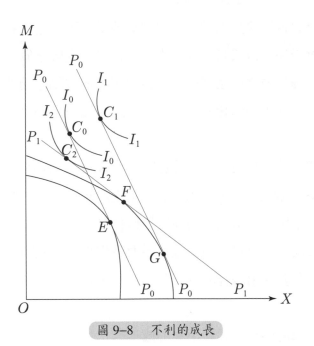

圖 9-8　不利的成長

　　遠在 19 世紀時，Mill (1848) 已發現到經濟成長可能肇致不利成長的後果，因而主張有條件地限制一國的出口。隨後，Edgeworth (1894) 根據(1)兩國均完全專業生產，(2)所生產的產品全部出口而不供國內消費，(3)一國成長，另一國沒有成長，及(4)沒有發生成長之國家的進口需求缺乏彈性等假設，證實發生經濟成長的國家，其成長後的出口收入必然減少，而使國民所得水準下降，福利水準降低。

　　Edgeworth 的不利成長假說，經 Bhagwati (1958) 予以具體化提出，而廣為人們所熟悉。就現代的觀點來看，不利成長的發生，其條件如下：

　　1. 大國成長。因為只有大國才可以影響貿易條件，其經濟成長才可能導致貿易條件惡化。

　　2. 出口部門偏向的成長。在需求偏好不變下，這會導致進口與出口數量的增加，而使貿易條件惡化。

　　3. 在成長前之貿易條件下，經濟成長導致順或超順貿易偏向的成長，而使進口與出口數量大增。

　　4. 外國對經濟成長之國家出口品的需求缺乏彈性。因此，成長後，經濟成長國之出口供給增加的結果，出口品的價格下跌並不會引起外國對其需求量的大量增加，最後必然導致出口品價格的大幅下跌。

5.出口佔經濟成長國之產出或進口佔經濟成長國之消費的比例很大。如此，當貿易條件大幅惡化時，會使得以進口品表示的實質國民所得大幅下降。

6.經濟成長的國家沒有採取**最適關稅** (optimum tariff) 政策。所謂最適關稅政策是指，能使一國福利水準達到最大的關稅政策。若有關稅政策，即可限制進口或出口的數量，而使貿易條件免於惡化。

7.對經濟成長的貢獻，技術進步的力量很小。若技術進步對經濟成長的貢獻很大，除非貿易條件非常惡化，否則不會使經濟成長國的福利水準降低。

貿易條件過度惡化會導致不利的成長，但是否貿易條件不惡化就不會產生不利的成長呢？答案是否定的。縱然貿易條件沒有惡化，但如果經濟成長的過程中發生重大的生產或消費外部不經濟 (external diseconomy)，如生態破壞、空氣污染、水污染、垃圾、噪音、擁擠等，這些外部不經濟的負產出 (disproduct) 使社會福利水準下降的力量若大於經濟成長使社會福利水準提高的力量，亦會導致不利的成長。是故，尋求進口替代部門與出口部門的平衡發展、產品品質的改善、生態環境的維護，或許較一味地追求快速的經濟（或出口）成長，能夠帶給社會更大的經濟福利。

將以上的討論推展到兩國同時成長的情況。在一大國、一小國同時成長的情況下，因為小國以大國的國內交換比率為其貿易條件，因此大國成長後若其國內兩種產品供需變動的結果使得小國出口品的價格大幅下跌，進口品的價格大幅上升，則小國可能遭遇到不利的成長，而大國由於自行決定貿易條件，故其成長後，經濟福利一定提高。在兩大國同時成長的情況下，依兩國之成長究為出口部門偏向或進口替代部門偏向、及對出口財與進口替代財之供給與需求彈性的大小，而決定貿易條件的變化，進而決定兩國經濟成長後之福利水準的變化。

摘　要

1. 生產可能曲線是指：一個經濟社會，在一定的時候，將其現有固定而可供替代使用的經濟資源，在現行的技術水準之下，作最充分而有效的使用，以生產兩類的產品，所能得到兩類產品最大產量組合的軌跡。生產可能曲線往外移，表示經濟成長。

2. 一個經濟社會經濟成長的來源可歸納為：要素增長、技術進步、及規模經濟。

3. 經濟成長可分為中性成長、出口偏向成長、及進口偏向成長，可以生產可能曲線之形態的改變表示之。

4. 經濟成長影響消費，進而影響貿易量，是為經濟成長對國際貿易影響的消費效果。可以進口財對出口財之相對消費比率的變動，或邊際進口傾向與平均進口傾向的比較，或進口需求所得彈性的大小，而將經濟成長劃分為：中性成長、順貿易偏向成長、超順貿易偏向成長、逆貿易偏向成長、及超逆貿易偏向成長。

5. 經濟成長影響生產，進而影響貿易量，是為經濟成長對國際貿易影響的生產效果。可以進口替代財對出口財之相對生產比率的變動，或進口替代財邊際供給傾向與進口替代財平均供給傾向的比較，或進口替代財供給所得彈性的大小，而將經濟成長劃分為：中性成長、逆貿易偏向成長、超逆貿易偏向成長、順貿易偏向成長、及超順貿易偏向成長。

6. 經濟成長對貿易量的影響，視經濟成長之消費與生產的綜合效果而定。由兩種效果變動的方向及幅度的大小，即可瞭解貿易量變動的情形，而劃分出經濟成長的型態。

7. 在只有小國成長的情況下，小國無論發生任何貿易偏向的經濟成長而使貿易量發生改變，其貿易條件終不受影響而維持固定不變。

8. 在貿易對手國沒有發生經濟成長的情況下，大國發生經濟成長，除超逆貿易偏向成長外，其他任何貿易偏向的成長，均將導致其貿易條件的惡化。經濟成長使提供曲線往外移的程度愈大，貿易條件惡化的程度也就愈大。

9. 經濟成長如果導致貿易條件變動，則一國經濟成長之自發成長率將不等於實現成長率。由於小國發生經濟成長並不影響貿易條件，故其自發的成長率總是等於實現的成長率。

10. 大國發生經濟成長會影響貿易條件，而使其自發的成長率不等於實現的成長率。如果成長的結果，導致貿易條件惡化效果大於所得提高效果，將使成長後的經濟福利水準反而比成長前還低，而肇致不利或貧窮的成長。

11. 從現代經濟理論分析的觀點而言，不利或貧窮的成長，只有在下述的條件下才會發生：唯獨大國成長、出口部門偏向成長、順或超順貿易偏向成長、外國對經濟成長國出口品的需求缺乏彈性、出口佔經濟成長國的國民所得比例很大、經濟成長的國家沒有採取最適關稅、及技術進步的力量對經濟成長的貢獻不大。

12. 貿易條件縱使沒有惡化，但在經濟成長的過程中如果發生重大的生產或消費的外部不經濟，亦將導致不利或貧窮成長的後果。

 重要名詞

中性成長	偏向成長
出口偏向成長	進口偏向成長
順貿易偏向成長	超順貿易偏向成長
逆貿易偏向成長	超逆貿易偏向成長
邊際進口傾向	平均進口傾向
進口需求所得彈性	進口替代財邊際供給傾向
進口替代財平均供給傾向	進口替代財供給所得彈性
自發的成長率	實現的成長率
不利的成長	財富效果
貿易條件效果	

問題練習

1. 何謂經濟成長？其來源有那些？

2. 試就經濟成長之消費效果劃分經濟成長型態。

3. 試就邊際進口傾向與平均進口傾向的比較，及進口需求所得彈性的大小，劃分經濟成長型態。

4. 試就經濟成長之生產效果劃分經濟成長型態。

5. 試就進口替代財邊際供給傾向與進口替代財平均供給傾向的比較，及進口替代財供給所得彈性的大小，劃分經濟成長型態。

6. 試就經濟成長的綜合效果，劃分經濟成長型態。

7. 試以提供曲線分析小國發生經濟成長，對貿易量及貿易條件的影響。

8. 試以提供曲線分析大國發生經濟成長，對貿易量及貿易條件的影響。

9. 何謂實現的成長率？小國發生經濟成長，其經濟福利的變動如何？

10. 何謂不利的成長？小國是否會發生不利的成長？

11. 試就現代的觀點，分析不利的成長發生的必要條件。

12. 試論兩國同時發生經濟成長，對兩國經濟福利的影響。

◆第十章 要素增長與國際貿易

本章在於進一步探討,當一國的經濟成長是由於其要素增長所肇致時,對該國的成長型態、貿易量、及經濟福利將會產生怎樣的影響。

■ 第一節 要素增長、成長型態與經濟福利

一國要素增長,其來源可區分為:(1)**自發性或外生的增加**,即在要素價格不變下,隨著時間的推進,生產要素自然增長的一種現象。例如,在工資及利率不變下,隨著時間的推進,人口成長、勞動力增加、資本累積增加的現象即是。(2)**誘發性或內生的增加**,即由於要素價格的改變,而誘使生產要素供給數量的改變。例如,工資提高會誘使勞動的供給增加,利率提高會誘使儲蓄增加,進而使資本加速累積。誘發性的要素增加又可分為國內要素價格變動引起的國內誘發性的要素增加,及國際間要素價格差異所引起的國外誘發性的要素增加。(3)**國際間的要素移轉**,即由於國際間捐贈、援助、借貸、賠款等,而使一國生產要素增加。本節以下的分析依據的假設為:

1. 兩種生產要素,資本與勞動。

2. 生產要素是自發性外生增加的。

3. 貿易條件固定,即小國分析。如此,將生產的價格替代效果排除,產量的變動完全因生產要素變動所致。

4. 生產布與酒兩種產品,布為資本密集財,酒為勞動密集財。

5. 直線性齊次生產函數。

在以上這些假設下,吾人分析不同的要素增長所產生的經濟後果。

一、超偏成長 (ultra-biased growth)

這是 Rybczynski (1955) 所提出，又稱之為**單要素成長** (single factor growth) 或**瑞畢曾斯基定理**。圖 10–1(a)，要素增長前，生產點為箱形圖內契約線上的 A 點，其所對應之產量為圖 10–1(b)生產可能曲線上的 A' 點。設只有勞動增加，資本不變，箱形圖由 $O_W O_C$ 成為 $O_W O'_C$，$O'_C O_C$ 代表所增加的勞動量 (ΔL)。根據直線性齊次生產函數的產品價格與要素價格之間一對一的關係，在貿易條件不變下，要素價格亦不會改變，所以兩種產品的要素密集度於勞動增加後，仍然維持不變，$O'_C B$ 平行於 $O_C A$。再根據直線性齊次生產函數下，要素使用量與產量之間有固定比例的關係，勞動增加之後，酒之要素密集度線段由 $O_W A$ 增長為 $O_W B$，布之要素密集度線段由 $O_C A$ 縮減為 $O'_C B$。這表示投入於生產酒的要素增加，生產布的要素減少，所

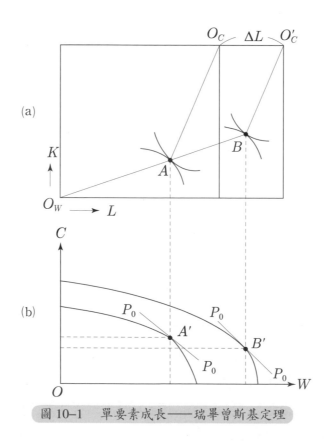

圖 10–1　單要素成長——瑞畢曾斯基定理

以酒的產量增加，布的產量減少，箱形圖內的生產點由 A 點移至 B 點，其所對應之生產可能曲線上的生產點亦由 A′ 點移至 B′ 點（生產可能曲線大幅偏向橫軸外移），明白顯示出酒的產量增加，布的產量減少。A′ 點與 B′ 點的切線斜率相等，顯示貿易條件、要素價格、及要素密集度三者在勞動增加後，均維持不變。

以上的圖解表示，根據赫克紹－歐林模型，在產品價格不變下，只有**一種生產要素增加，另一種生產要素維持不變時，密集使用生產要素增加之產品的產量將會增加，另一種密集使用生產要素不變之產品的產量將會減少，而產量增加的比例將大於要素增加的比例，此種超偏成長的現象就是通常所稱的瑞畢曾斯基定理。**

單要素增長導致超偏成長乃是基於維持生產要素充分就業所必然導致的結果。當勞動增加而資本不變時，在現行要素價格下，只有增加勞動密集財的生產，減少資本密集財的生產，才能確保充分就業的達成。因為增加勞動密集財的生產除了需要勞動外，尚需資本與之配合，此資本即由資本密集財所釋出，故資本密集財的生產減少，產生超偏向的成長。由於資本密集財生產減少釋出較多的資本，較少的勞動，再與所增加之勞動配合，因此能夠維持兩種產品的要素密集度不變與充分就業的達成❶。當勞動增加而資本不變時，若增加資本密集財的生產，必須由勞動密集財釋出資本及勞動，但其釋出較多的勞動，較少的資本，再加上所增加的勞動，全經濟之勞動的供給將大於需求，資本的供給將小於需求，在要素價格、要素密集度不變下，終將無法達成充分就業，經濟因此無法達於生產要素全面供需相等的均衡。

除以箱形圖及生產可能曲線分析要素增長對產量的影響外，吾人尚可以婁勒－皮爾斯圖形分析之。圖 10–2，要素增加之前，要素稟賦為 E 點，要素價格為 PP 線斜率，布為資本密集財，產量 C_0，酒為勞動密集財，產量 W_0。現只有勞動增加，要素稟賦點因此平行右移至 E′ 點，在要素價格

---

❶由於兩種產品產量的改變可以吸收額外增加的生產要素，因此要素價格可以維持不變，此種現象有時稱為要素價格缺乏敏感性 (factor price insensitivity)。

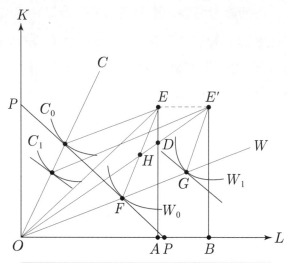

圖 10–2　單要素成長的婁勒─皮爾斯圖解

及產品要素密集度不變下，由 E' 點、原點、及兩種產品的要素密集度線 OC 與 OW 所形成的平行四邊形可以明顯看出，資本密集財（布）的產量（C_1）減少，勞動密集財（酒）的產量（W_1）增加。由圖 10–2 亦可知，勞動增加的比例等於 $\dfrac{OB}{OA} - 1 = \dfrac{OE'}{OD} - 1$；酒之產量增加的比例等於 $\dfrac{OG}{OF} - 1 = \dfrac{OE'}{OH} - 1$。

$OD > OH$，所以 $\dfrac{OE'}{OH} > \dfrac{OE'}{OD}$, $\left(\dfrac{OE'}{OH} - 1 \right) > \left(\dfrac{OE'}{OD} - 1 \right)$，證明了產量增加的比例大於要素增加的比例。（瑞畢曾斯基定理的數學證明請參閱本章附錄。）

　　接著，我們分析單要素增長所產生的經濟後果如下：

　　1.在貿易條件不變──即小國情況下，單要素增長的結果，有利於密集使用要素增長之產業的發展，而不利於另一種密集使用要素不變之產業的發展。圖 10–3，如果一種生產要素不斷增長，另一種生產要素固定，則不變的貿易條件與不斷往外移之生產可能曲線相切之點所形成的軌跡，稱之為**瑞畢曾斯基線 (Rybczynski line)**，其顯示單要素持續成長的結果，會使得一個國家愈趨於專業生產。

　　2.由於兩種產品的要素密集度不變，所以要素的邊際生產力不變，要素報酬不變，兩種產業之生產要素擁有者的福利（所得）不受影響。但是，就整個社會的觀點而言，單要素成長而使總產出增加，並不表示社會上每

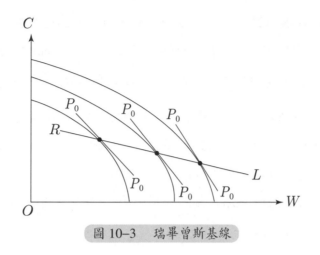

圖 10–3　瑞畢曾斯基線

個人的福利——每人所得 (per capita income) 一定會增加。若勞動增加，資本不變，則全社會平均的資本—勞動比率下降，勞動生產力下降，工資水準降低，代表性個人的福利下降。即在其他情況不變下，單是人口成長、勞動增加，會陷入於**馬爾薩斯陷阱** (Malthusian trap) 之中。若資本增加，勞動不變，則全社會平均的資本—勞動比率上升，勞動生產力提高，工資水準上升，代表性個人的福利提高。

　　3.設出口財為勞動密集財，則勞動增加、資本不變的結果，於需求偏好不變下，出口與進口數量會大幅增加，發生超順貿易偏向的成長；若資本增加、勞動不變，於需求偏好不變下，則出口與進口數量會大幅減少，發生超逆貿易偏向的成長。

　　4.單要素成長對兩種產業之生產要素的報酬沒有影響，因為要素密集度不變。但就整個社會而言，若資本—勞動比率上升，則要素報酬對勞動有利，對資本不利；若資本—勞動比率下降，則要素報酬對資本有利，對勞動不利。

二、偏向成長

　　若兩種要素增長的相對比率與兩種產品中的一種產品的要素密集度相同，則該產品的產量會增加，另一種產品的產量則不變，故稱之為**偏向成**

長。圖 10–4，要素增長前，箱形圖內生產點 A，所對應之生產可能曲線的生產點為 A'。現資本增加 ΔK，勞動增加 ΔL，箱形圖因此由 $O_W O_C$ 成為 $O_W O'_C$，而 $\dfrac{\Delta K}{\Delta L}$ 與布之要素密集度相同。箱形圖顯示要素增長後，酒之要素密集度線段 OA 不變，故其產量不變，布之要素密集度線段由 $O_C A$ 增長為 $O'_C A$ 故其產量增加。因之，要素增長後，所對應之生產可能曲線上的生產點由 A' 點垂直上移至 A'' 點（生產可能曲線小幅偏向縱軸外移），顯示酒的產量不變，而布的產量增加。偏向成長所產生的經濟後果與超偏成長的推論相同，於此不再贅述。

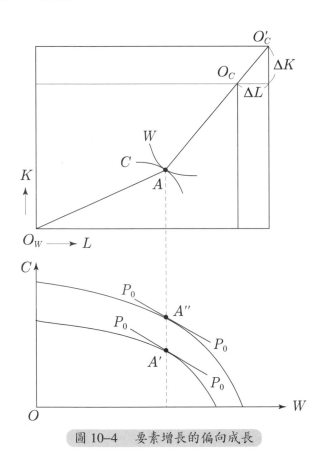

圖 10–4　要素增長的偏向成長

三、中性成長

若兩種生產要素增長的相對比率與原來之要素稟賦比率相同——即兩

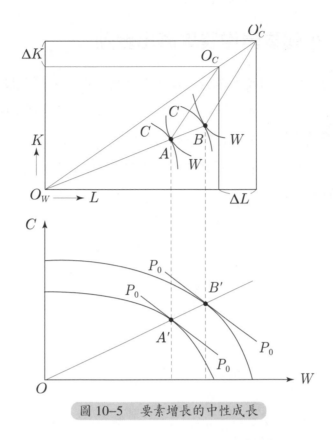

圖 10–5 要素增長的中性成長

種生產要素的成長率相同，則兩種產品的產出成長率亦相同，稱之為**中性成長**。圖 10–5，要素增長前，箱形圖內的生產點 A，對應生產可能曲線上生產點 A'。要素增長後，兩種要素增長的相對比率與原來之要素稟賦比率相同，所以要素增長前箱形圖的對角線 $O_W O_C$ 與要素增長後箱形圖的對角線 $O_W O_C'$ 重合，要素稟賦比率仍然維持不變。要素增長後，箱形圖內的生產點由 A 移至 B，兩種產品的要素密集度線段均增長（$O_W B > O_W A$，$O_C' B$ 與 $O_C A$ 平行，$O_C' B > O_C A$），其所對應之生產可能曲線上的生產點 B'（生產可能曲線等幅地往外移），顯示兩種產品的產量均等比例的增加。

在兩種要素增長的相對比率與要素稟賦比率相同下，不僅產品價格、要素密集度、及要素報酬不變，就全社會而言，資本—勞動比率亦不變，所以平均每人所得不變，所增加的產出正好分配給所增加的勞動，且其所得到的報酬與原來的勞動者一樣，代表性個人的福利水準維持不變。

四、小國要素增長與產出變動

根據以上三種不同要素增長之情況的分析，吾人可以藉助圖 10-6 及要素稟賦比率計算公式 $\overline{K}/\overline{L} = \overline{k} = \alpha k_w + \beta k_C, \alpha + \beta = 1$，瞭解小國發生要素增長對兩種產品產量發生影響的各種可能情況。假設布為資本密集財，酒為勞動密集財，原來要素稟賦點為 E_0，布的產量為 C_0，酒的產量為 W_0。若要素稟賦點移至：

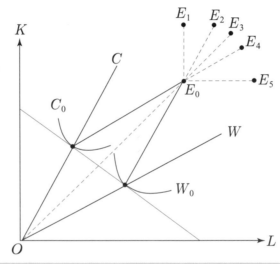

圖 10-6　各種情況之要素增長對兩種產品產量的影響

1. E_1，表示 $\Delta K \uparrow$, $\overline{L}$, $\overline{k} \uparrow = \alpha \downarrow k_w + \beta \uparrow k_C$, $\Delta W < 0$, $\Delta C > 0$, 超偏成長。

2. E_2，表示 $\dfrac{\Delta K}{\Delta L} = k_C$, $\overline{k} \uparrow = \alpha \downarrow k_w + \beta \uparrow k_C$, $\Delta W = 0$, $\Delta C > 0$, 偏向成長。

3. E_3，表示 $\dfrac{\Delta K}{\Delta L} = \overline{k}$, $\overline{k} = \overline{\alpha} k_w + \overline{\beta} k_C$, $\Delta W > 0$, $\Delta C > 0$, 中性成長。

4. E_4，表示 $\dfrac{\Delta K}{\Delta L} = k_w$, $\overline{k} \downarrow$; $= \alpha \uparrow k_w + \beta \downarrow k_C$, $\Delta W > 0$, $\Delta C = 0$, 偏向成長。

5. E_5，表示 $\Delta L \uparrow$, $\overline{K}$, $\overline{k} \downarrow = \alpha \uparrow k_w + \beta \downarrow k_C$, $\Delta W > 0$, $\Delta C < 0$, 超偏

成長。

以上 Δ 表示變動，↑ 表示增加，↓ 表示減少，$\bar{k}$ 代表要素稟賦比率 $\bar{K}/\bar{L}$，$\bar{L}$ 及 $\bar{K}$ 代表勞動及資本的數量不變。因為酒與布的要素密集度 (k_w, k_C) 不變，所以要素稟賦比率發生改變時，唯有兩種產品產量的權數 (α, β) 發生改變，才能維持要素稟賦比率與產品要素密集度之間等式的關係成立，由產量權數的變動，即可知道產量的變化。當然，吾人亦可以圖 10–6 上各個不同的要素稟賦點與兩種產品之要素密集度線 (OC, OW) 及原點座標所構成的平行四邊形來證實兩種產品產量的變化。

 ## 五、大國與要素增長

如果大國發生生產要素增長，生產與消費結構改變的結果，貿易量會改變，貿易條件會發生變動，要素報酬與平均每人所得均會發生改變。在此情況下，兩種產品產量的變動是由生產要素的改變與產品價格（或貿易條件）改變所引起的生產替代效果所構成。

設大國出口資本密集財，進口勞動密集財。若其發生要素增長，資本的增加率大於勞動的增加率，為求達於充分就業，資本密集財的產量會增加，勞動密集財的產量會減少。設該國國內對出口財之邊際消費傾向小於 1，則出口財生產的增加大於其國內消費的增加，出口的數量因此增加。在貿易對手國沒有發生經濟成長下，貿易條件必然惡化，而使工資—利率相對比率 $\left(\dfrac{W}{r}\right)$ 提高（斯托帕—薩繆爾遜定理），兩種產業因此均採更加資本密集的生產，而使得所有的生產要素獲得充分就業。至於兩種產品產量、工資—利率相對比率、以至要素密集度最後的變化，尚需視貿易條件的變動而定。基於維持充分就業的考慮，貿易條件惡化的程度愈小，則在本例中資本密集財的產量會增加愈少，勞動密集財的產量會減少愈少；工資—利率相對比率會提高愈少，兩種產品生產之資本—勞動比率也會提高愈少。

對生產要素報酬而言，若資本增加率大於勞動增加率，則工資會上升，利率會下跌。但就全社會而言，只考慮生產面，平均每人所得會增加，社會福利水準應會提高。但是，若貿易條件過度惡化，而使負的貿易條件效果大於正的經濟成長效果，則考慮需求因素之後，平均每人消費可能反而減少，社會福利水準因此降低。

第二節 要素移轉與國際貿易

不同於誘發性的國際間要素流動，國際間的**要素移轉** (factors transfer) 主要屬於一種自發性的要素增長，但其所產生的經濟後果與國內自發性的要素增長有很大的不同。本節即在於分析生產要素或資源在兩國之間發生移轉時所產生的經濟後果。

一、要素移轉的來源與種類

國際間要素的移轉主要來自國際間的借貸、賠款、贈與、援助、債務清償、接濟親友匯款等方面，大部分屬於國際間的一種片面無償給付。兩次世界性石油危機（1973 年及 1979 年）發生後，油元 (petro-dollar) 的再回流 (recycling)——即石油輸出國家組織 (OPEC) 將其石油出口收入再貸給進口石油消費國家，亦屬於一種要素移轉的問題。

一般而言，國際間的要素移轉可分為**金融或購買力移轉** (financial or purchasing power transfer) 及**實質資源移轉** (real resources transfer) 兩類。金融或購買力的移轉是指金融資產由**讓與國** (transferor) 移轉到**受讓國** (transferee)，而增加受讓國的國際購買力。實質資源移轉是指消費性的財貨或生產性的資源（資本設備或勞動力）由讓與國移轉到受讓國，至於所移轉的是消費性財貨或生產性的資源並無關緊要。因為若移轉消費財，則受讓國可以減少消費財的生產，而將其資源移作增加資本財的生產。

實際上，金融移轉與實質資源移轉往往是相互關連而無法分開的，兩者經常同時或緊隨著發生。例如，美國答應貸款給我國時，將會要求我國用此筆借款購買其產品；美國於 1950 年代援助我國時，我國曾將其援助的實物在國內銷售，而以其收入成立相對基金，此均顯示金融移轉與實質資源的移轉可視為一體的兩面。

二、金融移轉與貿易條件

隨國際間金融移轉而產生的兩個主要問題是國際收支問題及貿易條件問題。假設於移轉發生之前兩國的國際收支均處於平衡狀態，現讓與國移轉金融資產給受讓國，讓與國是否能夠產生足夠的貿易順差以實現或彌補此一金融的移轉呢？因此，有所謂**實現** (effected)──貿易順差等於金融移轉，**實現不足** (under-effected)──貿易順差小於金融移轉，及**過度實現** (over-effected)──貿易順差大於金融移轉的問題發生。若發生實現不足或過度實現，即會產生國際收支的問題，這屬於國際金融的範疇，在此不予討論。因之，本節只討論購買力移轉對貿易條件的影響，而實質資源的移轉則在下一節討論。

設 m 為讓與國的邊際進口傾向（或對進口財的邊際消費傾向），$m*$ 為受讓國的邊際進口傾向，讓與國移轉數量 T 的購買力給受讓國。在目前的貿易條件下，金融（或購買力）移轉發生後，讓與國對受讓國之出口品的需求減少了 mT，受讓國對其本身之出口的需求增加了 $(1-m*)T$，$1-m*$ 為受讓國對其出口財的邊際消費傾向（這是在只有兩種產品──出口品與進口替代品，及開支傾向等於 1 之假設下的必然結果）。若 $(1-m*)T > mT$，則移轉後，全世界（兩國）對受讓國之出口品的需求增加，因而導致讓與國之貿易條件的惡化。因此，讓與國進行金融移轉而導致其貿易條件惡化的條件為：

$$(1-m*)T - mT > 0$$
$$(1-m*-m)T > 0$$

因為 $T > 0$，所以：

$$1 - m* - m > 0$$
$$1 > m* + m$$

上式表示，當兩國的邊際進口傾向之和小於 1 時，讓與國進行金融移

轉的結果，將導致其貿易條件惡化而加重其原先進行金融移轉的負擔，此
一現象稱之為移轉的**第二負擔** (secondary burden)。

圖 10–7，M 代表讓與國的進口品——即受讓國的出口品，S 及 D 分別
代表讓與國進口品（受讓國出口品）之全世界的供給及需求曲線。購買力
移轉之前，貿易條件為 P_0。現讓與國移轉出數量 T 的購買力至受讓國後，
讓與國減少了 mT 數量的進口，使世界需求曲線由 D_0 下降至 D_1。受讓國接
受金融移轉後，對其出口品增加了 $(1-m^*)T$ 的消費，使世界需求曲線由
D_0 上升為 D_2。若 $(1-m^*)T > mT$，則移轉後之世界需求曲線會上移至 D_3，
貿易條件成為 P_1，表示讓與國之進口品的相對價格上升，其面對的貿易條
件惡化。

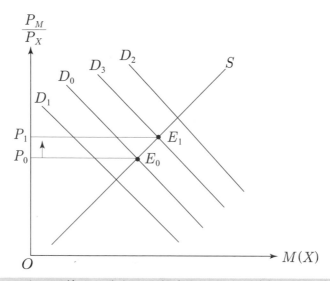

圖 10–7　金融移轉後，讓與國的貿易條件惡化，形成移轉的第二負擔

若 $(1-m^*)T < mT$，或兩國的邊際進口傾向之和大於 1（即 $m^* + m > 1$），則購買力移轉之後，讓與國的貿易條件可以改善，因而得以減輕其
購買力移轉的負擔。

購買力移轉對貿易條件的影響以 Keynes (1929) 與 Ohlin (1929) 對第
一次世界大戰後德國賠款的爭議最為著名。Keynes 認為德國支付賠款之
後，其對本國出口品需求的減少將大於外國對其出口品需求的增加，因此

其貿易條件必然惡化，才能產生足夠的貿易順差，以支付賠款，此種說法稱之為**正統論點** (orthodox position)。但是，Ohlin 卻持不同的看法，他認為德國支付賠款後，其開支減少，而同盟國（即收到賠款的國家）的開支增加，即可產生足夠的貿易順差來實現賠款的移轉，而無須改變其貿易條件，即沒有理由認為發生賠款移轉支付一定使德國的貿易條件惡化，亦可能使之改善，須視德國之邊際進口傾向的大小而定，此種說法稱之為**現代觀點** (modern view)。

事實上，貿易條件的變化是一實證的問題而非先驗的主張，因此理論上以 Ohlin 的說法較為正確。但實證的結果符合了 Keynes 的看法，即德國的貿易條件確實惡化，而產生很大的移轉第二負擔。但是，這種結果並非純然可以邊際進口傾向的大小予以說明的，因為當德國開始實現或執行其賠款移轉支付時，同盟國擔心德國經由出口擴張來實現其賠款移轉，將會導致她們本國的失業、物價膨脹，或進口增加所產生的其他問題，因而提高關稅或採取其他的貿易障礙以限制德國產品的進口，而導致德國貿易條件的惡化。是故，要以邊際進口傾向的大小來分析購買力移轉對貿易條件的影響，必須考慮到其他的因素，或假設其他的情況不變，才能得到正確的結論。

接著，吾人要問，是否購買力移轉能夠使讓與國的貿易條件改善，以至其福利水準甚至比移轉前更高呢？在兩國模型下，答案是否定的，因為不可能產生讓與後比讓與前更好的結果，否則每一個國家均要讓與而不願受讓。

圖 10–8，M 代表讓與國之進口財——即受讓國之出口財。移轉前，P_0 為均衡貿易條件；移轉後，設 $mT > (1 - m^*)T$，即讓與國及受讓國之邊際進口傾向之和大於 1，讓與國之進口財的世界需求曲線因此由 D_0 往下移至 D_1，讓與國之貿易條件改善。設貿易降至 P_2 時，兩國之實質所得（福利）水準均與移轉前相同，表示貿易條件變動的所得效果正好抵銷購買力移轉的所得重分配效果。因此，當貿易條件由 P_0 降至 P_2，世界需求量由 OH 增加至 OF，$OF - OH = HF$ 代表在所得效果被抵銷下，貿易條件由 P_0 降至 P_2

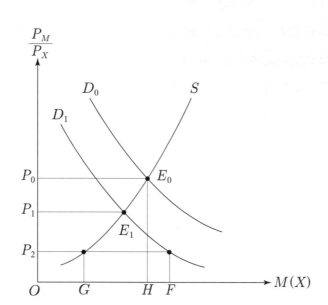

圖 10–8　購買力移轉不可能使讓與國的貿易條件改善至福利水準比移轉前還高的程度

所產生的消費替代效果。貿易條件由 P_0 降至 P_2，讓與國進口品的世界供給量由 OH 減少至 OG，$OH - OG = GH$ 代表貿易條件變動所產生的生產替代效果。是故，貿易條件為 P_2 時，全世界對讓與國之進口品有 GF 數量的超額需求存在，故必然導致讓與國之進口品的價格上升，直到貿易條件為 P_1，才達到購買力移轉後的國際貿易均衡。既然貿易條件都不可能達於 P_2，更不可能降至 P_2 之下，所以購買力移轉後，貿易條件的改善不可能使讓與國的福利水準提高，即「給予」一定不會比「接受」來得好，而使讓與國產生移轉的**第二福利** (second blessing)❷。

　　如果購買力移轉能夠使讓與國的貿易條件大幅改善，以至福利水準提高，則每個國家均願扮演讓與國的角色，而沒有一個國家願意接受移轉給付，但事實上購買力移轉並不能使讓與國的福利水準提高。將以上的分析推論到國際的援助之上，國際間的援助通常是基於人道的立場或政治的考

❷但是，Haaparanta (1989) 利用疊代模型 (overlapping generation model) 分析國際間的移轉支付，卻得到讓與國福利水準上升，受讓國福利水準下降之移轉矛盾 (transfer paradox) 的現象。

慮，而非為提高本國的經濟福利著想。因為購買力的移轉只能移動世界的需求曲線而無法改變世界的供給曲線。要使讓與國的貿易條件改善至其福利水準比移轉前還大，除移動需求曲線外，還必須使世界的供給曲線發生移動。

三、實質資源移轉與經濟福利

金融購買力的移轉只使得國際的需求曲線發生移動，而國際的供給曲線並不改變，在此情況下，貿易條件縱然改善，亦不可能超過移轉的直接效果，因此讓與國的經濟福利必然較移轉前為低。但是，如果發生實質資源的移轉，則如同國內要素增長一樣，將會使得一國及國際的需求與供給曲線同時發生改變，其所產生的經濟後果因而與金融購買力的移轉不同。國際間發生實質資源移轉，有以下可能的結果發生：

1.移轉的結果，讓與國之產出的減少等於受讓國產出的增加，整個世界產品的供給因此與移轉前相同，各種產品的國際供給曲線不變，而只有國際的需求曲線發生改變，這種情況與國際金融購買力移轉的結果相同。

2.假設 A、B 兩國各專業生產且出口一種產品，A 國生產 X 產品，B 國生產 Y 產品。當 A 國將資源移轉給 B 國時，X 的產量減少，Y 的產量增加，因此 X 產品的價格上升，Y 產品的價格下跌，A 國之貿易條件改善，B 國之貿易條件惡化，讓與國的移轉負擔得以減輕。

3.就較為一般化的情況而言，圖 10–9，兩國均生產 X 與 Y 兩種產品，兩國均為大國。移轉前，讓與國之生產點為 A，消費點為 B，出口 X 產品，進口 Y 產品；受讓國之生產點為 A'，消費點為 B'，出口 Y 產品，進口 X 產品，$AB = A'B'$，兩國的貿易達於均衡。移轉後，設兩國之生產與消費的改變均是中性的。讓與國的實質資源減少，其生產可能曲線往內移，生產點為 C，消費點為 D；受讓國的實質資源增加，其生產可能曲線往外移，生產點為 C'，消費點為 D'。由圖形可知，移轉後，代表兩國貿易之 $C'D' > CD$，即讓與國之出口品 X 發生超額需求，受讓國之出口品 Y 則發生超額供給，因此讓與國之貿易條件改善，其移轉負擔因而減輕。是故，當實質資源移

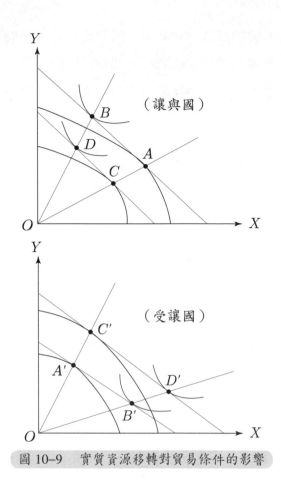

圖 10–9　實質資源移轉對貿易條件的影響

轉對兩國的生產及消費的影響均為中性時，讓與國的實質資源移轉負擔得以減輕。此一分析結果可以應用到：當一國發生中性成長，另一國發生中性衰退時，成長國家的貿易條件將會惡化，衰退國家的貿易條件將會改善。

　　如同國內要素增長對貿易條件影響的分析一樣，國際間實質資源的移轉對貿易條件的影響，須視讓與國的資源由那一部門移轉出來，是移轉出那一類的資源（資本設備或勞動力），對其出口部門及進口替代部門的生產發生什麼樣的影響；受讓國接受移轉之後要素稟賦發生怎樣的改變，將移轉資源用之於那一部門的生產，對其出口部門及進口替代部門的生產發生什麼樣的影響。再加上兩國因實質資源移轉所產生的需求改變的考慮，而後才能決定實質資源移轉後的均衡貿易條件與社會福利水準的變化。

摘　要

1. 一個國家要素的增長，來自於：自發性或外生的增加、誘發性或內生的增加、及國際間要素的移轉。

2. 超偏成長又稱單要素成長或瑞畢曾斯基定理，它是指：在一定的假設下，只有一種生產要素增加，另一種生產要素維持不變時，密集使用生產要素增加之產品的產量將會增加，另一種密集使用生產要素不變之產品的產量將會減少，此種要素改變與產量變化之間的關係屬之。

3. 在一種生產要素不斷增長，另一種生產要素固定不變下，不變的貿易條件與不斷往外移之生產可能曲線相切之點所形成的軌跡，稱為瑞畢曾斯基線，它顯示單要素持續成長的結果使得一個國家愈趨於專業生產。

4. 在小國貿易條件不變以至兩種產品的要素密集度亦不變的情況下，根據要素稟賦比率為產品要素密集度之加權平均的關係，即可知道要素稟賦比率的改變所導致兩種產品產量變動的情況。

5. 國際間的要素移轉可分為金融或購買力的移轉及實質資源的移轉，但兩者經常同時或緊隨著發生而難以嚴格、清楚地劃分。

6. 當發生金融移轉而受讓國和讓與國之邊際進口傾向之和小於 1 時，讓與國的貿易條件將惡化而加重其原來進行金融移轉的負擔，此一現象稱之為移轉的第二負擔。

7. 在兩國模型下，國際間購買力的移轉，不可能使讓與國的貿易條件改善至其福利水準比移轉前還高的境界，而產生移轉的第二福利。

8. 購買力移轉使得國際需求曲線發生改變，而實質資源移轉使得國際的需求與供給曲線同時發生改變，故其產生的經濟後果可能與金融購買力的移轉不同。

9. 在兩國均是大國的情況下，當實質資源移轉對兩國之生產及消費的影響均為中性時，讓與國的貿易條件改善，其實質資源移轉的負擔得以減輕。

重要名詞

自發性要素增長　　　　　誘發性要素增長

單要素成長　　　　　　　瑞畢曾斯基定理

瑞畢曾斯基線　　　　　　馬爾薩斯陷阱

購買力移轉　　　　　　　實質資源移轉

讓與國　　　　　　　　　受讓國

第二負擔　　　　　　　　正統論點

現代觀點　　　　　　　　第二福利

 問題練習

1.一國要素增長的來源有那些?

2.何謂瑞畢曾斯基定理? 試以圖解說明之。

3.小國要素稟賦的變動與產出的變動之間有何關係?

4.何謂移轉的第二負擔? 其發生的條件為何?

5.購買力移轉、貿易條件、及經濟福利之間的關係如何?

6. Keynes 與 Ohlin 對第一次世界大戰後德國賠款對德國之影響的看法有何不同?

7.為何購買力移轉不可能對讓與國產生移轉的第二福利?

8.實質資源移轉對受讓國和讓與國的貿易條件及經濟福利有何影響?

❀附錄: 瑞畢曾斯基定理數學證明❀

根據直線性模型，吾人可以數學證明瑞畢曾斯基定理如下:

$$a_{KW} \times W + a_{KC} \times C = \overline{K}$$

$$a_{LW} \times W + a_{LC} \times C = \overline{L}$$

式中 a_{KW} 與 a_{KC} 分別代表生產 1 單位酒 (W) 與布 (C) 所需的資本量，K 為資本稟賦；a_{LW} 與 a_{LC} 分別代表生產 1 單位酒與布所需的勞動量，L 為勞動稟賦。以克雷瑪法則解得酒與布的產量為:

$$W = \frac{\begin{vmatrix} K & a_{KC} \\ L & a_{LC} \end{vmatrix}}{\begin{vmatrix} a_{KW} & a_{KC} \\ a_{LW} & a_{LC} \end{vmatrix}}, \quad C = \frac{\begin{vmatrix} a_{KW} & K \\ a_{LW} & L \end{vmatrix}}{\begin{vmatrix} a_{KW} & a_{KC} \\ a_{LW} & a_{LC} \end{vmatrix}}$$

令 $|\Delta| = \begin{vmatrix} a_{KW} & a_{KC} \\ a_{LW} & a_{LC} \end{vmatrix} = a_{KW}a_{LC} - a_{KC}a_{LW} < 0$（因為布為資本密集財，酒為勞動密集財，$\frac{a_{KW}}{a_{LW}} < \frac{a_{KC}}{a_{LC}}$）

$$W = \frac{Ka_{LC} - La_{KC}}{|\Delta|}, \quad C = \frac{La_{KW} - Ka_{LW}}{|\Delta|}$$

酒與布的產量對資本或勞動微分可以得到:

(1) $\frac{\partial W}{\partial K} = \frac{a_{LC}}{|\Delta|} < 0$，表示勞動密集財產量與資本數量呈減函數關係。

(2) $\frac{\partial W}{\partial L} = \frac{-a_{KC}}{|\Delta|} > 0$，表示勞動密集財產量與勞動數量呈增函數關係。

(3) $\frac{\partial C}{\partial K} = \frac{-a_{LW}}{|\Delta|} > 0$，表示資本密集財產量與資本數量呈增函數關係。

(4) $\frac{\partial C}{\partial L} = \frac{a_{KW}}{|\Delta|} < 0$，表示資本密集財產量與勞動數量呈減函數關係。

以圖形表示此一數學模型。在附圖 10–1 中，布為資本密集財，酒為勞動密集財，KK 直線代表資本要素稟賦限制線，即 $K = a_{KW} \times W + a_{KC} \times C$；$LL$ 直線代表勞動要素稟賦限制線，即 $L = a_{LW} \times W + a_{LC} \times C$❸。$KK$ 直線與 LL 直線交於 A 點，表示資本與勞動兩者同時全部充分使用，達於充分就業，布與酒的產量分別為 C_0 及 W_0。現勞動增加，勞動要素稟賦限制線由 LL 右移至 $L'L'$，與不變的資本要素稟賦限制線交於 B 點。B 點仍是充分就業點，而所對應之布的產量 (C_1) 減少，酒的產量 (W_1) 增加。

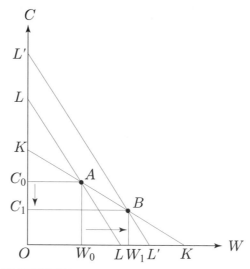

附圖 10–1　單要素成長的直線性模型圖解

❸根據資本要素稟賦與勞動要素稟賦限制線可知，當酒的產量為零時，布的產量以資本表示為 $\frac{K}{a_{KC}}$，以勞動表示為 $\frac{L}{a_{LC}}$；當布的產量為零時，酒的產量以資本表示為 $\frac{K}{a_{KW}}$，以勞動表示為 $\frac{L}{a_{LW}}$。因為布為資本密集財，酒為勞動密集財，所以 $a_{KC} > a_{KW}$，$a_{LW} > a_{LC}$。因之，$\frac{K}{a_{KC}} < \frac{K}{a_{KW}}$，$\frac{L}{a_{LW}} < \frac{L}{a_{LC}}$，這種關係就是兩條要素稟賦限制線在附圖 10–1 之兩軸的截距所顯示的。

◆第十一章
技術進步、國際貿易與經濟福利

一個經濟社會發生技術進步，可以使得一定數量的生產要素生產出更多的產量，或一定數量的產出只需使用較少的生產要素。因此，就某種意義而言，技術進步可視之為一種要素增長，但其對國際貿易以至經濟福利的影響卻不同於要素增長的情況。

■ 第一節　技術進步的分類

一、技術進步的分類

技術進步可以分為體現的技術進步 (embodied technical progress) 與非體現的技術進步 (disembodied technical progress)。**體現的技術進步**是指，以更新、更有效率的資本財體現（表現）出進步的技術。在此情況下，一個國家的資本存量是由各個不同時期 (vintage) 所建造而至今仍然存在的資本財所構成，資本不再是同質，而是一種異質的混合存量 (mixed stock)。由於體現技術進步，每一時期所建造的資本財均不相同，在其他情況不變下（如配備質、量相同的勞動），最近時期的資本財總是比早先時期的資本財具有較高的生產效率。是故，資本累積在經濟成長中所扮演的角色更加重要。

除資本外，勞動亦可體現出技術進步。例如，年輕新進的勞工，因為接受了最先進的教育與訓練，因此在其他情況不變下（如配備質、量相同的資本），其生產力會高於年長資深的勞工。

非體現的技術進步是指，隨著時間的推進，在固定規模報酬下，技術進步以全面性的方式發生，即不論任何時期所建造或接受教育與訓練而至今仍然存在之資本與勞動的生產力均同時提高❶。因此，一定數量的資本或勞動均可以產出更多的產品數量。在此情況下，通常假設所有的資本與勞動均是各別同質的，兩者的生產力均同時提高。

　　若技術進步為體現的，則吾人必須將不同時期的資本與勞動予以分類，其分析將相當繁複，因此我們只就非體現的技術進步進行討論。

二、非體現技術進步的分類

　　根據 Hicks (1932) 的分類，非體現的技術進步可以分成以下三種型態：

㈠中性技術進步 (neutral technical progress)

　　對某一產業而言，在一定的資本一勞動比率下，若其資本邊際生產力提高的程度等於勞動邊際生產力提高的程度，則稱此一產業發生**中性的技術進步**。由於資本與勞動的生產力同時提高，且其程度相同，因此在一定的要素價格下，技術進步前與進步後的最適要素雇用比率不變，即該產品的要素密集度不變。圖 11–1，技術進步前，等產量曲線為 Q_0Q_0，均衡要素雇用比率為 $tan\alpha$；技術進步後，等產量曲線往內移至 $Q_0'Q_0'$，$Q_0'Q_0'$ 與 Q_0Q_0 的產量水準相同。在要素價格不變下，均衡要素雇用比率仍為 $tan\alpha$，技術進步前與進步後的邊際技術替代率 (marginal rate of technical substitution, MRTS) 均相同❷。

---

❶設生產函數為：$Q = F(K, L, t)$，Q 為產出，K 為資本，L 為勞動，t 為時間，則非體現的技術進步率等於 $\dfrac{1}{F}\dfrac{\partial F}{\partial t}$。

❷設技術進步前的生產函數為：$Q = f(K, L)$，技術進步後的生產函數為：

$$Q^* = g(K, L) = \lambda f(K, L) = \lambda Q, \lambda > 1$$

$$MP_K^* = \frac{\partial g}{\partial K} = \lambda \frac{\partial f}{\partial K},\ MP_L^* = \frac{\partial g}{\partial L} = \lambda \frac{\partial f}{\partial L}。\ 所以：$$

$$MRTS_{KL}^* = \frac{MP_L^*}{MP_K^*} = \frac{\partial g/\partial L}{\partial g/\partial K} = \frac{\lambda \partial f/\partial L}{\lambda \partial f/\partial K} = \frac{\partial f/\partial L}{\partial f/\partial K} = MRTS_{KL}$$

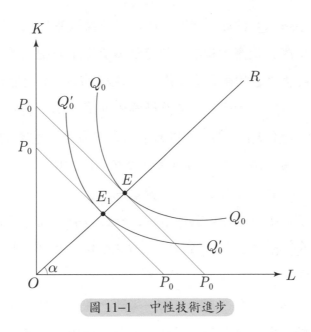

圖 11-1　中性技術進步

㈡勞動節省的技術進步 (labor-saving technical progress)

　　對某一產業而言，在一定的資本─勞動比率下，若其資本邊際生產力提高的程度大於勞動邊際生產力提高的程度，則稱此一產業發生**勞動節省**〔或資本使用 (capital-using)〕**的技術進步**。圖 11-2，技術進步前，等產量曲線為 Q_0Q_0，均衡要素雇用比率為 $tan\alpha$；技術進步後，等產量曲線內移至

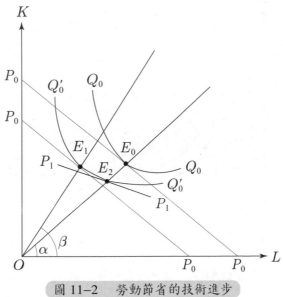

圖 11-2　勞動節省的技術進步

$Q'_0Q'_0$，$Q'_0Q'_0$ 與 Q_0Q_0 的產量水準相同。若維持要素價格不變，則技術進步後資本邊際生產力提高的程度大於勞動邊際生產力提高的程度，因此會以資本替代勞動生產，均衡要素雇用比率變為 $tan\beta$，即勞動節省的技術進步會導致更加資本密集的生產。若維持要素使用比率不變 ($tan\alpha$)，則技術進步後，由於資本邊際生產力提高的程度大於勞動邊際生產力提高的程度，邊際技術替代率會下降 (E_2 切線斜率小於 E_0 切線斜率)，即勞動的相對報酬下降。是故，相同的要素價格下，資本－勞動比率提高，或是相同的資本－勞動比率下，勞動的相對報酬下降，均代表勞動節省的技術進步。

㈢資本節省的技術進步 (capital-saving technical progress)

對某一產業而言，在一定的資本－勞動比率下，若其資本邊際生產力提高的比例小於勞動邊際生產力提高的比例，則稱此一產業發生**資本節省**〔或勞動使用 (labor-using)〕**的技術進步**。圖 11–3，技術進步前，等產量曲線為 Q_0Q_0，均衡要素雇用比率為 $tan\alpha$；技術進步後，等產量曲線內移至 $Q'_0Q'_0$，$Q'_0Q'_0$ 與 Q_0Q_0 的產量水準相同。若維持要素價格不變，則技術進步後由於勞動生產力提高的比例大於資本邊際生產力提高的比例，因此會

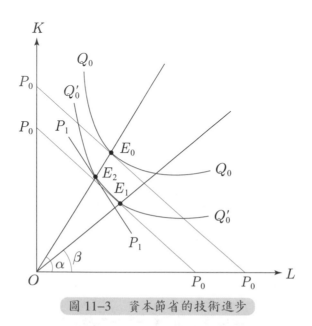

圖 11–3　資本節省的技術進步

以勞動替代資本生產，均衡要素雇用比率變為 $tan\beta$，即資本節省的技術進步會導致更加勞動密集的生產。若維持要素使用比率不變 ($tan\alpha$)，則技術進步後由於勞動邊際生產力提高的比例大於資本邊際生產力提高的比例，邊際技術替代率會上升（E_2 切線斜率大於 E_0 切線斜率），即資本的相對報酬下降。是故，相同的要素價格下，資本—勞動比率下降，或是相同的資本—勞動比率下，資本的相對報酬下降，均代表資本節省的技術進步。

非體現的技術進步可視為要素增長，或**有效要素擴大** (effective factors augmenting)。中性技術進步表示有效資本增加的比例等於有效勞動增加的比例，勞動節省的技術進步表示有效資本增加的比例大於有效勞動增加的比例，資本節省的技術進步表示有效勞動增加的比例大於有效資本增加的比例❸。

第二節　技術進步與國際貿易

首先，假設一個國家有出口及進口替代兩種產業，每一產業均可能發生中性、勞動節省、及資本節省的技術進步，因此兩種產業有九種可能的技術進步交錯組合，每一種組合又有兩種產業技術進步的力量相等、大於、及小於的三種可能情況發生。因之，如果同時考慮兩種產業均同時發生技

---

❸設技術進步前生產函數為：$Q = f(K, L)$，技術進步後生產函數為 $Q^* = g(K, L) = f[\alpha(t)K, \beta(t)L]$，$\alpha$ 與 β 分別代表有效資本與勞動變動的比例，其值大於 1。

$MP_K^* = \dfrac{\partial g}{\partial K} = \alpha \times \dfrac{\partial f}{\partial K} = \alpha \times MP_K$，表示資本的邊際生產力以 α 比例提高。

$MP_L^* = \dfrac{\partial g}{\partial L} = \beta \times \dfrac{\partial f}{\partial L} = \beta \times MP_L$，表示勞動的邊際生產力以 β 比例提高。

$$MRTS_{KL}^* = \frac{MP_L^*}{MP_K^*} = \frac{\beta MP_L}{\alpha MP_K} = \frac{\beta}{\alpha} \times MRTS_{KL}$$

如果 $\alpha = \beta$，則 $MRTS_{KL}^* = MRTS_{KL}$，為中性技術進步。

$\alpha > \beta$，則 $MRTS_{KL}^* < MRTS_{KL}$，為勞動節省的技術進步。

$\alpha < \beta$，則 $MRTS_{KL}^* > MRTS_{KL}$，為資本節省的技術進步。

術進步成長，則有多種複雜的可能情況，因此我們本節的分析只限於兩種產業同時發生程度相同的中性技術進步及只有一種產業發生各種技術進步的情況。其次，本節的討論是以貿易條件固定——即小國分析（以排除產品價格變動可能產生的生產替代效果）與固定規模報酬的假設為基礎。

一、兩種產業同時發生程度相同的中性技術進步

若兩種產業同時發生中性的技術進步且其程度相同——即全經濟之資本與勞動的邊際生產力均以相同比例提高，則兩種產業的產出將成同比例的增加，生產可能曲線平行往外移。由於貿易條件不變，技術進步後，在固定規模報酬下，工資與利率將分別隨勞動與資本生產力的提高而同比例的提高。因此，要素的相對報酬雖不變但絕對報酬卻同比例的增加。因為兩種產業、兩種要素技術進步的程度相同，所以技術進步後兩種產業獲利的程度與技術進步前一樣❹，不會發生資源移轉，兩種產業的產出因而等比例的增加。此種情況以圖 11–4 (a)表示，生產可能曲線平行往外移，兩種產品產量的比例不變；圖 11–4 (b)表示，技術進步後，箱形圖內契約線上的生產點不變，但其等產量曲線的產量指標均已等比例的增加（括號內數字代表技術進步後的產量指標）。

二、資本密集財發生中性技術進步

設布為資本密集財，酒為勞動密集財，以下我們只討論僅布產業發生技術進步，另酒產業則否。

圖 11–5，資本密集財——布發生中性技術進步，其等產量曲線由 C_0 內移至 C_1，C_0 與 C_1 的產量水準相同。若要素價格不變，則酒的要素密集度不變 (OE_1)，布的要素密集度亦不變（$OE_0 \rightarrow OE'_0$）。但是，此為小國的技術進步成長，貿易條件不變，為維持貿易條件——或酒與布的價格不變，

---

❹在完全競爭及固定規模報酬的假設下，任何產業的長期均衡只有正常利潤，而沒有經濟利潤或經濟損失發生。技術進步雖可使產業在短期間有經濟利潤發生，但長期間由於生產要素價格的變動，亦只有正常利潤的均衡。

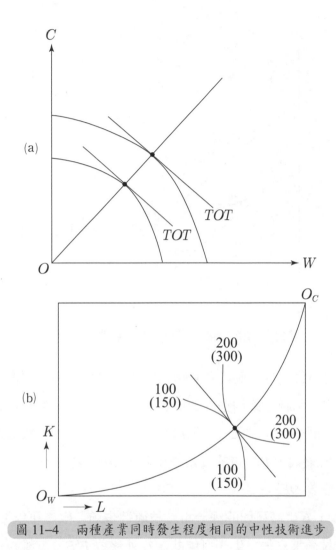

圖 11-4　兩種產業同時發生程度相同的中性技術進步

則要素的價格必須發生改變❺。

　　因為布發生技術進步，其資本與勞動的生產力提高，短期間，在要素價格不變下，布生產的單位成本將下降，生產布較為有利，因此布的產量會增加，酒的產量會減少。但布為資本密集財，酒為勞動密集財，增加布生產所需的資本大於減少酒生產所釋出的資本，增加布生產所需的勞動小

---

❺技術進步後，在等產量圖形上，布與酒兩種產品與同一條等成本線相切，表示兩種產品的相對價格或貿易條件不變；而等成本線的斜率發生改變，表示要素的價格發生改變。

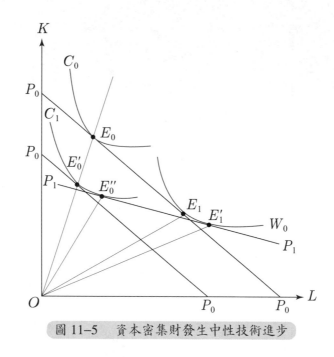

圖 11–5　資本密集財發生中性技術進步

於減少酒生產所釋出的勞動，要素市場的供需發生改變，因而導致利率上升，工資下降，兩種產業均趨向於更加勞動密集方式的生產，進而確保充分就業、產品價格不變、及只有正常利潤的達成。因此，技術進步後，要素價格由 P_0P_0 變為 P_1P_1，布的要素密集度由 OE_0' 變為 OE_0''，酒的要素密集度由 OE_1 變為 OE_1'。

　　再以圖 11–6 生產可能曲線分析。技術進步前，生產可能曲線為 FF，生產點 E_0。技術進步後，生產可能曲線往外移為 $F'F$。若維持酒的產量不變，則生產點由 E_0 移至 E_1，但 E_1 點切線斜率較 E_0 點切線斜率為陡，表示酒的相對價格上升。為維持貿易條件──兩種產品的相對價格不變，布的生產必然會增加，酒的生產必然會減少，即生產點會移至 E_2 點，E_2 與 E_0 的切線斜率相同，表示貿易條件不變。但是，這種產量的變動──資本密集財（布）產量的增加，勞動密集財（酒）產量的減少，必然導致利率上升，工資下跌，而使利率─工資相對比率上升，兩種產業因而均趨向於更加勞動密集方式的生產。

　　另以圖 11–7 箱形圖分析。技術進步前，生產均衡點為 T 點。技術進步

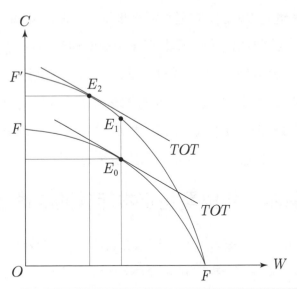

圖 11-6　資本密集財發生中性技術進步，其產量增加，另一種產品的產量減少

後，若要素價格不變，則生產均衡點仍為契約線上的 T 點，但酒的產量指標不變，而布的產量指標 (C') 變大，此乃純然由布的生產技術進步所引起的產量增加。

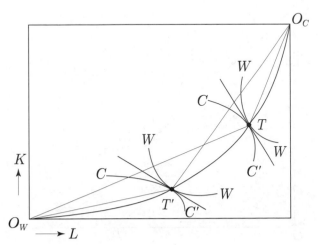

圖 11-7　資本密集財發生中性技術進步對產量及要素密集度的影響

技術進步後，為維持兩種產品的價格不變，終將使得工資下降，利率上升，而使兩種產品的生產均趨於更加勞動密集，生產均衡點因此由 T 點移至 T' 點。在 T' 點，布不僅產量指標變大，且其要素密集度線段加長 ($O_C T'$

$> O_CT$），故其產量大幅增加，這是技術進步及要素派用移轉效果共同作用的結果；酒的產量指標並未改變，但其要素密集度線段縮短（$Q_WT' < O_WT$），故其產量減少，這純然是要素派用移轉的效果。由於布發生中性技術進步，所以其等產量曲線的型態並未改變，因此 T 點與 T' 點仍位於同一條的契約線上（T 點對應圖 11–5 中技術進步前 E_0 與 E_1 的組合點，和技術進步後 E_0' 與 E_1 的組合點；T' 點對應圖 11–5 中技術進步後的 E_0'' 與 E_1' 的組合點）❻。

三、資本密集財發生資本節省的技術進步

圖 11–8 顯示資本密集財——布產生資本節省的技術進步，其等產量曲線由 C_0 內移至 C_1，C_0 與 C_1 的產量水準相同。若要素價格不變，則酒的要素密集度不變（OE_1），布的要素密集度變為較勞動密集（$OE_0 \rightarrow OE_0'$）。但是，若要維持布與酒的價格不變，則要素的價格必須發生改變。因為布

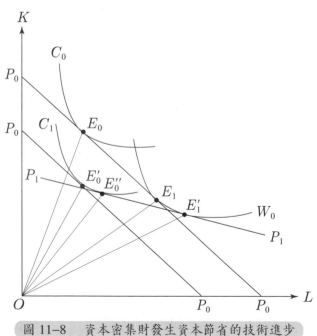

圖 11–8　資本密集財發生資本節省的技術進步

---

❻技術進步導致兩種產品產量的變化，可以由箱型圖內等產量曲線的產量指標與要素密集度線長度的變化得知，亦可利用等產量曲線圖（如圖 11–5）之兩種產品變化後的要素密集度線與要素稟賦構畫婁勒—皮爾斯圖形而得知。

發生技術進步，其資本與勞動的生產力均提高，短期間，在要素價格不變下，布生產的單位成本將下降，生產布較為有利，因此布的產量會增加，酒的產量會減少。

雖然技術進步後布的生產變得較為勞動密集，但比酒仍然較為資本密集，因此布的生產增加，酒的生產減少的結果，導致資本超額需求，勞動超額供給，因而利率上升，工資下降，而使兩種產業均進一步趨於採用更加勞動密集的生產方式，進而確保充分就業、產品價格不變、及只有正常利潤的達成。因此，要素價格改變後，酒的要素密集度由 OE_1 變為 OE_1'，布的要素密集度更由 OE_0' 進一步變為 OE_0''，技術進步與要素價格改變兩種力量使得布的資本—勞動比率大幅下降。

以圖 11–9 箱形圖分析，技術進步前，生產均衡點為 T 點。技術進步後，若要素價格不變，則生產均衡點為 T' 點，T' 點與 T 點分別位於不同的契約線上。（T 點對應圖 11–8 中 E_0' 與 E_1 組合，T' 點對應圖 11–8 中 E_0' 與 E_1 組合，由於布發生資本節省的技術進步，其生產函數——等產量曲線的型態已經改變。）由 T' 點可以看出，布的產量增加，酒的產量減少，而這種變動只是技術變動所引發最初的改變，T' 點並非最後的均衡點。

技術進步後，為維持兩種產品的價格不變，終將使工資下降，利率上

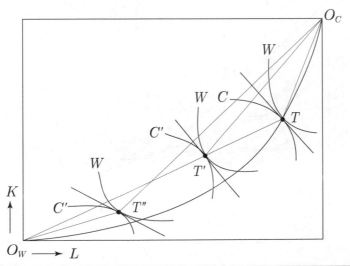

圖 11–9　資本密集財發生資本節省的技術進步對產量及要素密集度的影響

升，而使兩種產品的生產均趨於更加勞動密集，生產均衡點因此由 T' 點移至 T'' 點。在 T'' 點，布的產量大幅增加，酒的產量大幅減少，這是技術進步使生產要素在兩種產業的生產之間完成重分派的結果。T' 點與 T'' 點位於同一條契約線上（T'' 點對應圖 11–8 中 E_0'' 與 E_0' 的組合），分別代表技術進步發生時與發生後完成調整的生產情況。比較 T、T'、及 T'' 點可以發現，要素價格變動的力量使原本勞動密集的酒變為更加勞動密集，而技術進步及要素價格改變兩種力量使得布的資本—勞動比率大幅下降。

 ## 四、資本密集財發生勞動節省的技術進步

圖 11–10 顯示資本密集財——布發生勞動節省的技術進步，其等產量曲線由 C_0 內移至 C_1，C_0 與 C_1 的產量水準相同。若要素價格不變，則酒的要素密集度不變（OE_1），布的要素密集度變為更加資本密集（$OE_0 \rightarrow OE_0'$）。但是，若要維持布與酒的價格不變，則要素的價格必須發生改變。因為布發生技術進步，其資本與勞動的生產力均提高，短期間，在要素價格不變下，布生產的單位成本將下降，生產布較為有利，因此布的產量會增加，

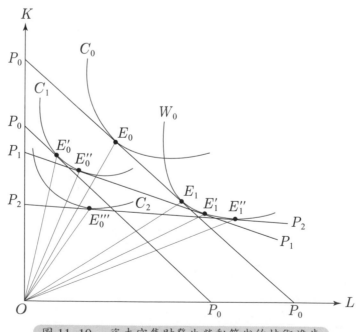

圖 11–10 資本密集財發生勞動節省的技術進步

酒的產量會減少。由於布是資本密集財，且其技術進步發生後又趨於更加資本密集的生產，因此布的生產增加，酒的生產減少的結果，導致資本大量的超額需求，勞動大量的超額供給，因而利率大幅上升，工資大幅下降，而使兩種產業採取更加勞動密集的生產，進而確保充分就業、產品價格不變、及只有正常利潤的達成。

若利率上升，工資下降，而使工資—利率相對比率為 P_1P_1 斜率，則技術進步、生產調整之後，酒的要素密集度由 OE_1 變為 OE_1'，布的要素密集度由 OE_0' 變為 OE_0''，兩種產品均趨於更加勞動密集的生產，但布之技術進步使其資本—勞動比率提高的力量仍大於利率上升使其資本—勞動比率下降的力量，因此最後布的要素密集度仍較技術進步前更為資本密集。若利率上升，工資下降，而使工資—利率相對比率為 P_2P_2 斜率，則技術進步、生產調整之後，酒的要素密集度由 OE_1 變為 OE_1''，布的要素密集度變為 OE_0'''（此顯示布之技術進步的力量很大，因此分析應以更加內移之等產量曲線 C_2 為準），顯示兩種產業均趨於更加勞動密集的生產，但布產業技術進步使其資本—勞動比率提高的力量小於利率上升使其資本—勞動比率下降的力量，因此最後布的資本密集度（資本—勞動比率）反而比技術進步前來得低（OE_0''' 的斜率小於 OE_0 的斜率）。

由於資本密集財發生勞動節省的技術進步，最後會使其資本密集度比技術進步前有更高或較低的兩種可能情況，因而技術進步對兩種產品產量的影響也就難以確定。若技術進步後，布的資本密集度比技術進步前低，則依圖 11–11 表示均衡生產點由技術進步前的 T 點移至技術進步後的 T''' 點，T 點與 T''' 點位於不同的契約線上（T 點對應圖 11–10 中 E_0 與 E_1 組合，T''' 點對應圖 11–10 中 E_0''' 與 E_1'' 的組合），顯示技術進步後布的產量增加，酒的產量減少。因此，利率大幅上升、工資大幅下跌，以至兩種產品的資本密集度均下降，乃是資本密集財發生強大的勞動節省的技術進步而使其產量大幅擴充所肇致的結果。

若技術進步，布的資本密集度比技術進步前還高，則生產布所需的資本增加，所需的勞動減少，所需增加的資本來自資本密集財生產的減少，

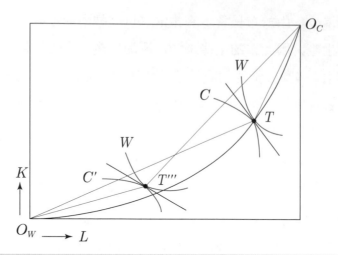

圖 11-11 資本密集財發生勞動節省的技術進步，使得其資本密集度降低的經濟後果

因此而減少的勞動使用量可供作增加勞動密集財的生產之用。因之，在此情況下，為達到充分就業，生產要素於兩種產業之間重分派的結果，布的產量會減少，酒的產量會增加。但是，布發生技術進步，其要素生產力提高，在要素投入數量不變，甚至減少的情況下，技術進步的力量仍將使布的產量增加。是故，在要素重分派與技術進步這兩種力量交互作用下，布的產量將無法確定。

圖 11-12，技術進步前，均衡生產點為 T 點。技術進步後，若布的資本密集度大幅提高而使生產點為 T' 點，則酒的產量增加，布的產量減少，即於 T' 點，布之技術進步使其產量增加的力量小於要素重分派使其產量減少的力量，布的產量因而減少。若布的資本密集度提高而使生產點為 T'' 點，則酒的產量增加——要素重分派效果，布的產量增加或不變，即於點 T''，布之技術進步使其產量增加的力量大於或等於要素重分派使其產量減少的力量，布的產量因而增加或不變。職是之故，在布的資本密集度比技術進步之前還高的情況下，技術進步之後，為達到充分就業，要素重分派效果一定使酒的產量增加，但布的產量是增加或減少，由於無法事先知道其技術進步與要素重分派效果的力量何者較大，故無法確定其變化。但是，基於布發生技術進步與維持充分就業的考慮，可以確信兩種產品的產量於

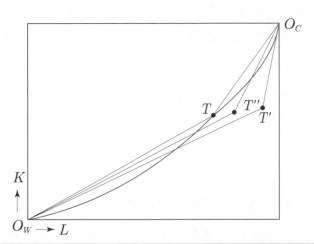

圖 11–12　資本密集財發生勞動節省的技術進步，其產量可能增加或減少

技術進步之後將不可能發生很大的改變。就常理而言，布為發生技術進步的產業，短期間，在要素價格不變下，其生產因此較為有利，故產量會增加；長期間，布的生產雖然又恢復只有正常利潤，但其產量至少應維持不變而不至於減少。

◾ 第三節　技術進步與經濟福利

一、技術進步、產量與要素報酬

　　假設全經濟只有資本密集財與勞動密集財兩種產業，現只有資本密集財發生技術進步，勞動密集財的生產技術不變。本章分析是基於小國——產品價格不變的假設，因此當資本密集財發生技術進步，在短期間生產要素價格不變下，資本密集財生產的單位成本將下降，生產資本密集財將有利潤發生，因此會增加資本密集財的生產而減少勞動密集財的生產。是故，只有一種產業發生技術進步，猶如單要素增長一般，導致一種產業增加，另一種產業的產量減少，是屬超偏的成長。

　　由於兩種產品生產的要素密集度不同，因此兩種產品產量變動的結果，將會導致生產要素供給與需求的變動，而使生產要素的價格變動，即資本的絕對報酬——利率會上升，勞動的絕對報酬——工資會下降，利率—工資相對比率上升，經濟又重新回復到充分就業、產品價格不變、及只有正常利潤的長期均衡。因之，在產品價格不變及短期間要素價格不變的假設下，資本密集財發生任何型態的技術進步，根據以上的推理，最後必然得到資本的絕對報酬提高、勞動的絕對報酬降低、及利率—工資相對比率提高的結果❼。

　　同樣地，在產品價格與短期間要素價格不變的假設下，勞動密集財發生任何型態的技術進步，而資本密集財的生產技術不變，則短期間勞動密集財生產的單位成本將下降，生產勞動密集財較為有利，勞動密集財的產量會增加、資本密集財的產量會減少。在兩種產品生產的要素密集度不同下，兩種產品產量變動導致要素供給與需求變動的結果，必然會使勞動的絕對報酬——工資上升、資本的絕對報酬——利率下降、及利率—工資相對比率下降，經濟又再度回復到充分就業、產品的價格不變、及只有正常利潤的長期均衡。

🌐 二、技術進步與所得分配

　　設一個經濟社會只有勞動與資本兩種生產要素，因此勞動所得份額等於 $\dfrac{WL}{PQ}$，資本所得份額等於 $\dfrac{rK}{PQ}$，PQ 代表全社會的產出價值。在勞動及資本要素稟賦不變下，勞動與資本的所得份額決定於工資—利率相對比率的大小。若工資—利率相對比率上升，則勞動所得份額上升，資本所得份額下降；工資—利率相對比率下降，則勞動所得份額下降，資本所得份額上升。是故，根據前面的分析，在貿易條件不變下，只有資本密集財發生任何型態的技術進步的結果，工資—利率相對比率一定下降，表示技術進步後，所得分配對勞動不利，對資本有利。同理，若只有勞動密集財發生任何型

---

❼此處所討論的技術進步、產量、及要素報酬之間的關係是根據本章基本假設推理的結果。事實上，技術進步與產量和要素報酬之間的關係非常的複雜，有各種可能的情況發生，必須參閱有關技術進步的專門文獻，才能深入瞭解其間的關係。

態的技術進步的結果，工資—利率相對比率一定上升，表示技術進步後，所得分配對勞動有利，對資本不利。

 ## 三、技術進步與社會福利

　　技術進步對社會福利的影響視其發生於出口部門或進口替代部門而定。由於小國對國際貿易條件沒有影響力，因此技術進步發生於任何部門，其所面對的貿易條件總是不變，故技術進步、產出增加後，平均每人所得增加，社會福利水準一定提高。

　　由於大國對國際貿易條件具有影響力，因此若其技術進步發生於進口替代部門，在貿易對手國的經濟沒有成長下，則貿易條件改善，這更附帶加強其技術進步的成果，而使平均每人所得大幅增加，社會福利水準大幅提高。若大國的技術進步發生於出口部門，在貿易對手國的經濟沒有成長下，則貿易條件惡化，這將抵銷其技術進步的部分成果，而使社會福利水準提高的程度減低；甚者，若出口部門技術進步的力量過鉅，而使貿易條件過度惡化，甚至將會產生不利成長的經濟後果。

 摘　要

1. 技術進步可以分為體現的技術進步與非體現的技術進步。體現的技術進步是指，以更新、更有效率的資本財體現出進步的技術。非體現的技術進步是指，隨著時間的推進，在固定規模報酬下，技術進步以全面性的方式發生，即不論任何時期所建造或接受教育與訓練而至今仍然存在之資本與勞動的生產力均同時提高。

2. 非體現的技術進步可以分為中性技術進步、勞動節省的技術進步、及資本節省的技術進步。

3. 對某一產業而言，在一定的資本—勞動比率下，以其資本邊際生產力提高的程度等於、大於、或小於勞動邊際生產力提高的程度，而稱此一產業發生中性、勞動節省、或資本節省的技術進步。

4. 非體現的技術進步可視為有效要素擴大，以有效資本增加的比例等於、大於、或小於有效勞動增加的比例，而稱產業發生中性、勞動節省、或資本節省的技術進步。

5. 在兩種產業同時發生程度相同的中性技術進步的情況下，兩種產業的產量及其生產要素的報酬會等比例的增加，但兩種產品的產出比例、要素相對報酬、及產品的要素密集度則均不變。

6. 在只有資本密集財發生中性技術進步的情況下，若貿易條件維持不變，其後果將是資本密集財產量增加、勞動密集財產量減少、利率上升、工資下跌、利率—工資相對比率上升、及兩種產業均趨向更加勞動密集方式的生產。

7. 在只有資本密集財發生資本節省的技術進步的情況下，若貿易條件維持不變，其結果將導致資本密集財的產量大幅增加、勞動密集財的產量大幅減少、利率上升、工資下降、利率—工資相對比率上升、及兩種產業（尤其是資本密集財）均趨向於更加勞動密集方式的生產。

8. 在只有資本密集財發生勞動節省的技術進步的情況下，若貿易條件

維持不變,則勞動密集財的生產一定會變得更加勞動密集,而資本密集財生產的資本密集度則可能比技術進步前更高或較低。若資本密集財的資本密集度比技術進步前還低,則技術進步後,資本密集財的產量增加,勞動密集財的產量減少;若資本密集財的資本密集度比技術進步前還高,則技術進步後,勞動密集財的產量一定增加,但資本密集財的產量是增加或減少,則不確定。

9. 資本密集財發生勞動節省的技術進步,其資本密集度是提高或降低,視技術進步與要素價格變化的力量孰大而定。若前者大於後者,則資本密集度提高;反之,則降低。

10. 在產品價格(或貿易條件)不變下,資本密集財發生任何型態的技術進步,最後必然導致利率上升、工資下降、及利率—工資相對比率提高的結果;勞動密集財發生任何型態的技術進步,最後必然導致工資上升、利率下降、及利率—工資相對比率下降的結果。

11. 在貿易條件不變下,資本密集財發生任何型態的技術進步,將使工資—利率相對比率下降,所得分配因此對勞動不利,對資本有利;勞動密集財發生任何型態的技術進步,將使工資—利率相對比率上升,所得分配因此對勞動有利,對資本不利。

12. 小國發生技術進步、經濟成長,由於其對貿易條件沒有影響力,故社會福利水準一定提高。大國發生技術進步、經濟成長,由於其對貿易條件有影響力,故社會福利水準的變動較不確定。如果出口部門技術進步的力量過鉅,而使貿易條件過度惡化,甚至將會產生不利成長的經濟後果。

重要名詞

體現的技術進步	非體現的技術進步
中性技術進步	勞動節省的技術進步
資本節省的技術進步	有效要素擴大

問題練習

1. 技術進步分為那幾類？試說明之。

2. 以圖形剖示非體現技術進步的種類。

3. 兩種產業同時發生程度相同之中性技術進步之經濟後果如何？以圖形剖析之。

4. 資本密集財或勞動密集財發生中性技術進步的經濟後果如何？以圖形剖析之。

5. 資本密集財或勞動密集財發生資本節省的技術進步，其經濟後果如何？以圖形剖析之。

6. 資本密集財或勞動密集財發生勞動節省的技術進步，其經濟後果如何？以圖形剖析之。

7. 試闡釋技術進步、產量、及要素報酬之間的關係。

8. 技術進步對所得分配的影響如何？

9. 技術進步對社會福利的影響如何？

◆第十二章 國際貿易與經濟發展

　　一般而言，經濟成長 (economic growth) 是針對已開發國家而言，主要是指國內生產毛額的實質產出增加；經濟發展 (economic development) 是針對開發中國家而言，不僅要國內生產實質產出的增加，更包括文化、政治、法律、制度等與經濟結構的轉變為現代化。不過，經濟學者通常將兩個名詞替代使用而不予區分。

　　前面三章我們所討論的是充分就業下，已開發國家發生經濟成長對國際貿易的影響，本章我們則要討論在有大量資源閒置下，國際貿易在開發中國家追求經濟成長的過程中扮演怎樣的角色？開發中國家如何經由國際貿易來促進其經濟的發展？

第一節　國際貿易與經濟發展策略

一、開發中國家所面臨的國際貿易問題

　　觀察開發中國家的貿易型態可以發現，對大部分的開發中國家而言，其出口以農礦初級產品為主，在擁有特殊自然資源稟賦下——如咖啡、可可、石油，初級產品的出口收入佔國內生產毛額的比例更是偏高，而這些初級產品在國際市場上的交易量與價格往往相當的不穩定。因此，出口收入的變化也就相當的大。在此情況下，依賴初級產品的出口來帶動經濟發展，自然產生相當程度的風險與不確定。

　　對大部分的開發中國家而言，其進口以消費財、中間產品、及資本財等工業產品為主，以滿足其人民日益增強的消費慾望及擴充工業的生產能量，國際貿易因此對開發中國家具有相當的重要性。但是，對大多數非產

油的開發中國家而言，其進口需求往往大於其出口供給的能力，因而導致國際收支長期處於大量赤字的狀態。雖然這些國家經常帳 (current account) 的赤字通常可以經由金融帳 (financial account) 的盈餘予以部分彌補。但是，當國際借款償還期限到達或外國投資的收入要匯出時，往往使得開發中國家遭受經常帳與金融帳同時處於嚴重赤字的狀態，導致其國際準備的快速罄盡與嚴重的匱乏。

長期的國際收支赤字，不但妨害開發中國家擴展其經濟的能力，更使其推動經濟發展的計畫無法一貫、穩定地執行。雖然如此，國際貿易對開發中國家的經濟發展的成敗，仍然扮演著相當重要的角色。因為國際貿易除了有形的財貨與勞務的交易外，尚有無形的技術、思想、文化風氣、觀念、及典章制度的影響。是故，當開發中國家於考慮採取**外顧導向** (outward-looking) 或**內顧導向** (inward-looking) 作為其發展策略時，必須同時考慮到國際貿易對其可能帶來之有形及無形影響的利弊得失，而後才能作一明智的抉擇。

根據 Keesing (1967b) 的定義，外顧導向發展策略為：一個國家選擇對國外的經濟與貿易情況保持經常與密切的注意，在沒有經過高度保護本國產業的過渡階段，採取國際間所能容忍的各種手段而將其簡單、開放的貿易政策轉變為積極的製造業產品出口促進政策；內顧導向發展策略為：一個國家之製造業產品依賴本國市場至放棄任何努力以打進外國市場的程度。

在考慮是否以國際貿易作為經濟發展策略時，開發中國家應考慮到以下幾個問題：

1. 國際貿易對經濟成長率及經濟結構有何影響？
2. 國際貿易對本國及國際間的所得與財富的分配有何影響？
3. 在什麼情況下，國際貿易可以促成經濟發展目標的達成？
4. 能否自行決定貿易量的多寡，即是否能夠自行決定對外依賴程度的高低？
5. 根據過去的經驗及未來的展望，究以採自由貿易抑採限制貿易政策較有利於經濟的發展？

　　顯然地，各個開發中國家不可能對以上的問題有相同的答案。因為國際貿易的源起、貿易型態、貿易量、貿易條件、及貿易利得決定於貿易與國的生產及消費結構，開發中國家自然也不能例外。並非所有開發中國家都像中東產油國家那般幸運有豐富的石油蘊藏，絕大部分的開發中國家都是同時處於資源稟賦貧乏、需求慾望只能獲得低度滿足的狀態。因此，在追求經濟發展的過程中，根本無法採取自給自足、閉關自守的策略，而唯有走上藉助外力、以貿易促進成長的途徑。是故，剩下要探討的問題只是開發中國家應採怎樣的策略，以使國際貿易對其經濟的穩定、成長、效率、及公平能產生最有利的影響。

 ## 二、國際貿易的後果

　　傳統的國際貿易理論，根據比較利益法則，主張各國應根據其資源稟賦，專業生產且出口比較優利的產品而進口比較不利的產品，如此，將使貿易與國的實質所得增加，福利水準提高。但是，有些學者——如 Singer (1950)、Myrdal (1956)、及 Prebisch (1950, 1959)，卻認為開發中國家與已開發國家進行貿易的結果，由於貿易條件不利於開發中國家，貿易利得因此大部分歸已開發國家享有。在極端的情況下，貿易的結果，不但不會提高開發中國家的實質所得，反而使得她們的福利水準下降[1]。

　　但是，Haberler (1936)、Keesing (1967b) 等學者則認為，國際貿易至少可使開發中國家獲得無形有利的**學習效果** (learning effect)，即使開發中國家輸出的大多是初級產品，但在與先進國家不斷交往與競爭的過程中，可以獲得新的觀念、新的生產方法、及新的技術，而使經濟與社會結構不斷

---

[1] 國際依賴 (dependence) 或支配 (dominance) 理論——有時亦被稱為新殖民 (neo-colonial)、新馬克斯主義者 (neo-Marxist)、或結構主義者 (structuralist) 理論——甚至將開發中國家長期、持續的經濟低度開發歸之於先進國家與開發中國家之間經濟與政治力量的高度不平均分配，國際貿易與世界資源為先進國家所控制，這使得開發中國家追求經濟發展的努力益加困難，有時甚至是不可能的。

的更新、改良。因此，他們認為國際貿易對開發中國家經濟發展的貢獻，可以分為靜態效果的直接利益與動態效果的間接利益兩種。直接利益包括⑴經由國際專業分工，可使生產效率提高、國民所得增加；及⑵經由貿易的誘導，生產結構將會發生有利的改變。間接利益包括⑴國際貿易提供經濟發展工業化所需的資本財及中間產品；⑵國際貿易是技術移轉、觀念現代化、管理知識、及企業家精神引進的媒介；⑶貿易之門一開，可以促進國際資本移動，使更多的資本財經由直接外國投資，從先進國家移轉至開發中國家；及⑷自由貿易可以打破開發中國家普遍存在的獨佔情況，提高競爭的程度，增進資源有效的派用。

事實上，近代許多國家都是經由國際貿易作為促進其經濟發展的手段，並且獲致良好的績效。例如，19 世紀的英國便是經由輸入廉價的原料、糧食，輸出工業製成品，而實現其快速的經濟成長；瑞典於 19 世紀末期輸出木材及其製品；美國於獨立之初依賴農產品的出口；日本於明治維新之後依靠茶與絲的出口賺取外匯，以換取資本設備的進口，而導致快速的經濟成長。這些均是以國際貿易促進經濟發展的顯明例子，近 50 年來，包括我國在內的許多新興工業化國家與地區（如韓國、新加坡、香港），更是以國際貿易帶動經濟發展的典型實例。中國大陸自 1978 年改革開放以來經濟快速成長，主要也是得力於採行以出口帶動經濟成長的發展策略。

■ 第二節　經濟發展策略的抉擇

根據開發中國家採取內顧導向或外顧導向的經濟發展策略，而有不同實際政策的執行。內顧導向策略著重於經由鼓勵**進口替代** (import substitution) 的生產以促進發展，此種策略實行的結果將使一國趨於更加自給自足，對外的經濟依賴程度減輕；外顧導向策略著重於經由鼓勵**出口擴張** (export expansion) 的生產以促進經濟發展，此種策略實行的結果將使一國對外的經濟依賴程度加深。

由於人口、土地、市場規模、及資源稟賦的不同，各國所採的經濟發展策略也就不盡一致。幅員廣闊、資源豐富、國內市場廣大的國家傾向於採取內顧導向的進口替代發展策略；反之，則傾向於採取外顧導向的出口擴張發展策略。事實上，世界銀行 1987 年出版的《世界發展報告》(*World Development Report*) 曾將 41 個開發中國家分成強烈外顧導向、中度外顧導向、強烈內顧導向、及中度內顧導向等四類，比較她們的經濟表現後發現，採行外顧導向之國家的經濟表現幾乎在所有方面均優於採行內顧導向之國家的經濟表現❷。但是，除了因地理環境的不同而採行不同的經濟發展策略外，一個國家也將因經濟發展所處階段的不同而採行不同的經濟發展策略，即進口替代與出口擴張發展策略是交互替用而非絕對互斥的。例如，我國的經濟發展過程是由初級的進口替代、出口擴張，以至更高層次的進口替代、出口擴張，而循序漸進的。

 ## 一、進口替代發展策略

進口替代是指：一個國家因某些產品沒有生產，或所產數量不足以供應國內所需，而必須進口全部或部分的這些產品以應國內需要，但為節省外匯支出、提高經濟的自主性、及促進國內生產的多樣化，政府當局設法由國內生產進口品以資取代。進口替代的發展一般可以分為三個層次：

㈠非耐久消費財或輕工業產品進口替代

這是指由國外進口機器設備，在國內進行非耐久消費財的生產，馬上供應國內市場，以直接滿足國內的消費需求。這一階段的進口替代最容易實施，也最容易成功。因為(1)國內有效需求市場已經存在，產品容易銷售；(2)所需資本較少且不很需要特別的專門技術人才；(3)在政府高度保護之下，其產品價格往往偏高，因此利潤優厚，民間投資意願高昂；及(4)此類進口替代產業大部分屬勞動密集工業，而開發中國家又大多擁有大量閑置的剩餘勞動力，因此，對雇主而言，投資此類產業可以享有工資低廉的優利；對勞動者而言，可以有更多的工作機會，可以賺取更多的所得。

---

❷亞洲四小龍——臺灣、南韓、香港、及新加坡的經濟成長表現即是很好的例子。

㈡中間產品（投入）進口替代

這是指由國外進口機器設備及原料，在國內生產非耐久消費財生產所需的中間投入品，而不再由國外進口此類中間投入。此一階段的實施較為困難，因為⑴需要較多的資金與較為專門的技術人才及熟練勞工；⑵此類產品的生產需要有適當的經濟規模，如果國內市場狹小，設廠生產無法達到最小經濟規模所需的產量，將導致產品單位成本的偏高；及⑶實施第一階段非耐久消費財進口替代時，政府通常採取資本財及中間投入低關稅、非耐久消費財高關稅的有效保護關稅政策，這種政策下的關稅結構若沒有及時修正，將不利於中間投入替代產業的發展。

㈢耐久消費財與資本財的進口替代

這是指原先由國外進口用以生產非耐久消費財及中間投入的機器設備不再進口，而由國內自行生產，並有能力生產高層次（或高級）的耐久消費財。此一階段的進口替代產業生產需要更多的資金、技術人才、及更高的技術水準，同時經濟規模的問題益加顯得重要，政府可能基於保護幼稚工業發展的立場，對這些產業予以保護，而減少對非耐久消費財及中間投入生產的保護。此一階段之進口替代產業的**向後聯鎖** (backward linkage) 及**向前聯鎖** (forward linkage) 效果遠大於前面兩個階段，透過投入與產出之間的連鎖關係，可以促進相關產業以至整個經濟的發展。此一階段進口替代產業的發展成功，足以證明工業化的完成與經濟發展的成就，一個國家因此可以由開發中國家的行列而躋身於已開發國家之林。

進口替代策略的實施是擴充國內市場及提高工業生產能量所必需的。成功的進口替代策略，能使一個國家的國民所得水準提高、出口潛能增強，並使傳統農業經濟加速過渡到現代工業經濟。但是，進口替代策略的單獨實施並不是可靠的發展政策。因為開發中國家通常有高度的人口成長率，所增加的所得如全部或大部分用之於購買糧食，則所生產的進口替代工業產品將滯銷。因此，在推展進口替代產業發展的同時，應設法擴大傳統農業部門的生產能量並提高其生產力，即創造更多的傳統農業部門的剩餘，增加其購買能力，進口替代產業才有可靠的國內市場，才得以發展成功。是故，進口替代策略的實施與傳統農業部門的發展應同時並進而非擇一推行的。

 ## 二、經濟政策與進口替代

　　為了達成進口替代產業成功發展的目的，開發中國家通常採取一些配合的保護措施，使國內生產者不會受到國外生產者過份激烈的競爭，以至於無法生存。這些保護措施通常有以下幾種：

㈠關　稅

　　對進口替代品的進口課徵較高的關稅，對非進口替代品則課徵較低的關稅。利用關稅來保護進口替代產業，雖有利被保護產業的建立與發展，但對社會資源的派用將會產生扭曲的作用，使得一部分原先用於生產低關稅產品的資源轉移到高關稅產品的生產。保護時期若是過長，而進口替代產業又未能有效發展起來，則徒然導致生產效率的降低及資源的浪費。在此情況下，整個社會不僅沒有獲得進口替代產業發展之利，反而遭受高關稅導致進口替代品價格上漲及資源派用效率降低的損失。是故，對於進口替代產業的選定與保護，必須審慎評估其發展的潛能，否則徒然導致社會福利水準的下降。

㈡配　額

　　凡進口商欲自國外輸入進口品，須事先取得主管官署的許可，且每年允許進口的數量有一定的限制。進口數量受到限制後，進口品在國內市場的價格通常會上升，其上升的幅度視配額數量及該產品的進口需求與出口供給彈性的大小而定。因此，配額與關稅一樣，均可以達到保護進口替代產業的目的。根據進口品價格上漲的幅度，可以衡量進口數量限額對進口替代產業所產生的保護效果。

　　除了與關稅一樣會導致資源派用的扭曲與產品價格的上升之外，利用配額以保護進口替代產業尚會產生以下的經濟後果：

　　1.配額的限制往往對非民生必需品特別嚴格，結果此一類產品的國內價格上升幅度較大，其所受的保護程度因此較大，從事此類產品的國內生產可以獲取較大的利潤，其產量可能因而快速增加。是故，為抑制非民生必需品的生產與消費及健全進口替代產業的發展，應按各產業受到保護的程度，課徵適當的**國產稅** (excise tax)。

2.雖然關稅與配額均使得進口品的國內價格不同於國際價格，但配額使得國內與國外市場完全隔離，價格機能的運作受到更加嚴重的破壞。

3.配額的實施，易使取得配額者獲取暴利，造成不勞而獲，有違社會公平的原則，且易肇致貪污流弊。

㈢補　貼

即政府對進口替代品的生產予以補貼，以降低其生產成本，增強其國際競爭能力。在各種保護政策中，就理論而言，補貼是最佳政策，因其可以維持自由貿易、自由競爭而不會破壞價格機能及干擾到消費、投資的決策。但是，補貼需要政府籌措大筆資金，一般開發中國家往往財政收支困難、外匯短缺，而感到難以負擔。

㈣複式匯率 (multiple exchange rates)

即對不同的進口品分別採用不同的匯率(國幣／外幣交換比率)計價。例如，對非民生必需品的進口採用較高的匯率，對民生必需品和資本設備的進口採用較低的匯率。採用複式匯率最大的缺失，是使匯率高之進口品的國內價格偏高，匯率低之進口品的國內價格偏低，結果引起價格高的產品生產過多，價格低的產品生產過少，因而導致資源派用的扭曲。此外，差別匯率實施的行政手續繁瑣，可能引起官商勾結、營私舞弊，並會促使所得分配惡化，凡此均值得考慮。

㈤外匯管制

即對外匯的供給與需求進行直接的管制干預,以間接管制進口的數量。外匯管制主要有以下幾種方式：(1)規定所有外匯收入必須售予指定的外匯銀行；(2)規定出口商只能接受可以充作國際準備的外國通貨；(3)實施外匯配給；及(4)對本國資金的外流或外國資金的引進加以管制。以外匯管制來保護進口替代產業，其優點為：(1)無須經過立法程序，手續簡便；(2)可將有限的外匯用之於經濟發展最為迫切的用途；及(3)有助於因外匯短缺而引起國際收支困難之問題的解決。其缺點為：(1)造成黑市外匯買賣；(2)外匯的配給難以有效率的執行，外匯配給的結果，可能使某些產品的進口減少，但某些產品的進口反而增加，外匯短缺的困難並不一定能夠獲得解決或減輕；及⑶外匯管制有利於進口替代產業，使一部分原先用於出口產業的資源移轉用於進口替代產業，結果進口減少，出口亦減少，不僅外匯不足的問題無法獲得解決，更無法引進資本設備以利經濟的發展。

㈥通貨貶值

將本國通貨的對外價值降低，可使以本國通貨計價之進口品的價格上升，以達到保護進口替代產業的目的。但是，國幣貶值的結果，進口替代產業生產所需而由國外進口之機器設備與中間投入的價格亦隨之上升，生產成本因而提高，國幣貶值對進口替代產業有利的影響，會部分被抵銷。

任何進口替代的保護措施，其主要的目的均在於限制進口、增強進口替代產業的競爭能力。但是，限制進口使一國進口替代產業免於或減輕國外競爭的壓力，畢竟是消極的作法。一個國家的經濟要能真正有所發展、達於國際的水準，自非面對國際競爭、積極拓展出口不可。

 ## 三、出口擴張發展策略

經濟發展文獻上有對外貿易是**成長的引擎** (engine of growth) 之語，而這裡所稱的對外貿易是指出口擴張的經濟發展策略。以出口擴張來促進經濟發展的策略，被稱為**出口領導成長** (export-led growth) 或出口導向 (export-oriented) 政策，其乃是建立於 Smith 的剩餘發洩理論基礎之上。傳統的比較成本理論認為一個國家的資源稟賦是固定的，而且在進行國際貿易之前已達充分就業，貿易的功能之一在於使資源的派用更具效率。在現行的技術水準與充分就業之下，唯有減少進口替代品的生產，才可能增加出口品的生產而輸出之。

相反地，剩餘發洩理論認為開發中國家存在著大量閒置的資源，其所以能夠進入國際市場並非其對產品的生產具有比較利益，乃是因其擁有大量閒置資源而能以極低的成本（機會成本）生產出口的產品，貿易的功能在於為其閒置的資源創造出有效需求。出口生產的增加，在一般開發中的國家並不需要以減少進口替代品的生產為代價。是故，國際貿易為開發中國家大量閒置資源的獲得充分及有效的利用，開闢了一條出路，因而促進開發中國家的經濟發展。

出口擴張之經濟發展策略乃剩餘發洩理論的具體化表現。出口擴張的目的是希望透過出口數量的增加，來刺激國內充分利用大量閒置的剩餘資源，以使產出增加，而導致經濟發展。出口擴張與經濟發展之間有著互為因果循環的關係，出口擴張可以促進經濟成長，而經濟成長也可以帶動出口的增加。高度的出口成長率將有助於促進經濟的發展，因為：

1.出口擴張通常隱含著進口能力的提高，使開發中國家能自國外進口更多的資本財與機器設備，以擴充其生產能量，提高工業生產效能。

2.由於國際市場的競爭，出口擴張通常集中於較有效率的產業，因此可以使開發中國家的生產效率與資源的派用效率提高。

3.國際貿易可使市場擴大，而獲取規模經濟的利益。此外，由於市場的擴大，國際貿易可以促進國內的分工，以提高生產要素的生產力。因此，開發中國家參與國際貿易在生產方面除了可以獲得專業化的直接利得外，尚可以獲得要素生產力提高的間接利得。這種開發中國家參與國際貿易可以擴大市場（剩餘發洩理論）及提高要素生產力（生產力理論），均早在 Smith 的《國富論》中明白指出。

4.為了維持及增進出口產業的國際競爭能力，企業的管理效率與產品的品質勢必繼續不斷的提高，生產的成本也必須追求不斷地下降。

出口增加，可使國際收支改善，吸引國內、外投資的增加而使資金流入，一方面創造更多的就業機會，一方面提高技術水準、要素生產力、及產品品質。如此，經濟自然不斷成長，進而導致出口更進一步的增加，形成出口帶動經濟成長的良性循環。但是，這種良性循環的關係，事實上很難永久持續下去，出口擴張持續到了一段時間之後，將會產生一些不利的經濟後果，而使出口擴張減緩、經濟成長受到阻礙。因為：

1.出口擴張如果繼續不斷大於進口，必然導致長久的貿易順差，而使國內貨幣供給量增加、資源供給逐漸短缺，致使國內物價上漲，出口品的國際競爭能力遲早會被削弱。

　　2.出口持續擴張，將導致勞工結構性的供需失調，例如，某些出口產業迅速發展，其所需勞工日增，若其所需的為具備特殊技能的勞工，在勞工缺乏完全流動性下，勢必引起這些技術勞工的供不應求，導致其工資上漲，生產成本提高，進而擴散到全面性的物價水準的上漲。

　　3.出口迅速擴張，若國內公共設施或典章制度無法配合，將導致生產及貿易的瓶頸，而使經濟成長的速度遲緩下來。

　　職是之故，出口擴張不失為促進經濟發展的良好策略，但吾人所追求的應是適度而非過份快速的出口擴張成長，即在以國外市場帶動一國經濟成長的同時，也應注意國內市場的培養，以避免對外貿易依賴程度過深，而使一國經濟容易感受國外經濟波動的衝擊。如此，才能一方面達到追求經濟成長的目標，一方面可以提高一國經濟的自主性，進而達到自力成長的理想境界。

 ## 四、經濟政策與出口擴張

　　為了實現以出口擴張帶動經濟成長的理想，開發中國家通常採取各種的措施，以提高其出口品的國際競爭能力，而達到增加出口的目的。這些措施主要有：

㈠訂定合理的匯率

　　匯率偏低、幣值高估將不利於一國產品的出口。開發中國家往往處於物價膨脹的狀態，為了出口能夠順利擴張，應隨時視一國國際準備及物價波動的情況，擬訂合理的匯率。如此，不僅有利於現有產品的擴大出口，亦足以鼓勵更多的新產品參與出口的行列。

㈡實施外銷退稅

　　如果進口的產品是作為生產出口品的中間投入之用，則待該產品完成加工生產而輸出時，再將進口中間投入所課徵的關稅退還予廠商。外銷退稅可視為掃除關稅障礙、消滅關稅對國際貿易干擾的一種手段。但是，從另一角度來看，同樣的產品若銷售於國內，則需負擔中間投入的進口關稅，若銷售於國外，透過出口退稅，則不必負擔中間投入的進口關稅，外銷利潤因此提高，故能夠達到獎勵出口的目的。

㈢減免租稅

除對進口的中間投入退除關稅外，政府尚可對出口產業予以減免營利事業所得稅、投資扣抵、投資所得免稅、加速折舊、及免除營業稅、印花稅等優惠，以降低出口產業的生產成本，增強其在國際市場的競爭能力，並提高對出口產業的投資意願。

㈣出口補貼

對於出口產業的生產，政府予以直接的補貼，以降低其生產成本，提高其國際競爭能力。採行此種措施，除了需要政府有足夠的財源外，亦會導致不當的所得重分配，並可能引起進口國家的反感，視其為一種傾銷手段，而以加重進口關稅作為報復。

㈤建立保稅制度

對於生產出口品所需之中間投入的進口，如其運儲於指定的場所——即保稅倉庫 (bonded warehouse)，得暫時免徵進口關稅。如此，不僅可以免除出口退稅的麻煩，亦可減輕廠商關稅的利息負擔。

㈥給予優惠融資

對於出口產業所需的資金，給予大量、長期、低利的貸款，以減輕出口廠商的利息負擔與資金週轉的困難。

㈦舉辦輸出保險

由政府負責對出口可能遭受的各種風險予以保險，藉以消除出口的風險，增強廠商出口的信心。

進口替代與出口擴張對開發中國家而言，是同等重要而無法偏廢的。沒有經歷進口替代階段，國內產業無法生根發展，出口擴張也就難以有效推展。若單獨採取進口替代策略而沒有出口擴張策略的配合，經濟發展成功的可能性也將相當微小。經濟發展史實顯示，中南美洲的國家曾經過度強調進口替代策略，採取高度保護措施，不計代價地鼓勵資本密集財的進口替代生產，結果導致生產成本偏高、缺乏效率的產業普遍存在，造成嚴重的資源浪費、失業增加、國際收支失衡、物價快速上漲等後果，經濟不但無法成長，反而有每況愈下的趨勢。反觀我國經濟成長的歷程，視經濟情況及現實的需要，循序漸進地採行進口替代、出口擴張及第二次（階段）進口替代的發展策略，終於使我國成為全世界以國際貿易帶動經濟成長最為成功的典範❸。

第三節　國際貿易與貿易條件

　　開發中國家採行貿易導向的經濟發展策略，無非想經由國際貿易來擴充其生產能量，實現全面工業化與現代化的理想。因之，國際貿易只是手段，經濟發展才是目的。國際貿易的目的在於獲取經濟發展過程中所需產品——尤其是資本財——的進口，而進口能力的大小又決定於外匯收入的多寡。外匯的收入，決定於出口的數量與出口品的價格，外匯的支出亦同時決定於進口的數量與進口品的價格。如果出口（或進口）的數量不變，但出口品（或進口品）的價格上升，將使得外匯的收入（或支出）增加，而出口品與進口品價格的變化，也就是貿易條件的變動。是故，要評估國際貿易對經濟發展的影響，尚需考慮到貿易條件的變動。

一、貿易條件的爭論

　　開發中國家與已開發國家之間進行國際貿易，其貿易型態通常為開發中國家出口初級產品而進口工業產品，已開發國家出口工業產品而進口初級產品。因此，貿易條件主要決定於初級產品與工業產品之價格指數的相對比率。由於初級產品與工業產品的生產與需求特性的不同，長久以來，

---

❸我國以不斷提升產品生產層次來發展經濟的作法又稱雁行經濟成長型態 (flying-geese pattern of economic growth)，即一國在經濟發展的過程中追隨領先國的技術型態而逐漸提升其技術發展。例如，當日本移向較高技術的機械、電子業生產時，我國接收其成衣、紡織業的領導地位，經過一段時間後，我國提升到機械、電子業的生產，再將成衣、紡織業移轉給中國大陸、泰國、印尼等國家生產。

對於開發中國家與已開發國家之間貿易條件的看法,有著重大的歧見存在。古典學派的英國經濟學者認為, 長期間貿易條件的變動不利於先進工業化國家, 而有利於出口初級產品的開發中國家, 對貿易條件持此看法者, 稱之為**英國學派** (British School)。另一方面, 以 Prebisch (1950, 1959) 及 Singer (1950) 為主的經濟學者認為, 現期的貿易條件不利於開發中國家, 因此貿易利得大部分歸於先進已開發國家;而且長期的貿易條件變動趨勢亦不利於開發中國家, 因此自由貿易對開發中國家的經濟發展將有不利的影響, 此一論點稱之為**裴畢希—辛爾理論** (Prebisch-Singer theory)。

對開發中國家與已開發國家之間貿易條件的看法,那一派的觀點正確, 屬於實證而非理論的探討。但是, 由於實證時所取的時間、所包含的產品種類、產品價格計算的基礎的不同,分析的結果往往無法產生一致的結論。因此, 我們以下只就兩者的理論爭論進行探討。

 ## 二、英國學派與貿易條件

英國學派對貿易條件的看法是建立於 Ricardo 的邊際報酬遞減法則之上。在土地面積一定, 人口不斷成長之下, 農業的生產必然發生報酬遞減的現象, 即隨人口的增加, 農產品(初級產品)增加的速度愈趨緩慢, 農產品的供給相對於需求愈加顯得稀少。相對地, 在同樣不考慮技術進步的情況下, 工業的生產仍然會發生邊際報酬遞減的現象, 但其程度遠輕於農業的生產, 如果資本能夠配合勞動的增加而不斷累積, 邊際報酬遞減的現象甚至不會發生, 因此, 工業產品能夠不斷快速地增加。英國是一出口工業產品而進口糧食、初級產品的國家, 根據邊際報酬遞減法則比較不利於農業生產的特性, 長期間由於人口不斷成長, 農產品相對於工業產品的價格必然上升, 即貿易條件必然不利於英國或其他的工業國家。

英國學派的論點完全由農產品(或初級產品)及工業產品全面性的供給變動著眼, 而忽略了需求因素及技術的變動。如果開發中國家的農業生產發生重大的技術進步、對工業產品的需求富於彈性、人口成長的速度減緩;同時, 如果已開發國家的工業生產增加發生於進口替代部門、對農產品的需求缺乏彈性、技術進步使得工業生產所需的初級產品投入減少，這些情形的配合，均可能使已開發國家的貿易條件不至於惡化，甚至改善。

 ## 三、裴畢希—辛爾理論與貿易條件

出口擴張是開發中國家追求經濟成長的重要策略之一。但是，根據 Prebisch-Singer 的論點，在開發中國家擴張其初級產品的出口以換取工業生產能量擴充的過程中，其貿易條件繼續不斷惡化，因此出口擴張的結果，所能換取的工業產品反而逐漸減少，國際貿易所能得到的利益將極為有限，不管出口產業（初級產品）的成長率如何的高，其生產的利益將由於貿易條件的惡化而移轉於外國。為何 Prebisch、Singer 等學者認為貿易條件會逐漸不利於開發中國家呢？其列舉的理由主要有以下幾項：

㈠初級產品的需求缺乏彈性

經濟成長、國民所得提高，在價格及偏好不變下，根據**恩格爾法則** (Engel's Law)，人們將其所得用之於糧食開支的比例將下降。將恩格爾法則以彈性的觀念表示，即人們對初級產品的需求所得彈性小於 1——缺乏彈性，而對工業產品的需求所得彈性大於 1——富於彈性。再者，由於初級產品大多為民生必需品或工業生產必要投入，故其需求的價格彈性亦低。因之，在初級產品之所得及價格彈性均低的情況下，經濟成長，初級產品出口擴張，若其他情況不變，必然導致初級產品的價格下跌，工業產品的價格上升，而使開發中國家的貿易條件惡化。

㈡原料節省的創新

先進工業國家的工業生產不斷發生創新，而其創新往往具有使生產所需原料投入愈來愈少的特性。此外，先進工業國家的經濟結構從輕工業生產不斷移轉到資本與技術密集之重工業的生產，亦使得生產所需的原料投入愈來愈少。因此，隨先進工業國家的經濟成長，其對初級產品的需求逐漸減少，開發中國家的貿易條件因而逐漸惡化。

㈢市場的不完全

有人認為在國際市場上工業產品較農業產品具有較強的獨佔力量，且工業產品獨佔的力量更有不斷增強的趨勢，因而導致開發中國家貿易條件的不利與逐漸惡化。另一方面，在要素市場，先進工業國家存在力量雄厚的工會組織，隨技術進步、勞動生產力提高，工會不斷要求增加工資，而工資的增加往往超過勞動生產力的提高,因而導致產品成本與價格的上漲;開發中國家普遍存在大量閑置剩餘的勞動力，且無力量雄厚的工會組織存在，縱然技術進步、勞動生產力提高，工資亦難以同比例的上升，在發生勞動節省技術進步的情況下，工資甚至可能反而下降，因此開發中國家的初級產品不易發生成本推動的價格上升。是故,由於工資變動趨勢的相左,因而導致開發中國家貿易條件的惡化。

關於以上工資、生產力變動對貿易條件的影響，有人指出只有在貨幣幻覺（或匯率僵固）的情況下才會發生。因為國際貿易產品的價格部分決定於匯率，而工資、生產力的變動會反映於匯率的變動之上，因此，工資、生產力變動對貿易條件的影響，會被匯率的變動所抵銷。是故，工資、生產力的變動對長期均衡的貿易條件並無影響。

㈣貿易障礙不利於開發中國家初級產品的出口

先進工業國家基於國家安全、農民所得、農產品價格穩定、及農業發展等因素的考慮，通常對初級產品的進口採取種種的貿易障礙以降低其競爭能力，使其進口減至最小的程度，因而使得開發中國家的貿易條件惡化。

㈤合成或人為替代品的出現

由於科技的發達，許多原本依靠農業所生產的初級產品，已能由工業以合成或人為的方法生產。例如，人工塑膠與合成纖維的出現，使得傳統的天然橡膠與蠶絲產業遭受嚴重的打擊。在初級產品的需求不變或增加緩慢的情況下，合成或人為初級產品之替代品的出現，使得初級產品的實際供給與潛在供給能量大增，因而導致初級產品貿易條件的惡化。

㈥先進工業國家經濟結構的轉變對初級產品的需求減少

先進工業國家經濟發展層次不斷提高的結果，第三級產業——服務業所佔的比重愈來愈大，而第三級產業主要為勞務密集的產業，其對原料的需求相當的小，因此先進國家經濟結構轉變的結果對初級產品的需求逐漸減少，初級產品的貿易條件因而逐漸惡化。

㈦初級產品的使用具有規模經濟

先進工業國家的工業生產規模有逐漸擴大的趨勢，要素與原料投入因而增加，但初級產品的使用具有規模經濟的特點，即隨生產規模的擴大，平均 1 單位產出所需的原料投入反而減少。如此，產出增加，初級產品的需求將減少，開發中國家的貿易條件因而惡化。

以上各點乍聽之下似乎真實，但事實並不盡然，吾人不能因此而冒然接受開發中國家的貿易條件逐漸惡化的說法。在分析開發中國家貿易條件的變動時，尚須考慮到工業產品品質的改善、新產品的推出、運輸成本的變動、無法再生自然資源價格的不斷提高、農業生產力與工業生產力的相對變動等因素，才能得到合理的結論。但是，就理論的觀點，開發中國家與已開發國家之間貿易條件的爭論，完全取決於雙方成長的部門偏向、要素的流動性、及對進口品的需求彈性而定。在其他情況不變下，如果開發中國家發生初級產品出口部門偏向成長、出口部門與進口部門之間要素缺乏流動性而使初級產品的出口供給缺乏彈性，再加上已開發國家對初級產品的需求缺乏彈性，則隨時間推進、經濟發展的結果，開發中國家的貿易條件將會惡化。

第四節　貿易政策與經濟發展

經濟發展主要是一種工業化的過程，為了實現工業化的理想，開發中國家唯有從先進工業國家進口機器設備而逐漸建立起自己的工業發展基礎，而機器設備進口能力的大小，取決於國際準備的多寡。要累積足夠的國際準備以供經濟發展之需，唯有開源節流。為了發展的需要，對開發中國家而言，節流是難以實行的，因此唯有從開源——即增加出口著手，才是以國際貿易促進經濟發展的有效途徑。

在不考慮國際資本移動的情況下，一個國家的國際準備主要來自產品的出口，即開發中國家應盡量設法產生**貿易順差** (trade surplus)。為了使出口能夠賺取經濟發展所需的外匯，一方面應設法使貿易條件不惡化，一方面應設法使出口能夠持續穩定的增加，才能藉國際貿易帶動經濟成長。為實現此一目標，根據以上的討論，國際間所應採行的貿易發展策略為：

　　1.開發中國家本身應將資源逐漸由初級產品部門的生產移轉至工業部門的生產，以發展本國進口替代與出口擴張的工業生產。

　　2.保護政策應該國際化，即先進工業國家應對開發中國家的出口品免課或課徵較低的關稅，以使已開發國家所實施的保護政策轉變為有利於開發中國家的發展。

　　3.為使幼稚工業能夠生根發展，開發中國家得權宜地限制先進國家產品的進口，唯保護政策的實行應注重有效保護率，並避免長期、嚴重地扭曲資源的派用，而流於浪費、缺乏效率。

　　4.開發中國家之間應彼此協商，達成初級產品有秩序產銷的協定，以穩定初級產品的價格與出口數量。

　　當今國際經濟活動，先進工業國家居於主導的地位——**核心國家** (central countries)，開發中國家居於次要的地位——**外圍國家** (peripheral countries)❹。外圍國家如果能夠持續增加出口到核心國家，一方面不僅可以增加外匯收入，擴大工業生產能量；一方面可以刺激國內對出口部門及社會基本設施投資的增加。如此，透過**對外貿易乘數** (foreign trade multiplier) 效果，國民所得將快速提高，進而使國內有效需求增加，帶動國內投資更進一步的增加，因而形成**乘數** (multiplier) 與**加速因子** (accelerator) 交替作用的過程，以確保經濟得以持續成長。

　　如果開發中國家因人口增加或生產萎縮而使其出口減少、國民所得水準下降，因而無法經由儲蓄或出口籌得足夠的資金，則應設法由已開發國家引進外資，藉以使經濟成長不致停頓。是故，核心國家與外圍國家之間有著**貿易周流** (trade flow) 及**資本周流** (capital flow) 整合的關係存在，藉助對外貿易與金融的關係，開發中國家的經濟發展計畫才得以順利推進。

---

❹相對於先進工業國家，開發中國家呈現出貿易／ GDP 比率偏低、出口初級產品、在全球的貿易中被邊緣化、及封閉的貿易體制等特點，因此在世界經濟及貿易中居於外圍、次要的角色。

摘　要

1. 開發中國家往往面臨貿易量、貿易條件不穩定，國際收支逆差失衡等國際貿易問題，因此採取外顧導向或內顧導向的發展策略，是開發中國家所需面對的抉擇問題。

2. 當今沒有一個國家能夠自給自足、閉關自守，尤其是開發中國家更需藉助外力，以開展對外貿易與金融的關係作為促進經濟發展的途徑。

3. 有些學者認為貿易條件不利於開發中國家，貿易利得大部分歸已開發國家享有，因此國際貿易對開發中國家的助益相當有限，甚至不利。但有些學者則認為經由國際貿易可以帶給開發中國家無形有利的學習效果、提高生產效率、改善生產結構、引進資本財、新技術、新觀念及企業家精神、吸引外國投資、促進競爭等直接或間接的利益，故即使貿易條件不利，亦值得開發中國家以國際貿易作為促進經濟發展的策略。

4. 開發中國家若採內顧導向的經濟發展策略，將著重於進口替代政策的執行，這將使其趨於更加自給自足，對外的經濟依賴程度減輕；若採外顧導向的經濟發展策略，將著重於出口擴張政策的執行，這將使其對外的經濟依賴程度加深。

5. 進口替代的發展策略可以劃分為非耐久消費財或輕工業產品進口替代、中間產品（投入）進口替代、及耐久消費財與資本財的進口替代等三種不同的低、中、高層次。開發中國家若完成耐久消費財與資本財的進口替代生產，則該國將由開發中國家的行列躋身於已開發國家之林。

6. 為使進口替代政策能夠實施成功，開發中國家通常對其進口替代產業採取關稅、限額、補貼、複式匯率、外匯管制、及通貨貶值等保護措施。

7. 出口擴張發展策略乃是剩餘出口理論的具體政策表現，高度的出口擴張將有助於促進經濟的發展，但出口擴張持續一段時間之後，若其他因素無法配合得上，將使出口擴張速率減緩，經濟成長受到阻礙。

8. 為實現出口擴張的理想，開發中國家通常採取訂定合理匯率、實施外銷退稅、減免租稅、出口補貼、建立保稅制度、給予優惠融資、及舉辦輸出保險等措施，以提高其出口品的國際競爭能力，而達到增加出口的目的。

9. 進口替代與出口擴張策略並非在不同的時期分別進行，而是同時實行，只是輕重不同而已。吾人可以不同的方式來估測兩者在各個時期，於經濟成長中所佔比重的大小。

10. 對於開發中國家與已開發國家之間貿易條件的看法，英國學派認為長期間貿易條件的變動不利於先進工業國家，而有利於出口初級產品的開發中國家；裴畢希—辛爾理論則認為，不僅現期的貿易條件不利於開發中國家，長期的貿易條件變動趨勢亦不利於開發中國家，因此自由貿易對開發中國家的經濟發展將有不利的影響。

11. 英國學派對貿易條件的看法，主要根據邊際報酬遞減法則，由農產品及工業產品全面性的供給變動著眼，而忽略了需求因素及技術的變動。

12. 裴畢希—辛爾理論認為，由於初級產品的需求缺乏彈性、先進國家原料節省的創新、市場的不完全、貿易障礙不利初級產品的出口、合成或人為替代品的出現、先進工業國家經濟結構的轉變對初級產品的需求減少、及初級產品的使用具有規模經濟節用投入效果等原因，而使得貿易條件不利於開發中國家。

13. 衡諸開發中國家的情況，唯有從增加出口著手，才是以國際貿易促進經濟發展的有效途徑。為實現此一目標，國際間所應採行的貿易發展策略為：開發中國家應該發展進口替代與出口擴張產業、審慎地實行保護政策、協商初級產品有秩序的產銷、及先進工業國家的保護政策國際化。

14. 當今國際經濟活動，先進工業國家居於主導地位──核心國家，開發中國家居於次要地位──外圍國家，兩者之間存著貿易周流及資

本周流整合的關係，經由此種關係的擴張，開發中國家的經濟發展
計畫得以順利推展。

重要名詞

外顧導向　　　　　　　　　內顧導向

進口替代　　　　　　　　　出口擴張

向前聯鎖　　　　　　　　　向後聯鎖

複式匯率　　　　　　　　　英國學派

裴畢希—辛爾理論　　　　　恩格爾法則

核心國家　　　　　　　　　外圍國家

貿易周流　　　　　　　　　資本周流

問題練習

1. 開發中國家參與國際貿易，面臨那些貿易問題？

2. 開發中國家是否應以國際貿易作為經濟發展的策略？

3. 國際貿易對開發中國家將會有那些經濟後果產生？

4. 何謂進口替代？進口替代可以分為那幾種層次？每一個層次的特性為何？

5. 有那些措施可用以協助開發中國家的進口替代策略實行成功？

6. 出口擴張發展策略的理論根據為何？為什麼出口擴張可以促進經濟發展？此
　 策略持續一段時間後，為何出口擴張與經濟成長的速率會減緩下來？

7. 有那些措施可用以協助開發中國家的出口擴張策略實行成功？

8. 進口替代與出口擴張發展策略對開發中國家經濟發展的重要性如何？

9. 在國際貿易條件的爭論中，英國學派的觀點為何？理由何在？

10. 在國際貿易條件的爭論中，何謂裴畢希—辛爾理論？依據何在？

11. 國際間應該採取怎樣的貿易策略，以協助開發中國家的經濟發展？

12. 先進工業國家在貿易上應如何協助開發中國家發展經濟？

◆第十三章 關稅概論

截至目前為止，我們探討國際貿易發生的原因及其經濟後果，並分析要素增長及技術進步肇致經濟成長後對國際貿易的影響，主要均屬於理論的討論。以下，我們將以前面的理論分析為基礎，探討一個國家應該遵循自由貿易原則或是採行限制貿易政策？有那些貿易政策工具可供選擇？貿易政策的採行將會產生怎樣的經濟後果?這些大都是屬於政策爭論的範疇。不過，我們的分析將著重於從理論的觀點，明確指出各種貿易政策採行的利弊得失，並分析其可能產生的經濟後果，俾作為貿易政策制訂的參考與評斷的標準。

■ 第一節　貿易政策的採行與執行

一、限制貿易論

理論上，根據比較利益進行國際分工專業與自由貿易，具有提高世界資源有效派用，增加國際生產與消費，促進國際經濟競爭，及打破國內獨佔等有利的經濟後果，自由貿易對國際社會所產生的經濟福利，理論上是無庸置疑的。因此，各國照理應依據其資源稟賦與技術水準所形成的比較利益，從事分工專業生產，進行自由貿易，以提高其經濟福祉。但事實上，現實的國際社會往往有許多的貿易障礙存在，限制國際貿易的自由進行，自由貿易成為一種理論的理想，限制貿易反而是一種事實的常態。當然，在經濟思想界每有學者或利益團體，提出各種的理由為貿易限制作辯護，認為在某些情況下，限制貿易比自由貿易對一國比較有利。但是，除特殊情況外，這些論點往往是一種似是而非，偏重於狹隘、短期、靜態的觀點。

以下我們就保護主義者主張限制貿易的理由加以簡要的介紹與評論。

(一)幼稚工業論 (infant-industry argument)

幼稚工業是指尚在發展中而無法與外國高效率產業競爭的產業。因此，幼稚工業論者主張，為了使一國的幼稚工業能有生存、發展的機會，應以關稅或配額手段，暫時保護其免於受到外國高效率產業的競爭，直到發展具有生產技術效率與經濟規模而能與外國產業競爭為止。

許多國家在經濟發展的過程中，均曾以保護幼稚工業為由而限制貿易。但是，這論點仍有其值得慎重斟酌之點存在：

1. 不能適用於歐美各工業先進國家。

2. 對開發中國家而言，難以決定何種產業具有發展潛力，而值得加以保護。

3. 保護政策一經實施後，形成某些產業或團體的既得利益，很難隨著幼稚工業的成長而取消。

4. 某些產業受到保護後，不求進步成長，永遠無法脫離幼稚的階段，社會大量資源因而長期處於低度、無效率利用的狀態。

5. 保護措施的執行，將使本國消費者負擔較高的價格。因此，經濟學家們認為，如果某些產業確有必要保護以免於或減少外國的競爭，採取直接補貼的方式可使其產量增加，成本與價格降低，這將比保護政策手段來得好。

(二)國家安全論 (national-security argument)

國家安全論者主張應以關稅保護生產民生必需（如農業）與軍用國防需要的產業，使其生產達到自給自足的目標。這個論點仍受到以下的批評：

1. 事實上，每一產業均直接或間接地與國家安全有關。

2. 這種基於政治與軍事而非經濟因素的考慮，將導致一國資源派用的扭曲與產品價格的提高。

3. 直接補貼農業與國防工業的生產，總較實施關稅或配額的保護政策為佳。

㈢經濟多樣化論 (diversified-economy argument)

高度專業化的經濟——如巴西的咖啡經濟、智利的銅礦經濟、及中東的石油經濟，其產品的出口與價格容易遭受國際市場波動的影響，對該國所得與就業的穩定有相當不利的影響。因此，經濟多樣化論者主張：藉保護關稅推動一國生產活動多樣化，將有助於國內經濟的穩定。這個論點頗為中肯，其缺點則為：

1. 對於先進且已多樣化的經濟——如美國，並不適用。

2. 由於資源稟賦與技術條件的限制，一個經濟由高度專業轉變為多樣化生產的代價可能相當大。

3. 難以準確預知何種產業值得納入於多樣化生產的範圍，生產活動勉強多樣化的結果，將導致資源派用效率的降低。

4. 以關稅或配額鼓勵生產多樣化，其社會成本將較以補貼或租稅直接鼓勵來得大。

㈣保護就業論 (employment-protection argument)

持此論者認為，保護關稅或配額的實施，可以使進口減少，或迫使外國廠商為避免貿易障礙，而到本國投資設廠，因而增加國內有效需求，使產業擴張，而使本國就業、生產、及所得水準提高。這個論點的缺失如下：

1. 一個國家的出口必然是另一個國家的進口。因此，一個國家可以減少進口，產生貿易順差的手段來達到提高所得與就業的目的，但無法同時所有的國家均以貿易順差來達到擴張經濟的目的，這種以保護政策產生貿易順差來擴張本國經濟，是一種以鄰為壑的作法，將使貿易與國的出口減少，產生貿易逆差，使其所得與就業水準下降，因而肇致限制貿易報復。因此，由保護政策獲得所得與就業提高的利益只是短暫的，無法長久維持。

2. 遭受關稅或配額不利影響的國家，將競相採取貿易障礙報復，最後導致國際貿易的萎縮，世界各國的所得與就業水準因而下降。

3. 保護政策將導致國內價格提高，使消費者蒙受不利，缺乏效率的生產者得到利益。在長期間，資源將由較高效率的產業移轉到較低效率的被保護產業，本國生產成本逐漸提高，比較利益逐漸喪失，出口終將減少，國內的所得與就業水準因而下降。

4.長期間，一個國家必須要有進口才能維持出口的擴張。因此，保護政策的長期效果並不能增加國內就業，只是使勞工由出口產業移轉到國內保護（進口替代）產業，這種移轉代表社會資源使用效率的降低與福利水準的下降。是故，要提高一國的就業水準，以財政或貨幣政策遠較保護政策來得有效。

5.要吸引外國投資，以獎勵而非貿易障礙手段，或許可以吸引到較多的外國投資，對資源派用的扭曲也將比較小。

㈤保護工資論 (wage-protection argument)

又稱為貧窮勞工論 (pauper labor argument)，其認為工資水準高的國家無法與工資水準低的國家相競爭，故有必要以關稅或配額來保護本國工資較高的勞工，使其免於受到外國低工資產品的競爭。這個論點亦受到如下的批評：

1.工資高並不代表價格高。因為工資率與生產力有密切的關係，通常工資高，生產力更高，產品的單位成本與價格可能反而低。相對地，工資低，生產力更低，產品的單位成本與價格可能反而高。

2.勞動並非生產的唯一要素。勞動需要與原料、資本、及土地結合以生產產品，工資影響產品價格的大小須視勞動在產品生產過程中所佔的比重而定。工資對勞力密集產品的價格影響較大，對資本或土地密集產品的價格影響較小，唯有勞力密集的產品，低工資國家才可能具有競爭的優勢。

3.實施保護貿易，將使效率高、生產力高的勞動力由出口產業移轉到國內效率低、生產力低的保護產業，最終是降低而非提高國內的工資。

㈥技術擴散論 (technology-diffusion argument)

技術擴散論者認為，先進工業國家的產品具有比較利益乃是技術領先的結果。但在世界各國交往快速頻繁，多國公司普遍存在的現代，技術知識的擴散非常迅速，由技術領先所具有的比較利益很容易喪失。除非經常有創新發生，不斷產生比較利益，否則出口競爭能力無法長久維持。

據此，保護主義者認為，自由貿易將產生很大的風險，工業先進國家的產品組合與資源派用難以跟隨比較利益快速的變遷而調整，自由貿易的結果將使經濟結構失調與資源失業。但是，自由貿易論者認為，貿易障礙並不是有效解決經濟結構失調的良策，保護本國產業免於激烈的國際競爭，徒然使本國產業趨於僵硬與不能適應變化。以保護政策抗拒經濟情況的改變，將使資源陷於愈來愈缺乏效率的用途。如果經濟結構的改變確有必要而又難以順利達成，政府應以財政或貨幣政策助其實現，而非以保護手段使其免於改變。

㈦國際收支論 (balance-of-payments argument)

當其他的政策措施無法使一國的國際收支逆差 (deficit balance) 迅速或有效獲得改善時，有人主張應以關稅或配額限制進口，以達到迅速、有效改善國際收支的目的。此種論點忽略了一個事實，國際收支狀況是進口與出口（或外匯流出與流入）的一種差額，單單是減少進口（或外匯流出）並不能保證國際收支一定獲得改善。

如果在本國限制進口的同時發生(1)外國採報復手段或本國資源由出口部門移轉至進口替代部門生產而使本國出口減少，或外國資金流入減少，本國資金流出增加；(2)本國對進口品的需求缺乏彈性，以關稅限制進口，亦無法有效減少進口；(3)用之於出口產業生產的中間投入進口減少或價格上漲，因而削減本國出口能力；(4)本國進口減少因而導致外國的進口能力亦隨之下降；及(5)本國進口減少而導致本國幣值上升等。這些情況的發生，均會使得本國無法達到改善國際收支的目的。是故，從改善經濟結構、提高要素生產力，以增強一國產品在國際市場的競爭力，使出口增加、吸引資金流入，是遠較限制進口為有效的改善國際收支的手段。

㈧貿易條件論 (terms-of-trade argument)

在一國對國際貿易具有影響力的情況下，以關稅限制進口，將可使進口品的國際供給價格下跌；限制出口，將可使出口品的國際供給價格上升，而使貿易條件改善，社會福利水準提高。是故，貿易條件論者認為，本國可經由限制貿易，而達到改善貿易條件、提高福利水準的目的。但是，外國並不會靜觀本國限制貿易，若採取報復手段，本國所面對的貿易條件不僅無法改善，甚至可能反而惡化。再者，即使外國不採取報復措施，限制貿易使貿易利得減少的損失可能大於貿易條件改善使福利水準增加的利得，最後本國貿易條件雖然改善，但福利水準反而降低。因之，以促進進口替代部門的成長而非限制貿易來改善貿易條件，才是良策。

㈨關稅收入論 (tariff-revenue argument)

此說又稱幼稚政府論 (infant-government argument)，對於許多開發中國家而言，由於其他的稅源缺乏或無法徵得足夠的租稅收入，徵收簡單、易行的關稅遂成為政府主要的收入。判斷一個國家經濟發展程度高低的標準之一為租稅結構，若租稅收入中關稅所得的比重愈大，表示該國的經濟愈落後，生產與消費型態愈不健全。

以取得收入為目標的關稅往往失之偏高與不當，因而肇致資源派用嚴重的扭曲與經濟成長的受阻，進口與出口能力因而遞減，關稅收入終將逐漸減少。是故，以關稅作為取得政府收入的主要來源，乃是一種殺雞取卵的作法，應以健全的租稅制度來促進經濟成長，才是政府取得開支所需收入的長期可靠來源。

㈩資源耗竭論 (exhaustion of resources argument)

此論主張，為保存一國的自然資源稟賦及維護生態環境，對於需要投入大量自然資源——尤其是無法再生的資源及產生嚴重社會成本的外部不經濟產業，應限制其生產出口。但是，國際貿易利得乃是基於世界一體，共存共享，互通有無而產生。若每一個國家均基於保存其自然資源稟賦而限制貿易，則各國無法彼此互通有無，最後各國所享有的資源必將較自由貿易來得少，甚至與自給自足下相同。因之，應積極地經由國際合作來發掘更多新的資源，而非消極地限制現有資源的貿易；對於出口產業生產所產生的外部不經濟，應以國內政策（財政與貨幣政策）消減之，而非以限制出口生產來減少其產生。

㈡所得重分配論 (income-redistribution argument)

根據要素價格均等化定理，自由貿易對一國相對密集使用於進口替代產業之生產要素的報酬不利，對相對密集使用於出口產業之生產要素的報酬有利。因之，自由貿易導致一國的所得重分配，個人與社會福利可能因而遭致不利的影響，故應限制貿易，以矯正不利的所得重分配後果。

　　雖然自由貿易所導致的所得重分配效果可能使得社會福利水準遭受不利的影響，但是吾人並無法因此否定自由貿易利得，否則國際貿易是不會發生的。是故，對於個人因國際貿易遭受損害以致對社會福利產生不利的影響，應以國內政策救濟之，而非限制貿易而使貿易利得喪失，社會整體的福利水準下降。

⒀社會論點 (social argument)

　　此論主張，為了保持一國的生活型態與文化，維護社會的善良風俗及人民身心的健康，以避免國際貿易可能產生的外部不經濟，一國應採取限制貿易、提高經濟自主性的保護政策。此一論點犯了以偏概全、因噎廢食的錯誤。固然在進行國際貿易的過程中，一國將會感受到國外不良的影響，但這並非貿易本身所引起，而是人為因素所肇致。而且，這將只是局部、少數的案例，吾人無法因而據此否定國際貿易除帶給貿易與國有形的貿易利得外，亦將引進新的技術、知識、觀念、及制度等無形的利得。再者，我們亦無法肯定沒有國際貿易，一國一切善良的風俗習性將繼續維持下去。因此，對於國際貿易可能對一國社會風氣產生的不良影響，應尋求適當的國內對策防範之，而非為防小害而損失大利。

⒁反傾銷論 (anti-dumping argument)

　　當貿易對手國進行傾銷，而使一國遭受不利影響時，採取保護政策，限制貿易，禁止傾銷產品的進口一般被認為是正當的。但是，這只能適用於傾銷的產品，吾人無法據此而限制全面性的國際貿易。

　　諸如此類，吾人尚可提出其他限制貿易的論點，但綜合以上各種限制貿易的論點而言，大都只考慮到限制貿易的短期、片面、直接效果，而沒有顧及到長期、全面、間接的不良影響。無論保護論者提出何種理由，總是無法抹煞自由貿易能使各國產出與消費增加，世界資源更加有效派用的事實。在長期間，一個國家為了出口就必須進口的事實，也是不容保護主義者忽略的。

　　雖然從總體的觀點而言，自由貿易較限制貿易對各國及全世界更為有利。但從個體的觀點來看，國際貿易使有些人受利，有些人遭受不利的影響，因此基於維護自身利益的動機，一個國家隨時總是有自由貿易論者與限制貿易論者的爭論存在。**自由貿易偏向者** (free-trade-biased) 主要為消費者、進口商、出口商、及出口產業從業人員等，**限制貿易偏向者** (protection-biased) 主要為缺乏效率的進口替代業者——尤其是邊際生產者及國內市場獨佔者。雙方各為自己的利益打算，因而形成不同的政治或利益團體，爭論時有發生，一個國家的貿易政策可能因此時有變動。英國穀物法案的取消，即是資本家與中產階級的經濟及政治力量超越地主而使貿易政策改變的一個實例。在現代，限制貿易的採行可能是選民投票、利益團體遊說、或行政當局基於社會福利考量的結果。

 ## 二、貿易政策工具與關稅分類

有各種不同的政策工具可用以限制或阻礙國際貿易的進行，這些政策工具主要有以下幾項：

(一)價格政策工具

這是指經由改變進口或出口產品的價格，以達到限制貿易的目的，包括**進口關稅** (import tariff)、**出口關稅** (export tariff)、**進口補貼** (import subsidy)、及**出口補貼** (export subsidy)。

(二)數量政策工具

這是指經由直接限制進口或出口產品的數量，來達到限制貿易的目的，包括**進口配額** (import quota) 與**出口配額** (export quota)。

另一種涵蓋範圍更大的貿易政策工具分類如下：

(一)關　稅

這是指政府對進口（或出口）產品所課的稅，其目的主要在於改變進口（或出口）產品的國內與國際價格，以達到減少進口（或出口）數量的目的。

(二)非關稅貿易障礙 (non-tariff trade barriers)

這是指關稅之外所有能夠達到限制進口或出口數量目的的一切政策措

施。主要有以下幾項：

1. 補 貼

可視為一種**負的關稅** (negative tariff)，其目的在於改變進口（或出口）產品的國內與國際價格，以達到鼓勵增加進口（或出口）數量的目的。

2. 配 額

這是指在一段時間內，限定某一種產品所能進口或出口的最大數量限制。配額通常較關稅更能阻礙國際貿易的進行，因為關稅並不一定能夠有效地限制貿易數量，而配額則能視實際的需要，完全實現所要限制的貿易數量。

3. 政府採購條款 (government procurement provisions)

政府本身或鼓勵本國人民購買國貨 (buy-national)，而盡可能減少購買外國產品。

4. 行政上的障礙 (red-tape barriers)

如簽證、檢疫、產品安全與品質規格等方面的障礙。

5. 關口估價或分類

經由對進口品或出口品價格的高估或低估，或行政裁量的分類（如以成品、半成品、零件、或原料課稅），以加重或減輕關稅負擔，進而達到限制或增加貿易數量的目的。

6. 進口平衡稅

當貿易對手國實施出口補貼時，一國可對其進口品課徵平衡稅 (countervailing duty, CVD)，以減少進口數量。

7. 調整協助

政府對出口產業及進口替代產業的結構調整予以金融或租稅上的協助，以增強其國際競爭能力，達到增加出口、減少進口的目的。

8. 官方貿易獨佔

一切的國際貿易由官方所設立的機構統籌進行，政府因此得以視實際情況需要，限制進出口的數量。

9. 管制外匯

經由對外匯數量與匯率的管制，以間接達到限制國際貿易的數量。

10. **預先存款要求 (advance-deposit requirements)**

規定進口商在進口之前，預先將進口價值之一定比例的金額存入銀行一段時間。這會增加進口商的利息負擔，是一種變相的進口關稅，可以減少進口（這種作法在開發中國家相當普遍）。

11. **附帶條件的貿易**

要求貿易對手國在出口的同時，向本國購買某一產品或某一數量的進口，或進行技術移轉❶。

12. **環保與人權要求**

對不符合國際環保與人權標準要求的產品，限制進口或出口。

13. **關稅稅率配額 (tariff rate quota)**

關稅稅率配額係指對某一特定產品，基於本國產業結構之需要，於互惠關稅稅率之外另設定一較高關稅稅率，同時並預設一額度，對該項產品進口數量超過設定額度時，即改採較高關稅稅率之一種複式關稅稅制。（進一步分析，請參閱第十六章第四節。）

14. **自動出口設限 (voluntary export restraint, VER)**

這主要是出口商怕遭受進口國的進口配額限制，而採取的一種自動減少出口數量的措施。

15. **國內成分條款 (domestic content provisions)**

由於外包（或委外代工）或共同生產 (production sharing) 的盛行，一國勞工因此遊說立法，要求在本國銷售的產品（包括進口品）至少要含有某一比例的本國零組件或勞動投入。

根據 Meade (1951) 的觀點，貿易限制政策工具可以分成貨幣、財政、及貿易管制三大類。**貨幣管制**有外匯管制、複式匯率、及預先存款要求，**財政管制**有進出口關稅與補貼，**貿易管制**有數量管制（配額）與官方貿易獨佔。在現實的經濟社會，除以上我們所提列的主要貿易障礙外，尚有其

---

❶另有一種情況為貿易聯結的投資措施 (trade-related investment measures)，即要求在本國設廠生產之外國廠商的出口品中必須包含某一比例的本國生產中間投入，這通常發生於開發中國家。

他各式各樣的貿易障礙存在。任何形式的貿易障礙存在，均將使國際生產專業與自由貿易的利益無法完全實現，對國際資源的派用與全世界人民的福利，終將有不利的影響。

雖然貿易障礙的種類繁多，花樣百出，但其中以關稅最為各國經常普遍使用，因此吾人主要著重於以關稅限制貿易的討論。按不同的標準，關稅可以分類如下：

㈠依課徵方法，關稅可分為：

1. 從量關稅 (specific tariffs)

即對每一單位的進口品或出口品課徵定額的關稅。如果關稅完全由本國消費者負擔（即假設本國為一小國），則課徵從量關稅後，進口品的國內價格為 $P_m + t_s$，P_m 代表進口品的進口價格，t_s 代表從量關稅。

2. 從價關稅 (ad valorem tariffs)

即按進口品或出口品的價值課徵一定百分比的稅率。如果關稅完全由本國消費者負擔，則課徵從價關稅後，進口品的國內價格為 $P_m(1 + t_a)$，t_a 代表從價關稅稅率。

3. 聯合關稅 (combined tariffs)

又稱複合關稅 (compound tariffs)，即從量關稅與從價關稅聯合課徵的一種稅制。如果關稅完全由本國消費者負擔，則課徵聯合關稅後，進口品的國內價格為 $t_s + P_m(1 + t_a)$。

㈡依課徵的目的，關稅可分為：

1. 收入關稅 (revenue tariffs)

即各國政府以取得收入為目的所課徵的關稅，通常是針對國內沒有生產的進口品所課徵，其稅率通常並不很高。

2. 保護關稅 (protective tariffs)

即為了保護國內產業免於外國產品激烈競爭所課徵的關稅，其稅率通常較收入關稅為高，主要在於削弱外國產品在本國市場的競爭力。如果保護關稅的稅率高到完全沒有外國產品進口，則稱之為**禁止性關稅** (prohibitive tariffs)。否則，雖課徵保護關稅，仍會有產品進口，稱之為非禁止

性關稅 (non-prohibitive tariffs)。

 ### 三、婁勒對稱性定理

限制貿易主要的政策工具為關稅,關稅又可分為進口關稅與出口關稅,但吾人可以關稅一詞同時代表進口關稅與出口關稅, 因為 Lerner (1936) 曾經證明指出, 在長期、靜態均衡分析下, 一個經濟社會課徵一般性相同的**進口關稅稅率或出口關稅稅率, 將產生相同的經濟後果,此一假說稱之為婁勒對稱性定理** (Lerner-symmetry theorem)。Lerner 強調的是長期、靜態均衡分析, 因為在短期間, 進口關稅的課徵對一國經濟有擴張的效果, 出口關稅的課徵對一國經濟則有反膨脹、緊縮的效果, 因此進口關稅與出口關稅的短期經濟後果是不一樣的。

設一大國、一小國, 小國進口品的單位價格 (P_m) 為 50 元, 出口品的單位價格 (P_x) 為 10 元, 所以貿易條件為 $P_m : P_x = 5 : 1$。現小國只課徵進口關稅 20%, 由於大國對小國進口品的供給彈性無限大, 所以關稅全由小國國內的消費者所負擔,因此進口品的關稅後國內價格提高為 60 元〔= 50 元 × (1 + 20%)〕。國際貿易條件雖然不變 (進、出口品的國際價格仍分別為 50 元及 10 元), 但關稅後小國進口品對出口品的國內相對價格比率為 $P_m : P_x$ = 6 : 1。若小國改為只課徵出口關稅 20%, 由於大國對小國出口品的需求彈性無限大, 所以關稅全由小國的生產者所負擔, 因此出口品的國內價格由原來的 10 元降為 8.33 元〔 = 10 元 ÷ (1 + 20%)〕貿易條件仍然不變❷, 但關稅後小國進口品對出口品的國內相對價格比率為 $P_m : P_x = 6 : 1$。既然課徵 20% 的進口關稅或出口關稅後, 國內的進口品對出口品的相對價格比率均為 6 : 1,則在長期、比較靜態分析下,兩者對經濟所產生的影響是相同的❸。

---

❷小國課徵 20% 的出口關稅後, 其出口品的國際價格仍為 10 元, 所以國內價格為 8.33 元〔× (1 + 20%) = 10 元〕。

❸設小國只對進口品課徵 $X\%$ 的從價關稅, 則關稅後進口品對出口品的國內相對價格比率為 $\dfrac{(1 + X\%) P_m}{P_x}$; 只對出口品課徵 $X\%$ 的從價關稅, 則關稅後進口品對出口

四、關稅與國內租稅和補貼

　　政府除了可以課徵進口關稅外，亦可以運用國內租稅和補貼來達到保護國內進口替代產業的目的,因為進口關稅等於國內消費稅加上生產補貼。例如，本國為一小國，X 產品的國際自由貿易價格為 100 元。現政府為保護 X 進口替代產業，課徵 50% 的進口關稅，使 X 產品的國內價格上升至 150 元，消費者支出 150 元，生產者收入 150 元，生產者收入由 100 元提高至 150 元，因此達到保護、鼓勵 X 進口替代產業生產的目的。但是，政府亦可選擇維持自由貿易，而對 X 產品課徵 50% 的國內消費稅,同時給予 50% 的國內生產補貼。如此，消費者的支出 150 元,生產者的收入亦由 100 元提高至 150 元，同樣可以達到保護、鼓勵 X 進口替代產業生產的目的。

　　由於進口關稅可以分解成等同於消費稅與生產補貼所構成，其採行因此將扭曲消費與生產活動。準此，政府若要保護某一進口替代產業，採行生產補貼只扭曲生產，將較採行關稅同時扭曲生產與消費，來得更有效率。但在實際執行上，由於政府課徵關稅有收入，直接對生產補貼卻需籌措財源，而且生產補貼可能較關稅課徵遭致一般社會大眾更大的不滿，因此各國政府通常捨生產補貼，而以關稅來保護進口替代產業。

五、關稅與提供曲線

　　提供曲線是國際貿易理論的重要分析工具，本節吾人將探討課徵關稅之後，提供曲線將會產生怎樣的變化? 如何由提供曲線的變動來證明婁勒對稱性定理?

　　圖 13–1，縱軸代表小國的出口品 (X)、大國的進口品 (M)——布 (C)，橫軸代表小國的進口品、大國的出口品——酒 (W)。由於小國對國際貿易

品的國內相對價格比率為 $\dfrac{P_m}{P_x/(1+X\%)}=\dfrac{(1+X\%)P_m}{P_x}$。這顯示小國只課徵進口關稅或出口關稅將導致相同的進口品對出口品的國內相對價格,因此將對國內經濟有相同的長期、比較靜態效果。

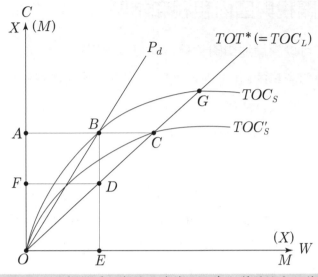

圖 13-1　小國課徵關稅與提供曲線——婁勒對稱性定理的證明

條件沒有影響力，因此對小國而言，大國的提供曲線 (TOC_L) 為一由原點開始之彈性無限大的直線，無論小國的進口、出口數量如何改變，貿易條件總是維持於 TOT^* 不變。因之 TOT^*，既是小國面對的均衡貿易條件，同時也是大國的提供曲線。自由貿易下，小國的提供曲線 (TOC_S) 與大國的提供曲線交於 G 點，小國與大國之國內與國際所面對的兩種產品的相對價格均為 TOT^*。

　　現假設只有小國課徵關稅而大國則否，由於大國出口品的供給彈性無限大（對進口品的需求彈性亦無限大），因此小國課徵關稅（進口關稅或出口關稅）後，其所面對的兩種產品的國際價格仍然為 TOT^* 不變，但其國內兩種產品的相對價格 (P_d) 卻由關稅前的 P_m/P_x 上升至關稅後的 $P_m(1 + t_m)/P_x$ 或 $P_m\left/\dfrac{P_x}{(1+t_x)}\right.$，$t_m$ 與 t_x 分別為進口與出口關稅稅率，關稅完全由小國人民所負擔。根據關稅前與關稅後國內兩種產品價格變化的差距，吾人即可決定關稅後提供曲線的正確位置。

　　設關稅後小國的提供曲線為 TOC_S'，則關稅後國際貿易均衡為 C 點，小國國內產品的相對價比 (P_d) 為國際貿易均衡點 C 所水平對應之關稅前提供曲線上 B 點的射線斜率。由關稅後國際貿易均衡點與國內相對價比可知，一方面大國出口 AC 數量的酒，但小國的人民只得到 AB 數量的酒，因此 BC 代表以進口財衡量之小國政府的進口關稅收入數量；另一方面，小國的人民出口 BE 數量的布，但大國只得到 DE 數量的布，因此 BD 代表以出口財衡量之小國政府的出口關稅收入數量。進口關稅稅率為 $t_m = BC/AB = CD/OD = AF/OF = BD/DE = t_x$，$t_x$ 為出口關稅稅率，證實相同的進口關稅稅率或出口關稅稅率，均可產生相同的國內價比，因此能夠產生相同的生產、消費、及貿易效果，這也就是婁勒對稱性定理的圖形證明。

關稅後之小國國內交換比率與貿易條件所構成的三角錐 $P_d - O - TOT*$ 是衡量進口關稅或出口關稅的依據。三角錐內任何類似△ BCD 之 BC 進口關稅或 BD 出口關稅均代表相同的進口關稅稅率與出口關稅稅率，因此均會產生相同的長期比較靜態經濟後果。按圖 13–1，課徵 BC 的進口關稅或 BD 的出口關稅後，提供曲線一定會落於 CD 線段之內，至於究竟落在那一點，則視政府對其關稅收入的處理方式而定。若政府將關稅收入全部支用於購買進口財，則關稅後的提供曲線通過 C 點；若政府將關稅收入全部支用於購買本國的出口財，則關稅後的提供曲線通過 D 點；若政府將關稅收入部分支用於購買進口財，部分支用於購買本國的出口財，則關稅後的提供曲線通過 CD 之間的任何一點。唯有如此，才能在課徵關稅後仍然達成兩國的進口需求等於出口供給的國際貿易均衡。

圖 13–1 之關稅後的提供曲線 TOC'_S 是根據一定的進口關稅稅率且假設關稅收入全部支用於購買進口財所導出的，故 TOC'_S 上每一點所代表的進口關稅稅率均相同，但其所代表的出口關稅稅率卻不同。

圖 13–2，設 A、B 兩國均為大國，縱軸代表 A 國的出口品、B 國的進口品——布，橫軸代表 A 國的進口品、B 國的出口品——酒。自由貿易下，兩國的提供曲線交於 E 點，均衡貿易條件為 $TOT*$，兩國國內的相對產品價格亦均為 $TOT*$。現設 A 國課徵關稅而 B 國則否，A 國關稅後的提供曲線 TOC'_A 與 B 國沒有課徵關稅的提供曲線 TOC_B 交於 T 點，貿易條件變為 TOT'。關稅後，A 國國內產品的相對價格比率 (P'_d) 為國際貿易的均衡點 T 所垂直對應之關稅前提供曲線上 D 點的射線斜率。由於大國對國際價格

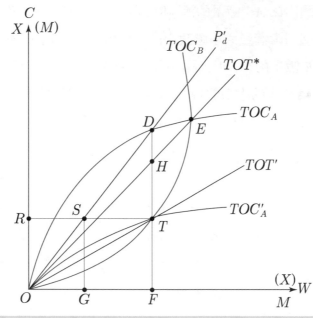

圖 13–2　大國課徵關稅與提供曲線——婁勒對稱性定理的證明

具有影響力，因此 A 國課徵關稅後，貿易條件改善，$TOT^* = (P_m/P_x)^* = HF/OF > TF/OF = (P_m/P_x)' = TOT'$，進口品的國際相對價格下降。但是，進口品的國內相對價格卻上升了，$P_d = TOT^* = (P_m/P_x)^* = HF/OF < DF/OF = (P_m/P_x)'' = P_d'$。關稅後，貿易條件 ($TOT'$) 與國內價格 ($P_d'$) 之間的差距即為關稅數額。因此，關稅後進口品的國際價格下降，國內價格上升，這表示關稅由兩國所共同負擔。

　　圖 13–2，根據關稅後國際貿易均衡點 T 與 A 國的國內相對價比可知，B 國出口 RT 數量的酒，但 A 國的人民只得到 RS 數量的酒，故 ST 代表以進口財衡量之 A 國的進口關稅；A 國人民出口 DF 數量的布，但 B 國只得到 TF 數量的布，故 DT 代表以出口財衡量之 A 國的出口關稅。進口關稅稅率為 $t_m = ST/RS = GF/OG = DS/OS = DT/TF = t_x$ 為出口關稅稅率，證實相同的進口關稅稅率或出口關稅稅率，均可產生相同的貿易條件及國內價格，這是大國課徵關稅下婁勒對稱性定理的證明。

　　同樣地，關稅後的貿易條件與 A 國國內價比所構成的三角錐 $P_d' - O - TOT'$ 是衡量進口或出口關稅大小的依據。三角錐內任何類似△TDS 之

ST 進口關稅或 DT 出口關稅均代表相同的進口關稅稅率與出口關稅稅率，因此均會產生相同的長期比較靜態經濟後果。課徵關稅後提供曲線會落於何處，須視關稅稅率與政府對關稅收入的處理而定。圖 13–2，關稅後的提供曲線 TOC'_A 乃是依據一定的出口關稅稅率，且假設關稅收入全部支用於購買出口財所導出的，因此 TOC'_A 唯有通過 T 點，才會達到國際貿易的均衡。

根據以上分析可以闡釋婁勒對稱性定理成立的經濟理由。設大國出口布，進口酒，若大國課徵進口關稅則酒的國內價格提高，因而可以直接達到保護國內之酒產業的目的。若對布課徵出口關稅，則布的出口價格提高，貿易對手國的貿易條件惡化，導致貿易對手國對布的需求減少。在貿易對手國的進口需求富於彈性下，其進口開支會減少，在貿易平衡下，這意謂其酒的出口會減少，大國課徵出口關稅因而間接達到保護國內之酒產業的目的❹。

第二節　關稅的經濟後果

在兩國、兩種產品的模型，當一國課徵關稅，另一國沒有課徵關稅的情況下，將會產生怎樣的經濟後果呢? 以下我們從部分均衡與一般均衡的觀點分別討論小國與大國課徵關稅所產生的經濟後果。

一、小國課徵進口關稅的部分均衡分析

關稅的部分均衡分析係指只就課徵關稅的產品分析其經濟後果而言。圖 13–3，橫軸為進口替代財的數量 (Q_m)，縱軸為進口替代財的價格 (P)。自由貿易時，進口替代財的國際價格等於國內價格為 P_i。在此價格下，小國對進口替代財的需求量為 Q_4，自行生產進口替代財的數量為 Q_1，故進口 Q_1Q_4 數量的進口財。現小國對其進口財課徵 $P_d - P_i = t$ 的從量進口關稅，

---

❹小國課徵出口關稅，出口財的國內價格下跌，會使小國的出口減少，而使貿易對手國的進口對應地減少。

稅率等於 t/P_i。由於小國對產品的國際價格沒有影響力,因此課徵關稅後,進口財的國際價格仍為 P_i,但其國內價格卻升至 P_d。這種變化產生了以下的經濟效果:

㈠生產效果 (production effect)

課徵關稅後,進口替代財的產量由 Q_1 增至 Q_2,即增加 Q_1Q_2 數量的進口替代財生產,此乃課徵關稅後,進口財的國內價格上升所肇致,因此又稱保護效果 (protection effect)。

㈡消費效果 (consumption effect)

課徵關稅後,對進口替代財的需求量由 Q_4 減至 Q_3,即減少 Q_3Q_4 數量的進口財消費。由於課徵關稅後,生產增加、消費減少,所以進口數量由 Q_1Q_4 減少為 Q_2Q_3。

㈢關稅收入效果 (tariff revenue effect)

課徵從量關稅 t,進口 $Q_2Q_3 = GI$ 數量,故政府的關稅收入為 $t \times GI = GFHI$。

㈣國際收支效果 (balance of payments effect)

自由貿易時,進口 Q_1Q_4 數量,進口支出為 $P_i \times Q_1Q_4 = Q_1EJQ_4$;課徵關稅後,進口 Q_2Q_3 數量,進口支出為 $P_i \times Q_2Q_3 = Q_2GIQ_3$。比較 Q_1EJQ_4 與 Q_2GIQ_3,可知進口支出減少了 $Q_1EGQ_2 + Q_3IJQ_4$,此為國際收支改善的效果。

㈤所得重分配效果 (income redistribution effect)

課徵關稅前,消費 Q_4 數量進口財,消費者剩餘為 P_iDJ;課徵關稅後,消費 Q_3 數量進口財,消費者剩餘為 P_dDH,故消費者剩餘減少了 P_iP_dHJ。所減少的消費者剩餘中,P_iP_dFE 成為生產者由於增加 Q_1Q_2 的進口替代財生產而所增加的生產者剩餘,這表示實質所得由消費者增加消費負擔而移轉給生產者的部分。

㈥消費稅效果 (consumption tax effect)

關稅前,小國消費者對每單位進口財的消費須支付 P_i 的代價;關稅後,小國消費者對每單位進口財的消費須支付 $P_d(= P_i + t)$ 的代價,即每單位進

口財的消費增加 $t = P_d - P_i$ 數量的支出，消費 $OQ_3 = P_iI$ 數量的進口財，故小國消費者額外增加 $t \times P_iI = P_iP_dHI$ 數量的負擔，此即課徵關稅所產生的消費稅效果。

(七)所得效果 (income effect)

關稅後，小國增加 Q_1Q_2 數量進口替代財的生產，國民所得增加 $P_d \times Q_1Q_2$ $= Q_1KFQ_2$。若無關稅課徵，這一部分的所得將不會發生。

(八)貿易條件效果 (terms-of-trade effect)

如果課徵關稅後，進口財的進口價格比自由貿易來得低，則一國的貿易條件獲得改善，是為關稅的貿易條件效果。圖 13–3，由於小國對進口財的國際價格沒有影響力，故課徵關稅後與自由貿易時的進口財國際價格均相同，小國的關稅貿易條件效果並不存在。

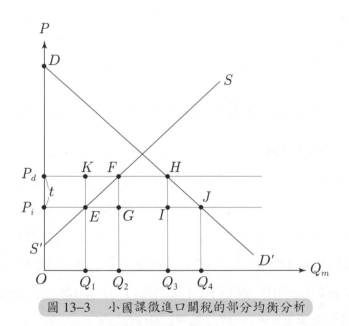

圖 13–3 小國課徵進口關稅的部分均衡分析

(九)福利效果 (welfare effect)

關稅後消費者剩餘減少 P_iP_dHJ，其中 P_iP_dFE 移轉成為生產者剩餘增加的部分，$GFHI$ 成為政府的關稅收入，所剩的 FGE 代表生產的淨損失，HIJ 代表消費的淨損失。關稅後，增加 Q_1Q_2 進口替代財的生產，須付出 Q_1EFQ_2 的生產成本，而此一部分若是進口而非自行生產，則只須付出

Q_1EGQ_2 的代價，故 FGE 為獲得 Q_1Q_2 進口替代財的額外支出，即為**生產效率的淨損失**，因此又稱為**效率效果** (efficiency effect)。

關稅後，小國的人民減少 Q_3Q_4 進口財的消費，總效用因此減少了 Q_3HJQ_4，但若增加此一部分的消費只須支付 Q_3IJQ_4 的進口費用，故 HIJ 為減少 Q_3Q_4 進口財消費所產生的**消費效用的淨損失**。將生產淨損失與消費淨損失予以加總，即 FGE 加 HIJ，是為關稅的社會成本，即課徵關稅所肇致的社會**無謂的損失** (deadweight loss)，又稱之為**福利損失效果** (welfare loss effect)，這是課徵關稅社會所必須付出的代價。

以上所討論的各種效果的大小，決定於課徵關稅產品之供給與需求彈性及關稅稅率的大小。關於關稅負擔 (incidence of the tariff) 問題與個體經濟的租稅負擔分析完全相同，即進口需求與出口供給的雙方，其彈性愈大者，關稅的負擔愈輕；彈性愈小者，關稅的負擔愈重。由於小國進口所面對的出口供給彈性無限大，因此小國課徵進口關稅，進口關稅完全由其本國消費者所負擔，而關稅收入全部由小國的政府所獲得。

 ## 二、大國課徵進口關稅的部分均衡分析

大國與小國課徵關稅最主要的差異在於大國可以因而影響貿易條件，而小國則否。圖 13-4，自由貿易下，B 國出口 GK 數量至 A 國，$G'F' = CF$。P_f 為 A 國進口財、B 國出口財的均衡國際價格。現設大國 A 課徵進口關稅，在不考慮運輸成本的情況下，關稅後，A 國進口財的國內價格上升至 P_d，而其國際價格（即 B 國出口價格）則降至 P_i。在 P_d 國內價格下，A 國進口 GH 數量；在 P_i 出口價格下，B 國出口 $G'H'$ 數量，而 $GH = G'H'$，此種產品的國際貿易仍然達於進口與出口相等的均衡。

關稅後，A 國進口品的國內價格比自由貿易高，B 國出口品的國際價格比自由貿易低，表示關稅由 A、B 兩國共同負擔。A 國國內消費者負擔 $P_d - P_f$ 的關稅，B 國出口商負擔 $P_f - P_i$ 的關稅，從量關稅等於 $(P_d - P_f) + (P_f - P_i) = P_d - P_i$，進口關稅稅率等於 $(P_d - P_i)/P_i$，A 國政府的關稅收入等於 $(P_d - P_i) \times GH = (P_d - P_f) \times GH + (P_f - P_i) \times G'H' = GDEH + G'D'E'H'$。

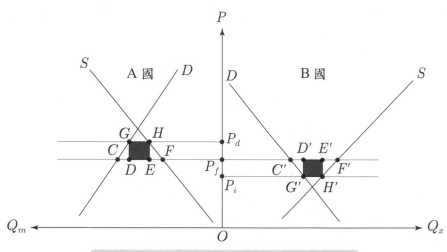

圖 13–4　大國課徵進口關稅的部分均衡分析

根據自由貿易進口數量 *CF* 與關稅後進口數量 *GH* 相比較，大國課徵進口關稅所產生的經濟後果與上節小國課徵進口關稅的分析大致相同，但兩者仍有以下幾點不同之處：

1.大國課徵進口關稅，使進口財的進口價格下跌，貿易條件因而改善，而小國課徵進口關稅並不會影響進口財的進口價格與貿易條件。

2.大國課徵進口關稅，關稅由兩國共同負擔，而關稅負擔的大小，決定於兩國進口需求與出口供給彈性的大小。進口需求價格彈性愈小，國內價格上漲幅度愈大，關稅負擔愈重；出口供給價格彈性愈大，出口價格下跌幅度愈小，關稅負擔愈輕。由於小國面對大國彈性無限大的出口供給，故其課徵進口關稅，關稅完全由其本國人民所負擔。

3.大國課徵進口關稅，使進口財的國際價格下跌，故其國際收支改善的效果是由進口數量減少與進口價格下跌所構成。如圖 13–4，大國課徵進口關稅的國際收支改善效果為 $CF \times P_f - GH \times P_i$。

 三、小國課徵進口關稅的一般均衡分析

關稅的一般均衡分析係指課徵關稅後對全經濟出口財及進口財（或進

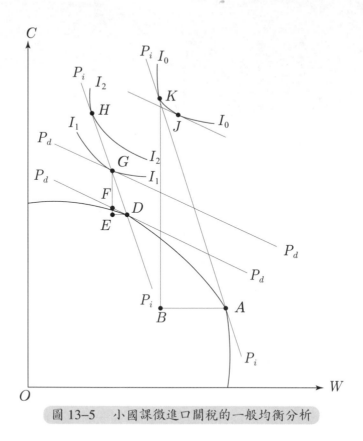

圖 13-5　小國課徵進口關稅的一般均衡分析

口替代財）兩者之影響的分析而言❺。圖 13-5，縱軸代表進口替代財布 (*C*)，橫軸代表出口財酒 (*W*)。自由貿易時，根據貿易條件 P_iP_i，決定生產點 *A*，消費點 *K*，貿易三角為△*KBA*。現設小國對其進口財課徵進口關稅，關稅後，貿易條件仍為 P_iP_i 不變，但國內進出口財的相對價格卻由 P_iP_i 變為 P_dP_d，P_iP_i 與 P_dP_d 斜率之差距等於關稅稅率。由於國內進出口財相對價格的改變，生產點因此由 *A* 點移至 *D* 點（國內價格線與生產可能曲線相切之點）。不變的國際貿易條件 P_iP_i 通過 *D* 點，P_iDP_i 成為關稅後小國的消費可能線，但國內的消費均衡點仍由國內相對價格所決定，即社會消費無異曲線 I_1I_1 與 P_dP_d 的切點 *G*，根據 *D* 點與 *G* 點，形成關稅後的貿易三角△*GED*。比較貿易三角△*KBA* 與△*GED*，顯示關稅後貿易量減少。

　　根據關稅後貿易三角△*GED*。在國內，*ED* 數量的出口財可以換得 *EF*

---

❺由於假設一國只生產出口財與進口替代財兩種產品且要素充分就業，所以對兩種產品的分析即是一般均衡分析。

數量的進口財，但在國際上，ED 數量的出口財卻可以換得 EG 數量的進口財，因此，$EG - EF = FG$ 代表小國政府的進口關稅收入❻。設將之全部以中性的方式（即不影響到關稅前的所得分配）發還給社會大眾（或政府將關稅收入全部用之於購買進口財），社會的消費均衡點因此為 G 點（若政府不將關稅收入發還給民間，則民間的消費均衡點將只能落在 F 點）。比較自由貿易消費均衡點 K 與關稅後消費均衡點 G，可以看出關稅的課徵使小國的社會福利水準下降 $(I_0I_0 > I_1I_1)$。

小國課徵關稅使其社會福利水準下降乃是因為：

㈠生產扭曲

自由貿易下，生產點 A，消費可能線為 P_iAP_i。關稅後，生產點 D，消費可能線為 P_iDP_i，P_iAP_i 高於 P_iDP_i，表示關稅扭曲了國內價格，使得國內資源發生不當的移轉，資源的生產派用受到扭曲，而使消費可能水準下降，此乃關稅產生不利的生產扭曲效果而使社會福利水準下降。

㈡消費扭曲

關稅後，政府若將關稅收入以中性方式發還給民間，且消費者面對國際價格 P_iP_i——即只有生產扭曲存在，則均衡消費點為 H。但事實上消費者所面對的價格為受到關稅扭曲的國內價格 P_dP_d，故均衡消費點為 G。因此，社會福利水準由 I_2I_2 降至 I_1I_1，表示消費者面對關稅後較高的進口價格，消費受到扭曲所引起的社會福利水準的下降。

㈢貿易量減少

關稅後貿易三角由 $\triangle KBA$ 縮減為 $\triangle GED$。假設進口財為正常財貨，則貿易量的減少乃是因為(1)**生產的替代效果**：關稅後，進口財的國內價格上升，因而使得國內進口替代財的生產由 A 點增加至 D 點，進口數量因而減少。(2)**消費的價格效果**：關稅後，進口財的國內價格上升，消費點因而由自

---

❻關稅後生產點 D 與消費點 G 位於相同的貿易條件線上，表示以貿易條件所衡量的生產價值等於消費價值。但是，如果以關稅後的國內價格衡量，則生產價值為 P_dDP_d 線，消費價值為 P_dGP_d 線，兩者之間的差距——P_dDP_d 線與 P_dGP_d 線之間的垂直距離，即為政府的關稅收入 FG。

由貿易下的社會無異曲線 I_0I_0 上的 K 點移到 J 點，致使對出口財的消費增加，進口財的消費減少，貿易量因而減少，此為**進口財價格變動的消費替代效果**；關稅後，消費可能線由 P_iAP_i 降至 P_iDP_i，表示實質所得減少，消費點因而由自由貿易下的社會無異曲線 I_0I_0 上的 J 點移至關稅後的社會無異曲線 I_1I_1 上的 G 點，對出口財及進口財的消費同時減少，貿易量因而減少，此為**進口財價格變動的所得效果**。生產的替代效果使生產點由 A 點移至 D 點，消費的價格效果使消費點由 K 點移至 G 點，貿易三角因此由 $\triangle KBA$ 縮減為 $\triangle GED$。

由以上的分析可知，小國課徵進口關稅並不能改善貿易條件，徒然使貿易量減少，導致其社會福利水準的下降。課徵的關稅稅率愈高，生產與消費受到的扭曲愈大，社會福利水準下降的程度愈大。根據圖 13–5，若小國課徵禁止性的關稅，則生產點與消費點均為 D 點，沒有國際貿易發生，社會福利水準將較自由貿易大幅下降。

接著，以提供曲線分析小國課徵進口關稅的一般均衡。圖 13–6，自由貿易下，國際貿易均衡點 E，均衡貿易條件 TOT^*，大國貿易無異曲線 (TIC_L) 與小國貿易無異曲線 (TIC_S) 在 E 點同時與均衡貿易條件相切。小國

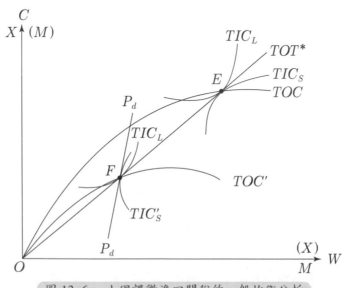

圖 13–6 小國課徵進口關稅的一般均衡分析

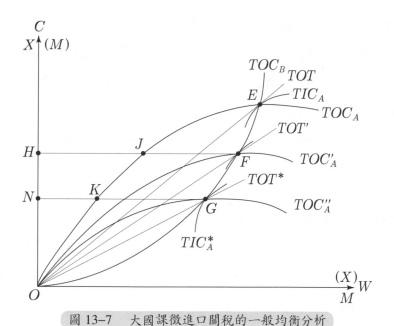

圖 13-7　大國課徵進口關稅的一般均衡分析

課徵進口關稅後，其提供曲線移至 TOC'，國際貿易均衡點為 F，均衡貿易條件仍然不變。在 F 點，大國的貿易無異曲線仍與貿易條件相切，其社會福利水準不變；小國的貿易無異曲線 (TIC'_S) 與國內價格線 (P_d) 相切，但與貿易條件相交❼，故沒有達到國際貿易均衡所需的邊際條件，致使 TIC'_S 位於 TIC_S 的下方，表示小國課徵關稅後，國內價格不再等於國際價格，生產與消費受到扭曲，貿易量減少，社會福利水準因而下降。

四、大國課徵進口關稅的一般均衡分析

圖 13-7，自由貿易時 A、B 兩國的提供曲線 TOC_A 與 TOC_B 交於 E 點，決定均衡貿易條件 TOT。現設大國 A 課徵進口關稅，稅率為 JF/HJ，提供曲線因而由 TOC_A 移至 TOC'_A，A 國關稅後的提供曲線 TOC'_A 與 B 國沒有課徵關稅的提供曲線 TOC_B 交於 F 點，貿易條件成為 TOT'，顯示 A 國的貿易

---

❼一個國家所願意進口與出口的數量，由貿易無異曲線與貿易條件相切之點所決定。在自由貿易下，貿易條件等於國內價比，因此貿易無異曲線亦與國內價格線相切。課徵關稅後，國內價格不等於貿易條件，此時一個國家所願意進口與出口的數量是根據國內價格，即由國內價格線與貿易無異曲線相切之點所決定。

條件改善，B 國的貿易條件惡化。關稅後，由於 A 國國內價格已不再等於國際價格（貿易條件），所以在 F 點 A 國的貿易無異曲線與貿易條件線相交而非相切。若 A 國將關稅繼續提高至使其貿易無異曲線 (TIC_A^*) 正好與 B 國的提供曲線相切 (G 點)，則 A 國的福利水準達到最大，此時的關稅水準稱之**最適關稅**，該關稅稅率 (KG/NK) 稱之為**最適關稅稅率** (optimum tariff rate)。

比較大國與小國課徵關稅之一般均衡，不同之處主要在於大國課徵關稅後，貿易條件會改善。在貿易對手國沒有採取報復手段的情況下，大國課徵關稅，貿易條件改善的結果，即使貿易量減少，仍使得其社會福利水準提高，而小國由於無法影響貿易條件，故課徵關稅、貿易量減少的結果，總會使其社會福利水準降低。

第三節　最適關稅與關稅報復

一、最適關稅理論

一國課徵關稅的結果，若貿易條件因而改善，在其他情況不變下，社會福利水準將提高；貿易量因而減少，在其他情況不變下，社會福利水準將降低。最後，社會福利水準會提高或降低，則視貿易條件變動效果與貿易量減少效果的大小而定。根據圖 13–8，若 A 國為小國，則其課徵關稅不能改變貿易條件，而只有貿易量減少的效果，故課徵關稅的結果，使其社會福利水準由 E 點的 TIC_A 降至 F 點的 TIC_A'。若 A 國為大國，則其課徵關稅而使貿易條件改善效果大於貿易量減少效果，結果將使其社會福利水準由 E 點的 TIC_A 提高至 G 點的 TIC_A''。

若課徵關稅能使一國福利水準提高，則關稅之能使一國福利水準達到最大的關稅水準，稱之為**最適關稅**，該稅率稱之為**最適關稅稅率**[8]。由於

---

[8] 根據婁勒對稱性定理，進口關稅與出口關稅具有相同的比較靜態效果，所以最適進口關稅稅率與最適出口關稅稅率相同。

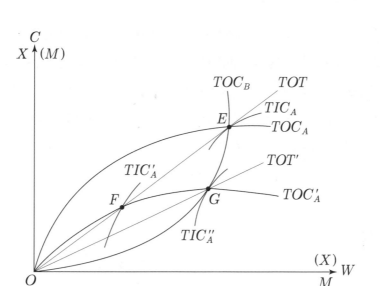

圖 13-8　關稅課徵與經濟福利

小國課徵關稅會使其福利水準下降，故**小國的最適關稅等於零**，即實施自由貿易政策對小國而言是最為有利的。由於大國課徵關稅能夠改善貿易條件，提高其福利水準，故**只有大國才有最適關稅存在**。

圖 13-9，自由貿易下，貿易條件 TOT，A 國的福利水準為貿易無異曲線 TIC_A。現設 A 國為大國，其課徵 GF/HG 的進口關稅稅率，而使提供曲線移至 TOC'_A，貿易條件成為 TOT^*，其貿易無異曲線 TIC_A^* 與 B 國沒有課徵關稅的提供曲線相切於 F 點。TIC_A^* 是在目前 B 國的提供曲線 (TOC_B) 下，A 國所能達到的最高的貿易無異曲線，其社會福利水準已經達到最大，故 GF 為最適關稅，GF/HG 為最適關稅稅率。

當 A 國課徵最適關稅使其社會福利水準達到最大後，若再進一步提高關稅，則貿易條件改善的效果將會小於貿易量減少的效果，而使其社會福利水準下降。在一般情況下，貿易無異曲線為一正斜率的曲線，因此要使一國的貿易無異曲線能與貿易對手國的提供曲線相切，唯有一國課徵關稅後，能將其提供曲線移至與貿易對手國之提供曲線富於需求彈性的部分相交，才能實現最適關稅的目的。

一個國家應該根據什麼標準課徵多高的關稅稅率，才能使其福利水準達於最大呢? 圖 13–9，設 A 國課徵最適關稅，其提供曲線移至 TOC'_A，而與 B 國沒有課徵關稅的提供曲線交於 F 點。此時 A 國面對的貿易條件 $TOT^* = P_m/P_x = FI/OI$，而 A 國的國內價格——在 F 點與貿易無異曲線相切之切線的斜率——$P_d = (P_m/P_x)_d = FI/JI$。又國際價格（貿易條件）與國內價格的差距為關稅，所以 $P_d = FI/JI = TOT^*(1 + t^*) = (FI/OI)(1 + t^*)$，$t^*$ 代表最適關稅稅率。根據 $FI/JI = (FI/OI)(1 + t^*)$，吾人可以求得 t^* 如下：

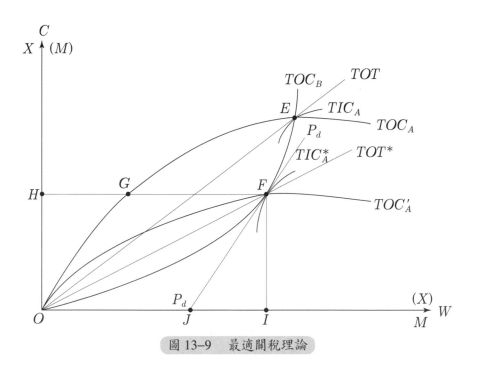

圖 13–9　最適關稅理論

因為 $FI/JI = (FI/OI)(1 + t^*)$，所以：

$$t^* = (OI/JI) - 1$$

$$= \varepsilon^* - 1$$

$$= (OI - JI)/JI = OJ/JI = OJ/(OI - OJ) = \frac{1}{\dfrac{OI}{OJ} - 1}$$

$$= \frac{1}{e^* - 1}$$

$$= OJ/JI = 1/(JI/OJ) = \frac{1}{\eta^*}$$

以上證明 $t^* = \varepsilon^* - 1 = \dfrac{1}{e^* - 1} = \dfrac{1}{\eta^*}$，$\varepsilon^*$、$e^*$、及 η^* 分別代表貿易對手

國之進口需求的出口供給彈性、進口需求價格彈性、及出口供給價格彈性，e^* 為絕對值。因此，**一國之最適關稅（進口關稅或出口關稅）稅率與貿易對手國的進口需求價格彈性及出口供給價格彈性呈減函數的關係**，即貿易對手國的進口需求價格彈性或出口供給價格彈性愈大，最適關稅的稅率愈低。

圖 13–10，TOC_B 為貿易對手國的提供曲線，在原點 (O) 或貿易對手國的提供曲線為由原點開始的一直線──即小國所面對的提供曲線，$\varepsilon^* = 1$，$e^* = -\infty$，$\eta^* = \infty$，$t^* = 0$，表示小國的最適關稅等於零；在原點與 R 點之間，$\varepsilon^* > 1$，$e^* < -1$，$\eta^* > 0$，$t^* > 0$，表示一國課徵最適關稅應將其提供曲線移至貿易對手國進口需求富於彈性部分的提供曲線相交；在 R 點，$\varepsilon^* = \infty$，$e^* = -1$，$\eta^* = 0$，$t^* = \infty$，表示貿易對手國在任何情況下均出口一定數量的出口財，一國課徵無限大的進口關稅，可以佔盡優勢，但這在實際的經濟社會是不可能實現的；在 R 點之後，貿易對手國的提供曲線向後彎曲，表示 $\varepsilon^* < 0$，$-1 < e^* < 0$，$\eta^* < 0$，在此情況下，亦只有課徵正的關稅，使一國之提供曲線移至貿易對手國進口需求富於彈性部分的提供曲線相交，而後才能夠實現最適關稅的理想。（最適關稅的數學導引，請參閱本章附錄。）

以上我們以提供曲線進行全面性最適關稅的討論。接著，我們分析一

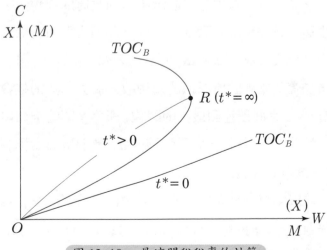

圖 13–10　最適關稅稅率的計算

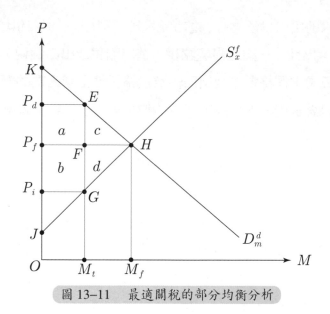

圖 13–11　最適關稅的部分均衡分析

種產品——即部分均衡分析——的最適關稅如何決定。圖 13–11，兩軸 M 及 P 分別代表本國進口財的數量及價格，D_m^d 代表本國的進口需求，S_x^f 代表外國的出口供給。自由貿易下，本國進口 M_f 數量，價格為 P_f。現設本國（大國）對進口財課徵關稅，使進口數量減為 M_t，國內價格上升為 P_d，國際價格降為 P_i，$P_d - P_i$ 即為關稅。關稅後，$P_f P_d EF$ 為本國消費者繳納給政府的關稅，而 $\triangle EFH$ 代表本國生產增加與消費減少所肇致的生產效率淨損失與消費效用淨損失所形成的社會無謂的損失❾。

關稅後，$P_i P_f FG$ 為外國生產者繳納給本國政府的關稅，而 $\triangle GFH$ 代表外國生產減少與消費增加所肇致的生產效率淨損失與消費效用淨損失所形成的社會無謂的損失。根據圖中 a、b、c、及 d 四個部分，課徵關稅後，本國福利的淨增加等於向外國所課徵的關稅收入減去本國的社會無謂損失，即 $b - c$，能使 $b - c$ 之面積達到最大的關稅，即為本國對進口財所課徵的最適關稅。貿易對手國的福利水準下降了 $b + d$，整個世界的福利水準下降了 $c + d$。a 是本國消費者移轉給本國政府的部分，b 是外國生產者移轉給本國政府的部分，均屬購買力移轉，兩者對整個世界的經濟福利均沒有影響。

❾進口需求曲線與出口供給曲線已將一國的生產與消費結合在一起，故其同時代表生產效果與消費效果。

二、關稅報復與關稅循環

大國課徵關稅，使其貿易條件改善，福利水準提高，但這是以貿易對手國的福利水準下降所換取得的利益。再者，這種大國課徵關稅使其福利水準提高的結果，是在貿易對手國沒有採取**關稅報復** (tariff retaliation) 的假設下才能成立。但事實上，一國絕不甘於貿易對手國課徵關稅而使其福利水準下降，必然會採取報復措施，期使損失減至最小的程度。

圖 13–12，自由貿易時，A 國與 B 國的提供曲線 TOC_A 及 TOC_B 交於 E 點。現 A 國課徵最適關稅，使其提供曲線移至 TOC_A' 而與 B 國提供曲線 TOC_B 交於 F 點，A 國的福利水準提高，B 國的福利水準降低。根據 A 國最適關稅後的提供曲線 TOC_A'，B 國採最適關稅報復，使其提供曲線移至 TOC_B' 而與 TOC_A' 交於 G 點，B 國的福利水準提高，但 A 國的福利水準下降。根據 B 國最適關稅報復後的提供曲線 TOC_B'，A 國採最適關稅報復，使其提供曲線移至 TOC_A'' 而與 TOC_B' 交於 H 點。設在 H 點時，A 國的貿易無異曲線與 TOC_B' 相切，B 國的貿易無異曲線亦與 TOC_A'' 相切，則 H 點為均

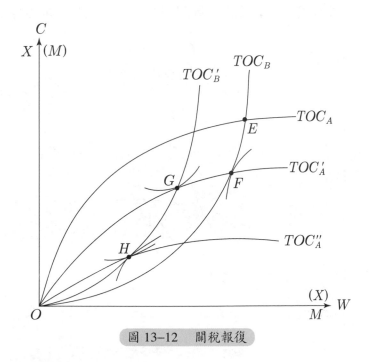

圖 13–12　關稅報復

衡點。B 國若再提高關稅報復，徒然導致其福利水準的進一步下降，故不再有進一步提高關稅的報復措施發生。在此情況下，相互採取報復關稅的結果，使貿易量減少，但貿易量並不會減至零。

各國相互採取報復關稅的結果，使貿易量減少，最後全世界及各國的福利水準均比自由貿易下來得低。在極端的情況下，各國競相採取報復關稅的結果，貿易量等於零，全世界及各國又回復到自給自足、沒有國際貿易發生的情況。

關稅報復的採行可能產生**關稅循環** (tariff cycle) 的特殊情況。圖 13–13，E 點為自由貿易均衡點。現 A 國採最適關稅使其提供曲線移至 TOC_A'，而與 B 國自由貿易的提供曲線交於 F 點。B 國報復 A 國，課徵最適關稅使其提供曲線移至 TOC_B'，而與 TOC_A' 交於 G 點。A 國報復 B 國，課徵最適關稅使其提供曲線移至 TOC_A''，而與 TOC_B' 交於 H 點。此時，B 國發現，若再提高關稅報復，其福利水準將會進一步下降，若減輕或廢除關稅，其福利水準反而會提高，因此 B 國乃廢除關稅使其提供曲線移回 TOC_B，而與 TOC_A'' 交於 K 點。當 B 國不再報復，反而減輕或廢除關稅時，A 國亦發現其若減輕關稅，福利水準將會提高，因此 A 國乃減輕關稅使其提供曲線移回 TOC_A'，

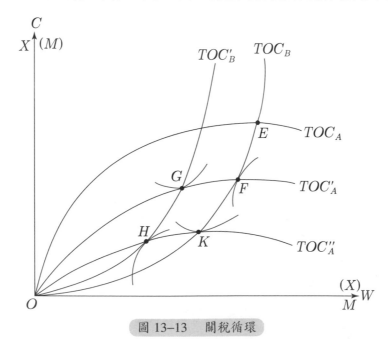

圖 13–13 關稅循環

而與 OF_B 交於 F 點。此時，B 國發現採取關稅報復可使其福利水準提高，故其貿易提供曲線再度移到 TOC'_B 而與 TOC'_A 交於 G 點。如此，開始重複上述過程，而產生 $F \to G \to H \to K \to F \to G \to H \to K$ ……的現象，此即為關稅循環。這將使各國的關稅水準變化不定，而使國際貿易的風險與不確定性提高，國際貿易受到干擾的程度將比關稅確定下來得大，國際間的貿易量可能因而大幅減少。

三、自由或限制貿易的競局理論分析

　　雖然理論分析顯示自由貿易可以使貿易與國及全世界的福利水準提高，但在實際的經濟社會，限制貿易成為普遍存在的事實，自由貿易反而成為一種理論的理想。對於這種現象可以**競局理論**（game theory）予以合理的解釋。假設全世界只有本國及外國兩個國家，兩國的國民所得水準高低與彼此之間的貿易政策有密切的關係。表 13–1，兩行分別為外國自由貿易與限制貿易兩種政策，兩列分別為本國自由貿易與限制貿易兩種政策，每一方格上方數據為在外國某一特定的貿易政策下，本國採行自由或限制貿易政策下的國民所得水準；每一方格下方數據為在本國某一特定的貿易政策下，外國採行自由或限制貿易政策下的國民所得水準。兩國計有 4 種可能的國民所得水準組合，以競局理論用語，稱之為利得矩陣（payoff matrix）。

　　根據表 13–1 的利得矩陣，在外國採自由貿易政策下，本國的國民所得將視本國採自由或限制貿易政策,而分別為 60 元或 70 元；在外國採限制貿

表 13–1　自由或限制貿易的利得矩陣

本　國

		自由貿易	限制貿易
外	自由貿易	$60 ／ $60	$70* ／ $30
國	限制貿易	$30 ／ $70*	$50* ／ $50*

＊：表示在一國的某一貿易政策下，另一國的最佳貿易政策。

易政策下，本國的國民所得將視本國採自由或限制貿易政策，而分別為 30 元或 50 元。在本國採自由貿易政策下，外國的國民所得將視外國採自由或限制貿易政策，而分別為 60 元或 70 元；在本國採行限制貿易政策下，外國的國民所得將視外國採自由或限制貿易政策，而分別為 30 元或 50 元。顯然地，如果本國與外國均採自由貿易政策，全世界的所得達於最大（= 120 元 = 60 元 + 60 元）。但是，在外國（本國）採自由貿易政策時，本國（外國）為求自利將有採限制貿易政策以提高國民所得水準的誘因；在外國（本國）採限制貿易政策時，本國（外國）為求自保將採限制貿易政策以避免國民所得水準受到過度傷害。如此，最後的均衡將是兩國均採限制貿易政策，這種選擇的結果稱之為納許均衡 (Nash equilibrium)。

　　所謂納許均衡是指：在外國一定的選擇下，本國的選擇是最佳的；在本國一定的選擇下，外國的選擇亦是最佳的。因此，納許均衡可以解釋為兩國相互預期的選擇組合，而當這預期選擇顯示出來之後，雙方均不願再改變所作的選擇。亦即在對方的一定選擇下，雙方均無法找到更好之選擇策略的一種情況。例如，根據表 13-11，如果本國選擇限制貿易政策，外國的最佳選擇是限制貿易政策；外國選擇限制貿易政策，本國的最佳選擇也是限制貿易政策，因此納許均衡為兩國均選擇限制貿易政策。如此，競局理論為各國普遍採行限制貿易政策的現象提供一個良好的解釋。

　　本章所討論的關稅保護理論均是基於完全競爭的假設之上。近年來，有許多的學者根據不完全競爭的假設，為限制貿易提出辯護，其論點與傳統的限制貿易理論有許多不同之處，而被稱為新保護主義理論，是與不完全競爭貿易理論相對應的貿易政策理論，這將在下一章中討論❿。

---

❿傳統的保護主義理論是基於完全競爭的假設，因此進口品與進口替代品是同質的，課徵進口關稅，以提高進口品（及進口替代品）的價格，來達到保護進口替代產業的目的。新保護主義理論基於非完全競爭的假設，進口品與進口替代品可以是非同質的。如果進口品與進口替代品是非同質的，對進口品課徵關稅，其價格提高，因此本國消費者對進口替代品的需求增加，而使其價格提高，同樣可以達到以關稅保護進口替代產業的目的。

摘　要

1. 理論上，自由貿易將使每個國家及國際社會的經濟福利水準提高，但現實的國際經濟社會往往有許多的貿易障礙存在，自由貿易成為一種理論的理想，限制貿易反而是一種事實的常態。

2. 保護主義者往往提出幼稚工業論、國家安全論、經濟多樣化論、保護就業論、保護工資論、技術擴散論、國際收支論、貿易條件論、關稅收入論、資源耗竭論、所得重分配論、保持社會良風善俗論、反傾銷論、及其他各種的論點，來為限制貿易作辯護，但這些論點大都只考慮到限制貿易的短期、直接效果，而沒有顧及到長期、間接的不良影響。

3. 社會人群基於維護自身利益的動機，任何國家裡隨時都會有自由貿易與限制貿易的爭論存在。自由貿易偏向者主要為消費者、進口商、出口商、及出口從業人員，限制貿易者主要為缺乏效率的進口替代業者及國內市場獨佔者。

4. 限制貿易的政策工具可分為價格政策工具——進、出口關稅與進、出口補貼，及數量政策工具——進、出口配額；亦可分為關稅及非關稅貿易障礙，後者包括補貼、配額、政府採購政策、行政留難、關口估價、進口平衡稅、調整協助、官方貿易獨佔、管制外匯、預先存款要求、附帶條件的貿易、環保要求、及關稅稅率配額等；亦可根據 Meade 的觀點分為貨幣管制、財政管制，及貿易管制。

5. 關稅為國際間最為普遍使用的貿易政策工具，按其課徵的方法，可分為從量關稅、從價關稅、及聯合關稅；按其課徵的目的，可分為收入關稅與保護關稅，保護關稅又可分為禁止性關稅與非禁止性關稅。

6. 一個經濟社會，對某一產品課徵相同稅率的進口關稅或出口關稅，在長期、靜態均衡分析下，將產生相同的經濟後果，此一假說稱之為婁勒對稱性定理。

7. 課徵關稅將使提供曲線發生移動,根據一定的出口關稅稅率或進口關稅稅率,可以求得關稅後的提供曲線,關稅稅率愈高,提供曲線移動的幅度愈大,兩國的貿易量也就減少愈多。

8. 小國課徵進口關稅,根據部分均衡分析,將會產生生產效果、消費效果、關稅收入效果、國際收支效果、所得重分配效果、消費稅效果、所得效果、及福利效果,但小國課徵關稅並不影響貿易條件,且關稅完全由小國人民所負擔。

9. 大國課徵進口關稅,根據部分均衡分析,將會產生與小國課徵進口關稅大致相同的經濟後果,所不同者在於其具有貿易條件效果,即大國課徵進口關稅會使其貿易條件改善,而使關稅由兩國共同負擔。

10. 關稅負擔的原則為:進口需求彈性愈小,關稅負擔愈重;出口供給彈性愈大,關稅負擔愈輕。由於對小國而言,大國的出口供給彈性無限大,故關稅完全由小國人民所負擔。

11. 小國課徵進口關稅,根據一般均衡分析,由於其不能影響貿易條件,徒然導致生產扭曲與消費扭曲,而使貿易量減少,社會福利水準下降。

12. 大國課徵進口關稅,根據一般均衡分析,可以使其貿易條件改善,社會福利水準提高。

13. 若課徵關稅能使一國福利水準提高,則關稅之能使一國福利水準達到最大的關稅水準,稱之為最適關稅,其稅率稱之為最適關稅稅率。小國的最適關稅等於零,只有大國才有最適關稅存在。

14. 一國之最適關稅稅率與貿易對手國的進口需求價格彈性及出口供給價格彈性呈減函數的關係,因此唯有一國課徵關稅後,能將其提供曲線移至與貿易對手國之提供曲線富於需求彈性或供給彈性的部分相交,才能實現最適關稅的目標。

15. 根據部分均衡分析,能夠使一國福利的淨增加達於最大的關稅,即為對某一產品所課徵的最適關稅。

16. 一國課徵關稅，將會引起貿易對手國的關稅報復，各國相互採取關稅報復的結果，使貿易量減少，全世界及各國的福利水準均比自由貿易下來得低。在極端的情況下，各國競相採取報復關稅的結果，貿易量等於零，全世界及各國又回復到自給自足、沒有國際貿易發生的情況。

17. 關稅報復的採行可能產生關稅循環，而使各國的關稅水準變化不定，因而提高國際貿易的風險與不確定性。

重要名詞

幼稚工業論	國家安全論
經濟多樣化論	保護就業論
保護工資論	技術擴散論
國際收支論	貿易條件論
關稅收入論	資源耗竭論
所得重分配論	社會論點
反傾銷論	價格政策工具
數量政策工具	關稅
配額	關稅稅率配額
從量關稅	從價關稅
聯合關稅	收入關稅
保護關稅	禁止性關稅
非禁止性關稅	婁勒對稱性定理
無謂的損失	最適關稅
關稅報復	關稅循環

問題練習

1. 你個人對自由貿易與限制貿易的看法如何?

2. 一個經濟社會何以經常有自由貿易與限制貿易之爭論? 兩者各有那些論點?

3. 貿易政策工具有那些? 有那幾種不同的分類方法?

4. 何謂關稅? 按課徵方法與目的, 可以怎樣劃分?

5. 何謂妻勒對稱性定理? 試分別就小國與大國的情況, 證明之。

6. 試以圖形剖述小國課徵進口關稅的部分均衡分析。

7. 試以圖形剖示大國課徵進口關稅的部分均衡分析。

8. 試以圖解說明關稅負擔的原則。

9. 試以圖形剖示小國課徵進口關稅的一般均衡分析。

10. 小國課徵關稅, 其福利水準為何一定下降?

11. 試以圖形剖示大國課徵進口關稅的一般均衡分析。

12. 大國課徵關稅, 其福利水準可能的變化如何?

13. 何謂最適關稅? 小國有最適關稅否? 大國的最適關稅稅率如何計算? 試證明之。

14. 試以部分均衡分析說明最適關稅如何決定。

15. 關稅、 關稅報復、 及經濟福利之間的關係如何?

16. 試以圖形說明關稅循環的發生, 並述其經濟後果。

❋附錄：最適關稅的導引❋

設兩種產品——酒 (W) 與布 (C)，本國為大國，出口布，進口酒，酒對布的世界貿易相對價格為$P*$，$P* = \dfrac{P_W^*}{P_C^*}$，本國課徵進口關稅，稅率為 t。課徵關稅後，本國國內之酒對布的相對價格——P，$P = \dfrac{P_W}{P_C}$——和世界貿易相對價格之間的關係為：$P = (1 + t)P*$。本國的預算限制以布表示為：

$$D_C + PD_W = S_C + PS_W + tP*M \tag{1}$$

上式中，D_C 與 D_W 分別為本國對布與酒的需求，S_C 與 S_W 分別為本國之布與酒的生產，M 為本國進口的酒，$M = D_W - S_W$，$tP*M$ 為以布表示的關稅收入。根據 $P = (1 + t)P*$，$M = D_W - S_W$ 的關係，(1)式可以化為：

$$D_C + P*D_W = S_C + P*S_W \tag{2}$$

對(2)式全微分，得到：

$$dD_C + P*dD_W + D_W dP* = dS_C + P*dS_W + S_W dP*$$

$$\Rightarrow dD_C + P*dD_W = (S_W - D_W)dP* + (dS_C + P*dS_W)$$

$$\Rightarrow dD_C + P*dD_W = -MdP* + (dS_C + P*dS_W)$$

$$\Rightarrow dD_C + PdD_W + (P* - P)dD_W = -MdP* + [(dS_C + PdS_W) +$$

$$(P* - P)dS_W] \tag{3}$$

(3)式中，$dD_C + PdD_W$ 為實質所得的改變 (dY)，根據充分就業假設，$dS_C + PdS_W = 0$。因此，(3)式可以化為：

$$dY = -MdP* + (P* - P)(dS_W - dD_W)$$

$$\Rightarrow dY = -MdP* + (P - P*)dM \tag{4}$$

上式中，$dM = dD_W - dS_W$。當關稅達於最適時，$dY = 0$，所以：

$$MdP* = (P - P*)dM$$

$$= tP*dM \tag{5}$$

由(5)式可以解出最適關稅 $t*$ 為：

$$t* = \frac{MdP*}{P*dM}$$

$$= \frac{dP*/P*}{dM/M}$$

$$= \frac{\dot{P}*}{\dot{M}} \tag{6}$$

對均衡貿易條件 $P*M = M*$ ——即本國進口值 $(P*M)$ 等於本國出口值等於外國進口值 $(M*)$ ——全微分，得到：

$$P*dM + MdP* = dM*$$

$$\Rightarrow \frac{P*dM}{P*M} + \frac{MdP*}{P*M} = \frac{dM*}{P*M}$$

$$\Rightarrow \frac{dM}{M} + \frac{dP*}{P*} = \frac{dM*}{M*}$$

$$\Rightarrow \dot{M} = \dot{M}* - \dot{P}* \tag{7}$$

將(7)式代入(6)式得到最適關稅的計算為：

$$t* = \frac{1}{\dfrac{\dot{M}* - \dot{P}*}{\dot{P}*}}$$

$$= \frac{1}{\dfrac{\dot{M}*}{\dot{P}*} - 1}$$

$$= \frac{1}{e* - 1} \tag{8}$$

式中 $e* = \dfrac{\dot{M}*}{\dot{P}*} = \dfrac{dM*/M*}{dP*/P*} = \dfrac{dM*}{dP*} \dfrac{P*}{M*}$ 為外國的進口需求價格彈性（根據這種表示法，其值為正）。

◆第十四章 關稅、經濟福利與要素報酬

本章將進一步繼續討論關稅的課徵對一個國家，乃至全世界經濟福利的影響，並分析怎樣的關稅課徵才能達到有效保護本國產業的目的。最後，我們分析關稅收入的支配對貿易條件、國內價格以至要素報酬的影響。

第一節　關稅與經濟福利

一、關稅與個別國家的經濟福利

由前面的分析可知，進口關稅的課徵，使一國進口財的國內價格與國際價格不一致，因而產生生產的扭曲，即一國資源將由出口部門移轉到進口替代部門生產，減少了具有比較利益之產品——即出口財——的產出，資源的派用效率因而降低；也產生消費的扭曲，即一國消費者對進口財必須支付比關稅前或貿易對手國消費者較高的價格，對進口財的消費量因而減少，導致進口財消費的私人受益 (private benefit)〔或社會受益 (social benefit)〕大於私人成本 (private cost)〔或社會成本 (social cost)〕❶，這表示消費發生不當的移轉，而導致對進口財的消費過少、出口財的消費過多。生產扭曲與消費扭曲的綜合效果即反應在貿易量的減少之上。

對小國而言，課徵關稅，貿易條件不變，但貿易量減少，其福利水準因而下降，故小國的最適關稅等於零。對大國而言，課徵關稅，若貿易對手國沒有報復，貿易條件改善，只要貿易條件改善效果大於貿易量減少效

---

❶在沒有關稅的完全競爭下，產品消費的私人受益，等於社會受益，等於產品生產的私人成本，等於社會成本。

果，則其福利水準提高；若貿易對手國採取報復手段，貿易條件可能無法改善，甚至惡化，在此情況下，貿易量減少的結果，必然使其福利水準下降。

曾有許多學者估測對某一種產品課徵關稅，所產生之社會無謂的損失對國內生產毛額的比率。Johnson (1960) 的實證研究發現，此一比率十分微小（小於 1%）——尤其是對進口數量微小的國家——而不足以重視[2]。但是，有人認為這些實證估計並不足以顯示課徵關稅所產生的社會福利淨損失，因為：

1. 關稅淨損失對國內生產毛額的相對比率可能很小，但其絕對數量可能很大，因此損失的大小標準難以訂定。

2. 無謂的損失雖小，但消費者剩餘的損失卻很大。

3. 關稅課徵的行政費用，不易估計；外國的報復、遊說課徵關稅的非生產性逐利活動成本，亦未列入損失的計算中。

4. 關稅課徵降低競爭、減緩技術進步、扭曲資源派用，因而減緩經濟成長，此一部分的動態損失是無法估計的。再者，如果關稅課徵導致國內廠商獨佔，將產生 **X 無效率** (X inefficiency)——即獨佔廠商沒有感受到需要盡力使成本極小化之壓力的成本損失——這也是難以估計的。

5. 由於短期需求彈性小於長期需求彈性、課徵關稅後產品之間的進口發生替代、進口財的價格難以計算、及統計誤差等因素，均會導致在實證過程中對一種產品課徵關稅後對進口數量的影響有低估的傾向。

6. 課徵關稅使一國資源發生重分派移動，而有移動成本產生。

7. 以關稅限制貿易，將使一國匯率發生改變，匯率變動所產生的貿易條件變動效果亦應考慮在內。

根據以上所提可知，關稅對一國經濟福利的影響是複雜而深遠的，不容易以簡單的公式估測其影響。

---

[2] Johnson (1960) 用以估計關稅課徵 ($t\%$) 所導致的國內生產毛額 (GDP) 淨損失 (L) 公式為：$\dfrac{L}{GDP} = \dfrac{1}{2} \times t\% \times \Delta M\% \times \dfrac{M}{GDP}$，$\Delta M\%$ 為進口數量變化率，M 為進口數量。

二、關稅與世界經濟福利

關稅的課徵雖然可能使一個國家的福利水準提高，但對全世界而言，關稅課徵的結果，世界貿易量減少，全世界的福利水準必然下降。將全世界看成一體，關稅課徵的結果，扭曲了各國的比較利益，使兩國的產品價格不再相等，結果是一方面兩國的要素報酬不再均等，兩國生產的邊際技術替代率不相等，世界的生產點不再位於箱形圖的生產契約線之上，世界的生產水準因而比較自由貿易下為低；另一方面兩國消費的邊際替代率不相等，世界的消費點不再位於箱形圖的消費契約線上，世界的消費福利水準因而比較自由貿易下為低。

全世界生產及消費水準下降的程度視關稅的大小而定。關稅愈高，價格扭曲愈嚴重，生產與消費水準下降的程度愈大，世界福利水準也就降低得愈多。

第二節　關稅結構

以上我們所討論的，均針對可作消費或投資之用的最終產品課徵關稅。但在真實的經濟社會，各國不僅對最終產品課徵關稅，也對中間投入或原料課徵關稅，且對不同的最終產品、中間投入、原料課徵輕重不同的關稅，故關稅實際上是一種稅則結構而非是單一的稅率。

藉由勞動、土地、資本、及企業家精神配合中間投入、原料之後，才能製成最終產品，因此吾人不能單由一種產品的名目關稅來決定其受到保護的程度，而是必須經由整個關稅結構才能夠瞭解一種產品真正受到保護的程度，這種對中間投入及最終產品課徵關稅與產品因關稅而受保護程度高低的相關分析，稱為關稅結構理論或有效保護理論 (effective protection theory)❸。

課徵進口關稅的目的在於提高進口財的國內價格，以保護一國的進口

---

❸請參閱 Corden (1966)。

替代產業，使其產出增加❹。但是，如果對用之於生產進口替代財的中間投入亦課徵進口關稅，則將使中間投入的進口成本提高，因而提高生產成本，使一國進口替代產業的生產因而遭受不利之影響，從而減輕了原先對最終產品課徵關稅所產生的保護效果。是故，要瞭解一種產品真正受到保護的程度，必須同時考慮對該產品課徵的**名目關稅稅率** (nominal tariff rate) 及對使用於生產該產品之中間投入所課徵的關稅之後，才能得到正確的答案。

如何根據產品的名目關稅連同其中間投入關稅，計算產品真正受到保護的程度呢？根據對產品課徵名目關稅及中間投入關稅，而使產品之附加價值 (value-added) 發生的變化，即可瞭解於產品的名目關稅稅率背後所隱含的**有效保護率** (effective rate of protection, ERP) 的高低❺。對產品課徵關稅，產品的國內價格上升，在對中間投入沒有課徵關稅下，產品的附加價值提高，產品受到保護。名目關稅稅率愈高，附加價值提高愈多，產品受到保護的程度愈大。對中間投入課徵關稅，中間投入的國內價格上升，在對產品沒有課徵關稅下，產品的附加價值降低，對產品產生反保護的作用。中間投入的關稅稅率愈高，附加價值降低愈多，產品遭受反保護的程度愈大。若同時對產品及中間投入課徵關稅，對附加價值的影響則視關稅後產品價格及中間投入價格兩者提高的程度而定。

為分析關稅課徵對進口替代產業所產生的真正（有效）保護程度，我們假設：

1. 投入—產出係數 (input-output coefficient) 是固定的。如此，要素價格發生改變，不會使單位產出所需的要素投入數量發生改變。

2. 要素替代彈性等於零。如此，課徵關稅而使要素之相對價格發生改

---

❹因此，有人以課徵關稅後進口替代財的國內價格對進口財國際價格的相對比率——稱之為名目保護係數 (nominal protection coefficient, NPC)，來衡量進口替代財受到保護的程度。NPC 愈大，表示進口替代產業受到保護的程度愈大。

❺產品的附加價值等於產品的價格減除其中間投入的成本。附加價值愈大，參與生產之生產要素就能得到愈多的報酬，生產誘因也就愈強，故可以附加價值的變化作為衡量一產業受到關稅保護的程度。

變，並不會引起要素投入的替代使用。

3. 課稅國為小國，其出口品的需求價格彈性與進口品的供給價格彈性均為無限大，關稅因此全由課徵關稅的國家所負擔。

4. 關稅後，國際貿易仍然繼續進行，即所課徵的為非禁止性關稅。

5. 關稅後，採取適當的財政與貨幣政策，使充分就業繼續維持。

6. 關稅的課徵對所有產品（包括中間投入）、所有國家均沒有任何差別待遇，即相同的產品或中間投入均適用相同的關稅稅率。

根據以上的假設，有效保護率的計算公式為:

$$ERP = \frac{v' - v}{v} \tag{1}$$

$$= \frac{[(1 + t_j) - \sum_i a_{ij}(1 + t_i)] - [(1 - \sum_i a_{ij})]}{1 - \sum_i a_{ij}}$$

$$= \frac{t_j - \sum_i a_{ij} t_i}{1 - \sum_i a_{ij}} \tag{2}$$

上式中，v' 代表課徵關稅後的附加價值，v 代表課徵關稅前的附加價值，1 代表關稅前產品的價格，t_j 代表對最終產品 j 所課的關稅稅率，t_i 代表對中間投入 i 所課的關稅稅率，$\sum_i a_{ij}$ 代表中間投入佔關稅前產品生產成本的比例，$i = 1, 2, \cdots, n$。

設 $\bar{t}_j = \dfrac{\sum_i a_{ij} t_i}{\sum_i a_{ij}}$，$\bar{t}_j$ 代表產品 j 之所有中間投入關稅稅率的加權平均，則

$$ERP = \frac{t_j(v + \sum_i a_{ij}) - \bar{t}_j \sum_i a_{ij}}{1 - \sum_i a_{ij}}, v = 1 - \sum_i a_{ij}, v + \sum_i a_{ij} = 1$$

$$= \frac{t_j v + t_j \sum_i a_{ij} - \bar{t}_j \sum_i a_{ij}}{1 - \sum_i a_{ij}}$$

$$= t_j + \frac{(t_j - \bar{t}_j) \sum_i a_{ij}}{1 - \sum_i a_{ij}} \tag{3}$$

　　根據以上(1)、(2)、或(3)式，均可用以計算有效保護率。由於 $0 < \sum_i a_{ij} < 1$，因此根據(2)與(3)式均可知：

1. 如果 $t_j = \bar{t}_j$，則 $ERP = t_j$，即有效保護率等於名目保護率。

2. 如果 $t_j > \bar{t}_j$，則 $ERP > t_j$，即有效保護率大於名目保護率。

3. 如果 $t_j < \bar{t}_j$，則 $ERP < t_j$，即有效保護率小於名目保護率。

4. 如果 $t_j < \sum_i a_{ij} t_i$，則 $ERP < 0$，即產生反保護效果。

5. 如果最終產品的關稅稅率上升（或下降），中間投入的關稅稅率下降（或上升），則有效保護率提高（或下降）。

　　例如，自由貿易下，進口替代品的價格 10 元，中間投入成本 8 元。現對進口品課徵 10% 的關稅，關稅完全由本國消費者負擔，則進口替代品的價格上升至 11 元。若對中間投入沒有課徵關稅，則

$$ERP = \frac{(10 \times 1.1 - 8) - (10 - 8)}{10 - 8} = \frac{3 - 2}{2} = 50\%$$

$$= \frac{10\% - 0.8 \times 0\%}{1 - 0.8} = 50\%$$

$$= 10\% + \frac{(10\% - 0\%) \times 0.8}{1 - 0.8} = 50\%$$

　　因此，產品的名目保護（關稅）率雖然只有 10%，但實際的有效保護率卻高至 50%。若對中間投入也課徵 5% 的關稅，關稅完全由本國生產者負擔，則

$$ERP = \frac{(10 \times 1.1 - 8 \times 1.05) - (10 - 8)}{10 - 8} = \frac{2.6 - 2}{2} = 30\%$$

$$= \frac{10\% - 0.8 \times 5\%}{1 - 0.8} = 30\%$$

$$= 10\% + \frac{(10\% - 5\%) \times 0.8}{1 - 0.8} = 30\%$$

　　以上實例證實對中間投入課徵關稅會使有效保護率下降。但由於產品關稅稅率大於中間投入關稅稅率，有效保護率 (30%) 因此大於名目保護率 (10%)。

　　以上分析顯示，唯有同時考慮產品及中間投入的關稅結構，才能瞭解

一種產品實際受到保護的程度。實證研究的結果發現，大部分已開發國家採行**遞升關稅結構** (escalated tariff structure)，即愈接近最終產品階段的產品，其關稅稅率愈高，故有效保護率均遠大於名目關稅保護率❻，因而不利於開發中國家初級工業產品的出口，對於開發中國家以出口擴張帶動經濟發展之工業化政策的推行，產生相當大的阻力。

分析一種產品受到關稅保護的程度，除了應注意到有效保護率的問題外，許多先進國家所採行的**海外組裝條款** (offshore assembly provisions, OAP)──美國的國際貿易委員會現將其改稱為**共同生產協定** (production-sharing arrangements)，也值得注意。假設我國由美國進口 4,000 元的電腦零組件，予以裝配組合成電腦成品後，再以 10,000 元的價格出口到美國。如果美國實施海外組裝條款，則美國海關將就最終產品價值扣除美國零組件價值後的餘額，作為課稅稅基，即就 6,000 元（＝ 10,000 元－4,000 元）來課徵關稅。這種關稅制度的施行將受到美國消費者的歡迎，因為關稅負擔減輕；但美國電腦成品業及其從業勞工將反對，因為進口的電腦更便宜、有更多的電腦零組件將被送到臺灣組裝，而使得就業機會減少；美國的電腦零組件業及其從業勞工將贊成，因為這種制度將提高臺灣電腦廠商採用美國電腦零件的誘因。在這種情況下，要分析關稅的保護效果，問題就變得更加複雜了。

第三節 關稅、產品貿易與要素移動

一、稅率、國民所得與關稅收入

在貿易對手國沒有採取報復手段下，大國課徵最適關稅可以使其國民所得達到最大。但是，吾人知道關稅稅率愈高，貿易量愈少，關稅稅基 (tax

---

❻例如，Deardoff 與 Stern (1986) 對美、日兩國 22 種主要產業的進口關稅進行實證研究，得到美國的名目關稅稅率為 5.2%，有效保護率為 8.1%，日本的名目關稅稅率為 8.4%，有效保護率為 13.2%。

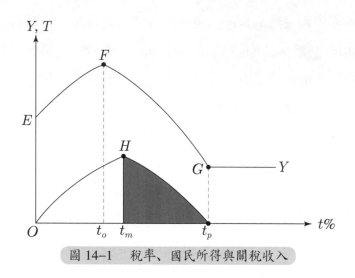

圖 14–1 　稅率、國民所得與關稅收入

base) 也就愈小。在極端的情況下，過高的關稅稅率將使貿易量等於零，一個國家不僅因此沒有關稅收入，且其國民所得終將降至自給自足狀態的水準。

　　圖 14–1，橫軸為稅率 (t)，縱軸為國民所得 (Y) 與關稅收入 (T)。EFY 代表國民所得曲線，OHt_p 代表關稅收入曲線。當關稅稅率 t_o 時，一國的國民所得達於最大，故 t_o 為最適關稅稅率。當關稅稅率進一步提高至 t_m 時，國民所得下降，但關稅收入達於極大。因之，**關稅收入最大之關稅稅率高於最適關稅稅率** ❼。若關稅稅率進一步提高至 t_p 時，關稅收入等於零，故 t_p 為**禁止性關稅稅率**。此時，國民所得水準 t_pG 等於自給自足狀態下的國民所得水準，遠低於自由貿易下的國民所得水準 OE。

　　OHt_p 為表示稅率與關稅收入之間關係的曲線，依供給面經濟學的用語，稱之為**拉弗爾曲線** (Laffer curve)。當稅率介於 0 及 t_m 之間，隨稅率提高，關稅收入增加，稱之為**正常區域** (normal range)；稅率超過 t_m，隨稅率提高，關稅稅基銳減，關稅收入因此減少，稱為**禁區** (prohibitive range)。是故，如同過度的累進所得稅稅率將導致工作與投資意願低落、國民所得減少、稅收減少一樣，過高的關稅稅率亦將導致進口意願下降、

❼ 關稅收入最大之關稅稅率高於最適關稅稅率的數學證明，可參閱 Caves、Frankel 與 Jones (1999)。

進口數量減少、關稅收入因而減少❽。

 ## 二、關稅與要素移動

　　一國課徵禁止性關稅的結果，將使得兩國之間的產品貿易完全停止。但 Mundell (1957) 指出，此時若生產要素在兩國之間可以完全自由的移動，則縱然沒有產品貿易存在，仍可得到與產品自由貿易下相同的結果。即產品價格及要素價格仍會趨於完全的均等，亦即要素的自由移動可以取代產品的自由貿易。假設：

　　1. A 與 B 兩國，A 為資本豐富的國家，B 為勞動豐富的國家。

　　2. 布與酒兩種產品，布為資本密集財，酒為勞動密集財。

　　3. 兩國只有資本與勞動兩種同質的生產要素。

　　4. 生產函數為直線性齊次，且兩國對同一產品的生產函數相同。

　　5. 無要素密集度逆轉發生。

　　6. 兩國皆無完全專業發生。

　　7. 兩國的需求偏好相同且為同質不變的。

　　8. 只有勞動移動。

　　9. A 為小國。

　　根據這些假設，在圖 14–2，自由貿易下，貿易條件為 P_tP_i，生產點為 E 點，消費點為 F 點，A 國出口 EG 數量的布 (C)，進口 GF 數量的酒 (W)，A 國與 B 國的產品價格與要素價格均處於完全均等的狀態。現 A 國課徵禁止性的進口關稅，酒不再進口，酒的國際價格仍然不變，但其國內價格因此大幅上升。由於 A 國不再由 B 國進口酒，兩國之間的貿易完全停止，A 國的生產點因此由 E 點移至自給自足點 K。但是，為供應與自由貿易下相同之國內酒的消費需求，A 國必須增加酒的生產。由於酒為勞動密集財，

---

❽一國平均關稅稅率的計算可分為非加權平均關稅稅率 (unweighted average tariff rate)——即將各種進口品的關稅稅率予以簡單加總平均，加權平均關稅稅率 (weighted average tariff rate)——即以進口值比重為權數，將各種進口品的關稅稅率予以加權平均。

根據斯托帕—薩繆爾遜定理，酒的價格提高、生產增加的結果，導致工資報酬提高。

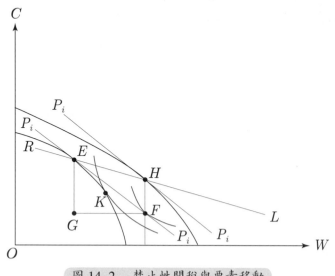

圖 14-2　禁止性關稅與要素移動

由於假設勞動可以在兩國之間自由移動，則 A 國的工資上漲將吸引 B 國的勞動者移入。猶如單要素——勞動增加一樣，A 國的生產可能曲線因此往外移，生產點由 K 點移至 H 點。國內所生產之酒的數量正好等於自由貿易下國內酒的供給量（包括進口），所以 H 點的切線斜率等於自由貿易下的貿易條件。自由貿易下的生產點 E 與課徵禁止性關稅要素發生移轉後的生產點 H 的連線，也就是單要素增長下的瑞畢曾斯基線。

與自由貿易下的生產點 E 比較，要素移動使生產點移至 H 點，所增加之酒的生產正好等於自由貿易時的進口數量；布的產量減少，且 HF 數量的布是支付給由 B 國移入之勞動者的工資報酬。因此，雖然沒有產品貿易，但 A 國所能消費的兩種產品數量與自由貿易下完全相同，故 A 國的福利水準不變，其消費點仍維持於 F 點不變。A 國工資上漲，吸引 B 國勞動流入，其工資因而下跌，直到兩國的要素報酬恢復到關稅課徵之前的均等水準❾，兩國的勞動才停止移動。

❾A 國為小國，B 國為大國，A 國課徵關稅對 B 國的國內產品價格並沒有影響，所以 B 國的要素報酬將與關稅課徵前一樣，維持不變。

B 國的勞動移入 A 國，使 A 國酒的產量增加、布的產量減少，而使酒的價格下跌，布的價格上升，直到酒與布的價格恢復到關稅課徵之前而與 B 國均等的水準，酒與布的消費量再度與自由貿易下相同，酒與布的產量不再變動。是故，在兩國、兩種產品、兩種生產要素、及赫克紹─歐林模型的假設下，產品自由貿易而致產品價格均等，將使要素價格均等；要素自由移動而致要素價格均等，亦將使產品價格均等。**要素自由移動可以取代產品自由貿易，兩國的要素價格與產品價格最後仍趨於與自由貿易下相同的完全均等。**（事實上，要素移動與產品貿易之間可能存在互補性，即要素移動可能使貿易量增加而非減少。有關生產要素移動與產品貿易之間的關係，另請參閱第七章第四節的生產要素貿易。）

由於要素自由移動具有取代產品自由貿易的功能，因之，**一國若要有效改變其產品的價格結構及要素的報酬，必須同時限制產品的貿易與要素的移動。**例如，為了提高勞動密集財的價格，以提高工資，除了限制勞動密集財的進口之外，還須限制外國勞動者的移入本國才能達到目的。

第四節 關稅、產品價格與要素報酬

產品價格的變動是要素價格變動的加權平均。根據擴大效果，要素價格變動的幅度大於產品價格變動的幅度。國際貿易後，產品的價格發生變動，根據斯托帕─薩繆爾遜定理，密集使用於相對價格上升之產品的要素，其相對報酬會上升，密集使用於相對價格下降之產品的要素，其報酬會下降，要素相對報酬的變化並有著擴大效果存在。最後，根據要素價格均等化定理，自由貿易下，兩國的要素報酬會趨於完全的均等，即一國相對豐富之要素的報酬會上升，相對稀少之要素的報酬會下降。是故，**自由貿易導致一國的要素報酬（所得分配）有利於相對豐富的生產要素，而不利於相對稀少的生產要素。**

一國課徵關稅，在一般的情形下，將使進口財對出口財的相對價格上升，根據斯托帕─薩繆爾遜定理，這將導致密集使用於進口替代財生產要素的報酬上升，密集使用於出口財之生產要素的報酬會下降，因此保護了進口替代產業及其密集使用的生產要素。但是，Metzler (1949) 指出，在某種情況下，一國課徵關稅將使進口財對出口財的相對價格下跌，密集使用於進口替代財的要素報酬下降，進口替代產業及其密集使用的生產要素並未因為關稅的課徵而受到保護，反而因為關稅的課徵而遭受不利的影響，此一因關稅課徵而產生反保護效果的現象，稱之為**梅支勒矛盾** (Metzler's paradox)。

設有 A、B 兩國，A 國出口資本密集財布，進口勞動密集財酒，A 國課徵關稅，B 國沒有課徵關稅。若 A 國將其關稅收入支用於購買其出口財的比例 $(1-k)$ 大於 B 國的進口需求價格彈性 (e^*)——即 $1-k>-e^*$，則 A 國課徵關稅並將其關稅收入支用於購買進口財與出口財的結果，關稅後之進口財的國內（相對）價格將比關稅前為低，即導致梅支勒矛盾的發生。因為 $1-k \leq 1$，若 $|e^*|>1$，則 $1-k<-e^*$，表示當 A 國的提供曲線與 B 國的提供曲線在富於彈性的部分相交時，無論 A 國將其關稅收入如何處理，A 國進口財的國內價格一定上漲，因而可以達到保護進口替代產業及相對稀少生產要素的目的。

因為 $1-k \leq 1$，所以唯有 $|e^*|<1$，才可能發生 $1-k>-e^*$ 的情況，即梅支勒矛盾只有在貿易對手國的提供曲線缺乏彈性的部分才會發生。設本國出口布，進口酒；外國的進口需求缺乏價格彈性；本國的關稅收入大部分（或全部）用於購買本國的出口財。本國課徵進口關稅後，本國國內酒對布的相對價格 $P\left(=\dfrac{P_W}{P_C}\right)$ 與外國（或國際）之酒對布的相對價格 $P^*\left(=\dfrac{P_W^*}{P_C^*}\right)$ 之間的關係為：$P=P^*(1+t)$，t 為關稅稅率，這表示本國價格與外國（或國際）價格——即貿易條件——之間的差距等於關稅。

本國課徵進口關稅，使國內酒的相對價格上升，導致對酒的進口需求減少，這將使酒的國際價格 (P_W^*) 下降；關稅收入大部分用之於購買出口財，導致布的出口供給減少，這將使布的國際價格 (P_C^*) 上升，在外國的進口需求缺乏彈性下，P_C^* 有可能大幅度的上升。如此，P^* 將下降。若 P^* 下降的幅度大於 t 的幅度，則 P 將下降——即本國進口財的相對價格下降，梅支勒矛盾於是發生。

　　本節的分析告訴我們，課徵關稅，經由斯托帕—薩繆爾遜定理，以達到保護一國進口替代產業及相對稀少要素的目的，並非是經常可以實現的。要實現此一目標，必須考慮到外國進口需求價格彈性的大小及一國對關稅收入的支用方式。如果梅支勒矛盾存在，實施自由貿易反而較限制貿易對一國的進口替代產業及相對稀少的生產要素更為有利。(有關關稅、貿易條件及國內價格三者之間的關係，及梅支勒矛盾現象發生的導引，請參閱本章附錄。)

◼ 第五節　傾銷與關稅

 ## 一、傾銷的意義及種類

　　傾銷是一種價格歧視或差別取價 (price discrimination)，而價格歧視是指廠商將其相同的產品，對相同或不同的購買者或地區分別以不同的價格出售。當價格歧視發生於國際貿易時——即對國外市場的消費者索取較國內市場消費者為低的價格，則稱之為傾銷❿。但是，亦可以產品在國外的售價是否低於其在國內的生產成本來認定是否有傾銷的行為發生。在國際貿易上之所以會有傾銷的活動發生，乃是因國際貿易存在不完全競爭所肇致，即一個國家的獨佔或寡佔廠商，將其獨佔力量加以運用，使其延伸至國外的結果。是故，國際傾銷要能發生且順利進行，一般而言，必須具備以下的基本條件：

　　1.對國內市場具有獨佔的力量。如此，才能在掌握國內市場之餘，運用獨佔力量對國外市場實施差別取價。

　　2.必須能夠有效地將國內市場與國外市場隔離。如此，才能防止出口

---

❿這是一般對國際貿易傾銷的定義，但在匯率波動幅度很大時 (或國幣大幅升值)，有可能形成經匯率換算後，國外市場價格高於國內市場價格，這種現象稱之為逆傾銷 (reverse dumping)。又在兩國分別存在生產相同產品之獨佔廠商的情況下，可能產生兩國交互傾銷 (reciprocal dumping) 的現象。

的商品再由價格較低的國外市場流回至價格較高的國內市場。運輸成本與關稅的課徵，通常就能將國內市場與國外市場有效地予以分隔。

3.國外市場較國內市場的需求價格彈性為大。如此，自可根據國內與國外之需求價格彈性的不同，對國外市場索取較低的價格，對國內市場索取較高的價格，進行持久性的傾銷。由於國際市場的競爭性通常遠大於國內市場的競爭性，所以國外市場的需求彈性通常是大於國內市場的需求彈性的。

在國際貿易上，傾銷又可按其性質的不同分為以下三類：

㈠掠奪性傾銷 (predatory dumping)

即為消滅外國生產者以取得國際獨佔地位。一國的生產者暫時對外國的消費者採取低價傾銷策略，待國外的生產者消除之後，再提高產品價格以獲取長期更大的國際獨佔利潤。這是一種最不公平，也是最為各國所反對且極力對抗的傾銷活動，其以短期損失來換取長期利潤的作法，終將使貿易對手國的生產者與消費者蒙受重大的損失，而遭致對方的報復。

㈡持久性傾銷 (persistent dumping)

這是一般所指的國際傾銷活動，其與國內、外需求價格彈性的大小有很密切的關係。一國的生產者為追求利潤達於最大，根據國內與國外需求彈性的不同，而對國外需求彈性較大的市場長期索取較低價格，對國內需求彈性較小的市場長期索取較高價格的一種差別取價的策略。這種持久性的傾銷主要是想獲取更大的利潤與維持國外市場的存在，而非如同掠奪性傾銷以消除外國的生產者而建立獨佔力量為目的。

㈢間歇性傾銷 (sporadic dumping)

即基於維護國內市場的穩定，而對國外進行不定時、間歇性的傾銷。例如，由於生產過剩——通常是農產品，或國內需求銳減，而將過剩的產品以較低的價格傾銷至國外，以維持國內產品價格的穩定。此種傾銷活動既非為了建立國外市場的獨佔力量，亦非為了追求更大的利潤為目的，而只是為維持國內市場的穩定，所採行的一種暫時性的策略。

以圖 14–3 說明持久性傾銷的情況。貿易前，國內獨佔者根據邊際收入

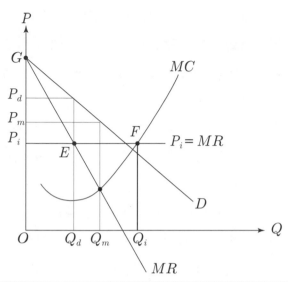

圖 14-3　根據國內、國外需求彈性的不同，實行差別取價進行持久性的國際傾銷

等於邊際成本決定價格 P_m，產量 Q_m。貿易後，設國外市場為完全競爭，因此外國之需求彈性無限大，價格為 P_i，等於邊際收入。本國獨佔者以邊際成本等於貿易後的邊際收入⓫，決定總產量 Q_i。對於 Q_i 的產量，本國獨佔者根據國內市場與國外市場的邊際收入相等時，總利潤達於最大之分銷量決定的原則，決定國內銷售量為 Q_d，價格為 P_d，國外銷售量為 Q_dQ_i，價格為 P_i。由於國外需求彈性大於本國，因此，國內價格 P_d 大於國外價格 P_i。由圖形可知，傾銷的結果，國內價格比貿易前還高，若對國外傾銷的價格提高，國內價格仍然跟著提高；對國外傾銷的價格下降，國內價格仍然跟著下降。這表示本國獨佔者不會因為國際價格的提高而降低國內價格，亦不會因為國際價格的下降而提高國內價格，對國內與國外的價格決策，全然視國內、國外之需求彈性與銷售量的分配而定。

 ## 二、傾銷的經濟後果

若本國對外國進行傾銷，將會產生以下的經濟後果：

⓫貿易後，本國獨佔者的邊際收入曲線是由其國內的邊際收入（GE 線段）與國外的邊際收入（EF 水平線段）所構成。

1.外國的消費者享有較低的價格，其福利水準因而提高。

2.外國的生產者受到打擊，會導致該產業的萎縮，引起失業。

3.若非持久性的傾銷，外國消費者福利水準的提高只是短暫的，價格的波動對外國的經濟穩定有相當不利的影響。

4.犧牲本國消費者以增加利潤，將招致本國消費者的反對。

5.傾銷的結果，可以改善本國的國際收支，但對外國的國際收支則有不利的影響。

由於無法有效辨認傾銷的動機是為掠奪性、持久性、或間歇性，故外國的政府與生產者往往視傾銷活動為不公平的競爭。對外國的生產者而言，傾銷的結果使他們的銷售、收入、及利潤減少，掠奪性的傾銷更使得他們無法生存下去，傾銷活動因此被認為是一種不公平的國際貿易活動。但是，國際間的競爭亦會使外國生產者的銷售、收入、及利潤減少，故如果據此認為傾銷活動是不公平的亦是不公平的。從外國消費者的立場而言，只有掠奪性的傾銷是不受歡迎的，持久性或間歇性的傾銷均使他們的福利水準提高，而政府為保護生產者所採取的任何報復手段均會使他們的消費受到扭曲、福利水準下降。因此，對於傾銷的認定與是否採取報復手段，外國的消費者與生產者之間往往持不同的立場，而有激烈的爭論存在。

 ## 三、傾銷的採行與認定

傾銷的認定至今仍是一大難題，但各國政府只要認定外國對其市場進行傾銷，而使其本國產業遭受不公平競爭時，往往立即採取報復手段對抗之，而不論本國消費者是否因傾銷而獲得利益。傳統上，美國對於傾銷的認定乃根據外國產品在美國市場的售價，在扣除運輸成本後，低於在其本國市場的價格為準。但是，1974 年的**貿易改革法案 (Trade Reform Act)** 規定，凡外國產品在美國市場的售價低於其平均總成本者，即是對美國進行傾銷。由於外國產品在其本國市場的價格可能低於生產的平均總成本，且外國產品生產的平均總成本較其國內市場價格容易估計、認定，所以貿易改革法案實施之後，更容易招致美國業者對於傾銷活動的控訴。

當美國商業部 (Department of Commerce) 接到有關傾銷的控訴時，首先進行調查是否確實如貿易改革法案所指的傾銷情事發生。因為外國的成本資料並不容易取得，因此一有傾銷的控訴發生時，美國商業部即須重新估算外國產品的成本，並派予外國產品一**公平市場價值** (fair market value)❷，凡對美國的出口價格低於公平市場價值時，即視之為傾銷。雖然以公平市場價值作為認定傾銷的標準不失為一公平的辦法，但其在實際的實行上卻有相當的困難存在。

在我國，有關進口貨物有無補貼或傾銷的調查，主管機關為財政部；有關該進口貨物補貼或傾銷有無危害我國產業的調查，主管機關為經濟部。當國內廠商覺得受到進口貨物補貼或傾銷危害時，可向財政部申請對進口貨物課徵平衡稅或反傾銷稅。財政部收到申請書後，將提交財政部關稅稅率委員會審議，若該委員會決議進行調查，即交由經濟部貿易調查委員會調查有無危害我國產業。我國廠商申請對進口貨物進行平衡稅調查，應載明該貨物在輸出或產製國家之製造、生產、外銷、運輸過程，直接或間接領受獎金或其他補貼；申請對進口貨物進行反傾銷調查，應載明該貨物輸入我國之價格，及在通常貿易過程中輸出國或原產製國可資比較之銷售價格，或其輸往第三國可資比較的外銷價格，或其原產製國之生產成本加管理銷售費用及正常利潤的推定價格。

 ## 四、反傾銷的對策

傾銷通常被認為是一種不公平的競爭，各國往往採取各種措施來抵制傾銷活動。世界貿易組織允許當一個國家的生產者遭受其他國家的傾銷傷害時，得以進口關稅對抗之，即對傾銷的進口品課徵**反傾銷關稅** (antidumping duties)。此種進口關稅的課徵如同其他進口限制一般，在於保護國內生產者免於遭受國外生產者不公平的競爭，以提高他們的銷售量、收入、及

---

❷根據成本所推算的公平市場價值包括生產成本、一般費用、在出口國銷售的利潤、及裝運到美國的成本。一般費用必須至少為生產成本的 10%，利潤必須至少為生產成本與一般費用之和的 8%。

利潤。

根據美國的反傾銷法令，若外國產品在美國市場的售價低於公平市場價值時，即被視為傾銷且將受到報復。當美國廠商遭受傾銷傷害時，他們可以向商業部提出控訴，並提出傾銷產品在其本國的市場價格、製造成本、及輸往美國的到岸價格等資料，以證明傾銷活動確實發生，而希望政府採取關稅報復措施。但是，實際執行上有以下的困難：

1.要取得證實外國進行傾銷的資料非常困難，且反傾銷的控訴既費錢又費時，更何況在許多情形下是不可能勝訴的。

2.反傾銷法令執行的程序遲緩，美國商業部幾乎要花費 1 年的時間決定是否確實有傾銷的情事發生，然後再交由**國際貿易委員會** (International Trade Commission) 調查決定美國廠商是否受到傾銷的傷害，等其確定美國廠商確實遭受傾銷的傷害之後，才提請總統決定是否根據進口品在美國的售價與其本國國內售價的差額課徵反傾銷關稅。

美國有關傾銷的指控，大多因日本及歐洲等國家對美國大量銷售鋼鐵而起。為補救反傾銷法案執行的遲緩，美國總統遂於 1978 年應保護主義者的要求，同意建立**參證價格制度** (reference price system) 或**制傾價格機能** (trigger price mechanism)，以有效保護國內的鋼鐵業者免於遭受不公平的進口競爭。參證價格制度是美國對進口的鋼鐵設訂一最低的價格，此一價格稱之為參證價格，作為認定美國鋼鐵產業是否遭受傾銷的標準，但其並非外國鋼鐵在美國銷售的價格低限 (price floor)。參證價格制度雖然適用於所有輸出鋼鐵到美國的國家，但其標準的訂定，實際上是針對全世界鋼鐵生產效率最高的日本而發。為及時反應鋼鐵生產成本的變化，參證價格逐季修訂之。在 1978 年，是以低於美國所生產之鋼鐵價格的 5% 作為參證價格，亦即假設國外最有效率之鋼鐵廠商的生產效率平均高出美國 5%。但是，據估計，世界上鋼鐵生產效率最高的日本，其生產效率平均高出美國達 15% 至 20%。因之，參證價格制度的實施得以使日本免於被指控對美國進行鋼鐵傾銷。

在參證價格制度下，只要外國輸往美國的鋼鐵價格低於參證價格，則美國的商業部將主動展開反傾銷的調查，以決定是否採取關稅報復措施。無論在執行的時效上與技巧上，參證價格制度顯然較公平價值制度來得快速有效，而能夠達到有效保護美國的鋼鐵產業的目標，故自參證價格制度實施之後，美國的鋼鐵產業無論在生產能量的運用或利潤的獲取，均顯著提高，而外國鋼鐵在美國市場的佔有率也顯著下降。雖然美國鋼鐵業之銷售量與利潤的增加，與美國鋼鐵業者本身的自強、努力有很大的關係，但無可否認的，參證價格制度的實施是促使美國鋼鐵業復甦的重要因素。經由參證價格制度的實施，可以使外國廠商自動節制出口。

第六節　不完全競爭與策略性貿易政策

　　根據完全競爭的假設，傳統的限制貿易理論認為對小國而言，自由貿易為最佳策略，限制貿易將使其福利水準下降；對大國而言，在貿易對手國不採取報復措施下，限制貿易有可能使其福利水準提高。由於長期的國際收支逆差，到了 1970 年代中期，美國國內保護主義再度抬頭，這種風潮被稱為**新保護主義** (new protectionism)，同時也有人提出各種新的理論說明為何限制貿易可以使一國的福利水準提高（即使是小國），這些理論通常被稱為新保護主義理論，或是**策略性貿易政策** (strategic trade policy) 理論——即以貿易障礙（關稅）作為改變一國產業結構之產業政策的工具。新保護主義理論主要的特點在於根據不完全競爭假設進行分析，這被認為較傳統保護主義理論的完全競爭假設更符合實際的經濟情況。在本節我們將介紹幾種新保護主義理論❸。

一、獨佔利潤論

　　假設某種產品全世界只有一家外國廠商生產供給，本國沒有生產，完全依賴這家外國廠商的生產供給。在此情況下，Brander 與 Spencer (1981) 認為本國對這種產品的進口課徵關稅，可以獲取一部分外國的獨佔利潤，

---

❸請參閱 Appleyard 等人 (2008)，Krugman (1986)。

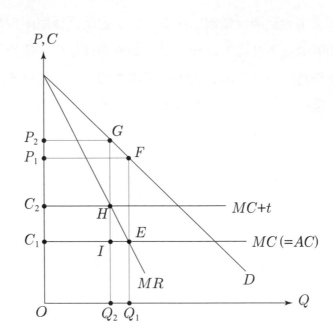

圖 14–4　對外國獨佔廠商課徵關稅獲取部分獨佔利潤，可能使一國的福利水準提高

而使本國的福利水準提高。

　　假設外國獨佔廠商的生產為固定規模報酬，沒有固定成本，沒有運輸成本。在這些假設下，邊際成本 (MC) 將固定不變且等於平均成本 (AC)。圖 14–4，橫軸為產量，縱軸為價格 (P) 與成本 (C)，D 為本國對外國獨佔廠商產品的需求曲線，MR 為外國獨佔廠商的邊際收入曲線，MC 水平線代表固定的邊際成本，等於平均成本。自由貿易下，外國獨佔廠商依據邊際收入等於邊際成本的利潤最大化法則決定出口 Q_1 數量到本國，價格為 P_1，利潤等於 C_1P_1FE。現本國為了要獲取部分的外國獨佔利潤，對外國廠商出口到本國的產品每單位課徵 t 元的關稅，這如同使外國廠商的每單位生產成本增加 t 元，邊際成本曲線因此由 MC 上升至 $MC+t$。如此，同樣根據利潤最大化的邊際均等法則，外國獨佔廠商決定出口 Q_2 數量到本國，價格為 P_2，利潤為 C_2P_2GH。

　　比較關稅課徵前後，課徵關稅使本國消費者剩餘減少 P_1P_2GF，但本國增加 C_1C_2HI 的關稅收入，這是課徵關稅前的外國獨佔利潤移轉給本國的部分。只要 C_1C_2HI 大於 P_1P_2GF，則本國的社會福利水準提高，限制貿易對本國是有利的（但這同樣必須是基於外國沒有對本國產品採取報復關稅的假設上）。雖然本國可能因課徵關稅獲取部分外國獨佔廠商利潤，而提高福利水準，但由於這使外國獨佔廠商的產量減少，價格提高，全世界的生產效率與福利水準將因而下降。

 ## 二、規模經濟論

假設某一產業全世界只有兩家廠商，一為本國，一為外國；每一廠商的生產具有規模經濟，邊際成本隨產量增加而遞減；每一廠商在決定自己的價格與產量時，均考慮另一廠商可能採取的價格與產量策略。利用這個雙佔 (duopoly) 模型，Krugman (1984) 證明，當本國與外國廠商在世界各地相互競爭時，暫時以關稅或配額限制進口保護本國廠商，未來將可使本國廠商對各外國市場的出口增加。

雙佔（或寡佔）模型存在廠商之間相互依存 (interdependence) 的特性，這種特性可以廠商反應函數 (reaction function) 予以表示。圖 14–5，橫軸為本國廠商在任何一國市場 i 的銷售量 (S_i)，縱軸為外國廠商在相同市場的銷售量 (S_i^*)。RR 為本國廠商的反應曲線，即為本國廠商預期外國廠商之各種可能銷售量下，能使本國廠商利潤達於最大的銷售量軌跡；R^*R^* 為外國廠商的反應曲線，即為外國廠商預期本國廠商之各種可能銷售量下，能使

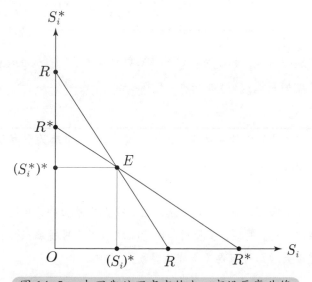

圖 14–5　本國與外國廠商的出口市場反應曲線

外國廠商利潤達於最大的銷售量軌跡。在任何市場，本國（外國）廠商的銷售量增加，外國（本國）廠商的銷售量將減少，兩家廠商的反應曲線因此均為負斜率的曲線。當兩家廠商的反應曲線相交時，市場達於納許均衡〔或柯諾特均衡 (Cournot equilibrium)〕，因為此時每家廠商實際的銷售量正好是另一家廠商預期的銷售量，實際與預期一致，兩家廠商的銷售量均使利潤達於最大，故市場達於均衡不再變動❶❹。

　　將本國廠商在本國及各外國市場的銷售量予以加總，得到本國廠商的總產量 $(Q = \Sigma S_i)$。在規模經濟下，邊際成本隨產量增加而下降；在需求與邊際收入曲線一定下，邊際成本下降（或邊際成本曲線往下移）將導致產量增加。在此情況下，本國廠商產量的決定必須同時考慮這兩種因素❶❺。

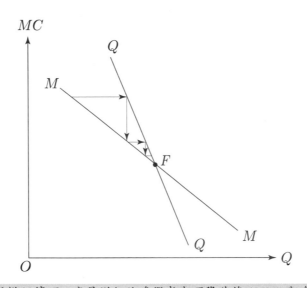

圖 14-6　在規模經濟下，產量增加使邊際成本下降曲線 (MM) 與邊際成本下降使產量增加曲線 (QQ) 相交決定均衡產量

---

❶❹納許均衡為柯諾特均衡的一般化表示。在圖 14-5，市場均衡要穩定必須是本國廠商反應曲線的斜率大於外國廠商反應曲線的斜率，如果反過來，則市場均衡是不穩定的。

❶❺不同於完全競爭廠商，不完全競爭廠商並不存在供給曲線，其產量完全視某一特定的供需條件而定。是故，產量增加使邊際成本下降可視為供給條件變動，邊際成本下降使產量增加可視為需求條件變動。

圖 14–6，橫軸為產量 $(Q = \Sigma S_i)$，縱軸為邊際成本 (MC)，MM 曲線反映產量增加（沿著橫軸）導致邊際成本下降，QQ 曲線反映邊際成本下降（沿著縱軸）導致產量增加，MM 曲線與 QQ 曲線相交時，廠商將沒有改變產量的誘因，產量達於均衡❶。同理，外國廠商均衡產量的決定將如同圖 14–6，由 Q^*Q^* 曲線與 M^*M^* 曲線交點決定均衡產量（ $*$ 代表外國，圖形省略）。

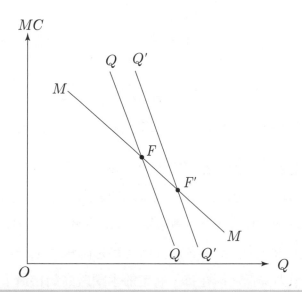

圖 14–7 以關稅或配額限制外國廠商產品進口，將使本國廠商均衡產量增加，邊際成本下降

　　現設本國採取關稅或配額，限制另一外國廠商之產品的進口，本國廠商在本國市場的銷售量因而增加。在圖形上，這表示在任何一定的邊際成本下，本國廠商的產量增加，外國廠商的產量減少，本國的 QQ 曲線往外移，均衡產量增加，邊際成本下降（圖 14–7）。（對應地，外國的 Q^*Q^* 曲線往外移，均衡產量減少，邊際成本上升。圖形省略。）

---

❶在邊際成本與產量不可能連續無限下降或上升的情況下，圖 14–6 中的 QQ 曲線必較 MM 曲線為陡，以確保產量與邊際成本如箭頭方向變化，均衡產量是穩定的。

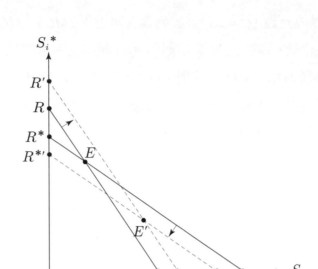

圖 14–8　利用關稅或配額限制進口，經由規模經濟，可以達到增加出口的目的

　　兩國廠商邊際成本的變動影響兩國廠商在各國市場的競爭力。本國廠商邊際成本下降，使本國廠商在各國市場的競爭力提高，即在每一特定的外國廠商銷售量下，本國廠商的銷售量增加，在圖 14–8 中，這意謂本國廠商的反應曲線由 RR 外移至 $R'R'$。外國廠商邊際成本上升，使外國廠商在各國市場的競爭力降低，即在每一特定的本國廠商銷售量下，外國廠商的銷售量減少，在圖 14–8 中，這意謂外國廠商的反應曲線由 R^*R^* 內移至 $R^{*'}R^{*'}$。因此，在每一個市場的均衡銷售組合由 E 點移至 E' 點，本國在每一個市場的銷售量增加，外國在每一個市場的銷售量減少。如此，以關稅或配額限制進口，擴大本國廠商的國內市場，經由規模經濟，降低生產成本，終可達到增加本國出口的目的。

　　Krugman 的這個理論可用以解釋許多國家（尤其是日本）在世界市場佔有重要地位的出口品，均曾歷經一段保護期間的現象，但如要以此一理論作為限制貿易的基礎，必須考慮外國可能採行的報復措施與本國資源派用扭曲的後果。

三、研究與發展論

這個論點亦是由 Krugman (1984) 提出。如同前面的規模經濟論,Krugman 亦假設只有本國與外國兩家廠商的雙佔市場結構,這兩家廠商在世界各國的市場進行競爭。但是,現假設生產的邊際成本在任何產出水準下是固定的,但隨研究與發展支出的增加而下降,而研究與發展支出與產出水準呈增函數關係,產出愈多,利潤愈大,研究與發展支出也就愈大❶。圖 14–9,橫軸為本國廠商的產量(Q),縱軸為本國廠商的研究與發展支出($R\&D$),正斜率的 MM 曲線代表研究與發展支出隨產量增加,利潤增加,而增加的關係,正斜率的 QQ 曲線代表產量隨研究與發展支出增加,邊際成本下降,而增加的關係,MM 曲線與 QQ 曲線交於 F 點,決定本國廠商的均衡產出水準❶。同理,外國廠商的產量和研究與發展支出的關係亦如同圖 14–9(圖形省略)。

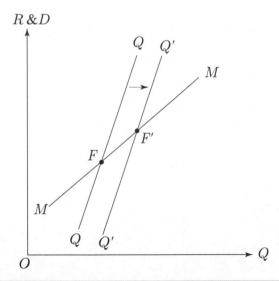

圖 14–9 利用關稅或配額限制進口,經由研究與發展支出增加,可以達到增加產出與出口的目的

---

❶此乃假設研究與發展支出全部來自利潤,而不由資本市場融資。

❶在產量與邊際成本不可能連續無限增加或減少的情況下,QQ 曲線必然較 MM 曲線為陡,以確保均衡產量的穩定。

現本國以關稅或配額限制外國廠商產品的進口，本國廠商在本國市場的銷售量因此增加，這意謂在任何一定的研究與發展支出水準下，本國廠商的產量增加，以圖形表示，此即圖 14–9 中的 QQ 曲線往右移至 $Q'Q'$，本國廠商生產的均衡點由 F 移至 F'。在 F' 點，本國廠商產量增加，利潤增加，研究與發展支出增加，邊際成本下降。對應地，外國廠商的 QQ 曲線將往左移，其均衡產量、利潤、及研究與發展支出均將減少，邊際成本則告上升。接下去，兩國廠商在某一國市場的反應曲線將如圖 14–8 變化——即本國廠商的反應曲線往外移，外國廠商的反應曲線往內移，本國廠商在所有市場的銷售量均增加，出口因此增加。

以上分析顯示，以關稅或配額限制外國廠商產品進口，可以使本國廠商產量增加，利潤增加，研究與發展支出增加，邊際成本下降，在全世界所有市場的銷售量增加，而達到增加出口的目的。

 四、出口補貼論

假設只有本國與外國兩家廠商的雙佔市場結構，這兩家廠商在第三國

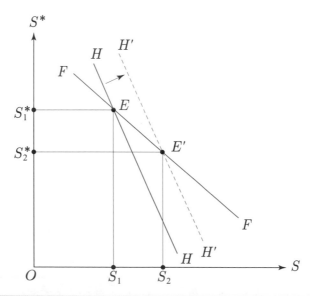

圖 14–10　在外國沒有採取報復對策下，本國實施出口補貼貿易政策可以達到增加出口的目的

市場進行銷售競爭，在外國沒有採取報復對策下，Brander 與 Spencer (1983, 1985) 認為本國政府對本國廠商的出口予以補貼，將可使本國廠商在第三國市場的銷售量增加，外國廠商在第三國市場的銷售量減少。圖 14–10，橫軸為本國廠商在第三國市場的銷售量 (S)，縱軸為外國廠商在第三國市場的銷售量 (S^*)。HH 與 FF 分別為本國廠商與外國廠商的反應曲線，兩條曲線交於 E 點，決定兩國廠商在第三國的均衡銷售量分別為 S_1^* 與 S_1 [19]。E 點為一穩定的均衡點，除這點外，兩條反應曲線上任何一點的兩家廠商銷售量組合終將無法維持下去，必然發生變動而朝向 E 點收斂。

　　但是，如果本國政府想要增加出口，對本國廠商的出口予以補貼，則在外國廠商任何一定的銷售量下，本國廠商的銷售量將增加，即出口補貼將使本國廠商的反應曲線由 HH 右移至 $H'H'$，市場均衡點成為 E'，本國廠商均衡銷售量由 S_1 增為 S_2，外國廠商均衡銷售量則由 S_1^* 減為 S_2^*。在外國沒有採取報復對策下，本國出口補貼政策因此可以達到增加出口的目的。

　　以上的出口補貼促進出口分析亦可以競局理論表示。假設某種產品全世界只有本國與外國兩家廠商生產，這種產品的生產具有重大的規模經濟之利，兩家廠商可能賺取的利潤與它們之間的決策有密切的關係，表 14–1，兩行分別為本國廠商生產與不生產兩種決策，兩列分別為外國廠商生產與不生產兩種決策，每一方格上方數據為在本國廠商某一特定的決策下，外國廠商採行生產或不生產決策時的利潤；每一方格下方數據為在外國廠商某一特定的決策下，本國廠商採行生產或不生產決策時的利潤，兩國廠商計有 4 種可能的利潤組合，稱之為利得矩陣。

---

[19]為確保市場均衡穩定，本國廠商的反應曲線必須較外國廠商的反應曲線為陡。

表 14-1　兩家廠商相互競爭下的利得矩陣

外國廠商

		生　產	不生產
本國廠商	生　產	-10 ＼ $-10	$0 ＼ $100
	不生產	$100 ＼ $0	$0 ＼ $0

　　根據表 14-1 的利得矩陣，如果只有本國或外國一家廠商生產這種產品，則生產的廠商獲得 100 元的利潤，沒有生產的廠商利潤為零；如果兩家廠商都生產，則兩家廠商都發生 10 元的虧損；如果兩家廠商都不生產，則兩家廠商的利潤都等於零。那一家廠商生產得到利潤呢？顯然地，如果外國廠商生產，本國廠商將不生產；如果本國廠商生產，外國廠商將不生產（就競局理論而言，表 14-1 存在兩個納許均衡，這意謂結果是不確定的），結果將視本國與外國廠商誰先生產而定。

　　以上由誰生產端視誰先生產的結果將會因為政府的補貼而發生改變。假設外國廠商先生產這種產品，本國廠商為避免發生虧損因此不參與生產這種產品。現本國政府想要發展這種產業，佔有世界市場，因此宣佈只要本國廠商決定生產，將給予 50 元的補貼。如此，兩家廠商的利得矩陣將如表 14-2 變化。根據表 14-2，不論外國廠商決定是否生產，本國廠商決定生產總是有利潤，但如本國廠商決定生產，外國廠商必然決定不生產，以免發生虧損。因此，最後的結果（或納許均衡）可以確定是本國廠商生產，外國廠商不生產。政府以補貼鼓勵生產，只要本國廠商利潤的增加大於補貼金額，則本國的社會福利水準提高。在本例中，政府只付出 50 元的補貼，但本國廠商的利潤卻由零（沒有生產）增加為 150 元，如此，全社會福利淨增加 100 元。

表 14–2 本國政府給予本國廠商生產補貼，將導致本國廠商一定生產，外國廠商一定不生產的結果

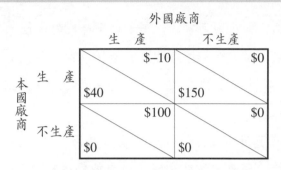

以上我們所介紹的各種策略性貿易政策理論均假設貿易對手國沒有採取報復對策，且沒有考慮限制貿易（包括補貼）可能導致資源派用扭曲的問題。但是，策略性貿易政策顯然是一種以鄰為壑的作法，它是以犧牲其他國家來提高本國的福利，其他國家可能不會坐視這種事情發生而會採取報復手段，國際間的貿易戰隨時可能爆發。此外，無論是以關稅、配額、或補貼執行策略性貿易政策，受到保護的產業將不當地吸引社會資源的投入，導致社會資源派用效率的降低。因此，考慮外國報復與資源派用效率後，策略性貿易政策的實施可能使一國的出口與福利水準下降而非上升。有鑑於此，策略性貿易政策理論的政策意涵並不是鼓勵各國採行積極、主動的限制貿易政策，而是當有國家企圖以策略性貿易政策謀利時，應採報復措施正當地防衛本國的利益。近年來，美國力主公平貿易，但也時常聲言採行貿易報復措施的作法，正多少反映策略性貿易政策理論的精神。

摘　要

1. 關稅的課徵，對小國而言，福利水準下降；對大國而言，福利水準可能上升或下降，視貿易對手國有無採取報復措施、貿易條件改善或惡化而定；對世界而言，由於生產與消費同時受到扭曲，福利水準一定下降。

2. 對中間投入及最終產品課徵關稅與產品因關稅而受保護程度高低的相關分析，稱為關稅結構理論或有效保護理論。

3. 由於對產品及其生產所需之中間投入同時課徵關稅，而使課徵關稅對該產品的名目關稅稅率不等於其有效保護率。根據對產品及其生產所需之中間投入課徵關稅後引起之產品附加價值的變化，即可計算出該產品名目關稅背後所隱含的有效保護率的高低。

4. 根據名目關稅稅率等於、大於、或小於中間投入的加權平均關稅稅率，可計算出有效保護率等於、大於、或小於名目保護率。

5. 最適關稅的課徵可以使國民所得達於最大，適度的關稅稅率可以使關稅收入達到最大，而關稅收入最大之關稅稅率高於最適關稅稅率。

6. 一國課徵禁止性關稅，使兩國之間的產品貿易完全停止，但若允許生產要素於兩國之間完全自由移動，則產品貿易縱然不存在，仍可得到與產品自由貿易下完全相同的結果，即產品價格與要素價格仍會趨於完全的均等，要素的自由移動具有取代產品自由貿易的功能。

7. 由於要素自由移動具有取代產品自由貿易的作用，因此一國若要有效改變其產品的價格結構及要素的報酬，必須同時限制產品的貿易與要素的移動。

8. 自由貿易使得一國出口品的價格上升，進口替代品的價格下跌，根據斯托帕—薩繆爾遜定理，這將導致要素報酬（所得分配）有利於相對豐富的生產要素，而不利於相對稀少的生產要素。

9. 課徵關稅,若因而使得進口品的國內價格回升,出口品的價格回跌,根據斯托帕—薩繆爾遜定理,將可以達到保護進口替代產業及相對稀少生產要素的目的。

10. 課徵關稅,若關稅收入的支用導致進口品的國內相對價格不僅沒有上升反而下跌,將使進口替代產業及其密集使用的生產要素(即相對稀少的生產要素)並未因為關稅的課徵而受到保護,反而因為關稅的課徵而遭受不利的影響,此一現象稱之為梅支勒矛盾。

11. 一國課徵關稅對其產品價格與要素報酬的影響,須視貿易對手國之進口需求價格彈性的大小及本國對關稅收入的支用方式而定。

12. 一國將其關稅收入支用於購買其出口財的比例——即對出口財的邊際消費傾向——等於貿易對手國的進口需求價格彈性時,該國課徵關稅並將關稅收入支用於購買進口財與出口財的結果,關稅後的國內價格與關稅前(或自由貿易時)的國內價格相同,則關稅的課徵沒有達到保護進口替代產業及稀少性要素的目的;若對出口財的邊際消費傾向小於貿易對手國的進口需求價格彈性,則關稅的課徵可以達到保護進口替代產業及相對稀少生產要素的目的;若對出口財的邊際消費傾向大於貿易對手國的進口需求價格彈性,則將產生梅支勒矛盾,對進口替代產業及相對稀少生產要素反而產生反保護的作用。

13. 國際傾銷是指獨佔廠商以其同質的產品,對國內與國外的消費者分別索取不同的價格。按性質,傾銷又可分為掠奪性、永久性、及間歇性等不同的形式。傾銷使獨佔廠商的利潤增加,但卻可能使貿易與國長期間蒙受不利的影響。

14. 新保護主義理論根據不完全競爭的假設,提出各種新的理論證明限制貿易可以使一國的福利水準提高,這些理論主要有獨佔利潤論、規模經濟論、研究與發展論、及出口補貼論。這種理論的政策意涵並不是鼓勵各國採行積極、主動的限制貿易政策,而是當有國家企圖以策略性貿易政策謀利時,應採報復措施正當地防衛本國的利益。

重要名詞

關稅結構理論	有效保護理論
名目關稅稅率	有效保護率
最適關稅稅率	禁止性關稅稅率
拉佛爾曲線	正常區域
禁區	梅支勒矛盾
差別取價	傾銷
永久性傾銷	掠奪性傾銷
公平市場價值	間歇性傾銷
新保護主義	參證價格制度
策略性貿易政策	

 問題練習

1. 關稅的課徵對個別國家及全世界經濟福利的影響各如何?

2. 何謂有效保護理論? 如何計算有效保護率?

3. 關稅稅率、國民所得、及關稅收入三者之間的關係如何?

4. 試圖解剖析課徵禁止性關稅下,兩國之間要素可以完全自由移動的經濟後果?

5. 何謂梅支勒矛盾? 證明其發生的條件。

6. 關稅、產品價格、及要素報酬之間有怎樣的關係存在?

7. 試以要素價格均等化定理、斯托帕—薩繆爾遜定理、及梅支勒矛盾說明自由貿易及限制貿易對產品價格及要素價格的影響。

8. 何謂國際貿易傾銷? 其可以分為那幾類? 會產生那些經濟後果?

9. 何謂策略性貿易政策? 概述獨佔利潤、規模經濟、研究與發展、及出口補貼等新保護主義理論的要旨。

❀附錄：關稅、貿易條件與國內價格❀

　　一國課徵關稅，會使國內產品的價格發生改變，根據斯托帕─薩繆爾遜定理可知，要素的報酬會發生改變，所得分配亦隨之發生改變。課徵關稅對貿易條件、國內價格、要素報酬以至所得分配的影響，與關稅稅率的高低及關稅收入的支用有相當密切的關係。以下的分析，我們均假設出口 (X) 資本密集財──布 (C)，進口 (M) 勞動密集財──酒 (W) 的國家（A 國）課徵關稅，而另一個國家（B 國）則沒有課徵關稅。

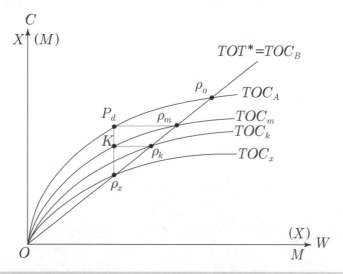

附圖 14–1　小國不論課徵進口或出口關稅，也無論對關稅收入如何支用，其對貿易條件與國內價格的後果總是相同

　　附圖 14–1，設 A 國為小國，故其課徵關稅對貿易條件並無影響。圖形顯示，A 國無論課徵進口關稅 ($P_d\rho_m$) 或出口關稅 ($P_d\rho_x$)，而後將關稅收入全部支用於購買出口財或進口財，或一部分用於購買出口財 (P_dK)、一部分支用於購買進口財 ($K\rho_k$)，國內產品的相對價格 (P_d) 均是 OP_d 射線斜率。表示課徵關稅後，國內進口品的相對價格總是上升，A 國進口替代產業因此受到保護，從而保護了 A 國相對稀少的生產要素──勞動，提高其在所

得分配中的份額。

　　關稅後，國內產品相對價格與貿易條件之間的差額即為關稅稅率。因之，附圖 14–1 顯示 A 國所課徵的進口關稅稅率或出口關稅稅率是相同的。雖然關稅號稅率相同，但貿易量卻隨關稅收入的支用而有所不同。如果關稅收入全部支用於購買進口財，則國際貿易均衡點為 ρ_m；全部支用於購買出口財，則國際貿易均衡點為 ρ_x；部分支用於購買進口財，部分支用於購買出口財，則國際貿易執行點 ρ_k 介於 ρ_m 與 ρ_x 之間，故貿易量位次為 $O\rho_m > O\rho_k > O\rho_x$。

　　若 A 國為大國，則其課徵進口關稅或出口關稅，並對關稅收入作不同方式的處理，其所產生的後果，將視貿易對手國進口需求價格彈性的不同，而有以下各種可能的情況發生。

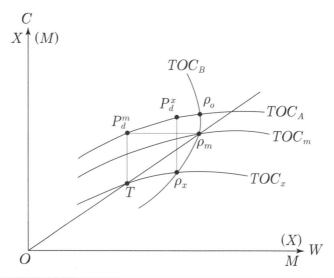

附圖 14–2　大國課徵出口關稅及其關稅收入支用對貿易條件與國內價格的影響

　　附圖 14–2，在 B 國對 A 國出口財的需求富於彈性下，A 國課徵出口關稅。若將關稅收入 $(P_d^x\rho_x)$ 全部支用於購買出口財 $P_d^x\rho_x$，則提供曲線為 TOC_x，貿易條件為 $O\rho_x$ 射線斜率，國內價格為 OP_d^x 射線斜率；若將關稅收入 P_d^mT 全部支用於購買進口財 $P_d^m\rho_m$，則提供曲線為 TOC_m，貿易條件為 $O\rho_m$ 射線斜率，國內價格為 OP_d^m 射線斜率。顯示 A 國若將出口關稅收

入全部支用於購買進口財，則貿易條件改善得較小，而進口財的國內相對
價格上升得比較大。但兩種方式的關稅處理，均使得進口財的國內相對價
格上漲，因而達到保護進口替代產業及其密集使用之生產要素的目的。

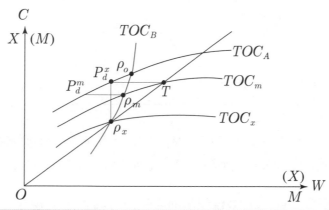

附圖 14–3　大國課徵進口關稅及其關稅收入支用對貿易條件與國內價格的影響

　　附圖 14–3，在 B 國對 A 國出口財的需求富於彈性下，A 國課徵進口
關稅。若將關稅收入 $P_d^m \rho_m$ 全部支用於購買進口財 $P_d^m \rho_m$，則提供曲線為
TOC_m，貿易條件為 $O\rho_m$ 射線斜率，國內價格為 OP_d^m 射線斜率；若將關稅
收入 $P_d^x T$ 全部支用於購買出口財 $P_d^x \rho_x$，則提供曲線為 TOC_x，貿易條件為
$O\rho_x$ 射線斜率，國內價格為 OP_d^x 射線斜率。同樣顯示，A 國若將進口關稅
收入全部支用於購買進口財，則貿易條件改善得較小，而進口財的國內價
格上升得比較大。

　　附圖 14–4，在 B 國對 A 國出口財的需求缺乏彈性下，A 國課徵出口
關稅。若將關稅收入 $P_d^m T$ 全部支用於購買進口財 $P_d^m \rho_m$，則提供曲線為
TOC_m，貿易條件為 $O\rho_m$ 射線斜率，國內價格為 OP_d^m 射線斜率；若將關稅
收入 $P_d^x \rho_x$ 全部支用於購買出口財 $P_d^x \rho_x$，則提供曲線為 TOC_x，貿易條件為
$O\rho_x$ 射線斜率，國內價格為 OP_d^x 射線斜率。顯示在此情況下，A 國將出口
關稅收入全部支用於購買出口財，貿易條件改善得較多，但進口財的國內
相對價格甚至比關稅前 $O\rho_o$ 射線斜率還低，A 國進口替代產業及其密集
使用的生產要素並未因為關稅的課徵而受到保護，反而因為關稅的課徵而

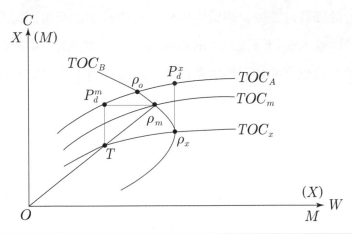

附圖 14-4　在貿易對手國的進口需求缺乏彈性下，大國課徵出口關稅且將其關稅收入全部支用於購買出口財，將發生梅支勒矛盾

遭受不利的影響，此一因關稅課徵而產生反保護作用的現象，稱之為梅支勒矛盾。

附圖 14-5，在 B 國對 A 國出口財的需求缺乏彈性下，A 國課徵進口關稅。若將關稅收入 $P_d^m \rho_m$ 全部支用於購買進口財 $P_d^m \rho_m$，則提供曲線為 TOC_m，貿易條件為 $O\rho_m$ 射線斜率，國內價格為 OP_d^m 射線斜率；若將關稅收入 $P_d^x T$ 全部支用於購買出口財 $P_d^x \rho_x$，則提供曲線為 TOC_x，貿易條件為

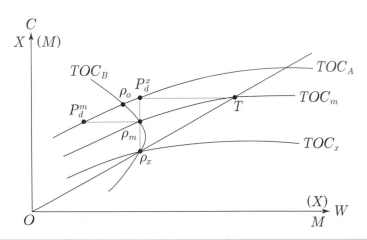

附圖 14-5　在貿易對手國的需求缺乏彈性下，大國課徵進口關稅且將其關稅收入全部支用於購買出口財，將發生梅支勒矛盾

$O\rho_x$ 射線斜率，國內價格為 OP_d^x 射線斜率（比 $O\rho_o$ 射線斜率為小），亦發生了梅支勒矛盾。

　　附圖 14-6，在 B 國對 A 國出口財需求缺乏彈性下，A 國課徵進口關稅。若將關稅收入 $P_d^m\rho_m$ 全部支用於購買進口財 $P_d^m\rho_m$，則提供曲線為 TOC_m，貿易條件為 $O\rho_m$ 射線斜率，國內價格為 OP_d^m 射線斜率；若將關稅收入 ρ_oT 的 ρ_oK 部分用於購買進口財 ρ_oK，KT 的部分用於購買出口財 $K\rho_k$，則提供曲線為 TOC_k，貿易條件為 $O\rho_k$ 射線斜率，國內價格（OP_d^k 射線斜率）仍與關稅前價格（$O\rho_o$ 射線斜率）相同。

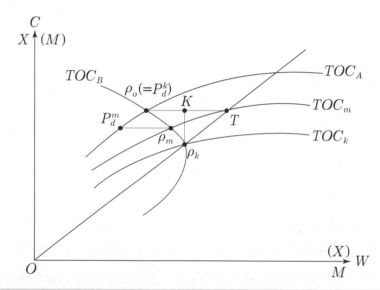

附圖 14-6　在貿易對手國的需求缺乏彈性下，大國課徵進口關稅，且將其關稅收入之適當比例分別支用於購買出口財與進口財，國內價格將與關稅前相同

　　附圖 14-7，在 B 國對 A 國出口財的需求缺乏彈性下，A 國課徵出口關稅。若將關稅收入 $P_d^x\rho_x$ 全部支用於購買出口財 $P_d^x\rho_x$，則提供曲線為 TOC_x，貿易條件為 $O\rho_x$ 射線斜率，國內價格為 OP_d^x 射線斜率；若將關稅收入 ρ_oT 的 ρ_oK 部分用於購買出口財 ρ_oK，KT 部分用於購買進口財 $K\rho_k$，則提供曲線為 TOC_k，貿易條件為 $O\rho_k$ 射線斜率，國內價格（OP_d^k 射線斜率）仍與關稅前價格（$O\rho_o$ 射線斜率）相同。

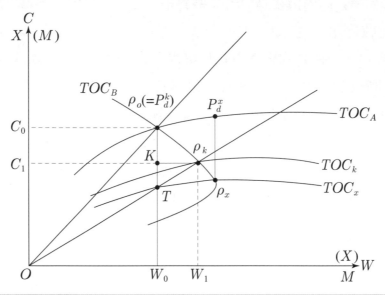

附圖 14-7　在貿易對手國的需求缺乏彈性下，大國課徵出口關稅，且將其關稅收入之適當比例分別支用於購買出口財與進口財，國內價格將與關稅前相同

　　總結以上分析可知，關稅收入用之於購買出口財 D（或進口財）的比例愈大，貿易條件改善愈大（或小）。當貿易對手國竹進口需求缺乏彈性時，一國課徵進口或出口關稅，而將關稅收入大部分支用於購買出口財，將導致國內進口財的相對價格反而下降的梅支勒矛盾現象；若將關稅收入之適當比例分別支用於購買出口財與進口財，可以使國內進口財的相對價格維持與關稅前相同。

　　接著，我們證明怎樣一個比例的關稅收入支用於購買進口財或出口財，將使關稅後國內進口財的相對價格下降或維持不變。根據附圖 14-7，A 國課徵出口關稅，而將關稅收入 $\rho_o T$ 之 $\rho_o K$ 部分支用於購買出口財，KT 部分支用於購買進口財，則關稅後國內價格與未課關稅前相同。關稅收入支用於購買進口財的比例 $k = \dfrac{KT}{\rho_o T}$ 為 A 國對進口財的邊際消費傾向。設 e^* 為 B 國的進口需求價格彈性（e^* 為負值），關稅稅率 $t = \dfrac{\rho_o T}{T W_0}$。設出口財的價值為 1 塊錢，則關稅收入等於關稅稅率 t，故 A 國關稅收入用之於購買進口財的數額為 kt，用之於購買其出口財的數額為 $(1 - k)t$，$1 - k$

代表 A 國對其出口財的邊際消費傾向。B 國的提供曲線後彎，表示其進口需求缺乏彈性，因此，當 A 國課徵出口關稅，使 B 國的貿易條件惡化時，B 國的進口需求減少，但其總開支——即出口供給反而增加。以圖形表示，即 B 國貿易條件由關稅前的 $O\rho_o$ 射線斜率惡化為關稅後的 $O\rho_k$ 射線斜率時，B 國增加 W_0W_1 的出口供給，所增加的出口比例為 $\dfrac{W_0W_1}{OW_0}$；B 國減少 C_0C_1 的進口需求，所減少的進口比例為 $\dfrac{C_0C_1}{OC_0}$[20]。

根據國際貿易均衡原則，B 國進口需求減少的部分必然等於 A 國對其本身出口品需求增加的部分，即 $\dfrac{C_0C_1}{OC_0} = (1-k)t$；B 國出口供給增加的部分必然等於 A 國進口需求增加的部分，即 $\dfrac{W_0W_1}{OW_0} = kt$。又 B 國進口減少之比例與其出口增加之比例的相對比率，正好是 B 國提供曲線上進口需求的出口供給彈性 (ε^*)，即 $\dfrac{C_0C_1}{OC_0} \Big/ \dfrac{W_0W_1}{OW_0} = -\varepsilon^*$，所以 $\dfrac{W_0W_1}{OW_0} = \dfrac{1}{\varepsilon^*} \dfrac{C_0C_1}{OC_0}$，即 $kt = -\dfrac{1}{\varepsilon^*}(1-k)t \Rightarrow k = -\dfrac{1}{\varepsilon^*}(1-k)$。

根據進口需求彈性 (e^*) 與進口需求之出口供給彈性之間的關係——即 $e^* = \dfrac{\varepsilon^*}{1-\varepsilon^*}$（參閱第八章第五節之二），$\dfrac{1}{\varepsilon^*} = 1 + \dfrac{1}{e^*}$，可以得到：

$$k = -(1 + \frac{1}{e^*})(1-k)$$

因此，

$$1 - k = -e^*$$

上式表示當 A 國課徵關稅並將其關稅收入支用於購買其出口財的比例——即其對出口財的邊際消費傾向——等於 B 國的進口需求價格彈性時，關稅後的國內價格與關稅前（或自由貿易）的國內價格將相同。

---

[20] 由於出口財的價值以 1 塊錢表示，因此將進口需求與出口供給的變化均化為百分比的形式。

◆第十五章 市場扭曲、關稅與經濟目標

　　自由貿易可使一個國家的福利水準達於極大，但這是以國內及國際市場均為完全競爭、沒有任何外部效果的假設為基礎。若國內或國際市場發生扭曲，自由貿易的結果不再使一國的福利水準達於極大，此時採取關稅措施以改正市場扭曲，增進社會福利，通常被認為是正當可行的措施。但若作廣泛的探討，吾人將發現在大部分的情況下，利用其他的國內政策來改正市場扭曲，或達成其他的經濟目標，其效果較採取關稅政策為佳，且能使社會福利水準提高得更多 ❶。

■ 第一節　社會福利與市場扭曲

一、社會福利最大化的條件

　　對閉鎖經濟而言，完全自由競爭的結果，社會能夠自動達於滿足社會福利水準最大的巴瑞多最適條件。即在產品市場的消費上，由於每一位消費者均面對相同的市場價格，因此，任何兩位消費者 (i, j) 對兩種產品 (X, Y) 消費的邊際替代率 (MRS) 均相等——$MRS_{xy}^{i} = MRS_{xy}^{j} = \dfrac{MU_x}{MU_y} = \dfrac{P_x}{P_y}$，$MU_x$、$MU_y$、$P_x$、及 P_y 分別代表 X 產品與 Y 產品的邊際效用與價格。在產品市場的生產上，由於每一位生產者均面對相同的市場價格，因此，任何兩位生產者 (a, b) 對兩種產品 (X, Y) 生產的邊際轉換率 (MRT) 均相等 —— $MRT_{xy}^{a} = MRT_{xy}^{b} = \dfrac{MC_x}{MC_y} = \dfrac{P_x}{P_y}$，$MC_x$ 與 MC_y 分別代表 X 產品與 Y 產品的邊際成本。

---

❶有關這方面的原始重要文章為 Bhagwati 與 Ramaswami (1963) 及 Johnson (1965)。

在要素市場的雇用上，由於每一位生產者均面對相同的要素價格，因此，任何兩位生產者 (a, b) 對兩種產品 (X, Y) 生產之兩種生產要素——資本 (K) 與勞動 (L)——雇用的邊際技術替代率 $(MRTS)$ 均相等——$MRTS_{KL}^x = MRTS_{KL}^y = \dfrac{MP_L}{MP_K} = \dfrac{w}{r}$，$MP_L$、$MP_K$、$w$、及 r 分別代表勞動與資本的邊際產出與價格——即工資與利率。

在完全競爭下，生產成本等於市場價格，經濟利潤等於零，因此產品市場上兩種產品的生產價格等於消費價格，即兩種產品生產的邊際轉換率等於消費的邊際替代率——$MRT_{xy} = MRS_{xy}$，表示兩種產品生產的私人成本等於兩種產品消費的私人受益——$MRT_{xy} = \dfrac{MC_x}{MC_y} = \dfrac{MU_x}{MU_y} = MRS_{xy}$。在沒有外部性 (externality) 或外溢效果 (spillover effect) 存在的情況下，私人成本等於社會成本，私人受益等於社會受益，因此社會成本等於社會受益，而當社會成本等於社會受益時，社會福利即達於最大。在完全競爭市場下，透過市場價格機能的運作，可以確保產品市場的均衡條件 $MRT_{xy}^{a, b} = MRS_{xy}^{i, j} = \dfrac{P_x}{P_y}$ 及要素市場的均衡條件 $MRTS_{KL}^x = MRTS_{KL}^y = \dfrac{w}{r}$ 一定成立，社會福利因此自動達於最大。

對一開放經濟而言，社會福利達於最大的巴瑞多最適條件為：在要素市場，任何兩種產品之兩種生產要素雇用的邊際技術替代率均相等，且等於兩種生產要素的相對價格，即 $MRTS_{KL}^x = MRTS_{KL}^y = \dfrac{w}{r}$。在產品市場，國內任何兩位生產者 (a, b) 對兩種產品 (X, Y) 生產的邊際轉換率、國內任何兩位消費者 (i, j) 對兩種產品消費的邊際替代率、及兩種產品之國際市場貿易的國外邊際轉換率，均達到相等，且等於兩種產品的相對價格❷，即 $MRT_{xy}^{a, b} = MRS_{xy}^{i, j} = FMRT_{xy}^{i, j} = \dfrac{P_x}{P_y}$，其中 $FMRT_{xy}^{i, j}$ 代表兩位消費者所面對兩種產品之

---

❷ 開放經濟下，消費者對兩種產品消費的邊際替代率 (MRS) 為進口財與出口財邊際效用的相對比率，國際市場貿易的國外邊際轉換率 $(FMRT)$ 為進口財與出口財價格的相對比率，當兩者相等時，社會福利達於最大。

國際市場貿易的國外邊際轉換率 (foreign marginal rate of transformation, FMRT)。在國內及國際市場均為完全競爭下,巴瑞多最適條件將可獲得滿足,自由貿易因此可以使一個國家的社會福利水準達於最大。

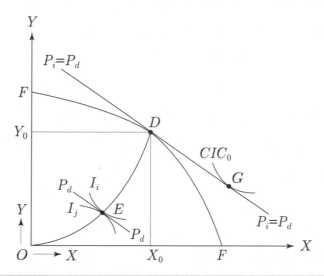

圖 15–1　自由競爭下,閉鎖經濟與開放經濟之產品市場一般均衡的達成與社會福利最大

圖 15–1,設要素市場已經達到最適要素派用條件 $MRTS_{KL}^x = MRTS_{KL}^y = \frac{w}{r}$,因此只就產品市場分析社會福利達於最大的情況。閉鎖經濟下,生產可能曲線 (FF) 上之 D 點切線斜率與箱形□ OY_0DX_0 內消費契約線上 E 點的切線斜率相同,表示 X、Y 兩種產品生產的邊際轉換率等於消費的邊際替代率,$MRT_{xy} = MRS_{xy} = \frac{P_x}{P_y}$。又在 E 點,i、j 兩位消費者對兩種產品的消費量正好等於 F 點兩種產品的生產量,故達於社會福利最大的一般均衡。

自由貿易後,在國際市場完全競爭下,國內生產與消費所依據的產品價格與國際產品價格相同。設國際貿易後國際價格 (P_i) 與貿易前的國內價格 (P_d) 相同,則生產點仍為 D 點,但社會消費點為 G 點,D 點與 G 點切線斜率相同,所以 $MRT_{xy} = MRS_{xy} = \frac{P_x}{P_y}$,但國內價格與貿易條件相同,所以 $MRT_{xy} = MRS_{xy} = FMRT_{xy} = \frac{P_x}{P_y}$,故社會消費無異曲線 CIC_0 代表自由貿易下最大的社會福利水準。

 ## 二、市場扭曲的種類

如果巴瑞多最適條件無法完全獲得滿足，表示產品市場或要素市場發生扭曲 (distortion)，社會福利水準因而無法達到最大。閉鎖經濟下，完全競爭的結果，在要素市場，如果任何兩種產品之兩種生產要素雇用的邊際技術替代率不再相同——$MRTS_{KL}^x \neq MRTS_{KL}^y$，則表示**要素市場發生扭曲**；在產品市場，如果消費者對兩種產品消費的邊際替代率不等，生產者對兩種產品生產的邊際轉換率不等，或消費者對兩種產品消費的邊際替代率不等於生產者對兩種產品生產的邊際轉換率，則表示**產品市場發生扭曲**。

開放經濟下，完全競爭、自由貿易的結果，如果國內兩種產品生產的邊際轉換率等於國際兩種產品貿易的國外邊際轉換率，但不等於國內兩種產品消費的邊際替代率——$MRT_{xy} = FMRT_{xy} \neq MRS_{xy}$，則表示**國內消費發生扭曲**；如果國內兩種產品消費的邊際替代率等於國際兩種產品貿易的國外邊際轉換率，但不等於國內兩種產品生產的邊際轉換率——$MRS_{xy} = FMRT_{xy} \neq MRT_{xy}$，則表示**國內生產發生扭曲**；如果國內對兩種產品生產的邊際轉換率等於消費的邊際替代率，但不等於國際兩種產品貿易的國外邊際轉換率——$MRT_{xy} = MRS_{xy} \neq FMRT_{xy}$，則表示**國外市場發生扭曲**。

國內扭曲通常又被分為**政策誘發扭曲** (policy-induced distortion) 與**內生扭曲** (endogenous distortion)，前者乃政府採行經濟政策（如關稅、國內租稅、或補貼）所導致的扭曲，後者乃市場不完全（如外部經濟、價格僵固、或不完全競爭）所導致的扭曲。改正政策誘發扭曲的最佳政策乃將導致扭曲的經濟政策予以消除即可。

如果國內或國外市場有扭曲存在，則自由貿易的結果，社會受益並不會等於社會成本❸，社會福利無法達到巴瑞多最適狀態，而是一種次佳的

---

❸消費的社會受益等於私人受益與消費所產生的外部性之和，生產的社會成本等於私人成本與生產所產生的外部性之和。唯有社會受益等於社會成本，社會福利才能達於最大。

狀態。在此情況下，運用關稅以矯正市場扭曲，通常是被認可的。但是，以關稅來矯正一種扭曲，可能產生另一種扭曲❹。例如，國內發生 $MRT = FMRT \neq MRS$ 的消費扭曲，以關稅矯正之，卻產生了 $MRT \neq FMRT = MRS$ 的生產扭曲；國內發生 $MRS = FMRT \neq MRT$ 的生產扭曲，以關稅矯正之，卻產生了 $MRS \neq FMRT = MRT$ 的消費扭曲。職是之故，以關稅來矯正扭曲，另一種扭曲又會產生，故關稅並非是去除所有扭曲與增加社會福利的最佳政策。因此，由於產生扭曲來源的不同，關稅並非經常能使經濟回復到巴瑞多最適狀態與社會福利達於最大的**最佳政策** (first-best policy)。在某些情況下，它只是一種**次佳政策** (second-best policy)。有時針對扭曲的根源採取租稅或補貼政策來改正扭曲，會比關稅政策的採行來得好。

■ 第二節　國外市場扭曲與改正政策

當國內兩種產品生產的邊際轉換率等於消費的邊際替代率，但不等於國際兩種產品貿易的國外邊際轉換率時——$MRT_{xy} = MRS_{xy} \neq FMRT_{xy}$，即發生了國外市場扭曲。這是由於大國對國際市場具有影響力（獨佔力），而使平均貿易條件 (average terms of trade, ATOT) 不等於邊際貿易條件 (marginal terms of trade, MTOT)——即國外邊際轉換率 (*FMRT*) 所肇致的。

平均貿易條件乃一國平均 1 單位出口品所能換取進口品數量的相對比率，即吾人通常所稱的均衡貿易條件——$\dfrac{M}{X}$。**邊際貿易條件**乃一國額外 1 單位出口品所能交換額外進口品數量的相對比率——即 $\dfrac{\Delta M}{\Delta X}$。圖 15–2，A 國與 B 國的提供曲線交於 E 點，OE 射線即為 A 國和 B 國的平均貿易條件；在 E 點，B 國之提供曲線的切線斜率即為 A 國所面對的邊際貿易條件。在 A 國為大國的情況下，由圖 15–2 可知，A 國所面對的平均貿易條件不等於邊際貿易條件。若 A 國為小國，則對 A 國而言，B 國的提供曲線為一直

---

❹這種現象 Corden (1974) 稱之為副產品扭曲 (by-product distortion)。

線，A 國貿易量的改變並不影響均衡貿易條件，故小國的平均貿易條件等於邊際貿易條件❺。

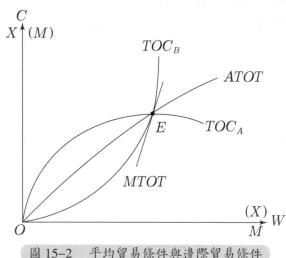

圖 15–2　平均貿易條件與邊際貿易條件

　　最適關稅理論就是利用邊際貿易條件的觀念，使關稅後一國的國內價格等於其邊際貿易條件，而使其社會福利水準達到最大。圖 15–3，A 國為大國，能影響產品的國際價格，故其有國外市場扭曲存在。自由貿易下，貿易均衡點 E_1，在 E_1 點，A 國國內產品價格 (P_d) 等於平均貿易條件但不等於邊際貿易條件——$P_d = ATOT \neq MTOT_1$，即 A 國國內兩種產品生產的邊際轉換率與消費的邊際替代率相同，但不等於兩種產品國際貿易的國外邊際轉換率——$MRT = MRS \neq FMRT$，表示貿易量過多，社會福利水準未能達於最大。A 國課徵最適關稅後，國際貿易均衡點為 E_2。在 E_2 點，關稅後的國內價格與邊際貿易條件相同，即 A 國達於 $MRT = MRS = FMRT$ 的狀態，故社會福利水準達於最大。是故，**關稅是改正國外市場扭曲的最佳**

---

❺根據第八章一般均衡分析，一國貿易無異曲線之切線斜率稱之為邊際進出口替代率 ($MRM - XS$)。當國際貿易一般均衡達成時，兩國同時達於 $MRS = MRT = MRM - XS$，全世界的福利水準達於最大，但個別國家的福利水準並不一定達於最大。根據本章分析，於貿易均衡點，貿易對手國之提供曲線的切線斜率為本國面對的邊際貿易條件，即為國外邊際轉換率 ($FMRT$)，一國達於 $MRS = MRT = FMRT$，則其福利水準達於最大，但全世界的福利水準並不一定達於最大。

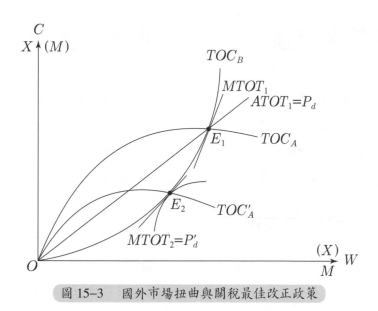

圖 15–3 國外市場扭曲與關稅最佳改正政策

政策。

若國外市場發生扭曲，不以關稅而以租稅或補貼等國內政策改正之，其結果可使 $MRT = FMRT$，但會使 $MRS \neq MRT$。如此，雖消除了國外市場扭曲，但卻產生了國內市場扭曲，一國的社會福利水準因此無法達於最大。是故，**就改正國外市場扭曲而言，國內的租稅或補貼政策並非最佳政策。**

例如，在圖 15–3 的 E_1 點，$MRS = MRT < FMRT$ 表示 B 國額外 1 單位出口品所願意交換額外進口品數量的相對比率大於其實際平均 1 單位出口品交換進口品數量的相對比率——$\dfrac{\Delta M}{\Delta X} > \dfrac{M}{X}$，即在 B 國的心目中，其出口品的相對價格較高。在此情況下，A 國對外維持自由貿易，但對其出口品的生產課徵租稅或對其進口替代品的生產補貼，雖然可以達到提高其出口品（B 國進口品）〔或降低其進口品（B 國出口品）〕的相對價格，而使 A 國的 MRT 等於 $FMRT$ 的目的，但是國內消費者仍然面對自由貿易的國際價格（即平均貿易條件），國內消費者與生產者所面對的產品價比即告背離，生產的 MRT 不再等於消費的 MRS，所以 $MRT = FMRT \neq MRS$，故無法同時滿足內、外部均衡的邊際條件。是故，A 國直接以關稅提高其出口品（或降低其進口品）的相對價格是一種較為有效的改正國外市場扭曲的政策措施。

■ 第三節　生產扭曲與改正政策

在產品生產的過程中，如果發生規模經濟、外部性、或獨佔性，將會發生生產的扭曲。在此情況下，進行自由貿易的結果，將導致專業方向的錯誤、過度專業、或專業不足等情況的發生。是故，吾人必須尋找一種最適的政策改正此種缺失，以使自由貿易後社會福利水準達到最大。

🌐 一、專業方向錯誤

設本國為小國，有工業 (I) 及農業 (A) 兩個生產部門，工業部門的生產發生外部不經濟。P_h 代表私人價比，即不考慮產品生產所產生的外部不經濟下，私人對兩種產品生產的邊際轉換率；P_s 代表社會價比，即考慮產品生產所產生的外部不經濟後，社會對兩種產品生產的邊際轉換率。在完全競爭且沒有外部不經濟發生的情況下，私人價比等於兩種產品生產的邊際成本的相對比率，即 $P_h = \left(\dfrac{P_A}{P_I}\right)_h = \left(\dfrac{MC_A}{MC_I}\right)_h$，$P_A$ 及 P_I 分別代表農產品及工業產品的價格，MC_A 與 MC_I 分別代表農產品與工業產品的邊際成本，h 代表私人部門。現由於工業部門的生產發生外部不經濟，故 $(MC_I)_s > (MC_I)_h$（下附標 s 代表社會，h 代表私人），即工業產品生產的社會邊際成本等於私人邊際成本與外部不經濟之和，私人部門低估了工業產品的價格或邊際成本，但 $(MC_A)_s$ 仍然等於 $(MC_A)_h$，因而 $P_h = \left(\dfrac{MC_A}{MC_I}\right)_h > \left(\dfrac{MC_A}{MC_I}\right)_s = P_s$。據此，圖 15–4，自給自足下，社會價比 $P_s P_s$ 與生產可能曲線相切於 E 點，而私人價比 $P_h P_h$ 則與生產可能曲線交於 E 點，生產點為 E 點，消費點亦為 E 點，根據私人價比與社會無異曲線相切決定社會福利水準 $I_0 I_0$。

設自由貿易後，貿易條件為 $P_t P_t$。若 $P_t P_t$ 與私人價比 $P_h P_h$ 比較，本國生產工業產品相對有利，因而趨於專業生產工業產品，即生產點由自給自足下的 E 點，移至 F 點，貿易點為 T 點，社會福利水準降為 $I_1 I_1$，此乃因為低估工業產品生產的社會成本，因而錯估比較利益之所在，導致錯誤方向的專業生產。在此情況下，資源派用效率降低，使社會福利水準降低的效果大於自由貿易之使社會福利水準提高的消費效果，社會福利水準因而下降。以邊際條件而言，在此情況下，貿易前，在 E 點 $MRS \neq MRT$；貿易後，在 F 點 $MRS = FMRT \neq MRT$，兩者同樣違反巴瑞多最適條件，但前者的福利水準卻大於後者。

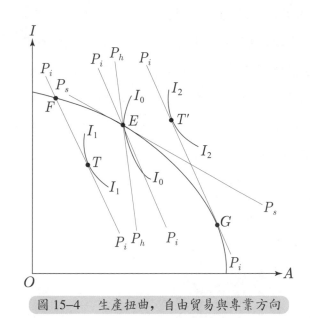

圖 15–4 生產扭曲，自由貿易與專業方向

若貿易條件 P_iP_i 與社會價比 P_sP_s 比較，本國生產農產品相對有利，因而趨於專業生產農產品，即生產點由 E 點移至 G 點，消費點為 T' 點，本國出口農產品，進口工業品。由 G 及 T' 點可以發現 $MRS = MRT = FMRT$，I_2I_2 因此代表社會福利水準達於最大。是故，就圖 15–4 而言，**專業方向正確之自由貿易的社會福利水準高於自給自足者，更高於專業方向錯誤之自由貿易者**。

以上的分析顯示，如以私人價比為基準，將會導致錯誤方向的專業生產，從而降低了社會福利水準。如果自由貿易後生產點果真為 F 點，如何改正呢？這就牽涉到政策抉擇的問題。假設對農產品課徵進口關稅，提高國內農產品的價格，以增加農產品的生產，發掘真正比較利益之所在。在此情況下，關稅的課徵將會產生：⑴**資源重分派效果**，此效果增進本國資源有效的派用，社會福利因而提高；及⑵**消費扭曲效果**，即課徵關稅後，本國國內價格與國際價格 (TOT) 偏離，消費受到扭曲，社會福利因而降低。若課徵關稅所產生的資源重分派效果大於消費扭曲效果，則以關稅改正生產扭曲可使本國的社會福利水準提高。

如圖 15–4，設本國課徵禁止性的關稅，使國內價格由自由貿易的 $P_i P_i$ 轉變為貿易前的 $P_h P_h$，使生產由 F 點移回到 E 點，社會福利水準因而由 $I_1 I_1$ 回升至 $I_0 I_0$。若課徵關稅所產生的資源重分派效果小於消費扭曲效果，則以關稅改正生產扭曲反而使本國的社會福利水準降低。如圖 15–5，本國的福利水準將因課徵禁止性關稅使生產由 F 點移回到 E 點，而由 $I_1 I_1$ 降至 $I_0 I_0$❻。由圖形可知，在 F 點，MRS = FMRT ≠ MRT。課徵關稅使生產點移回 E 點後，MRS ≠ FMRT ≠ MRT，兩者同樣違反巴瑞多最適條件，故社會福利水準可能上升或下降❼。

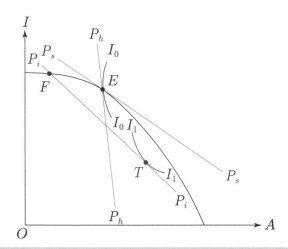

圖 15–5　以關稅改正生產扭曲可能使社會福利水準下降

---

❻$I_1 I_1$ 的社會福利水準大於 $I_0 I_0$，乃表示錯誤方向之專業生產所引起之負的資源派用效果小於自由貿易之正的消費效果。

❼在專業方向錯誤的情況下，以關稅改正扭曲，最多只能將生產點移回到原來自給自足的狀態，而無法將扭曲完全去除而實現真正比較利益之所在。

如果吾人不採關稅政策而採租稅或補貼措施，可以直接消除生產的扭曲，社會福利水準因而較採關稅政策時為高。由於工業品的生產存有外部不經濟，故其生產的私人成本小於社會成本。在此情況下，為改正此一扭曲，應對工業生產課稅、對農業生產補貼，以提高工業生產的私人成本，降低農業生產的私人成本，從而使兩種產品生產的私人邊際轉換率（MRT_h）等於社會邊際轉換率（MRT_s）等於兩種產品消費的邊際替代率——$MRT_h = \left(\dfrac{MC_A}{MC_I}\right)_h = \left(\dfrac{MC_A}{MC_I}\right)_s = MRT_s = MRS$。

圖 15–6，在自由貿易下，生產點 F，國內價格等於國際價格 P_iP_i，所以 $MRS = FMRT$，但 $P_s'P_s' \neq P_iP_i$，所以 $MRS = FMRT \neq MRT$。在 F 點，P_iP_i 與 $P_s'P_s'$ 比較，本國比較利益在於農業生產，因此對農業生產補貼，對工業生產課稅，使生產的私人邊際轉換率由 P_iP_i 轉變為 $P_s'P_s'$ 等於社會邊際轉換率，而直接消除了生產的扭曲。經此改正後，生產者將以產品生產的價比 $P_s'P_s'$（生產的邊際轉換率）與消費的價比 P_iP_i（消費的邊際替代率）比較，而增加農產品、減少工業產品的生產，使生產點由 F 點移至 G 點。

在生產轉變的過程中，農產品的生產增加，邊際成本提高，工業品的

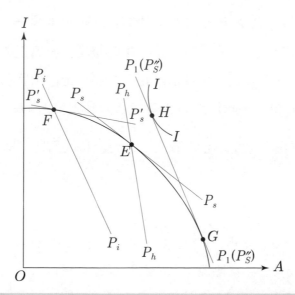

圖 15–6 租稅與補貼政策的搭配使用可以改正生產扭曲，使社會福利水準達到最大

生產減少，邊際成本下降，故產品生產的價比逐漸等於消費的價比，生產的邊際轉換率逐漸等於消費的邊際替代率。當生產點移至 G 點時，貿易條件 P_iP_i 正好與生產可能曲線相切，產品生產的價比 ($P_s''P_s''$) 等於消費的價比 (P_iP_i)，表示達到生產均衡，且此時對外仍然維持自由貿易政策，所以國內外價格均為 P_iP_i，消費點為 H 點，故在 G 點及 H 點，$MRS = FMRT = MRT$，滿足了巴瑞多最適條件，社會福利水準達到最大。比較 E 點與 H 點的社會福利水準，顯示**對於改正生產扭曲，租稅與補貼政策顯然地優於關稅政策**。

二、過度專業

設工業部門的生產有外部經濟存在，則工業生產的私人邊際成本大於社會邊際成本——$(MC_I)_h > (MC_I)_s$，但農業生產的私人邊際成本等於社會邊際成本——$(MC_A)_h = (MC_A)_s$，因此 $\left(\dfrac{MC_A}{MC_I}\right)_h < \left(\dfrac{MC_A}{MC_I}\right)_s$，即 $P_h = \left(\dfrac{P_A}{P_I}\right)_h < \left(\dfrac{P_A}{P_I}\right)_s = P_s$，故在圖 15–7，自給自足生產點 F，與生產可能曲線相切之 P_sP_s 的斜率大於與生產可能曲線相交之 P_hP_h 的斜率（指絕對值）。設貿易條件為 P_iP_i，在 F 點，P_iP_i 與 P_sP_s 或 P_hP_h 比較，均顯示本國——小國對農產品的生產具有比較利益，貿易後應專業生產農產品，方為正確的專業方向。

如果沒有工業生產的外部經濟的扭曲存在，則自由貿易的均衡生產點為 E。因為在 E 點，國際價比 (P_i) 等於國內私人價比 (P_h) 等於社會價比 (P_s)。但由於有扭曲存在，社會價比一定大於私人價比，即 $P_h = \left(\dfrac{MC_A}{MC_I}\right)_h < \left(\dfrac{MC_A}{MC_I}\right)_s = P_s$。在自由貿易下，$P_i = P_h$，因此貿易條件必在 EB 線段之間與生產可能曲線相交而非相切，如此，才會產生 $P_h < P_s$ 的結果——如 G 點。

設自由貿易後，生產點為 G，F 點與 G 點位於同一條貿易條件線上，表示兩者的福利水準相同。在此情況下，過度專業生產所引起生產效率的

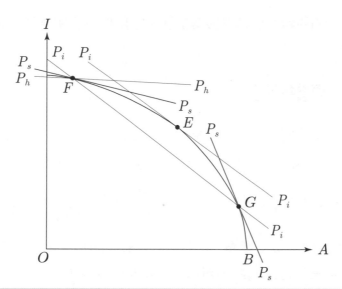

圖 15–7 關稅與租稅及補貼政策改正生產過度專業的比較

損失等於自由貿易所獲得的消費利得，故貿易前與貿易後的社會福利水準相同。因之，若過度專業生產點落於 *EG* 之間，則過度專業生產所引起生產效率的損失小於自由貿易所獲得的消費利得，社會福利水準將較貿易前為高；若過度專業生產點落於 *GB* 之間，則過度專業生產所引起生產效率的損失大於自由貿易所獲得的消費利得，社會福利水準將較貿易前為低。

　　為改正過度專業生產扭曲，設對工業品進口課徵關稅，使生產點由 *EB* 之間移至 *E* 點，在 *E* 點生產可能曲線的切線斜率等於貿易條件，所以 *MRT* = *FMRT*，但此時國內價格不再等於貿易條件，所以 *MRT* = *FMRT* ≠ *MRS*，與自由貿易下 *MRS* = *FMRT* ≠ *MRT* 相比較，社會福利水準的大小未定，故關稅並非改正生產扭曲的最佳政策。若維持自由貿易，而對工業生產補貼，對農業生產課稅，使生產點由 *EB* 之間移至 *E* 點。由於維持自由貿易，所以國內價比 (P_h) 等於貿易條件 (P_i)，故在 *E* 點生產可能曲線的切線斜率 (P_s) 等於貿易條件、等於國內價比，即 $P_s = \left(\dfrac{MC_A}{MC_I}\right)_s =$ $\left(\dfrac{MC_A}{MC_I}\right)_h = P_h = P_i$，故 *MRS* = *MRT* = *FMRT*，社會福利水準因而達到最大。顯然地，國內租稅與補貼政策的聯合運用以改正生產扭曲還是比關稅政策來得好。

三、專業不足

假設工業生產有外部不經濟存在，則工業生產的私人邊際成本小於社會邊際成本——$(MC_I)_h < (MC_I)_s$，但農業生產的私人邊際成本仍等於社會邊際成本——$(MC_A)_h = (MC_A)_s$，因此 $\left(\dfrac{MC_A}{MC_I}\right)_h > \left(\dfrac{MC_A}{MC_I}\right)_s$，即 $P_h > P_s$，故在圖 15–8 的自給自足生產點 F，與生產可能曲線相交之 P_hP_h 的斜率大於與生產可能曲線相切之 P_sP_s 的斜率。設貿易條件為 P_iP_i，在 F 點，P_iP_i 與 P_hP_h 或 P_sP_s 比較，均顯示本國——小國對農產品的生產具有比較利益，貿易後應專業生產農產品，專業方向才算正確。

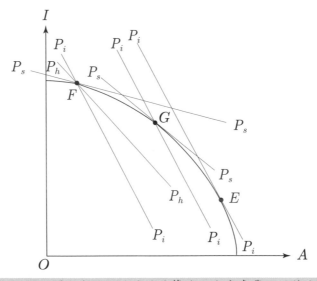

圖 15–8　關稅與租稅及補貼政策改正生產專業不足的比較

如果沒有工業生產外部不經濟的扭曲存在，則自由貿易的均衡生產點為 E，但由於有扭曲存在，必然導致專業生產不足，即生產點會落於 FE 之間。因為在 E 點，國際價比 (P_i) 等於國內私人價比 (P_h) 等於社會價比 (P_s)。

但由於有扭曲存在，私人價比一定大於社會價比，即 $P_h = \left(\dfrac{MC_A}{MC_I}\right)_h >$

$\left(\dfrac{MC_A}{MC_I}\right)_s = P_s$。自由貿易下，$P_i = P_h$，因此 $P_i P_i$ 必在 FE 線段之間與生產可

能曲線相交而非相切，如此，才會產生 $P_h > P_s$ 的結果——如 G 點。生產點

落於 FE 之間，顯然專業生產不足，但仍有正的資源派用（或生產效率）效

果。再加上自由貿易所獲得的消費利得，故社會福利水準一定較貿易前為大。

　　為改正專業生產不足的扭曲，設對農產品的出口予以補貼，使生產點

移至 E 點，在 E 點切線斜率等於貿易條件，但國內價格已不再等於貿易條

件，所以 $MRT = FMRT \ne MRS$。與自由貿易下 $MRS = FMRT \ne MRT$ 相比較，

社會福利水準的大小未定，故出口補貼（負的關稅）並非改正生產扭曲的

最佳政策。若維持自由貿易，而對農業生產補貼，工業生產課稅，使生產

點移至 E 點。由於維持自由貿易，所以國內價比 (P_h) 等於貿易條件 (P_i)，

故在 E 點之生產可能曲線的切線斜率 (P_s) 等於貿易條件、等於國內價比，

即 $P_s = \left(\dfrac{MC_A}{MC_I}\right)_s = \left(\dfrac{MC_A}{MC_I}\right)_h = P_h = P_i$，故 $MRS = MRT = FMRT$，社會福利水

準因而達到最大。顯然地，**國內租稅與補貼政策的聯合運用以改正生產扭**

曲還是比關稅（或出口補貼）政策來得好。

四、幼稚工業論

　　幼稚工業的發展具有內部及外部經濟的效果，故其存在與發展亦屬一

種生產的扭曲。幼稚工業通常是具有規模經濟的產業，故隨生產規模的擴

大，可以降低生產成本，獲取規模經濟的利益，Lewis (1954)、Myrdal (1956)、

Hagen (1958)、及 Prebisch (1959) 等學者即持這樣的看法。但是，由於幼稚

工業於發展的初期充滿了風險及不確定，私人基於規避風險的原因，或因

資本市場不完全而無法獲得足夠資金發展幼稚工業，以獲取其內部經濟之

利時，政府應對私人提供正確的訊息、擔保風險、優利貸款等協助，以扶

持私人生產此種產品，使生產的私人邊際成本等於社會邊際成本。

幼稚工業的發展不僅可以降低生產成本，實現內部經濟利益，其發展亦可使一國經由工作中學習，而提高其生產力與技術水準，並產生向前及向後連鎖的產業聯連效果，以及廠商間相互學習、模仿的**知識外溢效果** (knowledge spillover effect)，故其發展具有重大的外部經濟利益存在。私人部門因無法單獨獲得所有的外部經濟利益而不願投資於幼稚工業時，政府應以租稅減免、創辦專業訓練機構、增加公共投資等方式補貼私人投資，以使生產的私人受益等於社會受益，私人成本等於社會成本❽。

圖 15–9，I 代表具有發展潛力的幼稚工業。自由貿易下，貿易條件為 P_iP_i，生產點為 E，消費點為 C❾。現為保護工業生產，本國——小國對工業品課徵進口關稅，使生產點由 E 點移至 D 點，設政府將關稅收入全部以中性的方式發還給民間，則消費點為 C_1。（消費可能線 $P_hC_1P_h$ 與 P_hDP_h 之間的所得差額即為關稅收入。）D 及 C_1 點的切線斜率均相同，表示生產的邊際轉換率等於消費的邊際替代率、等於國內的價比 (P_hP_h)。但課徵關稅後，國內價比不等於貿易條件，所以 $MRT = MRS \neq FMRT$。

為達到保護幼稚工業的目的，同樣可以維持自由貿易，但對農業生產課稅、對工業生產補貼，而使生產點由 E 點移至 D 點。但由於對外仍然維持自由貿易，消費沒有受到扭曲，故消費點為 C_2。D 點與 C_2 點的切線斜率不同，表示 $MRS = FMRT \neq MRT$。雖然課徵關稅或以租稅及補貼保護幼稚工業，短期間均違反了巴瑞多最適條件而使社會福利水準下降。但是，關稅的課徵使本國的生產及消費同時扭曲，而租稅與補貼的運用只使生產受到扭曲，故 C_2 點的社會福利水準大於 C_1 點。

幼稚工業受到保護，經過一段時間之後成長，生產可能曲線由 FF 外

❽ 以上從資本市場不完全與專有性 (appropriability) 主張保護幼稚工業，均屬一種市場失靈 (market failure) 的論點。

❾ 幼稚工業保護論是基於內部經濟與外部經濟的論點，但此種內、外部經濟的利益，乃是幼稚工業經保護發展後未來才能實現的，其在目前尚未存在與發生，故圖 15–9 中，貿易條件與生產可能曲線相切而非相交，這是與前面所討論的外部經濟或不經濟不同的地方。

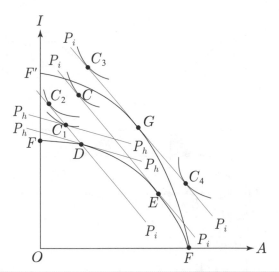

圖 15-9　以關稅或租稅與補貼保護幼稚工業發展的比較

移成為 $F'F$，將關稅保護或租稅與補貼除去，生產點為 G 點，消費點可能為 C_4 或 C_3——視需求條件而定，本國因而可能成為出口工業產品的國家（如果消費點為 C_4），社會福利水準也將因幼稚工業的成長而提高。以上分析顯示，為獲取幼稚工業長期的內部與外部經濟利益，採取租稅與補貼政策較關稅政策使短期損失較小，故前者優於後者。是故，**為達一定的生產目標，租稅與補貼是較關稅為優的政策。**

　　根據部分均衡分析，將保護幼稚工業的發展可能發生的社會成本及社會收益加以比較，吾人仍可證明扶持幼稚工業發展的最適政策乃是以國內補貼而非以關稅保護來協助其發展。圖 15-10，設本國為小國，以關稅提高幼稚工業產品的國內價格（$P_i \to P_t$），將產生 $a+b$ 兩個三角形的社會無謂的損失（參閱第十三章第二節），但幼稚工業因而增產 EF 的數量。根據幼稚工業生產產生的**邊際社會附加受益** (marginal social side-benefit, MSSB)——即幼稚工業生產所產生的外部經濟之利，社會附加受益——等於 EF 產量之邊際社會附加受益的加總——因而增加 $E'GHF' = g$。因此，社會福利淨增加 $g - (a+b)$。但是，根據圖 15-11，以補貼使幼稚工業增加 EF 數量的生產，社會附加受益仍然增加 $E'GHF' = g$ 的數量，但社會無謂的損失卻只有生產面的三角形 a，故社會福利淨增加 $g - a$。顯然地，$g - a > g$

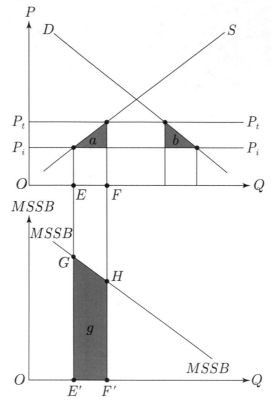

圖 15-10 以關稅保護幼稚工業發展的部分均衡分析

$-(a+b)$，故扶持幼稚工業的發展，補貼政策優於關稅政策。

　　保護幼稚工業論是基於以長期經濟利益換取短期經濟損失的觀點。因之，除非長期經濟利益的折現值至少等於或大於短期經濟損失的折現值，幼稚工業是不值得保護其發展的。對於幼稚工業是否值得保護，有 Mill (1848) 的彌勒檢定 (Mill test) 及 Bastable (1903, 1923) 的貝斯特伯檢定 (Bastable test) 兩種標準。**彌勒檢定**是指，幼稚工業受到保護之後，能夠克服初期發展的障礙而繼續成長，最後能夠發展到具有生產技術效率與經濟規模而能與外國高效率產業競爭，而不需要再受到政府保護的自力成長境界，如此則值得保護其發展成長。**貝斯特伯檢定**是指，幼稚工業在保護下除了必須成長——即滿足彌勒檢定——之外，其受到保護成長之後，尚須其未來生產之盈餘（利潤）的折現值至少必須等於保護期間的損失（即消費者支付較高價格的代價），才值得保護其發展成長。貝斯特伯檢定較彌勒

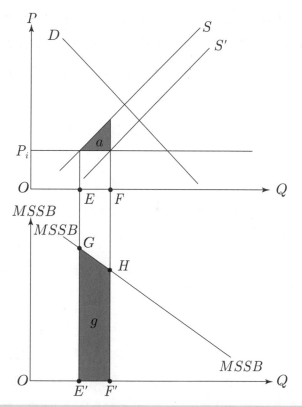

圖 15–11　以補貼保護幼稚工業發展的部分均衡分析

檢定更符合社會福利的觀點，但其牽涉到外部經濟、私人成本的估算、及折現率的選用等問題，故在實際的應用上有相當的困難存在。

　　幼稚工業保護的實際成效如何呢？ Krueger 與 Tuncer (1982) 以土耳其為例指出，就成本減少與產出成長而言，保護工業的表現並沒有較無（或少）保護的工業來得好； Bell 等人 (1984) 也發現，許多開發中國家之保護工業的生產力成長並不足以達到國際競爭力水準；我國許多長期受到保護產業的成長遲緩（如汽車業），受到國人的責難。因此，就實例來看，大部分的學者也是反對以關稅來保護幼稚工業成長的。

五、產品市場扭曲與不利成長

　　大國發生經濟成長，如果成長為出口部門偏向，因而導致貿易條件大幅惡化，肇致不利的成長，亦屬一種生產的外部不經濟。但在這種情況下，扭曲發生於國外產品市場，關稅因此是改正此種扭曲、增加社會福利的最佳政策。圖 15–12，經濟成長前，國際貿易均衡點為 E，A 國——大國的福利水準為 TIC；成長後，A 國的提供曲線由 TOC_A 外移至 TOC_A'，國際貿易均衡點為 F，貿易條件惡化，A 國福利水準下降至 TIC'，發生不利的成長。現 A 國若採最適關稅政策，將其提供曲線移至 TOC_A''，貿易條件獲得改善，社會福利提高至最大水準 TIC''。

　　除大國會發生不利的成長外，小國的生產如果發生扭曲亦可能發生不利的成長。根據前述幼稚工業保護論，圖 15–13，小國以關稅保護幼稚工業發展，生產點為 F，消費點為 C_1。經過一段時間，幼稚工業成長後，小國如果廢除關稅，恢復自由競爭貿易，則生產點最後將為 G，消費點為 C_2，社會福利水準提高。但如果小國繼續維持關稅，則生產點為 H，消費點為 C_3，社會福利水準反而比 C_1 為低，因而發生了不利的成長❿。在此情況下，扭曲的根源在於關稅，只要經濟成長、幼稚工業發展之後廢除關稅，扭曲可以消除，福利水準可以提高，故關稅政策為改正此種不利成長的最佳政策。

　　如果小國生產的扭曲來自於生產的外部性而非關稅，則改正其不利成長的最適政策為租稅與補貼，而非關稅。圖 15–14，成長前，自由貿易下，貿易條件為 P_iP_i，生產點為 E，消費點為 C_0，P_iP_i 與生產可能曲線相交表示工業生產有外部不經濟存在。現小國發生進口替代部門（工業）偏向的成長，生產點為 F，消費點為 C_1，社會福利水準下降，發生了不利的成長。在此情況下，小國應對工業生產課稅，對農業生產補貼，以改正生產扭曲，使生產點於經濟成長前先移至 G 點，則經濟成長後，生產點將移至 H 點，消費點移至 C_3，經濟成長必然使小國的社會福利水準達於最大而不會發生不利成長的現象。

　　以上分析顯示，無論是大國或小國，只要以適當的政策消除扭曲之所在（國外市場扭曲以對外政策——關稅，國內市場扭曲以對內政策——租稅與補貼），則經濟成長的結果，必然使一國的福利水準提高而不會有不利的成長發生。

---

❿此乃因為關稅保護導致資源派用效率降低所致。

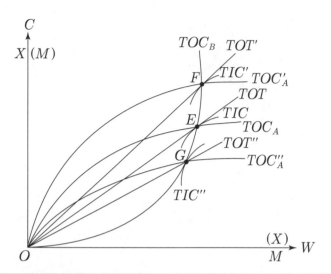

圖 15-12　大國以關稅改正不利的成長，可使經濟成長後社會福利水準達到最大

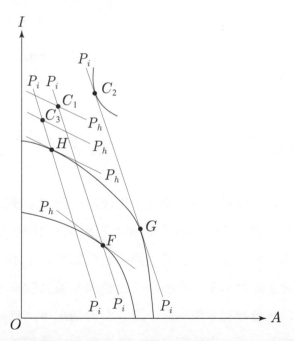

圖 15-13　小國以關稅繼續保護產業的發展，亦會導致不利的成長，此時最佳的改
　　　　　正政策為去除關稅

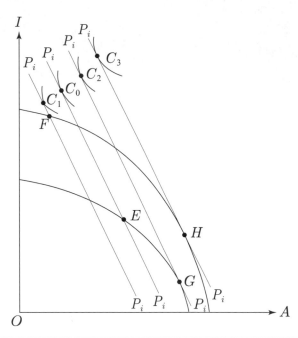

圖 15-14　小國以租稅及補貼改正生產的扭曲，則經濟成長後，必然使其社會福利
　　　　　水準提高

第四節　要素市場扭曲與改正政策

　　自給自足下，一國對於兩種產品的生產有一最適生產比例存在。自由貿易後，生產型態發生改變，兩種產品生產的組合比例也發生改變。但可能由於要素市場有扭曲存在，致使生產變動的結果，生產的私人邊際轉換率不再等於社會邊際轉換率，產品生產的邊際技術替代率不再相等、或不等於要素價比，社會福利水準因而下降。在此情況下，有必要以政策來改正要素市場的扭曲，以使自由貿易後，社會福利水準達於最大。

　　當生產要素於產業部門間缺乏流動性或要素的價格韌性消失，而使兩種產業的要素邊際生產力或要素報酬不再相等，或要素報酬不再等於要素邊際生產力，則要素市場扭曲存在。圖 15-15，貿易前，生產可能曲線為 FF，生產點為 E。自由貿易後，若要素於農工部門間具有完全的流動性，兩部門的要素生產力將完全相同，則在貿易條件 P_iP_i 下，生產點為 D，消

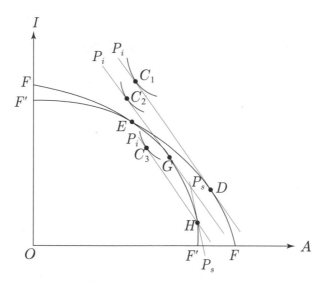

圖 15–15　要素市場扭曲，自由貿易後，將使生產可能曲線內縮，社會福利水準可
　　　　　能因而下降

費點為 C_1。

　　若要素於農工部門之間缺乏流動性，而使農工部門之間的要素生產力或要素報酬不等，則自由貿易後，要素的派用不再位於生產的契約線上，生產可能曲線因此由 FF 內縮為 $F'F'$，這乃是要素市場發生扭曲、導致資源派用效率的下降所致。在此情況下，自由貿易後生產點為 G，消費點為 C_2。C_2 點的社會福利水準小於 C_1 點（由於要素缺乏流動性，農工兩部門要素生產力、要素報酬不等所致），但大於 E 點的社會福利水準（自由貿易利得大於要素市場要素生產力不等之扭曲損失）。在 G 點，自由貿易條件仍與內縮的生產可能曲線相切，此乃假設要素價格韌性仍然存在，因此當生產點由 E 移至 G 點時，工業生產減少，其要素邊際生產力下降，但其要素價格亦隨之下降，故農工部門之間要素生產力雖然不同，但工業部門並沒有失業發生，要素市場雖有扭曲存在，但生產的私人成本仍等於社會成本，即生產的私人邊際轉換率仍等於社會邊際轉換率。

　　若要素在農工部門之間缺乏流動性且要素價格韌性消失，則自由貿易使工業生產減少、農業生產增加的結果，工業部門的要素邊際生產力將下降，這將導致工業部門發生失業，即農業的生產增加具有外部不經濟的後果。如此，農業生產的私人成本小於社會成本，故貿易條件 P_iP_i 與內縮的生產可能曲線相交而非相切於 H 點，表示兩種產品生產的社會邊際轉換率大於私人邊際轉換率──$\left(\dfrac{MC_A}{MC_I}\right)_s > \left(\dfrac{MC_A}{MC_I}\right)_h$，消費點為 C_3。C_3 點與 E 點比較，社會福利水準可能較高或較低，視自由貿易利得與要素市場扭曲導致農業生產外部不經濟兩者的力量孰大而定。

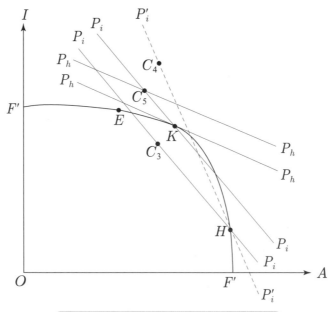

圖 15–16　以關稅改正要素市場扭曲

　　如何以政策來改正要素市場扭曲，以使社會福利水準達於最大呢？圖 15–16 中的生產可能曲線 $F'F'$ 為圖 15–15 中內縮的生產可能曲線 $F'F'$。自由貿易後，由於農工兩部門間要素缺乏流動性而使要素生產力（報酬）不同，再加上要素價格缺乏韌性，生產點為 H。為改正因為農業生產增加所引起的生產扭曲，政府以關稅保護工業生產，工業產品的國內相對價格因而提高，生產點因此由 H 點移至 K 點，工業生產增加，農業生產減少，工業部門的失業消除。但在 K 點，一方面要素市場的扭曲仍然存在，一方面課徵關稅雖然改正了農業生產的扭曲，但卻使得國內價格不再等於貿易條件，而使產品的消費發生扭曲。（因此，課徵關稅後的國內相對價格線與 K

點相切，但貿易條件線則與 K 點相交。）是故，課徵關稅使生產點由 H 移至 K 點，社會福利水準並不一定提高。若原先貿易條件為 $P_i'P_i'$ 而非 P_iP_i，則以關稅保護來增加工業生產，社會福利水準不僅不會由 C_3 提高至 C_5，反而將由 C_4 降至 C_5。縱然課徵禁止性關稅使生產點由 H 移至 E 點，由於消費受到嚴重的扭曲，因此 E 點的社會福利水準將比 C_4 點甚或 C_3 點為低。

由於課徵關稅並未消除要素市場的扭曲，再加上其使得國內的消費發生扭曲，故關稅政策可能使社會福利水準上升或下降。但無論如何，它總是無法使社會福利水準達於最大，故關稅並非改正要素市場扭曲的最佳策略。

現對外仍維持自由貿易，但對農業生產課稅，工業生產補貼，使農業生產的私人成本提高，工業生產的私人成本下降。根據圖 15-15，生產點因此由 H 點移至 G 點。此時，在 G 點，經由對農業生產課稅，工業生產補貼，工業生產增加、失業消除，農業生產的外部不經濟已經消失，所以生產的私人邊際轉換率等於社會邊際轉換率。因此，貿易條件（等於國內價格，等於私人邊際轉換率）與內縮的生產可能曲線相切（等於社會邊際轉換率），社會福利水準因而由 C_3 提高至 C_2。C_2 的社會福利水準一定大於 C_3，這表示為消除因要素市場扭曲所導致的產品市場的生產扭曲，租稅與補貼政策優於關稅政策。因為前者於改正產品市場生產扭曲之時，並不會導致產品市場消費的扭曲，而後者於改正產品市場生產扭曲之時，則會導致產品市場消費的扭曲。

對外維持自由貿易，而對農業生產課稅，工業生產補貼，雖然可以去除農業生產的外部不經濟，使社會福利水準提高。但是，此時農工部門之間要素的生產力仍然不相等，工業部門的要素生產力低於農業部門，要素市場的扭曲仍然存在而未去除，故生產可能曲線仍然內縮。在此情況下，對工業部門的要素雇用直接予以課稅，使其雇用量減少，要素邊際生產力因此提高；對農業部門的要素雇用直接予以補貼，使其雇用量增加，要素邊際生產力因此降低，最後可使農工兩部門的要素生產力再度達於均等，生產可能曲線不再內縮而恢復原來的形狀。如此，圖 15-15 中自由貿易下的貿易條件與要素市場沒有扭曲的生產可能曲線將切於 D 點，消費點為 C_1，故產品市場的 $MRS = MRT = FMRT$，且要素市場的 $MRTS_{KL}^A = MRTS_{KL}^I$ **⑪**，滿足所有巴瑞多最適條件，社會福利水準達於最大。

　　由以上分析可知，當要素市場發生扭曲而導致產品市場亦發生扭曲時，對產品採取關稅政策並未消除要素市場的扭曲，只是改正產品生產的扭曲，但卻導入產品消費的扭曲，故社會福利水準可能提高或降低，關稅並非改正要素市場扭曲的可靠良策。採取對產品生產課稅及補貼的策略，雖然可以改正產品生產的扭曲，並使產品的消費不致扭曲，社會福利水準一定提高，但由於要素市場的扭曲仍然存在，社會福利水準仍未能達於最大，故對產品生產課稅及補貼亦非改正要素市場扭曲的最佳策略。自由貿易後，對生產要素的雇用直接課稅或補貼，可消除扭曲的根源，社會福利水準因而達於最大，這才是改正要素市場扭曲的最佳政策。職是之故，當市場有任何扭曲存在時，最好的改正策略乃根據特定原則 (specificity principle)，即針對扭曲之所在，直接消除扭曲，而非導入一種政策使扭曲仍然存在，或更加嚴重。

第五節　非經濟目標與關稅

　　經濟目標的追求，有時並非完全基於使社會經濟福利達於最大的純經濟因素考慮，而是基於政治、社會、或國防等與經濟福利無關的因素考慮而產生，這種經濟目標並非根據經濟模型的最適化分析而來，故稱為非經濟目標。例如，一個國家為追求某種產品的一定產量——國防安全考慮；一定消費量——限制奢侈品消費，以維護社會風氣；一定的自給自足率——

---

⑪對產品市場實施租稅與補貼政策使生產點移至 G 點時，同樣滿足 $MRS = MRT = FMRT$ 的巴瑞多最適條件，但此時要素市場的邊際技術替代率條件並不滿足，即農業部門生產的邊際技術替代率不等於工業部門生產的邊際技術替代率 ($MRTS_{KL}^A \neq MRTS_{KL}^I$)，但在 D 點，此一條件獲得滿足，故社會福利水準在 D 點大於 G 點。

減少對外依賴程度；或一定的就業水準——維持社會與政治的穩定。為達成這些非經濟目標，必然要犧牲某些的經濟利益，主張採行關稅限制貿易的理由之一即是在於達成這些非經濟目標。但是，以下的分析證實，為了達成對內的非經濟目標，租稅與補貼政策總是較關稅政策來得好。

圖 15–17，自由貿易下，生產點為 E，消費點為 C_0。設基於非經濟因素的考慮，一國（小國）希望其生產目標為 F 點。為達此一目標，可以對進口品 Y 課徵關稅，使 Y 的國內相對價格提高至 P_hP_h，生產點因此由 E 點移至 F 點，而消費點移至 C_1 點[12]。但若對外維持自由貿易，而採取對 Y 產品生產予以補貼、對 X 產品生產課稅的國內租稅策略，仍可使生產點由 E 點移到 F 點，但此時仍然維持自由貿易，國內消費仍以自由貿易條件為準，故消費點為 C_2。C_2 的社會福利水準大於 C_1，顯示**對某種產品達成同樣的生產目標，租稅及補貼政策較關稅政策為佳**。這關鍵乃在於將生產點由 E 點移至 F 點，採行關稅政策的結果，生產及消費同時受到扭曲；採行租稅及

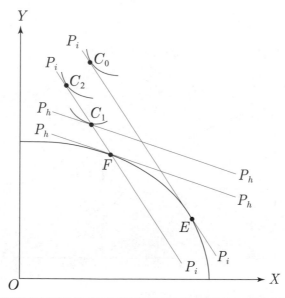

圖 15–17　為達到一定的生產目標，租稅與補貼政策優於關稅政策

---

[12]這是假設政府將關稅收入以中性的方式發還給民間部門，或政府與人民均以相同方式支用其關稅收入，故社會消費點為 C_1。

補貼政策只扭曲了生產，消費並沒有受到扭曲❸。

圖 15–18，自由貿易下，生產點為 E，消費點為 C_0。設基於非經濟因素的考慮，一國（小國）希望將其對 Y 產品的消費限於 Y_0 的水準。為達此一目標，可以對進口品 Y 課徵關稅，使 Y 的國內相對價格提高，生產點因此由 E 點移至 F 點，消費點由 C_0 移至 C_1，達到減少消費 Y 的目的。但是，對外維持自由貿易，而採取對 Y 產品的消費課徵租稅的國內租稅政策，可以使生產點維持於 E 點不變，而消費點移至 C_2，同樣達到了消費目標❹。C_2 的社會福利水準大於 C_1，顯示**對某種產品達成同樣的限制消費目標，國內租稅政策較關稅政策為佳**。這關鍵同樣是關稅的課徵同時扭曲了生產及消費，而對產品的消費課徵租稅只扭曲了消費，生產並沒有受到扭曲。

追求對內非經濟目標的達成，國內的租稅政策優於關稅政策。但是，如果要追求對外非經濟目標的達成——如一定的自給自足率，則以關稅限制進、出口數量，是為最佳政策；如果要達到一定的就業或生產要素雇用

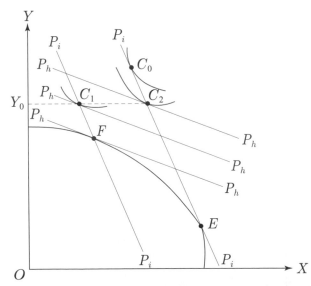

圖 15–18　為達到一定的消費目標，租稅與補貼政策優於關稅政策

---

❸這種分析結果與前面保護幼稚工業達到短期之生產目標的政策分析是一樣的。

❹這裡仍然假設政府將租稅收入全部以中性的方式（即不影響課稅前的所得分配）發還給社會大眾，或政府的需求偏好與人民完全相同。

的目標，則以對生產要素的僱用予以直接補貼或課稅，是為最佳政策。這種政策與目標（或消除扭曲）之間的關係，乃是本乎國際貿易比較利益的原則，或所謂的**標靶原則** (targeting principle)，即**政策應該施用於其最具效力的地方，或針對目標而採取對其能夠發揮最大功效的政策。**

　　以上的分析，完全是從經濟效能的觀點評斷，未涉及政府財稅收支的盈虧負荷問題，亦未涉及稅負在國內國外分擔的問題。但在現實的經濟社會裡，財政得失與能力仍為重要的決策因素。因之，經濟政策大多是次佳抉擇，很難會是純經濟的最佳解，這是要特別指出的❺。

---

❺Baldwin (1989) 認為所得分配也是政府考量以關稅（或配額）或補貼協助進口替代產業的因素。課徵進口關稅，進口品（及進口替代品）的價格上升，其消費者的負擔加重(或實質所得減少)；對進口替代產業直接給予補貼,全民稅負加重(為了支付補貼)。

 **摘　要**

1. 對閉鎖經濟而言，社會福利達於最大的巴瑞多最適條件為：在產品市場，任何兩位消費者對兩種產品消費的邊際替代率等於任何兩位生產者對兩種產品生產的邊際轉換率，亦等於兩產品的市場相對價格；同時在要素市場，任何兩種產品之兩種生產要素雇用的邊際技術替代率均相同，且等於兩種生產要素的市場相對價格。在完全競爭下，可以確保這些條件一定能夠達成，社會福利因此自動達於最大。

2. 對開放經濟而言，社會福利達於最大的巴瑞多最適條件為：在產品市場，任何兩位生產者對兩種產品生產的邊際轉換率與任何兩位消費者對兩種產品在國內市場及國際市場的邊際替代率均達到相同，且等於兩種產品的相對價格；在要素市場，任何兩種產品之兩種生產要素雇用的邊際技術替代率達到相同，且等於兩種生產要素的市場相對價格。在國內、外均為完全競爭下，這些條件將會自動達成，社會福利因此自動達於最大。

3. 如果任何兩種產品之兩種生產要素雇用的邊際技術替代率不等，表示要素市場發生扭曲；如果消費者對兩種產品消費的邊際替代率不等，生產者對兩種產品生產的邊際轉換率不等，或消費者對兩種產品消費的邊際替代率不等於生產者對兩種產品生產的邊際轉換率，均表示產品市場發生扭曲。

4. 開放經濟下，若國內兩種產品生產的邊際轉換率等於國際兩種產品貿易的邊際替代率，但不等於國內兩種產品消費的邊際替代率，表示國內消費發生扭曲；若國內兩種產品消費的邊際替代率等於國際兩種產品貿易的邊際替代率，但不等於國內兩種產品生產的邊際轉換率，表示國內生產發生扭曲；若國內對兩種產品生產的邊際轉換率等於消費的邊際替代率，但不等於國際兩種產品貿易的邊際替代率，表示國外市場發生扭曲。

5. 由於大國對國際市場具有影響力,因而導致其面對的平均貿易條件不等於邊際貿易條件,而有國外市場扭曲存在。就改正國外市場扭曲而言,國內的租稅或補貼政策並非最佳政策,關稅才是改正國外市場扭曲的最佳政策。

6. 由於小國對國際市場沒有影響力,故其平均貿易條件等於邊際貿易條件,沒有國外市場扭曲存在,小國因此不需採行關稅政策,即小國的最適關稅等於零。

7. 當生產有外部不經濟發生,而導致專業方向錯誤時,專業方向錯誤之自由貿易的社會福利水準低於自給自足者,更低於專業方向正確之自由貿易的社會福利水準。對於改正專業方向錯誤之生產扭曲,租稅與補貼政策優於關稅政策。

8. 對於改正因外部經濟或外部不經濟所導致的過度專業或專業不足的生產扭曲,國內租稅與補貼政策的聯合運用還是比關稅(或出口補貼)政策來得好。

9. 具有發展潛力的幼稚工業,值得以政策保護其發展,以獲取幼稚工業成長之後長期的內部與外部經濟之利,但採取租稅與補貼政策所遭受的短期損失較關稅政策為小,故為保護幼稚工業(或達到一定的生產目標),租稅與補貼政策優於關稅政策。

10. 保護幼稚工業是基於以長期經濟利益抵補短期經濟損失的觀點。根據部分均衡分析顯示,補貼政策扶持幼稚工業的發展,使社會福利的淨增加大於關稅政策,故補貼政策優於關稅政策。

11. 無論是大國或小國,若因國外市場扭曲而導致不利的成長,則以對外政策——關稅改正之;若因國內市場扭曲而導致不利的成長,則以對內政策——租稅與補貼改正之,必然能使一國成長後的福利水準達於最大,而不會有不利的成長發生。

12. 當要素市場發生扭曲而導致產品市場亦扭曲時,針對扭曲根源之所在,對生產要素的雇用直接予以課稅或補貼,才是改正要素市場扭曲的最佳政策,社會福利水準才能達於最大。若對產品市場採關稅或租稅與補貼政策，不是使扭曲更加嚴重，就是扭曲仍然存在，故均非改正要素市場扭曲的最佳策略。

13.當市場有任何扭曲存在時，採行改正策略的原則乃是針對扭曲之根源所在，採取對其最具效力的政策，直接消除扭曲，而非導入一種政策使扭曲仍然存在，或更加嚴重。

14.根據非經濟目標的性質，凡對外之非經濟目標以關稅政策追求之，對內之非經濟目標則以租稅與補貼政策追求之。如此，將使扭曲的程度減至最小，社會福利水準下降的程度減至最輕。

重要名詞

外溢效果	要素市場扭曲
產品市場扭曲	國內消費扭曲
國內生產扭曲	國外市場扭曲
最佳政策	次佳政策
平均貿易條件	邊際貿易條件
外部不經濟	幼稚工業論
彌勒檢定	貝斯特伯檢定
邊際社會附加受益	非經濟目標

問題練習

1.在閉鎖經濟與開放經濟下，社會福利達於最大的巴瑞多最適條件各為何？

2.就產品市場以圖形剖示閉鎖經濟與開放經濟之一般均衡的達成。

3.何謂市場扭曲？在閉鎖經濟與開放經濟下，各有那些扭曲可能發生？

4.何謂改正市場扭曲的最佳政策與次佳政策？

5.何謂平均貿易條件？何謂邊際貿易條件？兩者與大國及小國是否有國外市場扭曲存在有何關係？

6.試剖析改正國外市場扭曲的最佳政策。

7.試以圖形剖示改正專業方向錯誤的最佳政策。

8.試以圖形剖析改正過度專業的最佳政策。

9.試以圖形剖析改正專業不足的最佳政策。

10.保護幼稚工業的論點何在？以圖形剖析保護幼稚工業發展的最佳政策。

11.試以圖形剖析因國外或國內產品市場扭曲而發生不利成長時的最佳改正政策。

12.試以圖形剖析改正要素市場扭曲的最佳政策。

13.何謂非經濟目標？為何追求達到一定的生產或消費目標，租稅與補貼政策優於關稅政策？

14.對於扭曲之改正與非經濟目標之追求，經濟政策的採行應遵循怎樣的原則？

◆第十六章 非關稅貿易障礙

非關稅貿易障礙 (nontariff barriers, NTBs) 是指關稅——尤其是進口關稅之外的貿易障礙，諸如進、出口配額，進、出口補貼，官方貿易獨佔，外匯管制，行政及檢疫的留難等均是，其中以配額為主。由於非關稅貿易障礙的效果有時較關稅貿易障礙更為直接、有效，且非關稅貿易障礙通常較不易為人們所察覺、重視，因而較不會招致報復，所以自從第二次世界大戰之後，非關稅貿易障礙的重要性與日俱增，在各國不斷舉行會議研商減讓關稅的同時，非關稅貿易障礙的採行卻日益增加，因而抵銷了關稅減讓的效果。是故，就整體而言，國際的貿易障礙並未見得減少。

根據婁勒對稱性定理，在長期比較靜態分析下，進口關稅與出口關稅的課徵具有相同的經濟後果。同樣地，對非關稅貿易障礙而言，進口補貼與出口補貼或進口配額與出口配額等措施，於長期比較靜態分析下，亦將產生相同的經濟後果，即婁勒對稱性定理仍然成立。由於配額為最主要的非關稅貿易障礙，故本章主要就進口配額進行分析，並比較其與關稅貿易障礙的異同。對於出口關稅、出口補貼、自動出口設限、環保要求、及關稅稅率配額等進口關稅之外的貿易障礙，則予以簡要介紹。

■ 第一節　實施配額的原因與方式

除上述所提非關稅貿易障礙日漸盛行的原因外，主張實施配額者的主要論點為：

㈠改善國際收支與維護匯率

當一國圖以關稅限制進口以改善國際收支而無以奏效時，採取進口配額可以收到使進口數量減少的立竿見影的效果。一國課徵進口關稅，以圖提高進口品的國內價格而減少進口數量，但外國可能減價出售其出口品而抵銷本國課徵關稅的效果；在本國進口需求價格彈性或外國出口供給價格彈性等於零的情況下，課徵關稅對進口數量並沒有影響。在此情況下，只有訴諸於直接配額管制，才可以達到減少進口、改善國際收支、及穩定匯率的目的。

(二)給予政府更大的韌性與權力

配額不像關稅須經過立法的程序才能實施，行政部門視經濟情況的需要，可以隨時機動改變配額的數量，以達到所要追求的經濟目標。

一國決定實施配額之後，其實施的方式有以下幾種：

(一)公開性或全面性配額 (open or global quota)

即政府只規定每種產品於一段時間之內准許進口的數量，而不規定由何國進口、由誰進口。此種方式的配額將造成進口商於限定數量到達之前競相進口，而造成以下的缺失：

1.先進口者有利，後進口者不利。可能物品已在運送途中，但配額數量已滿，則進口商必須負擔將物品運回及毀約的損失。

2.耗費大量貯藏成本。從物品進口到銷售這一段時間可能很長，進口商因此必須支出大量的貯藏、管理、及耗損的成本。

3.對大進口商比較有利。因為大進口商擁有較為完善的訊息、採購、及融資系統，故可迅速進口配額的物品；再者，由不同的地區進口所需的運輸時間不同，亦會形成不公平的現象。

4.價格容易波動。爭相搶先進口與囤積惜售的心理相互作用的結果，將使得進口配額產品的價格波動不定，尤其是不易久存、易腐壞的物品，其價格更是容易波動。

(二)進口許可證 (import licenses)

即以公開競爭價格出售或以先到先獲得的方式取得進口許可證，以進口一定數量的產品。進口許可證可能只規定進口數量，但亦可能同時規定進口地區。進口許可證如何分配與一國福利水準的高低有關，通常分配進口許可證有以下幾種方式：

1. 競爭性的拍賣

即實施**拍賣配額制度** (auction quota system)，將進口許可證在市場上公開銷售、拍賣。理論上，進口許可證競爭性拍賣的最高價格為產品進口成本與其國內銷售所得的差額。在此情況下，進口許可證競爭性拍賣所得收入將與進口對等數量的關稅收入相同，且兩者的經濟後果亦將相同。競爭性的拍賣又可分為公開性的拍賣及議價兩種方式，前者競爭性較大、流弊較少，後者容易產生官商勾結、貪污的流弊。

2. 固定的偏愛或徇私

即政府將進口許可證分配給限額前之進口商或特定的進口商，而不經任何的競爭、拍賣、議價、或申請的程序。這種方式的進口許可證分配將使得到配額的進口商坐享其利——獲得的利潤稱為**配額租金** (quota rent)，形成不公平的所得重分配，政府則喪失了關稅或拍賣進口許可證可得到的收入。

3. 申請分配

即向政府提出申請以獲得進口許可證，有先到先獲得及根據生產能量大小分配（投入要素）進口許可證數額兩種方式。採行先到先獲得方式，將耗費進口商大量排隊等待的時間；根據生產能量分配，將造成廠商盲目地擴大生產能量，產生生產能量過剩，資源閒置、浪費的現象，兩種方式均造成社會實質資源的損失。除此之外，賄賂經辦人員以取得配額或較多的配額，造成官員操守的敗壞；政府為實施進口許可證的分配，必須增加行政人員來處理配額的申請，亦均構成社會實質資源的損失。

 第二節　配額與關稅的比較

配額的實施與課徵關稅比較，有行政手續較麻煩、行政成本較大、容易形成不公平、走私、及關稅收入減少等缺點。姑且不論這些缺失，若配額的結果造成國內獨佔或配額的分配缺乏效率，則對社會整體而言，配額的經濟後果不見得優於課徵關稅。以下，我們就配額與課徵進口關稅以限

達同等進口量作相互比較，以分析其對等性及差異性之所在。

 一、配額與進口關稅的對等性

㈠部分均衡分析

圖 16–1，橫軸為進口替代財的數量 (Q_m)，縱軸為進口替代財的價格 (P)。設本國為小國，自由貿易下，本國自行生產 Q_1 的進口替代財而進口 Q_1Q_5 的進口財。現在任何情況下，本國政府規定只能進口──即配額 Q_1Q_3 = Q_2Q_4 數量，故國內供給曲線成為 $P_iFS'_m$。由於本國為小國，所以貿易條件不變，但進口品的國內價格卻由自由貿易的 P_i 上升至 P_d。不考慮配額收入，則一切的經濟後果與小國課徵 P_dP_i 數量的從量關稅而使進口數量等於 Q_2Q_4 的情況完全相同（見第十三章圖 13–3）。

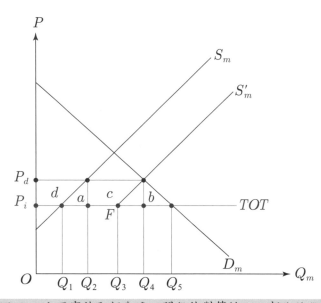

圖 16–1　小國實施配額與進口關稅的對等性──部分均衡分析

圖 16–2，兩軸 M 及 P 分別代表本國進口的數量及價格，D^d_m 代表本國的進口需求，S^f_m 代表外國的出口供給。設本國為大國，自由貿易下，進口品的國際價格為 P_f，本國進口 M_f 的進口品。現在任何情況下，本國政府規定只能進口──即配額 M_d 數量，則進口品的國內均衡價格由 P_f 上升至

P_d，國際價格由 P_f 下降至 P_i，一切的經濟後果與大國課徵 $GE = FA$ 的從量關稅而使進口品的供給曲線由 S_m^f 往上移至 $S_m^{f'}$，進口數量等於 M_d 的情況完全相同（見第十三章圖 13–11）。

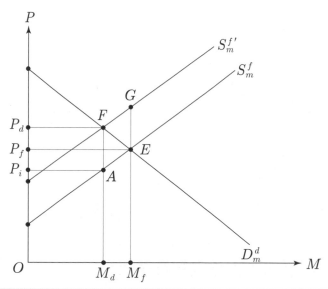

圖 16–2　大國實施配額與進口關稅的對等性——部分均衡分析

㈡一般均衡分析

圖 16–3 為配額之兩種產品的一般均衡分析。橫軸為農產品 (A)，縱軸為工業產品 (I)，本國出口農產品，進口工業產品，外國出口工業產品，進口農產品，OH 與 OF 分別為本國及外國的提供曲線。自由貿易下，均衡貿易條件為 TOT^*，本國進口 I_0 的工業產品，出口 A_0 的農產品。如果本國（大國）以配額限制進口數量為 I_1，則本國的提供曲線成為 ORI_1，國際貿易均衡點將由 E 點移到 E' 點，本國貿易條件由 TOT^* 改善為 TOT'。這將與本國課徵進口關稅將提供曲線移到 OH' 而與外國的提供曲線相交於 E' 點的結果相同❶。

---

❶如同課徵關稅，配額的實施亦將使進口品的國內價格上升，但其上升幅度視配額實施的方式而定。

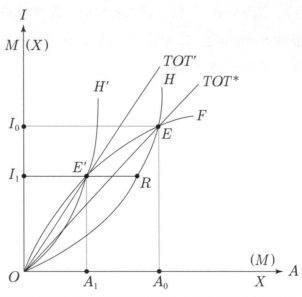

圖 16–3 大國實施配額與進口關稅的對等性——一般均衡分析

二、配額與進口關稅的差異性

配額與進口關稅的主要差異在於配額可能使一國潛在的獨佔者成為實際的獨佔者，而關稅則否。以小國為例，小國課徵關稅後，仍然是國際價格的接受者，國際的價格機能對小國的國內價格仍然有相當的影響力，故國內生產者的獨佔力量無法形成。但若小國實施配額，而國內只有一位生產者生產進口替代品，則獨佔力量可以形成。

圖 16–4，兩軸 Q_m 及 P 分別代表小國進口替代財的數量及價格。自由貿易下，進口品的國際價格為 P_f，國內獨家生產者根據邊際均等法則生產 P_fG 數量的進口替代財，而進口 GH 的數量。若小國課徵 P_fP_t 的從量關稅，則進口財的國內價格上升至 P_t，國內獨家生產者生產 $P_tJ = OQ_t$ 數量的進口替代財，而進口 JK 的數量。現小國實施配額，進口數量限於 JK 數量，則國內獨家生產者所面對的需求曲線由 D_m 內移至 D'_m，D_m 與 D'_m 的水平差距等於配額數量，國內獨家生產者成為真正的獨佔者，於是根據配額後的需求曲線 (D'_m) 與邊際收入曲線 (MR) 決定其利潤最大的產量 (Q_q) 與價格 (P_q)。故實施配額之後，國內獨家生產者一旦以有恃無恐地運用其獨佔力

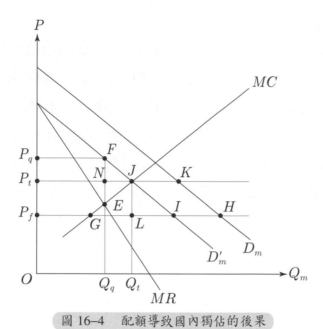

圖 16–4 配額導致國內獨佔的後果

量,而使產量由課徵關稅的 Q_t 減至 Q_q,國內價格由課徵關稅的 P_t 上升至 P_q。

與課徵關稅比較, 一方面, 配額使進口品的國內價格上升的幅度較大 $(P_q > P_t)$,消費者的負擔比課徵關稅來得重; 另一方面, 配額所肇致社會福利的損失, 除了進口減少所引起的社會無謂的損失外, 更包括其造成獨佔所引起的社會資源派用效率降低的損失。圖 16–4, 與自由貿易比較, 配額或課徵關稅均使進口減少 GI 數量 $(GH - JK = GH - IH = GI)$,故配額或課徵關稅所造成的社會無謂的損失均相同 $(= \triangle JGI)$❷。但是 $\triangle JEF$ 卻代表配額導致獨佔力量形成, 而使產量減少所引起的額外的淨消費者剩餘減少的損失與淨生產者剩餘減少的損失❸, 故配額所引起的社會福利損失等於

---

❷課徵關稅, 價格由 P_f 上升至 P_t, 需求減少 LI (需求曲線 D_m 與 D'_m 相平行, 因此價格上升所引起的需求減少, 以兩者任一衡量均相同), 生產增加 GL, $GL + LI = GI$, 所以消費的無謂損失等於 $\triangle JLI$, 生產的無謂損失等於 $\triangle JLG$, $\triangle JLI + \triangle JLG = \triangle JGI$。

❸與關稅比較, 配額肇致獨佔力量形成, 而使產量減少 Q_qQ_t 數量, 因而產生 $\triangle FNJ$ 的淨消費者剩餘減少的損失, $\triangle ENJ$ 的淨生產者剩餘減少的損失, $\triangle FNJ + \triangle ENJ = \triangle JEF$。

$\triangle JGI + \triangle JEF$。

圖 16–5，兩軸 M 及 P 分別代表本國——大國進口的數量及價格。D_m^d 代表本國的進口需求，S_m^f 代表外國的出口供給。自由貿易下，進口品的國際價格為 P_f，進口 M_f 數量。現本國將進口數量設限為 M_q，則進口數量減少 $M_q M_f$，本國社會無謂的損失等於 $\triangle a$，這與課徵進口關稅所產生的本國社會無謂的損失相同❹。但這是在本國實施配額之後，外國出口商沒有形成獨佔，進口品的國際價格下降至 P_i 的情況下❺，配額所引起的本國社會福利損失。

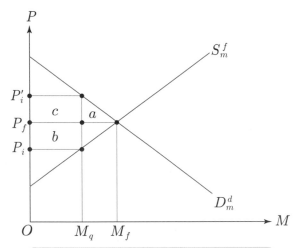

圖 16–5　配額導致外國出口獨佔的後果

若本國採行（或威脅實施）配額之後，外國出口商聯合形成獨佔，則進口品的國際價格上升至 P_i'（外國出口獨佔廠商根據邊際均等法則決定出口量 M_q，價格 P_i'），故實施配額導致本國福利水準的損失除 $\triangle a$ 之外，尚有因進口品的國際價格上漲所產生的額外負擔□ $(b+c)$（即外國出口商形成獨佔後所額外增加的收入），配額所引起的本國社會福利淨損失等於 $\triangle a$ + □ $(b+c)$。是故，當配額的實施導致國內生產者或國外出口商獨佔時，

---

❹ $\triangle a$ 等於進口數量之消費效用與支出的差額。

❺ 本國實施配額後，若進口品的國際價格降至 P_i 而國內價格升至 P_i'，則 $b+c$ 為配額實施後，本國政府或進口商可能獲得的利得。

本國社會福利的損失總是較對等的關稅課徵來得大。準此，關稅為優於配額的限制貿易政策工具。

 ## 三、配額的其他經濟後果

除以上所論配額與關稅導致社會福利損失不同的差異性外，配額與關稅比較尚有以下幾點可能不同的經濟後果：

1.除非將配額以進口許可證方式公開出售，否則，政府將無法如課徵進口關稅般地得到收入。與進口關稅對等的收入，在實施配額下可能歸於：

(1)本國進口商。若本國進口商形成獨佔組織，而外國出口商完全競爭，且進口許可證是免費的，則所有的配額利得全歸本國進口商。

(2)本國政府。外國出口商完全競爭，而本國政府對進口許可證實施公開性的競爭銷售。

(3)本國消費者。若本國為小國，實施配額後，政府管制進口品的國內價格，不准其上漲。

(4)政府官員。外國出口商為完全競爭，而本國進口商賄賂官員以取得進口許可證。

(5)外國出口商。若外國出口商形成獨佔組織，而本國進口商完全競爭，則所有的關稅對等收入全歸外國出口商所得。

(6)外國政府。若本國進口商完全競爭，而外國政府課徵對等的出口關稅，則其可得到全部的收入。

2.進口配額較進口關稅的效果確定。因為關稅的經濟後果與本國進口需求及外國出口供給兩種價格彈性的大小有密切的關係，而彈性的大小並不易估測，所以關稅的經濟後果無法事先預測。如圖 16–6，在本國進口需求完全缺乏彈性下，課徵 EF 數量的從量進口關稅，徒然使本國進口品的國內價格由自由貿易的 P_f 上漲至 P_t，關稅完全由本國消費者負擔，進口維持於 $\overline{M}$ 數量，完全不變。圖 16–7，在外國出口供給完全缺乏彈性下，課徵 EF 數量的從量進口關稅，使本國進口品的進口價格由自由貿易的 P_f 下降至 P_t，關稅完全由外國出口商負擔，進口仍然維持於 $\overline{M}$ 數量，完全不變。

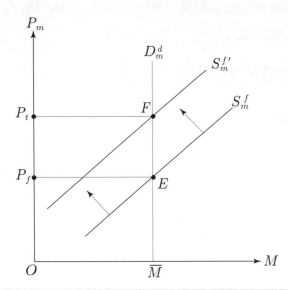

圖16-6　本國進口需求完全缺乏彈性下，課徵進口關稅，進口數量完全不變

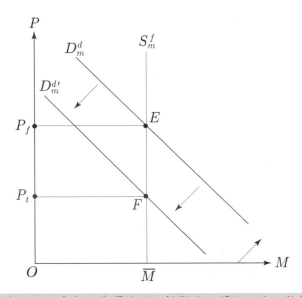

圖16-7　外國出口供給完全缺乏彈性下，課徵進口關稅，進口數量完全不變

是故，在此兩種情況下，唯有採取配額措施才能改變進口數量。

　　3.實施配額之後，若改以課徵進口關稅，以使進口量與配額相等，則其對等的從價關稅稅率，將隨本國進口需求與外國出口供給的改變而改變，但實際的從價關稅稅率除非政府改變外，通常是維持固定的。在稅率不變

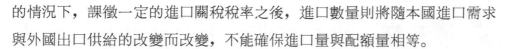

的情況下，課徵一定的進口關稅稅率之後，進口數量則將隨本國進口需求與外國出口供給的改變而改變，不能確保進口量與配額量相等。

4.若對中間投入的進口實施配額，則生產成本提高，利潤減少；若對中間投入的進口課徵關稅，於其投入生產的成品出口時，通常會再退稅，對利潤並無影響。

5.就受限之產品的貿易而言，關稅只是使市場價格機能扭曲，但市場價格機能仍然存在、運行，而使國外市場與國內市場仍然相聯繫；配額則使市場價格機能完全停頓，而使國內市場與國外市場分離。尤其是在對不同國家採取不同配額限制的差別配額下，配額對國際市場價格機能的損害較關稅尤大。再者，若以人為的方式取代市場價格機能來分配配額，除了無法實現公平與效率外，更容易造成官員操守與社會風氣的敗壞，社會必須為配額的實施付出更多實質資源損失的代價。

6.配額的實施在行政上較關稅具有更大的韌性，易於實行，亦易於取消。且貿易對手國通常認為配額只是一種暫時的權宜措施而不是一種長期的貿易障礙，故配額的採行較不會招致報復。

7.就避免外國經濟衰退傳遞到本國而言，配額是較關稅為更快速、有效的措施。外國經濟衰退，會設法增加出口，因而造成本國經濟隨之衰退。有鑒於此，若以關稅政策對付之，須經費時甚長的立法程序，且效果不確定，唯有採行配額限制，才能及時有效地防止外國不利經濟情勢的傳遞。在此情況下，以配額維持本國經濟穩定的利得可能較其致使市場價格機能停頓的損失為大。

8.因為關稅的課徵無法確實有效減少進口數量，故配額通常被認為較關稅能夠有效改善國際收支。但是，如同關稅一樣，即使配額使進口減少，亦無法確保國際收支一定獲得改善。因為在實施配額、進口減少之後，若國內發生需求移轉，而使本國對出口品需求的增加大於對進口品需求的減少，則國際收支反而惡化而無法獲得改善。

第三節 出口關稅、出口補貼與自動出口設限

至此，我們已經對關稅貿易障礙的進口關稅及非關稅貿易障礙的配額，作了詳細的討論。接著，我們再分析比較特殊的貿易障礙：出口關稅、出口補貼、及自動出口設限。

一、出口關稅

當一個國家發覺其某種產品的國內供給短缺，價格上漲壓力增加；或某種出口品的生產具有外部不經濟，而肇致其社會成本大於社會受益；或發覺其某種無法再生的資源逐漸耗竭時，可能對這些產品或資源的出口課徵關稅，以減少其出口。現以部分均衡分析小國課徵出口關稅的經濟後果。

圖 16–8，S_x 及 D_x 分別代表小國國內出口品的供給與需求。自由貿易下，出口品的國際價格為 P_i 時，出口 $Q_1Q_4 = AJ$ 的數量。現小國課徵 P_iP_d 的從量出口關稅，則出口品的國際價格仍為 P_i，但出口商的實際單位收入卻只得到 P_d，出口數量由 Q_1Q_4 減為 $Q_2Q_3 = CK$。

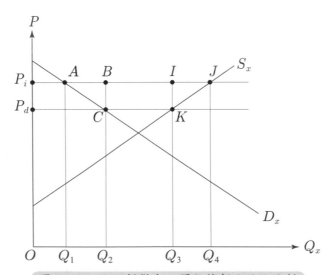

圖 16–8　小國課徵出口關稅的部分均衡分析

根據圖 16–8，課徵出口關稅的結果，小國出口品的生產由 Q_4 減少至 Q_3，生產者剩餘損失 $P_d P_i JK$，其中 $P_d P_i AC$ 為消費者所得到——即消費者剩餘的增加，$CBIK$ 為政府的出口關稅收入，$\triangle ABC$ 及 $\triangle JIK$ 為課徵出口關稅所引起的社會福利的淨損失。

在大國的情況下，根據一般均衡分析，同進口關稅一樣，亦有能使大國福利水準達於最大的最適出口關稅存在。但是，各國法律通常都禁止政府對出口品課徵出口關稅——如美國，故通常使用出口配額來限制出口的數量。不過，也有課徵出口關稅的實例，如中南美洲國家於農產品大豐收之際，為維持農產品的出口價格，便曾對農產品的出口課徵關稅，以減少出口數量，維持其農產品國際價格的穩定；加拿大在 1987 年也曾對其出口到美國的木材課徵 15% 的出口關稅。

二、經濟制裁

與出口關稅相似的一種限制出口的作法為經濟制裁 (economic sanctions)，其乃一國政府對國際間例行的貿易或金融關係所加諸的強制限制，其目的可能是為了保護國內經濟、減少核子擴散、補償被外國政府侵佔的財產、對抗國際恐怖主義、保障國家安全、或保護人權等。啟動經濟制裁的國家——實施國 (imposing nation) 希望藉由此傷害與目標國 (target nation) 之間的經濟關係，而使目標國屈服於其所設定的目標。經濟制裁可分為：

1.貿易制裁 (trade sanctions)。即對出口到目標國的出口品施以配額——出口制裁 (export sanctions)，或對由目標國進口的進口品施以配額——進口制裁 (import sanctions)❻。進口制裁如同進口配額將直接地減少目標國的出口，而使其生產減少、失業增加，但也將產生實施國進口減少而導致價格上升、消費者剩餘減少的不利後果。出口制裁目的在使目標國的物資供應匱乏，而產生日常生活的不便與生產活動無法順利進行（因為缺乏

❻出口制裁與進口制裁的極端就是禁運 (embargo)，即兩國之間完全停止所有的貿易。

關鍵零組件、原料），導致目標國經濟成長率的下降。即使出口制裁所引起目標國的短期福利損失可能不大，但其後續引起的要素使用效率下降，經濟前景預期看壞，及儲蓄、投資、就業的減少，均將使目標國的潛在產出減少。

2. 金融制裁 (financial sanctions)。即實施國限制對目標國的官方貸款或援助，1970 年代的人質危機中，美國凍結伊朗在美國的金融資產（約 200 億美元）也屬於一種金融制裁。

經濟制裁能否成功，取決於以下的因素：

1. 參與（實施）制裁國家的數目。單邊制裁 (unilateral sanctions) 雖有可能達成所要的目標，但愈多國家參與的多邊制裁 (multilateral sanctions) 一般可以對目標國產生更大的經濟壓力。多邊制裁顯示不只一國不同意目標國的行為，因此提高制裁的政治合法性，國際的排斥也將對目標國的人民產生重大的心理衝擊，而使制裁更容易成功。無法取得強力的多邊制裁合作將導致制裁事倍功半，實施國之間對制裁的爭論更會被目標國看成制裁無法成功的徵兆。

2. 目標國家與實施國家之間的經濟與政治關係。如果在制裁之前兩者的關係愈密切，目標國不依循實施國的意願，其潛在成本將愈大，制裁因此將愈有效。

3. 目標國國內的政治反對力量。當目標國面對鉅大的國內反對力量時，經濟制裁將導致強大的商業利益團體向政府施壓，要求順從實施國的意願。準此，採溫和的制裁，伴以威脅將採更為嚴厲的制裁，對目標國居民產生某種程度的經濟困境，將誘使他們遊說政府順從以避免遭受更嚴厲的制裁。因此，逐漸加壓制裁的政治利益可能超逾給予目標國時間調整其經濟而使制裁效果減弱的不利。立即採取全面、嚴厲的制裁，由於經濟損害已經造成，國內商業利益團體將少有誘因對目標國的政府施壓要求修改其政策。

4. 目標國的文化因素。目標國與實施國有愈強的文化關係，其人民將愈可能認同實施國的目標，因此提高了制裁的有效性。例如，南非白人認同西方社會的價值觀，因此當南非在 1980 年代因種族隔離政策遭受國際經濟制裁時，乃要求政府進行政治改革。但是，其他文化因素可能降低制裁的成效。如果目標國有很強的榮譽感、自尊心，將很難使其順從實施國的要求，伊拉克的 Saddam Hussein 面對國際的經濟制裁不願屈從即是一例。

三、出口補貼

有些國家為了推動經濟發展或解決國際收支的困難，乃採行各種方法來支持廠商的生產，以鼓勵增加出口，出口補貼即是政府欲達到此種目的的方法之一。出口補貼的實施，將使出口品的國際價格低於國內價格，甚至低於以國幣表示的生產成本。是故，在實施出口補貼的同時，往往伴隨出口品不得再輸入本國及不得在國內市場以低於未受補貼之價格出售的規定，才能達到以補貼增加出口的目的。

出口補貼與出口關稅正好相反。事實上，各國為增強其出口品的國際競爭能力，對其出口品通常是補貼而鮮有課稅的。但是，補貼出口品的結果，造成國際市場上產品的不公平競爭。因此，**世界貿易組織 (WTO)** 禁止締約成員採取出口補貼政策，並允許締約成員對採取出口補貼的貿易對手國課徵**進口平衡稅** (import countervailing duty)。事實上，出口補貼有各種不同的方式，如直接補貼、低利貸款、租稅減讓，或政府的保險、船運、廣告促銷等❼。因此，有無出口補貼的認定，往往成為各國限制貿易與關稅談判爭論之所在。

圖 16–9，D_m^d 代表小國的進口需求，S_m^f 代表外國的出口供給。自由貿易下，進口品的國際價格為 P_i，小國進口 M_i 的數量。當貿易量為 M_i 時，進口品的需求價格（邊際受益）等於供給價格（邊際成本），所以 M_i 是使世界福利水準達於最大的最適貿易量。現外國對其出口實施 $P_i P_s$ 的從量出口補貼，小國進口品的國際價格下降至 P_s，小國進口 M_s 的數量。當貿易量為 M_s 時，進口品的需求價格（邊際受益）P_s 小於供給價格（邊際成本）P_i，

---

❼一種形式的出口補貼為出口信用補貼 (export credit subsidy)，即給予本國出口商低利出口融資，或給予外國進口商低利進口融資。此乃將本國納稅人的錢，移轉給受補貼的本國出口商、外國進口商、或兩者。

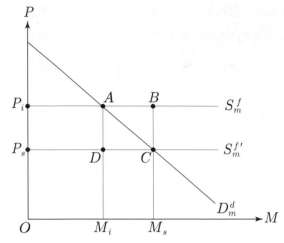

圖 16–9　出口補貼與課徵進口平衡稅的經濟後果

因此△ABC 代表世界貿易量過多所肇致的資源浪費，為出口補貼所產生的世界福利無謂的損失。

　　外國實施出口補貼之後，進口國之進口品的價格下降，進口數量增加，消費者剩餘增加 P_sP_iAC。如果進口國課徵 P_iP_s 的從量進口平衡稅，可以使貿易量由 M_s 減少至 M_i，因而消除世界資源的浪費，使世界福利水準增加△ABC。出口補貼與進口平衡稅前後實施的結果，世界貿易量與自由貿易下相同，但發生了國際間所得重分配的後果，即實施出口補貼的國家移轉了 P_sP_iAD 數量的所得給課徵進口平衡稅的國家，因此，課徵進口平衡稅之進口國的淨損失等於 $P_sP_iAC - P_sP_iAD = \triangle ADC$。

四、自動出口設限

　　自動出口設限 (voluntary export restraint, VER) 為當今先進國家廣為採行的一種數量限制貿易政策工具，其最早源於 1957 年美國限制日本的紡織品進口[8]。當一國實施進口配額並沒有導致國內潛在獨佔者成為實際的獨

---

[8]自動出口設限屬於秩序行銷協定 (orderly marketing agreement, OMA) 的一種。OMA 通常為貿易與國針對勞動密集製造業產品的貿易協商。烏拉圭回合多邊貿易談判後，各國不能再以排除條款為由啟動新的 OMA，已有的 OMA 也應於1998 年中止（日本與歐盟的汽車協定至 1999 年中止）。

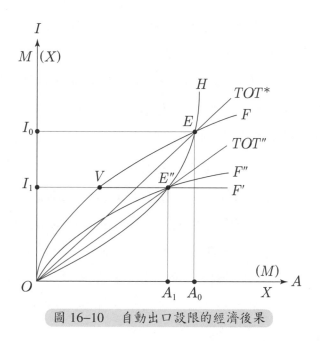

圖 16-10 自動出口設限的經濟後果

佔者時，若外國出口商實行自動出口設限，形成外國出口商的獨佔或聯合獨佔，將同樣使一國遭受不利的影響❾。例如，美國對我國的紡織品實施進口設限，我國紡織業者因此協商自動減少出口數量，而形成一種聯合獨佔。

　　出口國實施自動出口設限，將使其出口品的國際價格上升，它也可能使出口國將生產移植 (transplant) 至進口國，以規避這種設限。1980 年代末期，許多日本汽車生產者至美國設廠生產，其中的原因之一即為規避自動出口設限。外國廠商採行自動出口設限雖然可以使本國的進口減少，但與本國課徵進口關稅或實施進口配額比較，其使本國的貿易條件惡化，社會福利遭受更大的損失。

　　圖 16-10 的假設與圖 16-3 相同，但現在外國採行自動出口設限將其出口（本國進口）的數量限於 I_1 的水準，外國的提供曲線因此成為 OVF'，國際貿易均衡點將由 E 點移到 E'' 點，本國的貿易條件由 $TOT*$ 惡化為 TOT''。這將與外國課徵出口關稅將其提供曲線移到 OF'' 而與本國的提供曲線相交於 E'' 點的結果相同。事實上，自動出口設限並非經常能夠發揮使進口減少的預期效果。例如，出口國可以透過增加沒有限制之產品的出口、

❾通常的情況是一國威脅要實施進口配額，即會導致外國出口商採行自動出口設限。

提升限制出口之產品的品質以提高單位價格、及在沒有出口設限的國家設廠等方式來規避自動出口設限的限制。

自動出口設限為何廣被採行呢？當進口國實施貿易限制時，出口國可以自動出口設限來提高其談判力量，而進口國也可因此不必實施配額限制，這樣不僅可以達到保護國內產業的目的，被指責實施保護主義的壓力也得以減輕，自動出口設限因此成為進、出口國雙方均可接受的一種限制貿易工具。

與自動出口設限相對應的另一種貿易政策措施為**自動進口擴張** (voluntary import expansion, VIE)，但這是一種促進而非限制貿易措施，即出口國要求其某一出口品至少佔進口國國內市場的某一特定比例，以使進口國自動增加進口，以增加貿易對手國的出口。美國為減少對日本的貿易逆差，即曾使用此一措施〔如要求美國的半導體 (semicomductor) 至少佔有日本 20% 的市場〕。

第四節　環保要求與關稅稅率配額

環保要求與關稅稅率配額在烏拉圭回合談判之後，成為國際間主要的非關稅貿易障礙措施，故在本節特予以較為詳盡的介紹。

一、環保與國際貿易

環境標準 (environmental standards) 乃一國對於空氣、水、噪音、垃圾處理等污染所允許的標準，各國不同的環境標準將對國際貿易產生影響。如果「環境」被用來作為財貨生產或消費過程中所產生之廢棄物的一種方便、廉價的傾倒場所，勢必導致環境污染，如果貿易財無法充分反映社會環境成本，環境污染將導致嚴重的國際貿易問題。環保標準較低的國家事實上將環境視為一種豐富的要素稟賦，或一種便宜的生產要素，而致其對污染密集 (pollution-intensive) 產品的生產具有成本的比較優勢。因此，各國環境管制 (environmental regulation) 標準（寬嚴）的不同將扭曲國際貿易型態，而使環保標準較高的國家有理由採行環境政策來減輕或抵銷環保標準較低之國家的生產成本優勢。

　　有人認為環保與貿易不僅互補，甚至可能互蒙其利。因為嚴格的環保標準能夠激勵比較利益的創造與提升，它將迫使廠商改善品質，提升技術。先進國家對於環保政策通常採**污染者付費原則** (polluter-pays principle)，即污染防治與控制措施成本應納入產品的價格中，這種方法目的在於給予生產者誘因發展更有效率之污染控制的技術與生產過程。但是，採行嚴格環保管制之國家的生產成本將提高，而削弱其產品的國際競爭力。在這種情況下，政府可能給予國內生產者補貼以抵銷嚴格環境管制所導致的生產成本劣勢，但補貼必須以較高的租稅來融通，這可能也與國家利益不符。因此，各國的另一種可能作法為對污染產業的進口品課以關稅或國內稅，以消除各國環境管制標準不同所導致的生產成本差異，但這樣的政策可能導致外國的關稅報復。

　　污染密集產業一般多屬於勞力或自然資源密集產業，而這往往是開發中國家的主要產業，開發中國家因此被認為較先進國家有更為嚴重的環境污染問題。但是，隨著經濟發展程度的提高，產業結構轉向低或無污染產業，人們要求更為良好的生態環境，環境污染的問題通常是會逐漸減輕的。事實上，各國的社會偏好與環境目標不同，採行嚴格一致的國際環保標準並非最適的，只要一國的經濟能夠持續成長，其將逐漸關心永續發展的問題，而將自動採行更有利於環保的經濟發展策略。但是，隨著地球村觀念的興起與對抗環境因素可能引起的不公平競爭，將環保政策與國際貿易相結合已成為一種國際趨勢，世界貿易組織 (WTO) 在「例外條款」中也提到，任何締約方都可以採取「為保障人類、動植物的生命或健康所必需的措施」❿。

---

❿地球上有許多的資源（如海洋中的魚類）性質上是為共有財 (common property)——即任何人均可予以使用，其結果是人們競相使用（開採）這些資源，而產生所謂共有財悲劇 (tragedy of commons) 的現象（如過度捕撈海洋中的魚類）。因此，基於保護地球生態環境，對於一些人類共有財的貿易應予以限制，以避免過度的使用、開採這些資源。

　　1995 年元月世界貿易組織 (WTO) 成立後，國際間因關稅問題產生的摩擦將愈來愈少，取而代之的將是環保問題所造成的非關稅性貿易障礙。由蒙特婁公約限制氟氯碳化物 (CFC) 的使用量，以及近年來國際經貿情勢發展狀況來看，未來國際貿易的糾紛，環保將是主要問題之一。聯合國也將推行國際環保標準製程 ISO–14000，對不符合環保總品質標準的產品予以輸出入限制，而國際氣候公約的實施，聯合國可能以貿易制裁為手段，對各國二氧化碳排放總量做嚴格的限制。

　　聯合國在 1992 年通過「氣候變化綱要公約」，要求各國防止溫室效應擴大；隨後在 1997 年 12 月於日本京都召開的第三次簽約國會議通過「京都議定書」(Kyoto Protocol)，要求 38 個已開發國家在 2008 至 2012 年間將溫室氣體排放量減至 1990 年的水準，且平均再減 5.2%，違反者可能遭到貿易報復。在俄羅斯國會於 2004 年 11 月 18 日正式批准「京都議定書」後，這項延宕紛爭多時的國際環保公約終於在 127 個國家的批准下，從 2005 年 2 月 16 日正式生效。各國為因應「京都議定書」，發展「綠色產業」(green industry) 已成為一種趨勢⑪。

　　過去國際貿易對環保產品的定義，是針對產品在食用與使用的安全性，而近年來，環保產品的定義，不但針對產品使用的安全性，連產品生產過程對環境、生態 (包括動植物保護)、員工的安全健康、以及對資源的利用，都在評估的標準之列。

　　以國際環保製程標準 ISO–14000 為例，聯合國從 1990 年起，即由其工業發展組織 (UNIDO) 與環境規劃署 (UNEP) 積極推動 ISO–14000 的製程，而各國財長會議並已明確決定將支持 20 個開發中國家成立國家清潔生產中心，輔導各種產品製程符合 ISO–14000 的標準，此項國際性環保共識一旦付諸實施，對不符合標準的產品，將予以抵制。

---

⑪截至 2010 年，美國尚未批准參與「京都議定書」，其原因主要為(1)任何防止全球暖化之政策的效果尚無法完全確定；(2)美國是全世界溫室氣體最大的排放國，符合京都議定書的標準將對其經濟有重大不利的影響；(3)此議定書並未包括開發中國家，特別是中國與印度；及(4)可以有其他的方法來減少溫室氣體的排放。

二、關稅稅率配額

　　根據 WTO「數量限制之普遍消除」的規定，除課徵關稅、內地稅、或其他規費外，任一締約成員不得藉由制定或維持配額、輸出入許可證、或其他措施，來禁止或限制其他締約成員任一產品之輸出入。關稅稅率配額制度並未禁止產品輸入或限制產品輸入數量，其應屬 WTO 所容許之「課徵關稅」範圍，故只要關稅稅率配額在執行上符合 WTO 相關規定則為合法措施。

　　關稅稅率配額雖係屬 WTO 所容許課徵關稅的範圍，惟其係屬對國內產業之保護措施，對市場競爭具有扭曲效果，故關稅稅率配額制度被歸類為非關稅措施之一，其通常被視為貿易自由化過渡期間的一種措施，使原先的數量配額限制措施，能夠以順利漸進的方式予以關稅化。

　　基本上，關稅稅率配額制度係利用複式關稅稅率作為對某一特定商品所採之一種貿易保護手段，通常此一制度常視產業結構的需要，以行政命令手段藉關稅稅率之提高遏止該項產品進入本國市場，以避免對本國相關產業造成傷害。此種貿易障礙的主要功能，在於調整國內生產者與消費者雙方之間的利害關係，亦即事先訂定一數量，對於設定數量範圍內的進口貨品，完全免稅或採用低關稅稅率，以謀取消費者的利益，對於超過該數量的進口貨品則採用高關稅稅率以保護生產者。

　　關稅稅率配額本質上是非關稅措施的一種,非關稅措施在 1970 年代新保護主義興起後，更為普遍被採行，多數為一國政府以行政命令、貿易法令及實務所造成之多樣化限制貿易措施，由於直接干預到貿易活動，特別是在限制進口上，因此被視為是一種貿易障礙。自 GATT（WTO 的前身）的東京回合談判後，凡是不屬於關稅性質而有阻礙或禁止貿易正常流通效果的措施，皆可稱為非關稅措施，但事實上並非所有非關稅措施都必然構成貿易障礙。

　　與關稅稅率配額很類似的一種限制貿易措施為季節性關稅，它是對同一產品在不同進口時期適用高低不同的關稅稅率，此種關稅措施通常用於生產具季節性的農產品，為避免某一特定的產品在國外生產旺季時大量輸入國內而課以較高之關稅。但是，關稅稅率配額制度所涵蓋之產品範圍則較無限制，農、工、礦等產品皆為目前各國實施此項制度所涵蓋，惟仍以農產品為主。

摘　要

1. 主張實施非關稅貿易障礙者認為配額具有更為直接、有效、較不會招致報復、可以有效改善國際收支與維護匯率、及給予政府更大的韌性與權力等優點。

2. 配額實施的方式有公開性或全面性配額及進口許可證兩種。進口許可證又有競爭性拍賣、固定的偏愛或徇私、及申請分配等幾種分配方式。

3. 配額與關稅比較,兩者同樣有使進口品的國內價格上升及進口數量減少的對等性存在,但配額可能使一國潛在的獨佔者成為實際的獨佔者與外國出口商因而聯合形成出口獨佔或實行自動的出口設限,這是兩者主要的差異性之所在。

4. 與關稅比較,配額可能導致國內獨佔或外國出口獨佔,故其所肇致的社會福利損失較對等的關稅課徵為大。準此,關稅為優於配額的限制貿易政策工具。但是,基於進口配額較進口關稅的效果確定、行政上的韌性、國際收支的改善、及避免外國經濟波動的傳遞等因素考慮,配額倒時常成為權宜性的限制貿易的政策工具。

5. 出口關稅的課徵將使出口商的收入減少、出口品的生產與出口的數量減少,社會福利水準因而下降;出口補貼的實施將使世界貿易量過多,肇致世界資源的浪費,而使世界福利水準下降,如果進口國課徵進口平衡稅,將可提高世界的福利水準,但會發生實施出口補貼的國家移轉所得給課徵進口平衡稅的國家,及課徵進口平衡稅的國家進口減少、淨損失增加等經濟後果。

6. 環保問題將成為未來國際間主要的非關稅性貿易障礙;關稅稅率配額亦是一種非關稅貿易障礙措施,其通常被視為貿易自由化過渡期間的措施,使原先之數量配額限制措施,能夠以順利漸進的方式予以關稅化。

重要名詞

非關稅貿易障礙	公開性配額
進口許可證	出口補貼
進口平衡稅	自動出口設限
環境標準	關稅稅率配額

 問題練習

1. 實施配額的原因為何？方式有那些？

2. 試圖解分析配額與進口關稅的對等性。

3. 試圖解分析配額與進口關稅的差異性。

4. 配額的實施與關稅的課徵可能產生那些不同的經濟後果？

5. 試以圖形剖示小國課徵出口關稅的部分均衡分析。

6. 試分析實施出口補貼與課徵進口平衡稅的經濟後果。

7. 試以提供曲線分析自動出口設限的經濟後果。

◆第十七章 貿易政策與貿易自由化

　　自由貿易能使世界及各國的資源派用效率提高、產出增加、消費增加、社會福利水準提高的事實是無庸置疑的。但是，事實上各國由於經濟及非經濟因素的考慮，往往採行各種的關稅及非關稅的貿易政策來妨礙國際貿易的進行。因此，全世界及各國並無法完全獲得理論上可能享有的最大國際貿易利得，貿易障礙成為事實的常態，自由貿易反而成為理論上的理想。雖然各國不斷採行各式各樣的貿易障礙，但自由貿易的理想仍然深植於大家的心目中，推動各國朝向貿易自由化目標的努力一直未曾中斷。本章即在於簡要介紹各國朝向貿易自由化所作的一些重大的努力與成就。

■ 第一節　國際貿易的歷史回顧與演變

　　約自西元 1500 至 1750 年的 250 年期間，為重商主義思想盛行的時期。重商主義者視貴重金屬為國家財富與國力的象徵，因此各國莫不設法儘量增加出口、減少進口，以產生貿易順差，累積貴重金屬。在此情況下，歐洲各國的君主便利用其君權來限制貿易，希望經由對外貿易的順差來鞏固君權，擴張國勢。是故，重商主義可說是限制貿易思想的起源。

　　到了 18 世紀中期開始，歐洲個人主義興起，自由思想盛行，表現在經濟上的便是 Adam Smith 開始的古典學派的自由經濟思想。於此同時，英國產業革命成功，生產力大增，經濟開始快速工業化，再加上海上運輸的蓬勃發展，新領地的不斷發現，以英國為重心的古典學派經濟學者適時力主對內與對外自由貿易的可貴與利得，重商主義漸遭摒棄，取而代之的為自由放任、完全競爭的自由貿易思想，終於造成國際貿易的快速擴展。

　　但是，這種自由貿易的黃金時期相當的短暫，當美國獨立與德國成為統一的國家之後，為發展國內工業而提出保護幼稚工業的口號，美國的 Alexander Hamilton 與德國的 Friedrich List 便是倡導限制自由貿易、保護本國幼稚工業發展的代表。是故，到了 19 世紀中期之後，自由貿易的思潮為國家主義所取代，各國紛紛築起貿易障礙壁壘，防衛本國市場，保護本國產業的發展，國際貿易的擴展因而緩慢下來。

到了 20 世紀初期，由於歐洲各國擴充軍備與推展殖民地貿易，國際貿易又開始快速成長，但旋即於 1914 年爆發第一次世界大戰，國際貿易因而停頓。戰後，由於面臨歐洲各國經濟受到戰爭的破壞、英國幣值高估引起國際收支持續逆差、德國必須支付大量賠款、及採行浮動匯率制度引起匯率不穩定等不利因素，國際貿易因此無法順利開展，大部分的國家均築起關稅壁壘，進行戰後復員與重建的工作。

1929 年秋天，世界經濟大蕭條 (Great Depression) 爆發，整個 1930 年代全世界的經濟陷於嚴重蕭條的境界，再加上美國於 1930 年通過**斯莫特—哈萊關稅法案** (Smoot-Hawley Tariff Act)，對進口品課徵平均高達 53% 的進口關稅，而招致外國的報復。因此，整個 1930 年代全世界國際貿易的成長率相當的低，美國佔全世界貿易量的比例也告下降。

為了挽救世界經濟大蕭條，並刺激國際貿易的成長，美國遂改變其保護主義的態度而轉趨自由貿易，因而在 1934 年美國國會通過**互惠貿易協定法案** (Reciprocal Trade Agreements Act)。此一法案將關稅課徵權由政治氣氛濃厚的國會移轉到總統的手中，並授權總統與外國協商降低關稅，降低的幅度可達斯莫特—哈萊法案所訂稅率的 50%。自此而後，美國即根據互惠貿易協定法案推展貿易自由化的進行。

互惠貿易協定法案是建立在兩個重要的原則之上：⑴任何的關稅減讓是雙邊互惠的，因此導致兩國只就雙邊較為重要的貿易商品談判關稅減讓；及⑵為了避免行政手續的麻煩以及每一種進口品存在不同稅率的困擾，**任何兩國所達成的關稅減讓應擴展到適用於她們所有的貿易對手國（夥伴），此一原則遂被稱之為最惠國原則** (most-favored-nation principle)。

根據互惠貿易協定法案及其最惠國原則，至 1940 年，美國先後與 20 個國家達成雙邊的關稅減讓協議，至 1947 年，美國的平均關稅稅率只及 1934

年的二分之一。根據互惠貿易協定法案推動貿易自由化的結果，雖然有了重大的成就，但也逐漸顯示出此一法案的缺失。因為美國與其貿易對手國根據雙邊關稅減讓及最惠國原則進行關稅談判的結果，使得許多其他的第三國坐享關稅減讓之利，而這些國家本身並沒有對她們自己的關稅作任何的減讓，因而導致美國與其貿易對手國將關稅減讓談判限於兩國雙邊貿易特別重要的幾項產品之上，而使根據最惠國原則獲得關稅減讓談判之利的其他國家減至最少。此種依據互惠貿易協定法案進行雙邊關稅減讓談判所產生的困境，終因多邊關稅減讓談判的推展而獲得解決。

　　第二次世界大戰爆發之後，世界經濟關係陷於混亂，國際分工與貿易大都陷於停頓，鑒於第一次世界大戰後國際經濟不景氣的歷史教訓，早在戰爭結束之前，美國及其他重要的貿易國家即著手籌組不同的國際機構，以利於處理戰後國際的貨幣、金融、投資、及貿易等問題，因而在戰後有國際貨幣基金 (International Monetary Fund, IMF)、國際貿易組織 (International Trade Organization, ITO)、及國際復興暨開發銀行 (International Bank for Reconstruction and Development, IBRD)——即世界銀行 (World Bank) 等三大國際合作機構的籌組。其中，國際貿易組織為 1947 至 1948 年在古巴首都哈瓦那所召開的貿易暨就業國際會議中所創設，其功能在增進國際貿易、解決貿易糾紛、協調貿易政策、及促進貿易自由化。但是，由於此一組織所涵蓋的範圍過於廣泛，因而沒有得到美國國會及其他國家的一致贊同，經過各國再度協商的結果，終於成立另一推動國際貿易自由化的國際組織，稱之為**關稅暨貿易總協定 (GATT)**。

　　GATT 成立之後，推動各國舉行過多次的多邊貿易談判，其中以 1964 至 1967 年在日內瓦舉行的「**甘迺迪回合**」(Kennedy Round) 及 1973 至 1979 年在東京進行的「**東京回合**」(Tokyo Round) 最為著名，其成就也最大 ❶。

---

❶甘迺迪回合乃因美國總統 J. F. Kennedy 推動此一談判而得名。東京回合乃美國總統 R. Nixson 推動，故本名尼克森回合 (Nixson Round)，但後來 Nixson 因水門案去職，而改以 1974 年各國貿易部長會議的地點——東京——命名。甘迺迪回合與東京回合實際談判的地點均在 GATT 的總部——日內瓦——舉行。

在 GATT 下，已開發國家主要針對彼此之間重要的工業產品的貿易進行關稅減讓談判，因此以出口初級工業產品與農礦產品為主的開發中國家並無法享有 GATT 下多邊關稅減讓談判的好處，於是導致開發中國家的不滿與抗議。因之，為維持 GATT 的繼續存在，針對開發中國家貿易的特性與需要，終在 1964 年於瑞士日內瓦召開**聯合國貿易暨發展會議** (United Nations Conference on Trade and Development, UNCTAD)，而達成了針對開發中國家的要求所作的優惠關稅安排，稱之為**優惠一般化制度** (Generalized System of Preference, GSP)。自此而後，與開發中國家有關的貿易談判在 UNCTAD 下進行，而一般的多邊貿易談判仍在 GATT 下進行。

在各國致力於消除貿易障礙、推動貿易自由化的努力之後，尤其重要的是，自第二次世界大戰以來，世界各國——尤其是先進工業國家的經濟快速成長，因此造成自 1950 年代開始，國際貿易呈現空前快速的擴張。同時由於交通運輸與資訊傳播事業的快速發展，導致各國經濟關係的密切結合，再加上美國的經濟力量在全世界居於主導地位，因此，自第二次世界大戰之後，全世界的貿易便與美國的經濟情況及對外貿易的盈虧，呈現著高度相關的關係。

1960 年代開始的持續、鉅額國際收支逆差與 1970 年代的經濟不景氣，導致 1970 年代美國新的保護主義抬頭。美國國會雖然沒有通過極具保護色彩的柏基─哈特基議案 (Burke-Hartke Bill)，但 1984 年通過的**貿易與關稅法案** (Trade and Tariff Act) 與 1988 年 8 月 23 日經 R. Reagan 總統簽署，正式成為美國法律的 **1988 年綜合貿易與競爭力法案** (Omnibus Trade and Competitiveness Act of 1988) 卻有濃厚的保護色彩，保護主義的議案近年來也不斷的增加。這使得全世界籠罩在保護主義隨時可能盛行的不安之中。

由於戰後經濟思潮轉變，各國趨向於將對內經濟穩定置於維持對外國際收支平衡之上，致使國際貿易的趨向隨國際經濟榮枯的循環而變動，即當國際經濟繁榮時，國際貿易障礙減低，各國傾向於貿易自由化；國際經濟衰退時，國際貿易障礙增加，各國傾向於保護主義。在此情況下，各國將對外貿易視之為調節國內經濟的一種策略，國際貿易的變化自然與國際及各國的經濟情況產生密不可分的關係。但是，就長期來看，消除貿易障礙、貿易自由化是一種無可避免的趨勢❷。

第二節　關稅暨貿易總協定的成果與困境

一、基本原則

關稅暨貿易總協定 (GATT) 是聯合國於 1947 至 1948 年間在哈瓦那 (Havana) 召開「貿易暨就業會議」時籌設成立的，其總部設於瑞士的日內瓦。GATT 為一有實無名的政府間組織，其範圍與目標較當初擬成立的國際貿易組織 (ITO) 為小，參與 GATT 的主體為獨立關稅領域的政府，稱為締約成員 (contracting party)，而不稱為會員國 (member)。

GATT 主要的活動為推動國際間多邊關稅減讓、非關稅貿易障礙減消、數量限制消除、及貿易糾紛的協調。GATT 各項條款所依據的為以下的四個基本原則：

(一)無歧視原則

又稱最惠國原則，這是 GATT 的基石。凡 GATT 的締約成員須接受最惠國條款，即 GATT 締約成員的貿易政策（或關稅減讓）應公平普遍地施用於所有的 GATT 的締約成員，而不可以對任何單獨的成員有不同的差別待遇存在，亦即最惠國條款原則上排除締約成員間貿易政策有任何差別優惠待遇存在，但關稅同盟、自由貿易區等區域經濟合作組織的內部優惠待遇則不在此限。

任何的貿易政策歧視存在，其後果將是：(1)導致國際資源派用的扭曲，

---

❷以美國為例，其平均關稅稅率從 1930 年斯莫特—哈萊關稅法案通過後的53%開始下降，1930 年代平均為 43.6%，1940 年代平均 24.1%，1950 年代平均 12.0%，1960 年代平均 11.8%，1970 年代平均 7.4%，1980 年代平均 5.3%，1990 年代平均 5.2%。參閱 U.S. Census Bureau, *Statistical Abstract of the United States*。

而使資源派用效率與世界福利水準下降; 及(2)遭受歧視的國家將會採取報復, 而導致全面性貿易障礙的提高。是故, 消除貿易政策歧視是達到全面降低關稅, 促進貿易自由化的首要步驟。根據無歧視原則, GATT 締約成員採行**複式關稅制度** (multiple tariff system) 而非**單一關稅制度** (unified tariff system), 即締約成員之間依據最惠國條款, 彼此相互採用**優惠稅率**, 而對非締約成員則採用較高的**一般稅率** (又稱基本或國定稅率)。為避免誤解並使名實相符, 美國乃於 1999 年將「最惠國原則」改名為「**正常貿易關係**」(normal trade relations)。

(二)唯關稅保護原則

締約成員保護其國內工業只限於使用關稅貿易政策工具, 而不得以配額或其他直接管制為之。但是, 有兩個重要的例外情形: (1)准許以配額保護本國農業, 及(2)准許以非關稅手段──如配額、補貼、外匯管制──解決國際收支困境。對於反傾銷、補貼、關稅估價、輸出入手續、產地標示、國內貿易法規、國營貿易企業等, GATT 均有詳細規定, 以避免其成為貿易障礙。

(三)諮商原則

締約成員應在 GATT 所安排的架構下, 進行多邊的關稅減讓談判與貿易糾紛的協調, 以使貿易障礙所肇致的損失減至最小❸。

(四)國民待遇原則 (national treatment)

相對於最惠國待遇, 國民待遇係對本國與外國間的無歧視待遇。亦即, 任一締約成員對來自其他締約成員之輸入品所設定之國內稅及法規, 其待遇不得低於與本國相同產品所享有之待遇, 任一締約成員亦不得直接或間接規定任一產品之數量或比例須由國內供應。除關稅與國內稅之外, 各締約成員於課徵與輸出入有關之任何費用時, 亦不得間接保護國內生產者。

根據這些基本原則, GATT 的締約成員於戰後便開始進行多邊的關稅減讓談判。

---

❸GATT 有一正式的爭端解決程序 (dispute settlement procedure), 以解決成員間的貿易糾紛。

二、多邊關稅減讓談判

　　1947 年 GATT 成立後，隨即在瑞士日內瓦舉行第一回合的多邊關稅減讓談判，並獲致重大關稅減讓的成就。例如，美國有 54% 的進口品降低關稅，減讓的幅度平均達 21% 以上。隨後在 1949、1950、1955、及 1962 年又舉行四個回合的多邊關稅減讓談判會議，但這四次談判的成效並不彰，僅導致小幅度的關稅減讓。不過，由於關稅減讓談判不斷地進行，使得全世界成千成萬項目的貿易產品的關稅稅率陸續降低或不再提高，再加上物價膨脹因素，遂使美國的關稅平均稅率由 1934 年的 46.7% 降低至 1962 年的 12% 左右。

　　1947 年之後的四次關稅減讓談判，其成效不彰乃是因為：⑴經 1947 年的關稅減讓之後，各成員的關稅已經降低至正常的水準，進口替代業者反對政府進一步的減讓關稅，政府也希望維持其當時現行的關稅水準，以作為進一步關稅談判的籌碼；⑵一國的關稅降至某一低水準之後，將使外國進一步要求降低關稅的誘因降低；再者，1957 年羅馬條約成立歐洲共同市場之後，其會員國也不願意降低對外的共同關稅；及⑶ 1950 年代美國國會重新修訂 1934 年的互惠貿易協定法案，使得總統無法輕易與外國進行重大的關稅減讓談判。

　　1950 年代美國保護主義再度抬頭，因而導致美國國會修改 1934 年的互惠貿易協定法案，其重點為增列特定與一般的保護條款。**特定的保護條款**主要為保護特定的產業——如農業，因此有所謂的**國家安全條款 (national-al security clause)**，指出當進口替代產業的發展為國家的安全所必需時，政府不僅不可減讓關稅，甚至可以撤銷已經減讓的關稅。**一般的保護條款**主要為保護國內所有受到進口競爭傷害的產業，其主要包括**危險點規定 (peril point provisions)**——禁止總統將關稅稅率減讓至嚴重傷害國內產業的程度；**免除條款 (escape clause)**〔又稱**防衛俱書 (safeguard provisions)**〕——當關稅減讓談判確定後，國內產業可以向關稅委員會 (Tariff Commission) (即現在的國際貿易委員會）訴願，申述其受到進口競爭的傷害而請求救濟。
當關稅委員會確定國內產業遭受進口競爭的嚴重傷害後，可以建議總統再
度提高關稅。危險點規定與免除條款所指的傷害，均是指國外進口品在國
內市場佔有率的提高，這種標準往往導致對產業是否受到傷害的認定的爭
論。但是，無論如何，危險點規定與免除條款削弱了總統減讓關稅的權力，
使得關稅無法大幅減讓，貿易自由化的推展因此受到阻礙。

為避免歐洲共同市場的成立導致工業化國家分裂成不同的貿易集團與
1950 年代修訂互惠貿易協定法案所導致貿易政策的偏差，美國總統 J. F.
Kennedy 遂於 1962 年向國會提出**貿易擴張法案** (Trade Expansion Act) 並獲
得通過。此一法案具有以下幾個重要的特點：(1)美國總統有權對所有的產
品減讓 50% 的關稅；(2)關稅減讓談判以**全面性的方式** (across-the-board ap-
proach)，而不再是依**逐項產品的方式** (commodity-by-commodity approach)
進行；(3)對於進口競爭傷害重新定義，以使關稅委員會無法輕易認定產業
受到傷害；(4)即使關稅委員會認定某一產業受到進口競爭的傷害，總統並
不一定要給予關稅保護；及(5)採行**貿易調整協助** (trade adjustment assist-
ance)，對於受到進口競爭傷害的產業及其從業人員，給予低利貸款、租稅
減免、額外的失業保險給付、技術協助、或再訓練等協助，使其生產力提
高或移轉至其他部門生產，而不援用免除條款提高關稅，使進口替代產業
免於受到進口競爭。

根據 1962 年的貿易擴張法案，美國與其他工業國家從 1964 年開始進
行全面性的多邊關稅減讓談判，至 1967 年始完成，關稅減讓的幅度平均達
1962 年關稅的 35%，此即所謂的「甘迺迪回合」談判，是 GATT 成立以來
關稅減讓談判成就最大的。「甘迺迪回合」所達成的關稅減讓幅度雖較貿易
擴張法案所允許的 50% 為小，但世界工業產品的關稅水準因而大幅下降，
貿易自由化的程度提高，從而擴大世界貿易數量與範圍，對於增進國際資
源派用效率，提高世界所得水準，其成效確實空前。

美國於 1974 年制訂**貿易改革法案** (Trade Reform Act) 取代 1962 年的
貿易擴張法案。此一法案授權總統減讓關稅達「甘迺迪回合」後關稅稅率

的 60%，對於 5% 及其以下的關稅可以完全免除，並授權總統進行非關稅貿易障礙的減讓談判。根據貿易改革法案，在 GATT 的架構下，於 1973 年開始進行在東京開幕而實際於日內瓦舉行的「**東京回合**」多邊貿易談判，以接續「甘迺迪回合」談判。至 1979 年 12 月，由於大部分的開發中國家認為 GATT 的最惠國關稅減讓，將會損及她們根據 GSP 所爭取到的片面優惠關稅待遇的利得，因此所有的開發中國家均拒絕在「東京回合」談判的協定上簽字。因之，原來參加談判的 99 個成員中只有 41 個成員簽訂關稅減讓及削除非關稅貿易障礙的協定。在關稅減讓方面，參加成員同意簽訂協議，以過去 8 年的關稅為基準，從 1980 年 1 月開始，工業產品削減大約 34% 的關稅。在非關稅貿易障礙的消除方面，主要集中於以下幾項：

㈠技術貿易障礙協定，一般又稱規格標準法規 (Standards Code)

締約成員不應利用工業生產的規格標準作為限制貿易的障礙，對於進口品與國內產品應一視同仁，尤其應該協助開發中國家建立起工業產品生產的規格與技術標準。

㈡政府採購協定

各國政府應公開、沒有歧視地執行採購政策，以使外國廠商能與國內廠商機會均等地參與政府採購的投標競爭。

㈢補貼與平衡稅法規

締約成員可以補貼政策促進其國內產業的發展，但是，如果一國對其出口品實施補貼而使其他國家的產業遭受進口競爭的不利傷害時，遭受對手國出口補貼傷害的國家可以課徵進口平衡稅。

㈣進口許可程序協定，又稱許可核發法規 (Licensing Code)

締約成員政府對於進口許可的核准應該簡化、迅速、公平，而不應因為進口對象的不同而有任何的留難、限制。

㈤海關估價法規

締約成員應根據離岸價格 (free on board, f. o. b.) 或到岸價格 (cost, insurance and freight, c. i. f.) 對進口品估價、課稅，而不應採用使進口品價格偏高的方式估價。

　　「東京回合」多邊貿易談判的成果較「甘迺迪回合」為大，但各工業國家對於面臨進口競爭壓力日漸增加的產品，仍可以暫時保護這些產業為由而拒絕大幅減讓關稅。這些產業往往是已開發國家生產力日漸低落，但是開發中國家作為出口導向成長的**領先產業** (leading industry)。如何降低這些工業國家的進口敏感產業的關稅，成為「東京回合」談判後 GATT 努力的重點所在。1982 年 11 月 27 日，GATT 的 88 個締約成員於日內瓦召開「東京回合」談判後的一次規模最大的多邊貿易政策高階層會議，會中各國對保護條款、農產品貿易、貿易糾紛仲裁、及擴大總協定項目等問題發生了激烈的爭議，尤其是開發中國家與已開發國家之間的貿易政策歧見更是深鉅，最後雖經延長會期 1 天而達成折衷的共同宣言，但也顯示國際貿易問題的日益複雜與難以解決。

　　以上我們已經對 1947 至 1979 年這段期間 GATT 推動下的多邊貿易談判作一概要的介紹。現將各回合談判舉行的時間、名稱、地點、及成果列示於表 17–1，以資參考。

 ## 三、待解決的問題

　　GATT 的成立雖然無法達到完全消除貿易障礙的目標，但對於減除貿易障礙，促進國際貿易自由化確實有相當大的貢獻，在國際貿易情勢錯綜複雜的情況下，能有這樣的成就，已誠屬難能可貴。綜觀 1947 至 1979 年這段期間，GATT 推動多邊貿易談判其所遭遇到的最大問題為以下幾項：

㈠國際貨幣金融體制的紊亂

　　國際經濟活動是實物與貨幣金融同時雙向進行的，唯有健全的國際貨幣金融制度，國際貿易才能有效開展。降低關稅固然是促進國際貿易發展的重要途徑之一，但更需國際貨幣制度與國際金融情況的穩定，否則將抵消降低貿易障礙的效果。自 1973 年 3 月布萊頓森林制度 (Bretton Woods System) 崩潰，各工業先進國家改採浮動匯率制度以來，新的國際貨幣制度至今尚未妥善建立起來，國際金融市場投機風潮迭起，主要通貨匯率屢有大幅波動，其對國際貿易實有重大不良的影響。重建國際貨幣制度雖非 GATT 的任務，但其無法健全卻使 GATT 推動國際貿易的努力事倍功半。

表 17-1　　GATT 舉行的多邊貿易談判

時　間	名　稱	地　點	成　果
1947 年	第一回合 (First Round)	Geneva	所有締約成員 4,500 種關稅減讓（約等於全世界 1/2 的貿易）。美國 53.6% 的進口品降低關稅，降幅達 21.1%。
1949 年	第二回合 (Second Round)	Annecy	所有締約成員微量的關稅減讓。美國 5.6% 的進口品降低關稅，降幅為 1.9%。
1950－1951 年	第三回合 (Third Round)	Torquay	所有締約成員的關稅減讓為 1948 年水準的 25.0%。美國 11.7% 的進口品降低關稅，降幅為 3.0%。
1955－1956 年	第四回合 (Fourth Round)	Geneva	所有締約成員微量的關稅減讓。美國 16.0% 的進口品降低關稅，降幅為 3.5%。
1961－1962 年	狄倫回合 (Dillon Round)	Geneva	所有締約成員微量的關稅減讓。美國 20.0% 的進口品降低關稅，降幅為 2.4%。
1964－1967 年	甘迺迪回合 (Kennedy Round)	Geneva	所有締約成員的工業產品平均 35.0% 的關稅減讓，農產品只有微量的關稅減讓，通過反傾銷法規。美國 79.2% 的進口品降低關稅，降幅為 36.0%。
1973－1979 年	東京回合 (Tokyo Round)	Geneva	所有締約成員的工業產品平均 34.0% 的關稅減讓，通過非關稅貿易障礙法規。美國進口品降低關稅幅度為 29.6%。

㈡非關稅貿易障礙的增加

歷次 GATT 的多邊貿易談判，對於削減關稅及非關稅的貿易障礙均能達成若干的協議，但其實際執行的成果卻相當有限。關稅一經設定之後較少變動，如有變動須經立法機關審議且公告之，故較為容易掌握、因應，對貿易的阻礙作用較為溫和；非關稅貿易障礙不必經立法機關審議，各國大多以行政命令行之，隨時可以變動，故較為不易掌握、因應，對貿易的阻礙作用較為強烈。當關稅水準一經降低之後，以非關稅貿易障礙作為貿易政策工具愈顯重要，更易為各國所採用，因而使 GATT 的關稅減讓效果被抵消或破壞無遺。

㈢區域經濟整合組織的出現

自歐洲共同市場成立之後，世界各地紛紛模仿而成立類似的區域經濟整合組織，這些組織往往規模很大、發展迅速。在貿易政策方面，往往對會員國與非會員國採取差別待遇，這正違反了 GATT 的非歧視原則。是故，多邊貿易談判更加難以進行，貿易自由化更難以推動。

㈣已開發與開發中國家之間的歧見

GATT 的歷次談判，係以工業先進國家為主體，而以工業產品為商談的主要對象。開發中國家雖然參加，但並無法發揮重大的影響力，且初級工業產品與農產品往往被視為特例而不在談判之內。是故，GATT 的貿易障礙減讓之利，大多由先進工業國家所得到，開發中國家所獲之利相當有限，因而肇致開發中國家對 GATT 相當不滿，歷次的 GATT 多邊貿易政策談判中也就出現開發中國家與工業國家之間無法達成協議的局面。在開發中國家的力爭下，GATT 於 1965 年增加新的特別條款——貿易與發展——以促進開發中國家的貿易，但其成效仍然相當有限。

㈤農產品與勞務的貿易談判

GATT 准許締約成員對農產品的進口實施關稅或配額，以保護其農業，對於農產品的出口補貼亦不反對。各國政府基於保障農民所得、促進農業發展、維護國家安全、及爭取農民支持等經濟與非經濟的因素，對於農產品的貿易通常採取高度的貿易障礙。歐洲共同市場各國對於農產品貿易的限制尤其嚴苛，其採行以補貼農產品出口為主的**共同農業政策** (Common Agricultural Policy, CAP) 更大大地傷害了國際貿易關係的和諧。是故，如何促進國際農產品貿易的自由化成為 GATT 努力的重點之一。

隨著國際經濟快速成長，各國經濟整合的程度日益加深，國際貿易的層次已不再限於傳統有形商品的貿易。國際間金融、保險、投資、及技術服務等資金與勞務的交流日益增加，是否將這些國際經濟活動的限制納入 GATT 多邊談判的範圍之內，亦將是 GATT 所面臨的難題。雖然大部分的開發中國家不願將勞務貿易納入 GATT 多邊談判的範圍之內，但美國已於

1984 年通過貿易與關稅法案，授權總統就降低勞務貿易的障礙進行國際間的談判。

㈥關稅結構的問題

開發中國家時常抱怨工業先進國對製成品所課徵的關稅均大於對中間投入所課徵的關稅，因而先進工業國家的有效保護率遠高於名目關稅，而使開發中國家初級工業產品的出口遭受到相當的阻礙。因此，基於協助開發中國家發展經濟、推動工業化的立場，GATT 的多邊關稅減讓談判應更加致力於降低有效保護率，尤其是初級工業產品的關稅減讓應大於中間投入的關稅減讓，開發中國家才能由 GATT 的關稅減讓談判中獲得出口增加的好處。

㈦智慧財產權的保護

所謂智慧財產 (intellectual property) 乃一發明、點子 (idea)、產品、或過程已向政府註冊，發明者（或作者）獲得獨有權 (exclusive right) 使用發明某一段時間。政府通常以版權 (copy right)、商標 (trademarks)、或專利權 (patents) 來保護智慧財產權。近年來，國際貿易與某些國家之內仿冒、偽造、沒有獲得合法授權之產品的數量快速增加，嚴重地損害了原有產品的形象並侵犯了智慧財產權，許多的國際貿易糾紛因此而起。針對此一現象，美國 1984 年的貿易與關稅法案及 1988 年的綜合貿易與競爭力法案特別要求對容忍此種行為的國家採取報復，GATT 也尋求透過多邊貿易談判來達成國際協議，以保護各國人民的智慧財產權。

◆ 第三節　烏拉圭回合談判與新保護主義

一、烏拉圭回合談判的過程與成果

GATT 自 1947 年成立迄 1979 年為止，共舉行過 7 個回合的多邊貿易談判，在關稅減讓及撤除非關稅貿易障礙方面，均有顯著進展，對促進全球貿易自由化貢獻卓著。惟自 1980 年代起，由於全球經濟衰退，新貿易保護主義抬頭，造成各國貿易摩擦日益增加，加上區域主義盛行，均已威脅多邊貿易體系之健全運作。有鑒於此，GATT 締約成員爰於 1986 年 9 月 15 日在烏拉圭的東岬舉行部長級會議，決定展開第八回合多邊貿易協商，此即烏拉圭回合 (Uruguay Round) 談判。

　　歷時 7 年 3 個月，眾所矚目的烏拉圭回合談判終於在 1993 年 12 月 15 日達成協議，結束所有實質的談判，並於 1994 年 4 月 12 日至 15 日，在摩洛哥的馬拉喀什召開烏拉圭回合談判最後一次部長會議，正式通過「馬拉喀什宣言」及採認四項決議，並簽署烏拉圭回合談判最終法案及各項協定，烏拉圭回合至此正式宣告完成。烏拉圭回合達成的協議涵蓋範圍十分廣泛，除關稅減讓、撤除非關稅貿易障礙外，亦包括投資、智慧財產權、服務業等新領域，同時決定將 GATT 改制為新的世界貿易組織 (WTO)，因此對整個世界經濟與貿易產生深遠的影響。這項被譽為 20 世紀最偉大的國際多邊貿易協定的主要內容如下：

㈠關　稅

　　各國保證降低工業製品及農產品關稅平均約 37%。美國與歐洲同盟 (European Union)（前身為歐洲共同體）則同意調降彼此間的關稅 50% ❹。

㈡服務業

　　估計每年貿易額達 40 億美元的銀行、保險、旅遊、及勞力等服務業將開始納入規範。關於開放金融服務業市場，美國將至少享有 18 個月的緩衝期，而後再以 6 個月時間決定如何開放其市場。美國有可能對所有國家開放市場，也有可能只向那些對美國銀行及保險公司採取相對開放措施的國家開放市場❺。

---

❹根據世界貿易組織的統計，烏拉圭回合談判後，工業產品的平均進口關稅稅率，由 6.3% 降至 3.8%，其中已開發國家由 6.2% 降至 3.7%，開發中國家由 20.5% 降至 14.4%。

❺由於美國和歐洲同盟未能解決在視聽產品方面的歧見，因此這項協定只作最小的市場開放承諾。此外，在 1994 年 4 月於摩洛哥簽署（約 120 個成員）的「落實烏拉圭回合多邊貿易談判成果最後協定」中，金融服務業暫時沒有列入協定內。

(三)農　業

農業與服務業同為首度納入法規規範，主要內容為：

(1)所有進口限額等非關稅性貿易障礙，將改換為課徵關稅措施。工業化國家必須在 6 年內降低 36% 的關稅，而開發中國家則必須於 10 年內降低 24% 的關稅。

(2)各禁止農產品進口的國家，至少須開放其國內 3% 的農產品消費市場，並於 6 年內提高到 5%。而日本將開放 4% 的稻米進口市場，並於 6 年內提高到 8%。南韓則將開放 1% 的稻米進口市場，並於 1999 年提高為 2%。

(3)對農業的直接出口補貼總值於 6 年內降低 20%，開發中國家則於 6 年內降低 13.3%。

(4)對直接出口補貼金額於 6 年內降低 36%，總額則降低 21%。

(5)最貧窮的國家得免除這些農業變革措施。

(四)紡織業

1974 年以來「多邊纖維協定」(Multi-Fiber Arrangement) 所實施的紡織品及成衣進口配額，將於 10 年內逐漸取消。

(五)反傾銷

關於「以低於國內市場價格向外國傾銷」的認定將進一步釐清。關於「傾銷」、傾銷對提出控訴國市場的損害、及解決爭議的方式，均有較明確的定義。

(六)智慧財產權

強化對專利、著作權（版權）、錄音資料演出及製作者權利、商標及原產地標示的保護。所有的新發明將享有 20 年的專利權。

(七)世界貿易組織

1995 年元月正式成立永久性的「世界貿易組織」取代關稅暨貿易總協定，其地位將等同於國際貨幣基金及世界銀行，在日後各種國際貿易爭端中扮演類似國際貿易仲裁法庭的角色，以負責仲裁及解決未來 WTO 成員之間的貿易糾紛。

二、烏拉圭回合談判的影響

烏拉圭回合談判的結果，對國際貿易主要的影響如下❻：

㈠國際貿易的新規範將更有效落實執行

烏拉圭回合談判達成協議後，已於 1995 年元月正式成立「世界貿易組織」(WTO)，俾執行 GATT 烏拉圭回合所達成的協定，以及有關未來多邊貿易體系之各種規範與部長會議之決議等。為有效處理未來 WTO 各締約國間的貿易爭端，烏拉圭回合最終協議特別達成「爭端解決規則及程序處理諒解備忘錄」，且將於 WTO 中設置爭端解決的專門機構──「爭端解決體」(DSB)，以縮短爭端解決處理時間，同時將成立上訴機構，並賦予非觸法性但影響貿易利益爭端案件申訴之權力，使新的爭端解決程序更趨法律導向，且平衡不同開發程度國家之權益。此外，WTO 將設置「貿易政策檢討體」(TPRB)，可全面性定期檢討各締約成員之貿易政策與措施，俾藉由對所有締約成員貿易政策資訊的揭露，強化對 WTO 架構下多邊與雙邊貿易協定之履行，促使各締約成員貿易政策透明化及適法性，並將所有貿易扭曲措施逐漸納入國際監督的架構中。

㈡強力的多邊貿易組織將主導國際貿易新秩序

世界貿易組織之運作方式，係由部長會議執行 WTO 的各項功能。部長會議是由所有締約國的代表組成，每年至少集會一次，在任何多邊貿易協定下均具有決策的權力。理事會亦由締約成員的代表所組成，並在適當的時間召開。部長會議及理事會對多邊貿易協定條文均具解釋的權力，締約成員間的議事方式除通常採「共識決」(consensus) 外，在無法取得共識時，亦將採多數決的方式，每一締約成員在部長會議及理事會均享有一票的投票權，決議時重大案件須有三分之二或四分之三以上之多數同意，一般案件僅需多數同意即可，這將使國際經貿秩序的維持逐漸轉為集體管理的方式。

❻本節摘錄自《中華民國八十四年國家建設研究會「財經建設研究分組」研討議題及背景資料》。

㈢全球將邁入更為公平競爭之自由貿易時代

為促使各國進一步開放市場，烏拉圭回合談判不同於前 7 回合關稅調降僅集中在少數工業產品的方式，而採取工業、農產品全面性降低關稅的方式進行。工業產品方面，各國關稅以 1986 年為基期，自 1995 年開始分 4 年 5 階段調降，平均降幅至少為三分之一，而已開發國家零稅率的項目將達 25%。農產品方面，以 1986 至 1988 年這三年平均數為基期，已開發國家在未來 6 年關稅平均削減 36%，單項產品降幅至少為 15%；開發中國家在未來 10 年平均削減 24%，單項產品降幅亦至少為 15%。許多受非關稅措施保護的農產品，除稻米等可適用特殊待遇外，均須以關稅化方式開放市場。此外，過去對於紡織品與成衣、出口補貼、及某些非關稅貿易障礙等給予特殊待遇，而違反 WTO 基本精神的例外情形，均回歸到 WTO 的規範。因此，未來全球貿易將進入全面降低關稅及撤除非關稅障礙的時代。

㈣全球貿易受公平競爭規範的項目將增加

烏拉圭回合談判的範圍，遠超出 GATT 前幾回合規約所規範範圍，除一般商品貿易外，亦將與貿易有關之智慧財產權及服務業貿易等納入規範。智慧財產權保護範圍除原有之專利、商標、著作權外，並擴及工業設計、積體電路佈局、產地標示、營業秘密保護等。服務業貿易方面，各締約成員基於無歧視待遇與透明化原則，對所有締約成員開放服務業市場，給予國民待遇，並依據服務業貿易總協定 (General Agreement on Trade in Services, GATS) 之規定提出初始承諾表，作為進一步談判的基礎。由此可見，烏拉圭回合談判諮商的議題更加擴大，世界貿易組織成立之後全球貿易受公平競爭規範的項目將趨於增加。

㈤提高世界生產及貿易水準

烏拉圭回合談判達成協議，將可提高世界生產及貿易水準。由於烏拉圭回合協議將促使各締約成員大幅降低關稅，並撤除許多非關稅貿易障礙，因此有助於促進國際競爭，刺激經濟成長，且可紓解物價上漲壓力。

三、世界貿易組織的展望

世界貿易組織成立之後，每年定期舉行部長級的會議。1999 年底，135
國的部長於美國西岸的西雅圖舉行第三屆會議，但因環保團體、工運團體
的激烈抗爭，開發中國家與先進國家之間意見紛歧，致使「西雅圖部長宣
言」無法達成共識，世貿組織未來的發展蒙上陰影，全球貿易自由化趨於
不樂觀。

2001 年 11 月 14 日，於卡達 (Qatar) 首都杜哈 (Doha) 所舉行的 WTO
第四屆部長會議圓滿落幕，正式啟動 WTO 成立後的首次貿易談判——杜
哈回合談判 (Doha Round)，於 2002 年 1 月開始進行❼。此回合談判內容集
中在市場進入、境內支持、出口補貼等議題上，且考慮開發中國家與低度
開發國家的特殊與差別待遇 (special and differential treatment)。杜哈回合談
判原預訂於 2005 年 1 月 1 日前完成，但談判一直陷入僵局，無法達成具體
進展，因此 WTO 於 2006 年 7 月宣布中止杜哈談判。

當前的世貿組織，不但有先進國家之間的利益之爭，也有先進國家與
開發中國家之間發展的不平衡。長此以往，國際間的貧富差距更加擴大，
更多的低度開發國家被邊緣化，成為永遠貧窮落後的國家，這些國家終將
成為世貿組織的負擔，國際社會的亂源。世貿組織中，各國仍以自身的利
益為最終考量，目前世貿組織積極推動的勞工標準、環境保護、電子商務、
或競爭政策等，雖都立意甚佳，但卻成為限制開發中國家經濟發展的工具。
如此，世貿組織終將淪為「富國俱樂部」。世貿組織在啟動新一回合談判的
一開始便出現如此大的歧見，是一種警訊，先進的大國若不調整老大心態，
世貿組織的分裂將遲早發生。

 ## 四、新保護主義的興起

自 1980 年代開始，對於美國貿易政策的執行有兩種理念上的爭論，一

---

❼根據杜哈部長會議宣言，WTO 成立貿易談判委員會 (Trade Negotiations Commit-
tee, TNC) 負責處理部長會議決議納入的各項談判議題。

是規則為基礎的貿易政策 (rules-based trade policy)，一是結果為基礎的貿易政策 (results-based trade policy)。前者主張根據國際貿易組織（如 GATT 或 WTO）的規範來執行貿易政策，後者主張經由攻擊性、片面、或威脅的貿易措施來達到所要追求的特定目標（如某一產品出口佔有貿易對手國市場的某一比例、限制某一產品進口在一國市場不超過某一比例、給予某一產業特別的保護、或達成某一貿易餘額目標等），或要求貿易對手國採行如同本國一般的對等貿易措施，這種貿易政策直接涉及資源的派用，因此被認為一種產業政策 (industrial policy) 或管理貿易 (managed trade)。

大部分的經濟學家認為，市場派用資源的效率總是較政府派用資源的效率來得高，因此從資源派用效率的觀點，政府應採規則為基礎的貿易政策。但是，許多市場人士卻認為美國的貿易夥伴採行了遠較美國為多的貿易干預、限制措施，美國政府有必要作出更強的反應，因此應採結果為基礎的貿易政策。事實上，貿易政策的取向往往是由政治運作（或選民投票）而非純經濟因素所決定的，貿易政策的決定因此通常是屬於政治經濟 (political economy) 的範疇。

如果自由貿易對一個國家真的那麼好，為何還會有那麼多的團體或個人主張限制貿易呢？在國際貿易政策上，經濟學家的忠告通常是不被重視的，因為貿易政策基本上乃一政治經濟而非純經濟的問題。研究政治因素影響貿易政策有兩種主要的方法，一是自利方法 (self-interest approach)，即從政治參與者的經濟自利動機出發，利用經濟模型分析政府的貿易政策，屬於一種公共選擇經濟學 (public-choice economics) 的分析。這種方法以中間選民模型 (median-voter model) 為代表，即政府的政策（包括貿易政策）將以滿足中間選民為目標，因此將遵循大多數人的意願。這個模型的前提假設為選民對於某一政策的得失具有充分的資訊且將依他（她）們的偏好來進行投票。但在實際的社會，這兩個假設通常不是經常成立的，因此給予利益或壓力團體可乘之機。這些團體將為自身利益而投入資源遊說或資助政治人物來影響貿易政策的決定，這種獵租活動 (rent-seeking activity) 並沒有生產任何的財貨或勞務，是一不具生產性的活動，但卻改變了所得分配。

研究政治因素影響貿易政策的另一種方法為社會目標方法 (social objectives approach)，即貿易政策的形成考慮社會上不同團體的福利及各種的國家與國際目標。在這種情形下，貿易政策將所得分配、提升勞動生產力、經濟成長、國家安全、國際形象與領導（影響力）、及國際公平等廣泛的社會目標均考慮在內，而不只是考慮貿易的經濟後果。

自第二次世界大戰結束後，以美國為首所推動的貿易自由化運動，到了 1970 年代的中期，逐漸停頓下來。兩次的石油危機（1973 至 1974 年，與 1979 至 1980 年）、1980 年代初期美元幣值的堅挺及美國產品國際競爭力的減弱導致美國長期鉅額的貿易逆差、及工業國家相互之間經濟依存關係的提高等因素，導致世界主要三個貿易集團——美國、歐洲同盟（前身為歐洲共同市場）、及日本——保護主義的復活。就美國而言，1970 年代中期抬頭的所謂**新保護主義**，乃主張採行結果為基礎的貿易政策，其不同於傳統保護主義者為：

1.限制貿易的工具以非關稅貿易障礙為主，其中以自動出口設限與秩序行銷協定最為著名。為達到這些限制貿易的目標，在新保護主義下，美國最常使用的限制貿易工具有免除條款、反傾銷關稅、進口平衡關稅、及不公平貿易行徑 (unfair trade practices) 懲處條款。免除條款、反傾銷關稅、及進口平衡關稅在前面均已有提及，而不公平貿易行徑懲處條款即為 1974 年貿易法案中的 301 條款 (Section 301)，它授權美國總統對美國出口施予不公平待遇的國家進行報復——如配額或提高進口關稅。301 條款不同於其他的限制貿易工具，它並不在於保護美國的進口替代產業，而是在於消除外國對美國出口品的各種不合理的限制，這樣亦可達到滿足美國國內保護主義者的要求。

2.要求限制某些特定產品而非所有產品的貿易。保護的對象著重於衰退產業，保護的目的在於滿足利益團體的要求。

3.雙邊的貿易限制而非 WTO 的無歧視原則，即新保護主義所著重的是個別國家之間而非所有貿易與國之間的貿易限制。

4.給予行政部門更大的裁量權。這將使得採行限制貿易之國家的許多保護措施不易為外國所查覺。

美國新保護主義最主要的限制貿易工具為301條款。美國總統 B. Clinton 於1994年3月3日簽署一項行政命令，決定恢復超級301條款兩年（1994及1995年），引起全世界的關注。所謂「超級301」條款是指美國於1988年頒布之綜合貿易法的第1302條，其所以被稱為超級301，是因為該條款涵蓋貿易報復的層面廣泛，不只對貿易夥伴國商品方面不公平的貿易，還包括各類相關的貿易障礙，如出口獎勵措施、勞工保護法令、及智慧財產權。但是，在實施程序方面與原條款略有不同，行政部門於貿易障礙公布（3月31日）後，在6個月之內（即9月30日以前）必須公布優先國家的障礙措施，並於21天內進行調查，並依照301程序進行諮商，若調查的措施涉及世界貿易組織(WTO)有關協定，則將提交WTO爭端解決程序進行裁決，否則將依301條款進行報復。

與特別301條款相同的是，美國貿易代表署每年排定日期公告檢討報告，且在限期內迫使貿易對手國讓步，但和特別301條款不同的是，特別301條款每年檢討，而超級301則有實施年度的限制，例如在1989及1990年實施兩年，在1994及1995年又繼續實施兩年。除超級301條款外，美國另有普通的301條款及特別的301條款（有關三者的比較，請參閱表17-2）。我國也連續多年被美國認為保護智慧財產權不力而列入特別301條款的觀察名單之中。

表 17–2　美國各種 301 條款的比較

內容　　條款	301 條款	特別 301 條款	超級 301 條款
立法依據	1974 年貿易改革法	1988 年綜合貿易法修正增加 301 條款	1988 年綜合貿易法第 1302 條
指定報復對象	一般商品貿易不公平措施	與智財權有關的措施	各類貿易障礙，包括出口獎勵措施、勞工保護法令等

曾被威脅的國家	巴西、臺灣等數十個國家	中共、臺灣、印度、泰國、巴西等數十個國家	日本、巴西、印度
期限	每年檢討 每年實施	每年檢討 每年實施	1989 與 1990 年曾實施，Clinton 總統又決定於 1994 與 1995 年實施兩年
美國行政部門權責	行政部門可自行決定	行政部門在期限內必須向立法部門報告	行政部門在期限內必須向立法部門報告
報復優先順序	無優先順序	分優先國家、優先觀察國家、一般觀察國家三級	分優先國家、優先措施

資料來源：經濟部國貿局。

第四節　貿易自由化與開發中國家的貿易政策

GATT 推動貿易自由化所根據的最重要基本原則為非歧視原則，即對所有 GATT 締約成員均給予公平待遇的**橫面公平** (horizontal equity)。但是，開發中國家認為 GATT 歷次關稅減讓談判所達成的協議違反了此一原則。因為工業先進國家只就她們彼此之間重要的貿易商品商討關稅減讓，對於初級工業產品與農產品則不在多邊關稅減讓談判之內。

例如，美國 1962 年的貿易擴張法案授權總統，對於美國與歐洲共同市場之間貿易量達世界 80% 的產品，可以完全免除關稅，而對其他國家或地區的產品最多只能減讓 50% 的關稅；「甘迺迪回合」談判的結果，美國與歐洲共同市場之間許多重要的貿易商品均取消關稅，但許多開發中國家出口品的貿易障礙仍然維持。再者，GATT 的無歧視原則及最惠國條款，亦使得開發中國家裹足不前，不敢輕易參加 GATT 的多邊關稅減讓談判，以維持其對幼稚工業的關稅保護壁壘。是故，開發中國家在對 GATT 感到失望之餘，遂在聯合國的贊助之下，於 1964 年自己召開了聯合國貿易暨發展會議 (UNCTAD)。

開發中國家認為在 GATT 歷次的關稅減讓談判中，她們均受到歧視，因而透過 UNCTAD，要求已開發國家考慮開發中國家比較不利經濟的情勢與國際競爭能力，而對她們的初級工業產品的出口，給予片面優惠關稅減讓，以實現縱的公平 (vertical equity)——即凡處於較差的經濟條件，應給予較優的關稅待遇。此一行動導致工業國家在 1970 年的聯合國貿易暨發展會議中提議訂定**優惠一般化制度** (GSP)，對開發中國家大部分的製造業及半製造業產品的出口，完全免除關稅或課徵較其他工業國家產品為低的關稅❽。

但是，GSP 的應用有許多的限制，其中主要為：⑴不包括農、漁業產品及紡織品，⑵只限於一定數量的進口範圍之內，及⑶期限為 10 年。開發中國家要求工業國家給予片面優惠關稅減讓，乃是基於：⑴優惠關稅乃是暫時的，待其出口產業茁壯成長而具有國際競爭能力時，即可取消；及⑵片面優惠關稅的施行，可以將原先為工業國家所收取的關稅收入，透過增加開發中國家出口廠商之利潤的方式，移轉至開發中國家的手中。是故，工業國家的片面優惠關稅減讓對於開發中國家的經濟發展，較之直接援助有更大的助益，「**貿易，而非援助**」(Trade, not Aid) 的口號，最能反映出開發中國家對要求片面優惠關稅減讓的看法❾。

歐體（歐洲經濟共同體，簡稱歐體）自 1971 年 7 月 1 日起開始實施優惠一般化制度，並以 10 年為期，期滿再行檢討是否有繼續實行的必要，此制度曾於 1990 年展延一次，目前仍在執行中。日本也是從 1971 年開始實施 GSP，美國由於國內的反對，遲至 1976 年才開始實施。先進國家實施 GSP 的結果，由於產品項目的選定、數量與時間的限制、及優惠受益集中

---

❽優惠一般化制度所根據的乃非互惠原則 (nonreciprocity principle)，即已開發國家給予開發中國家的出口品免除關稅的優惠，但開發中國家並沒有對應地給予已開發國家出口品免除或低關稅的優惠。

❾但是，亦有經濟學家提出「為貿易而援助」(Aid for Trade) 的觀念，即開發中國家如果缺乏出口所需的基礎建設（如港口、道路），亦無法從貿易自由化中獲利，因此已開發國家應協助（援助）開發中國家提高其出口的能力。

於少數「新興工業化國家」（我國為其中之一），真正低度開發的國家並未能真正享有 GSP 免稅的優惠。

　　GSP 實施的目的在於增加開發中國家出口產品的競爭力，以協助開發中國家的經濟發展。因此，當開發中國家出口品的競爭能力達到相當水準之後，GSP 的援用便受到相當的限制。除 10 年的時間限制外，GSP 的實施尚有所謂的「**個別產品畢業**」及「**國家畢業**」兩種方式，因此開發中國家大部分的產品實難以依賴 GSP 而建立起國際競爭的比較優勢。

　　以美國為例，當某一受惠產品的進口佔美國進口該產品總額的比例超過某一比例（修訂前為 50%），或進口的數量超過某一特定的金額（修訂前為 5,770 萬美元），次年即予刪除 GSP 的免稅優惠待遇，即受惠國就該項產品而言，將不再享有免稅的優惠待遇，該產品自 GSP 中自動畢業。美國於 1984 年 10 月通過優惠一般化制度修訂法案，將優惠一般化制度自 1985 年 1 月 4 日起再延長八年半的時間。在新制度下，140 多個開發中國家輸往美國的三千餘項產品，將繼續享受免稅進口待遇。但是，我國、香港、新加坡、韓國、及以色列等主要的受益國將受到較多的限制。

　　自 1987 年 1 月 4 日起，優惠一般化制度之受益國輸往美國單項產品的金額若超過 2,500 萬美元，或佔該項產品總進口值比例 25% 以上（兩者合稱為 25／25 標準），除非美國總統判定該項產品未具競爭能力，否則將自動喪失免稅待遇（即個別產品畢業），但美國總統豁免這些國家輸美產品「畢業」的總金額，不准超過美國免稅進口總金額的 30%，而我國、香港、新加坡、韓國、及以色列等能被免除「畢業」的金額合計不能超過總免稅進口額的 15% ❿。自動喪失免稅待遇的產品在連續兩年輸美金額跌至 2,500 萬美元或 25% 的基準以下，將有被重新指定為受益項目的資格。新制度將原有「微量條款」的金額由 100 萬美元提高到 500 萬美元，使進口金額低於 500 萬美元，而佔總進口值比例高於 50% 的產品仍可享受免稅待遇，這

---

　　❿在美國的優惠一般化制度的名單中，有所謂的最低度開發 (least-developed) 國家（在 2007 年有 42 個國家名列其中），這些國家出口到美國享有免稅優惠的單項產品沒有數量的上限。

項條款將使包括我國在內之新興工業化國家的許多產品免除自動喪失免稅
待遇的命運。

　　新制度也規定，當受益國的國民所得平均達每年 8,500 美元之後，該
國即被取消免稅地位（即國家畢業）。但是，此一標準將依美國國民所得增
加額的半數，每年向上調整一次。在優惠一般化制度修訂法案開始實施的
兩年內，美國總統對優惠免稅的裁量權將擴大，視受惠國國內市場開放程
度、勞工福利措施、執行反仿冒效率等情況，而決定是否給予輸美產品免
稅待遇。在 2007 年，美國給予 113 個開發中國家（不包括中國）優惠一般
化制度的待遇，目前我國、韓國、新加坡、及香港均已自美國的這項免稅
名單中畢業。

　　日本的 GSP 制度，依產品不同，享有的優惠條件也不一，有些產品可
以全面享有優惠關稅，有些產品則是僅在限額下享有優惠關稅。至 1999 年
年底，有 155 個國家及 25 個地區享有日本的 GSP 優惠關稅。從 2000 年 4
月起，臺灣、香港、新加坡、以色列、澳門、及南韓等 20 個經濟體的輸日
產品，全面停止適用 GSP 優惠關稅。

摘　要

1. 自由貿易能使各國及全世界的福利水準提高,但這僅止於理論的理想,各種貿易障礙的採行反而是事實的常態,為了追求理論的理想,故在貿易政策不斷採行的同時,貿易自由化的運動也一直在進行之中。

2. 歷史上,由於經濟思潮的轉變與經濟活動榮枯的循環,而導致國際貿易活動時而順暢、時而受阻,限制貿易與自由貿易之風,總是在不停地交替、變化之中。

3. 戰後推動國際貿易自由化的主要機構為關稅暨貿易總協定 (GATT),在其召開的多次多邊貿易談判中,以 1964 至 1967 年的甘迺迪回合,1973 至 1979 年的東京回合,及 1986 至 1993 年的烏拉圭回合最為著名,成就也最大。這三次的多邊貿易談判,對於促進國際貿易自由化有相當大的貢獻。

4. 關稅暨貿易總協定各項條款所依據的四個基本原則為: 無歧視原則、唯關稅保護原則、諮商原則、及國民待遇原則。

5. 甘迺迪回合談判使各國關稅水準大幅下降, 是 GATT 成立以來關稅減讓談判重大的成就。東京回合談判仍使各國關稅水準大幅下降,但在技術貿易障礙協定、政府採購協定、補貼與平衡稅法規、進口許可程序協定、及海關估價法規等非關稅貿易障礙的消除,是其特殊成就。烏拉圭回合談判在消減非關稅障礙、開放勞務貿易、排除農產品貿易障礙、保障智慧財產權,及放寬國外直接投資等問題上有長足的進展,這次談判並決定成立永久性的「世界貿易組織」取代關稅暨貿易總協定, 以負責仲裁及解決未來國際間的貿易糾紛。

6. 在錯綜複雜的國際情勢下, GATT 的成就已誠屬難能可貴。國際貨幣制度的紊亂、非關稅貿易障礙的增加、區域經濟整合組織的出現、已開發與開發中國家之間的歧見、農產品與非商品的貿易談判、關税結構、及智慧財產權的保護等,皆是 GATT 在進行貿易自由化談判所遭遇到的重大問題。

7.GATT 所推動的烏拉圭回合談判歷時 7 年多始告完成,達成範圍十分廣泛的國際多邊貿易協定,並自 1995 年起將 GATT 改制為「世界貿易組織」。

8.美國 1970 年代中期興起的新保護主義,乃主張採行結果為基礎的貿易政策,其最主要的限制貿易政策工具為 301 條款。

9.由於非歧視原則與工業先進國家只就彼此之間重要的貿易商品商討關稅減讓,導致開發中國家對 GATT 組織的不滿,因而自行召開聯合國貿易暨發展會議 (UNCTAD), UNCTAD 遂成為開發中國家進行貿易談判的主要機構。

10.在 UNCTAD 下,開發中國家要求已開發國家給予片面優惠關稅減讓,以實現縱的公平,因而導致先進工業國家訂定優惠一般化制度。

11.優惠一般化制度的應用有許多的限制,其對真正低度開發之國家的助益相當有限,但對於一些開發程度比較高的新興工業化國家的國際貿易及經濟發展,卻有重大的貢獻。

 重要名詞

斯莫特—哈萊關稅法案	互惠貿易協定法案
最惠國原則	關稅暨貿易總協定
甘迺迪回合	東京回合
無歧視原則	正常貿易關係
唯關稅保護原則	諮商原則
國民待遇原則	複式關稅制度
單一關稅制度	優惠稅率
一般稅率	特定保護條款
一般保護條款	危險點規定

免除條款　　　　　　　　　貿易擴張法案

貿易改革法案　　　　　　　烏拉圭回合

世界貿易組織　　　　　　　新保護主義

301 條款　　　　　　　　　優惠一般化制度

個別產品畢業　　　　　　　國家畢業

 問題練習

1. 試就國際貿易發展的歷史，作一扼要的敘述。

2. 第一次世界大戰之後至 1930 年代，國際貿易活動為何無法有效開展？

3. 何謂最惠國原則？其對貿易自由化有何影響？

4. 關稅暨貿易總協定各條款所依據的基本原則有那些？

5. 無歧視原則為何是關稅暨貿易總協定推動貿易自由化最主要的依據？

6. 美國為何會於 1962 年制訂貿易擴張法案？此一法案的特點有那些？其對貿易自由化的推展有何影響？

7. 甘迺迪回合、東京回合、及烏拉圭回合的多邊貿易談判，在關稅減讓及非關稅貿易障礙的消除，有那些主要的成就？

8. 開發中國家為何排斥關稅暨貿易總協定的多邊關稅減讓談判？

9. 何謂新保護主義？它與傳統的保護主義有何不同之處？

10. 聯合國貿易暨發展會議為何會產生？其與關稅暨貿易總協定的功能有何異同？

11. 什麼是優惠一般化制度？為何開發中國家極力爭取此一制度？它的實施對開發中國家經濟發展的實際影響如何？

❀附錄：美國的綜合貿易法案[11]❀

　　美國之 1988 年綜合貿易與競爭力法案（簡稱綜合貿易法）在 1988 年 8 月 23 日經 R. Reagan 總統簽署，正式成為美國的法律。由於美國是全世界經濟力量最大的國家，也是最大的進口市場，一向扮演世界經濟成長火車頭的角色，美國經貿政策的任何變動都可能對整個世界的經濟貿易情勢造成相當深遠的影響。對我國而言，中美兩國長久以來即建立極為密切的經貿關係，美國自 1970 年以來，一直是我國最重要的貿易夥伴。因此，本附錄特別介紹這個對全世界與我國貿易有重大影響的法案。

　　1988 年美國綜合貿易法中，對我國影響較大的項目為貿易談判、對抗不公平貿易、進口救濟、課徵反傾銷及平衡稅、保護智慧財產權、匯率及國際經濟政策等，茲將其內容分述於下。

 ## 一、擴大貿易談判目標

　　綜合貿易法授權美國總統進行雙邊及多邊貿易談判延至 1993 年 5 月 31 日，並列舉談判目標為：

　　1.解決貿易紛爭。

　　2.改進 GATT 及多邊貿易談判協定。

　　3.貿易法規之明確性。

　　4.開發中國家（維持開放的國際貿易體系，並減少較進步開發中國家的非互惠性貿易利益）。

　　5.貿易順差（某些國家的經常收支享有長期順差，應予以糾正）。

　　6.貿易及貨幣協調。

　　7.農業（減少生產過量，開放自由貿易）。

　　8.不公平貿易行為（給予界定並制裁）。

---

❶本附錄摘錄自行政院經建會 (1989)〈邁向經濟自由化之路〉，《中華民國七十七年經濟年報》，頁 92–102。

9.服務業貿易（應予開放）。

10.智慧財產權（應予保護）。

11.外人直接投資（應減少障礙）。

12.進口保護（應改進程序且措施應明確）。

13.特殊貿易障礙（應減少）。

14.勞工權益（外國不可為創造貿易利益而罔顧勞工權益）。

15.高科技（消除外國所設障礙）。

16.稅制（修改 GATT 規則）。

二、對抗不公平貿易（修訂 301 條款）

綜合貿易法將「1974 年貿易法」中的 301 條款作以下修正：

㈠移轉授權

綜合貿易法中將對抗不公平貿易（301 條款）的自由裁量權（包括判定權及執行報復之權）從總統手中移轉至貿易代表署，惟須在總統指導下行使此一權力。美國貿易代表是由總統提名後經國會同意後任命，必須對國會負責。美國貿易代表署得到 301 案的裁量權，表示國會及利益團體的影響力增大，貿易夥伴可能更易於被控觸犯 301 條款，此將增加對各貿易夥伴的壓力。

㈡擴大可採報復行動的貿易行為

301 條款乃是針對不公平貿易訂定制裁辦法的條款。不公平貿易包括不合理 (unreasonable) 及不正當 (unjustifiable) 的貿易行為。綜合貿易法將可採報復行動的不合理貿易行為予以擴大，除了原訂的三項之外，另加三項。

1.原訂的三項不合理貿易行為：

⑴不給予公平、平等的市場機會。

⑵不給予設立公司的機會。

⑶對智慧財產權不給予適當有效的保護。

2.新加的三項不合理貿易行為：

⑴長期罔顧國際認同的勞工權益。

⑵採取出口導向措施 (export targeting)。

⑶政府容許有系統的反競爭行動。

對上述行為，美方亦可提出 301 條款控訴案，予以報復，但非強制報復。

㈢強制報復不正當的貿易行為

凡是外國違反貿易協定，或是其他任何傷害美國國際法定權益的行為，均為不正當的貿易行為，將由美國貿易代表署強制報復，報復行動使當事國增加負擔的數額相當於美國商務受損數額。惟下列情況可免予報復：

1. GATT 締約成員，由 GATT 判定未傷害美國權益。

2.外國政府同意取消或逐步取消違反協定行為。

3.外國政府同意給予適當補償。

4.美國採取報復行動害多利少。

5.採取報復行動對美國國家安全將造成重大傷害。

㈣超級 301 條款：決定貿易自由化國家順序

綜合貿易法將 301 條款適用對象，從外國某一部門或某一產業特定的貿易障礙，擴大至某一國家一般性的或系統性的限制美國產品進入該國市場的貿易習慣，稱之為「超級 301」。換言之，常態 301 條款強調外國部門別或產業別的自由化，而超級 301 條款則強調以國別為基礎的貿易自由化，同時超級 301 條款只用於 1989 年及 1990 年。美國貿易代表署應在 1989 年 4 月 30 日及 1990 年 3 月 31 日向國會提出「外國貿易障礙報告」，在報告提出之後 30 天內，貿易代表署必須：

1.列出貿易障礙行為的順序，其中包括主要的貿易障礙及取消貿易扭曲行為可能促進美國出口的最大潛力。

2.排列貿易障礙的國家別的順序，考慮不公平貿易政策與行為的數目及普遍程度，及在國際競爭下美國商品與勞務可望出口數額等因素。

3.估計上一曆年，假設這些貿易障礙及不公平貿易行為不存在，美國可能增加的出口數額。

　　美國貿易代表署並應依據各國存在的貿易障礙及對美國出口可能造成的影響，排列美國要求各國貿易自由化的國家順序，同時據以依序就名列前茅國家所有排名優先的不公平貿易行為展開301案調查，並與這些國家進行諮商。當事國若與美國達成協議，承諾在3年內取消或補償不公平貿易行為，或減少不公平貿易行為，並預期3年中每年自美國進口增加率均會提高，美國在時限內將暫停301案調查。若未能達成協議，或外國未履行協議，美國貿易代表署將繼續進行調查，如301案成立，將強制報復。

三、放寬進口救濟條件（修訂 201 條款）

　　綜合貿易法將「1974年貿易法」中的201條款作修正，以鼓勵國內產業採取行動，達到正面性調整目標，以有效因應進口競爭。其修正要點為：

㈠擴大進口傷害之認定

　　國際貿易委員會應在接受廠商或勞工提出貿易法201條款控訴的120天內，判定該產業是否因進口而受到嚴重傷害或有受嚴重傷害之虞。新法擴大判定有受嚴重傷害之虞的考慮因素，包括：

　　　1.市場占有率下降。

　　　2.因外國貿易障礙導致產品轉銷美國。

　　　3.美國國內產業無財力進行現代化及研究發展。

　　擴大進口傷害之認定，將鼓勵美國國內業者訴求進口救濟，使201案更易成立，使對美出口國有較大的出口風險與負擔。

㈡擴大總統採取救濟行動的權限

　　國際貿易委員會確定產業受到傷害後，除將在6個月內建議總統依據舊法採取提高關稅、關稅配額、限制進口數量、調整措施等救濟措施之外，總統並可依新法採取下列行動：

　　　1.標售進口配額。

　　　2.訂立有秩序行銷協定。

　　　3.進行國際談判。

　　　4.立法提案。

5.其他任何權限內行動。

擴大總統採取行動的權限，將使涉及進口救濟案之國家的產品更難對美國出口。

四、修訂反傾銷及平衡稅法

㈠擴大補貼定義

擴大國內補貼的定義，美國商務部在裁定是否適用平衡稅時，以該補貼實際上是否由某項產業或某些產業受惠，而非全體產業皆受惠來決定。此外，租賃亦視同銷售，適用平衡稅法的規定。對初級農產品視同對農產加工品補貼。當對出口判定有補貼時，美國將對出口到美國的產品課徵進口平衡稅。由於美國擴大補貼定義，對美國出口可能更易被美國課徵平衡稅，因而增加廠商的經營成本及風險。

㈡修訂反傾銷條款

外國產業對第三國傾銷而使美國產業受到傷害時，美國受害產業可要求貿易代表署採取反傾銷行動。

㈢訂定反逃避條款

廠商若藉改變原應課徵反傾銷稅或平衡稅產品的生產方式或運輸方式（如在美國或第三國裝配、完工，或僅對產品略作修改），以逃避制裁，仍適用反傾銷稅或平衡稅。此外，並採用新方法監視下游產品進口，以便於認定觸犯反傾銷稅及平衡稅法之主要原料及零件轉向傾銷（即原料輸美國減少，而其下游製品銷美國增加）的衝擊。

五、保護智慧財產權（修訂 337 條款）

綜合貿易法修訂「1934 年關稅法」第 337 條，廢止美國廠商提出侵犯智慧財產權案件時必須提出「遭受損害」證明之規定，亦即只需證明智慧財產權受到侵害，即可提出控訴。此外，美國貿易代表署將對確認未能充分有效保護智慧財產權的國家排列順序，據以發動 301 案調查。放寬侵犯智慧財產權控告條件，將使美國業者更易發動 337 條款控訴案。

六、重視匯率及國際經濟政策

綜合貿易法中提出，美國與其他工業國家應採取措施，繼續進行 1985 年 9 月五大國會議所提出的貨幣、財政、及結構性協調工作。此外，財政部長將每年分析各國的匯率政策，並考量各國是否以操縱對美元的匯率，逃避國際收支的調整，並取得不公平的競爭利益。若操縱匯率國家享有經常收支順差，且對美國雙邊貿易有鉅額出超，則美國財政部長將發動與該等國家進行雙邊談判，或在國際貨幣基金 (IMF) 談判，以確保該等國家立即調整對美元之匯率，以有效進行國際收支調整，去除不公平競爭利益。財政部應每年就國際經濟政策及匯率政策，向國會提出書面報告，並提出建議。在此條款下，對美國出超較大的國家極可能面對相當大的貨幣升值壓力。

◆第十八章 區域經濟整合——關稅同盟理論

自由貿易可以使世界及各國的福利水準達到最大，但是，在現實的經濟社會，貿易障礙處處存在，全世界及各國的經濟福利因而降低。各國為了謀求提高社會福利水準，而尋求貿易自由化。為達到此一目標，國際間大致朝兩個不同的途徑進行，一是國際性的途徑，即透過 WTO 與 UNCTAD 尋求各國關稅與非關稅貿易障礙的消除或減讓，例如，甘迺迪回合、東京回合、烏拉圭回合、及優惠一般化制度等均是；一是區域性的途徑，即尋求區域經濟整合，形成區域性的貿易集團，對內自由貿易，對外仍維持貿易障礙。關於國際間貿易障礙的消減已於前一章討論，本章即在探討區域經濟整合對國際貿易與全世界和會員國經濟福利的影響。

第一節 區域經濟整合的種類與發展

區域經濟整合 (regional economic integration) 可說是自由貿易與保護主義的結合，屬於一種地區性歧視的優惠貿易協定。全世界在不同的地區，於不同的時期，均曾有不同的區域經濟整合組織出現。這些組織有的很成功，對於促進國際貿易確實發揮很大的功用，有的則是組織鬆散，對於促進國際貿易未曾發揮任何重大的影響。

一、區域經濟整合的種類

按組織性質的不同，區域經濟整合的層次由低至高，依次可以分為以下幾類：

㈠優惠貿易集團 (preferential trading group)

即會員國彼此之間相互降低貿易障礙 (關稅)，但對非會員國仍然個別維持原來較高的貿易障礙。例如，英國與其以前的殖民地曾於 1932 年成立大英國協優惠制度 (Commonwealth Preference Systems)。

㈡自由貿易區 (free-trade area)

即兩個以上的國家，彼此之間商品貿易的關稅完全去除，但對外仍然個別維持原來的關稅。例如，1960 年成立的歐洲自由貿易區 (或協會) (European Free Trade Area or Association, EFTA) 即是。自由貿易區會產生**貿易偏轉** (trade deflection) 的問題，即非會員國的產品將由關稅較低的會員國進口，而後再間接轉運 (transshipment) 至關稅較高的會員國，如此將形成關稅收入與所得重分配不公平的現象。為防止此一缺失，必須嚴格巡查邊界，或是要求**產地證明書** (certificates of origin)，以減少轉運的發生，但並無法完全禁絕貿易偏轉的發生。

㈢關稅同盟 (customs union)

即兩個以上的國家，不僅彼此之間商品貿易的關稅完全廢除，並且對外採取共同一致的關稅。與自由貿易區比較，關稅同盟將無貿易偏轉的問題存在。

㈣共同市場 (common market)

即較關稅同盟再更進一步，將合作推展至生產要素在會員國之間可以自由移動而沒有任何的限制。

㈤經濟同盟 (economic union)

即由共同市場再更進一步推展至會員國採行一致的財政、貨幣、及社會經濟政策。這是經濟整合的最高境界，會員國使用共同的通貨 (或會員國通貨之間匯率永久完全固定)，建立單一的貨幣銀行制度，放棄經濟政策的自主權，而由超國家的機構決定同盟內及同盟對外的一切經濟決策。

一種組織較為不完全的經濟同盟為**貨幣同盟** (monetary union)——會員國使用共同的通貨 (或會員國通貨之間的匯率永久完全固定) 並採行協調的貨幣與財政政策。但完全的經濟同盟不僅是要求會員國之經濟政策的協調而已，更進一步要求會員國經濟政策自主權的放棄，故經濟同盟是較貨幣同盟範圍更廣、要求更嚴的一種經濟整合組織。比利時、盧森堡、及荷蘭曾於 1960 年組成經濟同盟，美國的聯邦組織被視為是經濟同盟的典範，**歐洲共同市場**的長期目標即在於達成經濟同盟的理想。

　　目前全世界最為成功、著名的區域經濟整合組織為**歐洲同盟** (European Union)，但鑒於要素自由移動與產品自由貿易具有相同經濟後果的特性，故一般為簡化分析，通常只就關稅同盟進行討論，其結論加以適當的修正即可適用於各種不同的區域經濟整合組織。

 ## 二、區域經濟整合的發展

　　近代國際間尋求建立區域經濟整合組織的努力開始甚早，比利時與盧森堡於 1921 年即已形成經濟同盟；然後於 1947 年再加入荷蘭，組成三國關稅同盟〔稱之為**比荷盧同盟** (Benelux union)〕，再於 1960 年轉變成經濟同盟；英國與其以前的殖民地也早於 1932 年成立**大英國協優惠制度**，國協會員彼此之間相互減讓關稅，但對非國協的國家仍然個別維持原來較高的關稅，形成一種**優惠貿易集團**。但是，區域經濟整合運動的盛行，實始自第二次世界大戰之後。

　　戰後，歐洲泰半的生產設備俱毀於炮火之中，對於如何重建歐洲經濟的問題，有人從合作的觀點主張成立區域經濟整合組織，不過當時有兩種看法：一種主張認為西歐國家應成立組織較為嚴謹、關係較為密切，而只包含少數國家的小集團區域經濟整合組織；另一種主張認為西歐國家應成立組織較為鬆散、關係較為薄弱，但包含多數國家的大集團區域經濟整合組織。前者主要為歐洲大陸的核心國家所贊同，後者主要為歐洲大陸的外圍國家所贊同。由於有這兩種不同的主張存在，因而導致後來發展出不同的區域經濟整合型態。

　　1948 年，共產集團外的歐洲國家成立了**歐洲經濟合作組織** (Organization for European Economic Cooperation, OEEC)，對於促進美國與西歐國家之間的經濟關係，發揮了相當大的功用，尤其是使**馬歇爾援助** (Marshall

Aid) 計畫能夠順利進行，而使西歐經濟快速復甦。1951 年 4 月，法國、義大利、比利時、盧森堡、荷蘭、及西德等六國成立**歐洲煤鋼共同體** (European Coal and Steel Community, ECSC)，協調六國煤、鋼的生產與銷售，是導致這些國家之間進行密切經濟合作關係的開始。

至 1955 年，法國強烈主張少數歐洲國家成立小集團的歐洲經濟共同體 (EEC)，英國強烈主張多數歐洲國家成立大集團的歐洲工業產品自由貿易區。至 1957 年，歐陸西歐法國、西德、義大利、比利時、盧森堡、及荷蘭等六國（即 ECSC 會員國）簽定**羅馬條約** (Treaty of Rome)，奠定歐洲經濟共同體成立的基礎，至 1958 年 1 月 1 日起這六國正式成立**歐洲經濟共同體** (EEC)，通常稱之為**歐洲共同市場**，或簡稱歐體。為對抗歐洲共同市場的成立，歐陸外圍的英國、丹麥、挪威、葡萄牙、瑞典、瑞士、及奧地利等七國於 1959 年簽訂**斯德哥爾摩條約** (Stockholm Treaty)，而於 1960 年 1 月成立工業產品自由貿易的**歐洲自由貿易區** (European Free Trade Area, EFTA)。

EFTA 成立的目的之一在於與 EEC 抗衡、談判，但 EEC 的組織較為嚴謹，會員國之間的關係較為密切，故較為成功。自 1973 年 1 月英國、愛爾蘭、及丹麥加入 EEC 之後，EEC 增至 9 個國家，力量更加強大，EFTA 減至 5 個國家，力量更趨薄弱。至此，歐洲區域經濟整合變化的趨勢已至為明顯，即主張由少數國家形成小集團區域經濟整合組織的計畫獲得優勢。

由於 EEC 對外採取共同的關稅，故以單一主體的形式參與 GATT 的多邊貿易談判；EFTA 的會員國對外仍然維持個別不同的關稅，故並非以單一主體的形式參與 GATT 的多邊貿易談判，而是會員國各自參與。無論是 EEC 或 EFTA，會員國彼此之間的商品貿易均完全免除關稅，而對非會員國仍然課徵關稅，故均違反了 GATT 的無歧視原則或最惠國條款，因而增加了推動世界貿易自由化的困難。

EEC 成立之後，在 1960 年代會員國之間的貿易快速成長，整體產出與每人所得成長率大幅提升，表現相當令人滿意。但是，到了 1970 與 1980 年代，受到兩次世界能源危機的影響，EEC 各國長期陷入低成長、高失業率之中。令人失望的經濟表現，讓人興起去除內部障礙，朝向完全經濟整合的目標發展。

　　EEC 雖然從 1968 年 7 月起消除會員國之間貿易的關稅，並對外採取共同關稅，但阻礙自由貿易的各種非關稅障礙仍然普遍存在。因此，為完全消除內部貿易障礙，朝向經濟同盟發展，歐洲經濟共同體於 1987 年通過**單一歐洲法案** (Single European Act, SEA)，從 1993 年開始成為單一的市場——廢除所有的貿易障礙，整個區域不再有內部的疆界，所有的財貨、勞務、人員、及資本均可於區域內自由移動，任何一個國家的國民都可自由地在他國工作，企業也有同樣的自由遷移權。在比預計時間晚了 1 年，歐洲共同市場國家從 1994 年 1 月開始組成世界最大的單一市場——歐洲經濟區 (European Economic Area, EEA)。

　　歐洲經濟共同體也於 1991 年通過歐洲同盟條約〔一般稱為**馬斯垂克條約** (Maastricht Treaty)〕，從 1999 年起實施歐洲單一貨幣——歐元（實體歐元從 2002 年起開始實施），以及進行外交與安全等其他事務上的合作。馬斯垂克條約於 1993 年 11 月生效後，歐洲經濟共同體正式名稱改為歐洲同盟，簡稱歐盟。至 2010 年年底，歐盟計有 27 個成員國，其中的 17 個成員國形成經濟暨貨幣同盟 (economic and monetary union)，使用單一通貨——歐元，並成立單一的中央銀行——歐洲中央銀行 (European Central Bank) 執行共同的貨幣政策與匯率政策❶，而歐洲自由貿易區則只剩挪威、瑞士、冰島、及列支敦士登 (Liechtenstein) 等四個國家。

　　在歐盟與歐洲自由貿易區之外，目前全世界主要的區域經濟整合組織為 1994 年 1 月 1 日開始生效之美國、加拿大、及墨西哥的北美自由貿易區 (NAFTA)。這個組織是由 1989 年 1 月 1 日開始生效之加拿大－美國自由貿易協定，再加入墨西哥而形成的。除了歐盟與北美自由貿易區這兩大區域經濟整合組織外，世界其他地區亦有相同的組織，但不是規模不大，就是組織過於鬆散、流於形式，而沒有具體的成效產生。

　　在亞洲方面，1989 年開始的亞太經濟合作論壇 (Asia-Pacific Economic Cooperation Forum, APEC) 組織，有 21 個成員（包括我國），每年定期開會，

❶各會員國的中央銀行成為如同美國區域聯邦準備銀行的角色。

希望成員間能夠採行具體的措施，在 2020 年時能夠達到亞太地區自由貿易與投資的目標。此外，東南亞國家協會 (Association of Southeast Asian Nations, ASEAN)──簡稱東協──與中國大陸也從 2011 年開始形成自由貿易區（即所謂的 ASEAN+1），並計畫陸續併入日本及南韓（即所謂的 ASEAN+2, ASEAN+3）。鑒於亞洲的這種貿易自由化趨勢，我國為了避免被邊緣化，乃於 2010 年 6 月 29 日與中國大陸簽訂**海峽兩岸經濟合作架構協議** (Economic Cooperation Framework Agreement, ECFA)，並從 2010 年 9 月 12 日起生效，海峽兩岸雙方在協議生效後的 6 個月內將就貨品貿易、服務貿易、投資、及爭端解決進行協商。兩岸經濟合作架構協議基本上屬於自由貿易協議❷，其簽訂對於兩岸，乃至東亞各國的貿易，將有很大的助益❸。

自第二次世界大戰之後，區域經濟合作組織的形成對全世界貿易自由化運動的推展有很大的影響。以美國為首、無歧視為宗旨的 GATT 無法達到其當初成立的預期理想，因而導致在 GATT 之外，以歧視為原則的區域經濟合作組織的成立，這對於促進自由國家之間的貿易自由化當然有不利的影響，但這也不失為在一時無法達到全球貿易自由化下的一種變通做法。以這種方式或許較以多邊關稅（非關稅）減讓談判能夠更快、更有效來達到全球貿易自由化的目標。

在東、西方冷戰時期，共產主義國家之間從 1949 年起成立相互經濟協助會議 (Council for Mutual Economic Assistance)，以促進會員國之間的經濟合作，這也是一種區域的經濟整合。但是，隨著 1990 年代中歐及東歐國家陸續脫離共產主義，以及蘇聯的解體，這些先前實施共產主義國家的經濟產生反整合 (disintegration) 的現象，並逐漸過渡到資本主義的市場經濟，其

---

❷現行的自由貿易協議的內容較過去自由貿易協議的內容更為廣泛，已不侷限於貨品自由貿易而已，且自由貿易協議可能以不同的名稱出現〔如 ECFA，或經濟合作協議 (Economic Cooperation Agreement, ECA) 等。

❸中國大陸於 2003 年也與香港及澳門簽訂「更緊密經貿關係的安排」(Closer Economic Partnership Arrangement, CEPA)，這基本上也是一種自由貿易的協議。

中許多國家也加入了歐盟的區域經濟整合之中。

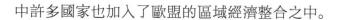 第二節　關稅同盟的經濟後果

前面幾章所討論的關稅理論係假設關稅是一般化、無差異性的，即不論何種產品、由任何國家進口，均課徵相同的單一關稅稅率。但事實上，關稅的課徵可能會有差別待遇，即對同一國家不同的產品課徵不同的關稅——**產品歧視** (commodity discrimination)，或對不同國家或地區的相同產品課徵不同的關稅——**國家或地區歧視** (country or geographical discrimination)。關稅同盟是屬國家歧視的關稅課徵，是一般關稅理論的一種特例。

一、關稅同盟的理論基礎

Viner (1950) 在其《關稅同盟問題》(*The Customs Union Issue*) 一書中，首先根據次佳理論 (second-best theory) 來討論關稅同盟的經濟後果。**次佳理論**指出，當一個經濟社會無法滿足所有使社會福利水準達到最大所需的巴瑞多最適條件時，增加（或變動）使社會福利水準達到最大所需的巴瑞多最適條件，同樣是處於一種次佳的狀態，因此並不一定能使社會福利水準提高，甚至可能降低。據此，關稅同盟的形成，只是排除會員國之間的貿易障礙，促進彼此之間的自由貿易，但是對非會員國的貿易障礙仍然存在，社會福利水準達於最大所需的巴瑞多最適條件仍然無法全部滿足，甚至可能會因為增加一些最適條件的滿足，而破壞了其他最適條件的滿足，故關稅同盟的形成並不一定使一國的福利水準提高。具體而言，關稅同盟的成立，一方面可以增進會員國之間的自由貿易與競爭，使會員國的社會福利水準提高，一方面會員國與世界其他國家的貿易減少，使會員國的社會福利水準下降，故關稅同盟形成之後，如次佳理論所言，對一國福利水準的影響是未定的。

一般性關稅的實施，破壞了國際貿易的完全自由競爭，違反了巴瑞多最適條件，使得經濟社會處於一種次佳 (sub-optimum) 的狀態，社會福利水

準未能達於最大。形成關稅同盟，雖可減少關稅扭曲，但巴瑞多最適條件仍然無法全部獲得滿足，經濟社會仍然處於一種次佳的狀態，社會福利水準是否提高，無從比較，必須視其他的情況而定。

二、關稅同盟的部分均衡分析

假設全世界只有 A、B、及 C 三個國家，現 A 與 B 形成關稅同盟，C 成為同盟外唯一的國家。圖 18–1，D_m 及 S_m 代表同盟國 A 對某一種進口替代品的需求與供給的情況。設 A 國為小國，因此對貿易條件沒有影響力。同盟前，自由貿易下，對 A 國而言，B 國的出口供給曲線為水平的 S^B，C 國的出口供給曲線為水平的 S^C。若 A 國對 B 國及 C 國的出口品無歧視地課徵 50% 的進口關稅，則 B 國及 C 國的出口供給曲線仍然維持不變，但由於關稅全部由 A 國消費者所負擔，故對 A 國人民而言，關稅後 B 國的出口供給曲線升高至 S_t^B，C 國的出口供給曲線升高至 S_t^C，在此情況下，A 國會向 C 國進口 $AB = JK$ 數量的產品。同盟後，A 國對 C 國的關稅仍然維持，對 B 國的關稅完全去除，故對 A 國人民而言，B 國的出口供給為 S^B，C 國的出口供給曲線仍為 S_t^C，在此情況下，A 國會向 B 國進口 $CF = IL$ 數量的產品。

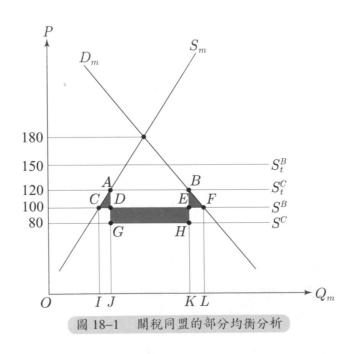

圖 18–1　關稅同盟的部分均衡分析

同盟前與同盟後相比較，同盟後 A 國的進口增加了 *IJ* + *KL* = *CD* + *EF* 的數量，其中 *IJ* 為同盟後，A 國國內進口替代產業所面對的價格由 *JA* 降至 *IC* 而使生產減少 *IJ* = *CD* 的數量所致。減少 *IJ* 數量進口替代財的生產，節省了生產成本 *ICAJ*，而進口此一數量只須支出 *ICDJ* 的代價，故社會福利增加 *ADC*，此為關稅同盟所產生使資源派用效率提高的生產利得，又稱之為關稅同盟的生產效果。

另外，*KL* 則為同盟後，A 國國內進口品的價格由 *KB* 降至 *LF*，而使消費增加 *KL* = *EF* 的數量所致。增加 *KL* 數量進口財的消費，消費者受益（效用）增加了 *KBFL*，而進口此一數量只須支付 *KEFL* 的代價，故社會福利增加 *BEF*，此為關稅同盟使消費者福利增加的消費利得，又稱之為關稅同盟的消費效果。是故，關稅同盟後，由於進口品的國內價格下降，進口數量增加，而使社會福利水準增加了 *ADC* + *BEF*，此即為關稅同盟之生產效果與消費效果總合的**貿易創造效果** (trade creation effect)。

同盟前，進口 *JK* 數量，A 國人民總支出為 *JABK*，其中 *JGHK* 支付給外國出口商，*GABH* 為政府的關稅收入。同盟後，這一部分的數量改由同盟夥伴——B 國進口，則進口 *JK* 的數量，A 國人民的總支出為 *JDEK*，這些總支出全部為外國出口商所得。與同盟前比較，進口 *JK* 的數量，A 國人民的總支出減少 *DABE*，但支付給外國出口商的金額較同盟前多出 *GDEH*，*GDEH* + *DABE* = *GABH*。表示同盟前由 A 國政府所得到的關稅收入，同盟後一部分移轉給本國的人民 (*DABE*)，一部分移轉給外國的出口商 (*GDEH*)。

這一移轉給外國出口商的部分，乃是因為會員國的進口由同盟前價格較低的非會員國進口轉由同盟後價格較高的會員國進口，同盟國取代同盟外的國家成為進口品供給的來源，而使進口總支出增加，社會福利水準下降，此即為關稅同盟的**貿易轉向效果** (trade diversion effect)。因之，關稅同盟的淨福利效果為貿易創造效果與貿易轉向效果的差額，即 (*ADC* + *BEF*) – *GDEH*。若不考慮其他因素，如果貿易創造效果大於貿易轉向效果，則關稅同盟使會員國的福利水準提高；若貿易創造效果小於貿易轉向效果，則關稅同盟使會員國的福利水準下降。

由圖 18–1 的分析可知，關稅同盟形成之後，A 國與 B 國對該產品的貿易量，由同盟前的完全沒有，增加至 *IL* 數量；A 國與 C 國對該產品的貿易量，由同盟前的 *JK* 數量，減少至完全沒有。由此可知，關稅同盟可以使會員國之間的貿易量增加，而與非同盟國之間貿易量減少。但是，同盟國之間貿易量的增加，一部分來自貿易創造 (*IJ* + *KL*)，一部分來自貿易轉向 (*JK*)，前者使同盟國的社會福利水準提高，後者使同盟國的社會福利水準下降。是故，同盟後，同盟國之間的貿易量雖然增加，但社會福利水準卻不一定會比同盟前來得高。

 ## 三、貿易創造、貿易轉向與經濟福利

Viner 在分析 A、B 兩個國家形成關稅同盟，而產生貿易創造及貿易轉向這兩個效果時，是基於以下的假設：

1. 關稅同盟形成之前與之後，A、B 兩國均為充分就業。根據此一新古典的假設，分析的重點在於資源重分派的福利效果。在充分就業下，成立關稅同盟後，可能：(*1*)兩國均未生產 X 進口替代產品，故同盟形成後，仍由同盟外的國家進口，而沒有貿易轉向效果與生產的貿易創造效果的問題發生；(*2*) A 國沒有生產 X 產品，B 國生產 X 產品，但其生產效率低於同盟外的國家，故同盟形成後，A 國只發生貿易轉向效果，而沒有生產的貿易創造效果發生；或(*3*)兩國均生產 X 產品，但其生產效率均低於同盟外的國家，同盟形成後，A 國改向生產效率較低的同盟國 B 進口，故 A 國發生貿易轉向效果與生產的貿易創造效果。在此情況下，福利水準的變化視兩者力量的大小而定。

2. 所有產品的需求均完全缺乏彈性，即無消費替代的可能，產品的消費比例固定；供給完全彈性，即固定規模報酬，生產成本固定。在產品消費比例不變與生產成本不變的假設下，關稅同盟形成之後，問題的重心落在生產在會員國之間的變動，即 Viner 所重視的只是生產的貿易創造效果與貿易轉向效果，而不考慮消費的貿易創造效果。在消費比例固定下，因

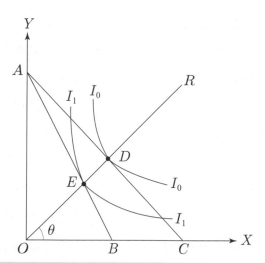

圖 18-2　在國內產品的消費無法替代下，貿易轉向必然使社會福利水準下降

貿易條件惡化而產生的貿易轉向效果，必然使福利水準下降。

　　圖 18-2，設 A 國為小國，同盟前，自由貿易下，A 國專業生產 Y 產品，生產點為 A 國，其與 C 國以 AC 的貿易條件交換 X 產品，消費點為 D，消費比例為 $tan\theta$，社會福利水準為 I_0I_0。若 A 國對進口品課徵關稅，但假設政府又將關稅收入以中性的方式發還給人民，或如同人民一般支用於購買兩種產品，在此情況下，國內產品的相對價格雖然因為關稅的課徵而發生改變，但在產品消費比例固定的假設下，消費點仍然為 D 點，社會福利水準仍然為 I_0I_0。同盟後，A 國仍專業生產 Y 產品，其與 B 國以較為不利的貿易條件 AB 交換 X 產品，由於消費比例不變，所以消費點為 E，社會福利水準降至 I_1I_1。是故，在消費比例不變，產品的消費無法替代的情況下，貿易條件惡化、產生貿易轉向的結果，必然使社會福利水準下降。

　　事實上，關稅同盟成立之後，同盟國之間彼此廢除關稅，不僅因而導致國家間替代 (inter-country substitution) 生產的貿易創造與進口轉向，更因其使國內產品的相對價格發生改變，從而導致國內產品之間的消費替代，而非如 Viner 所假設的產品消費比例不變。因之，同盟後，由於同盟國之間彼此廢除關稅效果有二：

　　⑴同盟之間廢除關稅後，發生國家間替代生產的貿易創造與進口轉向，

此即 Viner 所言的生產的貿易創造及貿易轉向效果，其對同盟國福
利水準的影響，視生產的貿易創造與貿易轉向效果孰大而定。

(2)同盟國之間消除關稅、發生國家間的進口轉向之後，同盟國國內的
產品交換比率發生改變——即進口品變得相對便宜，因而發生**產品
間替代** (inter-commodity substitution) 的生產與消費改變，將使對進
口品的消費增加，對出口品與非貿易財（或國內財）的消費減少，
而使福利水準提高。這種關稅同盟之後，產品之間的消費發生替代
而使進口數量增加的消費效果，為 Viner 所忽略。後經 Meade
(1955)、Gehrels (1956)、Lipsey (1957)、及 Johnson (1958) 等學者的
修正，將其與 Viner 僅重視的關稅同盟的生產效果予以合併，而成
為貿易創造效果。

Viner 分析關稅同盟後，貿易條件惡化，貿易轉向一定使社會福利水準
下降，乃是假設同盟國國內產品消費比例固定，而只考慮產品在國家間替
代進口所產生的貿易轉向效果所致。若考慮同盟後，國內交換比率改變，
國內產品之間發生消費替代——即考慮同盟之消費的貿易創造效果，則貿
易轉向不一定使社會福利下降，可能反而提高。

圖 18-3，設 A 國為小國，同盟前，自由貿易下，A 國專業生產 Y 產品，
以 AC 的貿易條件與 C 國交換 X 產品，消費點為 D，社會福利水準為 I_0I_0。
若 A 國對進口品課徵一般性的關稅(非最適關稅)，政府將關稅收入仍以中
性的方式處理，但關稅使得國內價比成為 tt 線斜率。在產品消費可以替代
的情況下，A 國人民將減少 X 產品、增加 Y 產品的消費，消費均衡點為 E
點，社會福利水準降至 I_1I_1。

同盟後，A 國與 B 國以 AB 的貿易條件交換 X 產品，國內價比亦為
AB，在產品消費可以替代下，消費均衡點為 F 點，社會福利水準與同盟前
課徵一般性的關稅相同。根據 AB 貿易條件，若產品消費比例維持如 E 點
不變，則 E′ 點的社會福利水準必較同盟前課徵一般性的關稅為低。同盟後，
若貿易條件介於 AB 與 AC 之間——如 AB′，則社會福利水準反而較同盟前
課徵一般性的關稅來得高。唯有同盟後貿易條件比 AB 更差，A 國的社會福

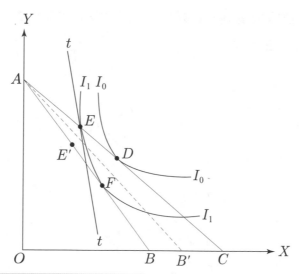

利水準才會比同盟前課徵一般性的關稅來得低。是故，如果允許產品之間的消費替代發生，即使貿易條件惡化，發生貿易轉向，貿易轉向效果仍然可能使社會福利水準提高。

 ## 四、關稅同盟的一般均衡分析

關稅同盟的一般均衡分析，係指針對兩種產品（出口品及進口品），利用提供曲線分析關稅同盟的經濟後果。將同盟視為一體，同盟之外其他國家視為一體，各導出一條提供曲線，兩線相交之處，即是關稅同盟後，國際貿易一般均衡的達成。

圖 18–4, A 國出口酒 (W)，進口布 (C)；B 國出口布，進口酒。TOC_A 及 TOC_B 分別為 A、B 兩國同盟後的自由貿易提供曲線。在 E 點，貿易條件為 TOT_0 時，達到同盟內兩國自由貿易的均衡。若同盟貿易條件為 TOT_1，則 B 國布的出口供給大於 A 國對布的進口需求，故同盟會出口布；B 國對酒的進口需求大於 A 國酒的出口供給，故同盟會進口酒。因此，同盟貿易條件為 TOT_1 時，同盟的對外貿易量等於 GH 線段，在 TOT_1 上取 $OR = GH$，R 點即為構成同盟提供曲線的一點。同理，同盟貿易條件為 TOT_2 時，同盟的對外貿易量等於 IJ，在 TOT_2 上取 $OS = IJ$，S 點即為構成同盟提供曲線

的一點。如此，無限變動同盟貿易條件，即可導出**同盟對外提供曲線** TOC_U
——同盟出口布、進口酒。

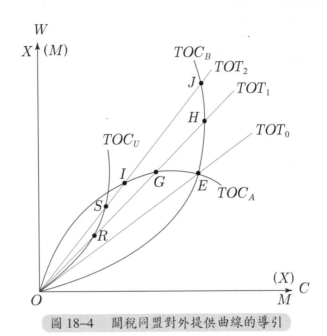

圖 18–4　關稅同盟對外提供曲線的導引

　　圖 18–5，同盟提供曲線 TOC_U 與同盟外國家的提供同盟 TOC_W 相交於
E 點，貿易條件為 TOT_0，世界貿易達於一般均衡。若關稅同盟對外關稅提
高，則同盟貿易提供曲線移至 TOC'_U，同盟貿易條件改善，同盟對外的貿易
數量減少。但如前所述，由於有貿易轉向效果存在，因而不同於一般關稅
分析，同盟的貿易條件改善，在其他情況不變下，同盟國的福利水準不一
定會提高。

　　以下比較一國（大國）分別採自由貿易、課徵一般化關稅、或參加關
稅同盟，而與另一國（非同盟國）貿易的經濟後果。圖 18–6，F_C 為同盟外
C 國的自由貿易提供曲線，F_A、T_A、及 U_A 分別為 A 國的自由貿易、課徵
一般化關稅、及參加關稅同盟後對 C 國的提供曲線❹。由圖可見，在 C 國
沒有關稅報復下，A 國對 C 國的貿易條件依序改善，但與 C 國的貿易量卻

----

❹在此我們只就 A 與 C 兩國進行分析，且假設雙邊貿易達於平衡。再者，由於貿
　易轉向效果存在，所以參加關稅同盟後，A 國與 C 國的貿易量最有可能減少。

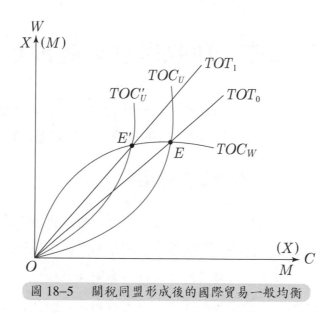

圖 18-5 關稅同盟形成後的國際貿易一般均衡

依序減少。與圖 18-5 一樣，由於有貿易轉向效果存在，吾人因此不能斷言 A 國在 E_2 點的福利水準一定大於 E_1 點或 E_0 點。

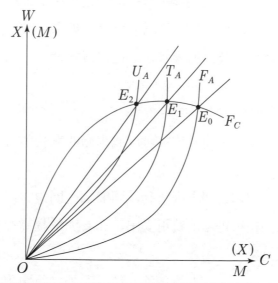

圖 18-6 自由貿易、課徵一般化關稅與參加關稅同盟的比較

第三節　關稅同盟與經濟福利

關稅同盟形成之後，對會員國經濟福利的影響，可分為靜態效果 (static effect) 及動態效果 (dynamic effect)，以下我們就這兩方面進行分析。

一、關稅同盟的靜態效果

就比較靜態分析的觀點而言，關稅同盟的形成具有以下的靜態效果：

㈠貿易創造效果，由生產利得與消費利得所構成

同盟後，進口品的國內產量減少，資源使用效率提高——生產利得；進口品的消費增加，消費者福利提高——消費利得。因此，貿易量增加，貿易創造效果使同盟國的社會福利水準提高。

㈡貿易轉向效果

同盟前，同盟國由世界上生產效率最高、成本最低的國家進口；同盟後，同盟國轉由同盟內生產效率最高的國家購買。如果同盟內生產效率最高的國家不是世界生產效率最高的國家，則進口成本增加，同盟國的社會福利水準下降。

㈢減少行政支出

同盟國彼此之間廢除關稅，故可以減少徵收關稅的行政支出。

㈣減少走私

產品可以在同盟國之間自由流動，同盟國之間沒有產品走私的問題存在，不僅可以減少查緝走私的費用支出，亦有助於提高社會的道德水準。

㈤加強談判力量

同盟國形成一體，經濟力量增強，統一對外進行關稅談判，自有利於同盟國貿易條件的改善。

關稅同盟靜態福利效果的大小，決定於以下的因素：

1.同盟前關稅水準愈高，同盟後之貿易創造效果利得愈大。圖 18–7，D_m 及 S_m 代表同盟前同盟國某一種進口替代產品國內的需求與供給。若對

這一種產品的進口課 $\dfrac{EF}{FG}$ 的關稅稅率，而關稅完全由本國人民所負擔，則該產品的國內供給曲線上移至 S'_m，市場均衡點為 E 點。在 E 點，消費者願意支付 EG 的需求價格，EG 代表邊際社會受益；生產者要求 FG 的供給價格，FG 代表邊際社會成本，邊際社會受益 (EG) 大於邊際社會成本 (FG)，故 $EF = EG - FG$ 代表社會消費此產品 1 單位所淨增加的社會邊際利得。如果課徵 $\dfrac{HI}{IJ}$ 的稅率，而 $\dfrac{HI}{IJ} > \dfrac{EF}{FG}$，則邊際社會受益為 HJ，邊際社會成本為 IJ，淨增加的社會邊際利得為 HI，$HI > EF$。同盟後，假設所討論的同盟國為小國，則該國完全能由其他的同盟國自由進口所需的數量，故其必然恢復到對產品消費的邊際社會受益等於生產的邊際社會成本的境界。因之，同盟前關稅水準愈高，同盟後的社會利得愈大。

2.同盟國的供給與需求彈性愈大，貿易創造效果愈大。因為同盟後，進口品的國內價格下跌，如果供給與需求的彈性愈大，則生產減少愈多，消費增加愈多，貿易創造效果也就愈大。

3.同盟國與非同盟國的成本差異愈小，貿易轉向的損失愈小。

4.同盟國的生產效率愈高，貿易創造效果愈大，同盟後社會福利水準愈有可能提高。

5.同盟國對非同盟國之出口品的進口需求彈性愈低，非同盟國對同盟國之進口品的出口供給彈性愈低，則貿易轉向的可能性愈小；非同盟國對

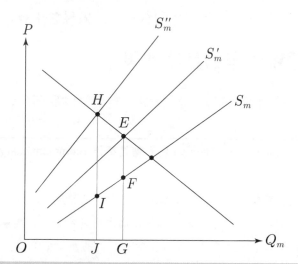

圖 18-7　關稅同盟靜態福利水準視同盟前關稅水準而定

同盟國之出口品的進口需求彈性愈低，對同盟國之進口品的出口供給彈性愈低，同盟國對非同盟國的貿易條件可能改善愈大。

6.同盟國對外關稅愈低，貿易轉向的可能性愈小。

7.參加同盟的國家愈多，貿易轉向的可能性愈小，資源重分派的利得愈大。

8.同盟前同盟國彼此之間的貿易量愈大，或與非同盟國之間的貿易量愈小，同盟後貿易轉向的可能性愈小，經濟福利愈可能提高。

9.一國國內貿易比重愈大，對外貿易比重愈小，則參與同盟獲利的可能性愈大，福利水準愈可能提高。因為同盟後，同盟國形成一體，競爭性提高，可以促進國內部門正確價格關係的形成並提高其生產效率，但對外部門的價格關係卻因為參與同盟而受到扭曲，因此國內貿易比重愈大，對外貿易比重愈小，愈為有利。

10.同盟國的經濟結構的競爭性愈大、互輔性愈小，同盟後福利水準愈可能提高。同盟前，同盟國的經濟結構重疊、相同的部分愈多——即所生產的產品範圍與種類愈相近，同盟國之間的競爭性愈大、互輔性愈小，受關稅保護的產品愈多，故同盟後，關稅廢除，可能產生的貿易創造效果愈大。反之，同盟國經濟結構重疊、相同的部分愈少——即生產的產品的範圍與種類愈不相同，同盟國之間的競爭性愈小、互輔性愈大，受關稅保護的產品愈少，故同盟後，可能產生的貿易創造效果愈小❺。

二、關稅同盟的動態效果

若不考慮形成關稅同盟對一國就業、產出、國民所得、國際收支、及

---

❺競爭性經濟 (competitive economy) 與互輔性經濟 (complementary economy)，Viner 是根據同盟國所生產相同或類似的產品數目的多寡來區分，故認為同盟國經濟的競爭性愈大，互輔性愈小，貿易創造效果愈大。相反地，如果以產品的成本比率來區分同盟國經濟的競爭性與互輔性，成本比率愈接近，競爭性愈大，貿易創造效果愈小；成本比率愈不同，互輔性愈大，貿易創造效果愈大。由於區分的標準不同，所得的結論也就不同，但兩者並沒有矛盾。

物價水準的影響，單就福利效果而言，除以上所提到的靜態效果外，關稅同盟尚有動態效果，又稱之為**次級效果** (secondary effect)，其主要為：

㈠資源派用效率提高

關稅同盟使同盟國之間的競爭程度加強，專業程度加深，資源派用效率因而提高。Scitovsky (1958) 認為，形成關稅同盟，同盟國之間彼此打破國界，可以加強競爭、打破獨佔，經濟福利因此可以提高。但是，有人持相反的看法，認為打破國界，市場擴大，容易獲取生產的規模經濟，反而容易產生獨佔，而使經濟福利下降。

㈡獲取規模經濟

同盟後，同盟國成為一體，自由貿易市場擴大，專業與規模經濟之利由一國擴展至多國。有人認為，形成同盟可以使廠商獲得重大的內部與外部規模經濟之利，但亦有人認為，EEC 國家廠商的原有生產規模已經不小，同盟後生產規模再擴大不一定更為有利，因為生產規模太大，效率反而會下降。

㈢刺激投資

同盟後，市場擴大，投資機會增加，風險與不確定性降低，會吸引同盟國新的廠商投資增加。同盟後，競爭程度加強，為增進競爭能力，會促使同盟國原有的廠商增加投資，以改進產品品質、降低生產成本。同盟後，同盟國之間關稅完全免除，會吸引同盟外的國家至同盟內設立避免關稅工廠 (tariff factory)，以求獲得豁免關稅之利，這被認為是 EEC 成立之後，美國至 EEC 國家投資激增的主要原因。但是，亦有人認為，同盟後，同盟國之間彼此侵佔對方的市場，一國遭受貿易創造打擊的產業（即進口增加，進口替代業受到不利的影響）將會減少投資；同盟外國家至同盟內投資，將會使投資機會減少、同盟內廠商遭受不利影響，因而使同盟內廠商的投資減少。是故，同盟形成後，同盟國的投資不一定會增加。

㈣促進技術進步

同盟後，市場擴大，競爭程度加強，投資增加，生產規模擴大等因素，均使得廠商愈有能力且願意投資於研究與發展計畫，因而加速技術的進步與創新的產生。

㈤提高要素的流動性

在共同市場下，生產要素可於國界間自由移動，因而提高要素的流動性，促進要素的派用效率，降低要素低度就業或失業的可能性。

㈥加速經濟成長

如果以上各有利之點均能成立，則形成同盟後，同盟國的經濟必可加速成長。

曾有許多學者以歐洲共同市場 (EEC) 與歐洲自由貿易區 (EFTA) 對關稅同盟理論進行實證研究，所得到的結論差異很大。一般而言，在歐洲共同市場及歐洲自由貿易區剛成立之初，早期的實證研究均認為區域經濟整合的經濟利得相當小。但是，EEC 與 EFTA 成立幾年之後，實證研究的結果大多認為區域經濟整合具有重大的經濟利益，而且這種會員國之間貿易量的增加主要是由貿易創造而非貿易轉向所肇致，因此對於增進會員國的經濟福利有相當大的貢獻。

對 EEC 及 EFTA 前後時期的實證研究結果之所以會有重大的不同，主要的原因之一在於在成立之初，一切的制度、安排尚未達於完善、健全，會員國尚無法習慣於新的組織，故彼此之間的貿易無法快速增長。隨著時間的推進，組織漸趨健全，會員國逐漸熟識新的制度，在會員國彼此之間沒有貿易障礙下，必然可以增進彼此之間的貿易量。

無論實證研究的結果如何，這些研究只是就區域經濟整合的靜態福利效果進行評估，如果將動態福利效果予以考慮在內，相信區域經濟整合對會員國的經濟福利應該有著重大、有利的貢獻。第二次世界大戰之後，西歐諸國迅速復員，經濟力量快速成長，相信與 EEC 及 EFTA 的成功運作有相當密切的關係。在追求全世界、全面性自由貿易的理想無法實現下，退而求區域性的經濟合作，不失為一條增進各國貿易、提高經濟福利的可行道路。

摘 要

1. 國際貿易自由化的途徑有二，一是經由全球性的途徑，尋求各國關稅與非關稅貿易障礙的消減，一是經由區域性的途徑，尋求區域經濟整合，形成區域性的貿易集團。

2. 區域經濟整合是自由貿易與保護主義的結合，屬於一種有歧視的優惠貿易協定，按組織性質的不同，區域經濟整合可以分為優惠貿易集團、自由貿易區、關稅同盟、共同市場、貨幣同盟、及經濟同盟等幾類。

3. 區域經濟整合的組織開始甚早，全世界在不同的地區，於不同的時期，均曾有不同的區域經濟整合組織出現，在目前眾多的區域經濟整合組織中，以歐洲同盟與北美自由貿易區最為健全，其成就也最大。

4. 關稅同盟是屬於國家歧視的關稅課徵，是一般關稅理論的一種特例，根據次佳理論可知，關稅同盟的形成並不一定使會員國的福利水準提高。

5. 根據部分均衡分析，關稅同盟的結果產生使福利水準提高的貿易創造效果，同時也產生使福利水準下降的貿易轉向效果，故同盟後，同盟國之間的貿易量雖然增加，但會員國的社會福利水準卻不一定會比同盟前來得高。

6. 導出同盟對外提供曲線，其與非同盟國家之提供曲線相交之處，即是關稅同盟後，國際貿易一般均衡的達成。

7. 比較一國分別採行自由貿易、課徵一般化關稅、及參加關稅同盟的結果，顯示其與非同盟國的貿易量依序減少，貿易條件依序改善，但由於有貿易轉向效果存在,因此無法確定參加關稅同盟的福利水準是提高或下降。

8. 關稅同盟的形成具有靜態與動態的福利效果。靜態效果主要有: 貿易創造效果、貿易轉向效果、減少行政支出、減少走私、及加強談判力量等。

9. 在國內產品的消費無法替代下,貿易轉向發生必然使社會福利水準下降;在國內產品的消費可以替代下,即使貿易轉向發生,亦可能使社會福利水準提高。

10. 評估關稅同盟靜態福利效果的大小,須考慮到關稅水準、供需彈性、成本差異、生產效率、同盟國家的數目、貿易量、貿易比重、及經濟結構的特性等因素。

11. 關稅同盟的動態效果又稱次級效果,其主要為:專業程度加深、資源派用效率提高、獲取規模經濟之利、刺激投資、促進技術進步、提高要素流動性、及加速經濟成長。

12. 早期的實證研究顯示區域經濟整合的經濟利得相當小,但晚近的實證研究均顯示區域經濟整合的經濟利益不斷地提高,若將動態福利效果再予以考慮在內,區域經濟整合對會員國的經濟福利應有重大的貢獻。

 重要名詞

區域經濟整合	自由貿易區
貿易偏轉	關稅同盟
共同市場	經濟同盟
貨幣同盟	歐洲自由貿易區
歐洲經濟共同體	歐洲聯盟
產品歧視	地區歧視
次佳理論	貿易創造效果
貿易轉向效果	同盟對外提供曲線
國家間替代	產品間替代
競爭性經濟	互輔性經濟

問題練習

1. 什麼是區域經濟整合？其與關稅及非關稅減讓談判對於促進國際貿易自由化的影響有何不同？

2. 區域經濟整合有那幾類？其特性各為何？

3. 試簡述歐洲區域經濟整合組織的發展。

4. 關稅同盟與一般關稅理論有何不同？根據次佳理論闡釋關稅同盟的經濟後果。

5. 何謂貿易創造效果？何謂貿易轉向效果？試以圖形剖示之。

6. 根據部分均衡分析，圖解分析關稅同盟的經濟後果。

7. 如何導出關稅同盟對外提供曲線？關稅同盟形成後，國際貿易一般均衡如何達成？

8. 試以提供曲線剖析一國（大國）分別採自由貿易、課徵一般化關稅、或參加關稅同盟，而與另一國（非同盟國）貿易，可能的經濟後果。

9. 關稅同盟的靜態福利效果有那些？

10. 關稅同盟形成之後，發生「國家間替代」或「產品間替代」對同盟國經濟福利的影響有何不同？

11. 關稅同盟之靜態福利效果的大小，決定於那些因素？

12. 為何同盟前關稅水準愈高，同盟後之貿易創造效果愈大？

13. 為何同盟國的經濟結構的競爭性愈大、互輔性愈小，同盟後福利水準愈可能提高？

14. 關稅同盟的動態福利效果有那些？

15. 經濟學者對區域經濟整合實證研究的結果如何？對區域經濟整合的成立與發展，你的看法如何？

◆第十九章 國際卡特爾與國際商品協定

傳統的國際貿易理論，均以假定參與貿易之國家的國內市場為完全競爭作為分析之基礎，即參與貿易的廠商數目相當多，每一單獨廠商對於國內及國際產品的價格與產量均不具有影響力，每一廠商均是國內及國際產品價格的接受者而非價格的決定者。但是，在現實的經濟社會，國際貿易發生之前，國內很多產品的市場並非完全競爭，獨佔的情況雖然比較少，但寡佔的情況卻普遍存在。在此情況下，國際貿易之門一開之後，有些不完全競爭的產品市場，因為國際的競爭而降低了獨佔性，成為近乎完全競爭的市場。但是也有些產業，國內的獨佔或寡佔者不僅沒有因為國際的競爭而降低其獨佔性，卻反而與國外的獨佔者或寡佔者串通起來，成為**國際卡特爾** (international cartel)；有些產業的國內獨佔者或寡佔者甚至一本己身之力，在國外設立分（子）公司，而將獨佔力量延伸至國外，此乃第二次世界大戰之後逐漸興起的**多國公司或企業** (multinational corporations or enterprises)。本章即在於討論國際卡特爾對國際貿易的影響及其產生的經濟後果。

◼ 第一節　國際卡特爾的理論基礎

與國內卡特爾的形成一樣，國際卡特爾的動機也在於減少廠商之間的競爭，提高廠商的利潤。以下我們分析國際卡特爾如何追求利潤最大，其利潤最大化的價格是如何決定的。

一、國際卡特爾利潤最大化的追求

當各國獨佔者或寡佔者形成國際卡特爾之後，它們就實際上成為一國際的聯合獨佔。為達到增加卡特爾會員利潤的目的，國際卡特爾必先依據獨佔利潤最大法則，決定卡特爾的均衡價格與產量，以使國際卡特爾的利潤達到最大，而後再決定卡特爾產量在會員之間的分配，以使會員們賺取更多的利潤。

圖 19–1，國際卡特爾形成之後，MC_C 代表卡特爾的邊際成本曲線，是由各會員邊際成本的併總而來❶，D_C 及 MR_C 分別代表卡特爾的需求曲線及邊際收入曲線。依邊際均等法則，卡特爾以邊際成本與邊際收入的交點 E 決定使卡特爾利潤最大的價格 P_1、產量 Q_1。若卡特爾各會員在未成立卡特爾之前是完全競爭，則 MC_C 成為此一產業的供給曲線 (S_C)，故此一產品的完全競爭均衡價格為 P_2，產量為 Q_2。是故，與完全競爭比較，國際卡特爾的形成，使此一產品的國際價格由 P_2 上升至 P_1，產量由 Q_2 減少至 Q_1。減少 Q_1Q_2 的產量，使卡特爾增加△ EFG 的利潤（等於減少 Q_1Q_2 產量而使邊際成本減少與邊際收入減少之間的差額），但卻使得全世界的消費者剩餘由完全競爭的△ AP_2F 減少至△ AP_1B。除此之外，國際卡特爾的形成，破壞了完全競爭，導入獨佔因素，因而使得國際資源的派用受到扭曲，各國因而無法滿足巴瑞多最適條件，社會福利水準因此無法達到最大。

就圖 19–1 而言，國際卡特爾使產量減少 Q_1Q_2，此在一產量範圍內，產品的需求價格（邊際受益）均大於邊際成本，表示全世界派用於此一產品的資源過少，而使全世界因資源派用的不當而損失了△ BEF 的福利。因之，國際卡特爾的形成雖使會員增加了△ EFG 的利潤，但卻使全世界的消費福利損失 P_2P_1BF，生產效率（資源派用）損失△ BEF。顯然地，國際卡特爾的形成使得全世界的福利水準下降。

國際卡特爾組織的價格與產量一經決定之後，所有會員均以 P_1 的價格出售其產品，而 Q_1 的總產量則以非價格競爭或按各會員在卡特爾形成之

---

❶卡特爾為一聯合獨佔，其可視之為一擁有多家工廠 (plant) 的獨佔廠商 (firm)。

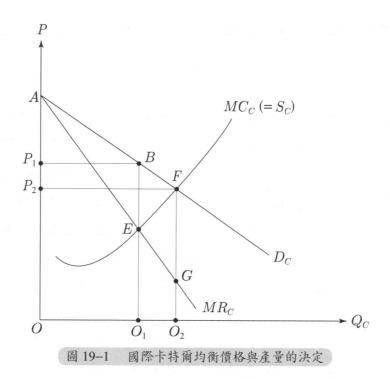

圖 19-1　國際卡特爾均衡價格與產量的決定

前的市場佔有率來進行分配。為求卡特爾組織及會員的利潤最大，卡特爾組織乃採取分配產量、分派市場、及共同價格的策略。一般而言，卡特爾組織的成員愈少，彼此之間愈能遵守協定，組織也就能夠維持愈久；卡特爾成員的成本與產品需求差異愈小，愈容易達成價格協議；潛在競爭者與替代品愈少，卡特爾組織將愈穩固；經濟景氣，產品銷售順暢，會員均能獲得利潤，卡特爾組織比較容易維持；經濟不景氣，產品銷售困難，會員無法獲利，甚至虧損，為求自保，難免相互蒙騙，各自秘密地降低價格以求增加銷售量，甚至公開違背卡特爾協議而爆發激烈的價格競爭❷。如此，卡特爾組織終將趨於瓦解。

 二、決定國際卡特爾價格的因素

如同獨佔力量的衡量一樣，吾人可以**婁勒指標** (Lerner index, LI) 來衡

---

❷在經濟不景氣時，卡特爾容易因會員之間相互的價格欺騙而瓦解。在經濟景氣時，為求增加利潤，卡特爾容易因會員之間相互的產量欺騙而瓦解。

量卡特爾組織的獨佔力量。婁勒指標的計算公式為：

$$婁勒指標 (LI) = \frac{價格 - 邊際成本}{價格} = \frac{P - MC}{P}$$

產品的價格代表社會受益，邊際成本代表社會成本，以兩者差異的程度（百分比）來衡量獨佔力量，其值介於 0 與 1 之間，值愈大表示獨佔力量愈大。完全競爭下，產品的價格等於其邊際成本，故婁勒指標等於零；在不需生產成本的完全獨佔情況下——例如全社會只有一家廠商出售不需成本的自然礦泉水，婁勒指標等於 1。由於婁勒指標是以價格與邊際成本的差額作為衡量獨佔力量的標準，故又稱之為**獨佔加成取價** (monopoly markup pricing)，即用以測量獨佔廠商的價格超過其最後 1 單位產品成本（即邊際成本）的百分比數。

除婁勒指標外，吾人亦可以產品的價格與邊際收入之間的差額來作為衡量獨佔力量的標準。根據邊際收入與價格之間關係的公式：

$$MR = P\left(1 - \frac{1}{e}\right)$$

上式中，e 代表產品的需求價格彈性（絕對值）。完全競爭下，廠商所面對的產品需求價格彈性無限大，所以產品的價格等於邊際收入。若獨佔性愈大，則廠商所面對的產品需求價格彈性愈小，產品的價格與邊際收入的差額愈大。由 $MR = P\left(1 - \frac{1}{e}\right)$ 可以得到：

$$e = \frac{P}{P - MR}$$

將上式與婁勒指標 (LI) 相比較，再加上獨佔廠商達於利潤最大均衡時 $MR = MC$，吾人可以發現兩者的關係為：

$$LI = \frac{P - MC}{P} = \frac{1}{\dfrac{P}{P - MR}} = \frac{1}{e}$$

上式表示，婁勒指標（獨佔加成取價）等於需求價格彈性的倒數，即需求價格彈性愈小，婁勒指標（獨佔加成取價）愈大，獨佔性愈大；需求彈性愈大，婁勒指標（獨佔加成取價）愈小，獨佔性愈小。吾人可將婁勒指標或獨佔加成取價與產品需求價格彈性之間的關係，再進一步的引申，以深入瞭解決定國際卡特爾組織獨佔力量大小的因素。

若國際卡特爾組織的成員為國家而非廠商──例如石油輸出國家組織 (Organization of Petroleum Exporting Countries, OPEC) 的成員均為國家。在此情況下，全世界對國際卡特爾之產品的進口需求 (M)──即卡特爾外其他國家對卡特爾之產品的需求，等於卡特爾外其他國家對此種產品的總需求 (D) 與總供給 (S) 的差額，即

$$M = D - S$$

將上式化成變動量，得到:

$$\Delta M = \Delta D - \Delta S$$

將上式兩邊同除以價格的變動，得到:

$$\frac{\Delta M}{\Delta P} = \frac{\Delta D}{\Delta P} - \frac{\Delta S}{\Delta P} \qquad (1)$$

(1)式可以化為:

$$-M\frac{\Delta M}{\Delta P}\frac{P}{M} = -D\frac{\Delta D}{\Delta P}\frac{P}{D} + S\frac{\Delta S}{\Delta P}\frac{P}{S}$$

$$\Rightarrow Me_m = De_d + S\eta_s \qquad (2)$$

(2)式中，e_m、e_d、及 η_s 分別代表國際卡特爾外之國家對國際卡特爾之產品的進口需求價格彈性、總的需求價格彈性、及供給價格彈性。將(2)式進一步化簡為:

$$e_m = \frac{D}{M}e_d + \frac{S}{M}\eta_s$$

$$\Rightarrow e_m = \frac{e_d + \left(\dfrac{S}{D}\right)\eta_s}{\left(\dfrac{M}{D}\right)} \qquad (3)$$

設國際卡特爾的出口供給佔國際卡特爾外之國家總需求的比例為 k，

$k = \dfrac{M}{D}$。又 $S = D - M$，所以 $\dfrac{S}{D} = 1 - k$，因此(3)式可以化簡為：

$$e_m = \frac{e_d + (1-k)\eta_s}{k}$$

再根據婁勒指標與需求價格彈性之間的關係，得到國際卡特爾的獨佔力量或利潤最大的加成取價率為：

$$LI = \frac{1}{e_m} = \frac{k}{e_d + (1-k)\eta_s}$$

上式表示，國際卡特爾的獨佔力量或加成取價幅度的大小決定於 e_d、η_s、及 k。國際卡特爾外之國家對國際卡特爾之產品的總需求價格彈性愈小、供給價格彈性愈小、及自給自足率愈低（即 k 值愈大），則國際卡特爾組織的獨佔力量愈大，其對產品的獨佔加成取價率也就愈大。

前幾章關稅分析時曾經提到，大國可以課徵出口關稅，以限制出口數量，增進社會福利。如同對進口品課徵進口關稅有一最適進口關稅存在一樣，一國課徵出口關稅亦有一**最適出口關稅 (optimum export tariff)** 存在，它是能使出口數量減少，社會福利水準達於最大的出口關稅水準。根據婁勒對稱性定理，最適進口關稅稅率將等於最適出口關稅稅率。國際卡特爾事實上可視之為許多國家聯合的自動出口限制，其目的在於減少競爭、減少出口，增進整體的利潤，故國際卡特爾利潤最大的加成取價率與單一國家最適進口（或出口）關稅稅率的計算相似，即前者為 $\dfrac{1}{e_m}$，後者為 $\dfrac{1}{e^* - 1}$（見第十三章最適關稅），表示**最適進口（或出口）關稅稅率（國際卡特爾利潤最大的加成取價率）均與外國（國際卡特爾外之國家）對本國（國際卡特爾）出口品的進口需求價格彈性呈減函數的關係。**

■ 第二節　國際商品協定

由前面的分析可知，如果一種產品的需求價格彈性和供給價格彈性均很低，且這種產品的供給主要集中於幾個國家或生產者，則可以有效地形成此種產品的國際卡特爾組織。根據理論分析，國際卡特爾可以獲取重大的經濟利益，因此長久以來，生產不同產品的廠商或國家均曾不斷試圖籌組國際卡特爾組織。就國家而言，國際之間根據籌組國際卡特爾所需的條件，嘗試組成農、礦初級產品出口之國際卡特爾的行動最為普遍。雖然能夠成功的少之又少，但石油輸出國家組織 (OPEC) 的成功卻對全世界經濟造成重大的影響，甚至因而改變了世界經濟的思潮與發展的方向。

大部分開發中國家以出口初級產品為主，外匯收入主要來自於初級產品的出口所得。因之，經濟發展計畫能否有效順利推展，便維繫於能否有足夠穩定的出口收入之上。但是，開發中國家時常抱怨其初級產品的出口價格偏低且不穩定，導致其外匯收入的短缺與變化無常，因而阻礙其經濟發展計畫的推行，如要去除發展的障礙、提高實質所得，首應穩定初級產品的出口價格。

初級產品的國際價格是否較工業產品不穩定，為一實證的問題。經濟學家們實證研究的結果，並不支持初級產品的國際價格較不穩定的說法。初級產品的價格穩定並不表示初級產品的出口收入就一定穩定，初級產品的出口收入穩定，也並不就表示開發中國家的實質所得一定穩定。是故，初級產品的價格獲得穩定，是否就能產生如開發中國家所預期般的重大經濟利益，不無值得懷疑。再者，初級產品的國際價格乃由國際的供需情況所決定，它是國際經濟體系內的一個內生變數，不論供給、需求、或其他經濟變數（如政策、預期）的任何改變，終將導致初級產品價格的改變。何況初級產品為一供給與需求均缺乏彈性的產品，無論供給或需求任何一方受到干擾而發生變動，均可能使初級產品的價格發生重大的波動，長期間人為組織的力量實不足以對抗市場經濟的力量。

雖然經濟學家們對於穩定初級產品的國際價格持著如此的悲觀看法，但開發中國家對於其外匯主要來源之初級產品價格的獲致穩定，一直耿耿於懷，乃不斷尋求籌組初級產品出口的卡特爾組織。因此，以開發中國家為主的出口初級產品的國家之間乃達成各種不同農、礦初級產品出口的**國際商品協定 (International Commodity Agreement)**，以求穩定初級產品的國際價格，從而奠定開發中國家的發展大道。但是，事實的發展證明，除 OPEC 與 1974 年成立的**國際鐵礬土協會** (International Bauxite Association, IBA) 因具有特殊的條件而成為成功的國際卡特爾組織外，其他的國際商品協定只能產生暫時而微小的效果，甚至流為名存實亡而未曾發生過任何穩定初級產品價格的功效。

國際商品協定成立之後的首要之務為謀求穩定初級產品的國際價格，其中最為普遍使用的方法為**常平存貨** (buffer stock)，即籌措一筆常平基金，當產品價格偏低時，即買進產品以避免價格下跌；當產品價格偏高時，即拋售產品以抑制價格上漲，如此自可將產品價格維持於所希望的穩定水準。但是，這種計畫要能成功的先決條件，必須能夠事先準確預測產品長期均衡價格的變動趨勢，而後才能進行市場買進、賣出的平準干預。如果所訂定的價格與長期市場均衡價格偏離過大，則平準計畫必然無法長久實施，而終告失敗。如所訂價格高於長期均衡價格甚多，必然產生大量的超額供給，收購這些產品必須支出大量的費用，收購之後的貯藏、管理、維護、及腐壞又是一筆很大的開支，故沒有任何國家或組織能夠長期不斷地收購超額供給。如果所訂價格低於長期均衡價格甚多（這種情況比較不可能，同時也違反成立商品協定的初衷），必然產生大量的超額需求，同樣沒有任何國家或組織能夠長期不斷地補貼供應超額需求。

在所訂定的價格與市場均衡價格不相一致下，若各會員國能夠自行抑制，視實際情況的需要而減產或增產，則價格穩定還是可以實現的。但是，大部分初級產品的出口國家很多，在商品協定的組織並非十分嚴謹下，實很難要求會員國在價格高時不增產、價格低時不減產。再者，初級產品（尤其是農產品）的生產往往受到天候、時間、季節的限制而非人力所能左右，故吾人實難以控制產量來達到穩定初級產品價格的目標。就需求而言，除非人口或科技有重大的變動，否則對初級產品需求的變動是相當小的。短期間人口的變動可能不大，但在一個不斷進步的動態社會，科技的變動往往是相當快速、頻繁的，再加上對產品的長、短期需求彈性不同，變動無常的需求因素亦不利於常平存貨計畫的實行。

再就貨幣因素而言，任何產品的國際價格必須以不同的貨幣表示，因此即使以實物表示的實質價格穩定，若國際金融不穩定，匯率波動無常，則以貨幣表示的名目貨幣價格亦無法穩定❸。因之，即使商品協定組織能使初級產品的供需維持穩定，但國際金融的波動則非其所能掌握，故初級產品的貨幣價格也就難以穩定。據此，常平存貨計畫充其量只能用之於緩和短期的價格波動，而無法用之於維持初級產品長期價格的穩定。

除常平存貨計畫外，另有人主張對商品協定會員國實施生產配額。如果此一計畫能夠獲得成功，對於初級產品價格的穩定倒有很大的幫助，因為初級產品的需求相對於供給來得穩定。但是，前面提到過，如果所訂價格偏高，會員國必然有著違背協定、暗自增加生產的誘因存在，亦容易刺激非會員國增加生產，或發展新的替代品，或設法減少需求，同樣無法達到穩定價格於高水平的目的。若嚴格執行限制生產的計畫，又將導致資源的閒置或派用效率的降低。如此，穩定價格計畫並無法達到提高實質所得的最終目標。

值得一提的是，Meade 曾於 1964 年的 UNCTAD 會議中提出**價格補償方案** (price-compensation scheme)，即貿易國之間對初級產品的貿易達成一基準價格與平均貿易量，而後貿易國之間再就實際價格與基準價格之間的差額和平均貿易量的乘積，進行補償或退款。但是，此一方案同樣遭遇到基準價格與平均貿易量如何決定、雙方對產品價格影響力的大小、及雙方對產品供需數量的控制等問題，故其在實際的執行上亦是相當窒礙難行的。

由以上的分析可知，開發中國家想以國際商品協定組織來達到穩定其初級產品的國際價格是相當難以實現的。例如，1956 年成立的**國際錫協定** (International Tin Agreement)，1963 年成立的**國際咖啡協定** (International Coffee Agreement)，1973 年成立的**國際可可協定** (International Cocoa Agreement)，及其他的國際小麥協定、國際蔗糖協定等。這些協定最多只對產品的短期價格發揮了一些穩定的功用，對於長期價格的穩定並無法發生任何重大的作用，有些協定甚至於從成立後就形同具文，對於該產品價

---

❸例如，美元貶值導致石油、黃金價格上漲即是一例。

格的穩定未曾發生任何作用。

　　開發中國家初級產品的出口是一相當複雜的問題，吾人在此只作簡要的介紹。國際貨幣基金 (IMF)、世界貿易組織 (WTO)、聯合國貿易暨發展會議 (UNCTAD)、及世界銀行等國際組織，均不斷致力於國際間初級產品貿易問題的解決。但至今日，此一問題仍無獲得解決或緩和的跡象，許多國際貿易的紛爭與貿易障礙的樹立，均因初級產品的貿易而引起。唯有初級產品的貿易問題獲得解決，全世界自由貿易的理想，才有可能實現的一天。

摘　要

1. 現實的國際貿易並非完全競爭,而是有國際卡特爾及多國公司等不完全競爭的獨佔因素存在。

2. 國際卡特爾的形成雖使會員的利潤增加,但對全世界而言,卻產生價格提高、產量減少、消費者剩餘減少、及國際資源派用扭曲,而有使全世界福利水準下降的不利經濟後果。

3. 國際卡特爾的獨佔力量或加價幅度的大小,決定於國際卡特爾以外國家對該組織產品的總需求彈性、供給彈性、及自給自足率。國際卡特爾以外國家對其產品的總需求彈性愈小、供給彈性愈小、及自給自足率愈低,則國際卡特爾組織的獨佔力量愈大,其對產品的獨佔加價比例也就愈大。

4. 國際卡特爾可視為一種多國的聯合自動出口限制,所以最適出口關稅等於國際卡特爾利潤最大加價比例,即最適出口關稅等於外國對本國出口品之進口需求價格彈性的倒數,國際卡特爾利潤最大加價比例亦等於國際卡特爾以外國家對該組織出口品的進口需求價格彈性的倒數。

5. 開發中國家為求穩定初級產品的國際價格,乃成立各種不同農、礦初級產品出口的國際商品協定,但除石油輸出國家組織與國際鐵礬土協會因具有特殊的條件而成為成功的國際卡特爾外,大部分的協定最多只對產品的短期價格發揮一些穩定作用,對於長期價格的穩定並無法發生任何重大的影響,有些協定甚至於從成立之後就形同具文,對於該產品價格的穩定未曾發生任何作用。

6. 初級產品因供給與需求俱缺乏彈性、供給與需求的變動難以有效控制、及國際金融的波動無常等因素,致使其國際價格難以獲得穩定。

7. 會員國數目不多、出口數量佔全世界總需求的比例很高、有效控制產量、及卡特爾外之國家對石油的供給與需求的彈性都很低,是造成石油輸出國家 (OPEC) 成為空前成功的國際卡特爾組織的主要因素。

重要名詞

國際卡特爾	婁勒指標
石油輸出國家組織	最適出口關稅
利潤最大加價比例	國際商品協定
常平存貨	價格補償方案

問題練習

1. 國際貿易發生之後，何以會產生國際卡特爾？

2. 國際卡特爾的產量與價格如何決定？其對全世界的福利水準有何影響？

3. 國際卡特爾利潤最大化之價格如何決定？

4. 何謂最適出口關稅？如何計算？

5. 什麼是「國際商品協定」？其成立的原因與目的為何？

6. 「國際商品協定」的成立為何無法有效達到穩定初級產品之國際價格的目標？

7. 何謂「常平存貨」？能否用以有效達到穩定初級產品之國際價格的目標？

8. 成功組織「國際卡特爾」所需的條件有那些？為何「石油輸出國家組織」(OPEC) 能夠成為成功的「國際卡特爾」？

◆第二十章
國外直接投資與國際多國公司

　　傳統的國際貿易理論均假設產品可以在國際間自由貿易，而生產要素在國際間則完全缺乏流動性。事實上，現實的經濟社會，國際間產品既非完全自由貿易，生產要素亦非完全缺乏流動性。基於比較利益所在，國際間進行產品自由貿易的結果，縱使生產要素於國際間完全缺乏流動性，貨品的流通仍可以使國際間的產品價格與要素報酬趨於完全的均等。前面討論關稅時也提到過，基於要素報酬的不同，允許國際間生產要素自由移動的結果，縱使產品在國際間完全沒有貿易發生，仍可以使國際間的產品價格與要素報酬趨於完全的均等，即國際間要素的自由移動具有取代產品自由貿易的功能。

　　第二次世界大戰之後，國際經濟有一趨勢興起，那就是國際間許多具有獨佔性或寡佔性的大企業超越國界，進行國外直接投資 (foreign direct investment, FDI)。這種經濟行為同時將國際間產品的貿易與要素的移動結合在一起，本章即在於討論國際間獨佔性或寡佔性大企業，對外進行直接投資，形成國際多國公司 (multinational corporation)〔有時又稱為多國企業 (multinational enterprise)，或跨國 (transnational) 公司或企業〕，對全世界及各國所產生的後果❶。

---

❶根據聯合國多國公司中心 (The UN Multinational Corporation Center) 的定義，所謂多國公司乃一公司至少在兩國擁有辦公室，以連結資本關係，並經由總公司的決策，透過商業上的管理而結合為一。另一種形式的多國公司為國際合資 (international joint ventures)，即分屬於不同國家之兩家以上的公司將它們的技術與資產結合在一起。

■ 第一節　要素移動、要素報酬與經濟福利

　　勞動、土地、資本、及企業家精神等四大生產要素中，除土地無法於國際間移動外，其餘三大生產要素均可於國際間移動。國際間可以有各種不同的形式進行生產要素的移動，就資本移動而言，其大致的區分為證券（資產）投資 (protfolio investment)、經濟援助 (economic assistance)、及國外直接投資三種形式。因此，要瞭解國外直接投資的經濟後果，應從國際間要素移動的探討著手。

　　國際間要素的移動，有時是基於追求要素報酬而產生的誘發性移動，有時是基於政治、軍事、人道等非經濟因素所產生的片面無償移動。無論基於何種原因，國際間發生要素移動，總是使國際間現有的要素存量發生重分配的改變，因此可以要素增長或消減的情況，來分析要素移動對全世界及當事國所產生的經濟後果。

　　國際間發生資本的移轉，讓與國的貿易條件是否必須發生改變，以使國際收支經常帳重新恢復平衡（或產生足夠的順差以實現資本移轉），這是屬於傳統國際金融理論**移轉問題** (transfer problem) 的探討，目前不予討論。在此，吾人只就國際間發生要素移動對全世界及當事國之產出、要素報酬、及福利水準的影響進行討論。

　　根據要素稟賦及技術差異所產生的比較利益進行國際專業分工，而後進行自由貿易，可使全世界的產出增加（生產效果）、消費增加（消費效果），因而提高全世界的福利水準，這是產品自由貿易間接導致全世界資源派用效率提高所肇致的後果。因之，即使國際間並沒有產品的貿易存在，只要能夠直接提高全世界資源派用的效率，同樣能夠達到提升世界福利水準的目標，亦即國際間雖沒有產品貿易的存在，但只要讓全世界的生產要素自由移動，同樣可以達到提高世界資源派用效率、增加全世界產出與消費、及提高世界福利水準的目標。

　　對個別國家而言，國際間要素移動的結果，使得各國的要素存量發生

改變，可能因而導致產出、貿易條件、要素價格、及所得分配的變動。假設原先兩國的要素報酬均等，如果由一國移至另一國的要素為邊際的生產要素（即最後小量的生產要素），且要素移動沒有產生規模經濟或外部性，並沒有政府任何的補貼，則在貿易條件不變下，邊際要素的移轉只是使兩國總產出的變動，等於邊際產量，根據邊際生產力理論，這對於兩國其餘的要素報酬並無影響，故兩國的福利水準不變。

　　如果一國移至另一國的並非邊際的生產要素（即較大量的要素發生移動），在貿易條件不變下，兩國的總產出將會發生比較大的變化，且兩國的要素報酬亦將發生改變，進而使所得分配、社會福利水準發生改變。在完全競爭下，兩國要素移動、要素存量發生改變的結果，勞動（資本）移出國的工資（利率）會上升，其未流出的要素價格——利率（工資）則會下跌；勞動（資本）移入國的工資（利率）會下跌，其未流入的要素價格——利率（工資）則會上升，兩國的要素報酬仍然等於要素的邊際生產力。在此情況下，如以每人平均所得作為衡量社會福利的標準，暫時不考慮人口自然增加的因素，則移出勞動的國家，產出減少，但人口數量也減少；移入勞動的國家，產出增加，但人口數量也增加，故兩國每人平均所得的變化未定，社會福利水準的變化亦未定。移出資本的國家，產出減少、人口數量不變，每人平均所得減少，社會福利水準下降；移入資本的國家，產出增加、人口不變，每人平均所得增加，社會福利水準提高。就此而言，勞動移動對兩國福利水準的影響未定，資本的移動，在其他情況不變下，對資本移出國不利，對資本移入國有利，但這僅是在貿易條件、其他情況不變、及比較靜態分析的結果。

　　圖 20-1，假設只有勞動與資本兩種生產要素，一定的資本存量下，MRP_A 及 MRP_B 分別代表 A、B 兩國勞動的邊際收入產出 (marginal revenue of product, MRP) 曲線，即勞動的需求曲線。全世界有 OO' 的勞動力，其中 A 國勞動力為 OL_A，充分就業下，工資水準為 W_A，總產出為 $OAFL_A$，勞動所得為 OW_AFL_A，資本所得為 W_AAF；B 國勞動力為 $O'L_A$，充分就業下，工資水準為 W_B，總產出為 $O'BGL_A$，其中勞動所得為 $O'W_BGL_A$，資本所得

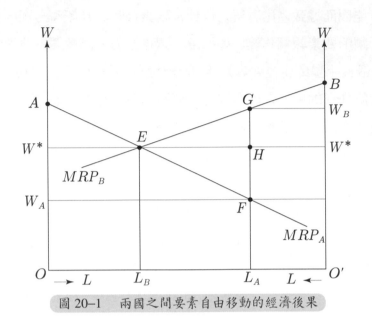

圖 20–1　兩國之間要素自由移動的經濟後果

為 $W_B BG$。

現假設 A、B 兩國之間勞動可以自由移動，A 國勞動將移到 B 國，直到兩國的工資水準相同為止，故 A 國會移出 $L_A L_B$ 數量的勞動者到 B 國，W^* 為使全世界勞動達於充分就業的均等工資水準。A 國的資本存量仍然不變，但 A 國勞動力減少至 OL_B，總產出為 $OAEL_B$，其中勞動所得為 $OW^* EL_B$，資本所得 $W^* AE$，與勞動移出前比較，A 國產出減少 $L_B EFL_A$，資本所得減少 $W_A W^* EF$，故資本報酬——利率下降。B 國的資本存量仍然不變，但 B 國勞動力增加至 $O'L_B$，總產出為 $O'BEL_B$，其中勞動所得為 $O'W^* EL_B$，資本所得為 $W^* BE$，與勞動移入前比較，B 國產出增加 $L_A GEL_B$，資本所得增加 $W^* W_B GE$，故資本報酬——利率上升。是故，證實 A 國移出勞動到 B 國後，使 A (B) 國的產出減少（增加）、工資上升（下降）、利率則下降（上升）。就全世界而言，全世界產出由移動前的 $OAFL_A + O'BGL_A$ 增加至 $OAEL_B + O'BEL_B$，淨增加了 EFG，這是由於全世界勞動派用效率提高所導致的產出增加。

同理，只要將圖 20–1 的勞動 (L) 改成資本 (K)，工資 (W) 改成利率 (i)，MRP 代表資本的邊際收入產出，A 國的資本量為 OK_A，B 國的資本量

為 $O'K_A$，則資本自由移動後，A 國移出 $K_A K_B$ 的資本至 B 國，將會導致 A
(B) 國的產出減少（增加）、利率提高（降低）、工資降低（提高）、及全世
界產出增加 EFG 的經濟後果。一切分析過程完全相同，不再贅述。

　　若兩國之間移動的只是數量微小的邊際生產要素，但如果這些生產要
素的移動具有規模經濟、外部性、或政府補貼存在，亦會導致兩國的社會
福利水準發生改變。例如，在生產規模報酬遞增下，一國邊際要素移出的
結果，總產出的減少大於該要素的邊際產出，故其餘要素的報酬減少，社
會福利水準下降；一國邊際要素移入的結果，總產出的增加大於該要素的
邊際產出，故其餘要素的報酬增加，社會福利水準提高。若一國移出（入）
的邊際要素皆為高級科技、管理人才，這些要素具有外部經濟之利，則社
會福利水準下降（上升）；一國移出（入）的邊際要素均為作奸犯科之輩，
這些要素具有外部不經濟之弊，則社會福利水準上升（下降）。

　　如果一國移出的邊際勞動曾接受政府的任何補貼,而將補貼一同移出,
則兩國的社會福利水準將會受到影響。例如,在一個採取低學費的國家（實
際的教育成本大於個人所繳的學費）,接受高等教育的**人才外流** (brain
drain),即是政府投資（補貼）資金隨同技術勞動力（政府教育補貼體現於
人力資本）外移,這使一國的資本存量減少。在此情況下,即使移出的只
是少數的邊際勞動力,亦使得勞動移出之國家的社會福利水準降低,移入
勞動之國家的社會福利提高。

　　國際產品貿易與要素移動均能使全世界的產出增加、福利水準提高。
但是,對個別國家而言,社會福利水準的高低,不僅決定於實質所得的高
低,更決定所得分配的狀態。產品貿易或要素移動均使一國之要素報酬發
生改變而肇致所得重分配,其變動均將有利於一國相對豐富之生產要素的
報酬,而不利於一國相對稀少之生產要素的報酬。若是產品與要素兩者之
一能夠完全自由貿易或自由移動,最後都能導致國際產品與要素價格的完
全均等。

　　無論是產品貿易或要素移動終將導致要素報酬發生改變,有些人因此
得利,有些人因此損失,社會福利水準的變動因而難以遽下判斷。雖然效

用或福利滿足完全為個人主觀的心理感受，而無從比較、加總，但若能採取適當之所得重分配的政策，使蒙受損失者能由獲得利益者獲取完全的補償，而獲利者自覺所受利益比支付補償的還多，則全社會的福利水準必能因產品貿易或要素移動而提高。

第二節　國外直接投資的特性與原因

在現實的國際經濟社會，生產要素雖無法完全自由移動，但至少具有某種程度的移動性。在四大生產要素中，於國際間土地完全無法移動；勞動受到種種法規、語言、制度、及風俗習慣的影響，移動性也很小；資本除了受到外匯管制或租稅的課徵外，受到的限制比較少，其移動性比勞動高；企業家精神往往是與資本密不可分而結合在一起的聯合生產要素，故企業家精神與資本同樣具有高度的移動性，國外直接投資便是一種將企業家精神隱藏在資本之內的國際資本移動。

一、國外直接投資的特性

國際間資本的移動主要有國外證券（資產）投資與國外直接投資兩種方式。國外證券（資產）投資是指，一個國家的人民購買（進口）另一個國家的長、短期有價證券，其目的在於追求更高的資本報酬與更多樣化的資產組合，以分散投資風險。國外直接投資是指，一個國家的人民取得或增加對另一個國家的企業控制權，其動機仍在於追求更高的資本報酬❷。但是，與國外證券投資或一般國際間的資本移動相比較，國外直接投資具有以下幾個特點：

　　1.國外直接投資不只是國際間的資本移動而已，而且更包括企業家精

---

❷根據美國商務部的定義，只要美國（外國）公司擁有外國（美國）公司 10% 的股權，即屬國外直接投資。一國的公司在另一國成立一新的公司，稱為新創或綠地國外直接投資 (greenfield FDI)；一國的公司收購另一國現存的公司，稱為收購國外直接投資 (acquisition FDI) 或棕地國外直接投資 (brownfield FDI)。

神、管理技巧、生產技術、市場行銷、商標等要素的移動。因此，國外直接投資甚至無須資本移動發生，有時只須向**地主國** (host country) 融資，或動用國外子公司的盈餘再投資，或只提供管理與生產技術的投入，都可算是母公司的國外直接投資。晚近由於投資國懼怕地主國突然實施國有化、強迫徵收、或為了逃避租稅負擔，上述方式愈加普遍，而現今普遍流行的國際生產與管理技術合作，亦是一種重要型態的國外直接投資。

　2.國外資產（證券）投資目的之一在於使資產組合多樣化，以分散風險。但由於風俗習慣、法律制度、需求偏好的不同、政治情況的變化、及市場的隔閡，國外直接投資的風險往往大於國內投資，因此，與國外資產投資比較，國外直接投資並不在於規避風險，而是有意承擔風險。是故，國外資產（證券）投資只有資本生產力的報酬**❸**，而國外直接投資則除資本生產力的報酬外，尚有企業決策或承擔風險的報酬——即企業經濟利潤。

　3.國外直接投資本質上是**產業定向投資** (industry-specific investment)，即國外直接投資並非資本在國際間沒有特定用途的移動，它通常是由一國某一種產業將資本移轉投於外國相同或相關的產業。因之，根據對外直接投資產業與**母國** (source country) 產業之間的關係，產業定向投資可以分為橫式合併 (horizontal integration) 投資及縱式合併 (vertical integration) 投資兩類。

　　橫式合併投資是指，母國（資本移出國）公司在地主國成立附屬公司（子公司），生產相同的產品，以擴大產品的世界銷售網。橫式合併投資通常以掠奪性的方式進行，即母公司以其雄厚的資本兼併地主國現有的廠商，使其子公司在地主國成為獨佔或寡佔的廠商。

　　縱式合併投資是指，母公司在地主國成立子公司，以製造及銷售母公司產品之**向前聯鎖**或**向後聯鎖**的產品。向前連鎖的縱式合併投資是將母公司的產品在地主國的子公司進一步加工、裝配、改良，而後出售，其功能主要為替母公司的產品在地主國進行分配、銷售的活動。向後連鎖的縱式合併投資是指，在地主國成立子公司，製造母公司生產所需的中間投入，

---

❸在此不考慮證券價格變動的資本利得 (capital gain) 或資本損失 (capital loss)。

其功能主要為提供穩定、可靠的中間投入來源，以減少母公司的生產風險，降低母公司的生產成本。因此，對母公司而言，縱式合併投資可以完成一貫作業的生產程序、提高生產效率、降低要素成本、更有力地控制市場，減少中間投入供應不穩定的風險，故可以提高其獨佔性，增加其利潤。

4.任何個人或企業均可進行國外證券（資產）投資，但國外直接投資通常只有在母國具有獨佔或寡佔地位的大廠商才有能力進行，因此本質上應以不完全競爭理論，而非完全競爭或資本移動理論來分析國外直接投資行為。一般理性的投資均具有規避風險的特性存在，而國外直接投資由於風俗習慣、法律制度、政治情況、資本集中、國外市場的生疏、隔閡、交通、運輸、通訊的不便、及匯率的變動等因素，其風險總是較國內投資或國外資產投資來得大，可是國外直接投資仍不斷擴張，這表示母公司不僅能在國外較在國內賺取更高的利潤，亦表示子公司能與地主國當地的公司競爭而賺取更高的利潤。之所以能夠如此，表示母公司為一經濟力量龐大的獨佔或寡佔廠商，其生產與銷售的技術與規模經濟之利足以超越國外直接投資風險較大、競爭條件較為不利之弊，國外直接投資才可能發生。若在完全競爭下，該產業的國外直接投資是不可能發生的❹。

事實上，就現實的經濟社會觀察，國際間國外直接投資的產業主要集中於生產相同產品的**同質寡佔** (homogeneous oligopoly) 廠商——如鋼鐵、鋁、石油，或生產類似異樣化產品的**異質寡佔** (heterogeneous oligopoly) 廠商——如汽車、家電用品。完全競爭廠商的生產規模小、沒有經濟利潤，是無法累積足夠的資本以超越國界而進行直接國外投資的。

🌐 二、國外直接投資的原因

為何一個國家的廠商選擇將其資本投資於國外呢？一般而言，依動機，國外直接投資可分為擴張型與防禦型兩種，前者乃指廠商將其擁有的生產

❹這是就先進國家之間的國外直接投資而言，先進國家對開發中國家的國外直接投資可能基於利用廉價生產要素的考慮。在此情況下，即使是小規模廠商亦可能進行國外直接投資。

優勢延伸至國外，以從國外市場賺取利潤的投資行為；後者乃指因本國企業經營環境惡化（如工資上漲、國幣升值），為延續廠商生存，而將生產據點移至國外，利用地主國廉價的資源（如勞工、原料、土地），以降低生產成本、恢復產品的國際市場競爭力。

　　就投資環境（條件）而言，除非地主國制訂有獎勵外國投資條例而提供特別優惠條件外，在一般的情形下，由於種種不利的因素存在，國外直接投資環境總是較國內投資環境為差。在此情況下，廠商還是願意進行國外直接投資，基於廠商追求最大利潤動機的假設，必然有某些因素或原因存在，使得廠商進行國外直接投資較進行國外資產投資、直接出口、或國內投資來得有利。事實上，為何發生國外直接投資而形成多國公司，這個問題事實上可以歸納成兩個問題，一是區位 (location) 選擇，即廠商為何選擇在不同國家而非單一國家生產；一是國際化 (internalization)，即形成多國公司後，位於不同國家的子公司之間相互進行交易，將會較與其他廠商進行交易來得比較有利。要回答這兩個問題可以從誘使廠商進行國外直接投資的因素來進行瞭解：

　　1.就橫式合併投資而言，當母公司於國內獲得足夠的生產技術、管理技巧、商譽、專利權、市場訊息等有形及無形的資產，而建立起國內穩固的地位後，將這些資產透過國外直接投資，經由地主國的子公司加以適當、必要的修正，可以移植於國外，透過國外市場而獲取這些資產的額外報酬。

　　2.就縱式合併投資而言，在地主國設立子公司直接生產、取得母公司生產所需的原料、中間投入，不僅可以確保生產投入的供應來源、降低要素投入的成本，而減少母公司可能面臨的風險與不確定性，更由於直接控制了母公司產品生產所需投入的來源，而增加其他廠商可能加入與母公司競爭的障礙，因此加強了母公司的獨佔性。

　　3.當銷售至地主國的產品數量日增時，考慮運輸成本與市場訊息，進行國外直接投資在地主國設立子公司，直接生產或配銷產品，較由母公司直接出口產品，更容易掌握國外市場、更能增加利潤。

　　4.當母國的通貨相對於地主國的通貨升值時，不僅國外直接投資的資金成本下降，同時母國出口品以地主國通貨表示的價格上升，不利於母公司產品的出口，但若在地主國設立子公司，則以地主國通貨表示的產品價格不變，故在母國通貨不斷升值的情況下，進行國外直接投資較為有利。但是，一國大量進行國外直接投資、資金外流的結果，將導致該國通貨的幣值下跌。1950 年代中期之後，美元幣值下跌的主要原因之一便是美國企業對外進行大量國外直接投資，導致大量美元外流的結果。

5.對於貿易障礙高築、關稅不斷提高、或實施配額的國外市場，惟有經由國外直接投資設立避免關稅或配額工廠，才能突破貿易障礙、賺取外匯收入。許多開發中國家也經常以提高關稅作為吸引國外直接投資的手段。

6.若設立在地主國的子公司能夠成為當地獨佔或寡佔的廠商，則直接投資將較直接出口而使地主國市場仍然維持完全競爭，可以賺取更多的利潤。

7.國外直接投資有時並不是基於追求更高之資本報酬的動機，而是希望藉由直接投資設立子公司來打擊地主國廠商、侵佔地主國市場，以增強母公司的國際獨佔地位。

8.國外直接投資的重要誘因之一為母公司希望利用多國公司跨越國界的特性，以規避租稅負擔和母國及地主國的政策管制，以擴大其經濟力量、增強其國際競爭力，增加其經濟利潤。

三、直接國外投資的決定因素

一國（母國）廠商決定是否要到另一國（地主國）進行國外直接投資，主要是受那些因素的影響呢？聯合國貿易暨發展會議 (UNCTAD) 在其 1998 年的《世界投資報告》(World Investment Report) 將地主國吸引國外直接投資的經濟因素歸納為三大類，一是尋求市場 (market-seeking)，即廠商為產品銷售而設廠接近大市場；二是尋求資源 (resource-seeking) 與尋求資產 (asset-seeking)，即廠商為尋求特別的自然資源或專業人才；三是尋求效率 (efficiency-seeking)，即廠商尋求設廠於成本最低的地方，以利產品的全球銷售。除了經濟因素外，UNCTAD 也列出地主國影響國外直接投資的各種政策、政府態度因素、及商業環境因素（詳表 20-1）。

表 20-1　地主國吸引國外直接投資的因素

經濟因素	政策因素
尋求市場：	經濟、政治、及社會穩定性
市場規模與每人所得	有關進入與營運的規則
市場成長性	對待外國附屬機構的標準
接近地區與全球市場	對市場結構與功能的政策（如關於競
特定國家的消費者偏好	爭、合併）
市場結構	國外直接投資的國際協議
尋求資源或資產：	私有化政策
原料	貿易政策與國外直接投資政策的一致
低成本的非技術勞工	性
技術勞工的供應	租稅政策
技術、創新、及其他創造的資產	商業環境
實體基礎設施	投資促進（如方便投資服務）
尋求效率：	投資誘因
實物與人力資源及資產的成本	行政成本（如行政效率、貪污）
其他投入的成本（如中間產品、運輸成	社會條件（如雙語學校、生活品質）
本）	投資後服務
是否為區域經濟組織的會員國，以利區	
域公司網路的形成	

 ## 四、國外直接投資與國際貿易

　　國外直接投資通常會涉及國際間最終財貨與中間產品的貿易，值得探討的問題是，一國進行對外直接投資到底會使其出口增加或減少，即國外直接投資與國際貿易兩者之間是存在相互替代或互補的關係呢？當母國廠商進行國外直接投資是為規避地主國的貿易障礙時，國外直接投資就具有替代國際貿易的效果。但在這種情況下，貿易障礙最後是使地主國的國內廠商直接面對國外直接投資廠商的競爭，而不是保護地主國的國內廠商免於國外的競爭。

　　就國外直接投資發生的過程來看，母國廠商產品的國外銷售首先透過地主國的代理商行銷；代理商銷售情況如果良好，再於地主國直接建立自己的行銷子公司；子公司的行銷情況如果良好，再於地主國直接設廠生產。隨著國外子公司由母公司進口中間生產投入與國外市場的成長，母國的出口將隨之增加。如此，國外直接投資與國際貿易將存在著互補的關係，即國外直接投資導致國際貿易的擴增，實證結果大多支持這種現象。

第三節　多國公司的興起及其演變

國外直接投資是國際資本移動的方式之一，惟其更包括管理、生產技術、及企業家精神的一同移動，故國際多國公司便是國外直接投資存在的具體表現。由於各國經濟相互依存的程度日益提高，國際經濟的重點已由單純的商品貿易轉變為國外直接投資。一國財力龐大的獨佔或寡佔廠商，經由國外直接投資在地主國創設一個附屬的子公司，或取得對地主國現存廠商的控制權，而逐漸發展成多國性的企業。多國公司的興起與蓬勃發展已成為目前國際經濟的主流，各國及全世界均受其影響。

一、多國公司的歷史演變

國際多國公司的存在可遠溯至 1555 年的莫斯科維公司 (Muscovy Company)、1600 年的東印度公司 (East India Company)、及 20 世紀前一些在各國設有商業據點的大企業 ❺。但自第二次世界大戰之後，多國公司始快速發展，其對於國際各產業的影響力也逐漸增加。多國公司本身母公司與各子公司之間製造品的貿易佔全世界貿易相當大的比例。多國公司逐漸成為**全球購物中心** (global shopping center)，其對於結合世界經濟所扮演的角色日益重要，無怪乎美國關稅委員會曾說：多國公司的擴展堪與蒸汽機、電力、及汽車的發展媲美，成為現代歷史主要的事件之一。

由於工業國家的技術水準是因產業的不同而異，因此，工業國家之間

---

❺莫斯科維為古俄羅斯之名。

的直接投資是雙向的，彼此之間相互創設附屬公司，突破對方的市場❻。但是，由於開發中國家與工業國家之間存在絕大的生產與管理的技術差距，因此兩者間的國外直接投資是單向的，即工業國家對開發中國家進行國外直接投資❼，開發中國家若有資本移到工業國家，則多屬資產（證券）投資的性質❽。全世界 90% 以上的國外直接投資來自經濟合作暨發展組織 (Organization of Economic Cooperation and Development, OECD)──為一先進工業國家間的經濟合作組織──的國家，其中又以美國為全世界最主要對外進行直接投資的國家。

　　國際多國公司的演變及發展趨勢大致從 16 世紀的帝國貿易商、至 19 世紀的帝國投資商、20 世紀初期英國學者 F. A. Mckenzie 所稱的「美國的侵略」(American Invasion)、二次大戰後在製造業方面的大量投資、再到 1960 年代初期服務業方面投資的進行，以至 1968 年法國記者 J. J. Servan-Schreiber 所稱的「美國的挑戰」(American Challenge) 等演變。目前全世界都在爭取美資，美國的資本家也樂得順水推舟，美國貨和美國文化無處不在。這種現象不單出現在揚棄共產主義的東歐國家，在日本，消費者甚至和美商聯手敦促政府開放市場；西歐幾年前還被稱為「要塞歐洲」，現在則是美資的主要市場。

　　美國國外投資激增，多數經濟學者都同意，國外直接投資可刺激國外市場對美國商品和勞務的需求，同時創造美國國內就業機會和財富。《紐約時報》曾於 1996 年 1 月 2 日刊出〈美利堅第三帝國〉一文，把第一帝國定為 1898 年美西戰爭到二次世界大戰結束為止，這一時期美國鯨吞古巴、波多黎各、菲律賓、及加勒比海大部分地區；第二帝國為 1945 至 1989 年，以西歐和亞洲為核心；第三帝國為蘇聯瓦解後透過北約將其軍事霸權擴張至東歐和南斯拉夫，積極投入中東事務，建立起歐洲／中東新勢力範圍。

---

❻工業國家之間的國外直接投資又稱為水平的國外直接投資 (horizontal FDI)。

❼此又稱為垂直的國外直接投資 (vertical FDI)。

❽但是，也有開發中國家（如中國）對先進工業國家進行國外直接投資的例子，此稱為逆垂直的國外直接投資 (reverse-vertical FDI)。

1990 年代正是第三帝國時代，不管是歐洲「遠西」，還是亞洲「近東」，美商外移新興市場是不可遏阻的趨勢，帝國霸業只是便於美商擴大其海外商務角色而已。

由以上所述可知，多國公司的投資方向由帝國的商品貿易朝向殖民地的開發，再從殖民地的開發轉向歐洲先進國家，再至開發中國家；投資的產業由純粹的商品貿易轉到農產作物的培植、再轉到農礦自然資源的開採、進而投資於製造業及服務業。在風險的承擔及經營的決策上，最初藉助政府的聲威及軍事力量的保護，政府對國外投資承擔了相當的風險，子公司對於母公司經營決策的影響力相當的小；演變到後來，廠商必須自己承擔大部分的風險，子公司對於母公司經營決策的影響力也愈趨顯著。

與單國性企業比較，多國公司對於資源的派用與產品的配銷，具有因地制宜、**全球整合效果** (global integration effect) 的優勢，這是一個國家的企業發展到了相當的程度之後，致力尋求成為多國化（國際化）的重要因素。一個國家的企業一旦成了多國化，活動的範圍不再限於本國，可資運用的資源也比多國化之前來得多，故其可以因地制宜、就地取材，從全球的觀點制訂最適的產銷策略，以使其整體的經濟利益達到最大。展望未來，由於運輸、資訊事業的快速發展，世界各國的經濟將愈加緊密地結合在一起，多國公司的發展將為單國公司的擴展提供良好的途徑。

二、國外直接投資資金的來源與流向

根據聯合國貿易暨發展會議 (UNCTAD) 出版的《世界投資報告》(*World Investment Report*) 估計，在 1982 至 2004 年這段期間，全球跨國公司的海外子公司，無論是在銷售額、總產值、總資產、出口額及雇用人數等方面均呈現快速的成長，尤其是總資產，在 20 年間，成長了 16 倍以上（表 20-1）。這些數據顯示當今跨國公司的蓬勃發展，而這有一大部分要歸功於各國競相制訂與修改法規來吸引跨國公司的投資。

表 20-1　跨國公司的成長

項　目	1982 年	1990 年	2003 年	2004 年
海外子公司銷售額 (10 億美元)	2,765	5,727	16,963	18,677
海外子公司總產值 (10 億美元)	647	1,476	3,573	3,911
海外子公司總資產 (10 億美元)	2,113	5,937	32,186	36,008
海外子公司出口額 (10 億美元)	730	1,498	3,073	3,690
海外子公司雇用人數 (千人)	19,579	24,471	53,196	57,394

資料來源：UNCTAD, *World Investment Report* 2005。

　　由於先進工業國家的企業擁有雄厚的資金、先進的生產技術與管理技巧、及研究與創新的能力，因此國外直接投資大部分由先進工業國家（即 OECD 國家）所從事。承受國外直接投資資金的國家主要為已開發國家，幾乎主要從事國外直接投資的國家（母國），本身亦是國外直接投資資金的流入國（地主國），顯示先進國家之間有著雙向交流的國外直接投資存在。

　　表 20-2 為 2006 至 2009 年全世界各地區的國外直接投資資金流向。國外直接投資與一個國家的經濟力量有密切的關係。一個國家的經濟力量愈強大、在國際經濟的地位愈重要，則其在國際間對外直接投資所佔的比例將愈高。就國外直接投資資金的流向觀察，幾乎主要從事國外直接投資的國家（母國），本身亦是國外直接投資資金的流入國（地主國），顯示先進國家之間有著雙向交流的國外直接投資存在，但開發中國家所得到國外直接投資資金流入有逐年增加的趨勢。這種資金流向隱含國際間國外直接投資主要集中於獨佔或寡佔的先進工業產品，這些產品以在工業國家生產較為有利；開發中國家一方面經濟發展遲緩，一方面投資環境不良，故吸收到的已開發國家的國外直接投資資金流入相對較少❾。但是，隨著自由化與國際化的世界經貿趨勢，開發中國家吸收到的國外直接投資日漸增加。

　　從事國外直接投資的典型為獨佔或寡佔的廠商，例如，石油、化學、

---

　　❾中國大陸可說是一例外。在持續營造有利企業發展的經營環境下，2009 年，中國大陸國外直接投資流入資金高達 950 億美元以上，成為吸引國外直接投資主要的地區。

表 20-2　國外直接投資的資金流向── 2006 至 2009 年

單位：10 億美元

地區	資金流入				資金流出			
	2006	2007	2008	2009	2006	2007	2008	2009
全世界	1,459	2,100	1,771	1,114	1,411	2,268	1,929	1,101
已開發國家	970	1,444	1,018	566	1,158	1,924	1,572	821
歐洲	628	988	551	378	798	1,368	992	440
北美	297	374	380	149	269	453	411	287
（美國）	237	266	325	130	224	394	331	248
其他已開發國家	45	81	87	39	92	103	169	94
（澳大利亞）	31	46	47	23	25	17	33	18
（日本）	−7	23	24	12	50	74	128	75
開發中國家	434	565	630	478	229	292	296	229
非洲	55	63	72	59	7	11	10	5
拉丁美洲及加勒比海	95	164	183	117	68	56	82	47
亞洲及大洋洲	284	338	375	303	154	226	204	177
（中國）	73	84	108	95	21	23	52	48
（香港）	45	54	60	48	45	61	51	52
（韓國）	5	3	8	6	8	16	19	11
（臺灣）	7	8	5	3	7	11	10	6
東南亞	56	74	47	37	29	50	15	21

資料來源：UNCTAD, *World Investment Report 2010*。

汽車、鋼鐵、及電子等產業。這些產業大都需要高度的生產技術、龐大的研究發展部門，生產技術與管理技巧的創新扮演著重要的角色，這也說明為何這些產業具有強烈的國外直接投資意願，其目的在於將創新的成果推展至國外，以求創新的報酬達於最大。但是，隨著服務業貿易自由化，金融及商業活動的國外直接投資金額也逐年快速成長。

根據美國《財富雜誌》(*Fortune Magazine*) 的統計，全世界最大的 500 家產業公司絕大多數為多國公司，這些廠商每年的營業額相當的龐大，甚至超過許多小國家的國民生產毛額。這種多國公司雄厚經濟力量發展的結果，導致許多地主國的某些產業完全為多國公司所控制，許多地主國對於多國公司的發展憂懼日增，因而採取各種措施，限制或禁止多國公司的設立或取得本國企業的所有權，這將是未來國際多國公司的發展所面臨的主要障礙。如何消除地主國的疑慮、取得地主國的合作，以增進彼此之間的利益，將是未來國際多國公司能否進一步發展的重要決定因素。

第四節　多國公司對國際經濟的影響

多國公司的興起對國際經濟產生了很大的衝擊，也導致了人們對多國公司存在的重大爭論，這些爭論大致可以區分為國際全面性的影響及母國與地主國之間的爭論，其所牽涉的不僅是經濟後果之爭，更涉及政治、社會、及文化因素之爭。

多國公司的發展對國際經濟整體的影響，大致可歸納為以下幾方面：

㈠效率的問題

多國公司對國際經濟可能產生的效率影響為：

1.多國公司將一個國家（母國）相對豐富的生產要素（資本及生產與管理技術），移至另一個國家（地主國），猶如根據比較利益進行產品的國際貿易一般，根據要素稟賦比較優利直接進行要素移動，可以提高世界資源派用的效率、增加世界的產出與消費水準❿。

2.國際多國公司可以根據地主國子公司生產與銷售之比較利益所在，進行公司間的分工專業生產⓫，因此可以提高產銷效率、降低生產風險，不僅可以增加多國公司的利潤，亦可促進國際間的分工專業生產與增加國際貿易利得。

3.子公司的成立如果能提高地主國市場的競爭性、降低獨佔性，則市場效率提高，世界福利水準增加。但是，如果子公司的設立降低地主國市

---

❿國際間技術移轉所產生的利益可以國際收支帳上專利權與執照費 (royalities and license fees) 的金額來衡量。

⓫母公司將選擇在最具成本優勢的國家（子公司）進行生產，生產地點因此可能變動不定，而使生產具有不受拘束 (footloose) 的特性。

場的競爭性、提高獨佔性（如合併地主國原有的公司或阻礙地主國提高市場競爭的決策），則市場效率降低，世界福利水準下降。

4.多國公司可以將研究發展、資金運用、產銷計畫、及外匯資產等統籌運用、管理，因而實現規模經濟的**營運效率** (operational efficiency)，這將有助於提高世界的福利水準。

5.經由橫式或縱式合併的國外直接投資，多國公司可能加強其獨佔力量，而使全世界資源派用與產品消費的效率降低。

6.多國公司可能以其雄厚的經濟力量影響地主國的決策，以增強其獨佔力量，而使全世界資源派用與產品消費的效率降低。

㈡投資的問題

多國公司對國際的投資可能產生的影響為：

1.如果國外直接投資使母國投資的減少小於地主國投資的增加，或國外直接投資能夠促進國際貿易及世界經濟的成長，則多國公司的存在將增加全世界的資本累積；反之，則多國公司的存在將減緩全世界的資本累積。

2.如果國外直接投資是針對母國比較利益所在之產業，則多國公司的存在可以提高世界資源派用效率與專業分工程度。但是，如果國外直接投資是為了規避母國對於生態環境的限制，而將污染帶到對生態環境保護限制較寬的地主國，則全世界將因國外直接投資而蒙受更大外部不經濟的損失。

3.與將全部資金集中投資於國內產業比較，如果國外直接投資能夠使母公司的經營分散、投資風險降低、利潤提高，而產生股票價格提高的資產增值效果，則股東的財富增加，全世界的福利水準因而提高。

㈢公平的問題

基於追求利潤最大的動機，國外直接投資的進行通常是能夠增加世界產出、提高多國公司的利潤。接連的問題是，這一部分因國外直接投資所增加的產出（利潤）如何在母國與地主國之間分配呢？這便牽涉到利益的分配是否公平的問題。

根據要素移動理論，國外直接投資使母國的資本報酬——利率上升，勞動報酬──工資下降；使地主國的資本報酬下降，勞動報酬上升。又根據 J. M. Keynes 的有效需求理論，國外直接投資可能使母國的有效需求減少、發生失業，且國外直接投資利潤是以母國的資本與生產及管理技術所創造的，故母國認為應得到國外直接投資利得的報酬，以補償國外直接投資對其所造成的損失。但是，地主國卻認為國外直接投資的利得是利用其有利的投資環境所創造，故應得到國外直接投資利得的報酬。

事實如何呢？國外直接投資的利得最後可能大部分歸於多國公司所獲得，既非母國，亦非地主國能夠得到國外直接投資利得的報酬。畢竟母公司進行國外直接投資的初衷之一便是成立多國公司能夠超越國界，免除各國政府的管制及規避租稅的負擔。近年來，為因應各國貿易政策自由化及區域經濟整合之風，多國公司紛紛調整投資策略，推行更複雜的統合體系（如福特汽車公司將在歐洲各國原先獨立運作的行銷公司，改組成歐洲福特公司統籌運作），更加重視由區域總部負責統合區域活動的營運，而逐步邁向統合的國際經濟生產體系。事實上，在歐洲單一市場及北美自由貿易區形成之前，兩地的多國公司即已進行營運的區域整合。

國外直接投資的利得如何在母國與地主國之間分配，視母國與地主國對子公司利潤課徵租稅的規定而言。美國法律規定：除非美國所屬子公司將其利潤匯回母公司，是不必課徵所得稅的。為了避免**重複課稅** (double taxation)，對於在地主國已經繳納所得稅的利潤匯回美國時，不再對其徵收所得稅。例如，設美國公司利潤稅稅率為40%，如果地主國的公司利潤稅稅率亦為40%，則利潤匯回美國時不必再負擔任何的租稅。如果地主國為了吸引國外投資而訂定低稅率，則美國所屬的子公司只要將其利潤再投資於地主國，亦可免除美國的租稅課徵。

由於目前這種**租稅扣抵** (tax credit) 制度，使得美國由海外子公司所徵得的租稅收入相當的少。因此，曾有人建議實施國外**租稅寬減** (deduction)，即以國外直接投資利潤扣減繳納給地主國所得稅後的金額作為美國國內的稅基。例如，海外子公司賺取 100 萬元的利潤，地主國課 40% 的稅後，剩餘 60 萬元匯回美國後再課徵 40% 的稅，即必須再繳納給美國政府約 24 萬元的稅。如此，100 萬元的國外直接投資利潤，地主國得到 40 萬元，母國（美國）政府得到 24 萬元，母公司得到 36 萬元。如採租稅扣抵制度，則地主國得到 40 萬元，母公司得到 60 萬元，母國（美國）政府完全沒有得到任何利益。採取國外租稅寬減辦法將產生重複課徵及使母公司利潤大幅減少的後果，但這一建議並未獲得美國國會的認同。

　　雖然在美國目前的租稅制度下，地主國對美國所屬多國公司的國外直接投資利潤課稅較居有利地位，但這些地主國仍抱怨多國公司時常利用**移轉報價 (transfer pricing)** 及分攤成本的技巧，將國外直接投資利潤轉移到稅率最低的國家，以減輕租稅負擔，因此有些地主國根本無法課徵到多國公司的利潤所得稅。移轉報價是指多國公司之母公司與子公司之間相互進行交易時，故意抬高或降低價格，以使母公司或某一家子公司的利潤提高或降低。經常成本 (overhead cost) 的分攤亦可以使母公司或子公司的利潤發生改變，而使母國與地主國的稅收發生改變。例如，將研究發展費用全部由母公司負擔，則母國政府的稅收減少，全部由子公司負擔，則地主國的稅收減少。所有地主國與母國對多國公司的租稅課徵是相互競爭的，一方租稅收入多，另一方租稅收入就減少。為減少國際間的衝突、確保未來國際多國公司的順利擴展，各國應致力於達成國際協議、制定規則，以便國外直接投資利潤能由母公司、地主國、及母國所共同公平分享。

㈣主權的問題

　　顧名思義，多國公司是一超越國界的經濟主體，許多的多國公司由於分支機構（子公司）遍佈全球，其所涉及的國家更不在少數。許多多國公司的經濟力量（營業額）甚至不是一些小國家或開發中國家所能比擬的，由於這些多國公司擁有如此雄厚的經濟力量，因而有時對地主國的主權與政治權力構成了挑戰。當一個國家試圖對多國公司施加管制時，多國公司只要將其子公司移轉至另一個國家便可以逃避管制，甚至可與地主國的政治團體結合起來，以影響或改變地主國政府的決策。由於多國公司擁有雄厚的經濟力量作後盾，長此以往，一個國家政策的制訂與政治的結構將為多國公司所左右，而逐漸喪失其國家主權與政治權力。也正因為多國公司往往涉及侵犯地主國的主權與政策的決定，而導致地主國的人民基於愛國心與民族的自尊而反對多國公司，甚至因而肇致地主國與母國的衝突。

除了對地主國的主權與政治權力構成挑戰，而造成國際政治的紛爭外，多國公司亦使得地主國的經濟無法與外隔絕而不得不與世界經濟相結合，地主國的經濟因而更加容易感受國際經濟波動的影響。多國公司也成為國際間技術傳播、訊息傳遞、新產品認知、消費者偏好形成、及文化價值標準改變的媒介。由於它的存在，可能使得地主國原有傳統的道德文化、生活型態、生產技能逐漸喪失，而走向與母國認同的地步。多國公司具有同化 (homogenization) 與結合的功能，使得母國與地主國之間的差異縮小，但也使兩者之間更易產生摩擦。雖然沒有多國公司的存在，地主國的這些變化仍然會發生，但多國公司的存在卻使得地主國改變的步調加速。

■ 第五節　多國公司對母國的影響

多國公司的興起導致大眾見仁見智的爭論，贊同者認為其有助於各國的經濟成長，反對者認為其有各種的弊端存在，一無是處。對於多國公司的存在，母國與地主國均有既愛且恨的雙重矛盾的情結存在。就地主國而言，許多的開發中與已開發國家均想盡方法，提供各種租稅減免與有利條件，以吸引外國的直接投資。但是，在另一方面，這些國家又抱怨多國公司剝削資源、控制經濟、損害主權、助長不公平競爭，甚至禁止新的多國公司的設置，或將現存的多國公司實行國有化而予徵收。就母國而言，政策也不一定，有時鼓勵本國廠商對外投資，有時則又予以限制、禁止。例如，美國政府曾對國外直接投資予以租稅、融資的優惠並承擔部分的風險，鼓勵廠商至開發中國家投資生產。但是，後來由於國際收支的惡化而又限制國外直接投資的進行。

多國公司的處境亦很為難。如由母國移入資本，被認為對地主國的競爭不利；如在地主國籌措資金又減少地主國的資金供給；如給付地主國目前的工資，被認為是剝削勞工，如果給付較高的工資，又被認為奪走地主國的人才，驅使他們從事買辦工作；如果投資於初級產業，被認為是在榨取資源，如果投資於工業生產，又被認為打擊民族工業，使地主國的工業無法生根、成長；如果將利潤匯回，被認為剝奪財富，如果將利潤再投資，又被認為擴大控制地主國的經濟；如果引進新的技術設備，被認為不能增加工作機會、引進不當的技術，如果採用簡單的技術，又被認為不肯移轉現代生產技術、看不起地主國。諸如此類，吾人還可列舉許多左右為難的說法。由此可知，多國公司的問題是一個相當複雜、情緒化的爭論，其爭論不單止於經濟利益，更牽涉到政治、社會、文化、價值標準，故以下吾人只就母國與地主國所產生的一般性問題進行討論。

多國公司的存在對母國所產生的影響，大致可以歸納如下：

1.國外直接投資的結果，母國相對豐富之生產要素（資本、技術、及管理人才）的報酬提高，但相對稀少之生產要素（勞動）的報酬下降，因而肇致要素報酬、所得分配的改變，母國勞動者將反對直接國外投資的進行。

2.國外直接投資可以使母公司取得穩定且價格較低的中間投入，實施更加精細的生產分工，而使母公司的生產成本下降，增強母國產品的國際競爭能力。

3.子公司所賺取的利潤由地主國首先課稅，母國所能課徵到子公司利潤的稅相當的微小，甚至沒有。如果母國稅率高於外國，即使稅前國外投資報酬率低於國內投資報酬率，但稅後的國外投資報酬率卻高於國內投資報酬率，因而會導致母國廠商對外不當與過度的國外直接投資。

4.國外直接投資，資本外流的結果，短期間，可能會使母國的國際收支逆差、貿易條件惡化。但是，長期間，由於直接投資利潤的匯回及母公司對子公司出口的增加，國際收支可能因此產生順差，故國外直接投資對母國國際收支的不利影響，長期小於短期。

5.母國的勞動者指出，國外直接投資使國內的投資減少、有效需求降低、工作機會減少，因此，國外直接投資是一種工作出口 (export of jobs)，要取得國外市場，實在不需要在國外設廠，在國內設廠生產而後出口能夠達到同樣的目的。有人進一步指出，國外直接投資無非是廠商為了免除外國的關稅或配額障礙、規避租稅負擔與政策限制、或逃避國內的污染與安全標準的管制等，國外直接投資的利益可能是運用移轉報價或分攤成本的技巧假造的，其利潤並不見得真比國內投資的利潤高。

多國公司的私利有時畢竟無法與母國的公益完全一致。但是，國外直接投資是否真的減少母國的工作機會，不無值得懷疑。因為：(1)國外直接投資的資金可能來自母國的閒置資金，其外流並不會使母國的投資減少；(2)國外直接投資的資金可能向地主國或國際的資本市場籌得，母公司只提供管理與生產技術，並無需從母國移出資本；(3)即使國外直接投資的資本外流會產生**工作消減效果** (job-elimination effect)，但經由母公司對子公司的出口的增加，有**工作創造效果** (job-creation effect) 存在，故國外直接投資是否使母國的工作機會減少，須視兩者的淨效果而定；及(4)如果母國的產品無法直接出口到地主國，又沒有對地主國進行直接投資，則將喪失地主國的市場，這將連帶使母國的零件、設備、及互輔品的市場喪失，國內的就業機會較之沒有進行國外直接投資，反而減少。

6.國外直接投資如果發生虧損，多國公司須獨自負擔後果，但如果有鉅額的利潤發生，地主國即心存修改合約，以謀獲取更多的利益，甚至將子公司徵收或國有化，縱有補償，其金額也將低於子公司資產的價值。如此，不僅母公司受損，母國也因而受損。

7.國外直接投資將會腐蝕母國的資本累積與技術優勢。有人認為在國外設立子公司會導致母國資本的外流及生產與管理技術的被模仿，但前面已提到：國外直接投資並不一定會使母國投資減少、資本累積減緩。就生產與管理技術而言，縱使不進行國外直接投資，經由直接的產品出口亦會被模仿；再者，在地主國設廠生產可以根據地主國的需要，就地修改產品品質、改進生產與管理技術，面對地主國其他廠商及其他多國公司的競爭，亦會刺激母國的創新與技術進步。

8.國外直接投資使得母公司能夠利用國外的子公司，以規避國內政策的限制，因而減弱了母國政策的效力。例如，透過子公司的設置，可以逃避最低工資法、反托拉斯法、戰略物資禁運、及稅率提高等政府政策。此外，尤其重要的是，經由多國公司本身之間資金的調度與更容易接近國際金融市場的優勢，使得母國貨幣政策的效力大為減弱，也使得國際金融的不穩定性提高。

9.國外直接投資對母國的出口可能具有互輔或替代的效果。國外直接投資發生後，如果母公司大量出口中間投入到國外的子公司〔即發生大量的**廠商內貿易** (intra-firm trade)〕，將對貿易產生互輔效果，使母國的出口增加 **⓬**。如果國外直接投資的發生是為了逃避地主國的貿易障礙，將對貿易產生替代效果，而使母國的出口減少。

由以上的分析可知，多國公司的存在對母國的影響是未定的。但是，基於就業機會與所得報酬的考慮，母國的勞動者往往反對母公司設立國外子公司，而要求政府限制國外直接投資。母國政府如果基於短期國際收支與租稅收入的考慮，也可能增加對國外直接投資的限制，並修改稅法以獲取更多的國外直接投資利潤。

第六節　多國公司對地主國的影響

一、對地主國的影響

多國公司的存在對地主國的影響，大致可以歸納如下：

1.地主國由母國得到整組 (package) 的資本及生產與管理技術的流入，將可以增加其資本的累積、提高技術水準、增加就業機會、增加技術勞動力，因而有助於地主國的經濟成長與國民所得水準的提高，並對於地主國短期的國際收支狀況有所助益。這些國外直接投資的潛在利益，在一般的情況下，通常被認為是可能實現的，但地主國也可能提出各種理由辯解她們並沒有從國外直接投資中得到任何重大的利益。

⓬臺灣廠商到中國大陸進行直接投資，導致臺灣對中國大陸的出口逐年遞增即為一例。

2.多國公司有助於地主國開發新產品、發現新市場、引進新的生產與管理技術、提高產品品質、提高勞動生產力，因此可以提高地主國產品的國際競爭能力，增加其出口數量。

3.開發中的地主國認為多國公司主要投資於資本、技術密集產業，這些產業不僅產業連鎖效果小，又大多使用勞動節省的機器設備，故對於增加就業機會、增加技術勞動的訓練並無多大幫助。多國公司根據母國的需要所研究發展出來的生產與管理技術，並不能適用於開發中的地主國，故國外直接投資對於地主國生產與管理技術的生根、成長並沒有幫助。

4.地主國認為她們並沒有參與多國公司的研究與發展活動，因而無法提升其科技、教育、及創新的水準，故子公司也不應負擔母公司的研究與發展費用。但是，母國認為研究與發展具有規模經濟的特性，故應集中於母公司進行，而地主國已經享有母公司研究與發展成果移植的好處，自然應該分攤研究與發展的費用。研究與發展費用應該由那一方負擔、負擔多少，關係到子公司與母公司利潤的多寡，進而影響母國與地主國所能課徵到的租稅收入。如果母公司負擔全部的研究與發展費用，則子公司的利潤可以增加，地主國的租稅收入也就可以增加。

5.地主國認為多國公司經常利用母公司與子公司之間貿易移轉報價的方式，低估利潤，以規避稅負、逃避外匯管制。由於許多地主國並沒有足夠的會計、法律、及其他技術人才，來審查多國公司的帳務及執行所訂合約，再加上多國公司本身交易的產品可能沒有公認的國際價格，因此實難有效遏阻多國公司利用移轉報價所產生的弊端。

6.多國公司是一超越國界的經濟主體，因而時常導致母國與地主國之間利益的重疊而肇致衝突，致使地主國感到其主權、政治權力、司法審判權受到損害。母國則認為子公司是母公司的延續，母公司對子公司擁有管理經營權，故子公司應同母公司一樣受到母國法規的管制；可是地主國卻認為子公司在其國境內活動，其主權不容侵犯，故子公司應受其法規的管制。由於母國與地主國的法規並不盡相同，因而可能導致兩國利益的衝突。例如，1982 年美國 R. Reagan 總統為報復蘇俄入侵阿富汗，而禁止美國所屬公司出售輸送天然瓦斯的設備給蘇聯,但法國基於本身經濟利益的觀點,卻命令當地美國所屬的子公司必須出售這些設備給蘇聯。因為就美國的觀點，如果法規不能適用於子公司，則只要經由海外子公司的設置，母公司便能免除國內法規的限制，則美國的法規喪失其效力；但就法國（地主國）的觀點，美國法規延伸至其國境是一種不能容忍的主權侵犯。

7.多國公司基於整體經濟利益的考慮，可能會限制子公司的產品輸往某些市場，或只是進行有限度的技術移轉，或隨時變動子公司的產量，而導致地主國的不滿。

8.多國公司利用公司本身的經濟力量，及容易接近國際金融市場的優勢，不僅可以使子公司規避地主國貨幣政策的限制，更可以加強其與地主國廠商的競爭力。

9.多國公司的存在，使地主國的經濟與國際經濟更加緊密的結合，且將影響地主國經濟政策的決定，故將使地主國經濟的自主性降低。又由於母公司經營決策的改變、子公司產量的變動，更會導致地主國經濟的不穩定。

10.國外直接投資有時雖可提高地主國市場的競爭性，有時亦可能提高地主國市場的獨佔性，這要視子公司是如何設置的而定。

11.子公司的利潤如果微小，地主國懷疑其是利用移轉報價、分攤成本，以逃避稅負的結果。子公司的利潤如果很高，地主國雖可課徵得到較多的租稅收入，但卻又認為這是剝削本國勞工、吸收本國人才、壓榨本國資源、打擊本國幼稚工業的結果，而視國外直接投資為一種帝國主義的政治與經濟的剝削，因而興起愛國心與民族情感，流於情緒地排斥多國公司，拒絕直接國外投資，或要求修改所謂過時的協議 (obsolescing bargain)，以求徵得更多的利潤稅或**資源租金** (resource rent)，甚至直接將子公司予以徵收或國有化。

12.進行國外直接投資的國家大多是先進工業國家，其為維護國外直接投資的利益，可能會對地主國施加壓力或干涉地主國的決策；母國政府亦可透過母公司影響子公司的決策，以符合母國的利益；子公司逕與地主國的經濟或政治利益團體相結合，以改變地主國的政治結構，影響地主國的決策，維護子公司本身及母公司的利益。這些均將損及地主國的主權，破壞地主國政策的自主性，並容易挑起母國與地主國之間的衝突。

　　綜言之，國外直接投資可能帶給地主國的好處有增加產出、提高工資、增加就業機會、增加出口、增加稅收、實現規模經濟、引進新的技術與管理技巧、及減少國內的獨佔力量等；可能帶給地主國的壞處有使貿易條件惡化（因出口增加或移轉報價所致）、減少國內儲蓄（因為依賴外資）、減少國內投資、造成國際收支與匯率的不穩定（因外資的進出）、降低國內政策的自主性、外商建立國內的獨佔地位、及疏於發展本國的教育與技術等。因此，就理論而言，並沒有理由相信國外直接投資對地主國一定是利大於弊，但就實際而言，一般相信國外直接投資對地主國是利大於弊的，這也可以說明為何各國總是想盡辦法，祭出各種獎勵措施來吸引國外直接投資的資金流入。

 ## 二、應付的對策

　　為了避免或減輕國外直接投資可能產生的不利影響，地主國通常可以採取以下各種可能的防範措施：

㈠限制國外直接投資

　　地主國對於外國直接投資的申請，事先予以審查，並評估其對本國經濟、政治、社會、及文化可能產生的利弊得失，如果其對本國可能產生有利的淨效果，則准許國外直接投資的進行。就地主國而言，對國外直接投資的限制如同最適關稅一般，目的在於尋求最適限制 (optimum restriction) 的國外直接投資數量，以使本國的福利水準達到最大。

㈡限制子公司的組織型態

　　即限制外國對子公司擁有的所有權不得超過一定的比例，要求本國參與合資 (joint venture) 並取得多數的所有權。如此，不僅地主國可以控制子公司，亦可培養自己的生產和管理技術人才。

㈢直接管制子公司

　　地主國可以針對國外直接投資可能產生的弊端，對子公司直接予以各種限制，以使國外直接投資對本國產生最大有利的影響。例如，限制中間投入最大的進口比例、規定各級人員至少雇用一定比例的當地員工、規定技術移轉的進度、管制產品價格與工資、規定污染防治標準、禁止在本國金融市場籌措資金、及管制利潤的匯出等。

㈣限制子公司的生產與銷售

　　外國申請直接投資之時，地主國即限制子公司生產的項目（如只允許生產地主國所無法生產的產品）、最低或最高的生產數量、及產品內銷與外銷的比例。

㈤禁止接管本國企業

　　地主國只允許母公司以新創而非接管本國原有公司的方式創設子公司，以維護本國市場的競爭性。

㈥將資本輸入與管理和生產技術的進口加以劃分

　　為避免國外直接投資將資本及管理與生產技術整組一同輸入地主國可能產生的缺點，地主國可以將借入資本與雇用管理和生產技術分開，即將子公司的所有權與管理權分開，所有權為地主國所有，管理權則委諸於國外的專門技術人員，如此可以獲得國外直接投資之利而可以免其弊。日本即採用此種方式引進生產和管理技術，導致其經濟快速的成長，而避免國外直接投資的可能流弊。

㈦將子公司國有化、徵收、或迫使其自動結束業務，而將所有權讓給本國人民

　　這是最後不得已的作法，將會使地主國的信譽受損，而難以再吸收到國外直接投資資金的流入。

　　多國公司的興起確實是國際經濟一革命性的發展，由其伴隨而生的問題並非任何單獨一個國家所能解決的。各地主國曾經試圖對多國公司予以管制，但最後徒然導致資本的外流與外國直接投資的裹足不前，多國公司卻又在另一個國家找到了新的據點。多國公司的發展跨越了國界，其力量

不僅足與許多的地主國相抗衡，甚至有過之而無不及，地主國因而感到主權受損，多國公司也因而被一些開發中國家認為是現代帝國主義之經濟和政治侵略的化身。如何將多國公司的活動納入國際經濟活動的正軌，實有賴國際間共同合作，制訂為多國公司所遵循的國際法規，才能興利除弊，而將多國公司整合世界經濟、促進世界資源有效派用、提高世界產出與消費水準的功能推展至最大。

摘　要

1. 國際間許多具有獨佔性或寡佔性的大企業超越國界,同時將國際間產品的貿易與要素的移動結合在一起, 進行對外直接投資, 成立國際性的多國公司。

2. 國際間要素移動的結果, 將使國際間的國際收支、貿易條件、產出水準、要素報酬、所得分配、及社會福利水準皆發生改變。若兩國之間移動的雖然只是數量微小的邊際生產要素,但如果這些生產要素的移動具有規模經濟、外部性、或政府補貼存在, 其後果仍會導致國際間的社會福利水準發生改變。

3. 國外直接投資的動機仍在於追求更高的資本報酬,但與國外證券投資或一般國際間的資本移動相比較, 國外直接投資具有各種不同的特性存在,因此不能以一般的資本移動理論來探討國外直接投資。

4. 由於國外直接投資的風險大於國內投資,因此必然有特別的因素或原因存在, 使得廠商進行國外直接投資較之從事國外證券投資、直接出口、或國內投資來得有利。

5. 國外直接投資是國際資本移動的方式之一,但其性質更包括管理與生產技術及企業家精神的一同移動,國際經濟活動的重點已由單純的商品貿易轉變為國外直接投資,而國際多國公司便是國外直接投資存在的具體表現。

6. 國際多國公司的起源甚早,其對國際經濟的重要性也與日俱增。隨著時間的推進,國際多國公司的性質屢有變遷,投資的方向也時有改變, 在風險的承擔及經營的決策上也有了很大的轉變。

7. 與單國性企業比較,多國公司對於資源的派用與產品的配銷,具有因地制宜、全球整合效果的優勢,故可從全球的觀點制訂最適的產銷策略, 以使其整體的經濟利益達到最大。

8. 國外直接投資資金主要來自先進工業國家,其中以美國所佔比例為最大;資金主要亦流向先進工業國家,顯示先進國家之間有著雙向交流的國外直接投資關係存在。

9. 美國是全世界進行對外直接投資最主要的國家,國際間國外直接投資主要集中於獨佔或寡佔的先進工業產品,導致許多地主國的某些產業完全為多國公司所控制,許多地主國因而限制或禁止多國公司的設立或取得本國企業的所有權。

10. 多國公司的興起對國際經濟產生了很大的影響,吾人可從效率、投資、公平、及主權等方面,來探討多國公司對國際全面性的影響,其中效率與投資的問題關係到多國公司的存在是否能使世界的福利水準提高;公平的問題則關係到如果國外直接投資能夠提高世界福利,這增加的福利如何於國際間分配;主權的問題則關係到國際間因多國公司的興起所造成的國際政治的紛爭。

11. 多國公司的存在對母國所產生的影響是複雜、未定的,母國對於多國公司的政策也未定,有時鼓勵,有時又予以限制或制止對外直接投資。但是,基於就業機會與所得報酬的考慮,母國的勞動者往往反對國外直接投資,而要求政府限制其進行;母國政府如果基於短期國際收支與租稅收入的考慮,也可能增加對國外直接投資的限制,並修改稅法以獲取更多的國外直接投資利潤。

12. 多國公司對地主國的影響亦是複雜,難以論定的。由各國紛紛訂定各種獎勵措施來看,多國公司的存在對地主國應是利大於弊的。為了避免或減輕國外直接投資可能產生的不利影響,地主國可以採行各國可能的防範措施。

重要名詞

國外直接投資	產業定向投資
地主國	母國
橫式合併	縱式合併
向前聯鎖	向後聯鎖

多國公司　　　　　　　　　全球購物中心

經濟合作暨發展組織　　　　全球整合效果

移轉報價　　　　　　　　　工作出口

 問題練習

1. 試以兩國模型剖述要素移動對兩國之要素報酬與經濟福利的影響。

2. 如果兩國之間發生邊際生產要素的移轉，對兩國的要素報酬與經濟福利有何影響？

3. 國外直接投資與國外證券或資產投資有何不同？國外直接投資具有那些特點？

4. 何謂產業定向投資？其與國外直接投資之間有何關係？

5. 一個國家的企業為何願意進行國外直接投資？

6. 簡述國際多國公司的演變及發展趨勢。

7. 試比較多國公司與單國公司的利弊得失。

8. 試述國外直接投資資金來源與流向的特性。

9. 國際多國公司對國際經濟有何影響？

10. 國際多國公司對母國有何影響？

11. 國際多國公司對地主國有何影響？

12. 地主國可以採取那些措施來防範國外直接投資可能產生的不利影響？

13. 對於國際多國公司的發展，你個人的看法如何？

14. 國際多國公司與國際產品貿易及要素移動之間有何關係？

15. 國際多國公司對開發中國家的經濟發展有何影響？

◆ 附　錄

國際貿易與我國的經濟發展

　　本書已經對主要的國際貿易理論與政策作了一般性的介紹。現針對實際經濟情況的演變，就國際貿易與我國經濟發展的關係，從理論與政策上作概括的印證。

■ 第一節　國際貿易的重要性

　　根據剩餘出口理論，國際貿易是帶動開發中國家經濟發展的引擎，這正是我國經濟發展成功的寫照。臺灣幅員狹小，總面積只有 36,000 平方公里，可耕地面積只有 90 萬公頃左右，山地面積達全省面積的 60% 以上，但各種主要礦產與能源的存量又極為貧乏，唯一豐富的資源為數量可觀的勞動力。在此幅員狹小、自然資源貧乏的情況下，就供給面而言，唯有向國外進口大量的資源、原料，以補國內自然資源稟賦的不足；就需求面而言，唯有將本國大量生產的產品銷售於國外，以補國內市場的不足，即將**臺灣海島型經濟變成小型開放經濟**，才能克服經濟發展上先天條件的缺失，以期有所成就。

　　國際貿易對我國經濟發展的重要性，就供給面觀察，在 1950 年代，由於我國正推行進口替代的發展策略，所以在 1952 至 1958 年之間，輸入佔總供給（國民生產毛額、進口、及國外要素所得淨額之和）的比例大致在 13% 至 17% 之間。但自 1950 年代末期開始，由於我國出口擴張策略的推行成功，出口快速成長導致對生產要素投入的需求激增，故自 1960 年代起，輸入佔總供給的比例逐漸提高。從 1970 年代開始，我國國內的總供給有三

分之一左右來自於國外，國際貿易對我國產出的增加、物價的穩定，以至
國民生活水準提高的重要性由此可見。

　　輸入佔國內總供給的比重隨我國的經濟成長而不斷提高，乃是國民生
產毛額成長的速度小於輸入成長的速度所致。這表示我國對於進口投入所
創造的附加價值小，因此唯有大量的進口中間投入，而後才能創造快速的
經濟成長，但這也有導致我國經濟對國際貿易依賴的程度不斷提高的缺失。

　　再就需求面而言，1950 年代由於我國推展內部導向的進口替代發展策
略，所以輸出佔總需求（消費、國內資本形成毛額、及出口之和）的比重
在這一段期間大致維持於 8% 左右。自 1950 年代末期開始，由於出口擴張
的成功，輸出佔總需求的比重持續上升。自 1976 年開始，輸出佔總需求的
比重，均達 30% 以上，1985 年開始，更達 40% 以上。這表示如果沒有對
外貿易，我國將有三分之一以上的產品無法被吸納，依據 J. M. Keynes 的
有效需求理論，若無有效需求存在，生產是無由發生，經濟是難以成長的。
由此可以斷言，若無廣大的國際市場吸納我國的產品，單靠國內市場（尤
其是經濟發展的初期）是無法產生足夠的有效需求，以帶動我國生產的增
加與經濟的成長。

　　國外廣大的市場雖然彌補了國內市場狹小的不足，但卻因而使我國經
濟與國際經濟產生密不可分的關係。國外市場的任何干擾、波動，將透過
國際貿易與金融交往的管道而傳遞到我國。因之，國內經濟的穩定有時並
不單是國內所能左右的。

　　資本累積是經濟成長的必要條件之一，通常也被視為是決定開發中國
家的經濟能否成長的最重要因素。許多開發中國家往往由於國民所得水準
低，本身沒有儲蓄能力且又缺乏外資的流入，經濟因此無法發展起來。但
是，我國卻是極其幸運，在我國最需外資的時候，外資能夠繼續不斷的流
入，其中以美援 (U. S. Aid) 最為重要。在 1952 至 1962 年之間，國內資本
形成毛額中國外財源（包括國外經常移轉收入及借入）約在 8% 至 17% 之
間。但是，此一比例隨著美援的停止、經濟的成長、及國民儲蓄能力提高，
而逐漸下降，外資的重要性乃相對降低，至 1960 年代末期，外資所佔比例

已很微小。

　　1971 年以後，除 1974 及 1975 年因貿易逆差，資本形成財源仍得藉助外資外，其餘各年國內財源除供國內投資需求外，尚有餘力從事對外投資，顯示往後我國的經濟成長不但可以不必依賴外資，而得以自力成長，甚至將逐漸成為資本出口的國家之一。雖然經濟情況有了如此重大的轉變，但是 1960 年代之前如果沒有這麼多的國外資本流入，我國的經濟發展將難以有目前這般的成果。

　　總供給、總需求、及資本形成是一個國家的經濟能否成功發展的三大重要指標。在我國的經濟發展過程中，這三個經濟變數中國外因素均扮演著相當重要的角色，由此可以看出國際貿易對我國海島型經濟的發展是絕對必要的。

第二節　對外貿易的依存

　　由上一節的敘述可知國際貿易對臺灣經濟發展的重要性與必要性，本節則在於進一步瞭解國際貿易對我國經濟活動的重要程度。測度一個國家對外經濟關係依存的程度，通常以出口、進口、或進出口總額對國內生產毛額 (GDP) 的比率作為衡量的指標。附表 1 顯示，進出口總額、出口、及進口對國內生產毛額的比率，在 1952 年分別為 22.28%、8.07%、及 14.21%。1950 年代由於進口替代策略的推行，故臺灣對外經濟關係的程度並不高，整個 1950 年代這些數據變化的幅度並不大，這也正是進口替代政策推行的結果與特性。

　　但是，1960 年代開始，由於出口擴張策略的推行成功，這些數據不斷快速上升，進出口總額、出口、及進口對國內生產毛額的比率在 2009 年分別為 116.35%、62.49%、及 53.86%。就世界其他國家的進出口總額對國內生產毛額的比率觀察，2009 年美國為 18.85%、法國為 38.77%、德國為 61.96%、英國為 38.56%、韓國為 82.18%、日本為 22.32%❶，這些數據與我國

❶由於受到美國次貸金融危機的影響，各國 2009 年的數據均較 2008 年大幅滑落。

的比較起來，足以顯示我國與國際經濟關係的密切，並證明我國對外貿易依賴程度之深。

附表 1 的資料正顯示我國小型開放經濟的重要特性。由於自然資源稟賦缺乏，我國唯有進口大量的原料、中間投入、或零件組配來生產出口品，才能支持快速的出口成長，因而導致進口對國內生產毛額比率的持續上升與偏高。進口對國內生產毛額的比率偏高，表示國內的生產倚重國外資源或中間投入的供給。進口對國內生產毛額的比率達 50% 以上，表示國內每創造 1 塊錢的附加價值（國內生產毛額）就必須進口 0.5 塊錢以上的財貨與勞務，這正顯示我國產出增加、經濟成長對進口依賴之深，也表示我國對進口中間投入所創造的附加價值偏低。同樣地，出口對國內生產毛額的比率偏高，表示國內的生產倚重國外市場的需求，出口對國內生產毛額的比率達 60% 以上，表示國內每創造 1 塊錢的產出（附加價值），就必須出口 0.6 塊錢至國外，否則這一部分的產出與就業將無由產生，這也顯示我國產出增加、經濟成長對出口依賴之深。

我國的進口大部分是用之於生產出口產品的中間投入，但從進口投入中所創造的附加價值不高❷。因此，唯有經由大量的進口投入與出口產出的過程，才能累積大量的附加價值，才能獲得高度的經濟成長。

由於國內資源貧乏、市場狹小，今後我國如要繼續維持高度的成長並減少對外貿易依賴的程度，唯有從提高進口投入的附加價值，以降低進口佔國民生產毛額的比重，或開發國內市場，刺激國內有效需求以降低出口佔國民生產毛額的比重著手。衡量實際情況，由於目前我國的國民所得水準與先進工業國家相比較仍然有段距離，在短期間國內市場的擴展仍然相當有限，因此唯有經由發展資本、技術密集產業一途來提高進口投入的附加價值，才是促進我國經濟發展，減少對外貿易依賴程度的良策。

近年來，我國進出口總額對國內生產毛額的比率均在 100% 以上，這

---

❷假設進口全部為用之於生產出口產品的中間投入，則進口投入所產出的出口值與進口投入的進口值的差額，在不考慮生產所需其他投入下，即為對進口投入所創造的附加價值。

是世界上除新加坡、香港等少數小型開放的國家或地區外，鮮有的現象，我國與國際貿易密不可分的關係由此可見。據此而言，聲稱對外貿易是我國經濟的命脈，或我國對外具有完全的國際經濟關係，實不為過。

第三節　貿易型態

根據赫克紹－歐林理論，勞動豐富的國家應出口勞動密集財，資本豐富的國家應出口資本密集財。國際貿易之後，一國相對豐富之生產要素的報酬會上升，相對稀少之生產要素的報酬會下降。準此，在經濟發展的初期，與各先進國家比較，我國是一個勞動豐富、資本貧乏的國家，應該出口勞動密集財而進口資本密集財。

1950 年代，我國中央銀行重貼現率年息平均達 24.27%，整個 1960 年代，中央銀行的重貼現率也都在二位數字 10% 以上（年息平均 12.11%），這與當時先進工業國家個位數字的年利率水準相比較，顯然高出許多。就工資而言，直到 1967 年之前，以當年幣值計算，我國製造業平均每人每月薪資均在新臺幣 1,000 元以下，這樣的工資水準不僅遠低於先進工業國家的工資水準，亦比一般開發中國家的工資水準為低。根據兩部門經濟發展模型，直到 1960 年代中期，我國農業部門一直有著過剩的剩餘勞動力存在，故工資水準能夠一直維持在相當低的水平。在這樣的要素價格結構下，與先進工業國家進行貿易，我國必然出口成本較低的勞動密集財而進口成本較高的資本密集財，事實證明我國的貿易型態正與赫克紹－歐林模型的假說相符合。

勞動密集財大量出口的結果，導致我國勞動力逐漸短缺，工資上漲的壓力不斷增加，我國製造業平均每人每月薪資在 2007 年已達新臺幣 43,169 元（2009 年回跌至 39,152 元），這樣的工資水準已遠高於大部分的開發中國家，我國所具有的低工資優勢可說已經喪失。

經過近 50 年的快速經濟成長，我國儲蓄能力大幅提高，國內資金的供給漸趨充裕，但資本密集財的進口、勞動密集財的出口對於緩和我國利率水準上漲的壓力應有很大的貢獻。近年來，我國的利率水準大致已與各先進工業國家的水準相近，這種工資與利率變化的趨勢，使得我國的要素價格與其他先進國家的差距縮小，這種變化正與要素價格均等化定理的假說相符合，即不完全自由貿易的結果，使得貿易與國之間的要素報酬的差距趨於縮小。也由於要素稟賦有了如此的變化（工資水準提高、資本存量增加），使得我國的貿易型態有了明顯的轉變，即對已開發國家，我國仍然出口勞動密集財、進口資本密集財，但對開發中國家，我國卻出口資本密集財、進口勞動或資源密集財。這種雙元的貿易型態是我國由開發中國家過渡到已開發國家期間，處於新興工業化國家的必然結果。

國際貿易使得我國要素價格——尤其是工資的變化與就業機會大量增加的結果，是導致我國的所得分配隨著經濟發展而愈趨平均的重要因素之一。我國所得分配的**吉尼係數** (Gini coefficient) 由 1968 年的 0.326 降至 1980 年的 0.278，家庭所得第五等分位（最高所得組）所得對第一等分位（最低所得組）所得的倍數，從 1964 年的 5.33 倍持續下降至 1980 年的 4.17 倍，表示我國所得分配之**羅倫茲曲線** (Lorenz curve) 隨經濟快速發展而愈加接近所得分配絕對平均線，個人所得分配的貧富差距乃逐漸縮小，我國遂成為世界上所得分配最平均的地區之一。

這種在追求快速的經濟成長過程中，同時達成所得更平均的分配，乃世界各國少有的現象，而其中國際貿易的貢獻更是功不可沒的，因為它使得廣大勞工階層的實質工資提高，就業機會增加，因而導致我國的所得分配隨對外貿易的擴張與經濟快速的成長而愈趨平均。但是，自 1981 年起，我國的所得分配開始惡化，2008 年，我國所得分配的吉尼係數為 0.341，第五等分位家庭之所得對第一等分位家庭之所得的倍數回升至 6.05 倍，這種趨勢政府應該重視，並應設法改善。

■ 第四節　經濟成長對國際貿易的影響

對外貿易帶動了我國的經濟成長，隨著經濟成長，我國對外貿易有了怎樣的變化呢？本節即在於介紹我國經濟成長對國際貿易的影響。

一、對外貿易的成長

我國的經濟成長與對外貿易成長之間有著密切的增函數的關係存在。在經濟成長的過程中，除了少數幾年外，歷年來我國的貿易總額、出口、及進口，均有相當高的成長率。由於對外貿易的成長率均遠高於經濟成長率，因而導致進口與出口對國內生產毛額的比率不斷的提高。就對國際貿易的影響而言，我國的經濟成長屬於一種順貿易偏向的成長。

附表 2 顯示，以當年價格算，1952 年，我國貿易總額為 303 百萬美元，其中出口為 116 百萬美元，進口為 187 百萬美元；至 2009 年，我國貿易總額為 439,155 百萬美元，其中出口為 235,859 百萬美元，進口為 203,296 百萬美元，貿易總額成長了 1,448 倍，出口成長了 2,032 倍，進口成長了 1,086 倍。以每人為單位計算，1952 年，平均每人貿易總額為 38 美元，其中出口為 15 美元，進口為 23 美元；至 2009 年，平均每人貿易總額為 16,381 美元，其中出口為 8,825 美元，進口為 7,556 美元。這樣的數據一方面顯示我國的產品在國際市場上具有很強的競爭力，因此出口得以持續快速成長；另一方面顯示我國國民所得水準提高，外匯存量豐富，因此進口能力得以不斷加強。若非如此，進出口的快速成長是不可能實現的。

隨著我國經濟發展層次的提高，由於進出口數量基數的擴大、產品結構的改變、競爭對象的改變，進出口的成長將不若以往那般快速是可以預料得到的。但是，鑒於國際貿易是我國的經濟命脈，攸關我國經濟成長與人民福利的高低，故應於我國經濟發展的過程中，設法將進出口的成長率維持在一適當的水準之上，才能確保我國經濟進一步的成長、穩定、及安全。

二、貿易結構的改變

　　過去 50 年間，隨著經濟成長，我國無論在要素稟賦、生產技術、及消費型態等方面，均有了重大的轉變。因此，無論在進出口的產品結構上或進出口的地區分佈上均有很大的改變。

　　根據附表 3，就出口產品結構大分類觀察。在 1952 年，出口產品中農產品佔 22.1%，農產加工品佔 69.8%，工業產品只佔 8.1%，這正是以農業經濟為主之開發中國家的典型出口結構，即農產及其加工品的出口佔出口的絕大比例，在整個 1950 年代工業產品出口的比例平均不到 20%，農產及其加工品出口所佔的比例平均達 80% 以上，其中又以糖和米的出口佔絕大的比例。但從 1960 年代開始，工業產品出口的比例快速提高。至 2009 年，出口產品中農產及其加工品所佔的比例降至 1.1%，工業產品出口的比例則提高至 98.8%，這正與 50 年前的出口結構完全相反。顯示隨著時間的推進，我國經濟不斷成長、資本不斷累積、技術不斷進步，出口的產品因此由土地密集產品逐漸趨於勞動密集，以致資本、技術密集產品，出口的產品結構由以初級產品為主的落後型態，迅速轉變為以工業產品為主的現代化型態。也正由於我國出口結構有此轉變，使得我國不致陷於一般開發中國家以出口初級農礦產品為主，而導致對外貿易不穩定、工業無法發展的泥沼之中。出口擴張、出口結構改變之後，我國的經濟結構也產生了對應的變動，即生產重心由農業移向工業，我國因而逐漸成為工業化的國家。

　　就進口產品結構大分類觀察，在 1952 年進口產品中資本財佔 14.2%，農工原料佔 65.9%，消費財佔 19.9%，至 2009 年進口產品中資本財佔 14.8%，農工原料佔 76.0%，消費財只佔 9.3%。資料顯示，在 1960 年代及 1970 年代初期，由於出口擴張的順暢，資本財進口的比例有顯著提高的趨勢，至 1970 年代中期後，由於我國第二次進口替代政策的推行，可以看出資本財進口的比例有下降的趨勢。農工原料進口的比例一直維持在 60% 至 80% 之間，顯示我國自然資源稟賦的貧乏，因此，唯有進口大量的原料、中間投入，生產活動才能順利進行。消費財的進口比例在 1950 年代初期有

非常顯著的下降，而後一直維持相當平穩的水準。近年來，由於政府推動
產業國際化與貿易自由化，關稅水準不斷降低，消費財的進口遂有增加的
趨勢。由於國民所得水準的提高，我國消費財的進口結構，必然由早期的
以進口生活必需品為主，轉變到目前的以進口高級耐久消費財為主的情況，
這正是我國消費水準在質的方面提高的必然結果。

　　進一步觀察出口產品結構的改變，可以更加深入瞭解我國工業化程度
的提高與出口產品結構的迅速現代化。附表 4 顯示，在 1982 至 2009 年這
段期間，我國出口品中，高勞力密集度產品的比重下降，高、中資本密集
與技術密集產品的比重均大幅提高。由此可見，由於我國資本的累積、技
術的進步，再加上政府政策性的推動，近年來我國在追求擴展資本及技術
密集產品的生產、出口努力上已逐漸有了成果。目前我國資訊硬體產品的
生產規模僅次於美、日兩國，資訊、通訊、及電子產品成為我國的第一大
出口產業。在國際市場上，我國有多項產品名列世界市場佔有率的前三名，
這些產品中有一大部分為資訊產品，這種資訊產業的輝煌成就，使得我國
享有「電腦王國」的美譽。

　　可以相信，我國出口產品結構的變動將會加速，許多產品的國際市場
競爭能力將會加速更替。因為在這科技進步快速、國際競爭日劇的時代，
產品所面對的國際需求曲線富於彈性的時間將會愈來愈短，因此唯有不斷
開發新的出口品，或為原有的產品開拓新的市場，我國對外貿易才能繼續
擴張下去。就整體而言，我國已從過去的以勞動密集產品為主，資本密集
產品為輔的初級工業產品出口型態，轉變為目前以資本與技術密集產品為
主，勞力密集產品為輔的現代化高級工業產品出口型態，這意謂我國已進
入全面工業化與經濟現代化的時代。

　　隨著時間的推進，各國的經濟情勢發生了改變，各國比較利益所在之
產品也因此有了變化，因而導致貿易地區的分佈或貿易夥伴的改變❸。二
次大戰後，我國進口地區一向主要來自美國與日本，兩者所佔的比例在
1974 年之前一直在 60% 以上，此一比例至 2009 年下降至 31.2%。在 1963

❸請參閱行政院經建會，*Taiwan Statistical Data Book 2010*，pp. 229–232。

年之前，由美國進口的比例高於日本，但自此而後，由日本進口的比例便高於美國，日本因此成為我國目前最主要的進口國家，但由日本進口的比例已從 1971 年最高的 44.9% 下降至 2009 年的 20.8%。兩岸貿易逐漸鬆綁後，由中國大陸進口的比例逐年上升，在 2009 年，由中國大陸進口的比例 (14.0%) 甚至高於由美國進口的比例 (10.4%)，由韓國進口的比例 (6.0%) 則居於第 4 位。

在出口方面，1950 年代以日本為主，其所佔比例達 40% 以上，1955 年更高達 59.5%，其次是香港、新加坡、及美國。但自 1967 年開始，對美國出口的比例即超過日本。1990 年代起，我國對中國大陸的貿易量快速成長，在 2009 年，出口地區中國大陸佔 26.6%，香港佔 14.5%，兩者合計佔 41.1%，美國佔 11.6%，第三是日本 (7.1%)。對香港的出口比重有一大部分是對中國大陸的間接出口所導致，在 2009 年，我國由中國大陸（含香港）進口金額為 255.5 億美元，對中國大陸（含香港）出口金額為 836.9 億美元，順差金額達 581.4 億美元。

由以上進出口地區分佈比例的變化可以看出，我國對外貿易的地區分佈有一很不平衡的現象，那就是過去我國進出口貿易主要集中於美、日兩國與香港，但隨著兩岸貿易的鬆綁，近年來對美、日兩國貿易所佔比例呈現快速下降的趨勢，但對中國大陸（含香港）的貿易卻快速增加。在 2009 年進口中，日本與中國大陸（含香港）共佔 34.8%；出口中，美國與中國大陸（含香港）共佔 52.7%。這種貿易地區高度集中化的結果，將使我國對外貿易，乃至國內經濟的風險與不確定性的程度加大，亦即我國對外貿易及國內經濟情勢，將受到美、日兩國與中國大陸經濟情勢變化相當大的影響。

除貿易地區集中外，更加有進出口地區不對稱的現象存在，即我國進口主要集中於日本，出口主要集中於美國與中國大陸，因而導致對美、日兩國與中國大陸貿易的鉅額失衡。對日本貿易持續鉅額逆差，對美國與中國大陸貿易持續鉅額順差。這種貿易地區集中與雙邊貿易長期鉅額失衡，對於我國海島型經濟的長期發展與國際收支的穩定有著潛在的不利影響。

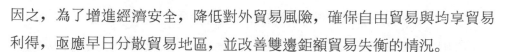

因之，為了增進經濟安全，降低對外貿易風險，確保自由貿易與均享貿易利得，亟應早日分散貿易地區，並改善雙邊鉅額貿易失衡的情況。

 ## 三、貿易條件的變動

在兩國理論模型分析下，大國發生順貿易偏向成長，將使其貿易條件惡化，小國發生任何型態的貿易偏向成長，對於貿易條件並無影響，這裡小國或大國之分，是指對國際產品的價格是否具有影響力而言。我國雖然幅員狹小，總進出口值在國際上並不算大，但對某些個別產品的國際市場，我國的進出口卻佔有相當大的比例。因此，就這些產品而言，我國為一大國，在這些產品上由於我國進出口數量的變動，再加上世界其他國家進出口數量的變動，終將導致我國所面對之貿易條件的改變。

對外貿易在我國整個經濟活動中佔有相當重要的地位，對外貿易條件的變動不定，導致我國經濟自發性的成長率不等於實際的成長率。貿易條件改善時，與一定的基年比較，即使實質國民產出不變，但國民卻實際可以享有較高的經濟利益（即消費可能提高）；反之，貿易條件惡化時，與一定的基年比較，即使實質國民產出不變，但國民實際所能享有的經濟利益卻較低（即消費可能降低）。是故，實質國民生產毛額尚須加以調整對外貿易條件變動的損益，才足以顯示我國人民各年實際享有之經濟利益的變動，我國的實質國內生產毛額的成長率因此有經貿易條件變動損益調整與未經貿易條件變動損益調整之分。

統計資料顯示，我國的淨貿易條件（出口單位價值指數對進口單位價值指數的比率），在 1972 至 2009 年之間，與前一年比較，有 18 年是改善的，有 19 年是惡化的；所得貿易條件大多數年份均是上升的，顯示我國財貨與勞務出口所能換取的進口數量不斷增加❹。

 ## 四、國際要素移動

1950 年代，由於國民所得水準低、儲蓄能力薄弱，經濟發展所需的資

---

❹請參閱行政院經建會，*Taiwan Statistical Data Book* 2010, pp. 213–216。

本唯有來自國外。前面曾經提到過，我國國內資本形成毛額中，國外財源所佔的比例在 1962 年之前曾達 10% 以上。在這一段期間，國外財源（資本）的流入主要為美國政府的官方經濟援助——即美援。美國對我國經濟援助（美援）的期間自 1951 至 1965 年（但所有承諾的美援至 1968 年才全部運送完畢），在這一段期間，美援的**方案金額** (program amount) 計 1,546.8 百萬美元，其中包括**非計畫援助** (non-project assistance) 1,170.7 百萬美元，**計畫援助** (project assistance) 430.0 百萬美元。**實際運送至我國的金額** (arrival amount) 為 1,482.2 百萬美元，其中非計畫援助為 1,100.3 百萬美元，計畫援助為 381.9 百萬美元。這筆援助對我國的經濟發展產生至深且鉅的影響。

Jacoby (1966) 利用「**無援助成長模型**」研究美援對臺灣經濟成長之可能影響指出：「美援使得臺灣的 GNP 成長率提高 1 倍有餘，每人國民生產毛額年成長提高 3 倍，並且使得達到 1964 年時的生活水準減少 30 年時間。若是沒有美援，在 1983 年以前的 GNP 年成長率僅為 3.5%，1964 年的 GNP 僅為當年實際 GNP 的 58%，1964 年實際的 GNP 要至 1980 年才能達到，1964 年的每人生產毛額在 1995 年前也將無法達到。」Yin (1961) 亦指出：「若無美援，臺灣在 1960 年代的初期不可能有任何看得出來的工業成長。」美援的引進對我國經濟發展的重要性與貢獻由此可見。

1965 年美援停止後，外資的流入主要為國外借款、外國私人投資、及海外華僑投資。政府早在 1954 年 7 月就頒佈**外國人投資條例**，1955 年 11 月頒佈**華僑回國投資條例**，鼓勵外人投資，以吸收外資流入，但由於 1950 年代政治情況尚未穩定，國內經濟情況也不好，故外國投資裹足不前。直到 1950 年代末期，國內政經情況穩定下來，同時政府於 1960 年 9 月頒佈**獎勵投資條例**，1962 年 8 月頒佈**技術合作條例**，外國投資因此陸續增加。

外國私人核准的投資（不包括華僑）在 1952 至 1954 年只有 7 件，金額 4,133 千美元，在 2009 年有 1,696 件，金額達 4,788,993 千美元；海外華僑回國核准的投資在 1952 至 1954 年只有 20 件，金額 2,849 千美元，在 2009 年有 15 件，金額 8,898 千美元；1952 至 2009 年外國私人與海外華僑核准的投資累計 25,866 件，金額達 107,118,385 千美元❺。

　　雖然 1965 年美援停止之後，國外私人資本、國際開發機構、及外國政府的資金繼續不斷流入我國，但由於我國經濟的成長、國民儲蓄能力的提高，故自 1963 年開始，外資在我國國內資本形成毛額中所佔的比例即告急劇的下降，甚至出現負數，表示我國的儲蓄除供國內投資需求外，尚有餘額從事對外投資。至此，我國的經濟成長已經可以不必依賴外資，而達於自力成長的境界。

　　國外資本長期流入累積的結果，使我國對國外要素所得收入的金額，在 1983 年之前，除 1964、1972、及 1979 年外，均小於支出的金額，其中 1951 至 1959 年更只有支出而沒有收入，故我國國外要素所得支出淨額除以上 3 個年份外均呈赤字，且金額愈來愈大❻。這是外資流入經過一段期間之後，其收入匯回母國的必然結果，只要本金在我國有生產性的貢獻，或外資繼續的流入，這種國外要素所得的支出對於我國的國際收支與經濟活動將不會產生重大的不利影響。

　　1970 年代開始，我國的資本形成不僅可以不必依賴外資，且有能力進行國外投資。由於對外投資金額逐年不斷增加，因此導致從 1983 年開始，我國國外要素所得的收入大於支出，而且差額不斷逐年增加。

五、輸出產品在國際市場上的佔有率

　　整體而言，我國為一小型開放經濟。但是，隨著經濟成長、生產規模擴大，某些產品專業化大量生產且出口的結果，我國許多的出口產品在國

---

❺以上數據請參閱行政院經建會，*Taiwan Statistical Data Book 2010*，p. 272。

❻國外要素所得為本國常住居民（個人或機構）提供生產要素在國外從事生產（或非本國常住居民，提供生產要素在本國國內從事生產）而得之報酬，包括本國公司在海外分支機構盈餘，本國常住居民在國外直接投資利益收入，在外存款利息收入，購買外國股票之股息或債券利息收入及版權，專利權等收入，國外要素所得收入淨額係本國收入國外要素之所得減國外要素所得支出之差額。以上係行政院主計處，《中華民國國民所得》，對國外要素所得的定義。

際市場已佔有相當重要的地位，即就這些產品而言，我國為大國，對這些產品的國際價格與產量我國具有相當的影響力❼。2009 年，我國產品（不包括海外生產的）在全球市場的佔有率名列第一的有 21 項，第二的有 16 項，第三的有 8 項。這些產品中，又以資訊產品的表現最為突出，有多項產品的全球市場佔有率超過 60%。

一個國家某一項出口品在另一個國家的市場佔有相當的比例，目標顯著，容易被認為是傾銷而遭致當地業者的反對，因而要求該國政府對於此種產品予以進口限制。對我國的出口品設限，一方面使當地居民的福利受損，但我國的出口也因而受阻。因此，為了避免某些產品在某些國家的市場佔有率偏高而招致設限，我國應該設法分散產品的輸出地區，廠商之間應進行有計畫、協商的自動出口限制，政府對於各種產品的出口數量與地區應予以合理有效的輔導、分配，或於外國設立避免關稅工廠等措施，才可避免輸出產品的過度集中而遭受設限，如此才能確保我國出口的順暢。

▌第五節　貿易政策

在經濟發展的初期，由於外匯的短缺與扶持國內幼稚工業的發展，政府採高關稅及嚴格外匯與貿易管制的措施，至 1974 年底，受政府管制的進口物資仍達 446 項，1983 年准許進口但有附帶條件的商品尚多達 6,000 餘項。在關稅方面，至 1965 年，名目稅率在 30% 以上的進口品項目佔 50% 以上，而稅率在 50% 以上的進口品項目亦高達 26%，至 1971 年，進口物品名目稅率在 30% 以上者所佔比重已降至約 19%。但是，由於我國關稅課稅稅基是起岸價格加 20%，另外並額外課徵 3.75% 的港工捐和 26% 至 30% 的防衛捐及其他捐稅，故實際進口稅率遠比名目稅率為高❽。

為了國內經濟的發展需要，我國對於不同種類的進口品得分別課徵不

---

❼例如，1999 年 9 月 21 日的南投大地震，使新竹科學園區的資訊產業生產設備受損，即對美國紐約股票市場的高科技（資訊）股的股價造成下跌的影響。

❽請參閱徐育珠 (1976)。

同的關稅稅率。為了發展國內進口替代與出口擴張產業，政府對於中間投入與資本財的進口課徵較其他產品進口為低的關稅，因而形成名目關稅稅率與有效保護率的差異。我國進口不僅實際負擔的關稅稅率大於名目關稅稅率，有些進口產品的有效保護率更遠高於名目關稅稅率。根據邢慕寰 (1971) 的研究指出，1966 年我國消費品、中間投入、資本財、及全體工業產品的加權平均有效保護率分別為 125.7%、47.7%、31.9%、及 59.6%。又梁國樹 (1972) 研究的結果指出，1966 年我國進口競爭產業、出口產業、及非進口競爭產業的加權平均名目保護率分別為 50.37%、60.41%、及49.75%，但這些產業的關稅保護有效保護率卻分別為 89.76%、128.39%、及 29.77%，關稅與非關稅保護的有效保護率則分別為 131.41%、177.03%、及 56.00%。這顯示就大部分的產業而言，有效保護率總是大於名目關稅稅率，這當然有利於我國產業的發展，但卻使國內價格結構受到扭曲的程度提高。

1960 年代著重於消費財的保護，乃是基於發展進口替代與出口擴張的勞力密集輕工業的結果，這種關稅結構自然不利於中間投入與資本密集產業的發展。隨著我國經濟發展程度的提高，為了提升我國的工業生產結構，關稅結構應作適時、必要的調整，以促使我國的資本、技術密集產業能夠發展。但是，理論的分析告訴我們，關稅保護並非扶持幼稚工業發展的最佳策略；再者，我國國內市場狹小，任何產業的發展終極必須以國外市場為目標，而無法避免與國外廠商的競爭，故關稅保護只能視之為短期、輔助性的措施，長期實施的結果終將導致受保護的產業不求上進、無法發展，徒然導致我國資源派用的扭曲、消費者福利的受損。國內汽車工業長期受到保護而無法發展起來，即是以關稅保護幼稚工業發展的前車之鑑。

為因應國際間最惠國優惠關稅制度的實行，我國從 1980 年 9 月開始採行複式關稅制度，稅率分為兩欄（兩種），第一欄是實施複式關稅前的原有稅率，稅率較高，適用於一般國家或無互惠待遇的國家；第二欄為互惠稅率，稅率較低，適用於有互惠關稅待遇的國家。自 1983 年起，政府積極推動貿易自由化，大幅降低關稅，積極開放進口市場，並簡化進出口手續。在歷經數次的關稅稅則修正後，至 2009 年，我國的平均實質關稅稅率（關稅收入對進口總額的比率）與平均名目關稅稅率已分別降至 1.2% 與 6.0% 左右，最高關稅稅率也由 1971 年的 156% 降至 1988 年起的 50%。目前我國關稅稅率超過 30% 的項目已在 5% 以下。整體而言，目前我國工業產品的關稅稅率已與工業國家的水準相當。

起岸價格外加 20% 作為完稅價格的辦法，於 1980 年 2 月與 1983 年 5 月分別降為 15% 及 10%，至 1986 年初則已完全取消。我國現行進口產品可分為「管制進口」與「准許進口」二大類，「管制進口」類產品在某些特定條件下須由國貿局核發許可證，「准許進口」者則依不同產品特性而區分為三種限制：

    ⑴簽審之規定：進口者須檢附文件，經有關單位「簽審」方得以進口，
       如麵粉。

    ⑵進口廠商身份限制：如分類編號 411 限由臺肥公司統籌進口供應。

    ⑶限制進口地區之規定：如限向日本以外地區採購汽車之限制。

進出口管制措施經數度檢討簡化及放寬，目前我國禁止進口類、管制類、暫停進口類、管制出口類、及暫停出口類之產品的比例，均已非常微小，或已完全取消任何限制。

一般認為，一個國家經濟發展的程度愈低，其稅收中關稅收入所佔的比重愈大。2009 年，我國關稅收入佔中央政府收入（租稅與專賣收入加總）的比例為 4.5%，此一比例在各國中大致屬於中等的位置。歷年來，我國租稅與專賣收入中，直到 1981 年之前，一直以關稅收入所佔的比重為最大，其比例大多在 20% 以上。由於政府持續致力於貿易的自由化、降低關稅比重以改善賦稅收入結構，而使關稅收入所佔比例自 1981 年起小於所得稅而成為政府次要的收入來源。2009 年中央政府收入中，關稅佔 4.5%，所得稅佔 41.9%，這樣的賦稅結構與先進國家已經相當接近了。

在政府致力追求租稅結構現代化、貿易自由化的努力下，關稅稅率不斷降低及其他進口額外稅負不斷取消的結果，關稅收入對進口總額的比率──即關稅負擔率（或平均實質關稅稅率），已由 1971 年的 11.32% 降至 2009 年的 1.2%。展望未來，如果經濟情況良好、政府其他來源的稅收充裕、

租稅結構不斷的改進，則關稅收入佔我國稅收及進口總額的比例，將會持續的下降，這樣的發展對於國家經濟的現代化與我國海島型經濟的長期發展是有利的。

第六節　貿易餘額

就長期的觀點而言，一個國家出口的目的在於獲取進口，出口數量的多寡不僅反映一國產品在國際市場上競爭能力的高低，亦決定一國進口能力的高低。出口與進口的差額是為貿易餘額，此餘額不僅顯示一個國家的出口品在國際市場上競爭能力的高低，亦顯示一個國家的經濟結構（或經濟基本面）是否健全與進口能力的高低。在不考慮國際收支的資本移動下，貿易餘額的變動也就是一個國家的國際收支或國際準備資產的變動。

附表 2 顯示，在 1970 年之前，我國對外貿易，除 1964 年外，全部呈現進口大於出口的逆差狀態。在這一段期間幸好平均每年大約有 1 億美元的美援收入，否則我國的國際收支必然處於相當嚴重的困境，因而也就無法進口推動經濟發展所需的物資。從 1971 年開始，貿易餘額有了很大的轉變，除 1974 及 1975 年外，至 2010 年，每年的對外貿易均呈現鉅額的順差（最主要來自對中國大陸貿易的順差），使得我國的外匯累積於 2010 年底已超過 3,800 億美元。問題不再是過去的貿易逆差、外匯準備不足，而是貿易順差過鉅、外匯準備過多。如何支用這些外匯準備與維持適當的外匯準備水準，反而成為國人關心的問題。

我國外匯累積的增加，主要是由於商品的出口大於進口所致，外資淨流入所佔的比例相當的小。貿易餘額之所以能夠逐年改善、轉虧為盈的主要原因，乃我國出口品在國際市場上具有很強的競爭力。一個國家的外匯準備不足或過少，則不足以應付進口所需，該國通貨對外幣值難以維持穩定。一個國家所擁有的外匯準備愈多，就猶如個人愈富有一樣，不僅可以提高國際經濟地位，強化該國的債信，更有助於該國通貨對外幣值的穩定。另一方面，擁有愈多的外匯準備，有能力進口更多的資本財，有助於一國的經濟成長；有能力進口更多的消費財，能夠提高國民的消費福利水準。

　　但是，外匯的累積並非有百利而無一弊的。外匯累積若是經由一國財貨與勞務的出口大於進口所造成的，則過多的外匯累積一方面將使國內物資供應短缺、貨幣供給增加，而容易導致物價膨脹，因而削弱一國產品在國際市場上的競爭能力，最後將使該國的國際收支情況逆轉，而對該國經濟的穩定與成長均會產生相當不利的影響；另一方面，除非所累積的外匯能夠予以投資而賺取足夠的收入，否則外匯累積只是使本國人民忍受目前降低消費的痛苦，而使外國人民增加消費享受之利，如果所持有的外匯貶值，更是造成本國資源的浪費與無謂的損失。是故，一個國家所追求的並非不斷造成貿易順差，以累積最大數量的外匯，而是應該基於成本－效益的觀點，設法維持一最適的外匯存量，此一存量乃是能夠確保一國在一段期間（通常 3 個月）內不虞進口缺乏，並維持一國物價與對外幣值穩定的一個外匯數量。

　　衡諸我國目前的出口能力與進口需要，可以確信我國的外匯存量實屬過多。鉅額的外匯存量是造成 1986 至 1989 年之間我國投機風氣盛行，不動產與股票價格狂飆最主要的原因。1990 年代以來，由於對外直接投資（主要為對中國大陸）與資本外流金額日增，致使金融帳經常呈現逆差，少數幾年國際收支甚至因而出現逆差。

■ 第七節　國外直接投資與技術合作

　　前面已經提到國際要素移動對我國經濟成長的影響，於此我們再就私人直接國外投資與技術援助和合作予以扼要的介紹。1952 至 2009 年，外國對我國的私人直接投資經政府審查核准者計 25,866 件，金額達 1,071 億美元，其中外國私人（非華僑）投資佔 22,929 件，金額 1,031 億美元，海外華僑佔 2,937 件，金額 40 億美元。海外華僑投資主要來自香港、日本、及菲律賓，外國私人投資主要來自美國、日本、及歐洲。

　　在 1987 年 7 月之前，由於我國實施嚴格的外匯管制，所以對外直接投資的件數與金額均不多。但自 1987 年 7 月政府大幅放寬外匯管制後，我國對外直接投資的件數與金額均快速增加。1952 至 2009 年，經政府核准的對外直接投資（不包括中國大陸）共計 12,602 件，金額為 628 億美元。自 1978 年中國大陸採行改革開放政策後，我國對中國大陸的直接投資不斷增加。根據經濟部投資審議委員會的統計，1991 至 2009 年，經該會核准及報備赴中國大陸地區投資的廠商共計 37,771 件，金額達 827 億美元，其中製造業所佔比重最大，以電子電器、基本金屬與金屬製品、塑膠製品、及化學製品等行業最多，分佈地點主要集中在中國大陸沿海地區。事實上，我國對中國大陸的直接投資金額一般相信是遠高於官方所統計的數字。

經過 1950 年代的經濟成長，從 1960 年代起，我國一方面繼續接受先進工業國家的技術援助，一方面也開始對經濟發展程度比我國低的國家提供技術援助。前往技術服務的地區主要為非洲國家，其次是拉丁美洲國家。在海外技術合作方面，合作地區近年來主要為拉丁美洲，其次是中東，主要合作項目為漁業及農業技術。事實上，在技術合作方面，私人廠商的成果遠高於政府部門，大部分到我國進行直接投資的外國廠商不僅帶來資金、管理，更帶來了生產技術，這對於提升我國的技術水準有很大的貢獻。

就廣義而言，海外留學也可以視之為一種國際技術的交流。海外留學生學成之後返國服務，提高我國的科技、管理水準，對我國經濟發展層次的提高、技術密集工業的發展、產業結構的現代化，有著相當重大的貢獻。1980 年代之前，我國留學生學成返國服務的比例很低，從國際要素移動的觀點而言，是我國人力資本的外流，我國的社會福利水準因而降低。但隨著我國經濟發展程度的提高，就業條件的改善，我國留學生學成返國服務的比例逐年提升，甚至愈來愈多的外國高科技人才前來我國就業服務。

■ 第八節　我國對外貿易成功的因素

為何我國的進出口能夠不斷成長、進出口結構能夠不斷現代化、貿易餘額能夠轉虧為盈，而創造成功的對外貿易，進而帶動我國經濟的快速成

長呢? 究其原因, 可以歸納為以下幾個因素:

㈠人力素質的優良與工資的低廉

經濟發展初期, 人力是我國唯一豐富的資源。由於我國教育普及、民風淳樸、人們工作勤奮, 再加上工資水準的低廉, 肇致我國對於勞力密集產品的生產具有比較優利, 使得我國勞力密集的輕工業產品在國際市場上具有強勁的競爭力, 出口因此能夠持續順利進行。

㈡保護政策成功

在 1950 年代的進口替代階段, 政府對於國內進口替代產業提供高度的保護, 再加上國內企業家的力爭上進, 終於使得大多數的輕工業能夠生根成長, 進而奠定往後出口擴張、進軍國際市場的競爭能力。

㈢外匯貿易改革成功

1960 年之前, 我國對外不僅新臺幣／美元匯率偏低、幣值高估, 更按進口、出口及不同物品, 實施各種不同的匯率與貿易管制, 形成一種錯綜複雜的**多元複式匯率制度**與貿易管制, 這對於改善當時的國際收支、穩定經濟, 確實產生了相當的效果。但是, 過份人為的匯率與貿易管制卻使市場價格機能受到嚴重的扭曲, 因而導致資源派用的不當與進出口行政手續的複雜麻煩, 這對於進出口貿易的推展以至長期的經濟發展總是一大障礙。

1958 年 4 月, 政府頒佈「**改進外匯貿易方案**」, 開始進行一連串的外匯貿易改革。首先, 對於許多的進口限制予以廢除或放寬。其次, 逐漸廢除複式匯率制度, 並將偏低的新臺幣／美元匯率予以調升, 至 1960 年匯率終歸劃一, 新臺幣兌換美元的匯率也由 1949 年的 5 比 1, 提高至 40 比 1。單一且適度匯率的實施, 使得阻礙貿易發展之路終被鋪平, 我國對外貿易自此向前跨進了一大步。貶值、劃一匯率、及貿易自由化政策, 確實為我國在 1950 年代末期開始的出口擴張創造了有利的先決條件, 自此而後, 進出口得能順利進行, 勞力密集產品的出口得能順利擴張, 我國的經濟因此得以走向快速成長的坦途。

㈣美援的有效運用

1951 至 1965 年的鉅額美援計畫主要投資於電力、工礦、交通、農業、及教育等方面，不僅增加了我國的生產能量、平抑物價的上漲，更由於其協助我國人力資源與基本公共設施的投資發展，因而創造了我國有利的投資環境，引發了國內外投資的相繼到來。是故，美援可說是我國經濟發展成功、對外貿易成長的觸媒。

(五)獎勵投資條例的頒佈

1950 年代初期，由於國內政經情況的不穩定，政府於 1954 及 1955 年所分別頒佈的外國人投資條例與華僑回國投資條例，並沒有產生顯著的吸收外人直接投資的效果，整個 1950 年代外人投資的金額並不大。至 1950 年代末期，政府為了獎勵投資、加速經濟發展，遂視當時經濟情況的需要而於外國人投資條例與華僑回國投資條例之外，於 1960 年 9 月頒佈實施範圍更為廣泛、條件更為優厚，同時適用於外人、華僑、及本國人民的獎勵投資條例，其要點為：(1)給予投資者一定期間的稅捐減免，(2)方便並優惠工業用地之取得，(3)公營事業得以配合投資與民間共同經營，或移轉給民營，(4)簡化及便利投資設廠的各項手續。

獎勵投資條例一經頒佈，再加上 1950 年代末期國內政經情況已趨穩定，故從 1960 年代開始即有大量的國外私人資本不斷的流入，這些外資對於我國資本的形成、技術的提高、新產品的開發、新市場的拓展，以至國際貿易的擴張，均產生相當大的貢獻。隨著經濟情況的改變，政府對於獎勵投資條例屢有修訂。為了加速國內經濟結構的轉變，針對推動策略性（或轉型）產業的發展，政府於 1990 年底終止獎勵投資條例，而從 1991 年起實施促進產業升級條例 ❾。獎勵投資條例實施 30 年，不僅在於吸引外資流入、刺激投資增加，更在我國經濟結構的轉變上扮演政策指引的積極角色。

(六)加工出口區的設置

針對增加就業機會、進一步吸引外資參與推動出口的目的，政府遂於

---

❾促進產業升級條例於 2009 年底實施屆滿，為持續促進產業創新，我國從 2010 年起公布實施產業創新條例，主要內容為創新活動之輔助或輔導、無形資產流通運用、產業人才資源發展、促進產業投資、建構產業永續發展環境、租稅優惠、協助產業園區開發、產業園區之設置管理、工業專用港及工業專用碼頭之設置等。

1965 年設置高雄加工出口區，隨後又於 1969 年設置楠梓及臺中加工出口區。最初加工出口區設置的要點為：凡為出口生產而在加工出口區設廠，得以⑴豁免進出口數量的管制；⑵出口廠商為購置設備及原料，如自己提供外匯，得免除外匯管制；⑶豁免進口關稅及有關稅捐；⑷外商利潤和資本可以自由匯出；⑸以低廉的租金或價格提供廠商工廠用地；及⑹廠商可以 10 年分期付款的方式，向加工出口區請購標準廠房❿。加工出口區的設置確實創造大量的就業機會，並吸收大量的國外投資，對於提高我國的生產與管理技術水準及促進出口的擴張，均達成相當良好的績效。

㈦財政政策的配合

除獎勵投資條例對於投資者租稅減免的優待外，政府於 1951 年首創**出口退稅**，對於生產出口產品之進口原料或中間投入的關稅與出口品的國內稅捐，於產品出口後，得以辦理退稅。政府創辦出口退稅之後，適用出口退稅辦法的產品種類與稅目不斷地擴大，大部分出口品的進口投入與國內一切稅捐，均得以辦理出口退稅。如此，出口商的生產成本減輕、利潤增加，對於擴展輸出產生很大的激勵作用。此外，亦有**保稅工廠與倉庫**的設置，直接免除廠商生產出口品之中間投入的進口關稅及一切國內稅捐，以避免再退稅的麻煩，節省行政費用的支出，並可進一步使廠商節省預付租稅的利息負擔。

㈧金融貨幣政策的配合

為降低出口廠商的利息負擔、提供出口廠商足夠的週轉資金，臺灣銀行自 1957 年 7 月（中央銀行亦自 1962 年 3 月起協助其他商業銀行）執行出口貸款計畫，對出口廠商提供長期、低利貸款，融資金額不斷增加、期限不斷加長，貸款利率亦較一般市場利率為低。這種**出口低利貸款**，實際上是一種出口補貼，可以降低出口成本，增強出口品在國際市場上的競爭力。此外，於 1950 年代，政府對於出口產業生產之機器設備與中間投入的進口，優先以較低的匯率提供外匯，亦是一種鼓勵出口生產的手段。

---

❿請參閱徐育珠 (1976)。

㈨其　他

　　諸如：由政府機構舉辦輸出保險、成立國貿局、外貿協會專辦國際貿易事務、成立商品檢驗局管制出口品的品質、設立經常性的外銷商品展示中心、在海外各地設立商業辦事處、業者自行組織出口同業公會、不斷減除關稅、放寬進出口管制等措施，均直接或間接地開通國際貿易管道，增進我國對外的貿易。

　　政府任何措施的採行，無非在於直接或間接地降低出口廠商的生產成本，提高出口產品的國際競爭能力，以增加廠商的生產利潤、增強廠商的投資誘因。由於政府這些適時、得宜政策的採行，加速了我國資本的形成與出口的擴張。沒有這些外在政策措施的誘導，我國原有深藏的經濟發展潛能是難以有效發揮出來的，我國也就沒有目前這般成功的經濟發展成果。

■ 第九節　　對外貿易的經濟後果

　　總結以上所論，吾人可將國際貿易對我國經濟的影響歸納為以下幾方面：

㈠加速經濟成長

　　無論從供給面或需求面來看，國際貿易作為帶動我國經濟成長引擎的事實是無可置疑的。若單靠國內狹小的市場與有限的資源，我國絕不可能會有今天的經濟成就，甚至可能還停滯在低度開發的落後狀態。展望未來，雖然我國所得水準不斷提高，國內市場不斷茁壯成長，資本存量不斷增加，但唯有走上更加開放一途——即維持進出口的持續成長，才能確保未來我國經濟的穩定與成長。

㈡提高國民所得

　　進行對外貿易以國際市場補國內市場的不足，才得以產生足夠的有效需求，刺激國內生產的增加，帶動經濟成長，提高國民所得水準，個人消費、福利水準因而提高。

㈢增加就業機會

國際需求帶動我國生產不斷的增加，加上我國出口品主要是勞力密集的輕工業產品，因而創造大量的就業機會，解決我國經濟發展初期勞動過剩的困境，使得我國失業率不斷下降，閒置與低度利用的人力不斷減少，而使失業率一直維持於相當低的水準。

㈣平均所得分配

勞力密集產品的出口擴張不僅帶給生產廠商利潤，賺取財富，更由於提供了大量的就業機會，吸收了大量的勞動力，而使工資水準提高，進而導致我國的所得分配隨著經濟發展，在產出增加的過程中進行重分配，而漸趨於平均，這也正與赫克紹－歐林模型要素價格均等化定理的假說相符合。

㈤影響經濟穩定

1950 年代大量美援物資的進口，對我國經濟與物價的穩定產生相當大的貢獻。但是，隨著經濟成長，我國對外貿易依賴程度不斷提高，加上我國是一小型開放經濟，因此無論是進口或出口，就大部分的產品而言，我國均是國際價格的接受者，但我國大部分產品的出口數量卻決定於國外需求的多寡(或國際經濟活動的盛衰)，而非經常面對彈性無限大的出口需求。在此情況下，我國經濟的安定與否便受到國際經濟變動的相當影響。除易於感受到輸入或輸出因素所造成的物價膨脹外，且容易受到國際經濟不景氣的傳遞，而使我國經濟遭受國際經濟不景氣的感染。

㈥提升技術水準

歷年來經由與外國貿易的接觸或外人與華僑的直接投資，除帶給我們財富與資本外，更因此引進了新的技術、新的觀念、及新的管理方法。可以確信，如果不是對外經濟關係的擴張，我們不會有今天的科技水準與新穎的知識觀念。

㈦提高勞動生產力

國外廣大的市場給予我國擴大生產規模、進行更加精細的分工專業的機會，而使我國勞動的生產技術與生產力得以提高。

㈧提高國際經濟地位

國際貿易除了帶動我國的經濟成長，使我國的產出增加、國力增強之外，更由於我國與各國雙邊貿易量不斷的增加，不僅使我國成為許多國家重要的貿易夥伴，更使我國成為全世界最主要的貿易國家之一，從而與各國建立起密切的經濟關係。再加上近年來我國對外貿易產生大量的順差，累積大量的外匯，更因此而提高我國在國際經濟上的地位。

第十節　加入世界貿易組織

GATT 自 1947 年 10 月簽署成立以來，歷經數十年的發展，已成為國際間最重要的經貿組織。我國原為 GATT 創始成員之一，但於 1950 年 5 月正式退出。近年來，因國際情勢的改變，加以我對外貿易加速成長，因此政府在審慎評估之後，於 1980 年元月 1 日由當時經濟部長陳履安致函 GATT 祕書長，以「臺、澎、金、馬個別關稅領域」(The Separate Customs Territory of Taiwan, Penghu, Kinmen and Matsu) 之名義正式提出入會申請，隨函並檢附我外貿體制備忘錄 (Memorandum on Foreign Trade Regime)[11]。

隨著烏拉圭回合談判之結束與世界貿易組織 (WTO) 之成立，全球將邁入更為公平競爭，低關稅及商品與服務業貿易自由化時代，並將為國際貿易開創更寬廣的空間，有助於未來國際經濟的成長與繁榮。臺灣經濟奇蹟的締造，主要原因之一乃得利於良好的國際經濟環境，為我國提供了一個自由而廣大的市場，使出口活絡，進而帶動我國經濟快速成長。因此，世界貿易自由化的實現，對未來我國經濟發展將有很大的影響。為了因應烏拉圭回合達成最終協議與世界貿易組織成立後的新情勢，我國自 1994 年起即努力設法儘速成為 WTO 的成員。經過多年的努力，我國終於從 2002 年 1 月 1 日起獲准成為 WTO 的成員，這除了是外交的重大突破外，在經濟上亦有以下重要的意義：

---

[11]本節摘錄自《中華民國八十四年國家建設研究會「財經建設研究分組」研討議題及背景資料》。

㈠保障我國經貿權益

我國獲准加入 WTO，將可依 WTO 的規範，獲致各國對我之平等待遇，從而可與貿易對手國立於平等競爭之地位，並可減少經貿權益受到政治上的干擾。

㈡提升經濟發展層次

我國加入後，須依 WTO 的國際規範，調整經貿體制，從而可促使我國經濟進一步自由化、國際化，而與國際經貿體系融為一體。這對我國而言，將是經濟轉型升級的最佳機會。

㈢擴展與各國經貿諮商的管道

加入 WTO 後，我與貿易伙伴間的雙邊經貿問題，均可利用此多邊架構作為溝通或諮商的管道，從而可突破因尚無正式外交關係所造成的談判障礙；同時，他國對我國不公平或不合理的待遇，亦可利用 WTO 解決爭端的程序，爭取應有的權益。

㈣提升國際地位

WTO 是國際間經貿事務最重要的組織，我國加入 WTO，對國際地位的提升，具有重大的意義。同時，我國加入 WTO 以後，將更加有利於我國重返其他重要國際組織，使我國國際活動空間愈益擴大。相反地，假若我國未能及時加入 WTO，不但無法避免國際間要求我國接受世界貿易新規範的壓力，且在國際間可能遭到貿易抵制與報復，致對我國經濟造成嚴重的衝擊。

烏拉圭回合談判協議所涵蓋的範圍包括市場開放（含關稅、非關稅措施、天然資源產品、熱帶產品）、法規制定（含 GATT 條文、反傾銷、補貼與平衡措施、防衛措施、輸入許可發證程序、關稅估價、技術性貿易障礙、政府採購、裝船前檢驗、原產地規定、與貿易有關的投資措施）、及 GATT 體制功能（包括爭端解決、貿易政策檢討機制、多邊貿易組織），貿易自由化的範圍並從一般商品大幅擴充至農產品、服務業、及智慧財產權等，係歷年來多邊貿易談判涵蓋範圍最廣者，其影響既深且遠，也更加凸顯了加入 WTO 的重要性。我國加入 WTO，雖然有市場開放的壓力，但另一方面，

亦可確保我國在國際間的權益，分享各國在烏拉圭回合協議所作市場開放
承諾可能帶來的經濟利益。因此，從整體來看，加入 WTO 對我國經濟應
是利多於弊的。

附表 1　進出口總額、出口、及進口對國內生產毛額的比率

單位：%

年別＼項目	進出口總額	出　口	進　口
1952	22.28	8.07	14.21
1955	20.90	8.28	12.62
1961	34.76	13.81	20.95
1970	60.78	30.37	30.42
1975	83.01	39.86	43.15
1980	106.40	52.61	53.80
1981	102.34	52.20	50.15
1982	93.10	49.07	44.03
1983	94.83	51.60	43.23
1984	99.14	54.82	44.31
1985	93.86	53.48	40.38
1986	94.20	56.46	37.74
1987	96.73	56.28	40.46
1988	102.93	55.03	47.89
1989	91.54	48.97	42.57
1990	87.10	45.72	41.38
1991	89.04	46.48	42.56
1992	83.28	42.46	40.83
1993	84.86	43.20	41.66
1994	84.11	42.84	41.27
1995	92.50	47.01	45.49
1996	90.33	46.80	43.53
1997	93.26	47.66	45.60
1998	93.69	47.37	46.33
1999	92.05	47.28	44.77
2000	103.69	52.93	50.76
2001	94.49	49.97	44.52
2002	97.25	52.22	45.03
2003	103.96	55.49	48.47
2004	119.16	61.42	57.74
2005	120.65	62.53	58.12
2006	129.89	68.00	61.88
2007	136.18	72.07	64.11
2008	141.02	72.97	68.05
2009	116.35	62.49	53.86

資料來源：行政院主計處，《國民經濟動向統計季報》，各期。

附表 2　對外貿易的成長

單位：百萬美元

年別　　　　項目	出　口 (1)	進　口 (2)	貿易總額 (3) = (1) + (2)	貿易餘額 (4) = (1) − (2)
1952	116	187	303	−71
1955	123	201	324	−78
1960	164	297	461	−133
1965	450	556	1,006	−106
1970	1,481	1,524	3,005	−43
1975	5,309	5,952	11,261	−643
1980	19,811	19,733	39,544	+77
1985	30,726	20,102	50,828	+10,624
1986	39,862	24,181	64,043	+15,680
1987	53,679	34,983	88,662	+18,695
1988	60,667	49,673	110,340	+10,995
1989	66,304	52,265	118,569	+14,039
1990	67,214	54,716	121,930	+12,498
1991	76,178	62,861	139,039	+13,318
1992	81,470	72,007	153,477	+9,463
1993	85,091	77,061	162,152	+8,030
1994	93,049	85,349	178,398	+7,700
1995	111,659	103,550	215,209	+8,109
1996	115,942	102,370	218,312	+13,572
1997	142,372	136,221	278,593	+6,151
1998	130,313	127,453	257,766	+2,860
1999	141,375	133,866	275,241	+7,509
2000	172,641	165,562	338,203	+7,079
2001	146,753	130,752	277,505	+16,001
2002	157,224	135,597	292,821	+21,627
2003	172,452	150,614	323,065	+21,838
2004	208,849	196,315	405,164	+12,534
2005	228,152	212,041	440,193	+16,111
2006	255,916	232,897	488,813	+23,019
2007	283,289	252,015	535,304	+31,274
2008	292,023	272,355	564,378	+19,668
2009	235,859	203,296	439,155	+32,563

資料來源：同附表 1。

附表 3　貿易結構的轉變

單位：%

項目 年別	出　口			合　計	進　口		
	農產品	農　產 加工品	工業產品		資本財	農工原料	消費財
1952	22.1	69.8	8.1	100.0	14.2	65.9	19.9
1955	28.1	61.5	10.4	100.0	16.5	74.7	8.8
1960	12.0	55.7	32.3	100.0	27.9	64.0	8.1
1965	23.6	30.4	46.0	100.0	29.3	65.6	5.1
1970	8.6	12.8	78.6	100.0	32.3	62.8	4.9
1975	5.6	10.8	83.6	100.0	30.6	62.6	6.8
1980	3.6	5.6	90.8	100.0	23.4	70.8	5.8
1985	1.6	4.5	93.9	100.0	14.1	76.9	9.0
1986	1.6	4.9	93.5	100.0	15.0	75.6	9.4
1987	1.3	4.8	93.9	100.0	16.0	74.1	9.9
1988	1.4	4.1	94.5	100.0	14.9	73.7	11.4
1989	0.7	3.9	95.4	100.0	16.4	72.1	11.5
1990	0.7	3.8	95.5	100.0	17.5	70.4	12.0
1991	0.7	4.0	95.3	100.0	16.7	72.4	10.9
1992	0.6	3.7	95.7	100.0	17.9	69.3	12.8
1993	0.6	3.5	95.9	100.0	16.8	70.2	12.8
1994	0.5	3.6	95.9	100.0	15.9	70.7	13.4
1995	0.4	3.4	96.2	100.0	16.3	72.0	11.7
1996	0.4	3.1	96.5	100.0	17.9	69.0	13.1
1997	0.3	1.8	97.9	100.0	19.0	67.4	13.6
1998	0.3	1.4	98.2	100.0	23.0	63.3	13.7
1999	0.3	1.3	98.4	100.0	25.8	63.9	10.3
2000	0.2	1.2	98.6	100.0	28.0	63.4	8.6
2001	0.2	1.3	98.4	100.0	25.0	65.0	10.0
2002	0.3	1.3	98.5	100.0	23.1	67.1	9.9
2003	0.3	1.2	98.6	100.0	20.5	70.1	9.4
2004	0.2	1.1	98.6	100.0	21.4	70.4	8.2
2005	0.2	1.1	98.7	100.0	19.0	72.4	8.6
2006	0.2	0.8	99.0	100.0	17.0	75.4	7.6
2007	0.2	0.8	99.1	100.0	16.2	76.5	7.3
2008	0.2	0.8	98.9	100.0	13.6	79.4	7.0
2009	0.2	0.9	98.8	100.0	14.8	76.0	9.3

資料來源：行政院經建會，*Taiwan Statistical Data Book 2010*, pp. 222–223。

附表4　出口產品要素密集度的轉變

單位：%

年別	總計	勞動密集度			資本密集度			技術密集度		
		高	中	低	高	中	低	高	中	低
1982	100.0	47.2	30.8	21.9	26.9	45.4	27.6	18.3	32.6	49.1
1983	100.0	46.6	34.3	19.0	24.5	46.6	28.9	18.2	33.4	48.4
1984	100.0	47.0	35.4	17.5	23.0	48.7	28.3	18.3	34.0	47.7
1985	100.0	45.9	35.6	18.5	24.5	48.7	26.8	18.8	33.6	47.6
1986	100.0	47.0	36.9	16.0	22.9	49.4	27.7	18.4	33.7	47.9
1987	100.0	47.9	37.2	14.9	22.4	50.5	27.1	19.4	35.2	45.4
1988	100.0	46.3	36.8	16.9	23.5	51.5	25.0	22.6	36.9	40.6
1989	100.0	43.4	37.8	18.8	26.6	50.7	22.7	24.2	38.1	37.7
1990	100.0	41.0	38.3	20.7	28.9	50.5	20.5	26.7	38.6	34.7
1991	100.0	40.1	38.8	21.2	29.8	51.0	19.2	27.2	38.5	34.3
1992	100.0	39.2	40.3	20.5	29.3	53.0	17.7	29.5	38.5	32.0
1993	100.0	38.9	41.2	19.9	28.9	54.8	16.3	31.4	40.3	28.3
1994	100.0	38.7	39.8	21.5	31.0	55.0	14.0	32.5	42.0	25.6
1995	100.0	36.4	40.6	23.0	31.9	56.5	11.6	36.5	41.4	22.0
1996	100.0	33.9	43.6	22.5	31.8	57.4	10.8	39.7	38.9	21.4
1997	100.0	34.9	43.1	22.1	30.3	60.6	9.1	39.7	41.1	19.2
1998	100.0	35.0	40.0	25.1	25.7	66.3	8.0	40.8	40.8	18.4
1999	100.0	33.8	41.0	25.2	28.5	64.3	7.3	44.3	39.0	16.7
2000	100.0	31.6	43.0	25.3	33.0	60.9	6.2	48.1	37.3	14.6
2001	100.0	33.2	42.3	24.5	32.6	61.2	6.2	47.3	38.3	14.5
2002	100.0	33.9	41.7	24.4	35.9	58.5	5.6	48.3	38.4	13.3
2003	100.0	34.9	42.2	22.9	41.0	53.8	5.2	48.6	39.5	11.9
2004	100.0	34.6	43.5	21.9	47.6	48.1	4.3	50.6	39.3	10.1
2005	100.0	34.5	43.0	22.5	52.0	44.1	3.9	50.0	41.0	9.0
2006	100.0	34.1	43.8	22.1	56.3	40.2	3.5	51.8	40.0	8.2
2007	100.0	34.5	41.4	24.1	58.7	38.0	3.3	51.1	41.3	7.6
2008	100.0	34.4	39.8	25.8	59.1	37.6	3.3	49.4	43.5	7.1
2009	100.0	32.8	43.7	23.6	58.3	38.4	3.3	51.6	41.3	7.1

資料來源：同附表3。

參考文獻

徐育珠 (1976),《經濟發展》。臺北：正中書局。

邢慕寰 (1971),〈臺灣工業發展與貿易政策之檢討〉,中央研究院經濟研究所經濟論文專著選刊之二十八。收錄於孫震主編 (1975)《臺灣對外貿易論文集》(臺北：聯經出版事業公司),頁 133–178。

梁國樹 (1972),〈有效保護關稅之理論與測定〉,《社會科學論叢》, 21, 頁 291–316。收錄於孫震主編 (1975)《臺灣對外貿易論文集》(臺北：聯經出版事業公司),頁 179–208。

孫震主編 (1975),《臺灣對外貿易論文集》。臺北：聯經出版事業公司。

Appleyard, D. R., A. J. Field, and S. L. Cobb (1995), *International Economics*, 6th ed. New York: McGraw-Hill.

Arrow, K., H. B. Chenery, B. Mihas, and R. M. Solow (1961), "Capital-Labor Substitution and Economic Efficiency," *Review of Economics and Statistics*, 43:3, pp. 228–232.

Balassa, B. (1963), "An Empirical Demonstration of Classical Comparative Cost Theory," *Review of Economics and Statistics*, 45:3, pp. 231–238.

Baldwin, R. E. (1971), "Determinants of the Commodity Structure of U.S. Trade," *American Economic Review*, 61: 1, pp. 126–145.

Baldwin,R. E (1989), "The Political Economy of Trade Policy," *Journal of Economic Perspectives*, 3:4, pp. 119–135.

Bastable, C. F. (1903), *The Theory of International Trade*, 4th ed. London: Macmillon.

Bastable, C. F. (1923), *The Commerce of Nations*, 9th ed. London: Methuen.

Bell, M., B. R. Larson, and L. E. Westphal (1984), "Assessing the Performance of Infant Industries," *Journal of Development Economics*, 16:1, pp. 101–128.

Bhagwati, J. (1958), "Immiserizing Growth: A Geometrical Note," *Review of*

Economic Studies, 25, pp. 201–205.

Bhagwati, J. and V. K. Ramaswami (1963), "Domestic Distortions, Tariffs, and the Theory of Optimum Subsidy," *Journal of Political Economy*, 71:1, pp. 44–50.

Blaug, M. (1978), *Economic Theory in Retrospect*, 3rd ed. Cambridge: Cambridge University Press.

Brander, J. (1981), "Intra-industry Trade in Identical Commodity," *Journal of International Economics*, 11, pp. 1–14.

Brander, J. A. and B. J. Spencer (1981), "Tariffs and the Extraction of Foreign Monopoly Rents under Potential Entry," *Canadian Journal of Economics*, 14:3, pp. 371–389.

Brander, J. A. and B. J. Spencer (1983), "International R&D Rivalry and Industrial Strategy," *Review of Economic Studies*, 50:4, pp. 707–722.

Brander, J. A. and B. J. Spencer (1985), "Export Subsidies and International Market Share Rivalry," *Journal of International Economics*, 18, pp. 83–100.

Caves, R. E., J. A. Frankel, and R. W. Jones (1999), *World Trade and Payments: An Introduction*, 8th ed. New York: Addison-Wesley.

Corden, W. M. (1966), "The Structure of a Tariff System and the Effective Protective Rate," *Journal of Political Economy*, 74:3, pp. 221–237.

Corden, W. M. (1974), *Trade Policy and Economic Welfare*. Oxford: Oxford University Press.

Corden, W. M. and J. P. Neary (1982), "Booming Sector and De-industrialization in a Small Open Economy," *Economic Journal*, 92, pp. 825–848.

Deardorff, A. V. and R. M. Stern (1986), *The Michigan Model of World Production and Trade: Theory and Application*. Cambridge: MIT Press.

Diab, M. A. (1956), *The United States Capital Position and the Structure of Its Foreign Trade*. Amsterdam: North-Holland.

Dornbusch, R., S. Fischer, and P. A. Samuelson (1977), "Comparative Advantage, Trade, and Payments in a Ricardian Model with a Continuum of Goods," *American Economic Review*, 67:5, pp. 823–839.

Edgeworth, F. Y. (1894), "The Theory of International Values," *Economic Journal*, 4, pp. 35–50, 424–443, and 606–638.

Feenstra, R. C. and G. H. Hanson (1996), "Globalization, Outsourcing, and Wage Inequality," *American Economic Review*, 86:2, pp. 240–245.

Gehrels, F. (1956), "Customs Union from a Single-Country Viewpoint," *Review of Economic Studies*, 24, pp. 61–64.

Grubel, H. G. and P. J. Lloyd (1975), *Intra-Industry Trade: The Theory and Measurement of International Trade in Differentiated Products*. New York: Wiley & Sons.

Gruber, W., D. Mehta, and R. Vernon (1967), "The R&D Factor in International Trade and Investment of United States Industries," *Journal of Political Economy*, 75:1, pp. 20–37.

Haaparanta, P. J. (1989), "The Intertemporal Effects of International Transfers," *Journal of International Economics*, 26, pp. 371–382.

Hagen, E. (1958), "An Economic Justification of Protectionism," *Quarterly Journal of Economics*, 72:4, pp. 496–514.

Harberler, G. (1936), *The Theory of International Trade*. London: William Hodge.

Hartigan, J. C. (1981), "The U.S. Tariff and Comparative Advantage: A Survey of Method," *Weltwirtschaftliches Archiv*, 117: 1, pp. 65–109.

Heckscher, E. (1919), "The Effect of Foreign Trade on the Distribution of Income, " *Ekonomisk Tidskift*, 21, pp. 1–32. Reprinted in H. S. Ellis and L. A. Metzler, eds., *Readings in the Theory of International Trade* (Philadelphia: Blakiston, 1949), pp. 272–300.

Hicks, J. R. (1932), *The Theory of Wage*. London: Macmillan.

Hume, D. (1752), "Of the Balance of Trade," in *Essays, Moral, Political Literary*, Vol. 1 (London: Longmans Green, 1898).

Husted, S. and M. Melvin (2004), *International Economics*, 6th ed. New York: Addison-Wesley.

Jacoby, N. H. (1966), *U.S. Aid to Taiwan: A Study of Foreign Aid, Self-help and Development*. New York: F.A. Praeger.

Johnson, H. G. (1958), "The Gains from Free Trade with Europe: An Estimate," *Monchester School of Economic and Social Studies*, 26, pp. 247–255.

Johnson, H. G. (1960), "The Cost of Protection and the Scientific Tariff," *Journal of Political Economy*, 68:4, pp. 327–345.

Johnson, H. G. (1965), "Optimal Trade Intervention in the Presence of Domestic Distortions," in R. E. Baldwin et al., eds., *Trade, Growth and the Balance of Payments: Essays in Honor of Gottfried Haberler* (Chicago: Rand McNally), pp. 3–34.

Jones, R. W. (1971), "A Three-Factor Model in Theory, Trade, and History," in J. N. Bhagwati et al., eds., *Trade, Balance of Payments and Growth: Essay in Honor of Charles P. Kindleberger* (Amsterdam: North-Holland), pp. 3–22.

Jones, R. W. and J. P. Neary (1984), "The Positive Theory of International Trade," in R. W. Jones and P. B. Kenen, eds., *Handbook of International Economics*, Vol. I (Amsterdam: North-Holland), pp. 1–62.

Keesing, D. B. (1966), "Labor Skills and Comparative Advantage," *American Economic Review*, 56, pp. 249–258.

Keesing, D. B. (1967a), "The Impact of Research and Development on United States Trade," *Journal of Political Economy*, 75:1, pp. 38–48.

Keesing, D. B. (1967b), "Outward-Looking Policies and Economic Development," *Economic Journal*, 77, pp. 303–320.

Kemp, M. C. (1964), *The Pure Theory of International Trade*. Englewood

Cliffs: Prentice-Hall.

Kenen, P. B. (1965), "Nature, Capital and Trade," *Journal of Political Economy*, 73, pp. 437–460.

Keynes, J. M. (1929), "The German Transfer Problem," *Economic Journal*, 39: 153, pp. 1–7.

Kravis, I. B. (1956a), "Wage and Foreign Trade," *Review of Economics and Statistics*, 38, pp. 14–30.

Kravis, I. B. (1956b), " 'Availability' and Other Influences on the Commodity Composition of Trade," *Journal of Political Economy*, 64:2, pp. 145–155.

Kreinin, M. E. (1965), "Comparative Labor Effectiveness and the Leontief Scarce-Factor Paradox," *American Economic Review*, 55, pp. 131–140.

Krueger, A. O. and B. Tuncer (1982), "An Empirical Test of the Infant Industry Argument," *American Economic Review*, 72:5, pp. 1142–1152.

Krugman, P. R. (1984), "Import Protection as Export Promotion: International Competition in the Presence of Oligopoly and Economies of Scale," in H. Kierzkowski, ed., *Monopolistic Competition in International Trade* (Oxford: Oxford University Press), pp. 180–193.

Krugman, P. R. (1991), *Geography and Trade*. Cambridge, MA: MIT Press.

Krugman, P. R., ed. (1986), *Strategic Trade Policy and the New International Economics*. Cambridge: MIT Press.

Leontief, W. W. (1954), "Domestic Production and Foreign Trade: The American Capital Position Re-examined," *Economia Internazionale*, 7, pp. 3–32.

Leontief, W. W. (1956), "Factor Proportions and the Structure of American Trade: Further Theoretical and Empirical Analysis," *Review of Economics and Statistics*, 38:4, pp. 386–407.

Lerner, A. P. (1936), "The Symmetry between Import and Export Taxes," *Economica*, 3:11, pp. 306–313.

Lerner, A. P. (1952), "Factor Prices and International Trade," *Economica*, 19:

73, pp. 1–15.

Lewis, A. (1954), "Economic Development with Unlimited Supplies of Labour," *Manchester School of Economic and Social Studies*, 22, pp. 139–191.

Linder, S. B. (1961), *An Essay on Trade and Transformation*. New York: Wiley & Sons.

Lipsey, R. G. (1957), "The Theory of Customs Unions: Trade Diversion and Welfare," *Economica*, 24:93, pp. 40–46.

MacDougall, G. D. A. (1951), "British and American Exports: A Study Suggested by the Theory of Comparative Costs, Part I," *Economic Journal*, 61: 244, pp. 697–724.

Markusen, J. R. (1983), "Factor Movements and Commodity Trade as Complements," *Journal of Integrational Economics*, 14, pp. 341–356.

Marshall, A. (1879), *The Pure Theory of Foreign Trade*. Reprint. London: London School of Economics and Political Science, 1930.

Meade, J. E. (1951), *The Balance of Payments*. London: Oxford University Press.

Meade, J. E. (1952), *A Geometry of International Trade*. London: Gorge Allen and Unwin.

Meade, J. E. (1955), *The Theory of Customs Unions*. Amsterdam: North-Holland.

Metzler, L. A. (1949), "Tariffs, the Terms of Trade, and the Distribution of National Income," *Journal of Political Economy*, 57:1, pp. 1–29.

Mill, J. S. (1848), *Principles of Political Economy*. Reprint. New York: Kelly, 1965.

Minhas, B. S. (1962), "The Homohypallagic Production Function, Factor-Intensity Reversals and the Heckscher-Ohlin Theorem," *Journal of Political Economy*, 70: 2, pp. 138–156.

Mundell, R. A. (1957), "International Trade and Factor Mobility," *American*

Economic Review, 47:3, pp. 321–335.

Mydral, G. (1956), *An International Economy*. New York: Harper and Row.

Myint, H. (1958), "The 'Classical Theory' of International Trade and the Underdeveloped Countries," *Economic Journal*, 68:270, pp. 317–337.

Ohlin, B. (1929), "The Reparations Problem: A Discussion, I, Transfer Difficulties, Real and Imagined," *Economic Journal*, 39, pp. 172–178.

Ohlin, B. (1933), *Interregional and International Trade*. Cambridge: Harvard University Press.

Posner, M. V. (1961), "International Trade and Technical Change," *Oxford Economic Papers*, 13:3, pp. 323–341.

Prebisch, R. (1950), "The Economic Development of Latin America and Its Principal Problems," *Economic Bulletin of Latin America*, 7, pp. 1–22.

Prebisch, R. (1959), "Commercial Policy in the Underdeveloped Countries," *American Economic Review, Papers and Proceedings*, 49:2, pp. 251–273.

Purvis, D. D. (1972), "Technology, Trade and Factor Mobility," *Economic Journal*, 82:327, pp. 991–999.

Ricardo, D. (1817), *On the Principles of Political Economy and Taxation*. Reprint. Homewood, Ill.: Irwin, 1963.

Rybczynski, T. M. (1955), "Factor Endowment and Relative Commodity Prices," *Economica*, 22:88, pp. 336–341.

Samuelson, P. A. (1948), "International Trade and Equalization of Factor Prices," *Economic Journal*, 58:230, pp. 165–184.

Samuelson, P. A. (1949), "International Factor-Price Equalization Once Again," *Economic Journal*, 59:234, pp. 181–197.

Scitovsky, T. (1958), *Economic Theory and Western European Integration*. Standford: Standford University Press.

Singer, H. W. (1950), "The Distribution of Gains between Investing and Borrowing Countries," *American Economic Review, Papers and Proceedings*,

40:2, pp. 473–485.

Smith, A. (1776), *An Inquiry into the Nature and Causes of the Wealth of Nations*. Reprint. New York: Modern Library, 1937.

Stern, R. M. (1962), "British and American Productivity and Comparative Costs in International Trade," *Oxford Economic Papers*, 14:3, pp. 275–296.

Stern, R. M. and K. E. Maskus (1981), "Determinants of the Structure of U.S. Foreign Trade, 1958–76," *Journal of International Economics*, 11, pp. 207–224.

Stolper, W. F. and P. A. Samuelson (1941), "Protection and Real Wage," *Review of Economic Studies*, 9, pp. 58–73.

Travis, W. P. (1964), *The Theory of Trade and Protection*. Cambridge: Harvard University Press.

Vernon, R. (1966), "International Investment and International Trade in the Product Cycle," *Quarterly Journal of Economics*, 80:2, pp. 190–207.

Viner, J. (1950), *The Customs Union Issue*. New York: Carnegie Endowment for International Peace.

Yin, K. Y. (1962), "Economic Development in Taiwan:Record and Prospects," *Industry of Free China*, 16:6, pp. 2–23.

國際貿易付款方式的選擇與策略

張錦源／著

　　國際貨物買賣的付款方式有相當多種,哪一種付款方式最適合當事人?當事人選擇付款方式的考慮因素為何?如何規避有關風險?各種付款方式的談判策略為何?針對以上各種問題,本書有深入淺出的分析與探討,讀者如能仔細研讀並靈活運用,相信在詭譎多變的貿易戰場中,將能獲得最後的勝利!

國際貿易法規

方宗鑫／著

　　國際貿易業者除了必須遵守國內有關貿易的法規外,尚須遵守國際間有關貿易的公約、協定、慣例、規則與主要貿易對手國之貿易法規。因此,本書主要針對國際間與貿易有關的公約、協定、慣例、規則以及國內與貿易有關的法律,如《貿易法》、《商品檢驗法》、《管理外匯條例》、《關稅法》等加以介紹並拔要說明,以供學術界及實務界之參考。

國貿業務丙級檢定學術科教戰守策

張瑋／編著

　　本書內容主要是依據勞委會最新公告國貿業務丙級技能檢定學術科測試參考資料內容所編撰。於學科部分,在每單元前增加重點提示,讓讀者不僅能釐清觀念外,更能理解幫助記憶。術科部分涵蓋貿易流程、基礎貿易英文、商業信用狀分析、貿易單據製作及出口價格核算五大部分。書末並附有三回合完整的仿真模擬試題,以及98及99年國貿業務丙級技能檢定術科試題解析。對讀者而言,是足以取代任何一本的全方位考試用書,對教師而言,更是一本教學上絕佳的輔助用書。

國貿業務乙級檢定學術科教戰守策

國貿檢定教材研究小組／編著

　　本書內容主要是依據勞委會所公布的國貿業務技術士乙級技能檢定規範編輯而成。於學科部分,本書除涵蓋國貿實務基本相關概念外,尚包含貿易法規、海關實務、貿易融資等專業知識。術科部分:共計貿易函電、進出口價格核算、貿易單據審改及貿易個案分析4大單元。本書在學科方面採詳實解析,祈使透過每一試題作完整概念的延伸,以利相關題型的變化。在術科方面,由於勞委會並未正式公布術科答案,為避免誤導讀者,本書之解析皆為多位專業教師多次討論後編寫而成,以求最正確之解析。

國際貿易實務詳論

張錦源／著

　　本書詳細介紹關於買賣的原理及原則、貿易條件的解釋、交易條件的內涵、契約成立的過程、契約條款的訂定要領等，期使讀者於實際從事貿易相關工作時能駕輕就熟。此外，本書按交易過程先後作有條理的說明，幫助讀者對全部交易過程作一全盤的瞭解。除了進出口貿易外，對於託收、三角貿易、轉口貿易、相對貿易、整廠輸出、OEM 貿易、經銷、代理、寄售等特殊貿易，本書亦有深入淺出的介紹，以彌補坊間同類書籍之不足。

國際金融──全球金融市場觀點

何瓊芳／著

　　本書以全球金融市場之觀點，經由金融歷史及文化之起源，穿越金融地理之國際疆界，引領進入國際化之金融世界。特色著重於國際金融理論之史地背景及分析工具的靈活運用。此外，2008 年金融海嘯橫掃全球，本書將金融海嘯興起之始末以及紓困方案之理論依據納入當代國際金融議題內，俾能提供大專學生最新的國際金融視野，並對金融現況作全盤瞭解。